LA PENSÉE RELIGIEUSE CHEZ ǦUBRÂN ḪALIL ǦUBRÂN ET MIḪÂ'ÎL NU'AYMA

ORIENTALIA LOVANIENSIA ANALECTA

1. E. Lipiński, Studies in Aramaic Inscriptions and Onomastics I.
2. J. Quaegebeur, Le dieu égyptien Shaï dans la religion et l'onomastique.
3. P. H. L. Eggermont, Alexander's Campaigns in Sind and Baluchistan and the Siege of the Brahmin Town of Harmatelia.
4. W. M. Callewaert, The Sarvāṅgī of the Dādūpanthī Rajab.
5. E. Lipiński (ed.), State and Temple Economy in the Ancient Near East I.
6. E. Lipiński (ed.), State and Temple Economy in the Ancient Near East II.
7. M.-C. De Graeve, The Ships of the Ancient Near East (c. 2000-500 B.C.).
8. W. M. Callewaert (ed.), Early Hindī Devotional Literature in Current Research.
9. F. L. Damen, Crisis and Religious Renewal in the Brahmo Samaj Movement (1860-1884).
10. R. Y. Ebied-A. Van Roey-L. R. Wickham, Peter of Callinicum, Anti-Tritheist Dossier.
11. A. Rammant-Peeters, Les pyramidions égyptiens du Nouvel Empire.
12. S. Scheers (ed.), Studia Paulo Naster Oblata I. Numismatica Antiqua.
13. J. Quaegebeur (ed.), Studia Paulo Naster Oblata II. Orientalia Antiqua.
14. E. Platti, Yaḥyā ibn ʿAdī, théologien chrétien et philosophe arabe.
15. E. Gubel-E. Lipiński-B. Servais-Soyez (ed.), Studia Phoenicia I-II.
16. W. Skalmowski-A. Van Tongerloo (ed.), Middle Iranian Studies.
17. M. van Mol, Handboek Modern Arabisch.
18. C. Laga-J. A. Munitiz-L. Van Rompay (ed.), After Chalcedon. Studies in Theology and Church History.
19. E. Lipiński (ed.), The Land of Israel: Cross-Roads of Civilizations.
20. S. Wachsmann, Aegeans in the Theban Tombs.
21. K. Van Lerberghe, Old Babylonian Legal and Administrative Texts from Philadelphia.
22. E. Lipiński (ed.), Phoenicia and the East Mediterranean in the First Millennium B.C.
23. M. Heltzer-E. Lipiński (ed.), Society and Economy in the Eastern Mediterranean (1500-1000 B.C.).
24. M. Van de Mieroop, Crafts in the Early Isin Period.
25. G. Pollet (ed.), India and the Ancient World.
26. E. Lipiński (ed.), Carthago.
27. E. Verreet, Modi Ugaritici.
28. R. Zadok, The Pre-Hellenistic Israelite Anthroponymy and Prosopography.
29. W. Callewaert-M. Lath, The Hindī Songs of Nāmdev.
30. S. Halevy, Coptic Grammatical Chrestomathy.
31. N. Baum, Arbres et arbustes de l'Égypte ancienne.
32. J.-M. Kruchten, Les Annales des prêtres de Karnak.
33. H. Devijver-E. Lipiński (ed.), Punic Wars.
34. E. Vassilika, Ptolemaic Philae.
35. A. Ghaith, La Pensée Religieuse chez Ǧubrân Ḫalil Ǧubrân et Miḫâ'îl Nu'ayma.

ORIENTALIA LOVANIENSIA
ANALECTA
——— 35 ———

LA PENSÉE RELIGIEUSE CHEZ ǦUBRÂN ḪALIL ǦUBRÂN ET MIḪÂ'ÎL NU'AYMA

BY

AFIFA GHAITH

UITGEVERIJ PEETERS
LEUVEN
1990

Bondgenotenlaan 153, B-3000 Leuven (Belgium)

D. 1990/0602/21
ISBN 90-6831-223-5

Printed in Belgium by Orientaliste, Leuven

Qu'il me soit permis d'exprimer ma plus vive reconnaissance à Monsieur le Professeur ROGER DELADRIERE, dont les encouragements et les précieux conseils m'ont fortement aidée à réaliser cet ouvrage, ainsi qu'à Monsieur le Professeur URBAIN VERMEULEN, Orientaliste passionné du Monde Arabe, dont la sollicitude et l'ardeur intellectuelle sont à l'origine de cette publication.

Je dédie ce travail à mon Peuple, en souhaitant qu'il y découvre la MAḤABBA, cet Amour de Charité, qui éclaira la vie et l'œuvre de Ǧubrân et de Nuʿayma.

SYSTEME DE TRANSCRIPTION.

ء	ʾ	ض	ḍ
ب	b	ط	ṭ
ت	t	ظ	Ẓ
ث	ṯ	ع	ʿ
ج	ǧ	غ	ġ
ح	ḥ	ف	f
خ	ḫ	ق	q
د	d	ك	k
ذ	ḏ	ل	l
ر	r	م	m
ز	z	ن	n
س	s	ه	h
ش	š	و	w
ص	ṣ	ي	y

les voyelles longues: â. = ا et ى
î. = ي
û. = و

TABLE DES MATIERES

Bibliographie I
Introduction XXV

PREMIERE PARTIE : DIEU DANS LA PENSEE DE GUBRAN ET DE NUʿAYMA *1*

CHAPITRE I : L'EXISTENCE DE DIEU 3

A. Interrogation sur Dieu 3
B. Conception de Dieu 4
C. Connaissance de Dieu 5
D. Les Images de Dieu 8
E. Relation entre Dieu et la Création : Panthéisme, Immanentisme, Vision Romantico Mystique 35

CHAPITRE II : LA RELIGION 50

I. Ǧubrân, Nuʿayma et la Religion 50
II. Ǧubrân, Nuʿayma et le Christianisme 64
III. Ǧubrân, Nuʿayma et « leur » Religion 88

CHAPITRE III : D'AUTRES MOYENS DE RELATION A DIEU 105

I. La Nature 106
II. La Connaissance 117
III. La Mystique 126
IV. D'autres Voies vers Dieu 141

DEUXIEME PARTIE : LE CHRIST DANS LA VIE ET L'OEUVRE DE GUBRAN ET DE NUʿAYMA 151

CHAPITRE I : LA PERSONNE DU CHRIST 153

I. Le Christ de Ǧubrân et de Nuʿayma 154
II. L'Incarnation du Christ 168
III. La Vie Cachée de Jésus 183

CHAPITRE II : LE MESSAGE DE SALUT 192

I. Ǧubrân, Nuʿayma et l'Evangile 192
II. Le Message de Salut retenu par Ǧubrân et Nuʿayma 196
A. Les caractéristiques du Royaume de Dieu 200
B. La Charte de ce Royaume 204
C. Les Miracles, Signes du Royaume 210
III. Les Noms de Jésus, expression de sa Mission 219

CHAPITRE III : L'ECONOMIE DU SALUT 227

I. La notion de Salut chez Ǧubrân et Nuʿayma 227
II. Le péché dans la conception de Ǧubrân et de Nuʿayma ... 230
III. La Rédemption dans la perspective de Ǧubrân et de Nuʿayma 238
IV. La Réincarnation, voie vers le Salut pour Ǧubrân et Nuʿayma 251
V. La Déification de l'homme : but du Salut 266

CHAPITRE IV : L'ESCHATOLOGIE CHRETIENNE 279

I. L'Eschatologie de l'homme individuel 280
A. La mort chez Ǧubrân et Nuʿayma 280
B. Le Jugement particulier 293
C. Le Ciel et l'Enfer 294
II. L'Eschatologie de l'Humanité 302
A. Le retour du Christ et la fin du monde 303
B. Le Jugement Général 305

TROISIEME PARTIE : L'EGLISE VUE PAR GUBRAN ET NUʿAYMA .. 313

CHAPITRE I : LA NATURE DE L'EGLISE 316

I. L'Origine de l'Eglise selon Ǧubrân et Nuʿayma 317
1-2. Fondation et nature de l'Eglise 317
3. Le combat contre l'Eglise 321
II. La hiérarchie de l'Eglise 331
III. L'Anticléricalisme de Ǧubrân et de Nuʿayma 333

CHAPITRE II : L'EGLISE, GARDIENNE DU MESSAGE DU CHRIST SUR L'HOMME 355

I. Questions de Ǧubrân et de Nuʿayma sur l'homme 356
II. L'homme, créé à l'image et à la ressemblance de Dieu 363
III. Les conséquences pour l'homme d'être à l'image de Dieu .. 371

CHAPITRE III : L'EGLISE, SACREMENT UNIVERSEL DU SALUT 397

I. Ǧubrân, Nuʿayma et les Sacrements 398
II. Ǧubrân, Nuʿayma et la Prière 414
III. Les Conseils Evangéliques 436
A. La Vie Religieuse et Monastique 437
B. L'Ascèse 443

Conclusion Générale 451
Index des Noms Propres 459
Index des Termes Religieux 467
Références Bibliques 478
Références Coraniques 478

BIBLIOGRAPHIE

Les parenthèses indiquent le titre en abrégé

I. OEUVRES ORIGINALES

A. *Ǧubrân Khalil Ǧubrân*

al-(Mûsîqâ). Maṭba'at al-muhâǧir. New York, 1905

('Arâ'is) al-Murûǧ. Maṭba'at al-muhâǧir. New York, 1906

al-(Arwâḥ) al-Mutamarrida. Maṭba'at al-Hilâl. Le Caire, 1908

al-(Aǧniḥa) al-Mutakassira. Maṭba'at mir'ât al-ġarb. New York, 1912

(Dam'a) wa Ibtisâma. Maṭba'at al-Funûn. New York, 1914

al-(Mawâkib). Maṭba'at mir'ât al-ġarb. New York, 1918.

al-('Awâṣif). Maṭba'at al-Hilâl. Miṣr, 1920.

al-(Badâ'i') wa-l-Ṭarâ'if. Maṭba'at Yûsuf Tûma Boustâni. Miṣr, 1923.

al-(Maǧnûn). al-Maṭba'a al-'aṣriyya. Miṣr, sans date, traduit de l'anglais par l'Archimandrite Antoniûs Bašîr : *The Madman.* Alfred A. Knopf. New York, 1918.

al-(Sâbiq). Maṭba'at al-Hilâl. Miṣr, sans date, traduit de l'anglais par l'Archimandrite Antoniûs Bašîr : *The forerunner.* Alfref A. Knopf. New York, 1920

(Le Prophète). Traduit de l'anglais par Camille Aboussouan. 17ème édition, Casterman, Belgique, 1956 : *The Prophet.* Alfred A. Knopf. New York, 1923.

(Ramal) wa Zabad. al-Maṭba'a al-'aṣriyya. Le Caire, 1932, traduit de l'anglais par l'Archimandrite Antoniûs Bašîr : *Sand and Foam.* Alfred A. Knopf. New York, 1926

(Yasû')Ibn al-Insân. al-Maṭba'a al-aṣriyya. Le Caire, sans date, traduit de l'anglais par l'Archimandrite Antoniûs Bašîr : *Jesus the Son of Man.* Alfred A. Knopf. New York, 1926.

(Alihat) al-Arḍ. al-Maṭba'a al-'aṣriyya. Le Caire, 1932, traduit de l'anglais par l'Archimandrite Antoniûs Bašîr : *The Earth Gods*. Alfred A. Knopf. New York, 1931.

al-(Tâ'ih). Traduit par 'Abd Allaṭîf Šarâra, sans date : *The Wanderer*. Alfred A. Knopf. New York, 1932.

(Ḥadîqat) al-Nabî. Maṭba'at al-'Arab. Miṣr, 1950, traduit de l'anglais par l'Archimandrite Antoniûs Bašîr : *The Garden of the Prophet*. Alfred A. Knopf. New York, 1933. Traduit en français : *Le Jardin du Prophète*, par Claire Dubois. 3ème édition, Casterman, Belgique, 1979.

(Beloved Prophet) : The letters of Khalil Gibran and Mary Haskell, and her private journal. Edited and arranged by Virginia Hilu. Quartet Books. London, 1973.

(Lazarus) and his Beloved. A one act play, with introduction by the author's cousin and name sake Khalil Gibrân and his wife Jean Gibran. Heinemann. London. First published in Great Britain, 1973.

(Rasâ'il ḥubb) min waḥy Ǧubrân Khalil Ǧubrân, recueillies et traduites par Emile Ḫalîl Bayras. 4 Recueils. Lettres éditées par Zuhayr Ba'labakkî. Beyrouth, 1973

(Malik al-Bilâd) wa râ'î al-ġanam. Pièce de théâtre recueillie par M. Nu'ayma dans *al-Maǧmû'a al-kâmila*, tome III p.319-329.

(Ilâ-l-Muslimîn), min šâ'ir masîḥî. Lettre publiée par Ḥabîb Mas'ûd dans : *Ǧubrân Ḥayy wa Mayyit* p.37-38. Dâr al-Rayḥânî. Beyrouth, 1966.

(Lakum fikratukum) wa lî fikratî. Article publié par Ḥabîb Mas'ûd dans : *Ǧubrân Ḥayy wa Mayyit* p. 95-98. Dâr al-Rayḥânî. Beyrouth, 1966.

al-(Ḫarîf). Article publié par Ḥabîb Mas'ûd dans : *Ǧubrân Ḥayy wa Mayyit* p. 129-131. Dâr al-Rayḥâni. Beyrouth, 1966.

(Kullunâ yuṣalli). Article publié par H. Mas'ûd dans: *Ǧubrân Ḥayy wa Mayyit* p. 216-217. Dar al-Rayḥâni. Beyrouth, 1966.

Rasâ'il Ǧubrân 'ilâ Ibn 'ammihi Naḫlé wa 'ilâ Mayy. Lettres présentées par Ḥabîb Mas'ûd dans : *Ǧubrân Ḥayy wa Mayyit* p. 493-519. Dâr al-Rayḥâni. Beyrouth, 1966.

Rasâ'il Ǧubrân 'ilâ Nu'ayma. M. Nu'ayma, *al-Maǧmu'a al-Kâmila*, tome III. p.292-318.

La voix de l'éternelle (Sagesse). Traduit de l'anglais : « *The voice of the Master*, par Marie-Béatrice Jehl. Collection « Horizons Spirituels ». Editions Dangles St-Jean de Braye (France), 1978.

al-(Maǧmû'a al-Kâmila) limu'allafât Ǧubrân Ḫalîl Ǧubrân, édition

M. Nu'ayma. Sâder, Beyrouth 1964 :
— *al-'Arabiyya*. 620 p.
— *al-Mu'arraba 'an al-Inklîziyya*. 490 p.

B. Miḫâ'il Nu'ayma
al-Maǧmû'a al-Kâmila. Dâr al-'ilm li-l-malayîn. Beyrouth :
tome 1. (850 p.) 1970 : *Sab'ûn*, les trois volumes
tome 2. (648 p.) 1970 : *al-Yawm al-aḫîr.*
Liqâ'.
Kân mâ kân.
Akâbir.
Abû Baṭṭa.
tome 3. (687 p.). 1971 : *Ǧubrân Ḫalîl Ǧubrân.*
al-Ġirbâl.
al-Awṯân.
Karm 'alâ Darb.
tome 4. (648 p.). 1971 : *Hams al-ǧufûn.*
Al-Abâ' wa-l-banûn.
Ayyûb.
Muḏakkirât al-Arqaš'.
al-Bayâdir.
tome 5. (703 p.). 1971 : *al-Marâḥil.*
Zâd al-Ma'âd.
Ṣawt al-'âlam.
Fî mahabb al-rîḥ.
al-Nûr wa-l-Dayǧûr.
tome 6. (820 p.). 1972 : *Durûb.*
Ab'ad min Moscou wa min Washington.
Hawâmiš.
Mirdâd.
tome 7. (608 p.). 1973 : *Yâ Ibn Adam.*
Maqâlât mutafarriqa
Fî-l-ġirbâl al-ǧâdîd
tome 8. (600 p.). 1974 : *Rasâ'il.*
tome 9. (767 p.). 1975 : *Rasâ'il 'suite'.*
Min waḥy al-Masîḥ.
Naǧwa-l-ġurûb
Aḥâdîṯ ma' al-ṣaḥâfa.

II. Etudes

A. *Ǧubrân Ḫalîl Ǧubrân*
'ABBUD Mârûn.
(Ǧudud) wa Qudamâ'. Dâr al-Ṯaqâfa. Beyrouth, 2ème éd. 1963. (83-163).

ʿAṬOUǏ Faouzi.
Ǧubrân Ḫalîl Ǧubrân, (ʿAbqariyy min Lubnân). Yanâbîʿal-fikr al-ʿarabi. Société libanaise du livre. 1ere éd. Beyrouth, 1971. 109 p.

BRAKEŞ Ġâzî Fouad.
Ǧubrân Ḫalîl Ǧubrân fî (dirâsa taḥlîliyya) li'adabihi wa rasmihi wa šaḫṣiyyatihi. Dâr al-Nisr. Beyrouth, 1973

DIB SHERFAN Andrew.
Kahlil Gibran : (The nature of love). Philosophical library. New York, 1971. 106 p.

ǦABR Ǧamil.
(Ǧubrân : Sîratuhu), Adabuhu, Falsafatuhu wa Rasmuhu. Dâr al-Rayḥânî. Beyrouth, 1958. 223 p.
(Ǧubrân) Ḫalîl Ǧubrân (fî ḥayâtihi al-ʿâṣifa). Mu'assassat Nawfal. Beyrouth, 1ere éd. 1981. 268 p.

ǦARR Šukr Allâh al.
(Nabiyy Orphalèse), Ǧubrân Ḫalîl Ǧubrân. Dâr al-Makšûf. 2ème éd. Beyrouth, 1967. 160 p.

ĠASSAN Ḫâlèd.
Ǧubrân al-faylasûf. Mu'assassat Nawfal. Beyrouth, 1974. 428 p.

GHOUGASSIAN Joseph P.
Kahlîl Gibrân ; (Wings of Thought).
The people's philosopher. Philosophical library. New York, 1973. 243 p.

GIBRAN Jean and Kahlîl.
Kahlil Gibran: his life and his world. New York graphic Society. Boston, 1974.

GOBILLOT Geneviève.
(L'image de la femme) chez Ǧibrân Kahlîl Ǧibrân. Thèse, Maîtrise d'arabe. Lyon. Septembre 1981. 90 p.

ĠURAYYEB Rose.
(Ǧubrân fî âṯârihi) al-kitâbiyya. Dâr al-Makšûf, 1ere éd. Beyrouth, 1969. 311 p.

ḤAWI Kahlîl.
(Ḫalîl Ǧubrân, his background), character and works. Beyrouth. A.U.B. 1963. 307 p.

ḤUNAYN Riâd.
al-Wağh al-'âḫar li-Ǧubrân. Dâr al-nahâr li-l-našr. Beyrouth, 1981. 87 p.

ḤUWAYYEK Yûsuf.
(Ḏikrayâtî ma'a Ǧubrân). Paris 1909-1910. Mémoires rédigés par Edvik Guérîdîni Šaybûb. Dâr al-Aḥad. Beyrouth, 1957. 222 p.

KARAM Antûn Ġattâs.
(La vie et l'œuvre) littéraire de (Ǧibrân) Ḫalîl Ǧibrân. Dâr al-Nahar. Beyrouth, 1981. 294 p.

LABAKI Ṣalaḥ.
Lubnân al-šâ'ir. Dâr al-Ḥadâra. Beyrouth, 2ème éd. **1964. (125-164).**

LECERF Jean.
(al-Naza'ât al-ṣûfiyya)'ind Ǧubrân Ḫalîl Ǧubrân. Traduit par Ša'bân Barakât. Saïda-Beyrouth, (sans date). 77 p.

MAS'ÛD Ḥabîb.
(Ǧubrân Ḥayy) wa Mayyit. Dâr al-Rayḥânî. Beyrouth, 2ème éd. 1966. 848 p.

ṢAYEĠ Tawfîq.
('Aḍwâ') ǧadîda 'alâ Ǧubrân. Beyrouth Šarqiyya, 1966. 236 p.

YAMMOUNI Joseph Mehri el-.
Ǧibran Kahlîl Ǧibran, (l'homme et sa pensée philosophique). Vision de l'homme et de la divinité. Ed. de l'Aire. Lausanne.

YOUNG Barbara.
(This man) from Lebanon. A study of Kahlîl Gibrân. Alfred A. Knopf. New York, 1972. 188 p.

ZAKKA Ṭonnî.
Bayn Nu'ayma wa Ǧubrân. Maktabat al-ma'ârif. 1ere éd. Beyrouth, 1971. 231 p.

ZIYADÉ Mayy.
(al-Ṣaḥâ'if). Mu'assassat Nawfal. 1ere éd. Beyrouth, 1975. (65-76).

B. Miḫâ'îl Nu'ayma

ANONYME.
Miḫâ'îl Nu'ayma. Manâhil al-adab al-'arabi. Ṣâdèr. Beyrouth, sans date. 107 p.

ḪURI Yuḥannâ.
(al-Radd) 'alâ Miḫâ'îl Nu'ayma fî Mirdâd. **al-Maṭba'a al-**Muḫalliṣiyya. Saïda, 1956. 216 p.

KA'DI Farhû Ka'dî.
Miḫâ'îl Nu'ayma (bayn qâri'îhi wa 'ârifîhi). Beyrouth, 1971. 257 p.

MELḤAS Ṯurayya.
Miḫâ'îl Nu'ayma, (al-adîb al-ṣûfî). Ṣâdèr-Beyrouth. Beyrouth, 1964. 203 p.

NAIMY Nadeem.
Mikhaïl Naïmy : (An Introduction). Beyrouth. A.U.B. 1967.

NIJLAND C.
Mikhâ'îl Nu'aymah, promotor) of the arabic literary revival. Publications de l'Institut historique et archéologique néerlandais de Stamboul, 1975. 131 p.

SHAYA Mohamad.
Falsafat Miḫâ'îl Nu'ayma Manšûrât Baḥsûn. 1ere éd. Beyrouth, 1979. 429 p.

ZAKKA Ṭonni
Bayn Nu'ayma wa Ǧubrân, Maktabat al-ma'ârif. 1ere éd. Beyrouth, 1971,231 p.

C. Ouvrages Généraux

'ABBÂS Iḥsân wa NAǦM M. Youssef.
(al-ši'r al-'arabi) fî al-Mahǧar : América al-šamâliyya. Ṣâdèr. Beyrouth, 2ème éd. 1967.

'ABBUD Mârûn.
(Ruwwad) al-Nahḍa al-Ḥadîṯa. Dâr al-Ṯaqâfa. Beyrouth, 1966. 286 p.

(Muǧaddidûn) wa muǧtarrûn. Dâr al-Ṯaqâfa. Dâr Mârûn 'Abbûd. Beyrouth. 4ème éd. 1968. 262 p.

(Ǧudud) wa Qudamâ'. Dâr al-Ṯaqâfa. Beyrouth. 2ème éd. 1963. 335 p.

'ABD al-MÂLÈK Anouar.
(La pensée politique) arabe contemporaine. Ed. du Seuil. Paris, 1970. 384 p.

'ÂBID Moḥsen al-.
(Madḫal) fî târîḫ al-adyân. Maktabat al-Adyân wa falsafatuha. Dâr al-kitâb. Sousse/Tunisie. 1973. 193 p.

ABU MÂḌÎ Iliyâ.
al-Ǧadâwil. Dâr al-'ilm li-l-malâyin. Beyrouth. 13ème éd. 1979. 221 p.

al-Ḫamâ'il. Dâr al-'ilm li-l-malâyîn. 13ème éd. Beyrouth. 1979. 237 p.

ANAWATI G. et GARDET L.
(Introduction à la théologie) musulmane. Essai de théologie comparée. Préface de L. Massignon. Paris. Vrin. 1948. 543 p.

(Mystique Musulmane), aspects et tendances, expériences et techniques. Col. Etudes Islamiques. Librairie philosophique. J.Vrin. Paris, 1961. 310 p.

ANONYME : Documents Conciliaires.
(Les Actes du Concile Vatican II), textes intégraux des Constitutions, décrets et déclarations promulgués. 3ème éd. Le Cerf. Paris, 1967. 831 p.

Vatican II. Les relations de l'Eglise avec les religions non-chrétiennes. Déclaration « Nostra aetate ». Texte latin et traduction française. Commentaire par : Cottier, Dournes, Maurier, Masson, Caspar, sous la direction de A.M. Henry. Ed. du Cerf. « Unam Sanctam ». 61. Paris, 1966. 325 p.

Récits d'un pélerin russe. Traduits et présentés par Jean Laloy. Livre de vie 63. Ed. de la Baconnière. Ed. du Seuil. sans date 184 p.

(Le Pélerin russe) Trois récits inédits. Traduits du russe par une équipe. Introduction par Olivier Clément. Collection Points-Sagesse. Abbaye Bellefontaine, 1976. 124 p.

'AQQAD'ABBÂS MAḤMÛD. *al-Fuṣûl.* Dâr al-Kitâb al-'Arabî - Beyrouth 3e éd. 1971 375 p.

(Ḥayât al-Masîḥ) Isâ Ibn Mariam. Dâr al-kitâb al-'arabî 1ème éd. Beyrouth, 1969. 270 p.

AREOPAGITE Denys l'.
Denys l'Aréopagite. Ed. Grandelac. Aubier. Paris, 1943.

ARNALDEZ Roger.
(Jésus Fils de Marie), Prophète de l'Islam. Collection « Jésus et Jésus-Christ ». n° 13. Desclée. Paris, 1980, 256 p.

ASSISE S. François d'.
Documents, écrits et premières biographies. Rassemblés et présentés par les P.R. Théophile Desbonnets et Damien Vorreux. O.F.M. Ed. Franciscaines. Paris, 1968.

AŠTAR Abd al-Karîm al-.
(al-Naṯr al-mahǧarî) : al-Maḍmûn wa ṣûrat al-ta'bîr. Tome I. Dâr al-Fikr. 3ème éd. Beyrouth, 1970. 260 p.

(Funûn al-Naṯr) al-mahǧarî : al-Maqâla, al-Qiṣṣa, al-Masraḥiyya,

al-Sîra, al-Amṯâl wa-l-Rasâ'il. Tome II. Dâr al-Fikr al-ḥadîṯ. Liban. 2ème éd. 1965. 311 p.

AUROBINDO Sliri.
La Mère. Collection Jean Herbert: Les grands maîtres spirituels dans l'Inde contemporaine. Ed. Adrien. Maisonneuve, Paris 75006.

BACIOCCHI Joseph de.
Jésus-Christ dans le débat des hommes. « Croire et Comprendre ». Le Centurion. Paris, 1975. 146 p.

BARON Gabrielle.
(Marcel Jousse), Introduction à sa vie et à son œuvre. Casterman. Paris, 1965.

BAYḌÂWI al-.
Commentaire d'al-Bayḍâwî, d'après la lecture de Warš.

BERGSON HENRI.
(Les deux sources) de la Morale et de la Religion. Presses universitaires de France. Paris. 58ème éd. 1948. 338 p.

BLAKE William.
(Complete Writings), with variant readings. Edited by Geoffrey Keynes. Oxford paper-backs 190. Oxford University Press. 1969. 944 p.

BODART M. Thérèse.
Tolstoï. Collection, Classique du XXème siècle. Ed. Universitaires. N° 113. 126 p.

BOROS Ladislas.
(L'homme et son ultime option). Mystérium Mortis. Traduit par A.M. Seltz. Ed. Salvator. Mulhouse, 1966. 223 p.

BOULGAKOF Serge.
(Du Verbe Incarné). Agnus Dei. La Sagesse divine et la théanthropie. Traduit du russe par Constantin Andronikof. Les Religions. Aubier-Montaigne. Paris, 1943. 382 p.

BOUYER Louis.
Dictionnaire Théologique. Desclée. 2ème éd. Belgique, 1967. 653 p.

BOVIS André de.
L'Eglise et son mystère. Je sais - Je crois. Paris, 1961. 138 p.

BRO Bernard.
Faut-il encore pratiquer ? Foi vivante. 50. Ed. du Cerf. Paris, 1967. 448 p.

BROCKELMAN Carl.
(Geschichte) der arabischen Literatur. Leiden. Brill. 5 tomes. 1937-1944.

CAMUS Albert.
L'homme révolté. Collection « Idées ». Gallimard. Paris, 1951. 372 p.

CHAGNEAU François.
Reste avec nous. Desclée. Belgique, 1969. 141 p.

CHARPENTIER Etienne.
(Des évangiles) à l'Evangile. « Croire et Comprendre ». Le Centurion. Paris, 1976. 166 p.

CHEVALIER Jean.
(Le Soufisme) et la Tradition islamique. Bibliothèque de l'irrationnel et des grands mystères. GELT. Paris, 1974. 255 p.

CHORON Jacques.
La mort et la pensée occidentale. Bibliothèque scientifique. Payot. Paris, 1969. 258 p.

CLEMENT Olivier
L'Eglise Orthodoxe. Que sais-je ? Presses Universitaires de France. N°949. Paris, 1961. 126 p.

L'essor du Christianisme Oriental. Mythes et Religions. Presses Universitaires de France. N°50. Paris, 1964. 123 p.

Questions sur l'homme. Collection « Questions ». Ed. Stock. Paris, 1972. 221 p.

CORBON Jean.
L'Eglise des Arabes. Ed. du Cerf. Collection «Rencontres». Paris, 1977. 247 p.

CRESSON André.
(Saint Thomas d'Aquin) : Sa vie, Son œuvre, Sa philosophie. Collection « Philosophes ». Presses Universitaires de France. 3ème éd. 1957. 130 p.

D'ALES A.
(Dictionnaire Apologétique) de la Foi Catholique. Ed. Gabriel Beauchesne. 4ème éd. Paris, 1925, 1926.

DALMAIS I-H.
(Shalom) : Chrétiens à l'écoute des Grandes Religions. Desclée de Brouwer. 1972. 350 p.

DANIELOU Alain.
Le polythéisme hindou. La Barque du Soleil. Buchet/Chastel, Corréa, 1960. 597 p.

DANIELOU Jean.
(Mythes païens), mystère chrétien. Fayard. Je sais. Je crois. Paris, 1966. 105 p.

DASSÛQÎ 'Abd al-'Azîz.
Ǧamâ'at Appolo) wa 'aṯaruha fî-l-ši'r al-ḥadîṯ. al-Maktaba al-'arabiyya. Le Caire, 1971. 593 (129-135).

DASSÛQÎ 'Umar.
Fî-l-'adab al-ḥadîṯ. 2 tomes. I.7ème éd. 1966. II.6ème éd. 1964. Dâr al-fikr al-'arabî. Le Caire. 420 + 468 p.

DECHANET J.M.O.S.B.
(La voie du silence). L'expérience d'un moine. Desclée du Brouwer. 6ème éd. 1961. 232 p.

DELADRIERE Roger.
(La profession de foi) d'Ibn'Arabî. Texte, traduction et commentaire de la Tadkira. Thèse présentée devant l'Université de Paris IV, le 26 janvier 1974. CLX + 526 p.

DELANGLADE Jean.
Le problème de Dieu. Aubier. Ed. Montaigne. Paris, 1960. 270 p.

DEL MEDICO H-E.
(Le mythe des Esséniens), des origines à la fin du Moyen-Age. Plon. Paris, 1958. 334 p.

DELUMEAU Jean.
Le Christianisme va-t-il mourir ? Ed. Hachette. Essais 1977. 211 p.

DENIS HENRI.
L'Evangile et les Dogmes. Collection « Croire et Comprendre ». Ed. du Centurion. Paris, 1974. 152 p.

DODD C-H.
Le fondateur du Christianisme. Traduit de l'anglais par Paul-André Lesort. Ed. du Seuil. Paris, 1972. 185 p.

DONDEYNE Albert.
Jésus-Christ, Fils de Dieu. Collection « Théologie ». Publications des Facultés Saint-Louis. Bruxelles, 1981. 242 p.

DOSTOIEVSKI Féodor.
Les Frères Karamazov. 2 tomes. Livre de poche. Brodart et Tau-

pin, 1972. 506 + 480 p.

Crime et Châtiment. Ed. Garnier Frères. Paris, 1961. 775 p.

ECKHART Maître.
(Traités et Sermons). Traduits de l'allemand par F.A. et J.M. avec une introduction par M. de Gandillac. Collection « Philosophie de l'Esprit ». Aubier, Editions Montaigne. Paris, sans date. 270 p.

ELIADE Mircéa.
Naissances mystiques. Gallimard. 3 éd. Paris, 1959. 274 p.

Mythes, Rêves et Mystères. Gallimard. 5ème éd. Paris, 1954. 305 p.

Traité d'Histoire des Religions. Payot. Nouvelle édition. Paris, 1964. 393 p.

ENCYCLOPEDIE de la Foi.
(En)cyclopédie (de la foi). Cogitatio Fidei. Ed. du Cerf. Paris, tomes 1 et 2 (1965); tome 3 (1966).

ENCYCLOPAEDIA Universalis.
(En)cyclopaedia (Univ)ersalis. Ed. Régulatra Smith. Paris, 1968...

FESTUGIERE A.J.Père.
Hermétisme et Mystique païenne. Aubier-Montaigne Paris, 1967.

FONTAINE Jean.
(Le désaveu) chez les écrivains libanais chrétiens de 1825 à 1940. Thèse de 3ème cycle. Paris, Sorbonne, 1970. 250 p.

FRIES H.
L'Eglise, questions actuelles. Collection « Lumière de la Foi ». Ed. du Cerf. Paris, 1966. 214 p.

ǦABR Ǧamîl.
(Mayy Ziyâdé) fî ḥayâtiha wa adabiha. al-Maṭbaʿa al-kâṯûlîkiyya. Beyrouth, 1960. 107 p.

GARDET Louis.
Dieu et la destinée de l'homme. Collection « Etudes musulmanes ». IX. Librairie philosophique. J. Vrin. Paris, 1967. 528 p.

(Expériences mystiques) en Terres non-chrétiennes. Collection «Sagesse et cultures». Alsatia, Paris, 1953. 181 p.

GENUYT F.M. (O.P.).
Le mystère de Dieu. Le mystère chrétien. Théologie Dogmatique. Desclée. 1963. 149 p.

GHAZÂLI Abû Ḥâmid Muḥammad al-.
Michkât al-Anwâr. (Le Tabernacle des Lumières). Traduction de

l'arabe et introduction par Roger Deladrière. Ed. du Seuil. Paris, 1981. 118 p.

GORKI Maxime.
La Mère. Les Editeurs français réunis. N°894. Paris, 1952. 448 p.
Enfance. Classique. Livre de poche. N°1182/1183. 1967. 447 p.

GROSTEFAN Paul.
Car Dieu répond. Desclée. Belgique, 1971. 127 p.

GUENON René.
(L'homme et son devenir) selon le Vêdânta. Ed. Traditionnelles. 5ème éd. Paris, 1976. 214 p.

(Le Théosophisme) : Histoire d'une pseudo-religion. Vilain et Belhomme. Ed. Traditionnelles. Paris, 1975. 477 p.

Initiation et Réalisation Spirituelle. Ed. Traditionnelles. Paris, 1952.

ḤALLAǦ Hoceïn Mansoûr.
Dîwân. Traduit et présenté par Louis Massignon. Documents Spirituels. 10. Cahiers du Sud. Paris, 1955. 159 p.

ḤITTI Philip.
(History) of the Arabs. 6th edition. London, 1956. 207 p.

(Lubnân) fî-l-Târîḫ. 2 tomes. Beyrouth. Dâr al-Ṯaqâfa. 1959.

HOLSTEIN Henri.
(L'Expérience de l'Evangile). La communauté croyante au premier siècle. Collection « Croire Aujourd'hui ». Ed. du Centurion, Paris, 1975. 142 p.

HOUTART François.
(L'Eglise et le Monde). Vatican II. Collection « L'Eglise aux cent visages ». 12. Ed. du Cerf. Paris, 1964. 143 p.

HOUTART François et ROUSSEAU André.
L'Eglise et les mouvements révolutionnaires. Collection « Eglise, pouvoir, contre-pouvoir ». Ed. Vie ouvrière. Bruxelles, 1972. 173 p.

HUISMAN Denis et VERGEZ André.
(Court traité de philosophie) métaphysique. Fernand Nathan. Paris, 1959.

IBN ʿARABI Muḥyî al-Dîn.
Turǧumân al-Ašwâq. Ṣâdèr. Beyrouth, 1961.

IBN al-FÂRIḌ.
Dîwân Ibn al-Fâriḍ. Ṣâdèr-Beyrouth, 1962. 211 p.

ISḤAQ Adîb.
(al-Durar) : a selection from his works. Edité par ʿAwnî Isḥâq. Beyrouth, 1909. 616 p.

JEAN PAUL II.
Encyclique sur la Miséricorde divine : « Dieu riche en miséricorde ». Les grands textes de la Documentation Catholique. N° 35. Décembre 1980.

Le Rédempteur de l'homme. Première lettre encyclique. (Redemptor hominis.) 4 Mars 1979. Discours du Pape et Chronique romaine. N° spécial 350. Paris, Mars 1979. 142 p. petit format.

JEREMIAS Joachim.
New Testament Theology. Vol. 1. Study Edition. S.C.M. Press. London, 1971. Third impression 1975.

JOLY Eugène.
Qu'est-ce que croire ? Je sais - Je crois. Encyclopédie du catholique au XXème siècle. Arthème Fayard. Paris, 1956. 142 p.

JUNG C.G. et ses disciples.
L'Homme et ses symboles. Robert Laffont. 6, Place Saint-Sulpice. Paris, sans date. 320 p.

KASPER Walter.
Jésus le Christ. Traduit de l'allemand par J. Désigaux et A. Liefooghe. Collection : « Théologie et Sciences religieuses. Cogitatio fidei ». Ed. du Cerf. Paris, 1976. 421 p.

KUNG Hans.
Liberté du Chrétien. Méditations théologiques. Desclée De Brouwer. Paris, 1967. 230.

L'Eglise. D.D.B. Textes et études théologiques. Tomes 1 et 2. Brugge, 1968. 677 p.

LA BHAGAVAD GITA.
Traduit du sanskrit par ESNOUL A.M. et LACOMBE O. Collection « Points-Série Sagesses ». Ed. du Seuil, 1976. 183 p.

LAKSHMI Ma Suryananda.
Quelques aspects d'une sadhana. Collection Jean Herbert. Spiritualités vivantes. Ed. Albin Michel. Paris 75014.

·LALANDE André.
(Vocabulaire) technique et critique (de la philosophie). P.U.F. 8ème éd. Paris, 1960. 1323 p.

LAMARTINE Alphonse.
Méditations Poétiques. Classiques Larousse. Paris, 1820. 111 p.

LEEUW G. Van Der.
(La religion) dans son essence et ses manifestations, phénoménologie de la religion). Payot. Paris, 1955. 692 p.

LE GUILLOU M.J.O.P.
(L'Esprit de l'Orthodoxie) grecque et russe. Je sais-Je crois. Paris, 1961. 126 p.

(Le visage du Ressuscité) : Grandeur prophétique, spirituelle et doctrinale, pastorale et missionnaire de Vatican II. Collection : « Concile et Masses ». Les éditions ouvrières. 1968. 280 P.

LE SAUX Henri. O.S.B.
(Sagesse Hindoue) Mystique Chrétienne : Du Vêdânta à la Trinité. Collection : « L'Eglise en son temps ». Editions du Centurion. Paris 7ème, 1965. 301 p.
(La rencontre) de l'Hindouisme et du Christianisme. Editions du Seuil. Paris, 1966. 231 p.

LETOUZEY et Ané.
Dictionnaire de la Bible. Paris, 1928.

LE TROQUER René, p.s.s.
(Homme, qui suis-je ?) Essai d'anthropologie chrétienne. Je sais - Je crois. 31. les éd. Arthème Fayard. Paris, 1957. 122 p.

LOSSKY Vladimir.
Théologie mystique) de l'Eglise d'Orient. Les Religions. 13. Aubier. Editions Montaigne 533. Paris, 1960. 248 p.

A l'image et à la Ressemblance de Dieu. Aubier-Montaigne. Paris, 1967.

LOT-BORODINE Myrrha.
La déification de l'homme. Ed. du Cerf. Paris, 1970. 290 p.

LUBAC Henri de.
De la connaissance de Dieu. Editions du Témoignage Chrétien. Paris, 1941. 89 p.

(La pensée religieuse) du Père Teilhard de Chardin. Aubier. Paris, 1962, 374 p.

Aspects du Bouddhisme. Collection « La Sphère et la Croix ». Editions du Seuil. Paris, 1951. 199 p.

Corpus Mysticum, l'Eucharistie et l'Eglise au Moyen-Age. Aubier. Paris, 1944.

MAQDISI Anîs
(al-Ittiǧâhât al-adabiyya) fî-l-'âlam al-'arabî al-ḥadît. Dâr al-'ilm li-l-malâyîn. 3ème éd. Beyrouth, 1963. 494 p.

MARITAIN Jacques.
(Eléments de philosophie I). Introduction générale à la philosophie. 5ème éd. Pierre Téqui. Paris, 1921. 228 p.

(Trois Réformateurs) : Luther, Descartes, Rousseau. Le Roseau d'or. Plon. Nourrit et Cie. 1925. 284 p.

(Réflexions sur l'Intelligence) et sur sa vie propre. Col. « Bibliothèque française de philosophie ». Editions Desclée de Brouwer. Paris, 1930. 3ème éd. 378 p.

(Sept leçons sur l'Etre) et les premiers principes de la Raison spéculative. Collection « Cours et Documents de philosophie », chez Pierre Téqui. Paris, 1932-1933. 163 p.

Christianisme et Démocratie. Collection : « Civilisation » dirigée par J. Maritain. Editions de la Maison Française. 1943. 108 p.

Distinguer pour unir ou (Les degrés du Savoir). Desclée de Brouwer et Cie. 5ème édition. Paris, 1946. 919 p.

(La philosophie de la nature). Essai critique sur ses frontières et son objet. Collection : « Cours et Documents de philosophie ». Chez Pierre Téqui. Paris. 146 p.

(De l'Eglise du Christ). La personne de l'Eglise et son personnel. Desclée De Brouwer. Paris, 1970. 425 p.

(Humanisme intégral). Problèmes temporels et spirituels d'une nouvelle Chrétienté. Fernand Aubier. Editions Montaigne. 334 p.

MARTELET Gustave.
(Résurrection), Eucharistie et Genèse de l'homme. Chemins théologiques d'un renouveau chrétien. Desclée. Paris, 1972. 227 p.

MAS'ÛD Ǧubrân
(Lubnân wa-l-nahḍa) al-'arabiyya al-ḥadīṯa. Bayt al-Ḥikma. 1ere édition. Beyrouth, 1967. 189 p.

MASSIGNON Louis.
(La passion d'al)-Ḥusayn Ibn Manṣour al-(Ḥallâǧ), martyr mystique de l'Islam. Librairie Orientaliste. Paul Geuthner. Paris 1922 Tomes 1 + 2 = 942 p. et index. La nouvelle édition : Gallimard. Paris, 1975. 4 tomes 708 + 519 + 386 + 330 p.

MERTON Thomas.
Mystique et Zen. Le Cerf. Paris, 1972.

MESSORI Vittorio.
(Hypothèses sur Jésus). Traduction de l'italien par Henri Louette. Editions Mame. Paris, 1978. 277 p.

MEYENDORFF Jean.
(L'Eglise Orthodoxe) : hier et aujourd'hui. Les Univers. Editions du Seuil. Paris, 1960, 204 p.

MEYEROVITCH Eva de Vitray.
(Rûmî) et le Soufisme. Collection microcosme : « Maîtres spirituels». 41. Editions du Seuil. Paris, 1977. 192 p.

MIRZA Zuhayr.
(Ilîyâ Abû Mâḍî) : Šâʿir al-mahǧar *al-akbar.* 2ème éd. Ḥarîṣa. Liban. 1963. 879 p.

MOUNIER Emmanuel.
Introduction aux existentialismes. Ed. Denoël. Paris, 1947. 159 p.

MOUROUX Jean.
(L'expérience chrétienne). Introduction à une théologie. Aubier. Editions Montaigne. Paris, 1952. 377 p.

Sens chrétien de l'homme. Collection : « Théologie ». Aubier. Editions Montaigne. Paris 1945. 247 p.

MOUSSÉ Jean.
(Foi en Dieu), Foi en l'homme. Editions Economie et Humanisme. *Paris.* Foi Vivante. 96. 1967 p. 188 p.

NAʿÛRÎ ʿIsâ al.
Adab al-Mahǧar. Dâr al-maʿârif. 3ème édition. Le Caire, 1977. 608 p.

Mahǧâriyyât. al-Dâr al-ʿArabiyya li-l-kitâb. Lybie-Tunisie. 1396/1976. 141 p.

NEǦMÉ Eliâs.
(Yasûʿ al-Masîḥ) : ḥayâtuhu, risâlatuhu, šaḫṣiyyatuhu. Imprimerie Paulienne. Ḥarîṣa, Liban, 1962. 423 p.

NIETZSCHE Friederik.
Ainsi parlait Zarathoustra. Gallimard. Paris, 1947. 443 p.

OTT Louis.
Précis de théologie dogmatique. Ed. Salvator - Mulhouse - Casterman - Tournai. Paris, 1955. 712 p.

OUSPENSKY.
Théologie de l'icône dans l'Eglise Orthodoxe. Editions du Cerf. Paris, 1980.

PARENT Rémi.
Condition chrétienne et service de l'homme. Essai d'anthropologie chrétienne. Collection : « Cogitatio Fidei ». Ed. du Cerf. Ed. Fides, Paris-Montréal, 1973. 197 p.

PASCAL Blaise.
Pensées et Opuscules. Classiques. Librairie Hachette. Paris, 1935. 95 p.

PELLÉ-DOUEL Yvonne.
(Saint Jean de la Croix) et la nuit mystique. Maîtres spirituels. Ed. du Seuil. Paris, 1979. 189 p.

PILLAIS. Vallavaraj S.
(J'ai rencontré le Christ) chez les vrais yogis. Ed. Nauwelaerts. Munstraat, 10. Belgique, 1977. 176 p.

QUASTEN Johannes.
(Initiation) aux Pères de l'Eglise. Traduction de l'anglais par J. Laporte. Tome 1. Ed. du Cerf. Paris, 1955. 410 p.

RAVIER A.S.J.
La Mystique et les Mystiques. Desclée de Brouwer. Paris, 1965. 1122 p.

RENAN Ernest.
Vie de Jésus. Collection Folio, 618. N.R.F. Gallimard. Paris, 1974. 538 p.

REY-MERMET Th.
(Vivre la foi) dans les sacrements. Collection « Croire » Ed. Droguet et Ardant. 4ème édition. Limoges, 1977. 526 p.

Pour une (redécouverte de la foi). Collection « Croire » Ed. Droguet et Ardant. 6ème édition. Limoges, 1977. 488 p.

RONDOT Pierre.
Les chrétiens d'Orient. Cahiers de l'Afrique et de l'Asie. 14. Peyronnet. Paris, 1955. 332 p.

ROPS Daniel.
Jésus en son temps. Arthème Fayard. Paris, 1945. 638 p.

ROUSSEAU André et HOUTART François.
L'Eglise et les mouvements révolutionnaires. Collection « Eglise, pouvoir, contre-pouvoir». Ed. Vie ouvrière. Bruxelles, 1972. 173 p.

ROUSSEAU Hervé.
Les religions. Que sais-je ? P.U.F. n°9. Paris, 1968. 126 p.

ṢA'IĠ Anîs.
Lubnân al-ṭâ'ifî. Beyrouth, 1955. 171 p.

SAKKAF As'ad al-.
Mârûn 'Abbûd al-Nâqid. Dâr al-ṯaqâfa. Beyrouth, 1966. 262 p.

ṢALÎBA Ǧamîl et autres auteurs.
(al-Fikr al-falsafî) fî mi'at sana. Sous la direction des Etudes arabes à l'Université américaine. Beyrouth, 1962. 446 p.

ŠARÂRA 'Abd Al-Laṭif.
Mayy Ziâdé. Collection Udabâ'ûnâ» 1. Ṣâdèr-Beyrouth. Beyrouth, 1965.238 p.

SARRAǦ Nâdra Ǧamîl.
Šu'arâ' al-Râbiṭa al-Qalamiyya. Dâr al-ma'ârif. Le Caire. 1957. 391 p.

ṢARRÛF Fouâd.
(al-Fikr al-'arabî) fî mi'at sana. A.U.B. Beyrouth, 1967. 678 p.

ṢAYDAḤ Georges.
(Ȧdabunâ wa udabâ'unâ) fîl-l-mahâǧir al-amîrîkiyya. 2ème édition. Beyrouth, 1957. 615 p.

SESBOÜÉ Bernard.
(L'Evangile dans l'Eglise), la tradition vivante de la foi. Collection « Croire et Comprendre ». Ed. du Centurion. Paris, 1975. 173 p.

SINGER CHARLES.
Prier. Compagnon du chemin des croyants. Desclée. Paris, 1979. 119 p.

SINGLETON Michael.
Expériences Contemporaines de la mort; Albert Camus et Teilhard de Chardin. P.U.G. Rome. 1966, 373 p.

TAGORE Rabindranath.
(Le vagabond) et autres histoires. Traduit du Bengali par Christine Bossennec et Kamaleswar Bhattacharya. UNESCO. N.R.F. Gallimard. Paris, 1962. 258 p.

(Le jardinier d'amour), traduit par H. Mirabaud-Thorens, suivi de *La jeune lune*, traduit par Mme Sturge-Moore. 29ème édition. N.R.F. Gallimard. Paris, 1950. 220 p.

(La fugitive), traduit par Renée de Brimont et suivi des *Poèmes de*

Kabir, traduits par H. Mirabaud-Thorens. 11ème édition. N.R.F. Gallimard. Paris, 1951. 267 p.

ṬARÂBÎŠÎ Georges.

Allâh fî riḥlat Naǧîb Maḥfûz al-ramziyya. Dâr al-ṭalîʿa. 1ère éd. Beyrouth, 1973. 111 p.

TEILHARD de CHARDIN Pierre.

Science et Christ. Ed. du Seuil. Paris, 1965. 293 p.

La place de l'homme dans la nature. le monde en 10-18. N°33. 25e éd. France 1969. 188 p.

Les directions de l'avenir. Ed. du Seuil. Paris, 1973. 236 p.

Hymne de l'Univers. Ed. du Seuil. Paris, 1961. 175 p.

TOLSTOÏ Léon.

(La mort d'Ivan Illitch), Maître et Serviteur, Trois morts. Livre de poche. Brodart et Taupin. Paris, 1976. 204 p.

Guerre et Paix. 2 tomes. Livre de poche n° 1016. Brodart et Taupin. Paris, 1972. 776 + 796 p.

Résurrection. Collection des grands romans littéraires. Société d'Edition Française et Etrangère. 252 p.

(Socialisme et Christianisme) : Correspondance Tolstoï-Birioukaf. Ed. Grasset. Paris, 1957. 428 p.

Ma Confession. Traduit du russe par Zoria. N.L.P. Albert Savine. Paris, 1887. 265 p.

(Récits) : Hadji Mourat suivi de : *Le bonheur conjugal, Le faux coupon, Une tourmente de neige.* Le livre de poche. Gallimard. Paris, 1960. 504 p.

TRESMONTANT Claude.

(Les idées maîtresses) de la Métaphysique chrétienne. Ed. du Seuil. Paris, 1962. 152 p.

Le problème de la Révélation. Ed. du Seuil. Paris, 1969. 333 p.

Comment se pose aujourd'hui (le problème de l'existence de Dieu). Ed. du Seuil. Paris, 1966. 453 p.

(La Métaphysique du Christianisme) et la crise du XIIIème siècle. Ed. du Seuil. Paris, Sans date.

TROISFONTAINES Roger s.j.

« Je ne meurs pas... ». Ed. Universitaires. Paris, 1960. 249 p.

« J'entre dans la vie... ». Ed. Universitaires. Paris, 1963. 238 p.

TYCIAK Julius.
(Maintenant Il vient), l'esprit épiphanique de la liturgie orientale. Ed. Xavier Mappus. Le Puy-Lyon, 1963. 85 p.

VACANTA et MANGENOTE.
Dictionnaire de Théologie Catholique. Ed. Letouzey et Ané. Paris 1909-1950. 3928 colonnes.

VERGEZ André et HUISMAN Denis.
(Court traité de philosophie) métaphysique. Fernand Nàthan. Paris, 1959.

VERGOTE Antoine.
Psychologie religieuse. Psychologie et Sciences Humaines 2. Galeries des Princes. Bruxelles 1. Sans date. 338 p.

VOCABULAIRE de Théologie Biblique.
(V.T.B.). Ed. du Cerf. Paris, 1962. 1158 colonnes.

ZACHNER R.C.
(Inde, Israël, Islam). Religions mystiques et révélations prophétiques. Desclée de Brouwer. Paris, 1965. 333 p.

ZIYÂDÉ Mayy.
Ġâyât al-Ḥayât. Mu'assassat Nawfal. 1ère édition. Beyrouth. 1975. 25 p.

al-Ṣaḥâ'if. Mu'assassat Nawfal. 1ère édition. Beyrouth, 1975. (65-78).

III. Périodiques.

A. Ǧubrân Ḫalîl Ǧubrân.

'ABD al-MASIḤ Antoine.
Hal Kân Ǧubrân Ḫalîl Ǧubrân « ʿamîlan » li-Firansa ? al Mustaqbal. 7ème annèe. 2 et 9 Avril 1983 n°319. p. 15, 58-63 et n°320. p. 30-33.

ANONYME.
khalîl Ǧibran et mayy Ziâda : Deux êtres désunis par un grand amour .Le temps culturel. Tunis, lundi 13 décembre. 1982. p. 8.

FONTAINE Jean.
al-Tamarrod al-dînî ʿind Ǧubrân. al-Fikr. XVI. 2 Novembre 1970. (34-41).

ǦABR Ǧamîl.
Ǧubrân mufakkiran wa šâʿiran: Ǧubrân entre Jésus et Nietzsche. Travaux et Jours, 16. Décembre-Mai 1965. Beyrouth (98-114/19-35).

ǦA'ǦA'Aǧnatius Père.
Bcharré, madînat al-muqaddamîm. (Bcharré, ville des Anciens). al-Machriq XXXème, 1932 Beyrouth. (464-468. 538-543, 685-690, 779-786).

IBN SÂLIM Ḥanna suhail.
Khalil Ǧibran et Walt Whitman: étude de littérature comparée. (avant propos, par le professeur jean Le Cerf). Orient, 2ème semestre 1968 (99-128).

KHALED Amîn.
al-Ǧawhar al-fard fî adab Ǧubrân (L'idée maîtresse dans l'œuvre de Ǧubrân). al-Machriq XXXème. 1932 Beyrouth. (425-433, 522-529, 658-663, 752-762).

LECERF Jean.
Un essai d'analyse fonctionnelle (les tendances mystiques du poète libanais d'Amérique: Ǧubrân Ḫalîl Ǧubrân). Studia Islamica. la rose. Paris. I-II. 1953-1954. (121-135, 131-155).
Ǧubrân Ḫalîl et les origines de la prose poétique moderne. orient. n°3. Juillet 1957. (7-14).

MAǦID Ǧa'far.
Bayn Ǧubrân wa-l-Šâbbî. al fikr, 24ème année. n°5. Fév. 1979. (609-624). Tunis.

NU'AYMA Nadîm.
Ǧubrân fî 'âlamihi al-fikrî. Adâb. 20 Octobre 1972 (18-21, 45-48). Novembre 1972 (34-37).

SÂKER Šâdlî al-.
al-Ḥubb 'ind Ǧalâl al-Dîn al-Rûmî wa Ǧubrân Ḫalîl Ǧubrân. al-'amal al-ṯaqâfî. Tunis, 16 Octobre 1982.

B. Miḫâ'îl Nu'ayma

ANONYME.
Ḥiwâr al-ayyâm al-aḫîra ma' Miḫâ'îl Nu'ayma. al-Ṣabâḥ. 27 Septembre 1980. (12). Pris de « Orient-Presse ».

Liqâ' ma Miḫâ'îl Nu'ayma fî mahraǧân takrîmihi. al-Ṣabâḥ. Tunis. 19 Mai 1978. p. « Fikr wa fann », pris de « Orient-Press ».

ARNALDEZ Roger.
Les valeurs humaines dans l'œuvre de Mikhail Naimy. L'Orient-Le Jour. Beyrouth, 10 Mai 1978. (7).

BEN MILED Maḥǧûb.
Miḫâl'îl Nu'ayma, aw ḥikmat al-šarq tub'aṯ. al-Fikr II. 7 Avril 1957. (16-25/496-505).

Risâlat Mihâ'îl Nu'ayma. al-Fikr. Tunis. N°spécial, 23/10. Juillet 1978. (5-33).

KEFI M. Ridha.
Mikhail Nouaïma et le mal du passé. Le Temps. Tunis. Mer. 10 Septembre 1980. (14).

MANSÂ Mayy.
Mihâ'îl Nu'ayma fî iftitâḥ mahraǧânihi. al-Nahâr. Beyrouth 8 Mai 1978.

MAṬAR Nabîl.
(Adam et le serpent). Adam and the serpent. Journal of Arabic Literature. XI. 1980.

PIRONE Bartolomeo.
Sistema filosofico-religioso di Mihâ'îl Nu'ayma. Oriente Moderno. Anno LVII. n°3-4. Marzo-Aprile 1977 (65-76).

RAWÎ Hârîṯ Ṭâha al-.
Waǧh Mihâ'îl Nu'ayma. Adîb 22/10. Octobre 1963. (36-37).

TAYYEB Ṣâlaḥ al-.
Muqâbala ma'Mihâ'îl Nu'ayma.Hunâ London.Mars 1973. N°293) (4-5).

ZUĠAYYEB Henri.
Yawm fî šayḫûḫat Miḫâ'îl Nu'ayma wa-l-šâ'ir al-Qaroui. al-Nahâr al-'arabî wa-l-douali. Paris, 23 Février, 1er Mars. N°199. 1981 (52-56).

C. Articles Généraux.

'ABD al-QUDDUS Iḥsân.
Le Christ à Dichna. Orient. 3ème trimestre 1959. N°11. (137-141).

AUBIN Paul.
La porte de la vie selon l'Esprit. Croire Aujourd'hui. Janvier 1979. (18-25).

BEZANÇON Jean-Noël.
L'Eglise devant la divinité du Christ. C. Auj. Juillet-Septembre 1977. (392-395).

Fils de Dieu dès le début. C. Auj. Janvier 1978. (40-50).

BOROS Ladislas.
De l'esprit propre à inspirer une nouvelle définition des fins dernières. Concilium, 32. Février 1968. (67-76).

DALMAIS I.U.o.p.
La foi au Christ parmi les religions des hommes. C. Auj. Juin 1975. (328-333).

DELADRIERE Roger.
Hommage Henri Laoust : Les niveaux de conscience selon l'exégèse d'al-Qâšânî. Université Jean Moulin (Lyon III).

DOMERGUE Marcel.
Vie spirituelle et connaissance de Dieu. C. Auj. Avril 1971. (231-239).

Les ruptures créatrices et la Pâque. C. Auj. Janvier 1982.

DUPREZ Antoine.
Miracles hellénistiques à l'époque du Christ. Cahiers, Evangile. N°8. Ed. du Cerf. Mai 1974.

GUILLET Jacques s.j.
Si Jésus n'était pas le Fils de Dieu. C. Auj. Octobre 1971. (457-458).

HOEFFNER Cardinal.
Déclaration relative à certains points de la doctrine théologique du professeur Hans Küng. La documentation catholique. 20 Janvier 1980. N°1778.

JULLIEN Jacques.
Où va la Morale ? C. Auj. Juin et Décembre 1978. (338... et 647).

MONFORT François.
Sacrement et mystère pascal. C. Auj. Juin 1977. (357-366).

SANTANER Marie-Abdon.
C. Articles Généraux.

Le mystère de l'Eglise: (Etre homme, devenir comme Dieu). C. Auj. Novembre 1976. (537-546).

Le don de Dieu qu'est l'Eglise, C. Auj. Février 1977. (78-86).

L'Eglise, une, sainte, catholique et apostolique. C. Auj. Mai 1977. (299-303).

SEPER Franjo Cardinal.
Déclaration relative à certains points de la doctrine théologique du professeur Hans Küng. La documentation catholique. 20 Janvier 1980. N°1778.

SESBOÜE Bernard.
Jésus-Christ à l'image des hommes. C. Auj. Décembre 1976. (609-618) et de Janvier à Juin : (41-52), (98-109), (139-151), (205-217), (284-297), (346-356).

VERNETTE Jean.
Des chrétiens se rencontrent. C. Auj. Juillet-Août 1978. (392-400).

INTRODUCTION

Les hommes

Qui sont Ǧubrân et Nu'ayma ?

Nombreux sont les auteurs qui ont longuement et abondamment répondu à cette question. Aussi, tout en essayant d'éviter les répétitions, nous allons parcourir les étapes de la vie de ces deux fils de l'Eglise Chrétienne, étapes qui vont de 1883 à nos jours, pour y pénétrer plus avant, dégager les principaux aspects religieux qui les ont marqués et faire ressortir le lien spirituel très secret qui relie ces deux hommes, si proches par leur première formation, par leur premier milieu de vie et par les grands principes religieux qui les ont guidés.

Nous les étudierons successivement :

I. De la naissance à la rencontre en 1920.
II. Les deux amis : 1920-1931.
III. La solitude : 1931...

I. De la naissance à la rencontre

A six ans de différence naissent Ǧubrân, le 6 décembre 1883, et Nu'ayma, le 17 octobre 1889(1). Le premier voit le jour sur le versant nord de la vallée sainte de *Qadîša,* patrie des grands couvents, dans le village de *Bcharré*. Celui-ci est une sorte de bourg ecclésiastique(2), situé au nord du Liban et à mille quatre cent cinquante mètres d'altitude. Le deuxième vient au monde dans un village de montagne, *Baskinta*(3), qui lui inspirera plus tard la longue introduction de son livre *Mirdâd*.

---

(1) *Ǧubrân*. 3,26. *Sab'ûn*. 1,108-109. Sur la rectification de la date de naissance de Ǧubrân, voir Ǧamîl Ǧabr. *Ǧubrân Ḫalîl Ǧubrân fî ḥayâtihi al-'âṣifa*. Beyrouth (1981), p. 17. note 1.

(2) Pierre Rondot. *Les chrétiens d'Orient*. Paris (1955), p. 15. Aǧnatius Ǧa'ǧa'. *Bcharré, madînat al-muqaddamîn*. al-Machriq, XXXème, 1932. p. 464-468, 538-543, 685-680 et 779-786.

(3) Voir la description de ce village par Nadeem Naimy. *Mikhail Naimy, an Introduction*. Beyrouth (1967), p. 70-71.
Etant donné l'absence de concensus sur l'orthographe de ce mot *(Biskanta, Biskinta, Baskinta),* nous choisissons cette dernière et ceci par conformité aux indications que =

Baptisé dans l'Eglise Maronite, Ǧubrân était l'aîné d'une famille de trois enfants. Un autre enfant était né d'un premier mariage de son père. Celui-ci, Ḫâlîl, était un gardien de troupeaux et un alcoolique invétéré[4]. Sa mère, Kâmila Raḥmé, descendait d'une famille d'ecclésiastiques maronites[5] et avait pensé se consacrer à Dieu dans la vie religieuse[6]. A la différence de la famille de Ǧubrân, celle de Nu'ayma était chrétienne orthodoxe. Tous les deux subissent fortement l'influence d'une mère croyante et pratiquante [7] et connaissent les accrochages, parfois sanglants, entre jeunes maronites et jeunes orthodoxes[8]. Ces derniers étaient moins repliés sur eux-mêmes que les catholiques maronites.

Dans ce milieu traditionaliste grandissent les deux enfants, partagent les pratiques religieuses de leurs parents, telle que l'assistance à la messe et aux différentes cérémonies[9] et ne tardent pas à fréquenter l'école religieuse de leur village respectif, l'une maronite, située tout près du monastère Saint Sarkîs, l'autre, orthodoxe, fondée en 1889[10]. L'enseignement donné était le même, limité aux Psaumes de David [11]. Mais ce ne sont point les Psaumes qui seront la référence constante de ces deux fils du Liban, mais bien l'Evangile « qui a été, qui est encore et restera toujours mon unique consolation » selon la confession et l'affirmation de Nu'ayma[12].

N'ayant guère de ressources à *Bcharré*, Kâmila Raḥmé Ǧubrân émigre avec ses quatre enfants à Boston, où elle arrive en 1895, laissant le

= donne Nu'ayma lui-même dans son autobiographie. Après avoir donné les différentes significations de ce nom, l'auteur ajoute : « Le lecteur pourrait être intéressé par la prononciation exacte. Les habitants de ce village et des villages limitrophes prononcent *Baskinta, bi fatḥ, awwalihi, wa taskîn ṯânîhi, wa kasr ṯâliṯihi,* bien que pour des raisons que j'ignore, la direction libanaise des P.T.T. persiste à écrire *Biskinta, bi kasr awwalihi ». Sab'ûn.* 1,44.

(4) *Ǧubrân.* 3,26-27. cf. également Ǧamîl Ǧabr. op.cit. p. 9-14.

(5) *Beloved Prophet.* The love letters of Kahlil Gibran and Mary Haskell, and her private journal. Edited by Virginia Hilu. London (1976), journal du 3/9/1973. p. 152.

(6) Ibid. Journal du 20/4/1920. p. 330.

(7) *Ǧubrân.* 3,33. *Sab'ûn.* 1,17-18.

(8) Ibid. p.35. Ibid. p.46.

(9) Ibid. p.32-33. Ibid. p.28

(10) *Sab'ûn.* 1,77.

(11) *Ǧubrân.* 3,34 et 35. *Sab'ûn.* 1,57-59. *Nûr.* 5,623. Quelques années plus tôt, Maxime Gorki (1868-1936) s'initiait à lire dans le Psautier. cf. *Enfance.* Paris (1967), p.144-145.

(12) *Ǧubrân.* 3,69 et 122. *Sab'ûn.* 1,239 et 279.

père et ses troupeaux au village[13]. La famille s'installe dans un quartier où les Chinois constituent la majorité des habitants. Ǧubrân est influencé par leurs croyances notamment la foi en la réincarnation[14], dont les premières traces apparaîtront en 1906 dans sa nouvelle ***Ramâd al-aǧyâl wa-l-nâr al-ḫâlida***, Les cendres des générations et le feu éternel[15]. Trois ans plus tard, en 1898, Ǧubrân, jeune adolescent de 15 ans, prend le bâton du pèlerin et se rend à Beyrouth, à l'Ecole de la Sagesse[16], Ecole « où les élèves recevaient des connaissances sur la confession maronite et son fondateur, S. Maron. Les cours étaient donnés par un prêtre très simple qui inculquait à ses élèves la supériorité des maronites sur les fidèles des autres confessions »[17]. Ǧubrân y restera de 1898 à 1901.

C'est également dans une école confessionnelle, l'école normale russe orthodoxe, de Nazareth, en Palestine, qu'étudie Nu'ayma de 1902 à 1905. Durant ces quatre années, s'accentue sa tendance à la méditation[18], et son amour pour le Christ s'exprime de manière sensible en visitant tous les lieux qui en portent les traces[19]. Après Nazareth et un court séjour en famille, c'est la route pour le séminaire de Poltava, dans la province de l'Ukraine[20] où il va s'adonner assidûment à des études ecclésiastiques de 1906 à 1911, tout en n'ayant aucune attirance pour le sacerdoce[21]. ce séjour qu'il rencontre le grand sculpteur Auguste Rodin (1840-1917) et à 1902) et (1909 à 1910) pour y étudier le dessin à l'Académie Julien et non à celle des Beaux Arts comme le dit Nu'ayma[22]. C'est au cours de

---

(13) *Ǧubrân*. 3,42. Rose Ġurayyèb. *Ǧubrân fî aṯârihi al-kitâbiyya*. Beyrouth (1969), p.12 et 13.

(14) Ḫâlèd Ġassân. *Ǧubrân al-faylasûf*. Beyrouth (1974), p. 247-248.

(15) *Ramâd*. p.47-58, d'*al-maǧmû'a al-kâmila*.

(16) *Madrasat al-Ḥikma*, fondée par Mgr. Joseph Dibs en 1865. cf. Ǧubrân Mas'ûd. *Lubnân wa-l-nahḍa al-'arabiyya al-ḥadîṯa*. Beyrouth (1967), p.41, et Philipp Hitti. *Lubnân fî al-târîḫ*. Beyrouth (1959), 1,560. Et Ǧ. Ǧabr. op. cit. p.28-38.

(17) Ḫâlèd Ġassân. op.cit. p.25. Fouâd Ṣarrûf. *al-fikr al-'Arabi fî mi'at sana*. Beyrouth (1967), p.46.

(18) *Sab'ûn*. 1,112 et 146.

(19) Ibid. p.129-132.

(20) Ibid. p.173.

(21) *Nûr*. 5,626. C. Nijland. *M. Nu'ayma, promotor of the arabic litterary revival*. Stamboul (1975). p. 16. Notons que M. 'Abbûd, tout comme Nu'ayma, était destiné au sacerdoce pour succéder à ses deux grands-pères. cf. As'ad al-Sakkâf. *M.'Abbûd al-Nâqid*. Beyrouth (1966), p.65-66.

(22) Ǧamîl Ǧabr. *Ǧubrân, Sîratuhu, Adabuhu, Falsafatuhu wa Rasmuhu*. Beyrouth (1958), p.73. Et Youssef al-Ḥuwayyik. *Ḏikrayâti ma' Ǧubrân*. Paris (1909-1910), p.14.

ce séjour qu'il rencontre le grand sculpteur Auguste Rodin (1840-1917) et entre en contact avec l'œuvre des grands romantiques français[23] tout comme fera Nuʿayma en mars 1919 à l'université de Rennes[24].

Revenons en arrière et demandons-nous quel fut l'impact respectif de l'Ecole de la Sagesse et du Séminaire russe orthodoxe sur nos étudiants. Tous les deux en sont sortis avec :

a. Un sentiment de pitié pour le peuple opprimé, d'indignation et de haine pour le clergé et le pouvoir civil, instruments d'oppression[25]. Ǧubrân déverse toute cette indignation dans *Yuḥanna al-Maǧnûn*, Jean le fou[26] et *Ḫalîl al-Kâfir*, Khalil le mécréant[27], tandis que Nuʿayma la répand, de manière moins acerbe, dans plusieurs de ses livres, notamment dans *Marâḥil*, Les Etapes[28], *Abʿad min Moscou wa min Washington*, Au-delà de Moscou et de Washington[29] et tout particulièrement dans *Mirdâd*[30].

b. Une foi plus ou moins purifiée et personnelle : la mort de sa plus jeune sœur Sultana, avant celle de sa mère et de son demi-frère Pierre, arrache à Ǧubrân ce cri : « Mon Dieu est mort lorsqu'Il a fait mourir ma sœur Sultana, comment pourrai-je vivre sans Dieu »[31] ? Alors que le Séminaire inculque à Nuʿayma un esprit de critique et de contestation de toutes les vérités doctrinales que l'Eglise lui avait apprises[32] ainsi que de tout son héritage de chrétienté.

c. Enfin, une vague d'ascétisme et d'austérité s'empare d'eux[33].
Un événement important, survenu en 1908-1909, retient notre atten-

---

(23) Faouzî ʿAtoui. *Ǧ.H.Ǧ. ʿAbqariyy min Lubnân*. Beyrouth (1971), p.25.

(24) *Sabʿûn*. 1,408.

(25) Ǧamîl Ǧabr. *Ǧubrân, Sîratuhu*. p.30. *Ǧubrân*. 3,41. *Sabʿûn*. 1,385. *Durûb*. 6,158.

(26) *Yuḥanna al-Maǧnûn*, paru dans *ʿArâ'is al-murûǧ*. (1906), 69-80.

(27) *Ḫalîl al-kâfir*. paru dans *al-Arwâḥ al-mutamarrida*. (1908).

(28) *al-Marâḥil*. Beyrouth (1932).

(29) *Abʿad min Moscou wa min Washington*. Beyrouth (1957).

(30) *Mirdâd*. Beyrouth (1948).

(31) Faouzî ʿAtoui. op.cit. p.23.*Ǧubrân*. 3,66-67.

(32) *Sabʿûn*. 1,276-280.

(33) Ibid. p.220. Taoufîq Ṣâ'iġ. *Aḍwâ' ǧadîdaʿalâ Ǧubrân*. Beyrouth (1966), p. 20.

tion. Il s'agit de ce qui va devenir « la légende Ǧubranienne ». En effet, quand en 1908 paraît son livre *al-Arwâḥ al-Mutamarrida*, Les âmes rebelles(34), les autorités religieuses et politiques auraient ordonné, au dire de l'auteur lui-même, de brûler l'ouvrage sur la place publique de Beyrouth car ce livre était considéré comme néfaste et dangereux. L'auteur aurait même été excommunié du sein de l'Eglise maronite catholique(35) et condamné à l'exil par les autorités turques.

Il est vrai que Ǧubrân lui-même a une responsabilité directe dans la naissance, l'entretien et la diffusion de cette légende dorée dont il a entouré sa vie(36) à tel point que Nu'ayma, en 1931, devra soudoyer le prêtre maronite de New-York pour qu'il autorise l'enterrement religieux par égard pour la sœur du défunt(37). Seule Mary Haskell aura le privilège de connaître la réalité. En 1943, il lui écrit : « qu'il a failli être excommunié... mais ne l'a pas été car il était de descendance sacerdotale du côté de sa mère »(38). Cette légende, Ǧubrân l'emmène avec lui à New York. Jean Fontaine l'attribue à la sainteté de l'ermite-prophète à laquelle prétendait Ǧubrân(39), alors que Khalîl Ḥâwî l'attribue au désir du martyre qui a souvent hanté Ǧubrân, mais celui-ci n'a pas eu à souffrir des persécutions pour sa foi comme tant d'autres. C'est peut-être en compensation de cela qu'il invente puis raconte à Mrs. Young qu'à Beyrouth, *al-Arwâḥ al-Mutamarrida* a été brûlé et que lui-même a été excommunié(40). Cette légende accompagne même sa dépouille mortelle lors de son transfert au

(34) *Al-Arwâḥ al-mutamarrida*, dans *al-Maǧmû'a al-kâmila al-'Arabiyya*. p.83-166.

(35) Barbara Young. *This man from Lebanon, A study of Kahlîl Gibrân*. New York. (1972), p.185. M. 'Abbûd. *Ǧudud wa qudamâ'*. Beyrouth (1963), p.85. Notons que Ǧubrân était déjà parti pour New York en 1894, et ne pouvait donc pas être exilé.

(36) Il a fait croire à Nasîb 'Arîḍa qu'il était né à Bombay, aux Indes. cf. Nadeem Naimy. op. cit. p. 275. A Barbara Young, il a fait croire que son père était tellement puissant que s'il donnait un coup de pied au sol tout le Liban en tremblait. cf. *Sab'ûn*. 1,451. Et nous lisons dans le périodique *al-Sâ'iḥ al-mumtâz* (1927, p.3) que la famille de Ǧubrân était d'origine chaldéenne, arrivée en Syrie au XVIIème siècle. cf. aussi T. Sâyèg. op.cit. p.181. Mais, ce n'est là qu'une vague et haute prétention inspirée par Ǧubrân lui-même au rédacteur d'*al-Sâ'iḥ* et que celui-ci a publiée sans aucune preuve de sa véracité. cf. *Ǧubrân*, 1ère édition. p.224. cf. également : Jean and Kahlil Gibran. *Kahlil Gibran : his life and his world*. New York (1974), p.198-199. Et Riâḍ Ḥunayn. *Al-Waǧh al-âḫar li-Ǧubrân*. Beyrouth (1981), p.48-52.

(37) *Ǧubrân*. 3,286. Jean Fontaine. *Le désaveu chez les écrivains libanais chrétiens de 1825 à 1940*. Thèse de 3èmecycle. Paris (1970), p.165.

(38) *Beloved Prophet*. Journal du 3/9/1913. p.151.

(39) Jean Fontaine. op.cit. p.178.

(40) K.Ḥâwî. *H.Ǧ. His background, character and works*. Beyrouth (1963), p.242.

Liban le 21 août 1931(41) et atteint l'apogée lorsque ses concitoyens inscrivent sur sa tombe : « Ici repose notre prophète Ǧubrân ». Mais par un jeu de *points*, le clergé réussit à transformer « notre Prophète نبينا » par « parmi nous, بيننا »(42). Toutefois, malgré tous les efforts des hommes de religion et de Nu'ayma dans la biographie de son ami, une certaine renommée légendaire continue à se frayer un chemin, même parmi le clergé. C'est ainsi que l'Archevêque de New York, qui avait rencontré Ǧubrân, rapporte en 1949, 18 ans après la mort de l'écrivain libanais, à la revue *al-'Usbâ*, «avoir visité un saint ou l'un des prophètes»(43).

Ǧubrân s'installe définitivement à New York en 1912 et s'adonne à la rédaction de son œuvre. Cette même année, Nu'ayma arrive dans le Nouveau Monde, non à la recherche de ressources matérielles à la manière de ses compatriotes mais pour étudier le droit(44) et asseoir ses connaissances après les avoir passées au crible. C'est ainsi qu'en 1915, un jeune étudiant écossais le met au courant de la Société Théosophique dont il fait partie(45). L'ancien étudiant de théologie(46) est vivement intéressé par les principes de cette société et tout particulièrement par : « la réincarnation et le principe de rétribution, *nizâm al-'iqâb wa-l-ṯawâb* », qui lui donnent la réponse à la question du péché originel et du jugement dernier(47). Environ un an plus tard, il fait son entrée dans une société Maçonnique dont son frère est le président mais il la quittera assez rapidement(48). Après quelques mois passés à New York, il s'engage comme volontaire dans l'armée américaine le 25 Mai 1918(49). Enfin, en juillet 1919, c'est le retour à New York où *al-Râbiṭa al-Qalamiyya* verra le jour le 20 Avril 1920 et unira ces deux émigrés libanais pour onze ans(50).

---

(41) *Ǧubrân*.3,249.

(42) Ibid. p. 235. Riâḍ Ḥunayn. op.cit. p.14.

(43) *al-'Usbâ*, 1949. N°1. p.1033-1034, cité dans 'Abd al-Karîm al-Aštar. *al-Naṯr al-mahǧarî*. Damas (1970), 1,39.

(44) T. Sâyèǵ. op.cit. p. 223.

(45) *Sab'ûn*. 1,326.

(46) C. Nijland. op.cit. p.16.

(47) *Sab'ûn*. 1,327-328.

(48) Ibid. p.344-346.

(49) Ibid. p.354-358.

(50) Avant cette date, Ǧubrân avait publié : *al-Mûsîqâ*. New York (1905). *'Arâ'is al-Murûǧ* New York (1906). *al-Arwâḥ al-mutamarrida*. Le Caire (1908). *al-Aǧniha al-Mutakassira*. New York (1912). *Dam'a wa Ibtisâma*. New York (1914). *al-Mawâkib*. =

II. Les deux amis : 1920-1931

Les premiers pas vers cette amitié entre Ǧubrân et Nu'ayma remontent à 1912, année de la fondation d'*al-Funûn* puis d'*al-Sâ'iḥ*, revues *littéraires*(51), dans lesquelles ils publiaient leurs articles(52). En 1919, Nu'ayma s'était installé à New York et avait noué des contacts avec les hommes de lettres syro-libanais qu'unissaient des relations littéraires,artistiques et spirituelles(53) qui seront le meilleur terrain de travail pour *al-Râbiṭa al-Qalamiyya*, cette sorte de club littéraire ayant Ǧubrân pour président et Nu'ayma pour secrétaire et dont l'objectif était le renouveau de la littérature arabe(54) sur la base des principes suivants : révolte contre les thèmes de la poésie traditionnelle d'une part, et d'autre part, une nette préférence accordée à l'âme, à l'éternité, à la méditation, à la mystique et à un certain syncrétisme religieux en réaction contre le fanatisme et le confessionnalisme(55).

Après la fondation d'*al-Râbiṭa al-Qalamiyya* nous trouvons peu d'événements à caractère religieux survenir dans la vie des deux amis. L'un et l'autre s'adonnent à leur mission qui prendra respectivement corps dans *The Prophet*, Le Prophète, et *Mirdâd*(56). Onze années d'amitié et de travail durant lesquelles Ǧubrân publie cinq ouvrages en anglais(57) et deux en arabe(58), alors que Nu'ayma, qui continue à mûrir sa pensée, se contente de publier un livre unique(59).

Un événement important survient en 1925. C'est la rencontre de Nu'ayma avec un jeune indien qui lui conseille de lire « *la Bhagavad Gita*

= New York. (1918). *The Madman*. New York. (1918). Nu'ayma lui avait publié *al-Abâ' wa-l-Banûn*. New York (1917).

(51) Périodiques annuels fondés respectivement par Nasîb 'Arîḍa et 'Abd al-Masîḥ al-Ḥaddâd en 1912.

(52) Nâdra Sarrâǧ. *Šu'arâ' al-Râbiṭa al-Qalamiyya*. Le Caire (1957), p.83. N. Naimy. op.cit. p.114-117.

(53) *Ǧubrân*. 3,186.

(54) Ibid. *Sab'ûn*. 1,445. Aštar. op.cit. p.20-21 du tome 1. N. Naimy. op.cit. p.119-123. Et al-Nâ'ûrî. *Adab al-Mahǧar*. Le Caire (1977), p.22-27. Enfin Georges Ṣaydaḥ. *Adabunâ wa Udabâ'unâ fî al-mahâǧir al-amîrîkiyya*. Beyrouth (1959), p.210.

(55) N. Sarrâǧ. op.cit. p.122, 144 et 369. 'Abd al-'Azîz al-Dassûqî. *Ǧamâ'at Appolo wa aṯâruhâ fî al-ši'r al-ḥadîṯ*. Le Caire (1971), p.134.

(56) *The Prophet*. New York (1923), et *The Book of Mirdâd*. Beyrouth (1948).

(57) *The Forerunner*. New York (1920). *The Prophet, Sand and Foam*. New York (1926). *Jesus the Son of Man*. New York (1928). et *The Earth Gods*. New York (1931).

(58) *al-'Awâṣif*. Miṣr (1920) et *al-Badâ'i' wa-l-Ṭarâ'if*. Miṣr (1923).

(59) *al-Ġirbâl*. Le Caire (1923).

et le Raja Yoga de Vivekananda[60], deux ouvrages qui vont marquer un tournant dans la vie de ce jeune libanais avide de connaissances.

Pendant que l'auteur du *Prophète* savourait le succès de son *Jesus the Son of Man*, Jésus le Fils de l'homme, son compatriote, poussé par son attrait pour la solitude et la méditation, regagne Walla Walla dans l'Etat de Washington[61] qu'il devra quitter bientôt pour accompagner son ami durant les dernières heures de son pèlerinage terrestre et veiller à lui procurer les derniers secours de l'Eglise, secours que le mourant refuse[62]. C'est à cette occasion qu'il rencontre Mary Haskell[63], la femme qui a occupé une si grande place dans la vie du défunt[64], ainsi que Barbara Young[65] qui collabora activement à la diffusion de la « légende Ǧubranienne »[66].

Un an après les adieux faits à son ami le 10 Avril 1931, ce sont les adieux aux U.S.A. pour rentrer définitivement au Liban et se consacrer à son œuvre qu'il a longuement préparée et mûrie par une méditation personnelle de l'Evangile et de l'Ecriture, une lecture assidue des auteurs russes, une connaissance insuffisamment creusée de l'Hindouisme, une large expérience du monde moderne et enfin un apport littéraire arabe non négligeable.

III. La solitude du chemin : Nu'ayma de 1931 à...

Après trente ans de pérégrination loin du nid familial, Nu'ayma réintègre *Baskinta* le 9 Mai 1932 avec le désir de mener une vie d'austérité et de contemplation[67], mais une mission difficile l'attend, son frère Nasîb est gravement malade, aussi doit-il affermir la foi des siens en Dieu, le Guide Suprême, *al-Muwaǧǧih al-A'zam*[68]. Il prie pour la guérison de son

(60) *Sab'ûn*. 1,524.

(61) Ibid. p.529.

(62) *Ǧubrân*. 3,16. *Beloved Prophet*. p.441.

(63) *Sab'ûn*. 1,577-579.

(64) cf. *Beloved Prophet*.

(65) *Sab'ûn*. 1,580. cf. Jean and Khalil Gibran. op.cit. p.409-417.

(66) *Sab'ûn*. 1,580. K. Ḥâwî op.cit. p.XI. Notons que Barbara Young a visité le Liban en 1939, avant d'écrire son livre sur Ǧubrân, *This Man from Lebanon*. Elle a visité l'Ecole de la Sagesse puis *Bcharré*. Cité par Riâḍ Ḥunayn. op.cit. p.34.

(67) *Sab'ûn*. 1,612.

(68) Ibid. p.627.

frère et demande un miracle, mais en vain : « Où es-tu ô Jésus ? Où est ton père et mon Père qui est aux cieux »[69] ? Mais la mort de son frère, le 6 Mai 1933, n'affaiblit point sa foi en la sagesse de l'Ordre Eternel et en sa Justice[70]. Après cette dure épreuve, Nu'ayma reprend sa vie de solitude[71], de recueillement, de réflexion et de composition[72]. Il constate une grande parenté de pensée entre sa vision de la vie et celle de Bouddha, Lao-Tseu, Platon, le Christ et S. Augustin[73]. Le 19 Juillet 1937, Bou-Dîb, le père de l'auteur quitte ce monde après avoir reçu les derniers sacrements[74]. Six ans après, le 14 Août 1944, c'est le tour d'Oum-Dîb de rejoindre son mari accompagnée par des versets d'Evangile et des Psaumes que son fils récitait à son chevet[75].

Nu'ayma ne devait pas connaître seulement des épreuves et des deuils. La joie du retour aux sources ne lui manqua pas. C'est ainsi qu'en Août 1956 l'Association des Ecrivains Russes l'invite à visiter l'Union Soviétique[76], un demi siècle après sa première entrée au séminaire de Poltava[77]. A la joie se mêle le regret que l'U.R.S.S. « néglige le cœur de l'homme » malgré tous les efforts déployés pour améliorer ses conditions de vie[78], et il attire l'attention sur la stérilité des réformes qui s'appuient uniquement sur la Raison[79].

L'attrait du fils de *Ṣannîn* pour le silence, la méditation et la retraite spirituelle ne l'isole point de la société comme le lui ont reproché certains[80]. C'est dans cette retraite qu'il nous livre l'histoire de sa vie[81], vie toute orientée vers *l'In'itâq*, la libération spirituelle et l'union absolue

(69) Ibid. p.692.

(70) Ibid. p.694.

(71) Son besoin de solitude était semblable à son besoin de pain, d'eau et d'air. *Sab'ûn*. 1,657. cf. aussi Adîb al-Râwî. *Wağh M. Nu'ayma*. Oct. 1963.

(72) *Sab'ûn*. 1,698.

(73) Ibid. p.706.

(74) Ibid. p.738.

(75) Ibid. p.771.

(76) Ibid. p.825.

(77) Ibid. p.826.

(78) Ibid. p.828.

(79) Ibid.

(80) Voir « Pourquoi me suis-je retiré du monde ? » *Ṣawt*. 5,344-349.

(81) *Sab'ûn*. en trois tomes. Beyrouth (1959-1960).

à Dieu, autrement dit, vers la déification[82]. Sa pensée sera couronnée par *Nağwâ al-Ġurûb,* les Confidences du Crépuscule[83], ce « psaume moderne », selon une expression qui nous a été suggérée[84], et *Min Waḥy al-Masîḥ*, Inspiré par le Christ[85].

A l'occasion de ses quatre-vingt-dix ans, Nu'ayma reçoit l'hommage de ses compatriotes et d'hommes de lettres venus de différents pays. C'est l'occasion pour lui de résumer sa vie, son œuvre, sa philosophie et sa mission par le mot *al-Maḥabba*, l'amour de charité[86], cet amour qu'il continue à prêcher du fond de sa solitude d'*al-Šuḫrûb*[87] à un monde déchiré par la haine et la guerre. C'est dans ce village montagneux qu'il a écrit vingt-neuf de ses livres[88], qu'il a passé la plus belle partie de sa vie et c'est là qu'il veut passer la plus belle partie de sa mort[89].

Dans les quarante-neuf ouvrages qu'ils ont écrit, Ǧubrân et Nu'ayma traitent de nombreux thèmes mystiques, bibliques et sociaux tels que l'unité de l'existence, la divinité de l'homme, la réincarnation, le Christ, le sens ultime de la vie humaine, la lutte contre l'oppression religieuse et sociale, la place de la femme dans la société... Le point commun à tous ces thèmes est le souffle chrétien qui les anime. Mais, est-ce pour cela que nous pouvons dire que leur pensée religieuse est « chrétienne » ? Quelles sont les vérités «Chrétiennes» qu'ils ont reconnues, retenues et développées?

Pour esquisser une réponse à cette question, nous allons les accompagner dans leur cheminement spirituel pour découvrir le véritable con-

---

(82) *Nûr.* 5,690. *Mirdâd.* 6,616. *Aḥâdîṯ.* 9,463.

(83) *Nağwâ al-Ġurub.* Beyrouth (1973).

(84) Roger Deladrière. Lettre du 4 Avril 1976.

(85) *Min Waḥy al-Masîḥ.* Beyrouth (1974).

(86) *al-Ṣabâḥ,* quotidien tunisien. 19 Mai 1978.

(87) Voir la description d'*al-Šuḫrûb* par N. Naimy. op.cit. p.71 note 2. et *Sab'ûn.* 1,46-49.

(88) Outre les ouvrages ci-dessus cités : *Gubrân Ḫalîl Gubrân.* Beyrouth (1934). *Zâd al-Ma'âd.* Le Caire (1936). *Kân Mâ Kân.* Beyrouth (1937). *al-Bayâdir.* Le Caire (1945). *Hams al Ǧufûn.* Beyrouth (1945). *al-Awṯân.* Beyrouth (1946). *Karm 'alâ darb.* Le Caire (1946). *Liqâ'.* Beyrouth (1948). *Ṣawt al-'Alam.* Le Caire (1948). *Muḏakkirât al-Arqaš.* Beyrouth (1949). *al-Nûr wa-l-Dayǧur*, Beyrouth (1950). *Fî mahabb al-Rîḥ*, Beyrouth (1953). *Durûb.* Beyrouth (1954). *Akâbir.* Beyrouth (1956). *Abû Baṭṭa.* Beyrouth (1958). *al-Yawm al-Aḫîr.* Beyrouth (1963). *Hawâmiš.* Beyrouth (1965). *Ayyûb.* Beyrouth (1967). *Yâ Ibn Adam.* Beyrouth (1969). *Fî-l-Ġirbâl-Ǧadîd.* Beyrouth (1972). *Aḥâdîṯ ma al-Ṣaḥâfa.* Beyrouth (1973). *Rasâ'il.* Beyrouth (1975). *Maqâlât Mutafarriqa.* Beyrouth (1973). et enfin *Wamaḍât.* Beyrouth (1977).

(89) *Le Temps,* quotidien tunisien. 10 Septembre 1980.

tenu de leur pensée religieuse, son harmonie ou sa discordance avec la doctrine de l'Eglise et enfin sa portée et son impact sur leurs contemporains. Nous ferons cela en trois grandes parties :

I. Dieu :
  A. Dieu.
  B. La Religion, moyen de relation à Dieu.
  C. D'autres voies vers Dieu.

II. Le Christ
  A. La personne.
  B. Le message de Salut.
  C. L'Economie du Salut.
  D. L'Eschatologie.

III. L'Eglise.
  A. Nature
  B. Gardienne du message du Christ sur l'homme.
  C. Instrument de Salut.

Conclusion
  La pensée religieuse de Ǧubrân et de Nuʿayma est celle de chrétiens universalistes d'obédience réincarnationniste.

PREMIERE PARTIE

DIEU DANS
LA PENSEE ET L'OEUVRE
DE « ǦUBRAN ET NU'AYMA »

« Dieu ne peut supporter d'être caché à un homme, ni que sa Parole demeure ensevelie dans l'abîme du cœur humain ».

Ǧubrân.. Ḥadîqa, p. 481.

« Ma journée d'hier a été réellement fructueuse. Je n'ai prononcé et je n'ai écrit qu'un seul mot : Dieu ».

Nu'ayma... Karm, 3,628

Introduction

Toute pensée religieuse authentique part d'un Absolu, d'un Eternel que les religions révélées appellent Dieu. Le philosophe et le spirituel, le primitif et le civilisé, le penseur le plus personnel et le croyant le plus humble, le prophète et le mystique ne convergent pas seulement sur un mot lorsqu'ils disent chacun : Dieu. Ils se rencontrent réellement quoique l'objet auquel chacun pense soit apparemment dissemblable. Malgré les origines multiples et diverses, malgré des figurations étrangement lointaines, l'idée de Dieu est unique(1). Ce Dieu « n'est pas seulement un principe et un terme mais il est au cœur de toute chose », « il est le pôle qui ne cesse d'attirer l'homme »(2).

Qui est ce Dieu pour Ǧubrân et pour Nu'ayma ? Quelle place occupe-t-il dans leur vie et dans leur œuvre? Par quels moyens l'ont-ils connu et sont-ils entrés en relation avec lui ? Pour répondre à ces questions, nous procèderons en trois points. Dans un premier chapitre nous nous interrogerons sur Dieu, son existence, ses noms et ses manifestations. Dans un second chapitre nous traiterons de la religion comme moyen de relation à Dieu. Et pour terminer nous analyserons dans un troisième chapitre les diverses voies qui mènent à Dieu.

---

(1) cf. H. de Lubac. *De la connaissance de Dieu.* Paris (1941), p.70-71.

(2) Ibid. p.45 et 80.

CHAPITRE UN

L'EXISTENCE DE DIEU

Si nous examinons les débats sur Dieu quelque peu épars au gré des auteurs, nous nous apercevons assez vite que ce sujet n'a été que très peu abordé par les écrivains libanais chrétiens du XIXème siècle. Le problème de Dieu risque d'être absent de la littérature arabe malgré l'influence assez grande de la religion(3). Il faut attendre Nuʿayma pour voir la question véritablement posée. « Crois-tu en Dieu »(4) ? Cette question posée à l'âge de trente ans a été précédée par une crise religieuse marquée par le pessimisme et le doute sur les croyances religieuses héritées de sa famille et de l'Eglise Orthodoxe(5). Pendant ce temps Ǧubrân recourt à Dieu, qu'il appelle l'Esprit, pour le succès de sa vie et de son œuvre littéraire(6).

Il est important de remarquer que l'existence de Dieu était considérée comme une attitude allant de soi. Pourquoi ? Sans doute parce qu'elle était de fait très généralement admise autour d'eux, qu'elle n'était pas contestée d'une manière radicale ou ne l'était qu'exceptionnellement.

Qui est ce Dieu en qui se confie Ǧubrân et sur lequel s'interroge Nuʿayma ? Comment l'ont-ils connu ? Quels sont ses noms ? Ses images ? Comment s'est-il manifesté à l'homme et quels sont ses rapports avec la création dont l'homme est la pointe ? La réponse à ces questions ne vaut que par l'expérience de Dieu vécue par ces deux fils de l'Eglise Chrétienne.

---

(3) Georges Tarâbîšî, *Allâh fi riḥlat Naǧîb Maḥfûẓ al-ramziyya*. Beyrouth (1973), p. 36 et l'auteur ajoute que la responsabilité incombe à la religion. Ibid.

(4) Jean Fontaine. *Le désaveu*. p.210.

(5) *Rasâ'il*. 8,52.

(6) *Beloved Prophet*. p. 51, 250, 274, 284, 300. Barbara Young, *This man*. p.53.

A. Interrogations sur Dieu

1. « Où es-tu mon Dieu ? Où es-tu ? » s'écrie Ǧubrân devant la série de malheurs qui s'abat sur sa famille(7), interrogation à laquelle fait écho Nu'ayma : « Qui est Dieu et où est-il »(8) ? « Qui est ce Dieu et ce Seigneur à qui tu te confies »(9) ? « Y aurait-il dans l'univers un autre Dieu que Dieu, un Dieu qui m'a façonné en collaboration avec toi»(10) ? Avant eux, Tolstoï, par qui ils furent influencés, a été hanté par « cette recherche de Dieu alors qu'il se demandait comment finir, par une corde ou par une balle »(11).

2. A sa question, Ǧubrân ne reçoit qu'une prière pour réponse : « Mon Seigneur et mon Dieu, ne m'abandonne pas »(12), alors que son ami trouve une réponse apaisante : « Dieu est dans ton cœur, c'est lui qui donne à ta vie son sens suprême »(13). « Je sentis Dieu une force en moi. Ce sentiment m'envahit et fit déborder mon âme de sérénité »(14), à l'inverse du héros de *Guerre et Paix,* torturé par le doute : « Comme je serais heureux et calme si je pouvais dire en ce moment » Seigneur aie pitié de moi ! Mais à qui le dirais-je »(15) ? La réponse devait lui arriver toute simple, car, qu'on l'appelle ou non, « Dieu est cet inévitable qu'on rencontre au fond de tout acte humain. Il est l'aboutissement de toutes les voies qu'un homme peut choisir »(16). « Pourquoi suis-je calme et heureux, se demande Pierre. Parce que Dieu existe »(17). Dieu existe et il nous a donné la vie pour le connaître, le comprendre, le suivre et être heureux(18); et « même si nous n'arrivons pas à le connaître, il nous est impossible de ne pas sentir son action en nous »(19).

Cette foi de Nu'ayma en Dieu, qu'il appelle l'Ordre, *al-Niẓâm,* l'Architecte, *al-Muhandis,* comme nous le verrons plus loin, sera le roc contre

(7) *Ǧubrân.* 3,71-72.

(8) *Baṯṯa.* 2,614.

(9) *Hawâmiš.* 6,13-14.

(10) *Hams.* 4,90.

(11) Léon Tolstoï, *Ma Confession,* traduit du russe par Zoria. Paris (1887), p.187.

(12) *Ǧubrân.* 3,71-72.

(13) *Baṯṯa.* 2,614.

(14) *Sab'ûn.* 1,356. *Hawâmiš.* 6,13-14.

(15) L. Tolstoï, *Guerre et Paix,* 2 tomes. Brodart et Taupin (1972), 1,371.

(16) L. Boros. *L'homme et son ultime option : Mystérium mortis.* Mulhouse (1966), p.45.

(17) L. Tolstoï, *Guerre et Paix.* 2,630-631.

(18) *Hawâmiš.* 6,80-81. *Aḥâdîṯ.* 9,463-486.

(19) *Ayyûb.* 4,261.

lequel viendront se briser toutes les absurdités de la vie et qui transformera l'échec en victoire[20]. Son jeune frère meurt. Nu'ayma est abattu mais sa foi en l'Ordre et en sa sagesse éternelle n'est guère ébranlée[21]. Il console un ami de la mort de sa mère en l'invitant à croire en l'Ordre « qui fait tout pour le bien de sa créature »[22].

Cette certitude de l'existence de Dieu n'est comparable à nulle autre car, sans elle, « l'univers ne serait que chaos »[23].

B. Conception de Dieu

1. Ǧubrân et Nu'ayma ne se contentent pas de constater l'existence de Dieu et de croire en lui, ils cherchent à Le connaître, à savoir qui Il est. « Maître, que dis-tu de Dieu ? Qui est-Il en vérité»[24] ? «L'Ordre lui-même, dit Nu'ayma, me pousse à le chercher, et s'il ne m'avait donné l'assurance de son existence et la puissance à l'atteindre, Il ne m'aurait pas poussé à Le chercher»[25], faisant ainsi écho à la parole de Jésus à Pascal: «Tu ne me chercherais pas si tu ne m'avais déjà trouvé»[26]. Quel est le résultat de cette recherche? Quelle image les deux amis se font-ils de Dieu ?

2. Pour Ǧubrân, ce «chercheur de l'Absolu»[27], Dieu est un Absolu[28], une Conscience Totale, Absolue qui conserve dans son être céleste, l'essence de ce qui s'élève vers Elle de la nature et de la création[29]. De quel système a-t-il puisé cette vision de Dieu ? Sans doute pas du Christianisme qui professe une doctrine bien originale de l'Absolu si on la compare à celle du Brahmanisme, du Platonisme et des autres philosophies ultérieures, en particulier de l'idéalisme allemand. Le Christianisme professe un seul et unique Absolu[30] et « le contraste paraît irré-

(20) *Nûr.* 5,616.

(21) *Sab'ûn.* 1,694.

(22) *Rasâ'il.* 8,444.

(23) *Ayyûb.* 4,262-263.

(24) *Ḥadîqa.* p.467.

(25) *Yawm.* 2,50, 71, 75.

(26) Blaise Pascal, *Pensées et Opuscules.* Classiques. Paris (1935), p.61. *Hawâmiš.* 6,316-317. Même affirmation chez Descartes. cf. Jean Delanglade, *Le problème de Dieu.* Paris (1960), p.131.

(27) *Beloved Prophet.* p.54.

(28) Ibid. p.122, 250.

(29) cf. *al-Nahâr al-'Arabî wa-l-Doualî.* N°197. p.72.

(30) cf. C.Tresmontant. *Les idées maîtresses de la Métaphysique chrétienne.* Paris (1962), p.25.

ductible entre le Dieu de l'Orient conçu comme éminemment «transpersonnel » au sens de « suprapersonnel » et le Dieu vivant se révélant dans la Bible comme inifiniment personnel, voire tripersonnel, suprêmement qualifié parce qu'absolument parfait(31). Mais ce n'est là qu'une étape finale de l'évolution du concept divin chez Ǧubrân. Dans la première étape de sa vie, Dieu était pour lui « l'amour et la beauté »(32). Cette conception poétique, Ǧubrân l'étaie ainsi : « Le printemps est bien partout, il est l'esprit d'un Dieu inconnu qui hante la terre avec rapidité... chantant avec les ruisseaux juifs les hymnes de Salomon, ressassant avec les cèdres du Liban le souvenir de l'ancienne gloire »(33). Cette nouvelle connaissance de Dieu l'accompagne jour et nuit, il ne peut penser à autre chose(34). C'est ce qui lui fait répondre à qui lui demandait de parler de Dieu: «de Dieu, j'ai parlé en toute chose»(35).

Dans la deuxième période de sa vie, influencé par Nietzsche, Ǧubrân identifie Dieu à « la guerre », l'Absolu devient la force(36), «Le vautour qui s'empare de l'âme pour la manger »(37), et non la perfection comme pour Tagore, car Ǧubrân voit la perfection comme une limitation(38), alors que dans *al-Mağnûn,* il s'écriait : « Mon Dieu, le Sage et le Connaissant, *al-Ḥakîm wa-l-ʿAlîm,* ô ma Perfection et la finalité de ma vie, *yâ kamâlî wa maḥağğatî* »(39).

Le Dieu dont Ǧubrân ne doute point de la présence et dont l'ombre plane sur toute son œuvre, n'est pas le Dieu traditionnel et théologique, le Dieu du *Prophète* n'est pas le Dieu personnel des anciens prophètes, toutes les discussions philosophiques qui Le concernent, ne l'intéressent pas. Ce Dieu n'est pas indépendant dans son essence. En lui, l'univers visible et invisible sont Un dans l'Essence(40).

---

(31) J.A. Cuttat. *Expérience chrétienne et spiritualité orientale dans la mystique et les mystiques.* D.D.B. (1965). p.866.

(32) Ġâzî Fouâd Brâkès. *Ǧubrân fî dirâsâ taḥliliyya li 'adabihi wa rasmihi wa šaḫṣiyyatihi.* Beyrouth (1973). p.294-295.

(33) *Ağniḥa.* p.175.

(34) *Beloved Prophet.* Lettre du 30.01.1916. p.265.

(35) Ibid. Journal du 6.5.1918. p.302.

(36) Ġâzî Fouâd Brâkès. op.cit. p.298-299. *Beloved Prophet.* Lettre du 14.10.1914. p.210.

(37) *Beloved Prophet.* Journal du 17.4.1920. p.324.

(38) T. Ṣâyèġ. op.cit. p.171.

(39) *Mağnûn.* p.10.

(40) H. Ġassân. *Ǧubrân al-Faylasûf.* p.272.

3. Influencé par :

— la théologie orthodoxe qui met l'accent sur la transcendance absolue et le caractère trinitaire, c'est-à-dire personnel de l'Etre divin[41];

— le théosophisme qui rejette l'idée d'un Dieu semblable à celui des chrétiens, l'idée « du Dieu de la théologie qui est un amas de contradictions et une impossibilité logique » selon les propres paroles de Madame Blavatsky[42];

— et un hindouisme, édulcoré par le théosophisme[43], dans lequel Dieu — qu'il apparaisse comme Brahma, Purusha, en qualité de personne suprême, ou Soi Suprême — est toujours la substance aussi bien que la cause efficiente de l'univers, le fondement à partir duquel cet univers émane et croît[44], Nu'ayma se façonne un Dieu « universel » et « global » dans lequel chacun peut se reconnaître et se trouver; aussi considère-t-il Dieu à la manière des Déistes, comme le Grand Architecte et le Grand Ordonnateur d'un monde qu'au début des temps Il a appelé à l'existence et qu'Il maintient en vie. Cet Ordonnateur nie l'anarchie. Il est le but et le moyen d'atteindre ce but[45]. Ce Grand Ordonnateur devient par la suite le Grand Artiste, *al-Fannân al-akbar*[46], le Conseiller Suprême, *al-Muwağğih al-A'zam*[47], la Providence, *al-'Inâya al-Ilâhiyya*[48] et enfin le Père[49]. Là, Nu'ayma se heurte à l'impossibilité de concilier le Dieu de l'Ancien Testament, qui lui semble être le Dieu d'un seul peuple, un Dieu de guerre et de force, de colère et de vengeance, et le Dieu de l'Evangile, qui est le Dieu de tous, un Père plein de miséricorde et d'amour, qui fait lever son soleil sur les bons et les méchants[50]. Cherchant à concilier ces deux visions diamétralement opposées, l'auteur de *Mirdâd* aboutit à une notion bien étrange de la divinité. Il semble prêcher la foi en deux divinités : « un dieu germe, *al-Ilâh al-Ğurṯûma,* qui est le dieu englobé, *al-Ilâh al-mašmûl,* à l'intérieur de l'œuf-mère, *al-bayḍa al-umm* et un dieu englobant, *al-Ilâh*

(41) Jean Meyendorff. *L'Eglise Orthodoxe : hier et aujourd'hui.* Paris (1960). p.165.

(42) René Guénon. *Le Théosophisme : histoire d'une pseudo-religion.* Paris (1975). p.143.

(43) Voir la confusion entre le *Moi* et le *Soi*, le *Ana* et le *Houwa*. *Mirdâd* 6,593-597. *La vraie doctrine hindoue distingue entre Atmâ*, le «Soi» divin, universel, increé, et *Jivâtmâ*, le « Moi » humain, individuel et transitoire. cf. René Guénon, *L'Homme et son devenir selon le Vêdanta.* Paris (1976), p. 29-30, 83-99.

(44) R.C.Zachner. *Inde, Israël, Islam : religions mystiques et révélations prophétiques.* Desclée, Belgique (1965), p.166.

(45) *Sab'ûn.* 1,619. *Yawm.* 2,71.

(46) *Zâd.* 5,147.

(47) *Nûr.* 5,622, 632.

(48) *Mirdâd.* 6,557.

(49) *Marâḥil.* 5,33.

(50) *Sab'ûn.* 1,279.

al-šâmil. Le dieu englobé va progresser en passant par les gaz, les liquides, les pierres, les plantes, l'animal et enfin l'homme jusqu'à ce qu'il s'unisse au dieu englobant et total »[51].

Qui est ce Dieu soumis aux lois de la métamorphose et du progrès, se demande Yuḥanna al-Ḫûrî[52] ? Cette nouvelle conception de Dieu se rencontre avec la croyance hindoue qui a donné naissance à une certaine doctrine «panthéiste»[53]. Certes, il y a pour le Christianisme «une libre irruption de Dieu dans l'histoire des hommes. Dieu est celui qui intervient dans le déroulement de l'histoire humaine par ses décisions libres et imprévisibles »[54],et non d'une manière arbitraire qui ne fait nul cas de la liberté humaine. « N'est-ce pas de l'idolâtrie et donc de l'anthropomorphisme moins apparent mais non moins grave, lorsque les uns font de Dieu un tyran qui s'amuse de ses créatures et d'autres en font le défenseur de leur ''ordre établi'' »[55] ?

4. Pour conclure, soulignons avec Saint Grégoire de Nysse que « tout concept relatif à Dieu est un simulacre... le seul nom pour exprimer la nature divine c'est *l'étonnement* qui saisit l'âme quand elle pense à Dieu »[56]. Et Ǧubrân ajoute : « Nous ne pouvons comprendre la nature de Dieu parce que nous ne sommes pas Dieu »[57].

C. La connaissance de Dieu

«Dieu existe-t-il oui ou non ?» telle est la question qui ne cesse de harceler un bon nombre de nos contemporains. Nombreuses sont les réponses à cette question. Arrêtons-nous à cinq :

a. La première et la plus commune est l'affirmation de l'existence de Dieu pour des raisons pratiques. Dieu ne serait qu'une hypothèse... mais nécessaire à l'ordre universel,nécessaire pour expliquer le monde,et

---

(51) *Mirdâd.* 6,783-785. *L'œuf-mère* : ceci rappelle ce que dit la tradition hindoue de Brahmâ s'enveloppant dans « l'œuf du monde » pour y renaître comme Hiranyagarbha « l'embryon d'or » et comme « germe » de toute vie, synthétisée en lui. cf. Roger Deladrière. Lettre du 26 Février 1977.

(52) Y. al-Ḫûrî, *al-Radd 'alâ M. Nu'ayma fî Mirdâd.* Saïda (1956), p. 191. cf. 185-193.

(53) Kâḍi F. Kâḍi *M. Nu'ayma bayn qâriîhi wa'Ârifîhi.* Beyrouth (1973) p. 96-97.

(54) H. Le Saux. *Sagesse hindoue, mystique chrétienne.* Paris (1965), p.97.

(55) J. Delanglade. *Le problème de Dieu.* p.199.

(56) Vladimir Lossky, *Théologie Mystique de l'Eglise d'Orient.* Paris (1960). p. 3.

(57) *Beloved Prophet.* Lettre du 6 Janvier 1916. p.263. Même affirmation chez Hervé Rousseau. cf. *Les Religions.* P.U.F. N°9, (sans date), p.15. cf. aussi *Jean.* 1,18, 6,46.

l'on réduit ainsi le Dieu souverain au Dieu Horloger de Voltaire et au Dieu Ordonnateur et Architecte de Nu'ayma.

b. La deuxième est celle du refus de se pencher sur ce problème qui exige une démarche essentiellement personnelle(58). Telle est la position de Ǧubrân qui affirme à Mary : « Dieu ne peut être démontré. Je n'ai jamais essayé de prouver son existence »(59), ce qui ne diminue en rien sa foi en Lui.

c. La troisième, la plus ambiguë, consiste à nier l'existence de Dieu. Mais cette négation même est une manière de La prouver. «Si Dieu n'existait pas, vous ne parleriez pas de Lui »(60), et à Me Blavatsky qui disait dans un article : « Il n'y a pas de Dieu personnel ou impersonnel », le Dr George Wyld, premier président de la branche théosophique de Londres, répond : « s'il n'y pas de Dieu, il ne peut y avoir d'enseignement théo-sophique »(61). Quant à Nu'ayma, il n'en parle que pour exhorter les croyants au respect et à la patience à l'égard des athées(62).

d. La quatrième est la réponse moderne, étroitement liée à Nietzsche, proclamant « la mort de Dieu ». Or, « contrairement à ce que pensent certains de ses critiques chrétiens, Nietzsche n'a pas formé le projet de tuer Dieu. Il L'a trouvé mort dans l'âme de son temps »(63). Cette affirmation de « la mort de Dieu », lancée d'abord par les intellectuels du XIXème siècle, a progressivement atteint de larges secteurs du public. La paternité de la formule revient à Hegel qui la prononça en 1802 avec une «douleur infinie»(64). A qui revient la responsabilité de cette mort?

---

(58) J. Delanglade. op.cit. p.45, 150.

(59) *Beloved Prophet.* Journal du 14 Septembre 1920. p.347. « Prétendre connaître Dieu, c'est de l'ignorance », affirme pour sa part Louis Massignon. *La passion d'al-Ḥallâǧ.* 2 tomes. Paris (1922), 2,642.

(60) L. Tolstoï. *Guerre et Paix.* 1,448.

(61) R. Guénon. Le Théosophisme. p.49. De son côté, J. Paul Sartre en donne la preuve par l'absurde. cf. Cl. Tresmontant. *Comment se pose aujourd'hui le problème de l'existence de Dieu.* Paris (1966), p.153.

(62) *Ab'ad.* 6,173. Et pour dissiper tout doute, il affirme : « Je suis profondément croyant, mais nullement fanatique ». Ibid.

(63) A. Camus. *L'homme révolté.* Gallimard (1951), p.90. J. Maritain ajoute que Nietzsche a eu « la terrible mission d'annoncer la mort de Dieu ». *Humanisme intégral : problèmes temporels et spirituels d'une nouvelle chrétienté.* Aubier-Montaigne (sans date), p.42.

(64) J. Delumeau. *Le Christianisme va-t-il mourir ?* Paris (1977), p.16. A Hegel succédèrent Nerval, Heine, Feuerbach, Marx, Freud et Nietzsche. Ibid.

«Au Christianisme dans la mesure où celui-ci a sécularisé le sacré»[65], au clergé qui force les croyants, au nom de Dieu, à se soumettre à la volonté cruelle de quelques-uns[66].

Malgré leur critique virulente du Christianisme, de l'Eglise et du clergé, et malgré l'admiration de Ǧubrân pour Nietzsche[67], la doctrine de la mort de Dieu ne trouve aucun écho dans la vie et l'œuvre du Nu'ayma et de son ami si ce n'est à un moment passager de désespoir de ce dernier : « Mon Dieu est mort lorsqu'il a fait mourir ma sœur Sultâna ! Comment vivrai-je sans Dieu »[68] ?

e. La dernière réponse est celle exprimée dans le pari de Pascal : «ou bien Il existe ou bien Il n'existe pas. Impossible de prouver l'une plutôt que l'autre hypothèse »[69]. Que signifie « prouver l'existence de Dieu » ? Avant de chercher à prouver cette existence, interrogeons-nous sur le degré de sa nécessité. « Sans l'Etre Divin, dit Ibn 'Arabî, les êtres contingents ne seraient que néant »[70]. Et Aminah al-'Alawiyya fait répéter à son visiteur : « Rien n'existe en dehors de Dieu »[71].

II. Affirmation de l'Existence de Dieu

Le point de départ de l'affirmation de l'existence de Dieu peut être pris soit dans le monde — dont nous faisons nous-mêmes partie par notre corps — soit dans notre vie spirituelle. Ainsi se dessinent deux voies, la voie de la Raison et la voie de la Foi qui, comme nous le verrons, ne sont pas indépendantes l'une de l'autre.

a. Connaissance naturelle de l'existence de Dieu.

1. La théologie catholique la plus constante, depuis S. Paul jusqu'au deuxième Concile du Vatican, enseigne que l'existence de Dieu n'est pas objet de foi, mais de raison naturelle[72]. Certes, la raison humaine est

---

(65) A. Camus. op.cit. p.91.

(66) Maxime Gorki. *La Mère.* Paris (1952), p.71.

(67) *Beloved Prophet.* Lettres du 1er Mai 1911, du 10 Mai 1911. p.42 et 46.

(68) *Ǧubrân.* 3,66-67.

(69) B. Pascal. op.cit. p.53.

(70) R. Deladrière. *La profession de foi d'Ibn 'Arabî.* Paris (1974), p. LXXIV.

(71) *Badâ'i'* p.586.

(72) Cl. Tresmontant. *Les idées maîtresses.* p.146 et 93. cf. également L. Ott. *Précis de théologie dogmatique.* Paris (1955), p.27. Même affirmation chez J. Maritain. cf. *Réflexions sur l'Intelligence et sa vie propre.* D.D.B. (1930). p.96.

créée, elle n'est pas l'Absolu..., mais elle est créée *capax Dei*, capable de connaître Dieu par la création[73].

2. Nu'ayma est en pleine conformité avec cette doctrine de l'Eglise. Il confesse que « le monde où nous vivons est un monde bien ordonné, son Ordonnateur se manifeste dans tout ce qui existe »[74], « l'Ordre et l'Ordonnateur, *al-Munaẓẓim*, sont en moi, je n'ai qu'à bien utiliser les moyens mis à ma disposition pour les bien comprendre »[75]. En tête de ces moyens vient la raison à laquelle Nu'ayma adjoint, à l'exemple des philosophes, des poètes et des soufis, l'imagination, *al-Ḫayâl*, l'intuition, *al-Baṣîra* et le cœur, *al-qalb*[76].

3. Nourri par la théologie orthodoxe qui nie la possibilité de connaître Dieu uniquement par la raison naturelle étant donné qu'elle est une « raison déchue », Nu'ayma s'empresse de mettre des limites à cette raison[77] : « Tu n'atteins pas la sagesse divine par la raison, mais tu l'atteindras un jour par ton cœur »[78], car dit-il, « la raison reçoit sa lumière des sens extérieurs». Elle est semblable aux disciples du Nazaréen. Quand celui-ci leur parlait de son Père et du Royaume de Dieu, ils se concertaient entre eux pour savoir lequel serait le premier ministre»[79].

Est-ce là une minimisation de la raison, ce don de Dieu à l'homme[80]. A première vue, oui, car les Chrétiens, y compris Nu'ayma, ont eu tort de ne pas approfondir et exploiter les possibilités de la raison. Ils se sont repliés dans un fidéisme qui est, en effet, une manière de douter de la vérité de leur doctrine[81], mais en poussant la réflexion, nous remarquons avec le philosophe thomiste, qu'il ne paraît pas contradictoire de

(73) Cl. Tresmontant. op.cit. p.103. J. Delanglade. op.cit. p.255-256. Et Pie XII, dans son encyclique *Humani Generis*, maintient cette doctrine contre certaines tendances de la théologie contemporaine. cf. F.M. Genuyt. *Le mystère de Dieu. Le mystère chrétien. Théologie dogmatique*. D.D.B. (1963), p.26.

(74) *Rasâ'il*. 9,51.

(75) *Aḥâdîṯ*. 9,486.

(76) Ibid. Et G. Ṣalîba. *al-Fikr al-Falsafî fî mi'at sana*. p.410.

(77) O. Clément. *L'Eglise Orthodoxe*. P.U.F. (1961), p.34, ceci n'est guère étonnant étant donné que les Orientaux placent l'intuition au-dessus de la raison et que les romantiques ont affirmé la supériorité du cœur sur la raison. cf. Abbâs Iḥsân. *al-Ši'r al-'Arabî fî al-Mahgar*. Beyrouth (1967), p.5-59.

(78) *Mahabb*. 5,426.

(79) *Sawt*. 5,269.

(80) *Sagesse*. p.53.

(81) Cl. Tresmontant op.cit. p.146.

dire à la fois que la raison peut quelque chose et qu'elle ne peut pas tout, s'il est vrai que « la dernière démarche de la raison est de reconnaître qu'il y a une infinité de choses qui la surpassent[82] et que par la raison naturelle nous n'atteignons pas Dieu « en lui-même » mais seulement le rapport que toutes choses soutiennent avec Lui »[83].

b. Connaissance surnaturelle de l'existence de Dieu

1. L'existence de Dieu n'est pas seulement objet de connaissance de la raison naturelle, bien que cette manière de connaître Dieu s'oppose à deux erreurs contraires, celle des agnostiques et celle des panthéistes. L'existence de Dieu est aussi objet de foi surnaturelle. La révélation surnaturelle de cette existence confirme la connaissance naturelle[84]. Cette complémentarité, qui exclut l'égalité, établit un courant d'entr'aide comme l'affirme J. Maritain[85].

2. Qu'en est-il de Nu'ayma ?

« Je crois en un seul Dieu », proclame le symbole de Nicée-Constantinople. «Je crois en Dieu, origine, *Maṣdar*, de tout ce qui est visible, proclame Nu'ayma. Et ma foi en Dieu est la pierre angulaire de ma vie »[86]. Cette foi en Dieu est nécessaire pour connaître sa volonté[87]. Elle est une lumière qui conduit les hommes à Dieu[88], leur permet de le voir[89] et leur procure la paix et la sérénité[90]. C'est pourquoi, il les invite, par la bouche de Mirdâd, à se libérer de tous leurs fardeaux pour ne garder que la foi et la charité[91].

Quelle est la nature de cette foi sur laquelle le fils de l'Eglise Orthodoxe a bâti sa vie et son œuvre ? Est-ce la vertu théologale sans laquelle

---

(82) B. Pascal op.cit. p.58. J. Delanglade. op.cit. p.248.

(83) H.de Lubac. *La pensée religieuse du Père T. de Chardin.* Paris (1962), p.252.

(84) cf. L. Ott. op.cit. p.33. cf. également Jean Moussé. *Foi en Dieu. Foi en l'homme.* Paris (1967), p.99.

(85) J. Maritain. *Sept leçons sur l'Etre et les premiers principes de la raison spéculative.* Paris (1932-1933), p.107, et *Distinguer pour unir* ou *Les degrès du savoir.* (Paris), p.479.

(86) *Bayâdir.* 4,504. Même affirmation dans *Sab'ûn.* 1,150, 757, 758 et 781. *Rasâ'il.* 8,253. *Ġirbâl.* 3,370. *Karm.* 3,628. *Nûr.* 5,641. *Ab'ad.* 6,173.

(87) *Ṣawt.* 5,244.

(88) *Mirdâd.* 6,762.

(89) *Bayâdir.* 4,633.

(90) *Marâḥil.* 5,55.

(91) *Mirdâd.* 6,780.

il est impossible de plaire à Dieu et de s'unir à Lui ? La réponse est bien déroutante : «*Quand la logique, al-Manṭiq*, s'adoucit, elle devient foi, et quand la foi se durcit, elle devient logique »[92]. Une fois de plus, le chrétien et l'ancien séminariste s'effacent derrière l'intellectuel.

3. Quant à Ǧubrân, il est bien loin de toutes les spéculations religieuses et doctrinales. Il reconnaît que la science peut conduire progressivement l'homme au sentiment spirituel, puis à Dieu[93] comme elle peut le conduire à la foi ou à l'incroyance[94]. Cette foi tient une place primordiale dans la vie de l'homme[95] et lui donne un sens[96]. Qu'est-elle cette foi? L'auteur du *Prophète* en donne une définition poétique qui n'a aucune relation à Dieu, objet de toute foi religieuse: «La foi est, dans le désert du cœur humain, une oasis que n'atteignent point les caravanes de la pensée»[97].

4. Pour conclure, nous pouvons dire que pour Ǧubrân et Nuʿayma l'existence de Dieu est une vérité acquise, toute discussion serait inutile[98]. Pour eux, Dieu est l'Alpha et l'Oméga. En effet, la foi de Ǧubrân en un « Soi Supérieur », *al-ḏât al-ʿuẓmâ,* identique à une Réalité Absolue Impersonnelle qui comprend toute chose et existe en toute chose, lui fait voir Dieu en tout, comme nous le verrons à propos de son « système panthéiste-moniste» (?), et lui procure le réconfort[99] à l'instar de son ami dont la foi en Dieu Ordonnateur et Organisateur éclate à chaque page de son œuvre et lui fait embrasser une vision globale et universelle d'un Dieu présent dans toutes les parcelles de sa création.

III. Conséquences de l'Existence de Dieu

S. Thomas, dont toute la pensée et la vie furent une recherche de Dieu, résume tous les développements traditionnels à ce sujet par une formule reprise à ses prédécesseurs : « La plus haute connaissance que nous pouvons avoir de Dieu, c'est de savoir qu'il est au-dessus de tout ce que nous pouvons penser de Lui »[100], car « nul ne connaît Dieu s'il ne vient de

---

(92) *Zâd.* 5,177.

(93) *Badâ'iʿ* 542, 546.

(94) *Maǧnûn*. p.39.

(95) *Ḥadîqa*. p.464.

(96) *Badâ'iʿ* p.592.

(97) *Ramal*. p.192.

(98) *Mirdâd*. 6,791.

(99) *Lazarus*. p.49.

(100) J. Delanglade. op.cit. p.205.

Dieu»[101], dit St-Jean et « s'il n'est pas Dieu Lui-même»[102], ajoute Ǧubrân, ce que Nu'ayma résume ainsi: «Dieu est la lumière et il n'y a que la lumière qui connaisse la lumière»[103] et « la vérité qui comprenne la vérité »[104]. Que faire alors ? Parier sur l'existence de Dieu, nous dit Pascal, et « en croyant que Dieu existe, nous avons tout à gagner ». Le pari est fait. Que gagnons-nous ? « La béatitude infinie entre autres choses »[105]. Ces « choses » pour Nu'ayma sont l'accueil de la vie comme elle est : un don de Dieu[106], la confiance en la Providence qui prend soin de tous ses enfants[107] et un débordement de sérénité[108]. Quant à Ǧubrân, il recueille un sentiment très fort de la proximité de Dieu : « Ne dis pas : Dieu est en moi, *Allâh fî qalbî* », mais « Je suis dans le cœur de Dieu, *anâ fî qalb Allâh* »[109]. Cette proximité engendre la confiance en la bonté de Dieu pour lui[110] et la docilité à l'Esprit[111].

Confiance, docilité, intimité et sérénité, tels sont les fruits de la foi en l'existence de Dieu, existence à laquelle on ne s'habitue jamais, une foi qu'on L'a rencontré.

D. Les Images de Dieu

II. Les réflexions qui précèdent nous invitent à scruter les images que Ǧubrân et Nu'ayma se font de Dieu et les noms qu'ils Lui donnent. A partir de leur œuvre, riche en potentialités, nous pouvons découvrir diverses images exprimées de manière poétique et en harmonie avec leur état d'âme. En effet, nous dit Ǧubrân, « nous qualifions la Vie des pires attributs et noms lorsque nous sommes nous-mêmes dans les ténèbres[112]. Est-ce à dire que l'image de Dieu, exprimée dans ses noms, peut changer ? Oui répond Tagore : « Dieu prend des milliers de formes aux yeux de ses

(101) *Jean.* 1,18 et 6,46.

(102) *Beloved Prophet.* Lettre du 6.1.1916. p.263.

(103) *Mirdâd.* 6,614.

(104) Mohamad Shaya. *Falsafat M. Nu'ayma.* Beyrouth (1979), p.224.

(105) B. Pascal. op. cit. p. 53.

(106) *Ayyûb.* 4,308 et 311.

(107) Ibid. p.316. *Rasâ'il.* 8,303. *Sab'ûn.* 1,549 et 757.

(108) *Sab'ûn.* 1,356. *Hawâmiš.* 6,318-319. Nu'ayma n'a-t-il pas écrit : « Ma journée d'hier a été fructueuse car je n'ai prononcé et écrit qu'un mot : « Dieu ». *Karm.* 3,628.

(109) al-Nabiyy. p.88. *Beloved Prophet.* Journal du 6.4.1913. p.125.

(110) *Beloved Prophet.* Lettre du 21.1.1918. p.296. cf. *Hawâmiš.* 6,318-319.

(111) Ibid. Lettre du 22.9.1911. p.51.

(112) *Ḥadîqa.* p.453.

créatures »[113], et dans l'un des plus anciens livres de littérature universelle, le *Rig Véda,* on lit : « Il (la Réalité) est Un, les sages lui donnent plusieurs noms »[114].

Pourquoi ? Parce que l'image que nous nous faisons de nous-mêmes, des autres, du monde, de notre rapport au monde et aux autres change. Le primitif, fasciné par les manifestations grandioses des forces naturelles, attribue ces manifestations à l'action d'un Dieu. « Le Dieu des Grecs sera une belle figure vue en rêve; le Dieu de Mahomet : la solitude du désert, le rugissement lointain du lion, vision d'un terrible combattant. Le Dieu des chrétiens : tout ce qu'hommes et femmes conçoivent par le mot « amour »[115]. « Amour », « Combattant », « Belle figure », autant de termes qui s'appliquent à un homme. Mais peut-on éviter l'anthropomorphisme en parlant de Dieu ? Toute l'Ecriture ne parle-t-elle pas de Dieu comme d'un homme à qui elle prête tous les sens et sentiments humains ? Il n'y a rien d'anormal et au XXème siècle il reste encore bien difficile de parler de Dieu en style populaire et lyrique sans anthropomorphisme. C'est pourquoi, nous voyons Ǧubrân et Nuʿayma recourir aux images humaines pour parler de Dieu.

II. Si nous prenons, l'un après l'autre, les divers noms que les deux écrivains attribuent à Dieu, nous remarquons qu'ils dépeignent tous la relation de Dieu avec les hommes. S'adressant à Dieu, Selma dit : « Seigneur, qu'a fait la femme pour mériter ta colère ? Tu es fort, elle est faible, Tu es puissant, elle piétine autour de ton trône. Tu es omnipotent, elle est misérable. Tu es omniscient, elle est aveugle. Que ta volonté soit faite Seigneur ! Que ton nom soit béni »[116] !

1. Dieu-Amour

« Si Dieu a plusieurs noms et si lui-même devant Moïse s'est appelé « Celui qui est ». l'Evangile nous livre de Lui un nom plus secret encore en nous montrant qu'Il est l'Amour subsistant »[117]. Là, les deux amis sont pleinement en conformité avec l'évangéliste théologien qui répète sans las-

(113) R. Tagore. *La fugitive... suivie des poèmes de Kabir.* Paris (1951), p.183.

(114) S. Vallavarajs Pillai. *J'ai rencontré le Christ chez les vrais Yogis.* Belgique (1977), p.13.

(115) G. Van Der Leeuw. *La religion dans son essence et ses manifestations, phénoménologie de la religion.* Paris (1955), p.625-626.

(116) *Aǧniha.* p.205.

(117) J. Maritain. *Les degrés du savoir.* p.642.

situde : « Dieu est Amour »(118). Ecoutons-les : « Si Dieu n'est pas Amour, *Maḥabba,* et miséricorde, *Raḥma,* Il n'est rien »(119) « Pas de Dieu sinon l'Amour, Dieu est Amour »(120), et « l'Amour est Dieu »(121). «L'Amour est le Seigneur du ciel et de la terre»(122), et «L'Amour est le cœur de la Vie et son essence, Il est la Vérité, Il est Dieu»(123). «Le nom de Dieu est l'Amour »(124). « Dieu est l'Amour infini, *al-Maḥabba al-Mutanâhiya*»(125). Et le grand souhait de Nu'ayma est de parvenir à l'Ordre Eternel qui règne sur l'univers et dont le nom est l'Amour »(126).

Pourquoi Dieu est-il Amour ? « Parce qu'Il s'aime lui-même, répond Nu'ayma, et que son essence est en toute essence »(127). Pourquoi cette primauté de Dieu-Amour ? Parce que tous les noms et toutes les images de Dieu sont inclus dans l'Amour... Ils sont des expériences et des expressions du seul et même Amour, interprétées chaque fois d'une manière différente(128).

Dieu est Amour. Comment comprendre cet Amour divin si nous voulons échapper autant que possible aux simplismes qui défigurent la Révélation biblique ? Les réalités de l'amour dans l'expérience humaine sont parfois ambiguës. Le verbe aimer et le mot amour sont souvent employés avec des nuances diverses dans le langage commun. C'est pourquoi Ǧubrân et Nu'ayma préfèrent le mot *Maḥabba,* amour de charité, pour tout ce qui est spirituel et religieux, au mot *Ḥubb*, amour, car «de la *Maḥabba* s'exhale le parfum de la divinité, parfum exempt de la concupiscence de la chair et du sang, alors que du *Ḥubb* émanent les odeurs des instincts animaliers»(129). «Si Dieu n'est pas Amour et Miséricorde, disait Ǧubrân, Il n'est rien »(130). Dire « Dieu est Amour » ou « Dieu est Miséricorde »

---

(118) *1 Jean* 4,8,16.

(119) *Dam'â.* p. 275. Et le Père de Lubac de s'exclamer :« O Dieu, vous n'êtes point autre que l'Amour ». *De la connaissance de Dieu.* p. 70.

(120) *Ǧubrân.* 3,115 et 116. *Jean.* 14,20-21. *Math.* 11,25-27.

(121) *Dam'â.* p.258. G.F.Brâkès. op.cit.p.243, 259.

(122) *Hawâmiš.* 6,67.

(123) *Sab'ûn.* 1,598.

(124) *Mirdâd.* 6,628. *Naǧwâ.* 9,316.

(125) *Durûb.* 4,88.

(126) *Adam.* 7,46.

(127) *Mirdâd.* 6,635; *Maqâlât.* 7,351. Même explication chez J. Maritain : *Sept leçons sur l'être.* p.132; et chez Ḥallâǧ : L. Massignon. op.cit.p.604, 605.

(128) G. Van Der Leeuw. op.cit.p.633.

(129) *Nûr.* 5,586.

(130) *Dam'a.* p.275.

c'est tout un. En effet, « la miséricorde appartient tellement à la nature de Dieu, que bien que la vérité, la miséricorde et la bonté désignent Dieu, la miséricorde Le désigne encore plus que tout le reste»[131], et L'Ecriture célèbre entre tous les attributs divins, surtout, la miséricorde, bien que Ǧubrân remarque que l'ancien Dieu d'Israël était un Dieu dur et ignorant de miséricorde[132] et qu'Israël avait besoin d'un nouveau Dieu, un Dieu doux et condescendant[133]. Jésus est venu révéler un Dieu de pardon, de bonté et de miséricorde[134], ami de toutes les créatures[135], un Dieu qui se penche sur la faiblesse de l'homme avec miséricorde et amour[136], demande la miséricorde et non le sacrifice[137], manifeste sa bonté à ceux qui souffrent[138], ceux qui L'invoquent[139] et ceux qui se confient à Lui[140].

Cette miséricorde de Dieu, grande, abondante, débordante, éternelle et merveilleuse n'est pas toujours comprise, ses manifestations n'étant pas conformes au désir de l'homme et ses voies étant souvent déroutantes car elles surpassent son entendement. Seule, la foi peut lui procurer le réconfort. Devant les épreuves qui s'abattent sur Job, Nuʻayma, perplexe et déconcerté, s'écrie : « Où sont ton amour et ta miséricorde, ô Dieu »[141] ? Comment concilier entre ta générosité, ton amour et ta bonté qui n'ont pas de pareils, et ton avarice, ta haine et ta méchanceté qui veulent mettre un terme à ma vie[142]? Comment croire en ta bonté devant tant d'injustices et de cruautés[143] ? Mais bien vite, la foi prend le dessus et il confesse : « Dieu éprouve ceux qui Le craignent et son épreuve est la marque de sa miséricorde »[144]. Et « douter de sa miséricorde c'est se créer des souffrances autrement plus cruelles que les souffrances physiques »[145].

---

(131) Maître Eckhart. *Traités et Sermons*. Paris (sans date), p.153.

(132) cf. *Yasûʻ*. p.226, et Encyclique J. Paul II. *La Miséricorde divine*.

(133) Yasûʻ.p.226

(134) *Marâḥil*. 5,33. Reprenant les Psaumes102,8 et 144,9.

(135) cf. *Psaume* 117,1-4. *Sagesse*. 11,24. *Luc*. 6,36. *2 Cor*. 1,3.

(136) *Damʻa*. p.270. *Ḫalîl*. p.135.

(137) *Marâḥil*. 5,33-34, citant *Math*. 9,13; 12,13 qui lui-même citait *osée* 6,6.

(138) Z. Mîrza. *Illiyya Abû Mâḍî, šâʻir al-Mahǧar al-akbar*. Ḥariṣa. (1963), p.127.

(139) *Ḫalîl*. p.135.

(140) *Beloved Prophet*. Lettre du 26 Août 1918. p.313.

(141) *Ayyûb*. 4,262 et 283. Même cri chez Maxime Gorki. *La mère*. p.274.

(142) cf. *Yawm*. 2,45.

(143) L. Tolstoï. *Résurrection*. Société d'édition française (sans date), p.113.

(144) *Liqâ'*. 2,249.

(145) L. Tolstoï. *Résurrection*. p.113.

Miséricorde, fidélité et justice sont unies en Dieu dans une merveilleuse harmonie. « Tous les sentiers de Yahvé sont miséricorde et fidélité pour ceux qui gardent son alliance et ses commandements »[146]. C'est ce qui fait dire à Daoud[147] : « Je suis certain que la Volonté qui nous a entourés de toutes ses merveilles, qui nous fait sentir sa présence et nous stimule à La chercher... cette Volonté ne nous décevra pas à la fin si nous nous sommes conduits fidèlement à sa lumière»[148].

La justice de Dieu prend aussi racine dans sa miséricorde, car la raison la plus profonde pour laquelle Dieu donne aux créatures des biens naturels et des grâces surnaturelles et récompense leurs bonnes œuvres c'est son amour, sa miséricorde. La récompense du bien et la punition du mal... ne sont pas seulement une œuvre de la justice divine, mais aussi de la miséricorde divine[149]. Nu'ayma, qui appelle Dieu, la justice indescriptible, *al-'Adl allaḏî lâ yûṣaf*[150], se demande quelle pourrait être cette justice qui consiste à éprouver les parents dans les enfants[151] ? Ǧubrân lui, met dans la bouche de son héroïne, opprimée et écrasée par la société, cette prière : « O Justice cachée derrière ces images effrayantes... Toi qui écoutes les lamentations de mon âme et l'appel de mon cœur, à Toi je m'adresse, Toi seul je supplie, aie pitié de moi, veille sur mon enfant et reçois mon âme »[152].

La miséricorde de Dieu n'est pas seulement une démonstration de son amour et de sa bonté, elle est en même temps une manifestation de la puissance divine. Cette puissance qui régit l'univers, l'Orient l'a appelée Dieu et en a fait le but suprême de l'homme créé à l'image de Dieu et à sa ressemblance[153]. C'est pourquoi, le Prophète invite ses compagnons et amis à imaginer un cœur capable de contenir tous leurs amours, un esprit où se retrouvent tous leurs esprits, une voix qui recouvre toutes leurs voix, un silence plus profond que tous leurs silences, une beauté qui dépasse toute beauté... puis demande à leurs cœurs de se prosterner et à leurs supplications de les conduire vers l'amour du Très-Haut et vers la sagesse du Tout-Puissant que les hommes appellent Dieu[154].

(146) *Psaume*. 34,11.

(147) Porte-parole de Nu'ayma dans *al-'Abâ' wa-l-banûn*.

(148) *Abâ'*. 4,159.

(149) L. Ott. op.cit.p.77.

(150) *Durûb*. 6,88.

(151) *Yawm*. 2,63.

(152) *Marta*. p.67.

(153) *Bayâdir*. 4,571.

(154) cf. *Ḥadîqa*. p.467-468.

Amour, sagesse, miséricorde, puissance, justice, voilà ce qu'est le Dieu-Amour. Ǧubrân rassemble tous ces noms dans une ardente exhortation à l'adresse des opprimés de la vie : « Ne craignez rien, leur dit-il, car derrière cette oppression, derrière la matière, derrière toute chose, il y a une Puissance qui est toute justice, toute tendresse, toute pitié et tout amour»[(155)]. Oui, « le Seigneur est puissant, généreux et bon»[(156)].

Que demande ce Dieu-Amour, ce Dieu-Miséricorde, ce Dieu « philanthrope », « amoureux des hommes »[(157)] ? Rien que l'amour et la bonté[(158)], la miséricorde plus importante que tous les sacrifices[(159)], le pardon jusqu'à soixante-dix fois sept fois, étant lui-même la source du pardon et de la miséricorde[(160)], car la caractéristique de l'amour est d'aimer[(161)] et de rechercher à créer une communion avec l'être aimé[(162)].

Quelles sont les manifestations, expressions et recherches de communion de ce Dieu-Amour ? La première est Sa Création, car la miséricorde de Dieu est à l'origine de la création et de la Providence.

a. Dieu-Créateur

« Je crois en Dieu créateur du ciel et de la terre, de l'univers visible et invisible ». Comment comprendre au XXème siècle cette formule du Credo ? Comment l'ont comprise Ǧubrân et Nu'ayma ? La façon de voir Dieu Créateur change au fil des siècles, à mesure que change le regard que nous portons sur la création. Quand nous disons : « Dieu est créateur du ciel et de la terre », nous n'avons pas dans l'esprit tout à fait la même chose que nos ancêtres; même si nous croyons comme eux qu'il y a une Origine Absolue à tout ce qui existe et appelons cette Origine « Dieu », notre vision du ciel et de la terre n'est pas tout à fait la même.

1. Dieu est Créateur

Ǧubrân et Nu'ayma recourent à divers noms pour présenter ce Dieu Créateur. «Ô Dieu de l'Amour, de la Vie et de la Mort, dit Ǧubrân, Toi

(155) *Dam'a*. p.281.

(156) *Baṭṭa*. 2,588.

(157) O. Clément. *L'Eglise Orthodoxe*. p. 39. Bernard Sesboüé. *L'Evangile dans l'Eglise, la tradition vivante de la foi*. Paris (1975), p. 162.

(158) *Baṭṭa*. 2,613.

(159) *Marâḥil*. 5,33-34, reprenant *Math*. 9,13.

(160) Ibid. reprenant *Math*. 18,22.

(161) *1 Jean*. 4,9.

(162) F.M. Genuyt. op.cit.p.107.

qui es le Créateur de nos âmes...[163]. Tu es, Ô Dieu, «le commencement et la fin de toute chose, le moteur premier et dernier, *al-Muḥarrik*», ajoute Nu'ayma[164], « l'Axe, *al-Miḥwar,* de la roue du temps »[165] et « de la vie de l'homme »[166], « le Créateur de tout ce qui est visible et invisible, en même temps Celui qui a établi un ordre dans sa création »[167]; « un ordre merveilleux qui régit l'univers »[168]. Cet ordre que les anciens appellent Dieu est unique[169], éternel[170]. Il dépasse la raison et l'imagination, mais nous Le sentons dans tout ce qui nous entoure[171]. Dans ses dernières publications, Nu'ayma utilise *al-Niẓâm al-Kawnî,* l'Ordre Cosmique, comme synonyme de Dieu[172].

Quels sont les autres noms dont les deux amis gratifient ce Dieu-Créateur ? L'auteur du *Prophète* L'appelle la Sagesse Eternelle, *al-Ḥikma al-Azaliyya* qui ne crée rien en vain[173], l'Archer[174], et enfin le Tisserand, *al-Ḥâ'ik*, qui a rattrapé le fil de sa vie et de celle de Mary Haskell pour continuer le tissage alors qu'Il l'avait commencé de toute éternité[175]. Quant à l'auteur de *Sab'ûn*, il l'appelle le Cultivateur divin, *al-Ḥarrâṯ al-Ilâhî*[176], la Main magique, *al-Yad al-Siḥriyya*[177], la Main Créatrice, *al-Yad al-Mubdi'a*[178]. qui ne cesse de créer la vie[179], la Main Cachée, *al-Yad al-Ḫafiyya*[180], le Forgeron, *al-Ḥaddad*[182], l'Organisateur et l'Or-

(163) *Sagesse.* p.20. *Ǧubrân.* 3,71.

(164) *Nûr.* 5,619 et 622.

(165) *Mirdâd.* 6,676.

(166) *Ṣawt.* 5,251.

(167) *Marâḥil.* 5,96.

(168) *Hawâmiš.* 6,372.

(169) *Durûb.* 6,88. *Yawm.* 2,76.

(170) *Zâd.* 5,186. *Bayâdir.* 4,489. *Mirdâd.* 6,674.

(171) *Ayyûb.* 4,261.

(172) *Ab'ad.* 6,191. Dieu reste-t-Il alors Créateur ou bien, devient-Il uniquement Ordonnateur à la manière du Dieu de Platon ? Vl. Lossky. op.cit.p.87.

(173) *Dam'a.* p.305 et 345.

(174) *Le Prophète.* p.20.

(175) *Ǧubrân.* 3,83 et 94.

(176) *Bayâdir.* 4,490.

(177) *Mirdâd.* 6,645. *Adam.* 7,46. Notons que ce nom est déjà utilisé dans l'Hindouisme. cf. R.C.Zachner. op.cit.p.197.

(178) *Mirdâd.* 6,704. *Ǧadîd.* 7,386.

(179) *Yawm.* 2,174.

(180) *Sab'ûn.* 1,116, 138, 362, 757, 758, 764. *Nûr.* 5,619.

(181) *Rasâ'il.* 8,268.

(182) *Mirdâd.* 6,446.

donnateur Suprême, *al-Munazzim al-A'zam*, la Providence Créatrice, *al-'Inâya al-Mubdi'a*[183], la Volonté Cachée, *al-Irâda al-Mahǧûba*[184], la Volonté première et unique, *al-Mašî'a allatî mâ fawqahâ mašî'a*[185], la Volonté Universelle, *al-Irâda al-Kulliyya*[186], la Volonté Cosmique, *al-Irâda al-Kawniyya*[187], la Volonté unifiée d'une Puissance unifiée, *al-Irâda al-Muwaḥḥadda li Qudra Muwaḥḥada*[188], et la Puissance Créatrice, *al-Qudra al-Mubdi'a*[189]. Cette Puissance Créatrice est appelée tantôt, Dieu, *Allah*, tantôt Seigneur *Rabb*[190]. Y'a-t-il une différence entre ces deux appellations ? Ne pourraient-elles pas être synonymes ? Non, répond Nu'ayma, car « *Allah* signifie la puissance qui a créé toute chose et par qui toute chose subsiste, cette puissance est Une. On ne peut l'atteindre par la raison. La foi en elle est la vraie foi et l'incrédibilité est la mort. Quant au mot *Rabb*, il n'a pas la signification de Dieu, parce qu'il se peut qu'il y ait plusieurs seigneurs qui régissent l'univers alors qu'il n'y a qu'un Dieu Unique »[191]. « Le Seigneur, *Rabb*, ajoute R. Arnaldez, est Dieu, *Allah* considéré dans ses attributs par lesquels Il gouverne et fait tout le bien qui se fait »[192].

2. Comment Dieu est-il Créateur ?

Des trois formes de la croyance à la création[193], nous retiendrons la troisième qui prévaut dans le Christianisme, étant donné que nous étudions la pensée religieuse de deux baptisés, à savoir *la création ex-nihilo* qui ne présuppose rien en dehors du Créateur, à la différence de la création de l'homme qui trouve dans la nature la matière de son œuvre et n'en fabrique que la forme, alors que Dieu crée de toutes pièces et la matière et la forme. Il produit tout avec rien, *ex-nihilo*[194].

---

(183) *Maqâlat.* 7,179. De son côté, Mayy Ziyâdé L'appelle le Créateur Suprême, *al-Mubdi' al-A'zam. Ġâyat al-Ḥayât.* Beyrouth (1975), p.14.

(184) *Nûr.* 5,613.

(185) *Maqâlât.* 7,265.

(186) *Mirdâd.* 6,688, 691 et 782.

(187) *al-Nahâr al-'Arabî.* N°199. 1981. p.54.

(188) *Rasâ'il.* 8,404.

(189) *Ǧadîd.* 7,389.

(190) *Beloved Prophet.* Lettre du 10 Mars 1912. p.71. *Ayyûb.* 4,263.

(191) *Ayyûb.* 4,263.

(192) Anawâti et Gardet. *La Mystique musulmane, dans la Mystique.* p. 629.

(193) cf. G. Van Der Leeuw. op.cit.p.562.

(194) André Cresson. *Saint Thomas d'Aquin : sa vie, son œuvre, sa philosophie.* P.U.F. (1957), p. 30. Et Nu'ayma dit : «Le bijoutier n'a pas créé l'or comme Dieu a créé le monde du néant». *Ġirbâl.* 3,350.

Dans son court essai « Création », Ǧubrân explique le mystère de la création comme un acte divin de beauté : « Dieu sépara un esprit de Lui-même et en fabriqua la beauté »(195). La beauté sur terre est le rappel de Dieu-Créateur invisible. « Quand nous voyons la beauté et la pureté dans la création, dit Nuʿayma, nous voyons le Créateur »(196). Quelqu'un veut-il une preuve de l'existence de Dieu ? Ǧubrân lui réplique : « qu'il voie la beauté »(197) qui jaillit de « la source de la Beauté Totale, *al-Ǧamâl al-Kullî* et de la Beauté Absolue, *al-Ǧamâl al-Muṭlaq* »(198). Et devant le tableau d'A. Rodin, *La Main de Dieu*, Ǧubrân s'interroge : « Qui est le créateur ? Est-ce Dieu qui a créé l'homme ou l'homme qui a créé Dieu ? » Exclamation toute naturelle d'un artiste devant une œuvre d'art. Quelle est sa réponse ? « Pas de créateur si ce n'est l'Imagination Créatrice, *al-Ḫayâl al-Ḫallâq* »(199). Est-ce cette imagination qui a dit à Moïse, du haut du Sinaï : « Je suis le Seigneur ton Dieu... tu n'auras pas d'autres dieux en dehors de moi »(200). Est-ce le Dieu-Créateur dont Nuʿayma dit qu'il est l'Artiste qui choisit à la nature ses formes, ses couleurs et ses voies»(201), l'Artiste qui dépasse tous les artistes(202) , « l'Artiste Suprême, *al-Fannân al-Aʿẓam*, que les plus grands artistes de la terre essaient d'imiter mais en vain, car à tous leurs essais, il manque la vie»(203), ou bien l'imagination de tout artiste et en l'occurence celle d'Auguste Rodin ? La question reste posée.

Dans son journal du 18 avril 1920, Ǧubrân note : « certains croient que Dieu a fait le monde. Pour moi, il semble plus vraisemblable de dire que Dieu a grandi à partir du monde parce qu'il est la forme de vie la plus avancée. La possibilité de Dieu, bien sûr, était présente avant Dieu Lui-même »(204), méconnaissant ainsi la croyance en la création *ex nihilo*, ce qui n'est pas le cas de son ami, Nuʿayma. Face à la mer, celui-ci s'interroge : « D'où vient-elle ? D'où viennent les étoiles ? Est-il vrai que le Créateur a existé alors qu'il n'y avait ni étoiles, ni mer ? Est-il vrai qu'elles ont été créées de rien, uniquement par la parole, *al-Kalima*, de Celui qui

(195) *Damʿa.* p.27 et *Tear and Smile.* p.15.
(196) Hams. 4,70 et 78.
(197) J.Goughassian. Khalîl Gibran : Wings of thought. New York (1973), p.82.
(198) *Durûb.* 4,88.
(199) *Ǧubrân.* 3,11.
(200) *Ṣawt.* 5,271.
(201) *Maqâlât.* 7,155.
(202) *Zâd.* 5,147.
(203) *Yawm.* 2,171.
(204) *Beloved Prophet.* p.328.

leur a dit : soyez, *kûnî*, et elles furent »(205) ? Ses nombreuses questions le conduisent à se représenter un Dieu préexistant, pas encore Créateur : « Tes disciples m'ont dit, ô Jésus, que dans un lieu appelé le ciel, se trouve un Dieu éternel, qu'à un moment bien précis du temps, Il eut l'idée de créer quelque chose du néant... Il ordonna à la terre d'exister et elle exista, puis Il pétrit de l'argile, souffla dedans et me créa »(206). En créant en un premier temps l'univers puis en un second temps l'homme, Dieu « devient » en quelque sorte Créateur. Cette démarche de Nu'ayma rejoint la doctrine de l'Eglise qui confesse la gratuité de la création qui est l'œuvre de la charité de Dieu... et l'expression de l'Agapé que l'Absolu est(207). Pourquoi ? « Parce que Dieu est plénitude en Lui-même et qu'Il n'a pas besoin à proprement parler de la création pour se réaliser pleinement »(208).

Arrivé à ce point de sa réflexion, Nu'ayma se dit: «On m'a enseigné que Dieu existe depuis l'éternité et qu'Il demeure éternellement, Il n'a donc pas créé le monde de rien, il l'a créé de Lui-même»(209), comme le croit Plotin (204-270) qui enseigne «que les êtres multiples procèdent de l'Un « *sans qu'Il le veuille* » et par « *une nécessité inhérente* » comme la chaleur émane du feu »(210). Comment Dieu a-t-il créé le monde de son essence, continue l'auteur de *Sab'ûn*. L'Eglise n'enseigne-t-elle pas une procession issue de la substance divine. Elle n'est pas une génération. «Le créé n'est pas consubstantiel à Dieu, seul le Logos est consubstantiel à Dieu. Il n'est pas créé, il est engendré»(211). Mais les années de théologie au séminaire de Poltava sont déjà loin et Nu'ayma poursuit ses questions : « Est-ce que la création aussi n'a ni commencement ni fin ? Est-elle éternelle de l'éternité de Dieu »(212) ? Oubliant qu'il vient lui-même d'affirmer qu'à un moment donné, Dieu par sa Parole immuable et éternelle de

(205) *Sab'ûn*. 1,160.

(206) *Marâhil*. 5,32.

(207) cf. Tresmontant. *Les idées maîtresses*. p.40, 32 et 81. Cl. Tresmontant; *Comment se pose aujourd'hui le problème de l'existence de Dieu*. Paris. (1966), p.146, 338 et 413. cf. également Vl. Lossky. op.cit.p.89. Alors que pour al-Farâbî, Ibn Sîna (Avicenne), Ibn Rushd (Avéroès), à la suite de Plotin et d'Aristote, la création est nécessaire et éternelle. cf. Cl. Tresmontant. *Le problème de l'existence de Dieu*. p. 145.

(208) C. Tresmontant. *Le problème de la révélation*. p.15.

(209) *Sab'ûn*. 1,160-161.

(210) Cl. Tresmontant. *Le problème de l'existence de Dieu*. p.145.

(211) Cl. Tresmontant. *Les idées maîtresses*. p.32. « Trois manières d'envisager la création : Dans l'Islam, Dieu a créé le monde de rien, Il a dit : « sois » et cela fut. Dans la *Gîta*, Dieu engendre le monde à partir de Lui-même, c'est Lui-même qui en est la semence. Dans le Christianisme Dieu « engendre » le Verbe dans l'éternité et crée par l'intermédiaire du Verbe dans le temps ». R.C. Zachner. op.cit.p.218.

(212) *Sab'ûn*. 1,160-161.

qui procèdent toutes choses, a créé l'univers puis l'homme(213), et méconnaissant que « la création n'est pas un acte unique, épuisé en un instant temporel, mais un acte qui dure l'éternité »(214).

Après l'éternité du monde, l'auteur de *Sab'ûn* s'interroge sur la finalité de la création : « Pourquoi Dieu a-t-il créé le monde »(215) ? « Pourquoi cette diversité dans la création »(216) ? Pris de vertige par toutes ses questions, se souvenant peut-être, « que la création n'est pas une vérité d'ordre philosophique mais un article de foi »(217), Nu'ayma entend une voix intérieure murmurer : « quelle belle création !... Béni soit celui qui l'a ainsi faite»(218)! montrant ainsi qu'une méditation sur l'univers conduit normalement l'intelligence humaine à discerner « l'existence de la sagesse d'une Intelligence créatrice et opératrice, ordonnatrice et inventrice »(219).

Pouvons-nous aller au-delà du silence de Nu'ayma sur la finalité de la création et nous demander quelle attitude il a adoptée dans sa vie et dans son œuvre ? Est-ce celle de l'Hindouisme ? » pour qui la création est dépourvue de but »(220) ? Ou bien celle du Christianisme pour qui « le terme de la création est un *hymen*, une union réelle, sans confusion des natures, entre les personnes créées et l'incréé »(221), une « déification » du tout car le tout sera immergé en la Lumière incréée(222) ! L'accent mis par Nu'ayma sur la déification de l'homme nous confirme qu'il est pleinement en accord avec la spiritualité orthodoxe bien que les moyens de parvenir à cette fin lui soient propres comme nous le verrons ultérieusement.

Une dernière question doit être soulevée : celle de l'évolutionnisme. Quelle est la position de Ǧubrân et de Nu'ayma face à cette doctrine introduite en Orient par Šiblî Šumayyil (1860-1917)(223) ? Est-ce le rejet à

---

(213) *Marâḥil.* 5,32. *Mirdâd.* 6,605 et 677.

(214) Serge Boulgakof. *Du Verbe Incarné.* Aubier. Montaigne. Paris (1943), p.82-83.

(215) *Sab'ûn.* 1,160, 277, 571 et 572.

(216) Ibid. p.251. « Dieu est le créateur de tout ce qui existe », ajoute-t-il, *Maqâlât.* 7,129.

(217) V. Lossky. op.cit.p.87. H. Le Saux. *Sagesse Hindoue.* p.166-196. cf. également T. de Chardin. *La place de l'homme dans la nature.* France (1969), p.86.

(218) *Sab'ûn.* 1,161.

(219) C. Tresmontant. *Le problème de la révélation.* p.165.

(220) R.C.Zachner. op.cit.p.218 et 219.

(221) C. Tresmontant. *Les idées maîtresses.* p.81.

(222) M. Lot Borodine. *La déification de l'homme.* Paris (1970), p.276.

(223) M. 'Abbûd. *Ruwwâd al-nahḍa al-ḥadîṯa.* Beyrouth (1966), p.254.

l'exemple du grand réformateur égyptien, Ǧamâl al-Dîn al-Afġâni (1839-1898)[224]. Tel n'est pas le cas de Ǧubrân qui affirme être « un adepte de l'évolutionnisme, *sunnat al-nushû' wa-l-irtiqâ'*, mais l'interprétation qu'il en donne est plutôt sociale que biologique et métaphysique : « à mon avis, explique-t-il, la loi de l'évolution atteint les êtres moraux en atteignant les êtres sensibles et fait passer les religions et les gouvernements du bien au meilleur, et les créatures de ce qu'elles sont à ce qui leur convient le mieux »[225]. Quant à Nuʿayma, à celui qui lui demandait : Que pensez-vous de la doctrine de Darwin sur l'origine de l'homme ? Il répond : « La doctrine de Darwin me paraît très raisonnable et je n'y vois rien qui puisse porter atteinte à la Puissance Créatrice qui a créé une grande diversité d'espèces à partir d'une matière toute simple, puis les a laissées évoluer du simple au composé jusqu'à atteindre le grade de l'homme qui est l'être le plus merveilleux sur terre»[226]. Ainsi, création et évolution ne s'opposent pas. Celle-ci est parfaitement conciliable avec l'idée métaphysique et théologique de la création.

Quel est enfin, le terme de cette évolution ? « L'union au dieu englobant, et par là la libération des entraves du temps et de l'espace »[227].

3. La Conservation de la Création : Dieu Providence

L'acte créateur ne consiste pas seulement à donner la vie, mais à la conserver, car « n'entendre le Dieu-Amour que comme un mécanicien habile, oublieux de sa création, c'est là un non-sens moral. Dieu n'a pas créé le monde pour l'abandonner comme fait l'enfant d'un jouet dont il est lassé »[228]. Et si un enfant s'amuse à construïre des châteaux de sable puis à les démolir, on dira : c'est un enfant qui s'amuse à passer le temps. Mais Celui qui a créé le monde et l'homme, et en a fait une merveille, est-il possible qu'Il les abandonne ou les détruise , s'interroge Nuʿayma[229]. Non, répond-il, grâce à la Puissance, *al-Qudra*, par qui tout subsiste[230], faisant ainsi écho à la doctrine de l'Eglise qui déclare : « Dieu, par sa Providence, protège tout ce qu'Il a créé »[231].

---

(224) cf.ʿUmar Dassûqî. *Fî al-adab al-ḥadîṯ*. Le Caire (1964), p.269.

(225) *ʿAwâṣif*. p.426.

(226) *Aḥâdîṯ*. 9,701.

(227) *Mirdâd*. 6,786.

(228) S.Boulgakof. op.cit.p.82 et 83.

(229) *Yawm*. 2,56.

(230) *Ayyûb*. 4,263. *Durûb*. 6,88.

(231) L. Ott. op.cit.p.130.

Cette Providence veille sur Ǧubrân et Selma après avoir réuni leurs âmes dès avant leur naissance(232), prodigue ses biens à ceux qui s'attachent à Elle(233). C'est Elle que l'on implore dans l'angoisse et les difficultés(234), car nous ne sommes que de fragiles atomes dans les cieux de l'Infini(235), mais ces atomes, si fragiles soient-ils, la Providence ne les abandonne pas, Elle veille sur eux et les conduit de sa Main Cachée. La vie de Nu'ayma en est un exemple frappant : « Je voudrais, dit-il, vous parler en toute humilité d'un sentiment fort et profond qui m'accompagne depuis mon enfance. C'est le sentiment qu'une Main Cachée soutient ma main, une Pensée Inconnue inspire ma pensée et une Volonté Cachée appuie ma volonté... Des événements de ma vie, nombreux et simples(236), ont fait de ce sentiment une croyance, *'Aqîda*, profondément incrustée en moi et le temps ne fait que l'incruster davantage »(237). C'est pourquoi, il peut exhorter ses frères à la confiance : « Ne vous inquiétez pas de ce que vous mangerez et boirez, de quoi vous vous vêtirez et où vous habiterez. Tout cela vous sera assuré grâce à la Force Créatrice, *al-Qudra al-Ḫallâqa*, qui est en vous »(238), et à « l'action de grâce pour tous les bienfaits que le Créateur leur a donnés »(239). Cette sollicitude divine s'étend non seulement aux hommes mais à toute la création et, mépriser une créature revient à mépriser le Créateur(240)qu'on connaît par sa Création(241) qui est toute pureté et toute beauté(242) car elle est la manifestation de celui qui l'a faite, l'expression de sa pensée et de sa magnificence comme le poème est l'expression de la pensée du poète(243). C'est pourquoi à la suite du Christ, son modèle, qui a eu un profond respect pour les choses créées(244), Nu'ayma fait monter cette prière vers le ciel :

---

(232) *Aǧniḥa*. p.192.

(233) *Mirdâd*. 6,557.

(234) *Sagesse*. p.16.

(235) Ibid. p.20.

(236) *Sab'ûn*. 1,116, 138, 362, 757, 758 et 764. *Nûr*. 5,622 et 632.

(237) *Yawm*. 2,619.

(238) *Arqaš*. 4,428, reprenant *Math*. 6,25. *Sawt*. 5,252 et 253.

(239) *Abâ'*. 4.179. «Si tu passes toute ta vie, ajoute-t-il, à remercier Dieu, tu resteras encore loin de la reconnaissance » . *Karm*. 3,661.

(240) *Ġirbâl*. 3,406.

(241) G. Van Der Leeuw. op.cit.p.156.

(242) *Hams*. 4,74.

(243) C. Tresmontant. *Les idées maîtresses*. p.91.

(244) *Math*. 6,28. *Luc*. 12,6 et 15,6.

« O Dieu, illumine mes yeux d'un rayon de ta lumière
« Afin que je te voie dans toutes les créatures... »[245].

Sa prière exaucée, heureux de cœur et d'esprit, l'auteur va d'admiration en admiration devant cette création qui lui dévoile la beauté et la grandeur de la Puissance qui crée, maintient dans la vie[246], et veille sur sa création comme un père veille sur ses enfants.

a. Dieu-Père

1. Dieu n'est pas seulement en rapport étroit avec le monde en tant que Créateur et source ultime de l'existence. Il est aussi Père[247]. Le titre de Père peut-être appliqué à Dieu à trois niveaux différents. D'abord au sens d'une paternité universelle. Platon appelait déjà Dieu « le Père de l'univers », le Christ invite les siens à imiter le Père qui aime tous les hommes. Ensuite au sens où Dieu est le Père du peuple juif . Cette paternité signifie une relation particulière d'Israël à Yahyé, mais cette « prédilection divine pour Israël n'a rien d'exclusif »[248]... Car, quand arriva le Christ, il élargit les horizons religieux, fit de Dieu un Père de tous les hommes, et des hommes des frères égaux dans l'amour de ce Père[249]. Avec le Christ, c'est le secret de la vie de Dieu qui se déchire. C'est un Fils aimant qui nous révèle le Père[250] et c'est là le troisième sens à la paternité de Dieu : Dieu, le Père du Fils Unique, paternité qui exprime la relation qu'éternellement le Père a avec le Fils, celui-ci étant la parfaite image du Père. Ainsi, le Christ seul est Fils du Père au sens propre du terme.

Après Nu'ayma, c'est Ǧubrân qui confesse cette paternité de Dieu pour le Christ. « Après la Cène, dit-il, Jésus annonce aux siens son départ, puis il ajoute : Que vos cœurs ne se troublent pas... Je vais vous préparer une place dans la maison de mon Père »[251]. Et durant sa prière à Gethsémani, l'un des apôtres qui l'accompagnaient raconte : « Je l'entendais

(245) et il énumère dans un beau poème toutes ces créatures : de la plus insignifiante à la plus imposante, du ver de terre à l'aigle du ciel, de l'herbe des champs et du sable des plages à l'or, de l'enfant au vieillard. cf. *Hams.* 4,32-35.

(246) *Yawm.* 2,40. *Awṯân.* 3,567. *Arqaš.* 4,356.

(247) Pour Freud, la paternité de Dieu est sa marque distinctive. cf. Antoine Vergote. *Psychologie religieuse.* Bruxelles. I. (sans date), p.145.

(248) Joseph de Baciocchi. *Jésus-Christ dans le débat des hommes.* Paris (1975), p.132. Voir l'opposition de Ǧubrân et de Nu'ayma à cette ancienne doctrine d'Israël peuple choisi ». *Adam.* 7,55 et 91. *Aḥâdîṯ.* 9,306. *Yasû'* p.309.

(249) *Ṣawt.* 5,335.

(250) B. Sesboüé. op.cit.p.162.

(251) *Yasû'* p.346, reprenant *Jean.* 14,3.

parler, trois fois je l'ai entendu prononcer le mot Abba, Père ! Après quoi, il nous invita à quitter le jardin après nous avoir dit qu'il avait entendu la voix de son Père »[(252)]. Jérémias a bien montré ce qu'il y avait d'énorme dans la façon d'appliquer à Dieu cette appellation *Abba*, papa ! que les premiers chrétiens avaient apprise de Jésus dans leur langue araméenne[(253)]. Certes, le Judaïsme croyait que Dieu est Père mais Père du peuple et jamais, semble-t-il, aucun juif n'avait osé l'employer dans sa prière personnelle et avec une telle familiarité[(254)].

Cette paternité de Dieu revêt un sens particulier chez l'auteur du *Prophète* qui affirme par la bouche de l'apôtre Jean : « Nous sommes tous les fils et les filles du Très-Haut, mais le Messie, *al-Masîḥ*, était son Fils aîné qui s'est incarné dans le corps de Jésus de Nazareth, *Yasû' al-Nâṣirî*, qui a marché parmi nous et que nous avons vu de nos yeux »[(255)]. Nu'ayma, lui aussi, voit en tous les hommes des fils de Dieu en qui l'Esprit-Saint travaille[(256)], et à qui Jésus est venu montrer la voie de la filiation divine et éternelle[(257)].

2. Quelles sont les conséquences de cette foi en la paternité de Dieu pour tous ?

— La confiance totale en ce Dieu, « Père et Mère »[(258)], qui fait lever son soleil sur les bons et sur les méchants[(259)] et qui dans sa bonté et sa justice « ne peut pas se jouer de l'homme »[(260)].

— L'abandon à Lui dans les soucis quotidiens et dans la guerre de l'homme contre lui-même pour atteindre son unité avec Dieu[(261)].

— Le refus de toute servitude humaine, car comment peut-on lever les yeux vers le Dieu tout-puissant pour L'appeler « Notre Père qui es aux cieux » et accepter d'être les esclaves d'un homme[(262)] ?

---

(252) Ibid. p.347.

(253) C.H. Dodd. *Le fondateur du Christianisme.* Paris (1972), p.65.

(254) Etienne Charpentier. *Des évangiles à l'Evangile.* Le Centurion (1976), p.65. L'Islam refuse à Dieu ce titre de Père, car celui-ci évoque trop une parenté physique et biologique et n'est pas compatible avec la transcendance d'Allah. C. Aujourd'hui. J.N. Bezançon. *Jésus, Fils de Dieu.* Juillet - Août 1978. p.413.

(255) *Yasû'* p.300.

(256) *Mirdâd.* 6,789.

(257) *Nûr.* 5,689.

(258) *Mirdâd.* 6,602. G.F.Barkès. *Dirâsa taḥliliyya.* p.180.

(259) *Ṣawt.* 5,335.

(260) *'Ayyûb.* 4,316.

(261) *Mirdâd.* 6,602. *Le Prophète.* p.23.

(262) *Ḫalîl.* p.154-155.

— L'imitation du Père tel que Le révèle Jésus, un Père-Amour, un Amour qui pardonne, tolère, s'oublie pour les autres, un Père qui est toute compassion et miséricorde[263]. C'est ce Dieu qu'a aimé Tolstoï et à qui il a consacré sa vie pour Le servir[264], selon l'affirmation de Nu'ayma.

— La critique de l'Eglise-institution et des chrétiens qui ont déformé l'image du Dieu-Père[265].

En effet, deux écrans masquent le vrai visage du Père, le premier est en nous et remonte à l'expérience première de la paternité, celle de notre père de la terre[266]. Le deuxième vient des chrétiens, de la manière dont ils vivent leur relation à Dieu et du comportement de l'Eglise qui se met à légiférer en matière morale jusqu'à prévoir dans le détail la conduite des fidèles, allongeant indéfiniment la liste du permis et du défendu. Ainsi Dieu apparaît tyrannique, autoritaire, inspirant crainte et hostilité, une sorte de potentat soucieux de manifester et d'imposer sa souveraineté, orgueilleux et vengeur[267].

Cette image de Dieu-Père-Tyran, assoiffé de louanges, Nu'ayma la rejette[268] pour ne garder que celle d'un Dieu qui est toute compassion et toute miséricorde. S'adressant à Jésus, il lui dit : « Tes disciples m'ont prêché que leur Dieu est un Dieu de miséricorde et de châtiment. Il prend pitié de ceux qui Le glorifient par le jeûne et la prière et fait périr ceux qui ne se prosternent pas devant Lui. Quant à toi, tu m'as appris à appeler ton Père, "mon Père et notre Père" »[269].

De son côté, Ǧubrân a enterré ce Dieu vengeur et tyran lors de la mort de sa sœur[270].

Le credo de Paul Grostéfan résume à merveille ce double mouvement de la foi de Ǧubrân et de Nu'ayma : rejet d'un Dieu vengeur d'une part et attachement à un Dieu-Amour et Père d'autre part : « Je crois en Dieu.

(263) *Marâḥil.* 5,34.

(264) *Ǧadîd.* 7,371-372.

(265) *Marâḥil.* 5,32-33. *Ḫalîl* et Yuḥannâ. Passim.

(266) Voir l'expérience bien différente qu'en ont fait Ǧubrân et Nu'ayma. *Ǧubrân.* 3,26, 27, 29, 33. *Sab'ûn.* 1,733-738.

(267) cf. *Ǧubrân.* 3,455. Marcel Domergue. *La création et le Créateur : Bible, création et liberté.* C. Auj. Juillet-Août. p.398-399.

(268) *Nûr.* 5,672. *Yawm.* 2,171-172. *Mirdâd.* 6,719.

(269) *Marâḥil.* 5,33-34.

(270) *Ǧubrân.* 3,66-67. Voir aussi son article : *Ḥaffâr al-Qubûr,* dans *'Awâṣif.* p.367-371.

Non pas un Dieu vengeur ou justicier ou bourreau, non pas un Dieu qui humilie et écrase, qui veut avoir le dernier mot, non pas un Dieu qui a besoin d'abaisser l'homme pour élever sa divinité. Je crois en Dieu Père. Je sais qu'Il a créé le monde pour l'homme, pour tous les hommes, le monde et tout ce qui y vit, les astres et le ciel et le soleil et la mer, l'infiniment grand et l'infiniment petit. Je sais qu'Il a créé tout cela avec le même amour et le même émerveillement et qu'Il a vu que c'était bon »(271).

2. Dieu-Trinité

a. « En Dieu, il y a trois personnes, proclame l'Eglise, le Père, le Fils et le Saint-Esprit. Chacune des trois personnes possède numériquement la même essence divine »(272).

Quelle est la place et quelles sont les répercussions de cette doctrine trinitaire dans les milieux où vécurent Ǧubrân et Nu'ayma ? Contrairement à ce qu'on pourrait penser, l'Occident aussi bien catholique que protestant, sous l'effet de causes nombreuses et convergentes, a perdu le goût de la Trinité, alors que la tradition orientale, à laquelle appartiennent les deux écrivains libanais, la reconnaît toujours comme le centre de sa vie liturgique et spirituelle. Cette constatation est corroborée par l'affirmation du grand théologien de la spiritualité orthodoxe : Vladimir Lossky(273).

b. Dans quelle mesure pourrons-nous appliquer cette vérité fondamentale à Ǧubrân et à Nu'ayma ? Les explications qu'ils en ont données sont-elles entièrement heureuses au regard de la doctrine ? L'auteur du *Prophète* ne fait aucune allusion à la Trinité chrétienne, mais parle de deux triades émanant de Dieu, « Conscience Raisonnable du monde, *ḍamîr al-'Alam al-'Aqil* dont l'amour,*al-Ḥubb*, et ce qu'il engendre, la révolte, *al-tamarrod*, et ce qu'elle suscite, la liberté, *al-ḥurriyya* et ce qu'elle produit sont les aspects »(274). La deuxième triade est formée par la vie, *al-ḥayât*, la liberté et la pensée, *al-fikr*, trois personnes en une essence unique et éternelle, *ṯalâṯat aqânîm fî ḏât wâḥida azaliyya*(275). Conception bien originale certes, mais rien d'étonnant à cela car Ǧubrân est avant tout un poète, même lorsqu'il écrit en prose, et les questions théologiques n'ont jamais d'intérêt pour lui, à l'inverse de son compatriote Nu'ayma marqué par son milieu religieux et par une longue formation doctrinale.

(271) Paul Crostéfan. *Car Dieu répond.* Belgique (1971), p.87.

(272) L. Ott. op.cit.p.83.

(273) cf. V. Lossky. op.cit.p.64.

(274) *'Awâsif.* p.416.

(275) Ibid., et Šukr Allah al-Ǧarr. *Nabiyy Orphalèse.* Beyrouth (1967), p.70. Sur la tri- =

S'adressant aux religieux de l'Arche, Mirdâd leur déclare : « La Conscience Première, *al-ḍamîr al-awwâli*, le Verbe, *al-kalima*, et l'Esprit de Compréhension, *rûḥ al-fahm*, telle est, ô religieux, la triade de l'existence, *ṯâlûṯ al-wuǧûd*. Ces trois qui ne sont qu'un, et cet Un qui est dans l'éternité, se connaissant par eux-mêmes, se complétant l'un l'autre, parfaits, immuables et vivant toujours dans une paix éternelle. Cela est, ô religieux, l'Equilibre parfait, *al-tawâzun al-kâmil* »(276). Dans sa manière de procéder pour établir des relations entre les trois personnes de sa triade, Nu'ayma essaie de concilier sa propre doctrine avec celle de l'Eglise qui affirme : « qu'entre les trois Personnes de la Sainte Trinité est consacré l'équilibre, de sorte que l'unité existe par l'union des trois et que les trois s'identifient en l'un »(277).

Comment cette triade Nu'aymienne a-t-elle vu le jour ? Le premier processus prend sa source en l'homme : « le premier fils d'homme qui a traversé le temps et l'espace fut appelé *Ibn Allah*, fils de Dieu. Sa compréhension de sa divinité fut appelée *Rûḥ Quddûs*, Esprit Saint(278). Quant au deuxième, il part de Dieu. En effet, « Dieu qui est Conscience Première est devenu « deux », *izdawâǧa*, lorsqu'il se prononça lui-même dans le Verbe. Ce duo s'unifia à nouveau dans la Sainte Compréhension, *al-fahm al-muqaddas* »(279).

Pouvons-nous dire que cette triade de Nu'ayma ressemble davantage à la Tri-Mûrti hindoue(280) qu'à la Trinité chrétienne? Toute réponse à cette question demeurera incomplète car l'auteur de Mirdâd lui-même est resté dans le vague et n'a pas voulu se livrer en ce qui concerne les influences qu'il a subies dans ce domaine(281). Malgré cette lacune, essayons de voir quelle est la nature de la triade de Nu'ayma. D'abord, au sein de la Trinité chrétienne « tout est connaissance et amour mutuels du Père, du Fils et de l'Esprit »(282). Ensuite, la révélation est intériorité de l'Esprit(283), et non

---

= nité Ǧubrânienne, cf. Joseph Merhi al-Yammouni, *Ǧibrân Kahlîl Ǧibrân : l'homme et sa pensée philosophique. Vision de l'homme et de la divinité.* Ed. de l'Aire. Lausanne. p.146-149.

(276) *Mirdâd.* 6,599 et 643. cf. aussi *Masîḥ.* 9,326.

(277) S. Boulgakof. op.cit.p.117.

(278) *Mirdâd.* 6,789.

(279) Ibid. p.765. *Rasâ'il.* 9,166.

(280) Voir l'importance du chiffre « 3 » dans l'Hindouisme. A. Daniélou. op.cit.p.134.

(281) Interview accordée à Marie Lydia Ghaïth le 22.11.1977.

(282) J. Delanglade. op.cit.p.254. Marcel Domergue. *Vie spirituelle et Connaissance de Dieu.* C. Auj. Avril 1971. p.231.

(283) H. Le Saux. *La rencontre.* p.49.

« dualité » du Père et du Fils à la manière de Mirdâd[284]. Enfin, la Tri-Mûrti hindoue, dont Nu'ayma semble avoir été influencé, présente trois qualités personnifiées dans les trois dieux : Brahmâ, Vishnu et Shiva, les symboles se rapportant à cette Tri-Mûrti ne semblent pas sans connexion avec la conception chrétienne de la Trinité. Shiva, la Cause suprême, est appelé le Progéniteur, le Père. Vishnu, le préservateur descend dans le monde sous la forme d'un *avatâr*, d'une incarnation, c'est lui qui vient montrer la voie aux anges et aux hommes qui s'écartent de leur destinée. Il correspond à la notion de « Dieu le Fils », du Rédempteur[285]. Le Saint Esprit est représenté comme procédant du Père et du Fils; un parallèle peut-être établi avec la tendance *rajas* résultant de l'équilibre de *Sattva* et de *Tamas* et personnifié par *Brahmâ*[286].

Que pense Nu'ayma lui-même de sa Triade[287] ? Voici en quels termes il l'explique : « Quand je parle de la Conscience Première, du Verbe et de l'Esprit de Compréhension, je parle de la Sainte Trinité, *al-Ṯâlûṯ al-Aqdas*. La Conscience Première c'est le Père, le Verbe est le Verbe du Père de qui procède toute chose. Ce Verbe n'a de valeur que s'il est doté d'un sens et le sens du Verbe c'est l'Esprit, appelé par l'Eglise le Saint-Esprit... Je ne suis donc pas éloigné de l'enseignement de l'Eglise dans ce domaine»[288]. Malgré son affirmation d'être dans la ligne de l'Eglise, les explications de Nu'ayma et les expressions qu'il utilise paraissent bien éloignées d'une interprétation religieuse de la Trinité telle que nous l'avons soulignée plus haut. « Sa position est plus hindouiste que chrétienne, son point de vue est plus métaphysique et symboliste que théologique... Son interprétation est plutôt une interprétation anthropomorphiste et psychologique »[289]. L'auteur de *Mirdâd* déforme la Trinité chrétienne, pour ne pas dire la refuse, et se fait sa Trinité à lui[290].

Une dernière question se pose à nous : pourquoi Nu'ayma appelle-t-il le Saint-Esprit, *Rûḥ al-Fahm*, l'Esprit de la Compréhension ? Il semblerait que *Rûḥ al-Fahm* ne soit que l'un des sept dons du Saint-Esprit dans la théologie chrétienne, à savoir « le don d'intelligence ». Pourquoi

(284) Alors que ce rôle est attribué à la Sainte Compréhension dans la triade de Nu'ayma. *Mirdâd*. 6,603, 651, 721 et 722.

(285) *Mirdâd*. 6,765.

(286) Alain Daniélou. *Le polythéisme hindou*. Corréa (1960), p.53.

(287) La question lui a été posée lors d'une interview le 22.11.1977.

(288) Interview du 22.11.1977.

(289) R. Deladrière. *Lettres* du 14.6.1977, 23.11.1977 et 14.02.1978.

(290) Yuḥannâ al-Ḫûrî. op.cit.p.35-44.

Nu'ayma valorise-t-il plus particulièrement la Compréhension ? Pourquoi invite-t-il les hommes à se placer sous la conduite de cette Compréhension(291) et à travailler avec l'Esprit-Saint qui œuvre en eux et avec eux de façon continue(292) ? Les raisons nous demeurent encore mystérieuses.

Après cette brève incursion sur le Dieu-Trinité de Ǧubrân et de Nu'ayma, voyons les autres noms et images de Dieu qui sillonnent leur œuvre.

3. Autres Noms et Images de Dieu

a. Dieu apparaît en premier lieu comme Vie. « La Vrai Vie c'est Dieu »(293), « de qui, par qui et en qui toute vie puise son principe »(294). Cette Vie est immuable et bien qu'elle revête plusieurs apparences, elle est la même et son essence est une(295). Elle est la vérité suprême(296) plus ancienne que toutes les créatures. Elle demeure puissante quand elles sont vaincues et libre lorsqu'elles traînent les chaînes de l'esclavage(297). En Elle, rien n'est stérile. Elle est semblable à la terre qui transforme toute mort en vie... et toute stérilité en fertilité(298). Profonde et sublime, voilée et cachée, Elle reste proche des siens(299).

Quelles sont les relations de cette Vie avec les créatures ? Généreuse pour ses enfants(300), Elle sait mieux qu'eux ce qu'il leur faut car Elle les connaît mieux qu'ils ne se connaissent eux-mêmes, et lorsqu'ils lui disent non, Elle n'entend que le oui caché au fond de leurs cœurs(301). Elle est la mère de toute mère et prend pitié de tous(302), accordant sa force au

---

(291) *Mirdâd*. 6,728.

(292) Ibid. p.789-790. Remarquons que Nu'ayma emploie indifféremment *Rûḥ al-Fahm* et *Rûḥ al-Qudos* pour désigner une même et unique réalité. cf. *Masîḥ*. 9,326-327.

(293) *Beloved prophet*. Lettre du 26.11.1911. p.55. *Adam*. 7,53. *Masîḥ*. 9,290. *Naǧwa*. 9,361.

(294) *Durûb*. 6,91. *Ġirbâl*. 3,423.

(295) *Ġirbâl*. 3,423.

(296) *Aḥâdîṯ*. 9,666.

(297) *Ḥadîqa*. p.452.

(298) *Bayâdir*. 4,510.

(299) *Ḥadîqa*. p.453.

(300) *Beloved Prophet*. Lettre du 22.10.1912. p.103.

(301) Ibid. Lettre du 31.10.1917. p.291.

(302) *Ǧubrân*. 3,28.

petit et au grand, au faible et au puissant(303). Elle œuvre en permanence(304), chante dans notre silence, rêve durant notre sommeil et bien que profonde et sublime, voilée et cachée, Elle est proche de chacun. Lorsqu'Elle parle, les vents se transforment en paroles. Lorsqu'Elle chante, les sourds-muets L'entendent et par son chant, Elle les élève jusqu'au ciel. Lorsqu'Elle avance, les aveugles se réjouissent, s'émerveillent et suivent ses pas(305). C'est pourquoi, écrivant à Mary qu'il compare au Grand Esprit qui accompagne l'homme non seulement pour partager sa vie mais pour la rendre fructueuse, Ǧubrân lui dit : « Puisse la Vie chanter en ton cœur et te garder dans son cœur très sacré »(306).

b. Quels sont les attributs de ce Dieu-Vie? «L'attribut premier est la sainteté en tant que perfection même du Summun Bonum »(307). Dieu est un nom saint, sainte aussi est la Compréhension qui Le sanctifie(308), confesse Mirdâd. Dieu est Un et son unicité est la loi unique de l'existence(309), tel est aussi l'enseignement fondamental de l'Ancien et du Nouveau Testament ainsi que des grandes religions révélées. Dieu est Lumière et seule la lumière connaît la lumière(310). Bénie soit cette Lumière de qui vient toute lumière et que nulle obscurité n'assombrit(311). Dieu est parfait(312), Omniscient(313), Omniprésent(314), Immuable, Vainqueur du temps(315), Infaillible(316), Eternel(317), Transcendant et Immanent(318).

(303) *Durûb.* 6,91.

(304) Ibid. p.132. « Mon père travaille toujours, dit Jésus, et moi aussi je travaille ». *Jean.*5,17.

(305) *Ḥadîqa.* p.452-453. Reprenant *Luc.* 4,18-19.

(306) *Beloved Prophet.* Lettres du 8.7.1914 et du 7.2.1922, p.198 et 369.

(307) M.L.Borodine op.cit.p.247. H. Le Saux. *Sagesse hindoue.* p.39.

(308) *Mirdâd.* 6,599.

(309) Ibid. p.628, 614.

(310) Ibid. p.614.

(311) *Arqaš.* 4,372.

(312) *Beloved Prophet.* Lettre du 3.1.1917. p.283.

(313) *Ayyûb.* 4,262. *Ǧubrân.* 3,177.

(314) *Bayâdir.* 4,515 et 516. *Beloved Prophet.* Lettre du 26.11.1911. p.55. *Le Prophète.* p.86. *Sab'ûn* 1,316. *Ḫalîl.* p.164. *Adam.* 7,54.

(315) *Yawm.* 2,206. *Adam.* 7,54.

(316) *Karm.* 3,623.

(317) *Bayâdir.* 4,489. *Zâd.* 5,186. *Masîh.* 9,324. *Dam'a.* p.305 et 345. *Badâ'i'* p.562.

(318) Nous verrons cela longuement lorsque nous parlerons des déviations résultant des relations entre Dieu et l'homme.

Pour conclure, disons avec Nuʿayma que, « les hommes imaginent connaître Dieu parce qu'ils L'ont rendu un homme à leur ressemblance »(319) et qu'ils L'ont gratifié de divers noms et images, oubliant que « si Dieu a tant de noms c'est qu'aucun ne lui convient vraiment »(320). « Ainsi instruits, les théologiens Le louent tout ensemble de n'avoir aucun nom et de les posséder tous »(321).

Quand nous disons Dieu est Amour, Créateur, Père, Trinité, Vie..., nous remarquons que tous ces mots suggèrent quelque chose sur Dieu, qu'ils expriment les actions plutôt que l'Etre divin car « l'Etre divin ne peut pas être défini adéquatement et ne peut pas être exprimé par un nom répondant parfaitement à sa nature. C'est pourquoi, les Pères de l'Eglise ont désigné Dieu comme innommable, inexprimable même et sans nom »(322), les grands mystiques carmes, Sainte Thérèse d'Avila et Saint Jean de la Croix ont fini par L'appeler : « ce je ne sais quoi »(323) et Saint Thomas d'Aquin a vu dans le mot « Celui qui Est »(324), le nom propre divin le plus adéquat(325).

E. Relation entre Dieu et la Création

Comment comprendre les rapports de Dieu et de la Création ? Comment Ǧubrân et Nuʿayma les ont-ils compris et vécus ? Ces questions se posent inévitablement, car c'est un fait que le monde est lié à la Toute-Puissance Créatrice dont il est à chaque instant dépendant. Cette inséparabilité de Dieu et de la Création ne doit pas aboutir à l'abolition des limites antologiques entre Dieu et son œuvre. La frontière entre-eux doit être inamissiblement conservée, mais l'existence de cette frontière ne détruit pas une certaine relation qu'il nous faut de toute évidence déterminer. L'intimité créée par cette relation doit-elle faire croire que tout est Dieu et incliner ainsi vers le panthéisme ? « La tentation est grande car "la préoccupation du Tout", fondement du panthéisme, est profondément enracinée dans la nature humaine »(326) et il n'est pas toujours aisé de la réfuter.

(319) *Ṣawt.* 5,271.

(320) M. Domergue. *Vie spirituelle et connaissance de Dieu.* C. Auj. Avril 1971. p.235.

(321) *Denys l'Aréopagite.* Ed. Gandelac. Aubier (1943), p.74.

(322) L. Ott. op.cit.p.42.

(323) M. Domergue. Ibid. p.235.

(324) C'est la formule par laquelle Dieu s'est désigné Lui-même. cf. *Exode.* 3,14.

(325) L. Ott. op.cit.p.45. « Dieu Est » ! Cette formule ne revêt pas la même signification dans le Christianisme et dans l'Islam. cf. J. Maritain. *Sept leçons sur l'Etre.* p.106 et 108.

(326) H. de Lubac. *La pensée religieuse.* p.220. Et c'est « pour avoir trop bien senti qu'il n'est rien de si répandu que la divinité, en sorte que l'univers n'est pas chose pro- =

Voyons tout d'abord ce qu'est le panthéisme. Les définitions sont nombreuses mais elles se ramènent toutes à ceci : « Le panthéisme est une doctrine qui consiste à confondre l'auteur de la Nature avec cette Nature à travers laquelle Il se révèle obscurément et à laquelle il faut bien emprunter des traits pour Le penser»[327], autrement dit à affirmer que «Tout est Dieu, Dieu et le monde ne font qu'un », ce qui peut s'entendre en deux sens fondamentaux :

— Dieu est seul réel, le monde n'est qu'un ensemble de manifestations ou d'émanations n'ayant ni réalité permanente ni substance distincte. Tel est, par exemple, le panthéisme de Spinoza[328].

— Le monde est seul réel, Dieu n'est que la somme de tout ce qui existe. Tel est, par exemple, le panthéisme de Holbach et de Diderot[329]. Ce panthéisme est une métaphysique véritable, la plus ancienne peut-être, et d'éminents esprits en ont été fascinés et attirés[330] il existe même des « tempéraments » panthéistes : ce sont en général des gens qui ont le sens, le goût de la Nature, l'amour du cosmos. Ces hommes-là sont souvent fascinés par le panthéisme et attirés d'une manière irrésistible par le monisme[331].

2. Panthéisme et Ǧubrân et de Nuʿayma ?

Ǧubrân et Nuʿayma font partie de ces tempéraments. Tous les deux ont été attirés et fascinés par cette doctrine, appelée encore, Unité de l'Existence, *waḥdat al-wuǧûd*, ou monisme existentiel. En effet, lorsque la pensée hindoue pénétra aux Etats-Unis d'Amérique et que les cercles mystiques s'y répandirent, les deux écrivains émigrés en furent influencés à tel point qu'ils embrassèrent la croyance en l'Unité de l'Existence et en la Réincarnation, *taqammuṣ*. Ces deux croyances vont former le thème central et même le plus grand de leur littérature[332]. Pour les deux amis, l'exis-

= fane mais sacrée... que le monde-gréco-romain est tombé dans l'adoration des créatures et dans le panthéisme stoïcien ou néoplatonicien ». J. Maritain. *Les degrés du savoir.* p.461.

(327) H. de Lubac. *De la connaissance de Dieu.* p.15. cf. également l'article de R. Mishrahi. *Le Panthéisme.* En. Univ. 12,479-483.

(328) André Lalande. *Vocabulaire technique et critique de la philosophie.* P.U.F. Paris (1960), p. 732. Et H.de Lubac. *La pensée religieuse.* p.224.

(329) André Lalande. op.cit.p.732-733. *Dictionnaire Apologétique de la foi catholique. c. 1305. Et enfin Kaʿdî. op.cit.p.191-192.*

(330) *C. Tresmontant. Le problème de l'existence de Dieu.* p.147. et *Le problème de la révélation.* Paris (1969), p.56.

(331) C. Tresmontant. *Le problème de l'existence de Dieu.* p.143. T. de Chardin dit : « J'avais toujours eu une âme naturellement panthéiste... ». *Hymne de l'univers.* Paris (1961), p.56. et H. de Lubac. *La pensée religieuse.* p.220.
Panthéisme = identification de Dieu avec le monde.
Monisme = identification de Dieu avec l'âme humaine.

(332) T. Zakkâ. *Bayn Nuʿayma wa Ǧubrân.* Beyrouth (1971), p.72-73.

tence est une. Cette unité commence par Dieu et se termine par Dieu. Chaque partie de l'existence est une continuation et un complément d'autres parties, et l'ensemble de toutes les parties constitue la Vérité Suprême, *al-Ḥaqîqa al-'Uzmâ*, que nous appelons l'Existence, ou la Vie, ou la Nature et finalement Dieu qui n'a ni commencement ni fin. Dieu c'est l'Existence et l'Existence c'est Dieu(333).

Gubrân est le premier écrivain arabe dans notre monde contemporain(334) à proclamer, à la manière des mystiques hindous et musulmans, sa foi en l'Unité de l'Existence(335) et ceci à la suite de sa révolte contre le clergé, de son complexe d'Oedipe, de son narcissisme, de sa foi dans l'égalité des hommes et enfin de l'injustice dont souffrait son pays(336).

La croyance en l'Unité de l'Existence apparaît chez Ǧubrân dès ses premières œuvres. Ainsi nous le voyons parler de l'Esprit Total et Eternel, *al-Rûḥ al-Kullî al-Ḫâlèd*(337). Cet Esprit Total c'est l'Esprit de Dieu répandu dans le monde selon les adeptes de l'Unité de l'Existence. Tout son recueil poétique, *al-Mawâkib*, n'est qu'une description de cette Unité dans un monde où tous les contraires s'embrassent. La forêt où il veut vivre et à laquelle il renvoie tout, n'est que le symbole de la Vie globale, *al-Ḥayât al-Šâmila*, et non de la Nature dans son sens strict. Le luth dans lequel il souffle n'est que le symbole de l'Esprit dans lequel se retrouvent tous les esprits pour former une seule mélodie(338). Quant à Aminâ al-'Alawiyya, elle affirme à son visiteur : « Tout ce qui existe dans le monde existe en toi et tout ce qui est en toi se trouve dans le monde »(339). Le héros d'*al-Maǧnûn* est un homme qui a atteint la perfection et l'union absolue avec Dieu : « Mon Dieu, le Sage et le Connaissant, *al-Ḥakîm wa al-'Alîm*, ô ma Perfection et la finalité de ma route. Je suis tes racines en terre et tu es ma fleur au ciel, ensemble nous croissons devant le

(333) 'Isâ al-Nâ'ûrî. op.cit.p.380 et 385.

(334) De nombreux écrivains suivront son chemin. Voir la théorie panthéistique de A. Rayḥânî. J. Fontaine. *Le désaveu*. p. 211, celle de Mayy Ziyâdé. Ǧabr. *M. Ziyâdé fî ḥayâtihâ wa adabihâ*. Beyrouth (1960), p. 49.

(335) 'Isâ al-Nâ'ûrî. op.cit.p.20. Jean Lecerf. Studia Islamica. *Un essai d'analyse fonctionnelle (Les tendances mystiques du poète libanais Ǧibrân...)*. Paris (1953-1954), p.149.

(336) Pour plus de détails sur : 1) Les raisons qui poussèrent Ǧubrân à adopter cette doctrine, et 2) Les principes qui la résument, cf. Ḥ.Ǧassân. op.cit.p.275-276 et 320-321.

(337) *Ramâd*. p.20. *Ḫalîl*. p.131. *Aǧniḥa*. p.216.

(338) *Ǧubrân*. 3,585.

(339) *Badâ'i'*. P.585.

soleil»[340]. Et Ǧubrân de conclure : « Tout est Dieu et Dieu prie sur lui-même »[341].

Cette affirmation de l'Unité de l'Existencce par Ǧubrân et son identification avec Dieu permet-elle de le taxer de panthéiste ? La réponse à cette question est bien délicate, car il est toujours très difficile d'affirmer qu'un penseur est panthéiste étant donné qu'on ne sait jamais ce qu'il faut entendre par ce terme... et que le « panthéisme de Ǧubrân » est bien flou[342], ce qui n'est pas le cas de son ami qui proclame que l'«Unité de l'Existence constitue le fond de sa philosophie et signifie la dissolution, *fanâ'*, absolue en Dieu, dans l'homme et dans la Nature, autrement dit la dissolution de toutes choses en toutes choses. Et si Nous disons : Dieu, l'homme, la Nature, tout cela signifie une même et unique chose qui est la Vérité Suprême ou l'Existence Suprême : tous ces mots sont synonymes d'un sens unique »[343]. Cette affirmation qui satisfait aux conditions posées par J. Maritain pour qualifier une doctrine de panthéiste[344] suffit à elle seule pour jeter le discrédit sur Nu'ayma et sa doctrine. Qu'en est-il en réalité ?

Assez tôt, Nu'ayma a pressenti une certaine unité de l'existence mais n'a pas osé l'affirmer : « Quand je demandais à mon âme : qui es-tu ? Je la voyais en toute chose et je voyais toute chose en elle, alors je concluais qu'elle et Dieu ne faisaient qu'un. Mais craignant d'affirmer cette unité, je lui disais : « tu es une parcelle de Dieu, *anti ǧuz' min Ilâh*, ou encore : tu es un débordement de Dieu, *anti fayḍ min Ilâh* »[345]. Par conséquent, « si Dieu me fait mourir, c'est comme s'il se détruit Lui-même, car je suis de Lui et en Lui. Or, se peut-il que Dieu s'efface Lui-même »[346] ?

A diverses reprises, l'auteur de *Mirdâd* confesse sa foi en l'unité de Dieu et de l'homme[347], de Dieu et de tout ce qui existe, assurant ses lecteurs que « l'homme n'est pas séparé de Dieu ni de ses frères ni d'aucune

(340) *Maǧnûn.* p.10.

(341) *Kallunâ Yuṣallî.* op.cit.p.216-217.

(342) Ǧamîl Ǧabr. *Ǧubrân, Siratuhu.* p.195.

(343) al-Nâ'ûrî. *Adab al-Mahǧar.* p.380. cf. La définition du *fanâ'* dans Anawâti et Gardet. *Mystique musulmane.* Paris (1961), p.104-106.

(344) cf. J. Maritain. *Eléments de philosophie.* Paris (1921). 1,204.

(345) *Sab'ûn.* 1,438. *Hams.* 4,19.

(346) *Zâd.* 5,130.

(347) *Mirdâd.* 6,604-606. cf. aussi *Maqâlat.* 7,138. et *Ġirbâl.* 3,555.

créature qui a jailli du Verbe de Dieu. Ce Verbe est comme la mer et les hommes comme les nuages. Le nuage peut-il être tel sans l'apport de la mer»[(348)], Et tout comme les gouttes de pluie se rassemblent pour former les sources, les sources pour former des ruisseaux et des rivières, tout comme ceux-ci se jettent dans les grands fleuves, les grands fleuves portent les eaux à la mer et les mers se groupent pour former les grands océans, ainsi la volonté de chaque créature - qu'elle soit animale, minérale ou humaine - coule dans l'Océan de la Volonté Universelle. Cette Volonté Universelle, Nu'ayma L'appelle encore la Pensée. Voici ce qu'il écrit à son frère: «Je crois que la Pensée est une, c'est la Pensée Universelle ou le Grand Moi, *Anâ al-kubrâ*, ou la Vérité Suprême ou Dieu. Les noms sont sans importance, l'essentiel est que la source de la Vie est une... Ce qui te paraît être des aspects différents de la Vérité, ne sont en réalité qu'un seul et unique aspect. Car la Vérité est immuable. C'est le seul principe qui ne change pas. C'est Dieu »[(349)].

A ce Dieu, Nu'ayma a donné plusieurs noms[(350)], arrêtons-nous à celui de Moi, *Ana*, le Moi divin, car l'auteur de *Mirdâd* a sur le « moi » des idées très intéressantes. Il y a, pour lui, une relation primordiale entre le moi et la parole : « de même que les arbres et les plantes sortent de la graine, les oiseaux et les insectes de l'œuf... de même les mots éclosent et sont engendrés par une parole-mère, *al-kalima al-umm*, qui est le moi »[(351)]. Cette parole-mère, ajoute Nu'ayma, resterait stérile, si elle n'était fécondée par une force génératrice dont la source originelle est insaisissable pour notre intelligence, notre imagination et notre pensée. « C'est ce principe de la vie qui emplit l'espace infini et que nous appelons Dieu »[(352)]. Mais « Dieu Lui-même a besoin d'exprimer son essence et s'Il ne l'exprimait pas, Il resterait comme inexistant »[(353)]. Il lui suffit donc pour exister de s'exprimer Lui-même en disant Moi. La parole « moi » est donc la parole créatrice, non créée, par laquelle tout ce qui est existe et sans laquelle il n'existerait rien. Elle est « au commencement », « auprès de Dieu », plus encore, elle est Dieu.

Signalons ici, sans pouvoir y insister, précise R. Arnaldez, les analogies de cette pensée avec celle d'Ibn Arabî. Ceux qui pensent que celui-ci

---

(348) *Mirdâd*. 606. *Maqâlat*. 7,138.

(349) *Sab'ûn*. 1,553. T. Milhès. *M. Nu'ayma, Al-Adîb al-Ṣûfi*. Beyrouth (1964), p.79-80.

(350) Revoir plus haut.

(351) *Mirdâd*. 6,593-599.

(352) *Mirdâd*. 6,598.

(353) Ibid. p.589-599.

a entendu l'unité de l'existence(354) dans le sens d'un panthéisme, tireront de ces analogies la conclusion que Nu'ayma est lui aussi panthéiste. Mais dans son cas, comme dans celui d'Ibn Arabî, peut-on appeler panthéiste, une pensée qui fait une telle place au Moi divin et qui voit la réalisation des « moi » humains en leur vérité ontologique, dans leur union avec le Moi divin qui leur donne d'être des « moi » ? Peut-on appeler panthéiste une pensée qui saisit le fond de l'Etre dans une conscience totale dont l'homme a précisément pour fin de prendre lui-même conscience(355) ? Je ne le crois pas, répond Arnaldez(356) rappelant ainsi que l'accusation de panthéiste que l'on profère contre ceux qui parlent d'une union à Dieu si intime qu'ils vont jusqu'à la qualifier de substantielle(357) doit être considérée avec beaucoup de discernement(358), comme il convient d'être prudent avant de qualifier de panthéistes des documents mystiques.

3. Immanentisme de Ǧubrân et de Nu'ayma

Le « panthéisme » de ces mystiques, comme celui de Ǧubrân et de Nu'ayma, ne convient-il pas mieux de l'appeler « immanentisme » ? Dieu, tout entier, avec toute son éternité,... son amour infini,... avec toute sa vie intime tripersonnelle, est là présent dans le plus infime brin d'être... Affirmer cela toutefois n'est point tomber dans un impossible panthéisme(359).

Après avoir parlé des dieux des nations éloignés de leurs peuples, Ǧubrân poursuit : « Jésus, ce Nazaréen extraordinaire, parle d'un Dieu immanent à tous les hommes, connaissant toute chose, tellement aimant qu'Il est au-delà des fautes de ses créatures. Ce Dieu entrera dans toutes les maisons, s'asseoira avec les gens près des cheminées et sera pour eux bénédiction et lumière »(360). C'est ce Dieu, habitant en tout homme, qui infuse sa connaissance dans les Prophètes, car « ceux-ci n'auraient pu Le connaître s'Il n'était pas en eux, car il est impossible à l'homme de con-

---

(354) Bien que lui-même n'ait jamais employé l'expression « *Wahdat al-wûǧûd* ». R. Deladrière. *La profession de foi.* p.LXX.

(355) Rappelons que Ǧubrân a dit : « Mon Dieu, ma perfection et le but de ma route ». cf. *Maǧnûn.* p.10.

(356) R. Arnaldez. *L'Orient-le-Jour.* 10.5.1978. Et B. Pirone. *Sistema filosofico religioso di M. Nu'ayma.* Oriente Moderno. Anno LVII. N°-3. Marzo-Aprile 1977. p.68,69 et 71.

(357) H.M. Hallâǧ. *Dîwân,* traduit et présenté par L. Massignon. Paris (1955), p.109. Et H. Le Saux. *Sagesse hindoue.* p.229.

(358) J. Chevalier. *Le soufisme et la tradition islamique.* Paris (1974), p.162.

(359) cf. H. Le Saux. *Sagesse hindoue.* p.183.

(360) *Yasû'* p.227. N'est-ce pas là des réminiscences de l'évangile de *Jean.* 14,23.

naître ce qui est extérieur à son essence. Et si les Prophètes n'étaient pas convaincus de cette présence de Dieu en toute créature, ils auraient mieux fait de prêcher l'art aux pierres, la philosophie aux singes, que de prêcher Dieu à des créatures démunies de Dieu. Car, comment les ténèbres peuvent-elles comprendre la lumière ? Dieu seul peut connaître Dieu. C'est ce Dieu présent en tout homme qui connaît Dieu en toute chose et en tout homme »(361). Et par la voix de Mirdâd, Nu'ayma confesse cette unité du tout dans le Tout en recourant à l'image de l'œuf : « Les œufs innombrables qui représentent toutes les créatures visibles et invisibles, animées et inanimées, ont été rangés à l'intérieur de l'Oeuf-Mère..., un œuf à l'intérieur d'un autre puis d'un autre jusqu'à l'infini... Quant à la fécondation du tout, elle est unique, c'est Dieu. Tel est l'univers, ô mes compagnons »(362).

Panthéistes ? Immanentistes ? Ǧubrân ne répond pas à ses détracteurs et accusateurs, tandis que Nu'ayma se défend d'être l'un ou l'autre, repoussant ainsi le discrédit jeté sur lui et sur sa doctrine(363) et refusant de se laisser enfermer dans une doctrine et d'être prisonnier des mots. « Tu me demandes si le souhait d'union à Dieu n'est pas de l'égoïsme du moi, je te réponds: Quand Dieu dit «Ana», Il englobe toutes les créatures... Et quand l'homme dit « Ana », il n'englobe que lui-même. C'est pourquoi, l'union à Dieu signifie la libération de l'être limité pour atteindre l'Etre Total»(364). Quand cet Etre Total, Dieu, se regarde lui-même, Il y voit l'existence tout entière et Il dit : « Me voici ». En effet, l'existence tout entière, dans ce qu'elle a de visible et d'invisible, est le corps vivant de Dieu, et vous faites partie de cette existence. Aucun mouvement, aucune initiative, aucun événement n'arrive que par la volonté du Tout... Tout le monde est serviteur et maître à la fois. Quant à Sa Volonté, elle est au-dessus de toute volonté »(365). Oui « Dieu est en toute chose, mais aucune chose n'est Dieu »(366), à l'inverse de Brahma en qui sont tous les êtres sans que lui soit en eux(367).

(361) *Zâd.* 5,220.

(362) *Mirdâd.* 6,784. *Bayâdir.* 4,591. cf. la remarque à propos de l'Oeuf-Mère dans les pages précédentes.

(363) Yuḥannâ al-Ḫûrî. *al-Radd.* p.49-55 et 185-193.

(364) *Rasâ'il.* 8,14-15.

(365) *Bayâdir.* 4,494.

(366) *Sab'ûn.* 1,752.

(367) René Guénon. *L'homme et son devenir.* p.89-90. Cette différence dans la conception des relations entre Dieu et la création est une confirmation que Nu'ayma n'a pas connu le vrai Hindouisme. Voir aussi sa Théorie du *Moi* et du *Soi,* « ceci revient au fait qu'il ait lu les commentaires de Vivekananda au *Raja-Yoga* et à la *Baghavad* =

4. Vision Romantico-Mystique

Ni panthéistes, ni immanentistes, Ǧubrân et Nuʿayma regardent Dieu dans ses rapports avec la création à la manière des mystiques et des romantiques, notamment Ibn al-Fâriḍ, R. Tagore, W. Whitman et Lamartine.

Tout comme Tagore, Ibn al-Fâriḍ et Lamartine, Ǧubrân et Nuʿayma considèrent la beauté de la nature comme l'incarnation visible de la beauté divine et comme preuve sensible de la présence de Dieu dans la création[368]. En effet, en ce bas monde, « tout ne révèle-t-il par la présence et l'amour de Dieu à qui sait entendre, voir et adorer»[369]? « Dieu est dans la brise qui souffle, dans l'oiseau qui vole, dans l'enfant qui court en chantant, dans chaque mouvement aussi de nos corps et de nos esprits»[370] confesse la sagesse hindoue qui a fortement influencé les deux amis.

Avant de prendre congé du peuple d'Orphalèse, l'auteur du *Prophète* réaffirme envers Dieu son sentiment universel et sa foi intense en sa présence en tout lieu, en toute chose et en tout temps. « Regardez autour de vous, dit-il à ceux qui l'écoutent, vous verrez Dieu jouer avec vos enfants ! Regardez dans l'espace, contemplez le firmament, vous Le verrez marcher sur les nuées, étendre ses bras dans l'éclair et descendre avec la pluie. Vous Le verrez souriant dans les fleurs, puis se levant et mouvant ses mains dans les arbres »[371]. Ce même sentiment trouve son écho chez W. Whitman : « Pourquoi souhaiterais-je voir Dieu plus clairement qu'en cet instant ? Dans les visages des hommes et des femmes, je vois Dieu, et dans mon propre visage reflété au miroir »[372].

De son côté, R. Tagore chante la présence de la divinité dans la création : « La créature est dans Brahma et Brahma est dans la créature.
Lui-même, Il est l'arbre, la graine et le germe.
Lui-même, Il est la fleur, le fruit et l'ombre.
Il est le soleil, la lumière et tout ce qui s'éclaire »[373].

= Ǧitâ, cf. *Sabʿûn.* 1,524, ce qui n'est pas très rassurant, car Vivekananda est l'un de ces hindous séduits par la société matérialiste occidentale qui ont interprété la métaphysique hindoue à la « sauce » américaine et protestante, moralisante et sentimentalisante ». R. Deladrière. Lettre du 26.2.1977.

(368) Cité par Ḥ. Ǧassân. op.cit.p.270. *Zâd.* 5,137.

(369) *Mirdâd.* 6,627.

(370) H. Le Saux. *Sagesse hindoue.* p.184.

(371) *Le Prophète.* p.79.

(372) S.S. Ḥannâ. *K. Ǧibran et W. Whitman.* Orient, 2ème sem. 1968, p.113.

(373) R. Tagore. *La fugitive.* p.158. (VII), 262 (XCVIII).

S'adressant à la terre, Ǧubrân lui demande : « Qui es-tu ? Es-tu un atome de poussière soulevé par les pas de Dieu ? Es-tu un noyau jeté dans l'air pour s'élever tel un plant divin ? Es-tu un fruit de la connaissance plénière qui étend ses racines au fond de l'éternité et élève ses branches jusqu'au fond de l'éternité ? Es-tu une perle que le Dieu du temps a déposée dans le giron de la déesse de la distance »(374).

Laissons Ǧubrân et écoutons Nu'ayma implorer Dieu, dans une prière ardente, « d'illuminer ses yeux d'un rayon de Sa lumière

afin qu'ils Le voient :
dans toute la création, dans les vers des sépulcres,
dans les aigles et dans les vagues...
dans l'impureté de la prostituée et dans la pureté de la vierge.
«Ouvre mes oreilles pour qu'elles puissent saisir Ton appel
dans le bêlement de la brebis et dans le rugissement du lion,
dans le chant du rossignol et dans le croassement du corbeau »(375).

Ce poème de Nu'ayma ainsi que d'autres extraits de son œuvre, ayant trait à sa vision romantique de Dieu dans la création, ont été vivement critiqués par K.F.Ka'dî. Comment, s'interroge celui-ci, Dieu qui est grandeur et sagesse, pureté et beauté, peut-il créer ce qui n'est pas beau ? Et dire que dans « tout ce qu'Il a créé, Il n'a créé que Lui-même ?»(376) En lisant son poème *Ibtihâlât*, implorations, nous sentons l'influence de l'Hindouisme, mais le brahmane hindou ne voit Dieu que dans tout ce qui est beau et élevé, alors que Nu'ayma Le voit dans le beau et le laid, le grand et le petit. « Brahma, ô Etre Suprême, remplis-nous de tes saintes pensées. Tu es le feu, tu es le soleil, tu es le vent, tu es la lumière, tu es le ciel étoilé, tu es le Brahma,le Puissant, tu es les eaux, tu es le jeune homme et la jeune fille... tu es le Créateur de tous, tu es le vieillard appuyé sur sa canne... tu es le papillon noir, le perroquet vert aux yeux rouges, tu es les nuages faisant le tonnerre et tu es les saisons et les mers... »(377).

La prière de Nu'ayma est exaucée. A un moment de contemplation dans une prairie, il se sent uni à Dieu, « son regard devient tellement clair qu'il Le voit en toute chose. Son ouïe devient tellement fine qu'il L'entend dans tout ce qu'il entend »(378) et qu'il sent l'ivresse de l'existence se déverser sur lui comme les rayons de soleil sur un globe vitré. Il se sent

(374) *Badâ'i'* p.536.

(375) *Hams.* 4,32-35.

(376) *Bayâdir.* 4,505. cf. Ka'dî. op.cit.p.101.

(377) Ka'dî. op. cit. p. 240-241.

(378) *Yawm.* 2,144.

un être transparent, lumineux. En lui, toutes les créatures visibles et invisibles ont disparu. Le soleil, la lune, les étoiles sont en lui, ils sont en lui et lui en eux. C'est une ivresse indescriptible. C'est la félicité même. Alors il s'écrie : « Sois bénie, ô Vie dont la beauté éblouit l'homme et le fait s'oublier lui-même »(379).

Cette vision globale de Dieu, du monde et de l'homme indissolublement unis dans la Volonté Créatrice de la Cause Première, telle qu'elle se reflète au-dehors dans le Cosmos, au-dedans dans l'esprit illuminé, est le fondement de toute la tradition mystique byzantine(380), fortement répandue au Moyen-Orient et dont l'influence s'est faite sentir ches les écrivains et les poètes libanais du XIXème et XXème siècles, y compris les deux piliers d'*al-Râbiṭa al Qalamiyya*.

Ce sentiment de la présence de Dieu dans tout ce qui existe et que certains appellent : Unité de l'Existence, d'autres : Immanentisme, « n'est pas l'aboutissement d'un raisonnement »(381), mais d'une intense vie intérieure telle qu'on la trouve chez :

— Saint Paul qui couronne ses *Epîtres* par cette confession : « Ce n'est plus moi qui vis, c'est le Christ qui vit en moi », et « Quand le Christ aura tout rassemblé et tout transformé, il n'y aura plus que Dieu tout en tous »(382).

— Saint Augustin qui fixe en ces termes le but éternel de l'homme : « Hacreamus uni, fruamor uno, permaneamus unum », lui dont on a pu dire que sa théologie du Corps Mystique, dans son radicalisme poussé « jusqu'aux dernières conséquences d'une unité dans l'être, paraît n'être plus loin qu'une sorte de panthéisme Christologique »(383).

— Et enfin, chez le docteur mystique, S. Jean de la Croix : « Mon Bien-Aimé, c'est Toi : les monts, les vallons solitaires et boisés, les îles étrangères, les fleuves cascadants, le sifflement des vents amoureux »(384).

Après le témoignage de ces trois docteurs de l'Eglise, peut-on reprocher à des poètes et à des penseurs qui ne prétendent être ni théologiens

---

(379) *Arqaš.* 4,429. *Adam.* 7,25-26. *Mirdâd.* 6,580. cf. également *Le Cantique de Frère Soleil ou des Créatures,* de S. François d'Assise. *Documents, Ecrits et premières biographies.* Paris (1968), p.196.

(380) M.L. Borodine. op.cit.p.81.

(381) R. Deladrière. *La profession de foi.* p.LXX et LXXII.

(382) *Gal.* 2,20. *Eph.* 1. *Col.* 1,15-21. et *1 Cor.* 15,28.

(383) H. de Lubac. *La pensée religieuse.* p.225.

(384) R.C. Zachner. op.cit.p.29. cf. *Le Cantique des Cantiques.* 2,8-16.

ni Pères de l'Eglise, d'avoir eu une vision, parfois panthéiste, des relations entre Dieu et le monde ? — le mot « panthéisme », pris dans son sens étymologique, *en pâsi théos*, c'est-à-dire selon l'expression de S. Paul : « Dieu tout en tous ».

Certes, l'Eglise a condamné solennellement le panthéisme proprement dit qui fait que « le Multiple se perde dans l'Unité »[(385)] et laisse supposer que « Dieu compose avec les choses de ce monde pour former une seule et même substance. Il est hérétique de dire : « Dieu et tout ce qui est ont une seule et même substance. Dieu doit être affirmé comme étant réellement et essentiellement distinct du monde »[(386)]. Cette affirmation, Nuʿayma l'a clairement formulée : « J'ai dit que Dieu est en toute chose, mais aucune chose n'est Dieu »[(387)]. Pourquoi donc le taxerions-nous de panthéiste ?

5. Conséquences de cette Vision

Quelles sont les conséquences de cette vision « panthéistique » dans la vie et l'œuvre de Ǧubrân et de Nuʿayma ? Tout d'abord, s'il s'agit du panthéisme vulgaire, celui qui identifie purement et simplement le monde et Dieu, un tel panthéisme revient à nier l'existence de Dieu et à méconnaître la contingence du monde[(388)] comme à supprimer toute relation entre Dieu et la création[(389)] puisque tout ce qui est ne forme qu'une seule chose, à savoir Dieu Lui-même. Tel n'est pas le cas de Ǧubrân et de Nuʿayma en dépit du jugement sévère de Ḫ. Ġassân : « Dans le panthéisme de Ǧubrân, Dieu a disparu pour laisser apparaître le visage de l'homme clair et grand, tout comme s'est perdu le visage de l'homme dans le panthéisme de Spinoza pour laisser apparaître le visage de Dieu clair et grand. Cela ne signifie pas que Ǧubrân a renié Dieu ou lui a été infidèle, mais il a cherché Dieu à travers l'homme et l'homme à travers lui-même. Ainsi, il trouve l'homme qui s'adore, s'aime et se complaît en lui-même »[(390)].

(385) T. de Chardin. *Les directions de l'avenir*. Paris (1973), p.59. cf. également C. Tresmontant. *La métaphysique du Christianisme et la crise du XIII ème siècle*. Paris (sans date), p.67-73.

(386) Genuyt. op. cit. p. 55. Même affirmation chez S. Boulgakof. op. cit. p. 55. J. Moussé op. cit. p. 49 et *Dictionnaire Apologétique : Le panthéisme*. c. 1331.

(387) *Sabʿûn*. 1,752.

(388) Genuyt. op.cit.p.60.

(389) C. Tresmontant. *Problème de l'existence de Dieu*. p.147. Et, D. Huisman et A. Vergez : *Court essai de philosophie-métaphysique*. Paris (1959), p. 161.

(390) Ḫ. Ġassân. op.cit.p.286, 287, 314.

Dans un excès d'imagination, l'auteur du *Prophète* se sent si intimement uni à toute la nature... et à la création, qu'il s'écrie : « Je suis dans le soleil et le soleil est en moi... puis il sent son cœur battre avec tous les cœurs, son esprit uni à tous les esprits... Plus rien ne le sépare de la création, plus d'inimitié entre lui et la plus petite comme la plus grande créature. Tout ce qui est dans l'univers lui clame : tu es mon fils bienaimé »(391).

La foi de Ǧubrân en la présence de Dieu dans la création lui fait lancer un appel pressant à ne pas parler de Dieu sans attention et sans respect: «Trop souvent vous chantez Dieu, l'Infini, et en vérité vous n'entendez pas ce chant. Puissiez-vous écouter le chant des oiseaux et celui des feuilles qui tremblent sur les branches quand le vent secoue les arbres. De nouveau je vous supplie de ne pas parler de Dieu si légèrement — Dieu est notre Tout — mais parlez plutôt entre vous, pour vous comprendre, le voisin son voisin et une divinité une autre divinité »(392).

Quant à Nuʿayma, il retire de sa foi en l'unité de l'existence, de son immersion dans le Cosmos, la réconciliation avec lui-même(393) et avec toute chose, le détachement de ce monde pour vivre en deçà du temps(394) et un grand cœur pour accueillir toutes les créatures(395). Ecoutons-le : « J'ai senti la porte de mon cœur s'ouvrir aux poissons..., aux fleurs..., aux arbres..., aux oiseaux...., aux insectes..., aux souffles qui montent de la terre... , aux rêves des enfants... , aux souffrances des malades... , à toute brise et à tout rayon. Des vagues de *Maḥabba* se déversèrent de mon cœur pour m'envahir et envahir toute chose d'un débordement de paix et de sérénité... »(396). Alors plus rien n'a de prix dans cette vie si ce n'est la *Maḥabba*, couronnement de cette croyance et dont le *fanâ'* est le degré suprême : « Aimer, aimer et se livrer à la *Maḥabba* au point de s'oublier soi-même »(397) pour tous ses frères qui sont en lui, avec lui et avec qui il est tous les jours(398).

(391) *Ǧubrân*. 3,124. Même sentiment chez Nuʿayma. cf. T. Milḥès. op.cit.p.81.

(392) *Ḥadîqa*. p.468-469.

(393) *Sabʿûn*. 1,489.

(394) *Adam*. 7,26.

(395) cf. son hymne : *Yâ qalb*, ô cœur ! *Arqaš*. 4,409-411.

(396) *Adam*. 7,25.

(397) *Adam*. 7,26. *Hams*. 4,131.

(398) *Rasâ'il*. 8,244.

La fidélité de Nu'ayma à cette doctrine lui fait considérer la terre entière comme sa patrie. « Je suis le fils du grand univers et non celui d'une petite planète qu'on appelle la terre »(399). L'humanité devient sa famille. « Tu es, ô homme, l'humanité tout entière ! Tu es son Alpha et son Oméga ! De toi jaillissent ses sources. Vers toi elles coulent et en toi elles se déversent »(400). Dans cette humanité, « l'auteur voit son père dans chaque père. Sa mère, il la voit dans chaque mère »(401). Il participe à la divinité du Créateur, tout comme il devient participant de tout ce qui est dans l'existence et tout ce qui est dans l'existence devient participant de tout ce qui est en lui »(402). Cette participation réciproque à laquelle croit fermement le fils de *Baskinta* devient le centre de tout ce qu'il dit et écrit. C'est elle qui donne à son œuvre son aspect humanitaire(403).

Profondément imprégné de sa foi en Dieu présent dans sa création, Nu'ayma essaie tout d'abord de se purifier des désirs et des passions : « Demain, je rendrai aux hommes leurs dons. Demain, je rendrai à l'argile le reste de l'argile »(404), ensuite d'accepter comme normale la coexistence du bien et du mal(405) et de travailler à unifier toutes les antinomies(406).

Dans cette Unité de l'Existence, la diversité des religions et le fanatisme religieux deviennent un non sens. Voilà pourquoi, nous voyons les deux amis s'acharner à prêcher une seule et unique Religion, comme nous le verrons dans le prochain chapitre.

Une dernière conséquence de cette vision de l'existence réside dans leur style. En effet, un sentiment bien fort et profond de l'unité entre les créatures et le Créateur dépouille les choses de leur logique apparente pour ne laisser entrevoir qu'une logique cachée que la langue ne peut traduire. C'est pourquoi, elle recourt aux symboles. De là l'expression de

---

(399) *Arqaš.* 4,362. *Hams.* 4,35. T.Milhès. op.cit.p.80. Marchant sur les traces des mystiques et des soufis, Nu'ayma considère les frontières comme quelque chose d'illusoire. cf. Aštar. op.cit. p.1,166.

(400) *Marâḥil.* 5,73.

(401) *Zâd.* 5,137.

(402) *Bayâdir.* 4,509-511. *Ṣawt.* 5,249.

(403) Nâ'ûrî. *Adab al-mahǧar.* p.358 et *Mahǧariyyât.* p.15. cf. également Wadî'Filasṭîn. *Ḥadîṯ mustaṭrad ma' M.Nu'ayma.* Adîb. 4.1975. p.17.

(404) *Hams.* 4,100-101.

(405) *Hams.* 4,108. cf. La parabole de l'ivraie et du bon grain. *Math.* 13,24-31.

(406) *Marâḥil.* 5,108-109. *Hams.* 4,99.

Carlyle : « L'imagination — dans sa logique mystique — ne s'incarne que par les symboles »[407]. Cette remarque est particulièrement importante et rejoint d'une certaine manière celle de J. Maritain à propos du panthéisme, «ce péché commun des philosophies orientales. Celui-ci provient, chez elles, *du mode même de penser* qu'elles emploient, et qui paraît consister avant tout à user de concepts analogues comme s'ils existaient tels quels hors *de l'esprit*, comme s'il y avait, par conséquent, des choses qui restassent les mêmes tout en devenant, à des « plans » différents du réel, essentiellement autres »[408]. Lorsque Nuʿayma dit : « Demain, je rendrai aux hommes les dons des hommes », il utilise les mots dans leur sens inhabituel, et par « dons », *hibât*, il entend les traditions, les sciences, les arts, les religions et l'esprit»[409]. Ce mode de penser et cette manière de s'exprimer, qu'on retrouve plus ou moins accentués chez les mystiques et dans toutes les doctrines à tendance « théosophique » permet d'échapper en *apparence* au reproche de panthéisme, puisque, grâce à la contradiction foncière qu'ils comportent, ils permettent d'affirmer des diversités essentielles entre termes qui logiquement devraient être identifiés »[410].

6. Conclusion

Ni panthéistes dans le sens vulgaire du terme, ni purement immanentistes, interprètes irrécusables de leur génération, Ǧubrân et Nuʿayma voient Dieu présent dans sa création et expriment cette vision d'une manière poétique, romantique[411] et mystique, n'étant ni métaphysiciens de vocation ni théologiens de métier. Tous deux pourraient faire leur cette prière de François Chagneau : « Nul n'est plus grand que Toi qui ne s'est fait si petit ; nul n'est plus loin que Toi qui ne s'est fait si proche. Nous te voyons partout, tout autour de nous dans les hommes, dans le regard des hommes, dans le travail des hommes et dans l'air qu'ils respirent. C'est à travers eux que Tu viens vers nous, et Tu passes dans nos vies pour t'approcher d'eux. Dans leur faiblesse et dans leur force, dans toute leur vie nous nous découvrons nous-mêmes, appelés par Ton Amour à leur révéler Ta

(407) Aštar. op.cit.p.1,194.

(408) J. Maritain. *Eléments de Philosophie.* 1,204.

(409) *Hams.* 4,100-101.

(410) J. Maritain. Ibid.

(411) Sur le panthéisme poétique de Ǧubrân, cf. Joseph Mehri el-Yammouni. op. cit. p. 149-154.
T. de Chardin a reproché amicalement au Père Auguste Valensin qui venait de publier un considérable et « lumineux article » sur le panthéisme d'avoir trop méprisé le « panthéisme vivant », celui des poètes... qui est une « force psychologique » et contient une part de « vérité vécue ». H. de Lubac. *La pensée religieuse.* p. 222.

vie, entraînés par Ta force à leur annoncer Ton Salut »[412]. N'est-ce pas cette mission de Salut que les deux écrivains libanais cherchent à annoncer, encore une fois, à leur manière de penseurs et de poètes, et que Nu'ayma résume dans cette prière qui semble jaillir du plus profond de lui-même » :

«Aḫâliqî ruḥmâka bimâ barat yadâka
In Iam akon ṣadâka, fa ṣawt man ana ?
« O Mon Créateur, pitié de ce que tes mains ont façonné,
Si je ne suis ton écho, la voix de qui serais-je ? »[413]

(412) François Chagneau. *Reste avec nous.* Belgique (1969), p.55-56.

(413) *Hams.* 4,49.

CHAPITRE DEUX

LA RELIGION

Introduction

« Seigneur, Tu nous as fait pour Toi et notre cœur demeure sans repos jusqu'à ce qu'il trouve en Toi son repos !». Cette confession de S. Augustin justifie et confirme la thèse de Bergson qui affirme : « Nous trouvons dans le passé et dans le présent des groupes humains qui ignorent la science, l'art et la philosophie, mais nous ne trouvons pas de société sans religion »[1], le mot religion pris dans son sens étymologique « religere» , relier, comme le rapport qui unit l'homme à Dieu.

Qu'en est-il, dans la vie de Ğubrân et de Nu'ayma, de cette tendance religieuse innée et commune à toutes les races humaines ? Quelles en sont les répercussions sur leur œuvre ? Leur réputation d'être « destructeurs » de toute religion est-elle fondée ? Cette dernière question a été fort débattue et aucune réponse n'a trouvé d'assentiment unanime . C'est pourquoi nous examinerons dans ce chapitre, en premier lieu, les aspects généraux du problème; en deuxième lieu nous situerons respectivement les deux hommes face à leur Christianisme puis aux religions qu'ils ont côtoyées et connues; en dernier lieu nous verrons la nature et les caractéristiques de la religion dont ils rêvent pour eux-mêmes, pour leurs compatriotes et pour toute l'humanité, et les échos qu'ils trouvent dans un monde qui rejette tout ce qui est sacré.

I. Ğubrân, Nu'ayma et la Religion

1. Qu'est-ce que la Religion ?

Le terme « religion » employé par Ğubrân est susceptible d'avoir plusieurs sens. D'une part, il concerne la religion maronite à laquelle il appartient. Celle-ci va être chez lui l'objet de critiques virulentes, non pas sur

---

(1) H. Bergson. *Les deux sources de la morale et de la religion. Paris (1948), p.105.*

le plan de son essence mais de sa structure et dans ses applications. D'autre part, ce terme a souvent chez Ǧubrân un sens général de culte rendu à la divinité, à travers ses créatures, le respect de la vie et l'amour de toute existence.

Un vieux prêtre dit au prophète : « Parlez-nous de la religion ». Et lui, tout étonné, de répondre : « Ai-je parlé aujourd'hui de quelque autre chose » ? signifiant par là que la religion et la vie ne font qu'un; « la religion, n'est-ce pas tout acte et toute réflexion, et ce qui n'est ni acte ni réflexion, mais un étonnement et une surprise toujours naissant dans l'âme, même lorsque les mains taillent la pierre ou tendent le métier ? Qui peut séparer sa foi de ses actions, ou sa croyance de ses occupations, qui peut étendre ses heures devant lui, disant : « Ceci pour Dieu et ceci pour moi-même, ceci pour mon âme et ceci pour mon corps ? Votre vie quotidienne est votre temple et votre religion. Lorsque vous y pénétrez prenez tout votre être avec vous... Prenez la charrue et la forge, le maillet et le luth... et prenez avec vous tous les hommes»[2].

Cette définition, bien romantique, que donne Ǧubrân de la religion, rejoint et complète celle de Freud pour qui « la religion articule toute la personnalité..., assume toute la vie psychologique du sujet..., et paraît une donnée centrale pour l'homme »[3]. Cette donnée est tellement centrale que « tout le malheur des hommes, affirme M. Nuʿayma, vient de leur manque de religion »[4].

Au journaliste qui lui demande : « Es-tu des partisans de la religion ou de ses opposants » ? Nuʿayma donne une réponse tout imprégnée de sa formation théologique : « La religion est une essence, *ǧawhar*, et des accidents,*ʿaraḍ*. L'essence, c'est le sentiment de l'existence d'une Puissance Créatrice et Organisatrice dans le monde, et le désir d'entrer en relation avec cette Puissance. Cette religion est au cœur de tout ce que j'ai écrit depuis plus de trente ans. Les accidents, c'est tout ce que l'on appelle rites, croyances... Cette religion ne m'intéresse pas »[5]. Toute vraie religion s'élève donc sur deux fondements : la foi en une Puissance Créatrice et l'organisation de la conduite des hommes avec la création et avec leurs semblables[6]. « Elle est un trésor dans le cœur et non des louanges sur les lèvres ou l'accomplissement de prescriptions obligatoires dans un lieu bien précis. Elle est un témoignage silencieux au tréfonds de l'esprit que

---

(2) *Le Prophète*. p.77-78.

(3) Cité par A. Vergote. op.cit.p.20 et 144.

(4) *Zâd*. 5,166.

(5) *Ahâdîṯ*. 9,618. Interview du 28.2.1964.

(6) *Ǧadîd*. 7,598.

la source de la Vie est une, et une sa finalité »[7]. Ce moyen mis à la disposition de l'homme pour entrer en relation avec l'Etre Sacré est une voie qu'emprunte le cœur et non une doctrine que proclame la langue ou des gestes que font les mains et les pieds[8].

Pourquoi ce rejet des croyances alors qu'elles constituent un élément fondamental de toute religion ? « Les accidents, explique l'auteur de *Mirdâd*, séparent les hommes les uns des autres »[9], et par nature « la croyance se durcit au cours des siècles, aussi, plus l'homme s'attache à sa croyance, plus il s'éloigne de son essence et en fin de compte de la Force Créatrice, alors que le sentiment évolue éternellement »[10]. Voilà pourquoi, «la religion n'est pas dans ce que les sanctuaires montrent, ni dans ce que les rites et les traditions révèlent, mais dans ce que les âmes cachent et ce que les intentions révèlent »[11].

Elle est « union avec Dieu qui est au-delà des lois de l'Eglise »[12], « sentiment avant d'être croyance »[13], un sentiment religieux silencieux et non une chaîne de traditions, de rites et de récitations vides. C'est le sentiment que « Dieu habite dans le cœur de l'homme... Ce sentiment sommeille au fond du cœur de chacun tout comme le feu dans le bois et le vin dans la vigne »[14].

Ce sentiment qu'a l'homme de la présence de Dieu en lui, lui est-il naturel ? L'a-t-il saisi par sa propre raison ? Ou bien l'a-t-il connu grâce à une révélation ? Il est assez remarquable de constater, répond Hervé Rousseau, que la notion de révélation est générale à l'homme. Celui-ci n'a nulle part pensé avoir « inventé » la religion[15], mais il a toujours admis l'avoir reçue comme un don divin...[16].

Qu'en est-il de la religion dont parlent Ǧubrân et Nuʿayma ? Est-elle une religion naturelle ou une religion surnaturelle et révélée ? Dans leurs définitions de la religion, les deux amis semblent ne retenir que son élément

(7) *Ṣawt*. 5,249.

(8) *Nûr*. 5,674.

(9) *Aḥâdîṯ*. 9,618.

(10) Ibid. p.736 et 735.

(11) *Badâ'iʿ* p.497.

(12) A.D. Sherfan. The nature of love. New York (1971), p.31.

(13) *Aḥâdîṯ*. 9,736.

(14) *Bayâdir*. 4,942.

(15) Démolissant ainsi la déclaration de Voltaire pour qui la religion est une pure invention humaine. cf. Moḥsen al-ʿAbid. *Madḫal fî dirâsat al-adyân*. Tunisie (1973), p.98.

(16) cf. H. Rousseau. *Les Religions*. p.23.

intérieur[17], tout comme dans l'Hindouisme, dont ils sont influencés, qui ne voit dans la religion... qu'une disposition du cœur — ou de l'esprit — tout au service d'un idéal mais sans valeur objective[18]. Ils oublient que l'homme n'est pas seulement esprit, mais qu'il est aussi un être social, et que la majorité des hommes n'a pas suffisamment de créativité pour inventer ses propres expressions religieuses. L'élément extérieur de la religion (doctrine, sacrifices, rites, organisation....) est aussi nécessaire que l'élément intérieur, fait d'adoration, de générosité et d'amour.

2. Avant d'aborder l'étude du sentiment de Dieu chez l'homme, il convient de nous interroger sur les raisons de « l'allergie » qu'éprouvent Ǧubrân et Nuʿayma pour les traditions et les prescriptions religieuses. Pour les deux amis, il semble que la raison principale réside dans le caractère purement extérieur de l'accomplissement de ces traditions et dans le formalisme qui en découle. Elle revient aussi à la place prépondérante qu'elles occupent dans la vie du croyant aux dépens de Dieu et de la charité fraternelle.

Voici un bédouin qui va visiter le temple de Jérusalem et offrir un sacrifice car sa femme a mis au monde des jumeaux[19]. Que garde-t-il de cette visite ? Retourne-t-il chez lui meilleur, plus près de Dieu et des siens ? Ou bien se dit-il « Quitte avec Dieu » ? Il a accompli une tradition tout comme d'autres jeûnent et prient par crainte du châtiment[20]. Ǧubrân se révolte contre ceux qui agissent de la sorte et les ridiculise[21], car « la vie a mis en lui un cœur très sensible, et lorsqu'il regarde autour de lui, il ne voit que des cœurs scellés par les traditions, des cœurs dans lesquels les traditions ont tué la vérité, la fidélité et la nostalgie pour tout ce qui est au-delà du moment présent »[22].

« Vous êtes créés, dit Mirdâd aux foules, pour planer dans les hauteurs, mais voilà que les traditions vous emprisonnent, brisent vos ailes et affaiblissent votre vue »[23]. Cette révolte de Nuʿayma contre les traditions remonte aux premières années qui suivirent son retour au Liban en 1932. A ce moment, il s'est mis à vivre comme les gens de son village jus-

(17) cf. Jean Daniélou. *Mythes païens et mystères chrétiens.* Paris (1966), p.19, puis Alain Daniélou. *Polythéisme hindou.* p.231 pour ce qui concerne les éléments de la religion.

(18) J.M. Déchanet. *La voie du silence. L'expérience d'un moine.* Paris (1961), p.66.

(19) *Yasûʿ.* p.269.

(20) *ʿAwâṣif.* p.458-459.

(21) *Ramâl.* p.171. Et Ḫalîl Ḥâwî. op.cit.p.66.

(22) *Ġirbâl.* 3,513.

(23) *Mirdâd.* 6,807.

que dans la fidélité à leurs traditions : « je visitais l'église pour les grandes fêtes, ne refusais pas de m'associer à la chorale, bien que j'aimasse, certains samedis, célébrer la prière du soir, seul avec le prêtre de notre paroisse... Mais cette fidélité ne dura pas longtemps »(24). Car bien vite il se rend compte que « ces traditions qui ont des racines très profondes dans son pays et jouissent d'un caractère quasi sacré »(25), aveuglent les hommes, « leur font préférer un papier noirci par les mains d'un homme (il s'agit d'un diplôme) à l'univers embelli par l'esprit de Dieu »(26) et ferment leur cœur au message de l'Evangile. Dans une interview, il déclare : « Je me suis éloigné des traditions et des rites de l'Eglise, car ils revêtent aux yeux du chrétien plus d'importance que le Christ lui-même »(27). Alors, s'adressant au Christ, Nuʿayma s'interroge : « Comment ceux dont les traditions ont endurci les cœurs, peuvent-ils, ô fils du charpentier, comprendre ta sagesse qui dit : « Ne combattez pas le mal par le mal » ! Comment peuvent-ils comprendre que répondre à la haine par la haine n'engendre que la haine ? Alors que répondre à la haine par l'amour peut la transformer en amour »(28) !

Dans leurs critiques des traditions et des prescriptions religieuses figées, Ǧubrân et Nuʿayma sont en conformité avec leur Maître qui s'est violemment élevé contre l'hypocrisie religieuse et contre toutes les minuties « du formalisme et des traditions qui constituaient la grande préoccupation de l'école la plus influente du Judaïsme rabbinique »(29). Mais les deux écrivains ne sauraient s'en tenir aux critiques : ils insistent sur le fait que les traditions et les prescriptions, si différentes soient-elles, doivent rester de simples moyens, « des rames », selon Tostoï, pour voguer librement vers le bord et s'unir à Dieu(30), des « phares » selon Nuʿayma, « pour éclairer la route du croyant et l'aider à épanouir pleinement le sentiment qu'il a de Dieu »(31).

3. Comment apparaît ce sentiment qu'a l'homme de Dieu habitant en lui et qui constitue le cœur de la religion ? Est-il le même chez tout le monde ? Non, répond Nuʿayma, « ce sentiment n'apparaît pas chez tout le monde dès le premier instant ni avec la même force, et cela n'est guère

(24) *Sabʿûn.* 1,727.

(25) *Ǧadîd.* 7,562.

(26) *Zâd.* 5,213.

(27) Interview accordée à Marie Lydia Ghaïth, le 22.11.1977.

(28) *Marâhil.* 5,27.

(29) C.H. Dodd. *Le fondateur du Christianisme.* p.76 et 80; et *Math.* 23,13-32.

(30) L. Tolstoï. *Ma confession.* p.198-201.

(31) *Bayâdir.* 4,545.

étonnant. Chez certains, la religion n'est que de la fumée. Chez d'autres, elle est une chaleur douce ou une flamme ardente. Chez un petit nombre qui constitue l'élite, elle est un rayon doux et éternel »[32]. En effet, les hommes se répartissent en trois catégories quant à leur conception et leur pratique de la religion. D'abord, il y a ceux qui croient encore profondément dans leur doctrine religieuse quelle qu'elle soit... La deuxième catégorie est composée de gens qui ont complètement perdu la foi, et l'ont remplacée par des opinions purement rationnelles... La troisième groupe les personnes qui, d'un côté (probablement le cerveau) ne croient plus à leurs traditions religieuses, mais en même temps y croient encore.

Nous trouvons cette même division chez Nu'ayma, mais exprimée de manière poétique et romantique. Il y a, dit-il, ceux qui sont debout au seuil de la religion et c'est le grand nombre; puis ceux qui sont entre le seuil et le saint des saints, et c'est la foule; enfin ceux qui sont dans le saint des saints et c'est le bienheureux petit nombre[33]. Que signifient ces mots : « seuil..., saint des saints... », utilisés jadis pour le temple de Jérusalem et appliqués par Nu'ayma à la religion ? « Le seuil de celle-ci est la question embarrassante: «pourquoi» ? Quant à son « saint des saints » c'est la réponse catégorique « parce que »[34]. Celui qui trouve cette réponse est heureux car il a atteint le cœur de la religion, *qalb al-dîn*, ce cœur large, hospitalier, prodigieux et extrêmement affectueux[35], et par là même difficile à atteindre, car il n'est point, comme le cœur de la noix, accessible aux sens et à la portée de tout le monde[36]. Voilà pourquoi la voie sûre qui y conduit ne passe point par les sens[37] ni par l'appartenance à une quelconque religion. « Attention, dit-il aux jeunes qui l'écoutaient, attention, ne vous leurrez pas ! Ne croyez pas que vous avez atteint le saint des saints de la religion du fait que vous appartenez à telle ou telle religion ! Ne croyez pas que vous avez trouvé Dieu parce que son nom est sur vos lèvres. Même si vous répétez mille fois par jour : « Notre Père qui es aux cieux», vous n'atteindrez le cœur de la religion que lorsque vous connaîtrez votre Père qui est au ciel tout comme L'a connu celui qui est venu vous conduire à Lui »[38].

---

(32) Ibid. p.543.

(33) *Zâd.* 5,217.

(34) Ibid.

(35) Ibid. p.218.

(36) Ibid.

(37) Ibid.

(38) Ibid. p.219. Notons qu'il s'agit d'une conférence donnée aux jeunes le 7.1.1936 et intitulée « la religion et les jeunes, *al-Dîn wa-l-šabâb* », *Zâd.* 5,217-227.

La connaissance de Dieu, à la manière des prophètes, est donc la condition primordiale pour atteindre l'essence de la religion, « cette indissoluble relation d'adoration et d'amour — les deux attitudes s'impliquant mutuellement, s'imprégnant l'une l'autre, constituant à elles deux l'acte qui est le cœur de toute religion — la prière — et s'entraînant dans un flux et un reflux qui fait la vie et la joie de l'âme religieuse »(39).

Après la connaissance vient le combat que l'homme doit mener pour vaincre le doute par la certitude, la violence par la douceur, la passion par la pureté et la haine par l'amour (40), en un mot exercer, de façon ininterrompue, la raison et le cœur à vivre dans la vertu(41). C'est à ce prix seulement qu'il pourra atteindre le cœur de la religion. De nombreux moyens sont mis à sa portée. Ǧubrân, lui, conseille le recueillement dans le sanctuaire où il n'y a rien d'autre qu'un silence profond qui convainc le philosophe que l'homme est une créature religieuse qui ressent ce qu'il ne voit pas et imagine ce qu'il ne peut toucher; ensuite il dessine à ses sentiments des symboles qui représentent ce qui est caché au fond de lui même(42). A ce moment, « la religion devient le dévoilement solennel des trésors cachés de l'homme, l'aveu de ses pensées les plus intimes, la confession publique de ses mystères d'amour » selon l'expression de Feuerbach(43).

4. Quelles sont les missions de la religion selon Ǧubrân et Nuʿayma

Définir les missions de la religion est une tentative bien ardue, celle-ci, en effet, cherche à englober toute la vie humaine »(44), à donner un sens à l'existence personnelle et à l'histoire de l'humanité, et enfin à donner une signification à l'univers pris dans sa totalité. Qu'en est-il de cette mission universelle de la religion dans la pensée des deux amis ?

a. La première est une *mission métaphysique,* en tant que ce concept s'applique à la science de l'être comme tel et de ses causes premières, aux questions où s'est exprimée et longuement attardée l'angoisse constante de l'humanité : qu'est-ce que l'homme ? D'où vient-il ? Où va-t-il ? Qu'était-il avant sa naissance ? Que devient-il après sa mort ? Quels sont le sens et le but de sa venue et de son départ ? Qu'est-ce que le bien et le mal ? D'où

---

(39) Jean Mouroux. *L'Expérience Chrétienne.* Paris (1952), p.17.

(40) *Dûrûb.* 6,28. Est-ce là un écho à la prière de S. François d'Assise : « Seigneur, faites de moi un instrument de votre paix, là où il y a la haine, que je mette l'amour, là où il y a la discorde, que je mette l'union... ». op.cit.p.177.

(41) *Mahabb.* 5,406.

(42) *Aǧniḥa.* p.222.

(43) Cité par H. Rousseau. *Les Religions.* p.7.

(44) *Zâd.* 5,226.

viennent-ils ? A quelle vérité peut prétendre l'homme ? Quels sont l'origine et le but de la souffrance ? Quelle est la voie pour parvenir au vrai bonheur ? Qu'est-ce enfin que le mystère dernier et ineffable qui entoure notre existence, d'où nous tirons notre origine et vers lequel nous tendons[45] ? Depuis Nietzsche, à toutes ces questions existentielles, vient s'en ajouter une nouvelle, totalement différente des autres, qui comporte aussi une angoisse qui a conduit l'auteur de *Ainsi parlait Zarathoustra* à la folie. Cette question est : que peut l'homme ?

Les réponses à toutes ces questions, nous dit Nuʿayma, se trouvent dans la religion qui est, avec la philosophie, le registre dans lequel l'homme conserve les réponses qu'il a trouvées aux questions qu'il n'a cessé de se poser depuis qu'il a pris conscience de son être d'homme : qui suis-je ?[46] L'auteur de *Mirdâd* va même plus loin puisqu'il affirme que la religion fut créée pour répondre à ces questions : « l'homme désirait connaître son origine, sa fin et la finalité de son existence, alors apparut la religion »[47].

b. Vient ensuite *la mission spirituelle* de la religion. L'homme a absolument besoin d'un but qui ne change pas même lorsque la terre aura disparu. « Ce but, dit Nuʿayma, tu ne le trouveras que dans la religion, à condition que tu puisses la connaître dans ses sources pures »[48], car, par nature, toute religion se propose d'assumer le salut de l'homme non seulement au sens restrictif où on l'entend trop souvent en l'opposant à « perdition », mais au sens plénier : « l'épanouissement et la sanctification totale de l'être ».

Cet aspect, comme d'ailleurs toutes les questions d'ordre théologique, est laissé de côté par Ǧubrân à l'opposé de son ami qui ne craint pas de se lancer dans des spéculations dogmatiques et doctrinales même s'il doit les vider de leur substance religieuse. Ecoutons-le : « La religion n'est pas un but en soi, mais une voie vers un but assez lointain. Celui-ci consiste dans la libération de l'homme de tout ce qui constitue dans sa vie un handicap à une vie exempte de souffrances, de vieillesse et de mort »[49]. L'unique moyen serait d'unifier toutes les passions du cœur en une seule : la passion de la liberté absolue qui ne peut exister sans la

---

(45) *Sab'ûn*. 1,251. Abû Mâdî regroupe toutes ces questions existentielles dans son poème *al-ṭalâsim*. cf. *al-Ǧadâwil*. Beyrouth (1979), p.139-177.

(46) *Durûb*. 6,32.

(47) *Mahabb*. 5,480. Même affirmation chez A. Vergote. op.cit.p.144.

(48) *Durûb*. 6,27.

(49) *Durûb*. 6,28.

connaissance absolue[50]. Pour atteindre cette liberté et cette connaissance, la religion doit aider l'homme à se libérer du joug de l'animal pour s'élever au-delà de lui-même, jusqu'à Dieu[51]. Nuʿayma ne se contente pas d'une religion qui cherche simplement à « établir des contacts avec des formes subtiles mais cependant manifestées du divin »[52], il veut qu'elle aille jusqu'au bout de sa mission, à savoir, acheminer l'homme vers la divinité à laquelle il est appelé, le conduire à sa fin qui est Dieu[53].

Malheureusement, la religion a failli à sa mission, car elle a revêtu au cours des siècles des aspects peu attirants pour les croyants. Elle s'est cantonnée dans un ensemble de rites que répètent les gens sans conviction et sans enthousiasme. Or, une religion semée dans la bouche sans le cœur est une religion stérile, elle ne donne ni fleurs, ni fruits. Et si un jour elle fructifie, elle ne produit que le fanatisme et la rancœur[54]. La faute n'incombe pas à la religion mais à ceux qui se sont écartés de ses vrais buts : ils ont rejeté le noyau pour s'attacher aux écorces et en faire un ensemble de rites et de prières que murmure la bouche sans le cœur; de même ils en ont fait un tas de discussions théologiques qui durcissent le cœur des hommes et les séparent de Dieu[55]. Ils ont chargé les hommes de lourds fardeaux d'interdits sans leur en expliquer le but, mais en leur promettant le ciel ou l'enfer. Quant à l'essentiel, à savoir qu'ils sont une semence divine et qu'ils ne sont sur terre que pour permettre à cette semence de grandir et d'atteindre les forces divines, cela, personne ne leur en parle[56]. Une telle religion ne donne plus aucun sens à la vie ni à la mort présentée comme un pont, un passage vers Dieu[57], car il suffit qu'elle (la mort) visite une famille pour jeter à terre sa foi, couper son espérance et la plonger dans les ténèbres. Ce ne sont alors que pleurs, lamentations et reproches adressées au Créateur[58]. La mort fausse également les relations entre Dieu et l'homme. Elle devient une source de peur, d'inquiétude et d'angoisse, au lieu d'être une source de sérénité et un trait d'union entre l'homme et son frère d'une part, et entre l'homme et la Puissance divine d'autre part[59]. C'est pourquoi, la critique moderne ne s'applique pas seulement aux for-

(50) *Nûr.* 5,598.

(51) *Mahabb.* 5,406 et 436.

(52) Alain Daniélou. *Le polythéisme hindou.* p.497.

(53) *Aḥâdîṯ.* 9,728.

(54) *Bayâdir.* 4,558.

(55) *Dûrûb.* 6,28. Même critique chez Naǧîb Maḥfûẓ. cf. G. Ṭarâbîšî. op.cit.p.97.

(56) *Maqâlat.* 7,354. *Aḥâdîṯ.* 9,728.

(57) *Mahabb.* 5,517.

(58) *Bayâdir.* 4,555-556.

(59) *Aḥâdîṯ.* 9,735.

mes particulières de la religion, c'est-à-dire aux diverses révélations, elle est généralisée à la religion comme telle.

Comment rendre à la religion la pureté de la mission à laquelle elle est destinée ? Comment faire pour qu'elle embrase les cœurs d'amour, les esprits de foi et les âmes de sérénité ? Tout d'abord en donnant une image vraie par l'exemple de la vie avant de l'enseigner par la langue; en marchant devant les hommes sur la voie droite afin de les encourager et de leur inspirer confiance pour qu'ils puissent eux-aussi s'engager sur cette même voie[60]. Ensuite, en la rendant plus ample que la doctrine, *al-madhab*, et plus vaste que le sanctuaire; en montrant aux jeunes, par l'exemple, bien plus que par la parole[61], et par un amour illimité, que la voie de la religion est la voie unique vers la liberté, la voie qui les conduit de l'angoisse du « pourquoi » à la paix du « parce que », du Dieu dans le sanctuaire au Dieu dans le cœur[62], et ceci en passant d'une religion limitée à des rites et des observances à une religion investie dans la vie, d'une religion qui est code et lettre, à une religion qui est esprit car « elle est relation à l'Etre Sacré et se réalise suivant deux composantes essentielles : l'adoration et l'amour. L'Etre Sacré est d'abord objet d'adoration — et donc principe de dépendance — parce qu'il dépasse l'homme de façon absolue. Il est ensuite objet d'amour - et donc principe d'appel - parce qu'il est le type, le modèle et la fin de l'homme qui est son image »[63]. Ce chemin est sans cesse à refaire car l'homme commence toujours par les obligations, les contraintes et les interdits pour aboutir à l'esprit, à la liberté, à l'amour et à un cœur tout nouveau.

Est-ce à un tel passage qu'invitent respectivement Ǧubrân dans son œuvre et Nu'ayma dans son poème *yâ rafîqî*, ô mon compagnon, dans lesquels ils essaient de tranquilliser la conscience de leurs frères en leur affirmant que la relation est au-delà des codes de la religion ? Ecoutons Nu'ayma :

« Ô mon compagnon... quand le ciel nous appelle à lui
Dis : nous avons vu la pureté et la beauté
Non la laideur, dans l'œuvre du Seigneur du ciel.
Nous avons alors satisfait tous les souhaits de l'âme
Et nous avons laissé le péché aux prêtres»[64].

---

(60) *Nûr*. 5,674.

(61) *Rasâ'il*. 9,578.

(62) *Mahabb*. 5,443. *Zâd*. 5,226.

(63) Jean Mouroux. op.cit.p.17.

(64) *Hams*. 5,69 et 74. cf. également *Aǧniḥa* et *Wardâ* : passim; et Abû Mâḍî : « *ta'âlay* » viens. *al-Ǧadâwil*. p.30-33.

Où est l'appel à la purification et à l'approfondissement de la foi, cet élément essentiel de la religion « sans lequel elle court rapidement le risque de devenir un cadavre ? Où est le retour au cœur de la religion qui est adoration et amour ? Nu'ayma se résigne-t-il dans la pratique, à n'attribuer à la religion, à la manière de Kant, qu'une mission morale ?»[65] alors que dans la théorie il affirme ne se contenter que du cœur de la religion. Nous ne le pensons pas, car pour lui la religion est avant tout une voie vers la Vérité, une voie vers Dieu[66].

c. Enfin, *la mission sociale et culturelle* : nul n'ignore le rôle prépondérant, et même écrasant, qu'a joué la religion du temps de Ǧubrân et de Nu'ayma, ce qui a suscité chez eux de vives réactions[67]. Ce rôle n'a pas toujours été négatif. La religion a assumé des missions positives très louables. En tête de celles-ci :

— La mission d'unir les hommes. « Une nation, dit Ǧubrân, est un ensemble de personnes différentes de caractères et d'opinions mais qu'unit un lien psychique. Il se peut que l'unité religieuse soit une partie de ce lien[68]. Car la relation religieuse, qui est profondément individuelle et personnelle, ne peut être individualiste. Ouverte à l'univers divin, l'âme religieuse l'est nécessairement à l'univers humain. Et la religion vraie doit (et non *peut* comme dit Ǧubrân), être une force de communion entre les hommes[69]. En effet, « l'homme ne peut aller au devant de Dieu, en toute vérité, que s'il sait associer les autres à sa démarche personnelle. Devant Dieu, l'homme ne peut jamais être seul. La filiation est par essence communautaire »[78]. Un pays dont la religion est dans le cœur et non dans la bouche, est un pays dont la première qualité doit être le courage spirituel... qui rejette toutes les discordes, ne s'avilit pas dans la haine, la rancune et la médisance... mais porte dans son cœur à tous les enfants de Dieu, l'amour du frère à son frère, et la fidélité de l'ami à son ami[71]. Par contre, un pays dont la religion est sur les lèvres seulement, est un pays divisé, affaibli par les luttes confessionnelles intestines, paralysé par la peur, les menaces, les interdictions. Une telle religion n'est pas la voie

---

(65) cf. B. Sesboüé. *Jésus, sage de l'humanité et maître de vertu.* C. Auj. Avril 1976. p.554.

(66) Mohamed Shaya. op.cit.p.222-228.

(67) cf. *Ḫalîl, Yuḥannâ, Ağniḥa, Mirdâd,* passim.

(68) *'Awâṣif.* p.431.

(69) J. Mouroux. op.cit.p.18.

(70) A. Vergote. op.cit.p.231.

(71) *Bayâdir.* 4,554-555.

qu'il convient de suivre[72], car toute religion qui accepte dans son enseignement ne fût-ce qu'un atome de haine ne peut être de Dieu[73].

— La religion a été à la base de la culture et de la civilisation. L'école a commencé tout d'abord au sein de la religion. Le temps n'est pas loin où celui qui voulait apprendre à lire ne trouvait pour maître qu'un religieux dans un couvent, un prêtre dans un sanctuaire ou un *šayḫ* dans une mosquée... et il ne trouvait de livres que les livres religieux[74]. Ce rôle est reconnu et mis en évidence par tous les penseurs arabes qui affirment que « la religion a été le promoteur et le mobile de la Renaissance, elle en a été le facteur principal grâce aux missionnaires catholiques et protestants... L'histoire de ces derniers remonte au temps des croisades au moment où a eu lieu la première expédition missionnaire vers les villes du littoral syrien sous la conduite de François d'Assise »[75]. Mais pour que la religion puisse accomplir son travail culturel et civilisateur et procurer à l'homme une vie meilleure, il faut, soulignent respectivement al-Boustânî et Nuʿayma, séparer l'autorité religieuse de l'autorité civile[76], car « la patrie de la religion c'est le ciel, celle de la politique c'est la terre »[77]. Il faut rendre à la religion sa pureté originelle, la réconcilier avec la science[78] et la faire évoluer, car comment l'homme peut-il progresser si la religion n'évolue pas[79]. Comment celle-ci peut-elle assumer les valeurs religieuses du monde moderne si elle ne se met pas à son diapason ? Une religion qui stagne et devient un ensemble de rites et de traditions sans aucun sentiment de Dieu, devient un handicap au progrès du théâtre par exemple, car « occupant une place centrale dans notre vie orientale, elle empêche de représenter la vie religieuse dans ses réalités »[80], tout comme elle empêche le romancier de traiter son œuvre comme il l'entend[81].

---

(72) *Nûr*. 5,674.

(73) *Maqâlât*. 7,351-352.

(74) *Mahabb*. 5,435.

(75) *al-Fikr al-ʿArabî... 1967*. p.32, 41 et 87.

(76) *al-Fikr al-ʿArabî...* 1967. p.87.

(77) *Maqâlât*. 7,189.

(78) *Aḥâdîṯ*. 9,665.

(79) *Abʿad*. 6,240.

(80) *Aḥâdîṯ*. 9,597, 612 et 698.

(81) Ibid. p.662 et 642. Voir le lien étroit entre la religion et le progrès de la langue : *Aḥâdîṯ*. 9,664 et 698; et la religion et le rôle joué par les écrivains chrétiens syro-libanais pour sauver l'arabe culturel de son particularisme religieux et en faire une langue moderne, nationale, littéraire et scientifique. cf. J. Corbon. *L'Eglise des Arabes*. Paris (1977), p.44.

Cause de décadence, la religion, figée dans les traditions, s'attire la critique et la haine de Ǧubrân : « Je vous hais, ô mon peuple... parce que vous méprisez la vie, vous vous méprisez vous-mêmes ! Votre religion est hypocrisie, votre vie est prétention et votre fin sera comme feu de paille »[82]. Nu'ayma ne partage pas la haine de son ami, car il refuse d'admettre que la religion, en tant que telle, soit la cause de décadence de son peuple et que le Christianisme soit la cause de ses plus grands malheurs. « Est-il vrai que l'Orient est mort parce qu'il croit en Dieu ? Non, non, non !»[83] Le sous-développement des Arabes est causé par leur mauvaise compréhension de la religion, compréhension extrêmement éloignée de l'essence de celle-ci[84].

En effet, la religion est un mouvement dynamique et progressiste, elle est révolution constante contre ce qui est figé et contre la résignation. Elle est recherche continuelle de la vérité. Mais le jour où elle s'enferme dans des rites et des traditions, où elle interdit à ses adeptes de chercher dans ses racines, de douter même de ce qui est sacré[85], ce jour-là, elle se durcit, sa flamme s'éteint et elle doit être combattue[86]. Elle doit être également combattue lorsqu'elle devient l'alliée de l'Etat pour écraser l'homme. Car, de par sa nature, elle doit être le porte-étendard de la paix, et le guide de l'homme vers Dieu et non vers la guerre[87]. « Quelle comédie, s'écrie Nu'ayma, durant une nuit de garde à l'hôpital ![88] Quelle comédie ! L'Etat n'a pas reculé à envoyer ses enfants à la guerre ! L'Eglise s'est associée à l'Etat et l'a béni, ainsi elle s'est alliée au diable contre Dieu. Tous les deux, l'Eglise et l'Etat, tiennent absolument, après cette alliance, à procurer au soldat agonisant tous les rites religieux à l'heure de la mort. On dirait qu'après l'avoir vendu corps et âme au démon, ils essaient de le lui arracher et d'insuffler en lui l'espérance en la miséricorde de Dieu

---

(82) *'Awâṣif*. p.392.

(83) *Bayâdir*. 4,567. Faisant écho à son maître spirituel, Tolstoï, qui affirme avec véhémence : « le progrès est dans le Christianisme, il ne réside que dans le Christianisme ». *Socialisme et Christianisme : Correspondance Tolstoï-Birioukaf*. Paris (1957), p.205.

(84) Alors que d'autres le voient dans leur éloignement de la religion. cf. Anouar 'Abd al-Mâlèk. *La pensée politique arabe contemporaine*. Paris (1970), p.71, ou dans le manque de liberté religieuse. cf. H. Mas'ûd. *Ǧubrân Hayy wa Mayyit*. Beyrouth (1966), p.598.

(85) Alors que Ǧubrân affirme que le doute ravit à la religion sa place. *Sagesse*. p.92.

(86) *Rasâ'il*. 8,40-41 et 503. Nu'ayma ajoute qu'il trouve une grande consolation de voir d'autres penseurs, tels que M.B. Milèd, appeler à la lutte contre pareille religion figée. Ibid. p.41.

(87) *Mahabb*. 5,399.

(88) Rappelons qu'il s'est enrôlé comme volontaire dans l'armée américaine en 1917. *Sab'ûn*. 1,354.

dans l'autre vie. Oh ! Qu'ils sont énormes les crimes commis au nom de la religion » ![89]

Quelle amertume dans ce cri ! Amertume de celui qui a mis toute sa confiance dans la religion. Mais tout comme «la guerre affaiblit la religion des églises et intensifie l'intérêt fondamental pour la ''Religion'', cette amertume fortifie la foi de Nuʿayma en la maturité de cette dernière. Au lieu de répéter le slogan des années 1940-1945 : « La religion a fait faillite ! »[90] Le fils de *Baskinta* proclame : « Si la religion n'était qu'une suite de lois commandant le bien et interdisant le mal, nous pourrions dire : «Certes, elle a fait faillite», mais elle n'est pas cela ! Le Temps est sa monture et la loi est une laisse dans ses mains»[91]. Voilà pourquoi, si «la religion de la majorité est encore de la fumée, derrière cette fumée il y a de la chaleur et derrière cette chaleur il y a du feu. La force de ce feu se transformera un jour en un rayonnement doux qui ne s'éteindra pas jusqu'à l'éternité »[92]. « Méfie-toi donc de rejeter la religion parce que la majorité des croyants la pratiquent mal ! Car si l'ignorance et les mauvais jugements peuvent voiler sa lumière, ils ne pourront jamais l'effacer !»[93] Elle est plus puissante que les circonstances de lieu et plus stable que les changements des temps[94].

5. *Pérennité de la Religion*

Puissante... durable... stable... autant d'adjectifs qui soulignent la pérennité de la religion. Voyons quelles en sont les conditions. Nuʿayma en donne deux principales :

a. La première est que la religion soit d'origine divine et non pas «une invention humaine »[95]. L'auteur rapporte la réponse du pharisien Gamaliel aux Juifs venus se plaindre de cette nouveauté qu'était le Christianisme... et qui menaçait leurs rites et leur religion : « Si ce qu'annoncent ces gens vient des hommes, il disparaîtra de lui-même, mais s'il vient de Dieu, c'est en vain que vous le combattrez »[96]. Puis Nuʿayma traduit cela en termes modernes : « Si la religion vient de Dieu, le communisme,

(89) *Sabʿûn*. 1,385.

(90) Car la guerre sème dans les cœurs la dureté et l'atrocité, tandis que la religion commande la pitié et la miséricorde, le pardon et l'amour. *Bayâdir*. 4,541.

(91) Ibid. p.542.

(92) Ibid. p.544.

(93) *Durûb*. 6,28. *Warda*. *p.92*.

(94) *Mahabb*. 5,406.

(95) Mohsen al-ʿAbid. op.cit.p.98 et 123.

(96) *Abʿad*. 6,263. Citant les *A. des Apôtres*. 5,38-39.

son ennemi acharné, ne pourra jamais la détruire. Mais si elle est une entreprise humaine, sa destruction sera bien facile »[97].

b. La deuxième est qu'elle accepte de se répandre[98] irrésistiblement comme de l'eau ou comme du feu[99], autrement dit qu'elle soit dynamique, selon l'expression de Bergson[100].

Telle est la conception qu'ont Ǧubrân et Nuʿayma de la religion en général. Comment l'ont-ils appliquée au Christianisme auquel ils appartiennent par le baptême ? Tel est l'aspect capital de leur pensée religieuse que nous allons voir.

II. Ǧubrân, Nuʿayma et le Christianisme

Avant d'aborder cet aspect, il convient de noter que ce qui intéresse Ǧubrân et Nuʿayma en premier lieu, ce n'est pas un exposé doctrinal ou théologique de ce qu'est le Christianisme, mais la façon dont il est vécu par leurs contemporains. Toutefois, pour comprendre leurs réactions et leurs critiques, il nous faut définir le Christianisme tel qu'il a été conçu par son fondateur.

1. Qu'est-ce que le Christianisme ? Serait-il une doctrine? Une morale sans plus ? Un ensemble de principes ? Un culte ? En quoi lui reconnaît-on le caractère de religion ? Pour répondre à ces questions, il faut tout d'abord souligner que « le Christianisme n'est pas une école philosophique spéculant sur les concepts abstraits »[101]. Il n'est pas non plus « une idée, une conception du monde, un programme de vie, morale ou mystique »[102], ni « une foi en une doctrine »[103]. Il n'a pas commencé par un enseignement, fût-il le plus prestigieux et le plus divinement cautionné, mais il a commencé avec l'histoire d'un homme, l'histoire de Jésus. Il s'agit de quelqu'Un et non de quelque chose... »[104]. Aussi le Christianisme peut-il être défini comme étant la religion fondée sur la personne de Jésus-Christ qui sera «le message ultime de Dieu à l'homme, la Parole

---

(97) *Mahabb.* 5,448.

(98) *Abʿad.* 6,263.

(99) T. de Chardin. *Les directions de l'avenir.* p.34.

(100) cf. V. Lossky. op.cit.p.5.

(101) V. Lossky. op.cit.p.40.

(102) Henri Denis. *L'Evangile et les Dogmes.* Paris (1974), p.34.

(103) Eliâs Neǧmé. Yasûʿ al-Masîḥ : Ḥayâtuhu, Risâlatuhu, Šaḫṣiyyatuhu. Ḥarîṣâ (1962), p. i.

(104) Henri Denis. op.cit.p.34. E. Charpentier. op.cit.p.138.

définitive en laquelle Dieu a révélé à l'homme tout ce qui pouvait être dit de son mystère »[105].

«Prophétique par sa genèse historique, le Christianisme est aussi, et cela dès son avènement, mystique au sens fort du mot »[106]. Il est « une imitation de la nature de Dieu » selon la parole de S. Grégoire de Nysse[107], et un appel à partager les privilèges du Fils de Dieu et à devenir nous-mêmes fils.

2. Le Christianisme connu par Ǧubrân et Nu'ayma

A la suite de ce rappel fondamental de l'essence du Christianisme, nécessaire pour comprendre l'attitude critique et hostile des deux écrivains, attitude dictée par les exigences qu'ils nourrissaient pour leur religion, et par laquelle ils ont été déçus, voyons quel Christianisme ils ont connu.

Nous avons souligné, au début de ce travail, que Ǧubrân et Nu'ayma ont reçu une éducation et une culture chrétiennes plus ou moins poussées en fonction de la carrière à laquelle chacun était destiné. Le fondement de cette éducation comme de cette culture était l'Evangile[108]. Il est donc tout à fait naturel que celui-ci soit leur point de référence pour expliquer la vie en général et la vie des chrétiens en particulier. Leur monde est celui de l'Evangile, à savoir « le monde du Christ lui-même : le Royaume des cieux. Leur voie vers ce Royaume c'est la voie du Christ, *al-Maḥabba*. L'homme de ce Royaume est l'homme du Christ même, le fils de Dieu ». Il n'est donc pas étonnant qu'un membre des écrivains émigrés syro-libanais du Sud qualifie les deux pionniers d'*al-Râbiṭa al-Qalamiyya* de vrais « missionnaires du Christianisme »[109]. Certes, le Christianisme qu'ils ont connu et vécu dans leurs villages respectifs de *Bcharré* et de *Baskinta* était bien différent de celui qu'ils connaîtront aux USA. En effet, dans ce pays « la religion chrétienne a pris des formes diffuses et diluées au point de n'être plus souvent qu'un ingrédient sentimental de la morale humaine »[110]. « Les Américains constituent plusieurs sectes; chaque

(105) Henri Le Saux. *Sagesse hindoue.* p.87.

(106) R.C. Zachner. op.cit.p.47.

(107) Cité par V. Lossky. op.cit.p.119 et 173.

(108) L'attachement de Nu'ayma à l'Evangile est accentué du fait de son appartenance à l'Eglise Orthodoxe et à ses deux séjours respectifs au séminaire de Nazareth puis au séminaire de Poltava. En effet, le Christianisme russe souligne le mystère central de l'Evangile. cf. Olivier Clément. *L'essor du Christianisme oriental.* Paris (1964), p.96. Nous aurons à en reparler.

(109) cf. al-Aštar. op.cit.p.1,225.

(110) J. Maritain. *Christianisme et démocratie.* E.M.F. (1943), p.37.

secte croit profondément être la porte unique qui conduit au bonheur éternel. Ils sont tous très croyants — si l'on peut appeler croyances la fréquentation des églises les dimanches et jours de fêtes —. Leur pratique religieuse les a conduits à graver sur leurs monnaies ce verset : *In God we trust*, en Dieu nous avons confiance ! Je ne doute pas, ajoute Nu'ayma, que la majorité des Américains sont convaincus que le bien dont ils jouissent et l'autorité mondiale qu'ils exercent leur viennent de Dieu, oubliant... que Nabuchodonosor, Alexandre de Macédoine, Jules César et bien d'autres ont atteint le même apogée sans avoir connu Dieu ni le Christ »(111).

3. Critique du Christianisme et des Chrétiens

a. Plus graves sont les critiques que Ǧubrân adresse non seulement au clergé, nous aurons à en parler, mais au Christianisme qui s'est transformé en paganisme, s'est éloigné de l'enseignement du Christ et l'a trahi. le héros de sa nouvelle, *Yuḥanna al-maǧnûn*, revient de l'église tout triste car il constate que la vie des chrétiens et de leurs chefs est très différente de celle qu'a prêchée Jésus de Nazareth(112). Et parlant à Mary, l'auteur du *Prophète* dit avec une certaine amertume : « Le Christianisme est très loin de l'enseignement du Christ »(113), ce à quoi fait écho A. Camus : « L'histoire du Christianisme n'est qu'une longue trahison du message du Christ »(114).

S'adressant à Jésus Ǧubrân lui dit : « Les chrétiens t'appellent « Roi » et veulent vivre dans ton palais. Ils disent que tu es le Messie mais ils prennent ta place et vivent à tes dépens »(115). Le Vendredi Saint, l'humanité se réveille et regarde, les yeux pleins de larmes, vers le Golgotha, pour voir Jésus de Nazareth suspendu au gibet de la Croix... mais le soir, elle s'en va et retourne s'agenouiller devant ses idoles. En ce même jour, le souvenir conduit les chrétiens près de Jérusalem où ils se tiennent, en se frappant la poitrine, et contemplent celui qui est couronné d'épines... mais à peine arrive la nuit... ils oublient tout cela(116). Certes, « les chrétiens n'honorent pas l'Homme-Jésus, l'Homme vivant, le premier Homme qui a ouvert les yeux et regardé le soleil sans trembler. Ils ne Le connaissent pas et ne veulent pas être comme Lui ! »(117) Comment ressembler à

(111) *Ab'ad.* 6,223.

(112) *Yuḥannâ.* p.70.

(113) *Beloved Prophet.* Journal du 7.9.1920. p.345.

(114) A. Camus. op.cit.p.91.

(115) *Yasû'* p.358.

(116) *'Awâṣif.* p.377.

(117) *Yasû'* p.357.

quelqu'un sans le connaître ? Et pourquoi les disciples du Christ ne Le connaissent-ils pas ? Son nom n'est-il pas répandu partout ? « Chaque jour, dit Ǧubrân, l'évêque incline la tête lorsqu'il prononce ton nom sacré, et chaque jour, les mendiants disent : « Pour l'amour du Christ, donnez-nous de quoi acheter du pain... Que nous soyons puissants ou modestes, ton nom est sur nos lèvres »(118). La raison de cette contradiction semble résider dans les divisions des disciples du Christ, sujet de prières et de bénédictions pour les uns, de discussions et de malédictions pour les autres(119). Alors, dans un élan d'imagination créatrice, Ǧubrân imagine, une fois par siècle, une rencontre entre « le Jésus de Nazareth » et « le Jésus des chrétiens », dans un jardin, entre les montagnes du Liban. Tous les deux discutent longuement et chaque fois, le « Jésus de Nazareth » s'éloigne en disant à « Jésus des chrétiens » : « Mon ami, je crains que nous ne puissions jamais nous entendre »(120), signifiant par là combien les disciples du Nazaréen ont déformé son enseignement.

b. Dans cette perspective, Nuʿayma reprend l'enseignement du Christ et le compare avec le comportement des chrétiens, puis il conclut : « Ô Fils de Marie, que ton Père est différent de Celui de tes disciples ! Que le Royaume des Cieux que tu a prêché par tes paraboles est opposé à celui qu'ils prêchent ! Que ton amour pour les petits et les pauvres est loin de leur égoïsme et de leur arrogance ! Que la charte de ton Royaume, promulguée au Mont des Béatitudes, est méconnue et bafouée !»(121)

Bien entendu, ce tableau n'a pas toujours été aussi sombre que le décrivent les deux amis. De fait, « au cours des trois premiers siècles, les disciples du Christ vécurent en une minorité fraternelle tenant très fort à la paix et déniant à l'épée la possibilité d'être un arbitre entre les hommes. C'est pour cela qu'ils furent persécutés par les autorités locales »(122). Alors, craignant les persécutions et oubliant que la Croix est le fondement de leur Christianisme et qu'ils « ne peuvent se reposer ailleurs que là où leur Dieu est cloué »(123), ils ont vendu leur Evangile, au temps de l'Em-

(118) Ibid. p.359.

(119) Ibid. p.355. Ces divisions des chrétiens nuisent à la prédication de l'Evangile. cf. M.J. Le Guillou. *Le visage de Ressuscité.* (1968), p.213; sans compter « qu'elles confirment l'Islam dans sa certitude d'être » l'arbitre des monothéismes antérieurs et renforcent la crédibilité du Coran face aux autres Ecritures « falsifiées ». J. Corbon. op.cit.p.58.

(120) *Ramal.* p.196.

(121) *Marâḥil.* 5,32-43. Voir tout ce chapitre qui est un bref résumé de l'enseignement du Christ mis en parallèle avec la vie des chrétiens.

(122) *Mahabb.* 5,405.

(123) J. Maritain. *Humanisme intégral.* p.65.

pereur Constantin (274-337), contre un « chèque » qui les protège des persécutions et fait de leur religion la religion officielle de l'Empire, en 312. Après cela, le Christianisme donna à ses adeptes l'ordre de combattre sous le drapeau de la Nation, délaissant les enseignements de son fondateur qui a dit : « Aimez vos ennemis, bénissez ceux qui vous maudissent et faites du bien à ceux qui vous haïssent». Ainsi les chrétiens ont combattu dans l'armée de la plus grande nation coloniale de l'Histoire Ancienne et ont fait de leur Christ un empereur, lui qui a dit : « Mon Royaume n'est pas de ce monde »(124).

Jésus a parlé à ses disciples du Père..., il leur a dit que pas un cheveu ne tombe de leur tête sans sa permission. Il leur a appris que l'unique voie de la liberté — ou du salut, *al-ḫalâṣ* —, c'est l'obéissance à son Ordre, *al-Niẓâm*... Où en sont les chrétiens de tout cela ? Mille neuf cent cinquante sept ans ont passé depuis la naissance du Christ(125), qu'ont fait les chrétiens de son commandement : « Aimez-vous les uns les autres, aimez vos ennemis ? » « L'atmosphère est intoxiquée par la haine qu'ils respirent pour leurs frères chrétiens et non-chrétiens. Ils élèvent bien haut les coupoles de leurs églises, font résonner leurs cloches et monter de hauts nuages d'encens dans leurs sanctuaires... Pendant ce temps, ils ne cessent de juger leur prochain»(126). «Je suis convaincu, poursuit Nu'ayma, que le vrai Christianisme ne consiste pas à passer deux ou trois heures à l'église les samedis, dimanches et jours de fêtes... ou à accomplir des devoirs religieux(127) mais à suivre et à vivre de la vie du Christ et de son Evangile. Car, « quel est l'avantage d'une adoration qui éloigne du Christ ? »(128) Comment les chrétiens peuvent-ils être le sel de la terre et la lumière du monde(128), s'ils ne sont pas fidèles à leur Maître. Leur comportement ne se résume-t-il pas dans la fidélité à Jésus dans l'humble quotidien ? Rien d'extraordinaire comme le dit Henri Denis citant l'Epître à Diognète : « Les chrétiens font ce que font les autres, mais à une différence près, à savoir qu'ils sont « l'âme du monde ». Redoutable exigence sans laquelle l'Evangile ne serait pas lisible »(130). N'est-ce pas la réalisation plénière de cette exigence que veulent trouver Ǧubrân et Nu'ayma

---

(124) *Mahabb.* 5,405.

(125) Nu'ayma a donné cette conférence en 1957.

(126) *Ab'ad.* 6,188 et 187.

(127) *Bayâdir.* 4,568.

(128) *Sab'ûn.* 1,187.

(129) *Yasû'.* p.232. reprenant *Math.* 5,13-14.

(130) H. Denis. op.cit.p.60. L'Epître à Diognète est écrite par Tatien, philosophe chrétien né en Assyrie entre 110 et 120 et mort vers 175. Il a écrit *Discours aux Grecs* et un évangile appelé *Diatessaron.*

chez leurs contemporains ? Pouvons-nous leur en vouloir d'avoir eu une telle attitude et de telles exigences à l'égard de ceux qui, tout en se réclamant du Christ, renient son enseignement ou ne font rien pour le rendre attrayant, faisant ainsi leur malheur et celui de l'humanité ? »(131) Certes, non, car « la source première de l'incroyance moderne... est à chercher dans le schisme illégitime qui graduellement, depuis la Renaissance, a séparé le Christianisme de ce qu'on pourrait appeler le courant religieux humain »(132). L'Eglise ne donne plus l'impression de « sentir avec l'Humanité »(133), alors que le Christianisme, en dépit de certaines apparences, que ses amis comme ses ennemis semblent prendre plaisir à accentuer, est une *religion de progrès universel*(134).

A cette première source s'ajoute une seconde bien plus grave car elle déforme le message du Christ et rend celui-ci assoiffé de gloire et de sang. Ainsi donc « à la racine de l'incroyance moderne se dresse le spectre d'un Dieu tout entier défini contre l'homme... Peut-être cette attitude tient-elle pour une part au fait que depuis des siècles le nom ineffable de Dieu, qui s'est révélé en Jésus-Christ, a été déshonoré par des chrétiens. Souvent n'est-ce pas sous le couvert de sa glorification que massacres, tortures, exploitation de l'homme, mesures anti-racistes ou nationalistes, guerres ont été perpétrés ! »(135) Et Nuʿayma de constater avec la même amertume : « Oh ! Qu'ils sont nombreux et énormes les crimes commis au nom de la religion ! »(136)

Contre ce tableau peu édifiant s'élève W. Blake. Celui-ci refuse d'admettre que le Christianisme, synonyme de pardon et d'amour, soit cause de guerres et d'avilissement de l'homme(137). Malheureusement, cette tentative d'innocenter le Christianisme n'est pas toujours justifiée par l'Histoire. Les guerres de religion et l'Inquisition sont là pour la démentir et la démolir, même si Nuʿayma explique la création de l'Inquisition et des tortures par le souci du clergé de sauver les âmes des croyants(138). Sous couleurs de « civilisation chrétienne » quelles horreurs n'ont pas été com-

(131) *Aḥâdîṯ*. 9,447.

(132) T. de Chardin. *Science et Christ*. Paris (1965), p.15.

(133) T. de Chardin. *Les directions de l'avenir*. p.33.

(134) T. de Chardin. *Science et Christ*. p.139. La phrase est soulignée par l'auteur.

(135) M. J. Le Guillou. *Le visage du Ressuscité*. p.400.

(136) *Sabʿûn*. 1,385. *Masîḥ*. 9,303-304. Même constatation chez Tolstoï. cf. *Socialisme et Christianisme*. passim et M.T. Bodart. *Tolstoï*. Classique du XXème siècle (sans date), p.32.

(137) cf. W. Blake. *Complete Writings, with variant readings*. Oxford (1969), p.683.

(138) *Maqâlât*. 7,353.

mises, y compris des déportations massives, des exécutions et des génocides... avec la bénédiction explicite, hélas, des autorités religieuses !...

c. Nombreux sont encore les reproches que font Ǧubrân et Nu'ayma aux chrétiens. Citons en quelques uns :

1. Le caractère folklorique de leurs fêtes : la religion est au premier chef relation *personnelle* à Dieu, comme nous venons de le voir... Mais, précisément, parce que la personne est ici engagée, cette relation n'aura pas qu'un aspect individuel. Elle comportera nécessairement un aspect social et communautaire. La personne ne peut pas se séparer des autres, même lorsqu'elle se recueille dans la solitude. Elle ne peut aller à Dieu que *telle qu'elle est* c'est-à-dire *liée à tous les autres,* et donc en s'intégrant aux autres, en s'unissant à eux(139). En un mot, le chrétien ne vit sa vie chrétienne que communautairement et en Eglise. Cette vie ne saurait se contenter d'images données, elle cherche à s'exprimer par des gestes, des rassemblements, des célébrations, des fêtes et des pèlerinages. C'est ce qu'il nous faut maintenant analyser.

Dans toute célébration religieuse, ce qui s'accomplit, c'est la rencontre de Dieu et de son peuple. « Les fêtes ecclésiastiques, dit Vladimir Lossky, nous font participer aux événements de la vie terrestre du Christ dans un plan plus profond que celui de simples faits historiques »(140). « Ces fêtes n'ont pas été fixées et données par le Christ à ceux qui l'adoraient et croyaient en lui. Ce sont les Pères de l'Eglise qui les ont instaurées »(141). Et comme tout élément de foi et de religion, les fêtes peuvent devenir objet d'idolâtrie et de formalisme à partir du moment où elles sont posées en absolu extérieur, donné, statique qui dispense de la quête intérieure.

Quelles sont les principales fêtes chrétiennes ? Noël et Pâques, dit Nu'ayma, puis il y en a d'autres, instituées pour méditer sur les étapes importantes de la vie du Christ, telles que l'Epiphanie, la Transfiguration, le Vendredi Saint, l'Ascension et bien d'autres... sans parler des fêtes des saints... et les saints sont nombreux»(142).

Comment Ǧubrân et Nu'ayma ont-ils vécu ces fêtes ? Qu'ont-ils gardé de leurs célébrations ? Noël est la fête dont ils parlent le plus. Un 25 décem-

---

(139) cf. J. Mouroux. op.cit.p.17.

(140) V. Lossky. op.cit.p.187.

(141) *Maqâlât.* 7,253.

(142) Ibid.

bre, Ǧubrân se trouve dans un jardin public. Il s'asseoit près d'un homme qui était seul, lui aussi. Après une discussion sur les fêtes, les riches et les pauvres, l'étranger se lève pour partir. Le visage de l'inconnu devient brillant et les traces des clous apparaissent dans ses mains. Ǧubrân se jette à ses pieds et s'écrie : « Jésus de Nazareth » ! Alors Jésus lui dit : « le monde me fête aujourd'hui et célèbre les traditions que les siècles ont tissées autour de mon nom. Mais moi, je demeure étranger à tout cela. Je vais en Orient puis en Occident et je ne trouve personne qui me connaisse vraiment ! Les renards ont des tanières... mais le Fils de l'Homme n'a pas où reposer sa tête»(143). Poursuivant la réflexion de son ami, Nu'ayma interroge : « Penses-tu qu'un seul de ceux qui fêtent la naissance du Christ sache qui Il est et pourquoi Il est né dans une étable ? Pourquoi Il a vécu puis a été crucifié et est mort ? Comment peuvent-ils le savoir alors qu'ils ont fait de la fête une occasion d'excès de table, d'enrichissement, d'exhibition de toilette et de provocation »(144) ? Et il donne l'exemple frappant du *« Thanks Giving Day »* fête instituée par les blancs des U.S.A. pour rendre grâce à Dieu de leur victoire sur les indigènes. Cette fête, comme toutes les autres, ne tarda pas à devenir une fête pour les estomacs(145) ! Alors que les jours de fêtes doivent être une occasion de faire la charité(146), de prier, de se rapprocher de Dieu et de communier dans l'espérance d'un autre monde annoncé par Jésus, comme l'a expérimenté le jeune séminariste Miḫâ'îl lorsqu'il a passé son congé de Noël dans une famille russe orthodoxe. Il avoue s'être recueilli pieusement durant la prière de nuit à l'église pleine de paysans. « La piété de ces gens simples a fait entrer la piété dans mon cœur »(147). Et plus tard, dans l'église manorite de Boston où fut transportée la dépouille mortelle de son ami, il confesse : « Ma pensée était très loin des rites traditionnels qui se déroulaient devant moi. Mais au moment où s'éleva la voix du chantre : *irḥamnî yâ Allâh* ! Pitié pour moi, mon Dieu... les larmes jaillirent abondamment de mes yeux alors que durant les cinq heures passées à genoux près de Ǧubrân agonisant, je n'avais pas versé une larme. La voix du chantre et l'atmosphère qui régnait dans l'église me remuèrent jusqu'au tréfonds de moi-même »(148). Quelques années plus tard, lors de sa visite en Union Soviétique, il se rend à la cathédrale de Léningrad où près de quatre mille personnes se pressaient dans les nefs... Une vieille femme attire son attention, elle ne cessait de se signer, de se prosterner et de prier avec ferveur.

---

(143) *'Awâṣif.* p.422-424, reprenant *Math.* 8,20.

(144) *Rasâ'il.* 8,284.

(145) *Sab'ûn.* 1,433.

(146) *'Awâṣif.* p.422.

(147) *Sab'ûn.* 1,236.

(148) Ibid. p.575.

A sa vue, Nu'ayma sent les larmes lui jaillir des yeux, le calme et la sérénité se répandre dans son cœur(149).

Tels ne furent pas toujours les sentiments de Nuʿayma durant les célébrations religieuses, bien au contraire. Assister à certaines cérémonies était une contrainte pour lui et pour ses camarades qui, à l'appel de « la cloche maudite », allaient à l'église où chacun se distrayait comme il pouvait : l'un dessinait sur le mur, l'autre demandait une cigarette, le troisième discutait de sa sortie avec une fille... « Ainsi priaient nos étudiants dans la maison de Dieu » ! ou plus exactement : « Ainsi notre direction voulait que nous prions»(150). Pourquoi donc perdre un temps si précieux, surtout pour des jeunes ? Pourquoi, au lieu de s'ennuyer, ne pas profiter de la nature et des amies ? Dès sa première année d'études primaires, Nu'ayma s'expose un jour à recevoir la bastonnade car « au lieu d'aller à l'église agacer ses oreilles avec la voix du chantre, il fit l'école buissonnière »(151). A Nazareth, il est blâmé ainsi que trois de ses camarades pour infraction au carême : « vous vous moquez de la religion et de ses prescriptions imposées pour vous purifier de vos péchés et sauver vos âmes »(152) leur déclare le directeur. Au séminaire de Poltava, il est menacé de renvoi pour ses nombreuses absences aux offices religieux(153). Alors pour faire plaisir à ses professeurs et éviter les histoires, il promet une plus grande assiduité(154).

La raison de ces escapades remonte à l'enfance et plus précisément à la situation matérielle de sa famille : « J'étais heureux de m'habiller de neuf à Pâques et à Noël, mais je souffrais de voir la différence entre les gens dans ce domaine. Cette tristesse m'accompagna toute ma vie à tel point que les jours de fête n'étaient plus pour moi que des jours ordinaires »(155). Puis ces raisons prennent un caractère métaphysique : « Le temps est une unité indivisible, les fêtes sont une sorte de ruse contre le temps pour alléger et oublier l'ennui »(156). Enfin, le caractère spirituel, ou plus exactement l'absence de tout caractère spirituel, finit par l'emporter. De ses nombreuses participations aux fêtes, il ne garde que « le souvenir de la lumière des cierges, l'odeur de l'encens, les ornements du prê-

(149) *Abʿad*. 6,275-276.

(150) *Sab'ûn*. 1,188.

(151) *Sabʿûn*. 1,58.

(152) Ibid. p.120.

(153) Ibid. p.187.

(154) Ibid. p.183, 184, 187, 189.

(155) Ibid. p.83. et *Rasâ'il*. 8,149.

(156) *Rasâ'il*. 8,265.

tre, la voix du chantre, les tableaux des saints et les fleurs qu'apportent les fidèles»[157]. Ces souvenirs ne diffèrent point de ceux de Ǧubrân qui raconte « qu'à Pâques, un évêque vint consacrer la nouvelle église de *Bcharré*. Tout le monde alla à sa rencontre au chant des hymnes. A son arrivée, il revêt les habits sacerdotaux tout garnis d'or, porta la tiare aux pierres précieuses, prit la crosse aussi riche que la tiare, puis se mit à tourner dans l'église entonnant hymnes et prières. Autour de lui s'élevait l'odeur de l'encens et brillait la lumière de nombreux cierges »[158]. Autant d'éléments qui font de l'église une salle de théâtre où prêtres, diacres et enfants de chœur accomplissent leur rôle à merveille. Mais au lieu de s'adresser au public, ils s'adressent à l'Etre Suprême, du bout des lèvres, ôtant l'envie de prier même aux plus fervents »[159].

Certes, après des années de méfiance, l'expression liturgique (avec la parole, les chants, les gestes...) reste aujourd'hui trop figée pour répondre aux élans fraternels de la vie de groupe, et signifier sous une autre forme la passion qui pousse à être solidaire des autres; c'est comme si la fête était pour beaucoup de pratiquants encore, synonyme de folklore. Les fronts touchent terre, les mains se lèvent vers le ciel ou frappent les poitrines, les lèvres murmurent des supplications et des louanges, mais ni les visages ne s'illuminent, ni les mains ne s'emplissent de bien, ni le cœur ne se purifie[160]. Là réside la raison profonde de la révolte de Ǧubrân et de Nuʿayma contre tout ce côté extérieur de la religion : elle se situe à « ce niveau trop superficiel de conscience de soi où se meuvent la plupart des chrétiens et dont ils se contentent !... Satisfaits qu'ils sont d'un ritualisme et d'un légalisme à la juive... ils ne se laissent pas saisir par la présence dévorante, par l'expérience qui les transformerait depuis le fond et réaliserait en eux la *Metanoia*, la conversion totale qu'implique la foi au Seigneur »[161], et que les célébrations religieuses expriment. Ces célébrations, qui étaient la plus grande preuve de l'attachement de l'homme du XIXème siècle à la religion, sont devenues une occasion d'enrichissement pour le clergé au point que l'on a fini par être convaincu que le sacerdoce est « la profession » qui assure le plus de bien-être au croyant[162], selon l'affirmation du Ǧubrân.

Devant cette déviation radicale de la finalité des fêtes, la réaction de

---

(157) *Sabʿûn*. 1,28. *Yawm*. 2,42 et *Abʿad*. 6,279-280.

(158) *Yuḥannâ*. p.76.

(159) *Sabʿûn*. 1,187.

(160) *Yawm*. 2,42.

(161) H. Le Saux. *Sagesse hindoue*. p.116.

(162) cf. Ḫâlèd Ġassân. *Ǧubrân al-Faylasûf*. p.108.

Nu'ayma , par la voix de Mirdâd , ne se fait point attendre : « Dans le passé, la fête de la Vigne , 'îd al-Karma, durait un seul jour et était consacrée à l'action de grâces. Mais Šamâdam, le supérieur de la communauté de l'Arche, avec son habileté commerciale, l'a transformée en une semaine de festivités et de tractations... Le premier jour, le supérieur accueille les visiteurs, les bénit ainsi que leurs cadeaux puis il boit avec eux le vin nouveau, ensuite chacun s'adonne à son commerce »(163). La fête de l'Arche, *'îd al-Folk*, tout comme celle de la Vigne, s'est étendue d'un jour à une semaine. Elle comprend de nombreux rites et traditions : le sacrifice d'un taureau, le feu qui consume l'holocauste, l'allumage de la nouvelle lampe au feu nouveau, sa mise sur l'autel à la place de l'ancienne... et la conservation des cierges allumés au feu nouveau comme bénédiction et protection pour le reste de l'année(164). Tous ces rites rappellent la fête pascale, mais totalement vidée de sa substance : le Christ et sa victoire sur le péché et la mort. La fête, qui est « d'une part une répétition commémorative d'un événement »(165), est devenue chez les contemporains de Nu'ayma une occasion d'amasser des richesses. Ils oublient l'avertissement du Maître : « Ne vous amassez point des trésors sur la terre... », autrement ils auraient fait de leurs fêtes « une fête pour l'esprit et le cœur et non pas une fête pour les yeux et le ventre. Ils en auraient fait des jours de prière, d'adoration, de méditation et de privation, et non pas des jours de bruit et de plaisir »(166). Ainsi, ils n'auraient pas mérité le reproche de Mirdâd : « Qu'avez-vous fait pour participer à l'esprit de ce jour qui est le jour de la foi et de la charité déifiée»(167)? qu'avez-vous fait pour participer à l'esprit du Christ qui s'est élevé contre le ritualisme de son peuple reprenant la parole d'Isaïe : « Ce peuple m'honore des lèvres mais son cœur est loin de moi »!

Quelles solutions proposent Ǧubrân et Nu'ayma pour redonner aux fêtes leur sens et leur valeur ? Ǧubrân n'en propose aucune, ayant rarement participé à des cérémonies religieuses et ayant porté toute son attention et tout son talent d'écrivain à réformer le clergé, cause de la décadence comme de l'essor du Christianisme. Car un Christianisme dolent, une religion de l'échec érigé en système, des gens qui vont à la Messe mais ne sont pas meilleurs que les autres, des prêtres et des pasteurs qui exploitent les croyants, notamment à l'occasion des fêtes, voilà ce qui a profondément heurté les deux amis et les a éloignés, plus ou moins définitivement, des pratiques religieuses.

(163) *Mirdâd.* 6,712.

(164) Ibid. p.799.

(165) S. Boulgakof. *Du Verbe Incarné.* p.343.

(166) *Baṭṭa.* 2,582.

(167) *Mirdâd.* 6,805.

A l'inverse de l'auteur du *Prophète* qui s'est contenté de critiquer, Nu'ayma souhaite que les fêtes religieuses redeviennent ce que leur fondateur les a voulues, à savoir le rappel d'un grand événement et la participation spirituelle à cet événement. Prenons Noël pour exemple. Le Christ est appelé « le Prince de la Paix ». Il serait souhaitable que ses disciples l'imitent et œuvrent à instaurer la paix autour d'eux. Il serait souhaitable que Noël soit l'occasion où les Chrétiens du monde entier s'arrêtent un instant pour confronter leur vie avec celle du Christ : Il est venu illuminer leurs cœurs et les voilà dans les ténèbres. Il est venu leur apprendre l'amour et les voilà en guerre avec Lui et entre eux. Il est venu leur apprendre l'obéissance à leur Père du ciel et les voilà qui obéissent mille fois au démon avant d'obéir une seule fois à leur Père Céleste ! Si le Christ revenait sur terre, Il renierait les chrétiens et le jour qui commémore sa naissance. Car comment peuvent-ils fêter Noël ceux qui versent quotidiennement le sang innocent, ceux qui n'entendent pas les cris des orphelins et des veuves ? Ceux-là ne fêtent pas Noël, mais ils fêtent l'arbre de Noël ! Et ceux-là , le Christ ne les reconnaît pas ! Et Nu'ayma termine par un souhait qui résume le sens de la fête : « C'est beau, dit-il, de se rappeler la naissance du Christ une fois l'an, mais ce serait encore plus beau de *re-naître* avec le Christ ! Et tant que nous ne renaîtrons pas avec le Christ, notre fête de Noël ne sera qu'ironie et déshonneur pour la mission du Christ »[168].

Comment re-naître avec le Christ? «En méditant longuement le message de salut qu'Il nous a apporté, message de libération de tout ce qui sépare l'homme de son frère et de la Vie Totale, *al-Hayât al-Šâmila*, qui est son Dieu, son origine et sa finalité. Le moyen d'atteindre cette vie c'est l'abnégation par la charité à l'exemple du Christ sur la Croix... Quelle dérision ! Les soldats chrétiens fêtent Noël en tuant d'autres soldats, chrétiens et non-chrétiens, comme s'ils n'avaient pas entendu la parole du Christ : « Aimez vos ennemis... Père, pardonne-leur »[169] ! Et Nu'ayma exprime l'ardent souhait « de voir les chefs politiques, en particulier les chrétiens, se rappeler en ce jour anniversaire de la naissance du Christ le Sermon sur le Montagne et le relire avec leurs cœurs et non seulement avec leurs yeux. Cela vaudrait mieux pour eux et pour le monde que toutes les prières et les louanges qu'ils rabâchent, que tous les arbres de Noël et les cadeaux !... Plût à Dieu que les responsables dans le monde comprennent le Sermon sur la Montagne ! Ils verront alors que la guerre est un mal... et que seule *al-Maḥabba* peut établir la paix dans le monde »[170].

---

(168) *Aḥâdîṯ.* 9,515 et 731. *Maqâlat.* 7,253-254. Notons que c'est le souhait que formule Nu'ayma à son neveu à l'occasion de son premier anniversaire. cf. *Rasâ'il.* 8,515-519.

(169) *Maqâlât.* 7,253-254. reprenant *Math* 5,44 et *Luc.* 23,34.

(170) *Maqâlât.* 7,271-272.

Pâques est la deuxième fête qui retient l'attention de Nu'ayma : «La valeur de Pâques, *al-Fiṣḥ*, qui signifie passage, n'est pas dans le fait qu'elle est célébrée par une partie de l'humanité mais bien plutôt parce qu'elle rappelle aux croyants que la victoire finale de l'homme est sa victoire sur lui-même afin de s'unir à l'Etre Universel »(171). Il est étonnant que Nu'ayma ne retienne que cette définition de Pâques et qu'il n'accorde pas plus d'importance à cette principale fête chrétienne alors qu'elle est « le cœur de l'orthodoxie » selon l'expression de l'archiprêtre Boulgakof, la fête des fêtes et le sommet de la vie chrétienne(172).

Cette attitude critique à l'égard des fêtes, Nu'ayma l'a ressentie et l'a exprimée à propos des pèlerinages qui sont pour les croyants de toutes les religions des moments forts durant lesquels « la présence de Dieu se fait sentir de manière privilégiée »(173). Durant son séjour scolaire à Nazareth, il eut la joie de parcourir et de visiter lui-même les lieux où vécurent le Christ et sa mère Marie(174), d'être témoin de « l'infinie simplicité des pèlerins, de leur piété qui transparaissait dans tous leurs gestes, de s'interroger sur les mobiles qui les poussaient à faire tant de sacrifices pour visiter un jour les lieux saints et gagner un trésor au ciel, se purifier le cœur et se préparer à la rencontre avec Dieu »(175). Mais cette expression de la foi chez le pèlerin est constamment menacée par un double danger : d'une part, celui de l'idolâtrie, qui la fait retomber au niveau du ritualisme, et d'autre part, celui de l'exploitation des hommes de religion qui détiennent le pouvoir d'orienter et de stimuler ce sentiment religieux vers le bien ou vers le mal. C'est pourquoi Nu'ayma s'élève avec vigueur contre ceux qui exploitent de façon ignominieuse ce sentiment de piété et de foi chez les pèlerins pour leur arracher de l'argent(176). Et il adopte volontiers l'attitude du mystique al-Ḥallâǧ pour qui le pélerinage n'est point indispensable pour atteïndre Dieu : l'homme peut Le rencontrer dans son cœur(177).

Certes, Dieu demeure dans l'homme et celui-ci peut Le rencontrer dans le silence et la méditation. Mais l'homme ne va pas à Dieu seul, il a besoin de rencontrer communautairement ses frères. Toutefois, ces rencontres communautaires restent des moyens, et ne doivent jamais devenir une fin.

(171) *Rasâ'il*. 8,149-150.

(172) P. Rondot. op.cit.p.66 et 200.

(173) I.H. Dalmais. *Shalom*. p.105. Sur l'importance des fêtes et des pèlerinages dans l'Hindouisme, cf. O. Lacombe, *le Brahmanisme*. Dans : *La Mystique*. p.756.

(174) *Sab'ûn*. 1,127-132.

(175) Ibid. p.155.

(176) *Sab'ûn*. 1,153-154.

(177) cf. Louis Massignon. *La passion d'al-Ḥallâǧ*. 1,275-278.

Citant S. Séraphin de Sarov, Vladimir Lossky affirme que « la prière, le jeûne, les vigiles et toutes les autres pratiques chrétiennes, dont les fêtes et les pèlerinages, ne représentent nullement, à elles seules, la fin de notre vie chrétienne... ce ne sont que des moyens indispensables pour atteindre cette fin »(178). Les ayant transformés en fin, les contemporains de Ǧubrân et de Nu'ayma en ont mérité les reproches.

2. En plus des caractères folkloriques de leurs fêtes, les deux amis reprochent aux chrétiens leur *passivité*. Celle-ci est due à une mauvaise interprétation de certaines paroles du Christ invitant à la confiance.

Comparant la décadence de l'Orient au progrès de l'Occident, le fils de *Baskinta* dit : « Les Occidentaux travaillent plus qu'ils ne prient, quant à nous, nous n'avons pas besoin de travailler, nous obtenons tout par la prière... ». Puis il ajoute : « Notre grand attachement à la prière, notre interprétation littérale du verset évangélique «ne vous préoccupez pas du lendemain » et notre mépris du dicton populaire : « Lève-toi et je me lèverai avec toi » sont les grandes causes de notre décadence. Les siècles passent et nous nous agenouillons toujours dans les sanctuaires, nous nous frappons la poitrine et nous attendons que le bonheur vienne jusqu'à nous dans un panier descendu du ciel »(179). Est-ce là une critique de la prière et un encouragement à la rejeter ? Non, c'est plutôt une exhortation à joindre l'action à la contemplation, car « le Christianisme, dit Kierkegaard, est entré dans le monde comme l'absolu, et non, comme le voudrait la raison humaine, pour consoler. L'état de chrétien est un état terrifiant, il lui interdit de se reposer en ce monde »(180), même s'il est persécuté : « Entre le berceau et la tombe, dit Ǧubrân, s'adressant au Christ, je vois tes frères silencieux, ces hommes libres; ils vivent comme les oiseaux du ciel et comme les lys des champs, ils vivent ta vie, adoptent tes idées et redisent les échos de ton cantique, mais leurs mains sont vides. Le monde les crucifie chaque jour mais de façon très simple sans que personne n'assiste à leurs souffrances. Ils veulent être crucifiés afin que ton Dieu soit aussi leur Dieu et ton Père leur Père»(181).

L'état du chrétien lui interdit également d'être étranger à ce monde. Il doit « inventer, dans cet immense domaine, des attitudes, des options et des actions qui témoignent de l'Evangile »(182). Par l'amour, le travail,

(178) Vladimir Lossky. op.cit.p.193.

(179) *Ġirbâl*. 3,371 et 376.

(180) Cité par E. Mounier. op.cit.p.34.

(181) *Yasû'* p.359-360.

(182) B. Sesboüé. op.cit.p.166.

la politique, la science et la technique, il se met au service de ses frères... car « sa foi en Dieu commande sa foi en l'homme et au monde »[183].

Quelle est la raison de cette passivité ? Pourquoi les chrétiens ont-ils peur de se considérer comme des citoyens à part entière[184] ? Est-ce la crainte de ne pouvoir concilier leur Christianisme avec les exigences de leur société ? Ont-ils oublié que « la pensée du nationalisme arabe naquit chez les penseurs chrétiens bien avant de naître chez les musulmans... et que les chrétiens ont participé à la construction de la civilisation arabe avant et après l'Islam »[185] ? Cette question est de toute importance et Pierre Rondot souligne « qu'il n'est sans doute pas superflu de convaincre encore certains parmi nous que l'avenir même du Christianisme dans les pays arabes ne peut reposer en définitive que sur son insertion totale dans la vie du pays pour en partager tout le destin, heureux ou malheureux »[186]. Et aux chrétiens qui hésiteraient encore, Jacques Maritain assure « qu'on peut être chrétiens, faire son salut en militant pour n'importe quel régime politique, à condition toutefois qu'il n'offense pas la loi naturelle et la loi de Dieu »[187].

3. *Leur manque de joie*

Qu'ont fait les chrétiens de la joie prêchée par le Christ ? Ecoutons l'auteur du *Prophète* : « Jésus aimait la joie et le bonheur, il semait la joie autour de lui »[188] et la recommandait à ses disciples[189]. Les Juifs ne voulaient pas se réjouir avec un Dieu heureux car ils ne connaissaient que le Dieu de leurs souffrances. Mais le plus étonnant est que les amis mêmes de Jésus et ses disciples qui ont connu sa joie et entendu son rire, ont fabriqué une image de sa tristesse et se sont mis à l'adorer »[190].

---

(183) J. Moussé. op.cit.p.72. Jean Mouroux ajoute : « la religion est un amour et un service incarnés ». *L'expérience chrétienne.* p.97.

(184) *Sabʿûn.* 1,211.

(185) *al-Fikr al-ʿArabî...* 1967. p.106.

(186) P. Rondot. op.cit.p.239. Et R.C. Zachner insiste sur le fait que « le Christianisme ne peut survivre qu'en prouvant qu'il est capable d'intégrer non seulement tout ce qui, chez Platon et Aristote, est susceptible d'être assimilé par les chrétiens, mais encore tout ce qui, dans les religions orientales, semble tendre vers le Christ ». op.cit.p.269, 266-267.

(187) J. Maritain. *Christianisme.* p.43.

(188) *Yasûʿ* p.251 et 254.

(189) Ibid. p.257. La même recommandation revient dans « *Ḥadîqa* » : « Poursuivez votre route en chantant ». p.479.

(190) *Yasûʿ* p.301.

Et s'adressant à Jésus, il lui dit : « Les chrétiens aiment porter leur tristesse et ne veulent pas trouver leur consolation dans ton bonheur »[191]. Pourquoi ? Le Christ n'est-il pas le Consolateur, Celui par qui nous vient la joie des fils de Dieu ? Le Christianisme n'est-il pas la Bonne Nouvelle du Salut et de la Béatitude en Dieu ? Certes oui, mais cette joie chrétienne est eschatologique. Les pauvres en esprit, les doux, les purs, sont bien-heureux, parce que « le Royaume existe déjà pour eux »[192].

Quelle est la cause de cette tristesse qui leur vaut ce défi lancé par Nietzsche : « Il faudrait qu'ils me chantassent des chants meilleurs pour que j'apprenne à croire à leur Sauveur ! Il faudrait que ses disciples aient un air plus délivré »[193]. Nuʿayma la ramène à la faiblesse de leur foi, à leur peur de l'avenir et à leur manque de confiance dans leur Maître[194].

La critique du Christianisme et des chrétiens atteint son apogée chez Ǧubrân et Nuʿayma, et surtout chez ce dernier, dans leur attaque virulente du confessionnalisme et du fanatisme religieux.

4. Confessionnalisme et Fanatisme Religieux

a. Qu'est-ce que le confessionnalisme, *al-tâ'ifiyya* ? Etymologiquement, une *ṭâ'ifa*, confession, est un groupe de personnes..., un groupement religieux, social et politique. L'esprit communautaire de ces groupes a vite changé en confessionnalisme dont « chacun dénonce le ridicule sur le plan général, mais lorsqu'il s'agit de son cas particulier, s'en prévaut sans vergogne »[195].

Le confessionnalisme est inséparable de son enfant privilégié : le fanatisme. Résultant de l'aveuglement des gens sur l'essentiel de leur religion[196], le fanatisme consiste dans l'attachement démesuré du croyant à sa secte ou à sa confession au point de détester et de rejeter tous ceux qui ne partagent pas les mêmes croyances[197].

b. Comment se manifeste ce fanatisme confessionnel ? Il revêt plusieurs formes. Ainsi en 1841, une guerre civile éclata entre chrétiens et druzes. En 1856, un décret officiel proclama l'égalité entre toutes les confes-

(191) Ibid. p.357.
(192) J. Mouroux. op.cit.p.120.
(193) Friederick Nietzsche. *Ainsi parlait Zarathoustra.* Paris (1947), p.108.
(194) *Ṣawt.* 5,302.
(195) P. Rondot. op.cit.p.254.
(196) *Zâd.* 5,219.
(197) *Bayâdir.* 4,467.

sions de l'Empire Ottoman, mais des progressistes parmi le clergé chrétien, de grands propriétaires juifs et chrétiens s'opposèrent à ces réformes... Les paysans maronites, encouragés par leurs prêtres, se révoltèrent dans le Nord du Liban en 1857. La révolte s'étendit au Sud et prit une tournure confessionnelle qui aboutit aux massacres de 1860 au Liban et en Syrie(198). Ce conflit sanglant, qui n'est pas le seul de son genre, n'éclate pas uniquement entre les confessions des différentes religions, mais au sein des confessions d'une même religion, bien qu'elles s'appuient toutes sur les mêmes Pères de l'Eglise : Basile, Augustin, Jean Chrysostome. Ainsi l'arrivée et l'installation des protestants au Liban au début du XIXème siècle accentuent les luttes confessionnelles(199). Très rapidement, le conflit éclate au sein d'une même confession. Dès 1910, A. Rayhânî écrit : « Le prêtre souffre de l'oppression de l'évêque, celui-ci du patriarche, le moine de son abbé... »(200).

C'est très jeune encore que le fils de *Bcharré* se heurte à cette lutte confessionnelle. Qu'il nous soit permis de relater un fait dans son entier, vu son importance pour la vie et l'œuvre de l'écrivain ainsi que pour comprendre la guerre sans merci qu'il mènera contre le clergé, principal promoteur de ces luttes. Un jour, le jeune Ǧubrân voit une femme, tenant un chapelet à la main, acheter de l'huile. Après une longue discussion, le marchand lui pèse la quantité voulue, mais avant de la verser dans sa bouteille, elle l'interroge sur sa «religion»(201). Orthodoxe, répond le marchand. Alors la femme retourne chez elle avec la bouteille vide et elle claque la porte en se signant... Immédiatement, l'enfant revient chez lui et interroge sa mère :

- « Maman, quelle est notre religion ?

— Nous sommes des maronites.

- Et qui sont les orthodoxes ?

— Ce sont des chrétiens comme nous.

- Pourquoi s'appellent-ils « orthodoxes » et nous « maronites » ?

---

(198) N. Sarrâǧ. op.cit.p.29-30. cf. l'étude de Anîs Sâ'iġ. *Lubnân al-Tâ'ifî*. Beyrouth (1955). Philipp Ḥitti. *Lubnân. p.696-697. et N. Naimy. op.cit.p.22.*

(199) *M. 'Abbûd, qui réagit très fortement contre ce fléau, souligne que « celui-ci a toutefois un aspect positif, à savoir qu'il fut un important facteur de la Renaissance Arabe Contemporaine. Il suffit de rappeler le dicton : Râyèḥ aftaḥ madrastèn,* je vais ouvrir deux écoles, c'est-à-dire dès que les protestants ouvrent une école, les Jésuites s'empressent d'en ouvrir une. Les Jésuites éditent un hebdomadaire, *al-našra al-yasû'iyya*, les protestants s'empressent d'éditer *al-Bašîr*. L'imprimerie catholique est créée pour faire face à l'américaine ». M.'Abbûd. *Ruwwâd.* p.29.

(200) J. Fontaine. op.cit.p.48.

(201) Le mot arabe. « dîn », est devenu synonyme, chez certains, de « confession ».

— Interroge le prêtre, mon fils, et il t'expliquera mieux que moi.
• Dieu nous fera-t-il mourir si nous achetons de l'huile à un orthodoxe ?
— Non, mon fils ».

Là-dessus le père de Ǧubrân arrive... Il prend une bouteille, achète de l'huile au même marchand et l'invite à souper avec eux et à passer la nuit chez eux. Tout ceci à la vue de l'enfant dont le cœur débordait de joie »(202).

Cette joie, Ǧubrân espérait la retrouver aux USA où il émigre à l'exemple de nombreux chrétiens qui, durant la seconde moitié du XIXème siècle s'étaient sentis à l'étroit dans leur montagne sans ressources et où les vieilles conceptions orientales de clan, de famille, de classe et de confession paralysaient leurs frères. Malheureusement, son rêve ne se réalise qu'en partie, car en émigrant, les hommes emportaient avec eux leur haine et leurs désaccords politiques et confessionnels. « Peu avant mon arrivée à New York, raconte le fils de *Baskinta*, un conflit sanglant éclata entre les maronites et les orthodoxes. Ce conflit était attisé par la presse et soutenu par le clergé. Chaque confession réclamait son (ou ses) hebdomadaire(s) en fonction du nombre de ses croyants. Les maronites, les orthodoxes, les grecs catholiques, appelés aussi les melkites et les druzes, avaient leurs journaux respectifs qui ne pouvaient vivre que grâce aux conflits confessionnels »(203). La raison de tous ces conflits, comme de la haine et des persécutions qu'ils engendrent, était et reste toujours l'ignorance de la religion qui est une manière de vivre et non pas un fanatisme qui conduit à la haine. Les musulmans méprisent les chrétiens et parfois les persécutent, les chrétiens persécutent les juifs et se persécutent entre eux, alors qu'ils sont tous d'une même race, d'un même pays, parfois de la même religion et parlent la même langue... La plupart des gens ignore l'essence de la religion et les chefs religieux, profitant de cette ignorance, alimentent en eux, dès l'enfance, le feu du fanatisme confessionnel. Voici le témoignage de Nuʿayma : « Les responsables orthodoxes de *Baskinta* tirent leur gloire d'avoir bâti aux leurs une école comprenant deux pièces et deux maîtres après avoir eu une école ambulante se déplaçant d'une église à une autre... Après la construction de cette école, les maronites, qui étaient plus nombreux que les orthodoxes, se mirent à leur envoyer des élèves. Or, un jour, continue l'auteur, nous sortions en rang, un élève

(202) *Ǧubrân*. 3,35-36. L'éducation et l'instruction jouent un rôle primordial dans l'adoption ou le rejet du confessionnalisme. cf. ʿAbd al-Laṭîf Šarâra. *Mayy Ziyâdé*. Beyrouth (1965), p.76.

(203) *Sabʿûn*. 1,351.

maronite voulut passer au milieu de nous, il fut très fortement repoussé par les grands de notre rang »(204).

Ce sentiment de fierté d'appartenir à une confession particulière, Nu'ayma l'emporte avec lui à Nazareth en 1902. A la vue de pèlerins qui ne prononcent jamais le nom de Dieu ou du Christ sans faire le signe de la Croix et sans dire avec la plus grande piété : «Seigneur Jésus Christ aie pitié de nous », le jeune séminariste de *Baskinta* ressent la grande fierté de constater que ces pèlerins étaient de sa confession, orthodoxe(205).

Ces sentiments de fierté confessionnelle vont bientôt se transformer en lutte anti-confessionnelle. Car, ses études en Russie d'abord, puis aux USA et enfin, son séjour à l'Université de Rennes en France, lui font prendre conscience des conséquences néfastes du confessionnalisme et ceci grâce à deux sortes de facteurs :

— Facteurs intellectuels : Rabelais, les philosophes du XVIIIème siècle, la Révolution Française, l'Evolutionnisme et la Franc-Maçonnerie(206)

— Facteurs religieux : les protestants, les jésuites et les réformistes musulmans(207).

c. Quelles sont ces conséquences néfastes ? En plus des conflits et des guerres déjà mentionnés, le confessionnalisme a créé l'oppression, l'aliénation puis l'intervention étrangère au Liban. De fait, au moment de libérer la Syrie et le Liban du joug Ottoman, la discorde éclata entre les différentes confessions : les musulmans ne voulaient pas de la protection d'un pays européen, les chrétiens ne voulaient pas de celle d'un pays arabe. Ensuite les chrétiens se divisèrent sur le choix du pays. Finalement, chacun opta pour le pays dans lequel sa confession et son rite étaient les plus répandus, les uns demandèrent la protection de la France, d'autres celle de l'Angleterre et d'autres enfin celle des USA(208). Toutefois, Ǧubrân trouve que la raison de ce désaccord sur le choix de la nation protectrice réside dans

(204) *Sab'ûn*. 1,57 et 78.

(205) Nu'ayma l'a compris à leur manière de faire le signe de la Croix. *Sab'ûn*. 1,152.

(206) Rappelons que Nu'ayma y a adhéré en 1916 mais pour très peu de temps. cf. *Sab'ûn*. 1,344-346, et que l'engagement de Fâris al-Šidyâq dans cette société l'a fortifié dans sa lutte contre toute autorité oppressante et ceci à la suite de l'épreuve subie par son frère As'ad (1789-1829). cf. M. 'Abbûd. *Ruwwâd*. p.239.

(207) J. Fontaine. op.cit.p.6.

(208) *Sab'ûn*. 1,76.

la variété des cultures auxquelles appartiennent les Libanais et non pas dans leur différence confessionnelle(209). Le Père Corbon lui aussi refuse d'admettre que les luttes confessionnelles aient été le motif premier de l'intervention étrangère en Orient, les chrétiens n'ayant guère de pouvoir politique ou militaire autonome(210).

Plus graves et plus nuisibles sont les conséquences du confessionnalisme sur la foi et le comportement religieux. En effet, « la mentalité confessionnelle gêne le développement de la foi dans sa gratuité... Elle favorise la sclérose rituelle... ainsi que le cléricalisme, et par contre-coup l'anticléricalisme, en faisant sortir presque exclusivement les facteurs sociétaires de la communauté de foi... Indirectement, cette mentalité entretient le particularisme et non plus seulement la diversité; or, la foi est « catholique »... C'est alors le contre-témoignage de l'Evangile... Le stimulant spirituel et théologique de la communauté chrétienne, universelle, rencontre ici un barrage et ne pénètre guère dans la vie des Eglises locales »(211).

Nu'ayma illustre l'existence de ce « barrage », ou comme dit Ǧubrân Mas'ûd de ces «frontières»(212), dans sa pièce de théâtre *al-Abâ'wal-Banûn*. C'est une description du conflit confessionnel entre les deux générations(213), l'ancienne fortement attachée à sa confession et la nouvelle qui cherche à en secouer le joug. Rentrant chez elle, Umm Elias trouve Daoud, l'ami de son fils. La première réaction est de lui demander quelle est sa « religion » : Orthodoxe ? Maronite ?

• « Je ne suis ni maronite, ni orthodoxe !

— Alors sans religion ? Hérétique ? Pitié de nous Seigneur ! Délivre-nous de cette génération mécréante !

• Je ne suis pas mécréant, je crois en Dieu, en ses prophètes et messagers et je crois de tout mon cœur.

— Yi-Yi-Yi ! Délivre-nous Seigneur ! »

Après cet interrogatoire, la vieille femme invite son hôte à visiter sa maison. Elle lui montre les armes suspendues au mur et lui dit : « Regarde la photo de feu Boutros Samâḥa, il a tué vingt druzes avec cette épée, dix

---

(209) *Badâ'i'* p.557. Voir les détails de l'intervention européenne au Liban dans Pierre Rondot. op.cit.p.93-102.

(210) J. Corbon. op.cit.p.53-54. *Sab'ûn*. 1,76.

(211) J. Corbon. op.cit.p.119.

(212) « Nous avons connu un temps au Liban où entre une confession et une autre... existaient des frontières semblables à celles qui existent entre deux pays... Nous avions presque besoin de passeport entre les différentes confessions ». *Lubnân wa-l-nahḍa*. p.121.

(213) *Sab'ûn*. 1,342.

metlaouis avec cette autre. Ni musulmans ni druzes n'osaient paraître devant lui. Et avec cela, il n'a jamais manqué la messe du dimanche»(214). La fierté d'Umm Elias devant les prouesses militaires-confessionnelles de feu son mari se transforme en indignation et en injures lorsque son fils vient lui annoncer son intention d'épouser Šahîda, la sœur de Daoud. Celle-ci n'est pas de leur confession. Elle est protestante. Or, la maman vient d'injurier Daoud, le traitant de protestant(215). S'adressant à son fils, la vieille maman dit : « Va, que Dieu t'emporte, toi, tous les protestants et tous ceux qui se signent à leur manière ! Tu veux épouser une protestante ? Quitte ma maison, va te faire protestant, bohémien, farmaçon (pour dire franc-maçon), mais que je ne te voie plus ici ». Puis à quelqu'un qui l'écoutait, elle ajoute avec amertume : « Ah ! le fils de Boutros Samâḥa épouse une protestante »(216) ! Là réside la honte de la famille, honte qui ne peut être effacée que par le sang. Nuʿayma rapporte la nouvelle suivante puisée dans un hebdomadaire libanais : « Un frère tue sa sœur pour laver, par son sang, la honte qu'elle a causée à sa famille en aimant un jeune homme de sa race mais d'une confession différente de la sienne »(217). Ainsi, au moment où «le fanatisme disparaissait lentement en Occident sous l'influence des mouvements scientifiques et du progrès social qui en découle, les diverses confessions se battaient en Orient »(218).

d. Lutte contre le confessionnalisme

Cette disparition progressive du fanatisme en Europe a encouragé certains orientaux à entreprendre une lutte acharnée contre le confessionnalisme, assurés qu'ils étaient que « le siècle qui avait tué le fanatisme religieux en Occident le tuerait aussi dans leur pays » selon l'affirmation de Salîm al-Boustânî (1848-1884)(219). Ainsi les hommes politiques les plus clairvoyants se sont vite rendus compte du danger que comporte la déviation de l'esprit communautaire en « confessionnalisme » et en « fanatisme »(220).

Quant aux écrivains et hommes de lettres, ils consacrent leur plume et leurs talents d'orateurs à lutter contre ce fléau qui ravage le Moyen-Orient. En effet, tous les écrivains du Mahǧar, notamment les deux piliers

---

(214) *Abâ'*. 4,161-162.

(215) *Abâ'*. 4,201.

(216) Ibid. p.213.

(217) *Hawâmiš*. 6,361.

(218) Ǧubrân Masʿûd. op.cit.p.120.

(219) *al-Ǧinân. p.676, cité par A. Maqdisî al-Ittiǧâhât al-adabiyya fî-l-ʿâlam al-ʿarabi al-ḥadît*. Beyrouth (1963), p.303.

(220) Pierre Rondot. op.cit.p.260.

d'*al-Râbiṭa al-Qalamiyya*, du réformateur social Amîn al-Rayḥânî, du révolté spirituel, tel Ǧubrân, du penseur humaniste, tel Nu'ayma, de l'artiste sentimental, tel Abû Mâḍî, jusqu'au passionné national tel Rašîd Ḫûrî, tous crient leur désapprobation du confessionnalisme religieux et ne négligent rien pour lutter contre lui.

Cette désapprobation est catégorique chez Nu'ayma qui, dans une lettre adressée à Ahmad Sâker al-Karmi, «déplore le petit nombre de vrais réformateurs dans ce domaine, l'énormité des handicaps qui découlent des luttes confessionnelles et félicite tous ceux qui ont le courage d'entreprendre une action réformatrice »[(221)] et de faire la chasse aux loups du fanatisme religieux[(222)]. Puis, après avoir fait remarquer que, tant qu'elle dépend du couvent, du temple et du sanctuaire, l'école n'accomplit pas sa mission, car elle sert de monture et d'alibi aux nombreuses discussions religieuses[(223)], il déclare : « Bien que je n'aime pas le patriotisme pur, je respecte un patriotisme généreux et enthousiaste. Quant au confessionnalisme pris comme fondement du patriotisme, je le déteste et je le hais »[(224)]. Car, « Dieu est au-delà de notre fanatisme pour lui, et il est au-delà de notre adoration, de notre haine, de nos persécutions de ceux qui ne L'adorent pas comme nous », même si nous faisons tout cela en son nom[(225)]. N'est-ce pas, d'ailleurs, de la bassesse que de se haïr et de s'entretuer au nom de la religion ? Ceux qui agissent ainsi, même s'ils connaissent tous les traités de philosophie et tous les livres religieux, ont le cœur vide de Dieu qui est la Beauté Absolue et la Charité Infinie[(226)]. Et l'auteur de *Mirdâd* de se demander : « Quand les hommes comprendront-ils que Dieu — qui prend soin de nous et de toutes les créatures — n'a que faire de notre adoration et de tout ce que nous lui offrons si nous faisons de Lui un moyen de division entre les hommes, alors qu'Il est Celui qui unit tout ce qu'Il a créé »[(227)] ?

Quant à la lutte de Ǧubrân contre le confessionnalisme, elle ne fait qu'un avec sa lutte contre le clergé, principale cause du fanatisme et du malheur des pays du Moyen-Orient[(228)]. Toutefois, il en fait partager la

---

(221) *Rasâ'il.* 8,416.

(222) *Ǧadîd.* 7,438.

(223) *Mahabb.* 5,436.

(224) *Rasâ'il. 8,133.*

(225) *Ṣawt.* 5,323.

(226) *Durûb.* 6,88.

(227) *Rasâ'il.* 8,133. cf. également al-Nâ'ûrî. *Mahǧariyyât.* Libye-Tunisie (1976), p.125.

(228) Car le clergé ne comprend de la religion que soutane et turban, dit Eliâs Farḥât. Cité par G. Ṣaydaḥ. op.cit.p.70.

responsabilité aux gouvernants qui recourent au confessionnalisme pour satisfaire leurs besoins et leurs intérêts. « Ils ont semé les divisions entre les confessions, ils ont armé le druze contre l'arabe, le chi'îte contre le sunnite, le musulman contre le chrétien »(229). Et à l'exemple du Christ son Maître, il profère ses malédictions dont la première est une condamnation du fanatisme : « Malheur à la nation qui abandonne sa religion pour sa confession»(230). Dans «*sa lettre ouverte à l'Islam*, appelée encore «*Aux musulmans de la part d'un poète chrétien*» Ǧubrân commence par confesser sa fierté d'être libanais et non pas ottoman, sa fierté d'être chrétien et oriental, d'aimer le Prophète des Arabes et la gloire de l'Islam...(231), de vénérer le Coran mais de mépriser ceux qui en font un moyen pour mener à l'échec les efforts des musulmans, tout comme il méprise ceux qui recourent à l'Evangile pour dominer et écraser les chrétiens. Puis, après avoir réaffirmé sa haine pour l'Empire Ottoman, expliqué les raisons de cette haine et exhorté ses destinataires à secouer le joug ottoman, il conclut : « Recevez, ô musulmans, ce mot d'un chrétien qui a logé Jésus dans une moitié de son cœur et Mohammad dans l'autre moitié »(232). Parlant à Mary de cette lettre, il lui dit : « Ma lettre a créé le sentiment que je voulais créer. Mais il y a quelques amis en Orient qui pensent qu'en la publiant j'ai signé ma mort de ma propre main. Je m'en moque ! « I do not care »(233).

e. La liberté religieuse

La lutte entreprise par Ǧubrân et Nu'ayma contre le fanatisme religieux et le confessionnalisme sous toutes ses formes, donne à leur œuvre un caractère libéral auquel leurs compatriotes n'étaient guère habitués. En effet, dans tout ce qu'ils ont écrit, nous trouvons la liberte dans la pensée et dans l'expression, la discussion et l'interprétation des problèmes religieux, tout cela loin du fanatisme et du fixisme, de l'obéissance aveugle à tout ce qui est écrit dans les livres religieux et aux commentaires qu'en fait le clergé(234), car pour eux « la religion est avant tout la voie vers la

(229) Commentaire de *Yuḥannâ* et *Ḫalîl* par'Isâ Maḫlûf dans al-Nahâr al-'Arabi wa-l-douwalî. N°154. Avril 3ème année. p.53.

(230) Ibid.

(231) Alors qu'en 1918-1919, au moment de la séparation du Liban et de la Syrie, il manifestait une attitude très hostile aux Arabes et taxait les musulmans de fanatiques. cf. Antoine Abd al-Masîḥ. *Hal kân Ǧubrân «'amîlan » li-Firansa ?* al-Mostaqbal. 7ème année, 2 Avril 1983. N°319. p.15, 58-63 et 9 Avril 1983 N°320. p.30-33. cf. particulièrement p.30.

(232) Cité par Ḥ. Mas'ûd. op.cit.p.37-38.

(233) *Beloved Prophet*. Lettre du 8.3.1914. p.179.
Plus virulente encore est la critique de leur ami du Mahǧar, Amîn Rayhânî. cf. Jean Fontaine. op.cit.p.133-134, 193.

(234) Nâ'ûrî. *Adab al-Mahǧar*. p.115.

liberté »[235]. Certes, la liberté religieuse et la tolérance,sa conséquence immédiate, qu'ils connaissent dans leurs milieux de vie et de travail sont un stimulant pour eux dans leur volonté unanime et leur ferme résolution de détruire le confessionnalisme qui tue toute liberté[236] et de le remplacer par une liberté religieuse qui donne au croyant un cœur qui « se réjouit avec son prochain de la lumière du soleil et de la beauté de la nature »[237], un cœur « capable d'englober tout le monde »[238]. Ecoutons Rayḥânî : « Lorsque je pense aux doctrines et confessions religieuses — notre grand mal — et à tous ces fanatiques par ignorance ou par hypocrisie, cela me rappelle deux vers du poète américain Edwin Merkhayme, dont voici la traduction : « Le fanatique a tracé un petit cercle et m'a placé, moi, le mécréant, en dehors de ce cercle. Mais grâce à mon amour, je l'ai vaincu, j'ai tracé un grand cercle et je l'ai mis dedans»[239]. Ce «grand cœur» formé à l'école de la liberté religieuse, devient l'apôtre de la vraie religion dont le véritable but est de garder la paix entre les hommes et de les exhorter à vivre dans la vérité et la charité, pour atteindre Dieu, la Vérité Absolue et l'Amour Infini. Les chemins empruntés pour y arriver ont peu d'importance pour l'auteur de *Mirdâd* qui conclut son article sur *al-maḏâhib wa-l-mutamaḏhibûn* par cette question : « Si ta confession a pour but d'atteindre Dieu et si la mienne a le même but que t'importe que j'emprunte une voie différente de la tienne »[240] ? Il fait ainsi écho aux mystiques et aux soufis, apôtres de la plus large tolérance, pour qui Dieu est la seule réalité, le seul but de la quête incessante de l'âme. Les chemins qui mènent à ce but sont différents, mais le but est le même pour tous : Dieu. « Lui seul connaît ceux qui L'aiment, qu'ils soient papistes, luthériens, zwingliens, anabaptistes ou turcs »[241]. N'est-ce pas là une invitation pressante à respecter la religion de chacun[242] et sa liberté. Celle-ci est un bien commun à tous les hommes et à tous les âges. « Ecoutez-nous, ô Liberté ! Ayez pitié de nous, ô fille d'Athènes ! Sauvez-nous, ô bien-aimée de Mohammed ! Enseignez-nous, ô fiancée de Jésus »[243] ! Sans cette liberté il ne peut y avoir de vie religieuse digne de ce nom, ni d'action sociale efficace.

(235) Ǧadîd. 7,284.

(236) *Aǧniḥa.* p.196-197.

(237) *Dam'a.* p.323.

(238) *Zâd.* 5,211.

(239) Cité par Nâ'ûrî. *Adab al-Mahǧar.* p.117.

(240) *Bayâdir.* 4,466.

(241) Jean Delumeau. *Le Christianisme.* p.82.

(242) Ǧubrân affirme : « On ne peut jamais transmettre sa religion à un autre ». *Beloved Prophet.* Journal du 14.9.1920. p.347.

(243) *Ḫalîl.* p.163.

Voilà pourquoi, « voulant former une association patriotique dans son pays, Ǧubrân exige que les adhérents ne s'occupent d'aucune confession »(244).

La conclusion qui s'impose à nous est celle même formulée par G. Ṣaydaḥ : « Ǧubrân et Nuʿayma ne se moquent pas des doctrines religieuses, bien au contraire, nous les voyons insister sur la foi, la piété et la fidélité. Ils sont croyants, "religieux", *mutadayyînûn*, mais ils ne sont pas confessionnels, *ṭa'ifiyyûn*. Ils n'ont pas senti le besoin d'avoir un intermédiaire entre Dieu et eux, puisque leur conscience leur montre Dieu et leur foi leur ouvre les portes du ciel. Et al-ʿAqqâd ajoute : « Les écrivains du Mahǧar ne se sont pas révoltés contre la croyance religieuse elle-même mais contre l'autorité traditionnelle qui a donné aux chefs des confessions religieuses des pouvoirs politiques à côté de leurs pouvoirs religieux et sacerdotaux ». Leur religion est dans leur cœur et non dans les pratiques, les rites et les prescriptions de l'Eglise. Ils ne croient pas par crainte ou par désir de récompense »(245). Ecoutons Nuʿayma confesser sa foi, devant ses auditeurs, lors de son analyse du communisme et de l'athéisme : « Je suis croyant, profondément croyant, mais ma foi ne repousse aucune doctrine ni aucune confession, car ma foi me donne confiance dans la sagesse de la Vie, son Organisation et son Ordre, sa Justice et sa capacité à se défendre Elle-même. Elle me fait accepter la vie telle qu'elle se présente à moi, et l'homme tel qu'il est avec ses faiblesses et ses doutes»(246).

Cette ouverture de Nuʿayma et de Ǧubrân à toutes les doctrines et confessions religieuses les rend sensibles à tout ce qui, dans n'importe quelle religion aide l'homme à rejoindre Dieu et permet à ce « Dieu de prendre conscience de Lui-même en nous », selon l'expression de Thomas Merton sur le Zen(247). Elle les rend aussi sensibles à tout ce qui constitue un handicap à la réalisation de cette « déification ». Trois questions découlent de cette attitude : celle de la multiplicité des religions, celle de leur unité et enfin celle de la nouvelle religion que les deux écrivains libanais chrétiens proposent.

III. Ǧubrân, Nuʿayma et leur "Religion"

1. La multiplicité des religions

Le confessionnalisme et le fanatisme religieux ne sont pas l'unique cause de toutes les luttes fratricides dans le monde. Nuʿayma avoue «avoir

(244) Ǧubrân. *Maḫṭûṭ fî matḥaf Bcharré.* Cité par al-Fikr. XVI-2-Nov. 1970. p.38.

(245) G. Saydah. op.cit.p.203-204.

(246) *Abʿad. 6,173.*

(247) *Thomas Merton. Mystique et Zen.* Paris (1972), p.32-33.

souvent entendu les fils de ce siècle dire que, dans ce pays du Moyen-Orient comme partout ailleurs, le grand malheur des gens réside dans le grand nombre de leurs religions »[248]. Et ces religions, ajoute Anṭoun Faraḥ (1874-1922) sont la cause des divisions sociales et nationales, à cause de la confusion des gens entre l'essence de la religion et ses accessoires, et à cause des « controverses des théologiens et des sophistications du clergé »[249]. Quant à A. Rayḥânî, il déclare lors d'une conférence à l'Université américaine de Beyrouth : « Les hommes n'ont été créés ni princes, ni prêtres..., ni bouddhistes, ni musulmans. Ce sont les lois qui les asservissent et les religions qui les divisent »[250]. C'est pourquoi, Nâdra Ḥaddâd conseille à son cousin de n'élever son fils dans aucune religion[251], car aucune religion n'a réussi sa mission : conduire l'homme vers sa déification[252]. Au lieu d'être des voies et des moyens pour atteindre la Connaissance Parfaite, *al-Ma'rifa al-Kâmila*, la Puissance Parfaite, *al-qudra al-Kâmila* et la Liberté Parfaite, *al-Ḥurriyya al-Kâmila*, qui élèvent l'homme au-delà de lui-même, et l'aident à s'unir à Dieu, les religions, dans leur diversité, se sont transformées en rites figés et sont devenues un moyen de séparation entre les peuples au lieu d'être un moyen de rassemblement et d'entr'aide[253]. Les orientaux se sont attachés aux écorces de leurs religions, ils ont perdu la terre sans gagner le ciel. Les occidentaux, eux, se sont attachés à la science, ils ont gagné la terre et laissé tomber le ciel[254].

De quelles religions parlent Ǧubrân et Nu'ayma ? Notons tout d'abord que l'auteur du *Prophète* a nié toutes les religions, car il y a vu un moyen pour le clergé d'exploiter les pauvres[255]. Malgré ce rejet, Ǧubrân n'a pu se libérer complètement de l'emprise des religions sur lui. « La définition qu'il donne, par exemple, du travail fait avec amour est un résumé des enseignements du Christianisme, du Bouddhisme et de la mystique musulmane »[256].

(248) *Zâd.* 5,166. Ǧazâlî affirme de son côté : « La diversité des religions et des confessions religieuses... est une mer très profonde dans laquelle beaucoup se sont noyés et de laquelle peu se sont sauvés ». Cité par M. al-'Abid. op.cit.p.14.

(249) *Zâd.* 5,166. cf. également : *Vatican II. Les relations de l'Eglise avec les religions non-chrétiennes.* Paris (1966).

(250) Ka'dî. op.cit.p.147.

(251) cf. I.'Abbâs et Y. Naǧm. op.cit.p.220.

(252) *Mahabb.* 5,420.

(253) *Maqâlât.* 7,170. et *Durûb.* 6,47.

(254) *Aḥâdîṯ.* 9,546.

(255) *Yuḥannâ, Ḫalîl* et *Aǧniḥa.* Passim.

(256) T. Zakkâ. op.cit.p.26.

Quant à Nu'ayma, il rappelle d'abord toutes les persécutions qui ont eu lieu au nom des religions : « Dès mon enfance, dit-il, j'ai entendu parler de la haine des musulmans et des juifs pour les chrétiens et de la joie qu'éprouvaient les premiers à la mort des derniers. J'entendais aussi dire que les juifs devaient, à chaque Pâque, tuer un enfant chrétien pour se purifier de leurs péchés»(257). A son retour des USA, il donne ses impressions sur Beyrouth : « Ici éclate la vie..., mais règne aussi un certain malaise venant des querelles entre les adeptes de Jésus et ceux de Mohammad. Ici, la cloche témoigne que le Christ est le Fils de Dieu, là le minaret clame que Mohammad est le Prophète de Dieu et la synagogue que Moïse est l'interlocuteur de Dieu, *Kalîm Allâh* »(258).

Après ce rappel, Nu'ayma s'interroge sur les raisons des persécutions religieuses qui remontent à la naissance du Christianisme(259) et s'accentuent avec celle de l'Islam. La réponse lui vient du Concile Vatican II. « Après la déclaration innocentant les juifs de la mort du Christ(260), tout le monde s'est mis à penser que les juifs avaient été persécutés à cause de l'attitude hostile de l'Eglise à leur égard et à cause de leur appartenance au Judaïsme. Or, ni les chrétiens, ni les musulmans n'ont persécuté les juifs parce qu'ils appartiennent à la religion de Moïse mais à cause de l'interprétation qu'ils en font »(261).

Le Judaïsme n'est pas la seule religion qui ait retenu l'attention de l'auteur de *Sab'ûn*. Il s'est penché sur toutes les religions, qu'elles soient révélées ou non, tout en déclarant qu'« il lui importe peu que ses idées coïncident avec celles de ces religions. Car, ni tout ce qu'elles contiennent et croient est de la superstition, ni tout ce que dicte la science est de la vérité sûre »(262) ! Il a toujours été frappé par la parenté qui existe entre toutes les religions quant au but qu'elles se fixent, et ceci malgré les distances qui les séparent dans le temps et dans l'espace. Les Védas ne sont guère différentes des « mystères d'Hermès ». Le Tao chez Lao-Tseu n'est point étranger au Père chez Jésus. Le Nirvâna n'est qu'une image du

---

(257) *Sab'ûn*. 1,111.

(258) Ibid. p.629, reprenant les célèbres vers d'al-Ma'arri :
« A Lataquié, il y a un tumule entre Aḥmad et le Messie.
« Celui-ci sonne une cloche et celui-là crie du minaret,
« Chacun magnifie sa religion
« Plût à Dieu que je sache laquelle est la vraie » ! Cité pa Ka'di. op.cit.p.226.

(259) *Ab'ad.* 6,298-299.

(260) *Les Actes du Concile Vatican II*. p.664-666.

(261) *Rasâ'il*. 8,444. *Adam*. 7,55.

(262) *Rasâ'il*. 8,318.

Royaume des Cieux annoncé par l'Evangile. Al-Hallâğ, Ibn'Arabî et d'autres mystiques arabes se rencontrent avec François d'Assise, Jakob Boehme, W. Blake, Ramakrishna et bien d'autres[263]. Cette largeur d'esprit de Nu'ayma le place parmi les soufis et les mystiques hindous pour qui toutes les religions sont des voies vers Dieu, de simples moyens visant un but unique : l'adoration et l'amour du Dieu Unique. C'est pourquoi, dans ses dernières années, Tolstoï exprimait l'espoir de voir l'humanité élaborer une seule et commune religion fondée sur les mêmes vérités contenues dans chacune des religions différentes. Il recommandait de faire lire aux enfants, parallèlement à l'Evangile, le Coran, les Védas et les Pensées Bouddhiques[264].

Ayant professé l'Unité de l'Existence, étant ouverts et acceuillants à tout ce qui favorise la fraternité entre les hommes, Ğubrân et Nu'ayma peuvent faire leur le credo de Salâmâ Mûsâ (1887-1958) : « Je crois dans le Christianisme, l'Islam et le Judaïsme. J'aime le Messie, j'admire Mohammad, Moïse m'éclaire. Je contemple Paul et je tends vers Bouddha. Je sens que tous sont mes parents en esprit, que je vis avec eux dans l'entente et que je puise en eux l'inspiration de la noblesse d'âme, de la vérité, de la miséricorde et de l'amour... Je crois en outre, à l'amour de la Nature et à la majesté de l'Univers... Le noyau de mon credo est l'humanité avec tout ce qu'elle comporte de philosophes, de prophètes, d'écrivains et aussi... de courage, de miséricorde, de beauté et d'amour»[265].

Une remarque s'impose ici : cette attitude de respect universel résulte-t-elle d'une tolérance doctrinale fondée sur la valeur essentiellement relative de toutes les croyances religieuses et sur le caractère contingent de toute expression de la vérité ? Une telle tolérance engendrerait en fait le syncrétisme qui consiste à confondre le général avec le suprême, ce qui est commun avec ce qui est propre. Dans cette nouvelle religion, « le chrétien retrouverait le Christ à côté de Bouddha, de Mahomet et de la trilogie : Brahma-Vishnou-Civa »[266], comme nous le constaterons chez les deux écrivains libanais.

Aux yeux du syncrétiste, toutes les religions se valent, elles sont toutes bonnes. Mais admettre que toutes les religions se valent, n'est-ce pas admettre qu'aucune d'elles ne vaut la peine d'être suivie[267] ? Alors que

(263) *Sab'ûn*. 1,330.

(264) L. Tolstoï. *Socialisme et Christianisme*. p.11.

(265) Anouar Abd al-Mâlèk. op.cit.p.244.

(266) Jean Vernette. *Des chrétiens se rencontrent*. C. Auj. Juillet-Août 1978. p.392.

(267) Voir la parabole indienne des aveugles et de l'éléphant, citée par I.H. Dalmais. *La foi au Christ parmi les religions des hommes*. C. Auj. Juin. 1975. p.328.

l'authentique tolérance religieuse, loin d'écraser les différences, les reconnaît et souligne la nuance particulière de chacune. Car toute religion recèle une parcelle de la vérité(268). Celle-ci n'a jamais fait défaut aux hommes comme l'affirme le concile Vatican II(269).

Nu'ayma va au-delà de la doctrine de Vatican II. Non seulement il ne rejette rien de ce qui est bon et vrai dans n'importe quelle religion, qu'elle soit prophétique comme le Judaïsme, le Christianisme, l'Islam ou la religion iranienne de Zarathoustra(270), ou cosmique comme l'Hindouisme(271), mais il considère « le communisme comme une religion de nature terrestre car il est centré sur l'homme et ses besoins matériels, psychiques et sociaux. Sa seule différence avec les religions révélées réside dans la foi en l'origine de l'homme, en sa fin et en sa responsabilité à l'égard d'une force ou des forces »(272). Et après avoir résumé toutes les persécutions dont le Christianisme fut et reste l'objet, Nu'ayma confesse sa foi en «la pérennité de cette religion terrestre». En effet, «les croisades contre le communisme n'auront pas plus de chance de réussir que celles lancées par les Juifs puis les Romains... contre le Christianisme »(273). Toutefois, cette affirmation ne supprime pas le dilemme auquel il est impossible d'échapper :

a. Ou bien toutes les religions ne sont que des façons différentes - adaptées aux diverses cultures, mentalités, époques — d'aller vers Dieu, comme l'affirment des mystiques dans toutes les religions(274). Dans ce cas, s'interroge Nu'ayma, comment expliquer leur prétention d'avoir la certitude et leur volonté de jeter les autres dans l'erreur ? Puisqu'elles sont toutes bonnes et ont toutes le droit de s'étendre, pourquoi ne pas leur reconnaître ce droit ? Pourquoi souhaiter la disparition de celles qui ne sont pas du même bord que nous(275) ? Puis il ajoute : « Si le croyant com-

(268) cf. M.J. Le Guillou. *Le visage du Ressuscité.* p.219.

(269) cf. *Les Actes du Concile Vatican II.* p.663. Voir également l'affirmation du théologien protestant, Emile Branner. J. Daniélou. *Mythes païens.* p.72.

(270) Dans ces religions, la grande caractéristique est que : « la foi remplace la religiosité ». G. Van Der Leeuw. *La religion.* p.584-585.

(271) H. Le Saux. *Sagesse hindoue.* p.91-93.

(272) *Ab'ad.* 6,298.

(273) Ibid. p.299-300.

(274) Simone Weil écrit : « En fait, les mystiques de presque toutes les traditions religieuses se rejoignent presque jusqu'à l'identité ». Eugène Joly. *Qu'est-ce que croire ?* Paris (1956), p.9.

(275) *Hawâmiš.* 6,399. *Aḥâdîṯ.* 9,736. *Rasâ'il.* 8,328.

prenait bien sa religion, il ne détesterait pas la religion d'un autre. Car toutes les religions sont une dans leur essence »[276].

b. Ou bien la religion chrétienne est ce qu'elle prétend être : la seule voie de salut. Mais dans ce cas, comment s'explique la persistance de tant d'autres religions[277] ? Comment s'expliquent les divisions au sein du Christianisme même ? Ǧubrân et Nu'ayma vont essayer de résoudre ce dilemme par un appel à unifier toutes les religions.

2. L'Unité des religions dans la vision de Ǧubrân et de Nu'ayma

Entre les grandes religions qui se partagent la carte du monde va-t-il s'instaurer enfin une sorte d'unité ? Oubliant les différences, supprimant les frontières et évacuant les sectarismes, tous ceux qui croient en un Dieu, tous ceux qui prient, tous ceux qui espèrent un au-delà, vont-ils se retrouver dans une grande fraternité religieuse ? Doit-il y avoir une place aujourd'hui, pour des querelles de clocher, de minaret et de temple ? L'unité est-elle possible ? Oui, car les hommes n'ont jamais cessé de la chercher avec plus ou moins de succès. L'histoire religieuse de l'humanité en témoigne. Le Christianisme tâche d'ouvrir les chemins pour y parvenir. Voyons comment se placent Ǧubrân et Nu'ayma dans cette recherche et cette aspiration à l'unité.

« La personne même de ces deux écrivains, en tant qu'arabes et chrétiens, constitue un trait d'union entre les peuples, les races et les religions. En effet, les musulmans et les juifs sont leurs frères les plus proches et parlent la même langue qu'eux... Quoi d'étonnant alors qu'il aient pu rêver d'union, de fusion complète entre les hommes et même d'une sorte d'œcuménisme et de compréhension entre tous les humains par delà les frontières et les disparités de langues et de cultures alors qu'eux-mêmes sont le vivant exemple de la compréhension, de l'union entre les peuples et de la suppression des barrières »[278].

a. « Au "Parlement des Religions" en septembre 1893, toutes les religions du monde et même toutes les doctrines, quel qu'en fût le caractère, devaient être appelées à une fusion sympathique sur les grands principes communs pouvant assurer le salut de l'Humanité et préparer l'Unité et

---

(276) *Zâd.* 5,166.

(277) Pour Nu'ayma, la multiplicité des religions est le témoignage que la foi ne se développe pas chez tout le monde de la même manière. cf. *Masîḥ.* 9,284.

(278) Geneviève Gobillot. *L'image de la femme chez Ǧubrân.* Maîtrise d'arabe. Septembre 1981. Lyon III. p.12.

la Paix futures sur la terre»[279]. Cet appel , Ǧubrân l'a certainement entendu à travers ses lectures et les nombreuses influences qu'il a subies. Il est fort probable que « ce soit Emerson qui l'ait guidé dans sa connaissance de la pensée hindoue. Il a dû, par conséquent, apprendre leur foi en l'unité de toutes les religions... C'est pourquoi sa volonté de réconcilier le Christianisme et l'Islam l'a rendu réceptif à la croyance en l'unité des religions. Aussi l'expression de sa foi en cette unité peut être dite « Emersonienne »[280]. Dans son article : « A vous votre idée, à moi, la mienne, *Lakum fikratukum wa lî fikratî*[281], il affirme clairement cette croyance : « Votre pensée dit : « Le Mosaïsme, le Brahmanisme, le Christianisme, l'Islam », ma pensée dit : « Il n'y a qu'une seule religion, unique et absolue, revêtant divers aspects, empruntant diverses voies mais à la manière des doigts qui émanent d'une seule main »[282]. « Tu es mon frère et je t'aime. Je t'aime prosterné dans ta mosquée, agenouillé dans ton temple et priant dans ton église. Nous sommes tous les deux les fils d'une même religion qui est l'Esprit. Les fondateurs des diverses branches de cette religion sont des doigts unis dans la main de la divinité qui symbolise la perfection de l'âme »[283]. Cette religion unique est comparable à « une tour dont le sommet est constitué par trois têtes : celle de Jupiter *Raʿ*, à gauche; celle de Zarathoustra à droite et celle de Bouddha au milieu. Sur la tête de Bouddha repose un globe qui symbolise la Vérité Infinie. Au milieu de la tour, sur la poitrine de Bouddha, repose le Nazaréen crucifié, ses mains touchent respectivement les épaules de Jupiter et celles de Zarathoustra. Sous les bras du Crucifié, de nombreuses formes humaines parmi lesquelles se sont infiltrés, au nom de la religion, les serpents des superstitions, et cela sous la protection de ces Quatre Grands »[284].

Après avoir présenté sa vision religieuse globale, l'artiste libanais s'attache tout particulièrement à l'unité des religions dans lequelles se débat

---

(279) R. Guénon. *Le Théosophisme*. p.173. « Rien d'étonnant à cet appel, étant donné que Mme Blavatsky présentait sa doctrine comme: « l'essence et l'origine commune de toutes les religions » et cela sans doute parce qu'elle avait emprunté quelque chose à chacune d'entre elles ». Ibid. p.140.

(280) K. Ḥâwî. op.cit.p.158.

(281) Formule copiée sur le verset du Coran : « *Lakum dînukum wa liyâ dînî* ». CIX,6.

(282) Cité par H. Mas'ûd. op.cit.p.95. Cette même affirmation est reprise dans son manuscrit : « *Falsafât al-dîn wa-l-tadayyun* ». Cité par K. Ḥâwî. op.cit.p.154.

(283) *Damʿa*. p.347.

(284) *Ǧubrân*. 3,179. Ce tableau peut être l'image du « syncrétisme que présente l'époque contemporaine. Ce sont tous les courants, diversement occultes, en tout ou en partie, qui s'affirment sous le nom de théosophie, d'anthroposophie, de science chrétienne ou de néo-soufisme ». cf. G. Van der Leeuw. op.cit.p.592.

le Moyen-Orient. Dans sa « Lettre ouverte aux musulmans » écrite en 1911, « il vise à transformer la vie au Liban pour la mettre en harmonie avec la parole et l'esprit de l'Evangile. Il ne peut imaginer de fondement à l'unité entre chrétiens et musulmans en dehors du fondement religieux. C'est pourquoi il déclare — en tant que chrétien, lui Ǧubrân — garder Jésus dans une moitié de son cœur et Mohammad dans l'autre »(285). Dans *Ḫalîl al-Kâfir*, l'auteur interprète l'Evangile de manière tellement libre qu'il parvient à considérer le Christianisme comme l'une des nombreuses branches de l'unique religion universelle et à considérer Jésus et Mohammad avec le même amour et le même respect(286). A la même époque, Abû Mâḏî lançait un appel identique aux chrétiens et aux musulmans(287). Dans *Iram dât al'imâd,* on voit la doctrine transcendante des religions explicitement mise en évidence et confirmée implicitement par diverses notations symboliques, dont les plus claires sont visibles dans le choix des personnages... «Je suis né chrétien, confesse Naǧîb Raḥmê, mais je sais que si nous dépouillons les religions de tous les accessoires qui y ont adhéré, des traditions, des doctrines et des rites... nous constatons qu'elles forment toutes une seule et même religion »(288). Ainsi, le chrétien libanais venu consulter la sagesse, personnifiée par l'immatérielle Aminah, et le musulman déjà initié à la mystique, s'en vont ensemble, marchant côte-à-côte, partisans l'un et l'autre de l'unité fondamentale des religions(289). Tolstoï, l'apôtre de la tolérance, fait écho à Ǧubrân : « Oui, il est beaucoup de religions, mais partout l'Esprit est unique. Il est en toi, en moi, en lui ! D'où il résulte que chacun doit croire à l'Esprit et à notre réunion future »(290).

b. Fortement influencé par Tolstoï, par les religions d'Orient dont « la grandeur incomparable est d'avoir vibré autant qu'aucune autre à la passion de l'unité »(291) et par le passé de l'Eglise Orthodoxe à laquelle il appartient, Nuʿayma est convaincu que « malgré la diversité des religions, c'est un seul et même sentiment religieux qui anime les hommes »(292). Ce

(285) K. Ḥâwî. op.cit.p.157. L'auteur explique cette attitude de Ǧubrân qui prêche à la fois aux chrétiens et aux musulmans le respect des deux religions, par sa volonté de sauver les chrétiens des persécutions et de préserver l'Evangile comme fondement de leur vie. Ibid. p.158.

(286) K. Ḥâwî. op.cit.p.170.

(287) cf. Zuhayr Mîrza. op.cit.p.737.

(288) *Badâ'iʿ* p.580.

(289) J. Lecerf. *Studia Islamica.* II. 1953-1954. p.151 et 153. *Badâ'iʿ* p.574-593.

(290) L. Tolstoï. *Résurrection.* p.239.

(291) T. de Chardin. *Science et Christ.* p.138.

(292) M.B. Milèd. *Risâlat M. Nuʿayma.* al-Fikr. 23/10. Juillet 1978. p.8.

sentiment est aussi celui de tous les émigrés syro-libanais. Tous croient en Dieu et invitent les hommes à faire de même, mais ils ne voient pas Dieu avec les yeux des confessions religieuses dans lesquelles ils ont grandi et qui interdisaient au catholique d'acheter de l'huile de chez son frère orthodoxe(293). Ils voient en Dieu un Père pour toutes les créatures sans aucune distinction(294). Or, si Dieu est le Père de tous, pourquoi cette multiplicité des religions et ces luttes fratricides entre elles ?

Cette foi de Nu'ayma en Dieu Père de toutes les créatures le conduit à affirmer sa foi en une unité universelle. Ainsi, il soutient que « les guerres de l'humanité vont la conduire inéluctablement et sans qu'elle s'en aperçoive, à ne former qu'une seule nation, à n'avoir qu'une seule langue internationale, et dans un avenir lointain à n'avoir qu'une religion, unique et universelle »(295). Comment le fils d'un Liban déchiré par les guerres confessionnelles voit-il cette religion unique ? Quels moyens propose-t-il pour y parvenir ? Sur quels critères se base sa certitude de l'atteindre ? Les réponses *de* Nu'ayma ne sont pas aussi engageantes que celles de son ami. L'auteur de *Sab'ûn* se contente d'insister sur les analogies qu'il rencontre et remarque entre les différentes religions, car « elles peuvent toutes avoir autant de particularités qu'il leur plaît, il n'en est pas moins qu'en chacune d'elles, les analogies avec les autres sont beaucoup plus nombreuses que les parties par quoi elles en diffèrent »(296).

Après avoir souligné les difficultés que l'on rencontre à unifier les rites, les doctrines et les croyances des religions, Nu'ayma conclut qu'il n'est point difficile à l'homme passionné de liberté créatrice de rejeter de ces religions tout ce qui est de nature à séparer l'homme de son frère et de l'univers ainsi que tout ce qui constitue un handicap sur sa route vers son but suprême(297) : La Connaissance, la Puissance et la Liberté parfaites qui peuvent ramener l'homme à sa source divine et faire de lui un dieu. Or, toutes les religions qu'a répandues l'Orient, malgré la diversité de leurs noms... ne sont que des voies et des moyens pour apprendre au cœur humain à vaincre ses passions et à cheminer vers le but suprême de sa vie(298). Telle est la mission de toute religion et tout particulièrement des trois religions qui se partagent le Moyen-Orient : le Judaïsme, le Christia-

(293) *Ǧubrân*. 3,35-36.

(294) al-Nâ'ûrî. *Adab al-Mahǧar*. p.119.

(295) *Durûb*. 6,119. *Ṣawt*. 5,281. Même affirmation chez 'Abd al-Masîḥ Ḥaddâd (1890-1951), membre d'*al-Râbiṭa al-Qalamiyya*. cf. al-Aštar. op.cit.2,44.

(296) G. Van Der Leeuw. op.cit.p.673.

(297) *Nûr*. 5,659.

(298) *Durûb*. 6,47. La même idée est reprise dans *Mahabb*. 5,442.

nisme et l'Islam. Ceux-ci se rencontrent dans leur fondement, à savoir : l'origine et la finalité de l'homme : l'homme est de Dieu et doit retourner à Lui. Tous les hommes sont la famille de Dieu. La foi, la vérité, la compassion, la chasteté, l'amour de charité, le renoncement à soi, toutes ces vertus ne sont qu'une voie vers le Salut et le Bonheur éternel(299). Dans sa lettre à M.B. Milèd, Nu'ayma écrit : « Je suis d'accord avec vous lorsque vous dites que « l'ordre spirituel ou moral prêché dans mon livre *Ab'ad min Moscou wa min Washington* est le même prêché par le Coran... Mais le Coran n'est pas le seul à l'avoir prêché. Plus de mille ans avant lui, Bouddha a invité les siens à ne faire du mal à aucune créature-Ahimša- et le Christ a enseigné à ses apôtres l'amour des ennemis »(300).

Puisque dans leur essence, toutes les religions traitent des choses divines et se rencontrent dans le service de l'homme, la foi et l'adoration du Dieu unique, pourquoi ne les ramènerait-on pas à une seule, se demande Anṭûn Faraḥ ? Cette unification serait à la base de la vraie tolérance à laquelle invitent Nu'ayma(303), Bouṭros Boustânî (1819-1883)(302) et bien d'autres.

Sur quelles fondations Nu'ayma veut-il élever cette religion unique ? Fortement imprégné de l'Evangile et marqué par ses études religieuses, Nu'ayma ne voit qu'une base solide à cette religion : *al-Maḥabba* prêchée par le Christ(303). Cette *Maḥabba* conduirait les hommes au cœur de la religion, condition primordiale et fondamentale de l'unité tant souhaitée(304). Mais, malgré son insistance sur la *Maḥabba*, Nu'ayma demeure loin de la doctrine chrétienne dans sa recherche de l'unité, cette unité brisée par les divers schismes historiques dont le plus notable est celui du patriarche Michel Cérulaire au XIème siècle. L'Eglise cherche à unir les trois grandes confessions chrétiennes : catholiques, orthodoxes et protestants. Tout en respectant les religions non-chrétiennes, elle reconnaît les conflits et les incompatibilités. En effet, comment peut-on être à la fois chrétien et marxiste ? Marxiste et musulman ? Musulman et juif ? Chrétien et hindouiste ou bouddhiste ? Taoïste et chrétien ?... Il y a des cohérences intellectuelles et spirituelles. Il y a des choix à faire. Certes,

(299) *Ṣawt.* 5,335. Même insistance dans *Maqâlât.* 7,138 et 143. *Rasâ'il.* 9,328.

(300) *Rasâ'il.* 8,39. reprenant Math. 5,43-48. *Ahimša* = non violence.

(301) *Mahabb.* 5,439.

(302) *al-Fikr al-'Arabi... 1967.* p.461 et 480.

(303) *Nûr.* 5,556-559; 659-661. *Mahabb.* 5,442-446. Nu'ayma a probablement pris acte du Concile de 879-880 dont les décisions font partie de tous les recueils canoniques orthodoxes et qui est le modèle de la manière dont l'Eglise Orthodoxe conçoit l'unité... dans la foi et la charité. J. Meyendorff. op.cit.p.50.

(304) *Zâd.* 5,218.

c'est « sur une ouverture commune au monde que s'inaugure la rencontre des religions, à condition de noter que c'est dans *l'amour de Dieu* manifesté sur la *Croix* que cette ouverture trouve son fondement »[305]. Or, la Croix est absente chez Nuʿayma, comme chez Ǧubrân, étant donné qu'ils refusent le salut par un sang étranger au leur[306]. Et bien que le fils de *Baskinta* soit influencé par les religions d'Orient, notamment l'Hindouisme et le Bouddhisme, il n'adopte pas leur voie pour atteindre l'unité dont il rêve, car les sages hindous pensent qu'il faut renier la terre[307], tandis que lui, «il en fait une échelle vers le Ciel »[308]. Son attachement, comme celui de son ami, à ces religions s'explique par « la prétention de celles-ci à offrir à leurs adeptes la possibilité de se relier à l'Eternel sans avoir à se confier à un Autre, et à se soumettre à Lui »[309].

Arrivés à ce point de notre étude des religions et des problèmes que soulèvent leur multiplicité et la volonté de certains de les voir unifiées, posons-nous une question : les deux amis libanais réalisent-ils que cette unité à laquelle ils aspirent, d'abord entre les chrétiens et pour laquelle le Christ a prié, ensuite entre toutes les religions de l'univers, « ne peut être recherchée ni dans le passé, ni dans le présent ? Et si elle est possible, elle est de l'ordre du futur ? Elle est pour ainsi dire une « idée » de la raison, pour qui la diversité des religions est un scandale. La religion est de l'ordre de la Vérité et de l'erreur, non du sentiment, et la Vérité ne peut être multiple »[310]. La grande faiblesse de Ǧubrân et de Nuʿayma est d'en être restés à la phase sentimentale de la religion, sans s'intégrer au Corps Mystique du Fondateur.

Pour conclure, voyons quel visage revêt la religion unique telle que la souhaitent les deux apôtres de la tolérance et de la liberté religieuse. Quelle religion nous proposent-ils ?

3. La Religion de Ǧubrân et de Nuʿayma

Ǧubrân et Nuʿayma ne rejettent point la religion. Ils savent et sentent qu'elle est nécessaire à l'individu car elle organise sa vie et constitue le fondement de la société[311]. Tout comme Nietzsche, ils veulent qu'elle « soit une expression de la force vitale, de la joie et de la jubilation de

(305) M.J. Le Guillou. *Le visage du Ressuscité.* p.224.

(306) *Sab'ûn.* 1,328.

(307) T. de chardin. *Science et Christ.* p. 138.

(308) Durûb. 5,47.

(309) E. Joly. op.cit.p.99-100.

(310) Hervé Rousseau. Les religions. p.124.

(311) *al-Fikr al-ʿArabî... 1967.* p.355.

l'être, refusant ce qu'elle peut représenter de contraignant, de frustrant, d'attristant et de culpabilisant pour l'homme »[312]. Mais Ǧubrân garde, par-delà ses déclarations révolutionnaires, un «regard sage et une croyance profonde dans la religion. Pour lui, celle-ci ne peut être confinée dans le temps et l'espace... Car la preuve de son existence et de son action dans l'existence se vérifie dans la vie de l'homme et non pas ailleurs. C'est pourquoi il croit et enseigne dans son livre, *le Prophète*, que la religion est une réalité dans la vie de l'homme si celui-ci accueille le bon et l'utile qui lui viennent de la Vie, heureux, reconnaissant et convaincu que cela est un don de Dieu, tout comme il accueille ce qui est nuisible et affligeant avec fermeté, courage et patience, car grâce au sentiment religieux qui l'habite, il sait que cela aussi est un don de Dieu »[313].

Cet attachement à un certain type de religion, le fils de *Bcharré* le tient de son éducation chrétienne, de son recours constant à la Bible, et des nombreuses influences qu'il a subies, notamment celle de W. Blake qui déclare : « La chose qui me tient le plus à cœur, c'est l'intérêt de la Vraie Religion...»[314].

Quant à Nuʻayma, « il accorde une attention toute particulière à un aspect spécial de la religion, à savoir une invitation à comprendre la religion de manière profonde, consciente et loin de tout fanatisme confessionnel et doctrinal »[315]. Or, si les deux amis jugent la religion en général, et la religion chrétienne en particulier, trop verbale, s'ils lui rappellent ses nombreuses erreurs et lui reprochent d'aboutir à faire « flotter » le Christ dans une atmosphère factice, c'est pour l'inviter à revenir aux meilleurs courants de la tradition chrétienne où elle retrouvera vigueur concrète et force conquérante. Cette vigueur et cette force, ils pensent les retrouver dans une religion simple, évangélique, vécue avec le minimum de dogmes et de cérémonies[316]. Etant donné que la religion est pour eux « un sentiment avant d'être autre chose »[317], ils considèrent les dogmes, les croyances, les pratiques et les cérémonies comme des formes que prend ce sentiment intérieur et qu'il brise ensuite. Voilà pourquoi, ils cherchent à redonner vie à ce sentiment en se réfugiant dans la Nature, *ṭabîʻa*, qui devient pour eux *Mater et Magistra* de façon bien plus éloquente que les

(312) Geneviève Gobillot. op.cit.p.15.

(313) Ḥ. Masʻûd. op.cit.p.578.

(314) cf. William Blake. *Complete Writings*. p.812.

(315) *Abâ'*. 4. Passim. *Zâd*. 5,218.

(316) Barbara Young note que Ǧubrân n'était point attiré par une religion organisée. op.cit.p.39. cf. aussi. Brockelmann. *G.A.L.* Suppl. III, 1. p.468.

(317) *Badâ'iʻ* p.497. *Bayâdir*. 4,542. *Rasâ'il*. 8,560. et *Aḥâdîṯ*. 9,736.

églises auxquelles ils appartiennent. Par ce retour à la Nature, ils font revivre un courant fort répandu en Europe au XIXème siècle : « l'amour et l'adoration de la Nature, car en elle apparaît la puissance de Dieu dans ses merveilles »(318).

Quelle est cette religion que leur apprend la Nature ? C'est « la religion de l'amour, de l'esprit, de la liberté et de la beauté »(319). « O vous qui doutez et restez perplexes dans les voies encombrées des religions, ô vous qui errez dans les vallées des doctrines contradictoires et qui avez fini par croire que la liberté de l'athéisme est meilleure que les entraves de la soumission, prenez la Beauté comme religion et craignez-la comme Dieu... Croyez en la divinité de la Beauté... Aimez la Beauté, elle renferme la Vérité et la Lumière»(320). «Faites de la Beauté votre religion croyez en sa divinité qui inspire à la fois votre culte pour la vie et votre aspiration au bonheur »(321). Après cette première leçon de Beauté, la Nature devient pour eux synonyme d'amour. En elle toute dualité est éliminée pour laisser place à l'amour(322). Cette religion fait en sorte que « celui qui sonne la cloche se réjouisse à la voix du muezzin et que celui-ci se réjouisse au son de la cloche »(323). Elle fait vivre ses adeptes en harmonie avec toutes les créatures qui louent Dieu et les rend accueillants et généreux. « Ma religion, dit Abû Mâḍî, est celle du jardin qui répand son parfum de tous les côtés; elle est celle du ruisseau : l'oiseau assoiffé vient s'y désaltérer, et lorsque les chameaux viennent y boire, il ne les renvoie pas; le loup criminel même vient s'y laver !... Ma religion est celle des étoiles..., celle de la pluie bienfaisante qui arrose et les fleurs et les épines »(324). Et Ǧubrân ajoute : « Les arbres de vos vergers ... et les troupeaux de vos pâturages donnent sans calculer. Ils donnent afin de vivre... Ils donnent comme dans la vallée là-bas, le myrte exhale son parfum dans l'espace »(325). Par cette religion dont l'essence est l'amour, ils rejoignent leur Maître qui leur a laissé ce commandement : « soyez parfaits comme votre Père Céleste est parfait... lui qui fait lever son soleil sur les bons et sur les méchants et tomber sa pluie sur les justes et sur les injustes »(326).

(318) Nâdrâ Sarrâǧ. op.cit.p.370.

(319) Ǧamîl Ǧabr. *Ǧubrân, sîratuhu.* p.195.

(320) *Dam'a.* p.260.

(321) *Sagesse.* p.29.

(322) *al-Mawâkib.* Passim.

(323) Cité par Z. Mîrzâ. op.cit.p.480. Notons que Nu'ayma a expérimenté cette joie. cf. *Nûr.* 5,684.

(324) Abû Mâḍî. *al-Ḫamâ'il.* Beyrouth (1979), p.83-85.

(325) *Le Prophète.* p.22-23.

(326) *Math.* 5,48 et 45.

L'appel lancé par Ǧubrân et Nu'ayma en faveur d'une religion de l'amour porte ses fruits, notamment chez les écrivains émigrés. Voici Ni'ma Qâsân (1908-...) qui s'inspire du Christianisme, l'explique à sa manière et construit sa philosophie sur le rejet du fanatisme tout aussi bien que de l'athéisme et sur l'adoption de l'amour à la lumière du Christ : « Toute religion en dehors de l'amour est une innovation » affirme-t-il(327). Cette religion de l'amour est « différente de toutes les religions car elle s'élève au-dessus de toutes les différences dogmatiques »(328), et de tout confessionnalisme. Elle prêche l'entraide, la fraternité(329) et le respect de tous car « tout comme l'on ne peut demander à tous les hommes de connaître les mathématiques de la même façon ou de sentir le froid et la chaleur au même degré, on ne peut leur demander d'avoir le même sentiment de Dieu »(330), alors qu'on peut leur demander à tous de s'aimer : L'amour seul peut faire tomber les barrières entre les hommes et les unir. C'est cette union que, dans ses dernières années, Tolstoï espérait voir s'instaurer dans l'humanité(331). Avec ceux qui l'ont suivi, dit Nu'ayma, Tolstoï a fondé une fraternité qui n'a de lois que « l'enseignement du Christ tel qu'il est dans l'Evangile : pas de sacerdoce, pas d'églises, pas de saints, pas d'icônes, pas de propriétés privées, pas de service militaire, mais un socialisme en tout, matériel et spirituel »(332). Ce Christianisme tolstoïen a l'homme pour thème central, comme le souligne Nu'ayma : « La religion est pour l'homme et non pas l'homme pour la religion », c'est l'homme qui « sanctifie sa religion ou la profane, et non pas le contraire »(333). Apprendre à l'homme à vivre selon l'esprit évangélique afin de se débarrasser de ses langes et d'atteindre la divinité(334), voilà ce qui intéresse Nu'ayma, à la suite de Tolstoï son Père spirituel. Celui-ci «juge vaines les scrutations des « mystères » de « la nature de Dieu » et les « fables des dogmes »; il les juge même néfastes dans la mesure où pareilles démarches sont uniquement contemplatives et lui semblent être propres à distraire du seul vrai problème : la mise en pratique rigoureuse de l'Evangile »(335), qui « était et reste toujours l'unique consolation » du fils de *Baskinta*(336), et qui,

(327) G. Ṣaydaḥ. op.cit.p.410-411. Même affirmation chez Nicolas Fayyâḍ cf. A. Maqdisî. *al-Ittiǧâhât al-adabiyya*. p.63.

(328) J. Chevalier. op.cit.p.165.

(329) *Bayâdir*. 4,558-559.

(330) Ibid. p.543.

(331) cf. M.T.Bodart. op.cit.p.101.

(332) *Ǧadîd*. 7,372.

(333) *Rasâ'il*. 8,43.

(334) *Sab'ûn*. 1,330. *Rasâ'il*. 8,53,71 et 354.

(335) M.T.Bodart. op.cit.p.101.

(336) *Sab'ûn*. 1,239.

dans ses premiers chapitres, notamment le Sermon sur la Montagne, incarne la religion dont il rêve.

A la manière de J.J. Rousseau, Ǧubrân et Nuʿayma ont inventé un Christianisme coupé du Corps Mystique du Christ, séparé de l'Eglise. Tout comme lui ils croient à l'Evangile et se proclament chrétiens. Bien plus, ils dirigent les consciences et veulent revigorer le sel de la terre(337). Et le reproche que fait Jacques Maritain à l'auteur des *Confessions* peut d'une certaine manière, leur être appliqué : « J.J. Rousseau a aperçu de grandes vérités chrétiennes oubliées de son siècle, et sa force a été de les rappeler, mais il les a dénaturées. C'est là sa marque, et celle des vrais rousseauistes : des dépravateurs de vérités consacrées »(338). Et, bien que Nuʿayma ait mis « son frère Nasîb en garde contre certaines idées extrémistes de Rousseau(339), il se laisse prendre par ses idées humanistes présentées dans un cadre pseudo-chrétien.

Quant à Ǧubrân, on sent dans toute son œuvre l'influence du Christianisme qui affirme que « Dieu est Amour ». Il parle avec l'amour comme s'il parlait avec le Créateur : « O Amour juste ! *Ayyatuha-l-maḥabba al-ʿâdila*»(340)! Mais sa conception de l'amour et de Dieu-Amour prend un aspect particulier. Pour l'auteur d'*al-Aǧniḥa al-Mutakassira* « Dieu qui est Amour ou bien Il n'est rien du tout »(341) devrait avoir établi sa demeure dans les cœurs de ceux qui s'aiment et qui se sont sacrifiés eux-mêmes à l'amour. Déçue par la religion officielle de la société, Salma Karâmé(342) opte pour la religion simple et naturelle de la vie et de l'amour, la religion de la beauté et du bonheur qui, loin de condamner les amoureux, les encourage à vivre, à s'épanouir et à suivre les penchants de leurs cœurs(343). De même Warda al-Hânî, quittant l'homme à qui elle était mariée alors qu'elle était encore une enfant, proclame : « Aujourd'hui je suis avec celui que j'aime. Lui et moi avons jailli de la main de Dieu, comme la flamme d'un flambeau unique. Aucune force terrestre ne me ravira mon bonheur qui est né de deux âmes protégées par l'amour »(344). Ce n'est certainement pas là « le Dieu d'Amour du Christianisme, mais

---

(337) J. Maritain. *Trois réformateurs, Luther, Descartes, Rousseau.* Plon Nourrit et Cie. (1925), p.222.

(338) cf. J. Maritain. *Trois réformateurs.* p.203.

(339) *Sabʿûn.* 1,522-555.

(340) *Sâbiq.* p.51.

(341) *Damʿa.* p.275.

(342) L'héroïne d'*al-Aǧniḥa al-Mutakassira.*

(343) Geneviève Gobillot. op.cit.p.51.

(344) *Wardâ.* p.92.

c'est la religion des passions de Ǧubrân qui peut être assumée par le Christianisme ou ne pas l'être »[345]. Les « valeurs communes à cette religion des passions et au Christianisme sont l'égalité, la fraternité, l'amour de la liberté et de la paix. Mais les divergences entre elles sont parfois impossibles à réconcilier : la rédemption par le sacrifice du sang, à travers le meurtre ou le suicide, possible dans la religion des passions, est en flagrante contradiction avec le Christianisme... C'est pourquoi, cette religion de Ǧubrân ne trouve ses adeptes dans le monde que parmi les croyants qui ont perdu la grâce »[346].

Conclusion

Pour conclure ce chapitre sur la religion vue, vécue et désirée par Ǧubrân et Nu'ayma, nous pouvons dire ceci : liés par la fraternité spirituelle et la parenté dans le jugement qui remontent au début de leur rencontre, de leur amitié et de leur travail en commun dans la littérature, les deux amis se sont sentis à l'étroit dans le « Christianisme » pour l'avoir probablement confondu avec le Christianisme vécu par leurs contemporains et avec « le monde chrétien »[347]. Certes, si le Christianisme dépasse et englobe les individus qui le composent, il ne serait rien sans eux, et le non-chrétien, comme le chrétien uniquement de « nom », auront toujours raison contre le chrétien parce que celui-ci ne sera jamais à la hauteur de son Christianisme[348].

Ǧubrân et Nu'ayma ont eu le mérite de se pencher sur les religions qu'ils ont connues, en général, et sur la religion chrétienne en particulier; et c'est en transcendant les cadres rigides, les rites, les formules des credos appris par cœur[349] que leur pensée s'est ouverte à la rencontre de tous les messagers « humains » dont ils ont découvert l'universalité; mais cette universalité n'a point éliminé une certaine nostalgie pour la religion dans laquelle ils ont été baptisés et qui leur a appris que « la foi et la charité sont le commencement et la fin de la vie : le commencement c'est la foi et la fin c'est la charité »[350]. C'est pourquoi, poursuivant la médita-

(345) K. Ḥâwî. op.cit.p.145.

(346) Ibid. p.128, 129 et 132. « Notre monde contemporain a accueilli la religion de Ǧubrân telle une fleur éclatante de beauté qui répond à ses penchants et à ses passions ». Cité par Amîn Khalèd. *al-Machriq*. 1932, p.663.

(347) cf. J. Maritain. *Humanisme intégral*. p.50, pour la signification des mots « Christianisme » et « Monde chrétien ».

(348) Ibid. p.65.

(349) Roger Arnaldez. *Les valeurs humaines dans l'œuvre de M.Nu'ayma*. L'Orient le-Jour. Beyrouth. 10 Mai 1978. p.7.

(350) H. Holsteïn. *L'expérience de l'Evangile. La communauté croyante au premier siècle*. Paris (1975), p.133.

tion de ce Christianisme appris dès l'enfance dans la Bible et par un clergé incompétent[351], les deux amis se sont faits leur propre religion, à savoir un Christianisme romantique duquel le Christ Sauveur et Rédempteur est absent, un Christianisme « sentimental » qui ne cherche pas à se greffer au Corps Mystique du Fondateur par la pratique sacramentelle, un Christianisme bâti sur une interprétation personnelle de l'Evangile. L'expérience poétique chez eux a vaincu et assimilé l'expérience métaphysique et religieuse. Chacun peut les lire, le chrétien, le juif, le musulman, le bouddhiste et l'hindouiste, en y retrouvant sa pensée et en les croyant de son côté. Humanistes-Universalistes, les deux amis libanais peuvent dire avec le mystique Ibn'Arabî :

> « Mon cœur est devenu capable de toute forme
> Il est pâturage pour les gazelles et un couvent pour les moines chrétiens.
> « Il est un temple pour les idoles et la ka'ba du pèlerin
> Et la table de la Thora et le livre du Coran.
> « Je suis la religion de l'amour, quelque route que prennent ses montures : l'amour est ma religion et ma foi, *al-ḥubb dînî wa îmânî* »[352].

---

(351) Cette méditation a été brutalement interrompue pour Ǧubrân, par la mort, en 1931, alors qu'elle se poursuit douloureusement pour son ami dans un pays déchiré par la guerre.

(352) Ibn'Arabî. *Turǧumân al-ašwâq*. Beyrouth (1961), p.43-44.

CHAPITRE TROIS

D'AUTRES MOYENS DE RELATION A DIEU

Introduction

Dans le chapitre précédent nous avons étudié la religion comme l'un des nombreux moyens de relation à Dieu. Nous voulons maintenant mettre en lumière ce qui est spécifique à chacun des autres moyens sans cacher les dangers et les risques qu'ils comportent. «Les voies du Créateur vers sa créature et les voies de celle-ci vers son Créateur sont innombrables»[1] affirme Nu'ayma et impénétrables. Mais pour « celui dont le cœur cherche Dieu, elles conduisent toutes à Lui »[2]. Car, à celui qui sait regarder, il n'est rien dans le monde qui ne montre Dieu. Ces voies vers Lui, c'est Dieu même qui les choisit et les trace à sa créature et non pas le contraire[3]. Le désir qui anime la créature d'atteindre Dieu ne peut s'accomplir au moyen de tours qu'elle se construit elle-même[4] car « Dieu, nous dit Kalâbâdhi, est le seul guide et la seule preuve qui conduise à Dieu » ![5]. En effet, « ni concepts, ni sentiments, ni appui quelconque au-dehors ou au-dedans... Rien, sinon Dieu, ne peut être le chemin de Dieu»[6].

En tête de ces voies vient la Nature qui « tire sa grandeur de la Vie qu'elle reflète »[7] et qui « prêche l'Evangile de l'esprit à toute créature »[8]. Ensuite, il y a la Connaissance. Un troisième moyen s'ajoute

---

(1) *Nûr.* 5,688.

(2) *Mirdâd.* 6,793.

(3) *Bayâdir.* 4,467.

(4) *Nûr.* 5,550.

(5) A. et Gardet. *Mystique musulmane.* p.130.

(6) H. Le Saux. *La rencontre.* p.61.

(7) *Sab'ûn.* 1,752.

(8) *Dam'a.* p.274. K.Ḥâwî. op.cit.p.121.

aux deux précédents et vient les couronner : la Mystique qui « s'inscrit dans un grand mouvement de filiation et de communion avec le Père »(9). Enfin, diverses voies jalonnent la vie de l'homme qui sait les reconnaître, allant de l'amour à l'art en passant par le prochain.

I. La Nature

Nous avons souligné précédemment que toute la création porte la marque de Dieu et, que Ǧubrân et Nu'ayma, à la manière des romantiques et des mystiques, voient le Créateur en toutes choses, tout en se refusant à Le confondre, à la manière de Spinoza, avec la nature. Dans sa beauté et sa perfection, celle-ci reste pour eux une voie vers Dieu, bien que cela soit devenu difficile, car la nature apparaît de plus en plus comme champ d'expérience(10).

L'attrait de la nature pour Ǧubrân et Nu'ayma remonte à leur enfance(11). Rien d'étonnant à cela : les montagnes libanaises retentissent du chant des oiseaux, la plaine de la Bekka s'étend à perte de vue, la mer d'un bleu profond s'étale sous l'éternel soleil de l'Orient, la neige d'une blancheur immaculée couronne les sommets des montagnes. Voilà autant d'éléments qui élèvent l'âme du poète et du romantique vers Dieu. En effet, le sentiment de la nature est un des caractères essentiels du romantisme. Mais ce sentiment revêt des formes très diverses selon les personnes. Devant cette nature, « certaines personnes se passionnent pour sa beauté et pour sa prodigalité, elles s'y penchent de tout leur cœur pour étudier dans ce Livre grand ouvert »(12), faisant écho aux mystiques pour qui il n'y a qu'un seul livre, le Livre Saint, la Nature. Ce livre éclaire son lecteur... Les sages de toutes les nations et de tous les siècles le vénèrent. Voilà pourquoi, dans un transport de joie Nu'ayma s'écrie : « Béni soit Celui qui a créé la nature et en a fait pour nous un livre, une école et un maître»(13), dont « la patience, la perspicacité et l'amour de charité sont illimités »(14). Mais cette attitude n'est pas commune à tous les hommes, la majorité d'entre eux regardent dans ce livre alors que leurs cœurs et leurs pensées en sont bien loin. A ces gens-là s'applique la parole du Christ : « Ils ont des yeux mais ils ne voient pas... »(15). En contemplant la nature « dans

(9) B. Sesboüé. *L'Evangile dans l'Eglise.* p.106-107).

(10) J. Daniélou. Mythes païens. p.16.

(11) *Ǧubrân.* 3,33. *Sab'ûn.* 1,739.

(12) *Nûr.* 5,591.

(13) Ibid. p.590.

(14) *Sab'ûn.* 1,739.

(15) *Nûr.* 5,591. Citant *Math.* 13,14-15.

laquelle apparaît la puissance de Dieu dans ses merveilles »[16], les uns s'écrient avec le prophète David : « Ô Seigneur, que tes œuvres sont merveilleuses, elles sont toutes faites avec amour », tandis que d'autres blâment le Maître de cette nature car Il ne l'a pas façonnée avec « une sagesse égale à la leur »[17].

1. La Nature chez Ǧubrân

Où es-tu mon Dieu, où es-tu ? » répétait Ǧubrân dans ses randonnées en pleine nature[18]. De fait, l'influence de celle-ci sur lui est très prononcée, sa fertile imagination est fille de *ḍahr al-qaḍîb* et *famm al-mîzâb*[19] où il s'est souvent arrêté pour admirer les ruines de *Ba'al-Bek* et ses plaines, d'un côté, la Méditerranée de l'autre et enfin les cèdres qui s'élèvent vers le ciel semblables à un encensoir[20]. « Je suis un adorateur de la beauté, dit Ǧubrân. Celle-ci est pour moi le charme des choses »[21]. Il est donc tout à fait normal que celui qui a dit cela et s'est réellement voulu « le prêtre de cette beauté »[22], se fasse le chantre de la nature « qui ne fait rien au hasard »[23], et « puise sa divinité d'une Beauté que nous voyons partout et qui n'est autre que la Nature tout entière »[24]. Les plus beaux moments de sa jeunesse, le fils du pays des cèdres aimait les passer en compagnie de la nature « entre les champs pleins de beauté et de miracles d'une part et le Livre de Jésus plein de lumière d'autre part. La plupart de ses héros feront comme lui, ils liront l'Evangile dans la nature »[25], attentifs à la voix de son Créateur.

Ce lien étroit entre la nature et l'Evangile, Ǧubrân le tient de son Maître lui-même qui « savait admirer tout ce qui est beau »[26] et instruisait les foules dans la nature, avec des paraboles et des exemples pris de la nature. « Lorsque Jésus parlait, dit l'un de ses disciples, l'univers entier se taisait pour l'écouter. Ses paroles n'étaient pas pour nos oreilles? mais plutôt pour les éléments dont Dieu a fait la terre. Il s'adressait à la mer,

---

(16) N. Sarrâǧ. op.cit.p.370.

(17) *Zâd.* 5,196.

(18) *Ǧubrân.* 3,73.

(19) Régions dans le Nord-Est du Liban.

(20) Ḥ. Mas'ûd. op.cit.p.13-14.

(21) J. Ghougassian. op.cit.p.53.

(22) Nadeem Naimy. op.cit.p.281.

(23) *Durûb.* 6,10-11.

(24) *Dam'a.* p.274.

(25) G.F. Brâkès. op.cit.p.192-193. *Yuḥannâ.* p.69-70.

(26) *Yasû'* p.275.

cette mère au cœur large qui nous a enfantés, à la montagne notre grande sœur. Il parlait aux anges qui sont derrière la mer et la montagne à qui nous avons confié nos rêves »[27]. Toute la nature tressaillait de joie lors de son passage, car il savait l'orienter vers son Seigneur. Souvent, il se penchait pour toucher les herbes et parler avec elles. Ses paroles n'étaient entendues que par le cœur de ceux qui le suivaient : «Ô petites créatures vertes, vous serez avec moi dans mon royaume, tout comme le cèdre du Liban ». Il aimait tout ce qui était beau dans l'existence... une grenade, les fleurs des amandiers. Je l'ai vu une fois se couvrir le visage de feuilles comme s'il voulait embrasser de son amour tous les arbres du monde. Il a connu la mer et les cieux. Il a parlé des perles de la mer comme des astres du ciel, des montagnes comme des collines, du désert et des vergers. Dans sa voix se sont unis le rire du tonnerre, les larmes de la pluie et la danse des vents et des arbres »[28]. Il voyait le Père dans tous les éléments de cette nature : « Il Le voyait dans les nuages, dans l'ombre des nues passant au-dessus de la terre... et dans les lacs calmes. La nuit lui parlait par la voix du Père. Dans la solitude, il entendait les anges de Dieu l'appeler. Et lorsqu'il sollicitait le repos dans le sommeil, il entendait le souffle des cieux dans ses rêves »[29].

A cette nature, le fils de *Bcharré* demande de partager la souffrance des pauvres afin de l'adoucir, car elle est la mère de tous. « Son amour pour elle, sa croyance qu'elle est, tout comme l'homme, la création de Dieu, explique pourquoi il la dessine et la décrit toujours inséparable de l'homme »[30]. Entre eux deux, règne une harmonie complète, une sorte de communion religieuse où toute chose dans la nature est tenue pour sacrée et spirituelle[31].

Ce pouvoir d'émerveillement devant la nature et devant ce qui relie l'homme et la nature à leur Créateur commun, a suscité chez le Christ la forme littéraire capable de l'exprimer. « Regardez les oiseaux du ciel... et les lys des champs », comme il a suscité chez Ǧubrân l'image érotique et maternelle de l'amour, tout spécialement celle de l'étreinte, illimitée et infinie[32], comme le Créateur dont la nature n'est que la manifestation

---

(27) Ibid. p.255-256.

(28) *Yasû'* p.262. « Jésus aimait la nature et les fleurs », proclame pour sa part. E. Renan. *Vie de Jésus*. Paris (1974), p.19 et 223.

(29) *Yasû'* p.299.

(30) J. Ghougassian. op.cit.p.74.

(31) K. Ḥâwî. op.cit.p.154. Cette harmonie est fortement soulignée dans son manuscrit : *Falsafat al-dîn wa-l-tadayyun. op.cit.*

(32) K. Ḥâwî. op.cit.p.121.

de l'« Omniprésence et de l'Omnipotence »[33]. Pareille à l'eau claire dans laquelle se reflètent les astres, elle reflète les attributs de Dieu, sa science, sa justice et sa mansuétude[34]. Voilà pourquoi, Ǧubrân affirme : « La nature n'est que le corps de Dieu, et Dieu c'est ce que je chante et ce que je voudrai comprendre »[35], rappelant ainsi que « ce que l'on adore, ce n'est jamais la nature ou le phénomène naturel comme tel, mais c'est toujours la puissance qui lui est inhérente ou sous-jacente »[36]. Pour Ǧubrân, « le cycle des saisons n'est jamais causé simplement par la révolution de la terre autour du soleil, mais par la loi universelle qui fait mouvoir le soleil et tout ce qui l'entoure autour de Dieu »[37]. C'est pourquoi l'auteur du *Prophète* est attentif à tout ce qui peut lui rappeler l'existence et la beauté du Créateur. Ecrivant à Mary, il lui dit : « L'air est rempli du ruissellement des eaux et du battement des Ailes Puissantes. La voix de Dieu est dans le vent »[38], et Dieu est en toute chose, non seulement dans l'homme, sa créature la plus merveilleuse. A partir de cette réalité, le Prophète demande au peuple d'Orphalèse qui l'écoutait de se retirer dans le calme de la nuit pour apprendre les prières des mers, des forêts et des montagnes. Elles disent en silence : « Notre Dieu, qui est notre moi ailé, c'est ta volonté en nous qui veut. C'est ton désir en nous qui désire. C'est ton élan en nous qui voudrait changer nos nuits, qui sont tiennes, en jours qui sont tiens aussi »[39]. Et « lorsque parmi les collines vous êtes assis à l'ombre fraîche des peupliers blancs, partageant la paix et la sérénité des champs et des prairies qui s'étendent au loin — alors que votre cœur dise en silence « Dieu repose en sa raison ». Et lorsqu'éclate l'orage et qu'un vent fort secoue la forêt et que le tonnerre et l'éclair proclament la majesté du ciel, alors, que votre cœur dise avec révérence : « Dieu agit dans sa passion »[40]. Quant aux oiseaux, leur chant tire l'homme de son sommeil et l'invite à chanter des psaumes de gloire à l'Eternelle Sagesse qui les créa[41]. Le soir, avant de s'adonner au sommeil de la nuit , ils louent Dieuet Le remercient pour ses dons de liberté et de

---

(33) *Ibid. p.122*

(34) *Šâḏlî Sâkèr. al-Ḥubb'ind al-Rûmî wa Ǧubrân.* op.cit.

(35) T. Sâyèǧ. *Aḍwâ.* p.216. Ǧubrân évoque la doctrine de la théosophie de la nature : Dieu ne se révèle que dans la nature.

(36) G. Van Der Leeuw. op.cit.p.40-41.

(37) *Ağniḥa.* Cité par K. Ḥâwî. op.cit.p.122.

(38) *Beloved Prophet.* Lettre du 17.11.1918. p.318.

(39) *Le Prophète.* p.68.

(40) Ibid. p.51.

(41) *Sagesse.* p.58.

paix »[42]. Par leur chant, ils ramènent constamment l'homme à son Créateur[43] à condition qu'il ait le cœur pur et l'esprit disponible pour reconnaître que «la nature est le trône de Dieu»[44] et qu'elle est « le règne de l'Amour »[45], tout comme elle est une mère puissante[46] et un maître de perfection pour les écrivains du Mahǧâr[47]. Ceux-ci, par la voix d'Abû Mâḍî, invitent leurs frères à se mettre à l'école de la nature pour apprendre l'amour de charité : *ḫoḏ'ilma-l-maḥabba 'anhumâ*[48].

La nature n'est pas uniquement maîtresse d'amour, poursuit Ǧubrân, elle l'est aussi de confiance et d'humilité. « A la vue de la tempête qui s'éleva et secoua la maison, l'enfant eut peur. Sa mère lui dit : « Ne crains pas mon petit, la nature veut donner une leçon à l'homme, elle veut lui manifester sa puissance et sa force face à sa faiblesse et sa fragilité »[49]. Nu'ayma fait la même expérience durant les trois jours que dura une tempête : « Je me suis vu alors petit, très petit ! Et je me suis trouvé faible, très faible, ô Dieu !*wa ra'aytunî ṣaǧîran wa ṣaǧîran ǧiddan ! Wa ra'aytunî ḍa'îfan wa ḍa'îfan ǧiddan yâ Allâh !* »[50].

Certes, Ǧubrân aimait la nature, la terre et tout ce qui y pousse. Pour lui « la terre et ses fruits sont au Seigneur »[51]. Il voyait Dieu dans tous ses éléments et emportait dans son cœur la prière des cascades[52], faisant écho à Abû Mâḍî qui, à la question de son fils : « Comment est Dieu ? » répond :

« Certains aiment Dieu Puissant, Destructeur et Dominateur.
« Moi je L'aime Dessinateur, Artiste et Magicien !
« Je Le vois dans la rosée, la fleur et les étoiles »[53] !

---

(42) Ibid. p.13. *Badâ'i'* p.504.

(43) *Mûsîqâ*. p.34. Ailleurs, il écrit : « Heureux l'homme que les éléments de la nature rapprochent de l'éternité ». *Dam'a*. p.271.

(44) *Dam'a*. p.250.

(45) *Dam'a*. p.247 et 258.

(46) *'Awâṣif*. p.486.

(47) Et pour bien d'autres. Ecoutons A. Isḥâq : « La nature est la beauté, la perfection ». al-Durar. p.45. et I. Abbâs : « La nature est la mesure de la perfection». al-Šîr al-'Arabî. p.77.

(48) al-Ḫamâ'il. p.88. Par le duel, il veut dire les fleurs et les rivières.

(49) Dam'a. p.270.

(50) Bayâdir. 4,460.

(51) Barbara Young. op.cit.p.27.

(52) Ǧubrân. 3,206.

(53) al-Ḫamâ'il. p.191-193.

Toutefois, la prédilection de Ǧubrân allait à la forêt, il entretenait une espèce d'adoration pour ses arbres : « S'il n'y avait qu'un seul arbre dans le monde, disait-il, le monde entier devrait faire le pèlerinage pour se prosterner devant lui et l'adorer»[54]. Cette prédilection pour la forêt que Ǧubrân a incarnée dans son recueil *al-Mawâkib*, ne lui est pas particulière; Nu'ayma y fut également sensible. Tous deux ont peut-être puisé cette attention particulière à la forêt dans la littérature hindoue. En effet, dit Tagore, « l'idéal de perfection prêchée par les ermites des forêts de l'Inde antique imprègne toute notre littérature classique et domine encore notre pensée »[55]. Pour les deux amis, la forêt est l'image sensible de ce vers quoi ils tendent : la révolte contre toutes les entraves, la libération et le sentiment profond de l'Unité de l'Existence[56].

2. La Nature chez Nu'ayma

Se remémorant le moment de repos pris dans une prairie, le héros d'*al-Yawm al-Aḫîr*, porte-parole de Nu'ayma, avoue : je me suis oublié moi-même, j'ai oublié tous les liens qui me rattachaient à la terre, je n'avais qu'un seul sentiment : celui de contenir tout l'univers et d'être contenu par l'univers. « Tous les deux, nous ne formions plus qu'une unité indivisible, éternelle et parfaite »[57]. « Je pénétrais en toute chose, dans la mer lointaine..., dans les vallées..., les montagnes..., les champs..., les prairies..., la brise et le ciel bleu »[58].

Nu'ayma aime la mer[59], car elle est une image de son âme, elle représente tout ce qui est visible et audible de l'œuvre de Dieu dans le monde. Dans les vagues, il voit Dieu et il L'entend dans leur grondement. Il aime la mer car elle est l'image de l'âme humaine dans sa profondeur et son immensité, sa sérénité et ses remous[60]. Il aime la nature par laquelle il a été attiré dès son enfance, car, dans sa pureté, elle laisse voir Dieu[61]. « Un après-midi d'été, assis à l'ombre des rochers, bercé par les chants des oiseaux et le murmure des eaux, je contemplais les vastes champs

(54) Barbara Young. op.cit.p.24.

(55) R. Tagore. Le vagabond et autres histoires. Paris (1962), p.79.

(56) al-Aštar. op.cit.p.1,78.

(57) Yawm. 2,189.

(58) Mirdâd. 6,580. Pour atteindre cette unité, il faut d'abord faire l'unité de sa propre vie. Yawm. 2,214.

(59) Voir l'intime relation qui existe entre eux deux et les leçons de fraternité et de générosité qu'il apprend d'elle. Sab'ûn. 1,613-616 et 651. Zâd. 5,147.

(60) Al-Aštar . op.cit. 1,190.

(61) Zâd. 5,140.

qui scintillaient au soleil... Alors sereinement et imperceptiblement ma pensée s'envola vers ce spectacle, elle étreignit les lumières et les ombres, les eaux et les troupeaux, les bergers et les moissonneurs. De nombreuses interrogations s'élevèrent en moi... : pourquoi une telle diversité dans la nature au point qu'on ne trouve pas deux herbes, deux fleurs, deux fruits... semblables ? » Sa perplexité se transforma soudain en lumière... puis en une sorte d'extase. « De nombreuses portes qui étaient fermées en moi commencèrent à s'ouvrir... et il me sembla que j'allais voir Dieu, Le connaître, Lui parler »(62).

Ainsi, après avoir trouvé dans la religion une voie de délivrance de la dure réalité de la vie, l'homme cherche et trouve dans la nature un refuge qui lui inculque le sentiment qui le rapproche de la Liberté Absolue à laquelle il aspire(63). « La nature est notre mère, béni soit Celui qui l'a créée »(64). Il rejoint les écrivains russes pour qui la nature est la mère de tout ce qui existe, alors que dans le Christianisme « elle n'est pas notre mère, mais elle est notre sœur »(65). Cette fraternité qui unit toutes les créatures entre elles, fait dire au Poverello d'Assise :

> « Loué sois-tu, Seigneur, avec toutes tes créatures,
> « Principalement le Seigneur-Soleil, mon frère,
> « Loué sois-tu, Seigneur, pour ma sœur la lune et pour les étoiles »(66).
>
> « L'enfant et le poète n'ont donc pas tort de penser que dans la lueur d'une étoile nous arrivant à travers les âges, l'Intelligence qui veille sur nous, nous fait signe de loin, de très loin »(67). Ce signe, Nuʿayma a su le percevoir. Il a vu Dieu dans toutes les créatures qui l'entouraient. Ecoutons-le : « Dans les étoiles, j'ai contemplé la gloire de Dieu, d'elles j'ai appris combien j'étais grand parce qu'à l'image de Dieu et à sa ressemblance »(68).

La nature est aussi « un livre magique et merveilleux dans lequel Nuʿayma ne cesse de lire avec une nostalgie et une passion infinies. Il le

(62) Sabʿûn. 1,251-252.

(63) al-Fikr. Juillet 1974, p.43-48. Tolstoï va jusqu'à dire que « la nature est le véhicule même de la religion ». Récits. p.482. Et Moḥsen el-Abid ajoute qu'« elle est la source de tout sentiment religieux ». op.cit.p.135.

(64) Nûr. 5,590.

(65) cf. G. Van Der Leeuw. op.cit.p.196-197.

(66) François d'Assise. op.cit.p.196-197.

(67) J. Maritain. La philosophie de la nature. Paris (sans date), p.79.

(68) Arqâš. 4,356.

lit non seulement avec ses yeux mais avec tout lui-même »[69]. Ce livre est ouvert à tout le monde, mais les yeux blessés par les épines du monde et ses passions ne peuvent le lire[70]. Seuls les cœurs assoiffés de vérité, tendus vers la libération... peuvent le lire. Seuls « ceux qui pénètrent le cœur de l'homme peuvent pénétrer le cœur de la nature »[71]. Voilà pourquoi, habitué depuis son enfance à la nature montagneuse de sa région, passionné de ses rochers et de sa terre, de ses arbres et de son herbe, de ses oiseaux et de son eau, de ses astres, de son ciel et de la mer toujours rêveuse aux pieds du *Ṣannîn*, le fils de *Baskinta* devient un familier de Dieu « qu'il voit dans la rivière, les champs et les branches, dans la mer, le vent et la forêt, dans la nuit et l'aurore, dans le tonnerre et l'éclair, dans le cosmos et dans l'homme »[72]. Il lui parle comme à un ami, bien plus comme à un amant. Qu'est-ce qui crée en lui ce sentiment ? « C'est cette beauté qui l'entoure et qu'il ressent profondément. Cette beauté c'est la Vie. Or, là où il n'y a pas de beauté, il n'y a pas de Vie et là où il n'y a pas de Vie, il n'y a pas de beauté. Que la Vie soit bénie »[73] !

Cette beauté, Nu'ayma la chante par toute sa vie, car il devient comme un nourrisson enivré par « la beauté, la générosité et l'amour de la nature. De la tête aux pieds, ce nourrisson est une louange à Ta douceur, une hymne à Ta générosité et un holocauste pour tout ce qu'il y a sur Ta surface et dans Tes profondeurs »[74]. Et après avoir confessé devant ceux qui l'entouraient sa foi en la Puissance qui ne refuse rien à celui qui en a besoin, à condition que ce qu'il demande soit pour son bien, il ajoute : « Cette Puissance a été bonne et généreuse avec moi, Elle m'a béni en m'accordant une fortune infinie de rochers »[75]. Dans les multiples formes de ces rochers et dans les innombrables positions que la nature leur a assignées, le fils de *Baskinta* voit des merveilles d'amour; et de la solidarité qui existe entre elles, il puise des leçons de profonde fraternité[76]. Cette vénération du fils du *Ṣannîn* pour les montagnes et pour les rochers, Nu'ayma ne l'a pas inventée. Elle remonte aux temps anciens. « Des montagnes saintes, il s'en trouve partout dans le monde. Le Japon a son volcan sacré... La Grèce a l'Olympe... ou plutôt de multiples Olympes. La Chine a son Taï-

(69) Sab'ûn. 1,739.

(70) Ibid. p.752. Nûr. 5,593.

(71) Ṣawt. 5,348.

(72) cf. Hams. 4,32-35.

(73) Hawâmiš. 6,317.

(74) Nûr. 5,648 et tout son livre Naǧwa-l-ġurûb, à l'exception des p.396-400.

(75) Bayâdir. 4,606. Nu'ayma parle du Ṣannîn et du Šuḫrûb. cf. Sab'ûn. 1,44-53 et Aḥâdît. 9,652.

(76) Bayâdir. 4,606.

Shan... Dans la Bible, la divinité résidait sur les montagnes... Yahvé apparaît sur le Sinaï, et plus tard encore, d'après le Psaume CXXI, on attend le secours qui viendra des montagnes »[77]. C'est sur la Montagne des Béatitudes que Jésus rassemble la foule pour lui donner son message de bonheur... A l'exemple de son Maître, Nuʿayma se rend sur une montagne pour accueillir l'enseignement de Mirdâd[78]. La vénération des pierres était également répandue dans la tradition biblique... Et l'expérience qu'a faite Jacob[79], Nuʿayma invite les siens à la faire, car une montagne majestueuse et belle d'où l'on contemple de merveilleux paysages, c'est comme un lieu « sacré » où l'on contemple et l'on comprend la grandeur du Créateur dans sa création : « Si vos esprits sont proches de ceux des montagnes comme le sont vos corps, vous trouverez sans aucun doute tout l'univers en vous comme vous trouverez le Dieu de l'univers dans vos cœurs »[80]. Pour y parvenir, il faut s'approcher de la nature avec « le cœur, comme des amis, et non comme des maîtres; à cette condition seulement l'homme la trouve plus proche de son esprit qu'elle ne l'est de son corps... et il trouve que tout ce qu'il y a en elle n'est qu'un seul corps pour un unique Esprit qui est Dieu »[81]. Malheureusement les hommes préfèrent se présenter à la nature comme des conquérants et des maîtres ! Or, quelle illusion ! Quelle divagation ! Car il est supposé que le maître règne et non pas soit assujetti; qu'il commande et non qu'il soit commandé ! Si l'homme était vraiment maître de la nature, il n'aurait pas à souffrir tout ce qui lui vient d'elle[82] ! Tout ce qu'il y a en elle serait docile à sa volonté ! Or voilà que le soleil le réchauffe et le brûle, la mer le désaltère et le noie, la terre le nourrit et le mange[83]. Ainsi il est en perpétuelle lutte avec elle[84]. Et Jung n'affirme-t-il pas : « Malgré l'orgueilleuse prétention que nous avons de dominer la nature, nous sommes encore ses victimes, parce que nous n'avons pas encore appris à nous dominer nousmêmes »[85]. Tel qu'il est aujourd'hui, l'homme n'est pas le maître de la nature, mais il est préparé à le devenir[86]. Il y parviendra lorsqu'il comprendra que la connaissance, qui constitue la clef de voûte de cette maîtrise, n'est pas dans la nature mais en lui. Voilà pourquoi celui qui veut

(77) G.V. Der Leeuw. op.cit.p.43.

(78) cf. Ḥikâyat al-kitâb. Histoire du livre de Mirdâd. 6,549-583.

(79) cf. G.V. Der Leeuw. op.cit.p.41-42 et Genèse. 28,17.

(80) Zâd. 5,141.

(81) Zâd. 5,191.

(82) Arqâš. 4,401.

(83) Zâd. 5,190.

(84) Ġirbâl. 3,354.

(85) Ć. Jung. L'homme et ses symboles. Paris (sans date), p.101.

(86) Arqâš. 4,401-402.

connaître la nature doit d'abord se connaître lui-même. Et celui qui veut être maître de la nature doit d'abord être son propre maître[87]. En attendant de parvenir à cette connaissance et à cette maîtrise de la nature, l'homme doit se considérer son associé. « Il prend dans la mesure qu'il donne et donne dans la mesure qu'il prend »[88]. « Corps visible du Dieu invisible, la nature est donnée à l'homme pour nourriture, vêtement et logement. Elle est un moyen mis à sa disposition pour l'aider à atteindre l'Esprit, saint et éternel, de Dieu. Ce corps visible est embelli afin de lui révéler la beauté de la Puissance qui s'en est enveloppée[89]. Au cours d'une promenade dans la nature, un jour que celle-ci avait revêtu sa parure de neige, le fils de *Baskinta* se laissa envahir par cette blancheur éclatante « au milieu de laquelle je Te voyais ô Dieu ! Un grand nombre de créatures t'entourait; un instant après, je Te voyais... au-dessus de ces créatures. Tu les étreignais de ton sourire et les vivifiais de ta brise. Alors de mon cœur jaillit cette hymne d'action de grâces : « Que Tu es beau, que Tu es juste et que Tu es parfait ô Dieu ! *Mâ ağmalak, wa mâ aʿdalak, wa mâ akmalak yâ Allâh* »[90]. Cette même beauté émouvait Tolstoï jusqu'aux larmes : « Plus je regardais la haute pleine lune[91], plus la véritable beauté et le bien m'apparaissaient plus élevés, plus purs et plus près de Dieu, de la source de tout ce qui est bon et beau »[92].

Comparant la beauté et la générosité de Dieu, manifestées dans la nature, à la mesquinerie de l'homme, Nuʿayma s'écrie : « Que tu es généreuse, ô terre, et que nous sommes avares ! Ta générosité est celle d'un cœur purifié par l'amour et fortifié par la foi ! Notre avarice est celle d'une raison occupée par la haine, protégée par le doute et conduite par la crainte !... Là sur ce tapis, ô mère, là sur ta large poitrine, à la lumière de ce doux soleil et sous le regard de ces montagnes rêveuses de sainteté... je sens mon esprit et mon cœur s'éteindre et fraterniser avec tous les éléments»[93]. Et de mon cœur s'éleva alors cette prière : « Mon Seigneur et mon Dieu ! De Toi , par Toi et vers Toi »[94] !

---

(87) Ibid. p.402.

(88) Zâd. 5,190.

(89) Nûr. 5,593.

(90) Bayâdir. 4,461-463.

(91) cf. M. Eliade. Traité d'histoire des religions. Paris (1964), p.162, au sujet du symbolisme de la lune.

(92) M.T. Bodart. op.cit.p.17.

(93) Nûr. 5,648.

(94) Hawâmiš. 6,317, 318 et 319. Même attitude chez Tolstoï. cf. M.T. Bodart. op.cit.p.24.

La leçon de fraternité et de générosité que lui donne la nature, Nu'ayma, l'apôtre de la *Maḥabba*(95), veut la communiquer à tous les hommes. Il veut qu'à l'amour prévenant de Dieu manifesté dans la nature, réponde l'amour généreux des hommes : « Soyez généreux comme la nature, semez vos cœurs et vos pensées dans les cœurs et les pensées des hommes(96). Regardez-la, elle s'occupe du pou et de la fourmi..., du papillon et de l'abeille..., du lion et de la gazelle..., du rossignol et du corbeau. Elle envoie sa pluie autant aux cèdres qu'aux buissons. Elle envoie son soleil aussi bien aux géants qu'aux nains, aux bons autant qu'aux méchants. Son droit est pour tous, son bien est pour tous, sa beauté est pour tous, son amour et sa bonté sont pour tous(97).

A son retour des U.S.A. les gens de *Baskinta* lui font fête. Pour les remercier, il leur dit : « Depuis mon retour, les miracles m'entourent de toute part(98)... Je regarde les montagnes que j'escaladais et voilà que c'est elles qui m'escaladent, les vallées que je dévalais et voilà qu'elles dévalent au fond de moi...; de chaque pierre que je touche, jaillissent des torrents de pureté et de beauté. Quand j'entends le gazouillis des oiseaux, il me semble entendre les chœurs des anges chanter d'une seule voix : « Sanctus, Sanctus, Sanctus ». Lorsque je regarde les étoiles, il me semble voir descendre des échelles magiques, les échelles de la Maḥabba qui unissent tout ce qu'il y a au ciel à tout ce qu'il y a sur la terre »(99), et ceci pour la gloire de Dieu et le bonheur de l'homme, même si celui-ci ne le comprend pas encore : « Tout ce qui est dans la nature, les fleurs, les eaux, le soleil... aime l'homme. Celui-ci est le fils gâté de l'univers, car tout ce qui existe dans cet univers travaille à le rendre heureux, bien que ceux qui le reconnaissent soient une faible minorité »(100), et que Dieu leur envoie des messagers en grand nombre(101). En effet, la plupart refusent d'admettre que « la charte de la vie de la nature et de toutes les créatures c'est l'obéissance qui puise sa source dans l'amour »(102).

---

(95) Comme l'appelle M. 'Abbûd. Cité par G. Ṣaydaḥ. Adabunâ. p.251.

(96) Mirdâd. 6,798.

(97) Durûb. 6,145. Au sujet de l'origine de la bonté de la nature. cf. J.Maritain. Réflexions sur l'intelligence. p.306.

(98) Naǧwa. 9,341. Pareil au poète W. Whitman pour qui « toutes choses dans l'univers sont de parfaits miracles, l'un aussi profond que l'autre ». G. Van Der Leeuw. La Religion. p.55.

(99) Sab'ûn. 1,645-646; Zâd. 5,136; faisant écho à Lamartine qui disait : « L'amour est la chaîne d'or qui relie la terre au ciel ». Méditations Poétiques. Paris (1820). p.10

(100) Mirdâd. 6,693.

(101) Bayâdir. 4,455.

(102) Zâd. 5,191.

3. Ǧubrân et Nu'ayma : apôtres de la Nature

Pour conclure, disons que Ǧubrân et Nu'ayma ont aimé la Nature car, ils ont vu Dieu dans sa beauté et ses merveilles. Ils ont vu en elle un débordement de Dieu. Ils ont aimé Dieu car ils se sont vus en Lui(103). Tous les deux sont devenus les grands amis et les apôtres de la nature et cette amitié les a rendus défenseurs et protecteurs des oiseaux, des fleurs, des arbres(104), des poissons et des abeilles(105). De leurs cœurs jaillissent des hymnes et des prières(106). Avec le croyant et le mystique Nâdra Ḥaddâd, ils peuvent proclamer : « D'autres que moi ont voulu prier dans la mosquée, dans une église ou dans un temple ! Ils se tiennent debout, tels des perroquets, et répètent des prières... ! Quant à moi, j'ai voulu prier dans la nature loin de tous les rites »(107).

L'amour de Ǧubrân et de Nu'ayma pour la nature, leur amitié pour ses éléments les ont conduits à découvrir que « le mystère et les possibilités ne sont pas dans les racines de l'herbe, ni dans les profondeurs de la mer, mais ils sont dans leur existence, dans leur âme »(108). L'exaltation de cette nature a conduit les deux amis à se demander « pourquoi l'homme détruit-il tout ce qu'elle crée »(109) et à « condamner la civilisation car elle éloigne l'homme de l'essentiel de sa vie, c'est-à-dire de Dieu»(110): «le dollar de New York est un voile épais qui cache le visage de Dieu, tandis que le *Ṣannîn* est un trône de pureté au-dessus duquel brille le visage de Dieu »(111).

II. La connaissance

1. La définition que donne Ǧubrân de la connaissance est toute poétique et va directement au but qu'il lui assigne : Dieu. « La connaissance, dit-il, c'est la vie avec des ailes»(112). Quelques années auparavant, il avait confessé à Mary sa foi profonde dans le désir qu'a l'homme de se découvrir soi-même et de se connaître. Ce désir est plus fort que toute faim et

---

(103) T. Milḥès. op.cit.p.69.

(104) Yawm. 2,172-173.

(105) Sab'ûn. 1,745-752.

(106) Mawâkib. Passim. Hams. 4,38 et 43.

(107) Cité par G. Ṣaydaḥ. op.cit.p.282.

(108) Richard Jefferies, The story of my heart. Cité par R.C. Zachner. op.cit.p.163.

(109) Dam'a. p.283.

(110) Ibid. p.247-248.

(111) Zâd. 5,140. Cette condamnation de la civilisation est un thème assez répandu chez Nu'ayma. cf. Sab'ûn. 1,232, 237, 238, 649. Zâd. 5,142-148; et tout particulièrement tout son livre : Yâ Ibn Adam.

(112) Beloved Prophet. Lettre du 15.11.1917. p.292.

toute soif[113]. Quant à Nu'ayma, dès son jeune âge, il s'est senti attiré par la connaissance car il y a pressenti une voie sûre vers la liberté absolue, or, « pas de liberté absolue sans connaissance absolue »[114]. Pour satisfaire cette soif intérieure, il se retirait souvent pour méditer sur le mystère de la création et celui du Créateur. Cette passion insatiable de connaître le conduisit à de très nombreuses lectures. Mais il restait toujours insatisfait[115]. Un jour il interroge son âme :

« Que veux-tu ?
— Je veux connaître
« Que veux-tu connaître ?
— Tout.
« Pourquoi ce désir ?
— Parce que je veux être libre de tout.
« N'y a-t-il pas de liberté sans connaissance ?
— Si, mais elle s'appelle alors « esclavage ».
« Ne peut-il y avoir de vie sans liberté ?
— Si, mais elle s'appelle alors « mort »[116]. Or, l'homme est créé pour la vie, non pour la mort, pour la connaissance, non pour l'ignorance, pour la liberté, non pour l'esclavage[117]. Cette connaissance dont son âme a soif est toute «intuitive, de style mystique, une *ma'rifa* et non un 'ilm, une science objective, pour reprendre une distinction courante dans la langue arabe (en particulier celle des mystiques musulmans). Car la fin véritable de l'homme n'est pas de savoir pour savoir mais de connaître pour être»[118] ou plutôt «pour être avec»[119]. Cette connaissance qui le conduit à «être» le harcèle au point de le pousser parfois à faire semblant de man ger, car la faim qui le torture est une faim pour autre chose que pour du pain[120]. Quelle est cette faim qui torture l'auteur de *Mirdâd*? C'est la faim suprême qui doit être celle de tout homme, « c'est la faim sacrée du pain de la connaissance parfaite : la connaissance de Dieu »[121]. Or, connaître Dieu

(113) T. Ṣâyèġ. Aḍwâ'. p.214.

(114) Nûr. 5,598.

(115) T. Milḥès. op.cit.p.104.

(116) Arqaš. 4,437. Durûb. 6,41.

(117) Arqaš. 4,398.

(118) R. Arnaldez. Les valeurs humaines. L'Orient-le-Jour. 10.5.1978, p.7. Nu'ayma rejoint al-Qašânî pour qui « l'être et le connaître sont les deux faces d'une seule et même réalité. L'homme est ce qu'il connaît et il se ''réalise'' par la connaissance ». R. Deladrière. Hommage à H. Laoust. p.3.

(119) Olivier Clément. L'Eglise Orthodoxe. p.36.

(120) Yawm. 2,199. cf. Jean. 4,31-32.

(121) Ṣawt. 5,256. cf. B.P. op.cit.p.70-71, pour les deux sortes de connaissances chez Nu'ayma. (B.P. = Bartolomeo Pirone).

c'est L'accueillir, c'est vivre : « La vie, c'est qu'ils Te connaissent »[122]. Ǧubrân va jusqu'à traiter de blasphémateurs contre le Saint-Esprit ceux qui recherchent uniquement la connaissance humaine[123] et délaissent la connaissance divine. Celle-ci doit changer quelque chose dans la vie de celui qui sait. Car on ne peut « savoir » Dieu et même le Christ, à la manière de Voltaire ou de Renan.

Cette connaissance parfaite, *al-ma'rifa al-kâmila*, qui consiste à « connaître tout ce qui était, ce qui est et ce qui sera avec la Vie notre mère et avec nous mêmes»[124], pourrons-nous l'atteindre un jour ? Oui, répond Nu'ayma, car elle fait partie du dessein de Dieu sur l'homme : « Bienheureux es-tu, ô fils d'Adam ! la Vie, ta mère, t'a aimé au point qu'elle t'a doté de tout ce dont tu as besoin pour atteindre la connaissance »[125], et ailleurs il ajoute : « Je suis sûr que l'homme atteindra un jour les buts que la Vie lui a fixés, à savoir la connaissance absolue, la liberté illimitée et la vie éternelle »[126], car la connaissance, la puissance et la liberté ne sont pas des mots du dictionnaire, des rêves et des illusions. Ce sont des forces cachées dans l'homme qui ne cessent de le pousser vers l'épanouissement, vers la connaissance et la libération, vers Dieu[127]. Nous trouvons la même affirmation chez Ǧubrân dans son conte mystique *Iram ḏât al-Imâd*. A Naǧîb Raḥmé qui voulait savoir si après la mort nous saurons par la connaissance pure ce que nous savons maintenant par la foi, Aminah répond : « Oui, ce jour arrivera certainement »[128].

2. Quelles sont les voies qui conduisent Ǧubrân et Nu'ayma à cette connaissance ? Cette question n'a trouvé que peu d'écho dans la vie et l'œuvre du Ǧubrân. Il s'est contenté de souligner « qu'il se peut que les dieux aient accordé au Christ la connaissance de façon directe... car ce que les dieux cachent au commun des mortels durant un siècle, souvent ils le révèlent ă un homme en un instant»[129]. Ǧubrân avance cette hypothèse pour réfuter celle qui prétend que le « Christ aurait visité

(122) Jean. 17,3.

(123) Sâbiq. p.77.

(124) Adam. 7,111. « La connaissance de la vie est l'unique connaissance », affirme-t-il ailleurs. Masîḥ. 9,281. Et la vie c'est Dieu. Ibid.

(125) Adam. 7,111-112.

(126) Durûb. 6,41 et 49. Arqaš. 4,398. Nûr. 5,673. Ṣawt. 5,362.

(127) Ṣawt. 5,368.

(128) Badâ'i' p.592. cf. 1 Cor. 13,12-13.

(129) Yasû' p.215.

les Indes pour apprendre la connaissance de ses prêtres »[130]. Cette connaissance est donnée par Dieu à l'homme en sorte que « sa clarté l'aide non seulement à l'adorer, mais aussi à mesurer sa fragilité et sa force»[131].

Le premier pas de l'homme vers la connaissance, explique Nu'ayma, est de reconnaître son ignorance[132], ensuite de tendre avec persévérence à connaître ce qui est en soi et en dehors de soi, le sensible et le non-sensible, sans qu'il y ait de limite à son ambition ni de terme à ses souhaits et ses désirs. Ainsi, ce qu'il réalise aujourd'hui devient l'annonce et l'assurance qu'il réalisera un jour tous ses souhaits[133] et désirs dont le principal est celui de se connaître soi-même[134] comme le recommandaient déjà les penseurs grecs : « Connais-toi toi-même »[135]. Cette connaissance de soi « mère de toutes les connaissances »[136], l'acheminera vers la vraie connaissance qui consiste, pour l'auteur de *Mirdâd*, à croire profondément et à expérimenter qu'il est à l'image de Dieu. Bien plus, il porte en lui les semences de la divinité et il est « un dieu dans les langes » qui possède tous les mystères de cette divinité[137]. Cette foi en sa déification future ne suffit pas, l'homme doit encore armer toute sa volonté pour découvrir que la Puissance qu'il appelle Dieu est tout en tous, qu'il émane d'Elle, qu'il est en Elle et qu'il est comme Elle en tout temps et en tout lieu[138] Il finira ainsi par contempler cette image de Dieu en lui, claire, étincelante et parfaite[139] et par connaître tous les mystères du Cosmos pour devenir à son tour Créateur[140]. Mais cette connaissance qui doit conduire à la délivrance, *al-in'itâq*[141], ne pourra s'acquérir en un certain laps de

(130) Ibid.

(131) Sagesse. p.54.

(132) Zâd. 5,197.

(133) Durûb. 6,36.

(134) Arqaš. 4,398. La connaissance de Dieu commence par la connaissance de soi, « la connaissance de l'atman, ce par quoi Ramanuja entend l'âme individuelle (Pratyagatman) n'est qu'une branche (anga) de la science suprême (paravidya) c'est-à-dire la connaissance de Dieu ». R.C. Zachner. op.cit.p.205. Et M.L. Borodine dit : « Par la connaissance de l'homme, on arrive à la première — encore incomplète — connaissance de son modèle increé, Dieu ». op.cit.p.43.

(135) Voir les diverses significations de cette sentence : Mohsen al-'Abid. op.cit.p.15.

(136) 'Awâṣif. p.434.

(137) Aḥâdîṯ. 9,552.

(138) Nûr. 5,673. « Connaître Dieu signifie être libéré de l'existence dans l'espace et le temps, être libéré de toutes "chaînes" ». R.C. Zachner. op.cit.p.194.

(139) Bayâdir. 4,506.

(140) Aḥâdîṯ. 9,503.

(141) Dans l'Advaïta, la délivrance du samsâra ne s'obtient aussi que par le moyen de la connaissance. H. Le Saux. Sagesse hindoue. p.29.

temps. Elle nécessite plusieurs vies et suppose que Dieu soit assez généreux pour accorder à l'homme tout le temps dont il a besoin(142). Là réside la raison pour laquelle les deux amis ont adopté avec tant d'enthousiasme la doctrine hindoue de la réincarnation. « Nous avons devant nous l'éternité du temps et de l'espace pour parfaire notre connaissance. Comment donc désespérons-nous de la miséricorde de Dieu et de notre puissance »(143) à connaître toute chose et à dominer toute chose(144) ? Autrement dit à connaître tous les mystères de la vie et de la mort(145) et à devenir un jour nous-mêmes créateurs comme la Puissance qui nous a créés(146). Dieu ne nous assure-t-il pas son assistance pour atteindre cette connaissance parfaite, globale et absolue qui n'est autre que Lui-même»(147)? Ecoutons-Le faire part de ses plans à l'homme : « Tu es à mon image et à ma ressemblance. J'ai créé pour toi la terre, les cieux et tout ce qu'ils contiennent afin qu'ils t'aident dans ton effort de te connaître toi-même et de me connaître. Je t'ai donné tout le temps afin que tu puisses atteindre cette connaissance. Pour te faciliter la tâche, j'ai divisé ta vie en différentes étapes successives... Je te ferai mourir puis revivre autant de fois que cela sera nécessaire jusqu'à ce que ta connaissance de toi-même et de moi, ton Dieu, soit parfaite »(148). Certes, la connaissance de l'homme est encore imparfaite parce que lui-même est imparfait... non pas parce que Dieu l'a créé comme tel mais parce que sa perfection est semblable à celle de la graine qui n'a pas eu le temps suffisant pour atteindre la taille parfaite d'un arbre. Notre connaissance, elle aussi, est encore très imparfaite face à tout ce que nous devons connaître de nous-mêmes, de Dieu et de l'univers d'où nous sommes issus et dans lequel nous vivons »(149). Et plus l'âme sait, plus elle sait qu'elle ne sait pas :
« Si tu crois bien savoir cela, tu en sais peu encore à présent... »(150).

3. Quels sont les moyens mis à la disposition de l'homme pour parfaire sa connaissance et atteindre Dieu ?

---

(142) Aḥâdîṯ. 9,503, 552 et 682.

(143) Ṣawt. 5,362.

(144) Aḥâdîṯ. 9,458.

(145) Zâd. 5,198.

(146) Awṯân. 3,563.

(147) Tout comme dans la conception hindoue : « Le Brahman est lumière des lumières, par delà les ténèbres; il est la connaissance, l'objet de la connaissance et le but de la connaissance ». La Bhagavad Gita. Traduite par Anne-Marie Esnoul et Olivier Lacombe. Paris (1976), p.119.

(148) Yawm. 2,120

(149) Ṣawt. 5,361-362.

(150) Kena Upanishad. 2,1-3, cité par H. Le Saux. Sagesse hindoue. p.187.

Nos premiers parents ont découvert que le premier moyen est celui de la déception, de la tristesse, de la douleur et de la mort, de l'épreuve, du bien et du mal[151] et de la solitude, car « de même que chacun de vous se tient seul dans la connaissance de Dieu, de même chacun de vous doit être seul dans sa connaissance de Dieu et dans sa compréhension de la terre »[152], l'une est d'ailleurs condition de l'autre[153]. La perpléxité et le doute sont le commencement de cette connaissance[154] qui ne peut être atteinte qu'une fois l'âme délivrée des entraves de la poussière[155].

Après la chute, Dieu n'a pas détruit le serpent qui s'est opposé à Lui, ni effacé de l'existence Adam et Eve qui Lui ont désobéi. Il s'est contenté de maudire le serpent et de renvoyer Adam et Eve du paradis d'Eden, c'est-à-dire d'une inconscience inerte à une conscience contestataire[156]. Certes, « Dieu avait créé l'homme libre, et celui-ci désirant être comme Dieu... désobéit à son commandement et goûta à l'arbre de la connaissance. Peut-être est-il permis de supposer qu'avant de manger du fruit de cet arbre, qui produit la conscience de soi, l'homme n'était conscient de lui-même que dans sa relation avec Dieu. Il goûta à l'arbre et prit conscience de lui-même en tant qu'individu; comme le dit l'Upanishad : « Regardant autour de lui, il ne vit rien d'autre que lui-même. Il dit d'abord : « Je suis »... Il eut peur[157] « puis il comprit que la contestation, comme le bien et le mal, est un moyen pour parvenir à la connaissance, à la vie et la liberté[158].

S'engager sur cette voie signifie épouser la lutte, car l'homme ne doit pas se contenter de dire : « Si Dieu veut », il doit mettre en œuvre sa volonté et toutes ses forces[159]. Il doit lutter non pas pour fuir l'enfer ou jouir du ciel, « une telle lutte soulève le dégoût de Nuʿayma »[160], mais uniquement pour atteindre la connaissance[161]. Or, la connaissance qui

(151) Nûr. 5,550. Mahabb. 5,433.

(152) Le Prophète. p.57.

(153) Bayâdir. 4,630.

(154) Damʿa. p.264. Sagesse. p.89, alors que dans l'Hindouisme « celui qui ne possède ni la connaissance ni la foi et dont l'être est en proie au doute, celui-ci se perd. Ni ce monde, ni l'autre, ni le bonheur ne sont pour l'être abandonné au doute ». La Bhagavad Gita. p.57.

(155) Damʿa. p.288.

(156) Mahabb. 5,426.

(157) Brahadaranyaka Upanishad. 2,4,1. Cité par R.C. Zachner. op.cit.p.286.

(158) Mahabb. 5,426.

(159) Bayâdir. 4,474.

(160) R. Arnaldez. Les valeurs humaines. op.cit.p.7.

(161) Nûr. 5,674. Notons que la connaissance devient, parfois, un but chez Nuʿayma. Zâd. 5,149 et Bayâdir. 4,561.

lui arrive sans effort et « sans lutte n'a aucune valeur et ne lui est d'aucune utilité »[162]. La lutte est longue et ardue, elle nécessite la patience et la persévérance : « Par une réflexion continue, dit Nuʿayma, je suis arrivé à la certitude que derrière le bien et le mal, il y a une Force constante et éternelle. C'est cette Force qui me meut et me pousse perpétuellement, par le désir qu'elle engendre en moi, à découvrir sa force véritable et à m'unir à Elle d'une union indissoluble »[163]. La voie vers cette union est semée de souffrance. Job en a fait l'expérience et du plus profond de ses ténèbres, il a exhorté sa femme à accepter l'épreuve envoyée par Dieu et à ne pas considérer la souffrance comme un châtiment, car la patience dans la souffrance est la clef de la connaissance à condition qu'elle soit animée par la foi[164]. A cette condition elle devient un arbre qui porte du fruit. Purifiée au creuset de la souffrance, elle devient un grand maître, un viatique pour les éprouvés[165] et une nourriture éternelle[166].

Quelle est la place de la Raison, *al-'Aql*, dans ce cheminement vers la connaissance ? Chez Ǧubrân, un lien très étroit unit la Raison à la connaissance[167]. Le même lien semble exister chez son ami qui reproche à l'Orient d'avoir porté toute son attention sur le cœur de l'homme et d'avoir, d'une certaine manière, négligé sa Raison qui est, selon Nu'ayma, le premier degré dans l'échelle de la connaissance. « On dirait, remarque-t-il, que l'Orient a essayé de conduire l'homme au plus haut sommet de la connaissance sans passer par le bas »[168]. Mais bien vite, Nu'ayma rejoint les mystiques qui, « au-delà de toute connaissance rationnelle abstraite, pensent avoir accès à une connaissance supérieure.... qui ferait non seulement connaître l'Etre Absolu mais encore coïncider avec Lui »[169]. Il reconnaît l'impuissance de la Raison dans ce domaine[170] et invite à se mettre à l'école du cœur, car : « Un cœur qui accepte la vie telle qu'elle est, est un cœur clairvoyant même s'il ignore la logique... Là où vous le rencontrez, éclairez-vous à sa lumière... et il vous conduira à la connaissance »[171].

(162) *Naǧwâ*. 9,366.

(163) Cité par R. Arnaldez. *Les valeurs humaines*. p.7.

(164) *Ayyûb*. 4,315.

(165) *Arqaš*. 4,415.

(166) *Nûr*. 5,583.

(167) *Sagesse*. p.53-54,

(168) *Bayâdir*. 4,580. Voir *al-'Aql al-ẓâhir wal'Aql al-bâṭin* chez M.Nuʿayma. B. Pirone. op.cit.p.70.

(169) J. Delanglade. Le problème de Dieu. p.106.

(170) *Naǧwâ*. 9,353. cf. aussi. M. Borodine. op.cit.p.26.

(171) *Zâd*. 5,198.

Armé de volonté et de patience, guidé par son cœur, l'homme va franchir sa route en plusieurs étapes selon le dessein de son Créateur : « Mon Dieu, tu as voulu que nous tes enfants, nous progressions dans ta connaissance, des réalités sensibles... que nous sommes, vers la Vie que Tu es. Car la Vie seule connaît la Vie »[172]. La première étape est celle de l'intuition, *al-ḥadas*, qui consiste à se tenir face à la Vie qui remplit le temps et l'espace et à ne plus rien apercevoir en dehors d'Elle[173]. Grâce à cette faculté merveilleuse, l'homme voit l'univers infini de Dieu et tout ce qu'il contient[174]. L'imagination vient compléter l'intuition et confirmer ses découvertes[175]. Elle occupe une place centrale chez les Prophètes[176] et les mystiques. Ǧubrân et Nu'ayma lui confèrent beaucoup d'importance[177]. Grâce à elle, le croyant voit et atteint ce que les chercheurs ne peuvent voir et atteindre[178]; elle conduit à une connaissance plus sublime que celle qui se laisse ligoter par les chaînes des lois humaines[179]. Elle est à la fois le flambeau et celui qui le porte dans les ténèbres de l'ignorance. Elle est la voie et le guide vers cette voie. Elle est enfin l'unique guide vers la Vérité[180]. Elle possède la puissance de voir le Père céleste comme Jésus la vu[181], car « une imagination libre conduit l'homme au cœur de la beauté et de la liberté — au cœur de la Maḥabba et de la vérite — au cœur de Dieu »[182], mais jusqu'à présent les hommes n'ont pas appris à l'utiliser à cette fin[183] et ils en sont encore bien loin[184]. C'est pourquoi Mirdâd exhorte les siens à la chercher et à la suivre de toutes leurs forces et avec des « cœurs fermes et persévérants qui ignorent la crainte »[185].

La raison, le cœur, l'intuition et l'imagination ne sont que les premiers pas vers Dieu, le grand rôle revient à l'amour qui est inséparable

---

(172) *Naǧwâ*. 9,355.

(173) Ibid. p.361.

(174) Ibid. p.360.

(175) M. Shaya. *Falsafat M. Nu'ayma*. p.211.

(176) *Ṣawt*. 5,273.

(177) *Dam'a*. p.290 et 292. *Karm*. 3,670.

(178) *Badâ'i'* p.592.

(179) Ibid.

(180) *Zâd*. 5,120-121.

(181) Ibid. p.126.

(182) Ibid. p.128.

(183) *Nûr*. 5,541.

(184) *Badâ'i'* p.487.

(185) *Mirdâd*. 6,622.

de la « gnose », la connaissance, dans l'ascétique orientale. « Bienheureux es-tu, ô fils d'Adam, car tu peux aimer... tu peux croire... et par ta charité et ta foi tu peux te connaître »[186]. Ǧubrân et Nu'ayma croient fermement que l'amour est fondamental pour atteindre la connaissance, mais qu'à lui seul il demeure insuffisant, il a besoin de la foi; celle-ci devient avec la connaissance les deux noms d'une unique réalité[187]. C'est ainsi que la foi des apôtres n'a pas été une soumission sans connaissance, mais une connaisance qui a atteint dans ses profondeurs la soumission. Car quiconque connaît la vérité s'y soumet et quiconque se soumet à la vérité se libère du vain»[188].

4. Quelles sont les conséquences de cette connaissance ?

L'auteur du *Prophète* voit dans la connaissance le meilleur moyen de se libérer les cœurs afin qu'ils parviennent naturellement à la vérité et à l'amour[189]. Nu'ayma a lui aussi cherché la libération, mais une libération spirituelle plutôt que sociale. Il n'a pas cherché la connaissance pour elle-même mais pour aimer et atteindre Dieu qui est Amour[190]. Au service de cette connaissance, il a mis toutes ses capacités et toute son énergie, car pour lui, comme pour Jean l'Evangéliste, la connaissance n'a rien de cérébral, elle exprime la présence intime de deux personnes l'une à l'autre, la compréhension et la confiance mutuelles, l'écoute et le dialogue, la communion profonde du cœur et de la pensée[191]. Mais tout en empruntant la voie de l'amour, Nu'ayma s'écarte de la doctrine chrétienne en ne recourant pas à la grâce divine, qui avec les vertus théologales de charité et de foi constituent la voie normale de la connaissance spéculative de Dieu[192]. La connaissance, tout imprégnée d'amour, acquise par Nu'ayma, a élargi son cœur et en a fait une oasis qui « désaltère le proche

(186) *Adam*. 7,111-117. Ailleurs, il affirme : « La clef de la connaissance, c'est l'amour de charité. *Aḥâdîṯ*. Passim et surtout *Rasâ'il*. 8,518.

(187) *Zâd*. 5,220.

(188) Ibid. cf. *Jean*. 8,32. Voir une étude sur « la connaissance chez Nu'ayma » par M. Shaya. op.cit.p.200-216 et T. Milḥès. op.cit.p.104-120.

(189) al-Aštar. op.cit.p.1,129. *Ḫalîl*. Passim.

(190) « Plus l'homme avance dans la connaissance, plus il s'approche de Dieu », dit-il dans *Aḥâdîṯ*, 9,736. Ainsi, il rejoint les saints qui « ne contemplent pas pour connaître mais pour aimer ». cf. J. Maritain. *Les degrés du savoir*. p.21. Car « chez l'homme, le savoir est appelé à s'achever en louange de gloire et en amour ». H. Le Saux. *Sagesse hindoue*. P.79.

(191) Chez S. Jean « connaître » signifie participer, dans le saint, à la plénitude d'amour de la Trinité ». O. Clément. *L'Eglise Orthodoxe*. p.35 et « une connaissance qui ne conduit pas l'âme à l'union n'a pas de sens ». M. Eckhart. op.cit.p.10.

(192) J. Maritain. *Réflexions sur l'intelligence*. p.121-122.

et l'étranger ! Son eau, c'est la foi, quant à ses plants, ce sont l'espérance, l'amour et la patience; son atmosphère, c'est la fidélité et son soleil, c'est la fidélité, la vérité et la longanimité »(193). Outre ce grand cœur, accueillant et disponible à toute créature, aimant tous ceux que Dieu met sur sa route, respectant jusqu'aux petits oiseaux(194), Nu'ayma retire de cette connaissance la sérénité dans les épreuves(195), la lumière pour vaincre les tristesses(196) et enfin la participation à la divinité. En effet, dit Maître Eckhart « la connaissance suppose une nature identique chez celui qui reconnaît et chez celui qui est reconnu, elle produit l'égalité»(197), faisant écho à la doctrine hindoue pour laquelle «celui qui connaît le Brahman, et donc croit en lui, s'identifie à lui»(198) alors que dans le christianisme « elle est *conformation* (adéquation) *du sujet à l'objet*... et donc *accueil* de l'objet par et dans l'intellect »(199).

Conclusion

Après avoir accompagné Ǧubrân et Nu'ayma dans leur ascension vers la connaissance, nous pouvons conclure que celle-ci s'est, d'une certaine manière, imposée à eux comme jadis à Ibn ʻArabî. Avec lui, ils peuvent faire monter cette prière vers Dieu : « Comment Te connaîtrais-je, alors que Tu es l'Intérieur qu'on ne connaît pas ? Et comment ne Te connaîtrais-Je pas, alors que Tu es l'Apparent qui de toute chose Te rends envers moi connaissable »(200) ?

III. La Mystique

A. Bien supérieure sera la troisième voie pour aller à Dieu : la Mystique, qui est « l'intuition qu'a l'homme d'une Puissance Spirituelle dans le monde et de la possibilité d'atteindre l'essence de cette Puissance de façon directe, de jouir de l'union avec Elle par une expérience personnelle »(201). Fortement influencés tour à tour par le romantisme, cette école de foi et de mystique, et par la spiritualité orientale(202), Ǧubrân et Nu'ayma se sont laissé envahir par la mystique à tel point qu'ils

(193) *Hams.* 4,35.

(194) *Akâbir.* 2,442.

(195) *Bayâdir.* 4,486.

(196) *Aḥâdîṯ.* 9,648.

(197) G. Van Der Leeuw. op.cit.p.471.

(198) *La Bhagavad Gitâ.* p.138.

(199) *La mystique et les mystiques.* p.1060.

(200) *Profession de foi d'Ibn ʻArabî.* Traduit par R. Deladrière. p. LXIX-LXX.

(201) Rose Ġurayyèb. op.cit.p.81.

(202) *Damʻa.* p.313 et 344. *Sabʻûn.* 1,326.

ont essayé d'expliquer toute la vie à sa lumière[203]. Ayant quitté un pays « qui enseigne la mystique sans professeur »[204], les deux amis se sont dressés, aux U.S.A., au cœur de la civilisation des machines bruyantes, en libanais solitaires, gravissant les marches de la mystique, à la recherche de leur grand être, *ḏâtuhum al-kubrâ*, dans un dialogue continu entre leur moi, *Ana*, et le vaste univers[205]. C'est ainsi que Ǧubrân affirme être à la recherche « de son être emprunté et de son être intérieur, *al-ḏât al-muqtabasa wa-l-ḏât al-ma'nawiyya*[206], à la recherche de son unité et de la solitude de l'au-delà. « Derrière cette essence prisonnière, j'ai une autre essence libre et absolue. Mais comment former cet être absolu et libre avant d'immoler tous mes êtres en servitude ou avant que tous les hommes ne soient libres »[207] ? Nu'ayma, lui, exhorte ses frères, par la voix de Mirdâd, à purifier leur *Ana*[208].

B. Les tendances mystiques de Ǧubrân

Ǧubrân est-il « mystique » ? Quelle place occupe la mystique dans sa vie et dans son œuvre ?

1. « Le professeur Frankell écrit : « Tout comme Maeterlinck, Ǧubrân est un mystique, mais sa mystique ne l'empêche pas de voir clairement tout ce qui existe concrètement autour de lui »[209]. Malgré cette affirmation, on ne sera jamais à l'aise devant les textes fulgurants de lucidité de Ǧubrân. « Car on ne peut le caser définitivement, l'enfermer dans les limites d'une vision mystique ou d'une conception éthique que certains ont voulue chrétienne, d'autres bouddhiste »[210]. Pourtant, « Le mysti-

---

(203) al-Aštar. op.cit.p.1,223. Et G. Ṣaydaḥ. dit : « Toute la littérature du Mahǧar a un caractère mystique ». *Adabunâ*. p.59-60. Et U. Dassûqî ajoute : « La mystique est une caractéristique de la poésie du Mahǧar ». op.cit.p.234. cf. à titre d'exemple : *al-Ḥamâ'il*, d'Abû Mâḍî. p.9-19.

(204) Selon l'expression de M.'Abbûd : « Ne sois pas étonné du mysticisme de Ǧubrân, l'emplacement de *Bcharré* est une école qui enseigne la mystique sans professeur ». *Ǧudud*. p.126. Ibid pour Nu'ayma et *Baskinta*.

(205) *al-Fikr al-'Arabî... 1967*. p.202.

(206) M. Nu'ayma : *Introduction à la maǧmu'a al-kâmila al-'arabiyya li mu'allafât Ǧubrân*. p.10.

(207) *Sâbiq*. p.73.

(208) *Mirdâd*. 6,593-597.

(209) Cité par H. Mas'ûd. op.cit.p.568. cf. Antoine Ġaṭṭâs Karam. *La vie et l'œuvre littéraire de Ǧibrân Ḫalil Ǧibrân*. Beyrouth (1981), p.242-252. Dans ces pages, l'auteur souligne l'aspect mystique de l'œuvre de Ǧubrân.

(210) H. Ridha Kéfi. L'espace du pouvoir : *Une lecture de Ramal wa Zabad de G.K. Gibrân*. Art, Architecture, Aménagement. N°2 Septembre-Octobre. 1978. p.49.

cisme est l'un des principaux éléments partout répandus dans *le Prophète*, comme dans le « Chant de moi-même », *Song of myself*, de Walt Whitman... L'investigation mystique de Ǧubrân suggère une profonde connaissance de la tradition du mysticisme occidental, qu'il s'agisse de celui de Saint-Augustin, de W. Blake ou du néo-platonisme d'Emerson »[211]. Par les principes, la vertu et la méthode, Ǧubrân se rencontre avec les grands mystiques chrétiens et musulmans[212]. Comme eux, il parle souvent de connaissance intuitive par le cœur[213]. Comme eux, il s'entretient souvent avec son âme : « Pitié, ô mon âme, pitié ! *Ruḥmâki yâ nafs, ruḥmâki* »[214] ! Cette âme est devenue son éducatrice et sa conseillère spirituelle : « Mon âme m'a exhorté, *wa'azatnî nafsî* »[215]. Comme Ibn 'Arabî, il part de la beauté sensible pour prouver la présence de Dieu dans l'univers[216]. Nous trouvons également chez l'auteur du *Prophète* de nombreuses expressions employées par les mystiques qu'il lisait et admirait[217]. Il est allé plus loin encore puisqu'il a dessiné le portrait de certains mystiques, tels que Ibn Sînâ, Ibn al-Fâriḍ et al-Ghazâlî[218]. Il s'est penché sur leur mystique pour l'étudier et établir des comparaisons entre eux. C'est ainsi qu'il compare Ibn al-Fâriḍ, al-Ma'arrî et al-Mutanabbî et trouve qu'Ibn al-Fâriḍ a une vision toute particulière de la mystique[219]. Il trouve un point commun et une parenté spirituelle entre al-Ghazâlî (+1111) et S. Augustin (+430). Ce point commun est un penchant de l'âme qui conduit l'homme des choses visibles et des apparences aux choses logiques puis philosophiques et enfin divines[220]. Toutefois, il trouve que Ghazâlî est plus près de l'essence des choses et de leur mystère que S. Augustin, car il a hérité des théories scientifiques arabes et grecques alors qu'Augustin a hérité de la théologie qui préoccupait les Pères de l'Eglise des deuxième et troisième siècles[221].

---

(211) S. Ibn Sâlèm Ḥanna. op.cit.p.105.

(212) Voir les différences entre les mystiques chrétiens et les mystiques musulmans : Jean Chevalier. *Le Soufisme*. p.186-187.

(213) *Badâ'i'* p.495 et 591. *'Awâṣif*. p.486.

(214) *Dam'a*. p.268-269.

(215) *Badâ'i'* p.516-519.

(216) H. Ġassân. op.cit.p.326.

(217) Il lisait et admirait : Ibn al-Fâriḍ, al-Ḥallâǧ, Ibn'Arabî. Il préférait al-Ma'ârri à al-Mutanabbî. cf. *Aḥâdîṯ*. 9,514. A ceux-là, T. Zakkâ ajoute : al-Ghazâlî et Ibn Sînâ. cf. *Bayn Ǧubrân wa Nu'ayma*. p.74.

(218) *Badâ'i'* p.543, 563 et 547.

(219) Ibid. p.565.

(220) Ibid. p.546.

(221) Ibid. Puis Gubrân souligne la place importante qu'occupe Ghazâlî en Occident. En effet, «Il a vu sur le mur d'une église de Florence, bâtie au XVème siècle, un tableau figurant Ghazâlî au milieu des tableaux de divers philosophes, saints et théologiens»; Badâ'i' p.549.

Tout jeune encore, sa mère l'entretenait de la mystique de S. Thomas d'Aquin (1225-1274) et de celle de Sainte Thérèse d'Avila (1515-1582)(222). Dans *Iram ḏât al-ʿImâd*, écrit en 1921, Aminah est décrite comme une mystique authentique. Elle affirme que l'expérience mystique est à la portée de tout le monde, que « Chacun peut tendre vers elle, tendre encore jusqu'à ce que la nostalgie ôte les voiles de sa vue(223). A ce moment, il se verra lui-même tel qu'il est, et celui qui se voit lui-même, voit l'essence de la vie »(224). Pour y parvenir, l'homme doit renoncer à sa sagesse humaine et s'abandonner à celle de la Nature. « Tu veux, ô homme, voir le monde avec les yeux d'un dieu et tu veux comprendre les profondeurs du monde avec des pensées humaines... C'est là l'ignorance la plus totale. Va aux champs, marche en avant et ne t'arrête pas, la perfection est au devant de toi. Marche et ne crains pas les épines du chemin »(225). Ayant brisé ses liens, coupé court avec ses pensées humaines et ouvert largement son cœur, Ǧubrân va à la rencontre de la Nature. Assis dans une vaste plaine, il contemple la terre. D'elle il apprend la générosité et la patience : « Que tu es généreuse, ô terre, et que tu es patiente ! Que tu es compatissante à l'égard de tes enfants ! Nous blasphémons et tu bénis ! Nous profanons et tu sanctifies »(226) !

2. Quelles sont les *vertus mystiques pratiquées et prêchées par Ǧubrân ?* La première et la plus caractéristique chez lui, comme chez tous les mystiques chrétiens, c'est la charité qui est « l'accomplissement de la loi et des prophètes »(227). Cette vertu, chantée par les romantiques, est vénérée par les mystiques, car elle est le canal qui les relie à Dieu, le moyen et le terme de l'union à laquelle aspire tout vrai mystique(228). « Par la charité, l'autre devient un second nous-mêmes »(229), affirme l'auteur du *Prophète*. Le mystique authentique n'est jamais un isolé, un replié sur la réussite de son acte d'expérience. Son union à Dieu est le signe même de son union aux hommes.

---

(222) Beloved Prophet. Journal du 1.9.1918 p. 314.

(223) Confirmant ainsi la définition qu'il donne du mystique : «C'est quelqu'un qui a écarté un voile de plus». B. Young. This man. p. 95.

(224) Badâ'i'. p. 585.

(225) Dam'a . p. 276.

(226) Bâdâ'i'. p. 535.

(227) Math. 22,37-40. Rom. 13,8-10.

(228) M. Abbûd écrit: «Le mysticisme de Ǧubrân n'est qu'un moyen de rechercher la durée, al-ḫulûd, au sein de la matière et de passer d'un état à un autre afin de continuer à jouir de la vie». Muǧaddidûn. Beyrouth (1968), p. 242. Autrement dit, un moyen au service de sa croyance en la réincarnation.

(229) Yasû'. p. 315.

La meilleure description de l'âme mystique, Ğubrân nous l'offre dans son article *al-Kamâl*, la perfection, vers laquelle l'homme s'achemine lorsqu'il se sent uni à l'espace, à la mer, au feu, à la lumière, aux vents, aux nuages, aux ruisseaux, aux arbres et aux champs. A ce moment, il sera seulement à mi-chemin de la perfection. Pour l'atteindre, il doit se sentir l'enfant reposant dans les bras de sa mère, le vieillard responsable des siens, l'ascète dans son oratoire, le criminel dans sa prison, le savant au milieu de ses livres..., la religieuse parmi les fleurs de sa foi et les épines de sa solitude. Lorsque l'homme arrivera à expérimenter toutes ces situations, il parviendra à la perfection et deviendra une ombre de Dieu[230]. En effet, « l'amour élargit le cœur de l'homme et le rend capable d'embrasser toute la Nature et tous les hommes sans nulle distinction »[231]. Il lui permet aussi de parvenir à un tel degré d'union et d'intimité avec Dieu que l'auteur du *Prophète* donne à ses disciples ce conseil : « Quand vous aimez, vous ne devez pas dire : « Dieu est dans mon cœur », mais plutôt « Je suis dans le cœur de Dieu »[232].

La deuxième vertu mystique soigneusement cultivée et nourrie par Ğubrân c'est le désir[233], la nostalgie[234] qu'il appelle parfois « faim spirituelle »[235] mais confond malheureusement avec une sorte d'ambition, *ṭumûḥ*[236].

En tête des autres vertus mystiques prônées par Ğubrân vient le don[237], puis le silence, la solitude et la sérénité[238] enfin la compassion pour toutes les créatures, y compris les animaux[239]. Ces vertus pratiquées et surtout prêchées par l'auteur du *Prophète*, suffisent-elles à prouver l'authenticité de son mysticisme ? A ceux qui seraient tentés d'en douter, R. Ġurayyèb donne la preuve la plus caractéristique après *al-Maḥabba*, à savoir la foi en l'Unité de l'Existence. Elle revêt chez Ğubrân divers aspects tels que : l'âme cosmique, *al-nafs al-kawniyya*, l'unité de la vie et de la mort, *waḥdat al-ḥayât wa-l-mawt*, l'unité du bien et du mal, *waḥdat al-ḫayr wa-l-šarr*, l'unité des hommes et leur responsabilité collective,

(230) Badâ'i'. p. 529.

(231) R. Ġurayyèb. op.cit. p. 92.

(232) Le Prophète. p. 15.

(233) Beloved Prophet . Lettre du 20.1.1916. p. 265.

(234) Ramâd. p. 51 'Awâṣif . p. 486.

(235) Ramâd. p. 51. Cette nostalgie conduisait Jésus au Père. yasû'. p. 346.

(236) Cf. son article: al-banafsağa al ṭamûḥ, la violette ambitieuse, 'Awâṣif. p. 483-486.

(237) Le Prophète. p. 21-23.

(238) Ibid. p. 51. Dam'a. p. 321. cf. aussi 'Awâṣif. p. 383-385.

(239) Le Prophète. p. 25. Dam'a. 313-314.

waḥdat al-bašar wa mas'ûliyyatuhum al-ǧâma'iyya, l'unité des religions, *waḥdat al-adyân* et enfin la divinité de l'homme, *ulûhiyyat al-insân*(240).

3. Malgré cette affirmation de R. Ġurayyèb, le doute continue à planer sur l'authenticité du mysticisme de Ǧubrân. Certes, la mystique n'est l'apanage d'aucune race, ni d'aucun peuple, ni d'aucune religion. « Elle est internationale et interconfessionnelle... Elle parle le langage de toutes les religions, mais aucune religion ne lui est essentielle »(241). Son existence témoigne d'un désir d'Absolu profondément ancré au cœur de l'homme. Voilà pourquoi dans toute expérience mystique, la nature et la réalité de Dieu sont des éléments d'une importance décisive. Or, « pour Ǧubrân, Dieu n'est pas le Dieu du Nouveau Testament ni le Jéhovah de l'Ancien Testament. Mais il a un caractère immanent. Sa divinité est à l'intérieur de la nature. Historiquement, Il est le Seigneur des Upanishads dans lesquelles le Brahman est « tout en tout », l'Un, l'Absolu, l'Eternel. Ce Dieu n'est pas réellement une personne, mais un principe, non une figure mais une force. Fondamentalement, pensait Ǧubrân, si une union avec l'Omniprésent doit être significative, le mystique « doit renoncer à son moi individuel pour le retrouver dans l'infini du moi universel. Il ne doit haïr aucun homme, car il devient tous les hommes ». Cette affirmation de Ǧubrân semble être en harmonie avec la mélodie de W. Whitman dans la cinquième section de « Chant de moi-même », *Song of myself* :

« Je sais que la main de Dieu est la promesse de la mienne
« Et je sais que l'esprit de Dieu est le frère du mien
« Et que tous les hommes jamais nés sont aussi mes frères ».

Dans ce mysticisme donc, Ǧubrân, comme Whitman, identifie son Moi humain (jivatman, pour employer les termes de la littérature des Upanishads) avec d'autres Moi. Dans le processus, son moi réel se fondait dans la substance de l'infini moi universel, dans le Brahman, dans la super âme d'Emerson, en fait en Dieu »(242).

---

(240) R. Ġurayyèb. op.cit. p. 97. Ces différents aspects de l'Unité de l'Existence sont clairement exprimés dans son recueil al-Mawâkib, tout imprégné d'accent mystique; car comme le dit Tolstoï : «Il n'est pas de poésie sans mysticisme. Le mysticisme sans poésie n'est que superstition et la poésie sans mysticisme n'est que vulgaire prose». Résurrection. p. 59. Voir les analogies entre l'expérience mystique et l'expérience poétique dans J. Daniélou. Mythes païens. p. 14.

(241) G. Van Der Leeuw. La Religion. p.483 et 494. H. Jaeger ajoute: «Elle est la forme achevée de toutes les religions». Mystique protestante et anglicane. Dans la Mystique. p. 326.

(242) S. Ibn Sâlim Ḥanna. Ǧubrân et W.Whitman, op.cit., p. 108-109.

De même, la conception de la présence de Dieu dans l'univers, que certains appellent, à tort, panthéisme, diffère chez Ǧubrân de celle des autres mystiques. « Il proclame la victoire de l'homme sur le temps et l'espace, la transformation de l'homme en Etre Parfait, en Dieu qui habite l'univers, tandis que les autres mystiques proclament la victoire de l'homme sur lui-même et sa disparition finale en Dieu. Ibn ʿArabî serait le seul à concorder avec Ǧubrân dans sa foi en l'Homme Parfait... et en l'aptitude de tout être humain à devenir, par la mystique, cet Homme Parfait »(243).

Dans son ouvrage *Yasûʿ Ibn al-Insân*, Ǧubrân dépouille le Christ de sa divinité traditionnelle et lui assigne les vertus de la plus noble et de la plus sublime source d'inspiration d'idéal humain.

Le cœur du vrai mystique déborde de l'amour de Dieu, ce Dieu aimé par-dessus toutes choses. « Le cœur de Ǧubrân ne croit qu'en l'homme et en la beauté de son corps nu et de ses passions. Le cœur du mystique croit en la résurrection et en l'enfer. Celui de Ǧubrân ne croit qu'en la liberté absolue qui n'a besoin ni de récompense, ni de châtiment »(244). « Le cœur du mystique croit au jugement final. Celui de Ǧubrân ne croit qu'au jugement personnel par le moyen de la réincarnation »(245). Les vrais mystiques croient fermement que l'âme est une flamme spirituelle divine descendue sur terre et incarnée dans un corps, elle doit se libérer de ce corps par la mortification et la maîtrise des sens. Ǧubrân rejette ce principe et affirme celui de l'unité de l'âme et du corps et prêche la nécessité de fuir l'ascétisme et la mortification(246) car ce sont des voies négatives(247).

Les vrais mystiques recourent à la méditation continue, à la prière et à l'adoration dans le silence et la solitude comme des voies pour découvrir la lumière et s'unir à Dieu, source de toute vraie lumière. Ǧubrân ne voit guère « la nécessité de s'isoler pour prier »(248). Il exhorte l'homme à quitter son ermitage et sa solitude mystique pour rencontrer Dieu dans les champs de bataille de la vie quotidienne(249). Il appelle à l'activité et

---

(243) H. Ġassân. op. cit. p. 326. A propos de l'Homme Parfait, al-Insân al-Kâmil, cf. Anawâtî et Gardet. Mystique musulmane. p. 58-59.

(244) Amîn Khalèd. al-Ǧawhar al-fard... al Machriq XXXᵉ. 1932, p. 662-663.

(245) H. Ġassân. op.cit. 332.

(246) Notons que le professeur Frankell s'est élevé contre la tendance à imaginer Ǧubrân comme un ascète austère. Certes, ajoute-t-il «c'est un ascète mais qui sait que les choses agréables et délicieuses peuvent être bonnes». Cité par H. Masʿûd. op.cit. p. 568.

(247) H. Ġassân. op.cit. p. 330.

(248) ʿAwâṣif. p. 442.

(249) Tâ'ih. p. 443.

conseille le travail fait avec amour[250] oubliant que la mystique « est la seule puissance capable de synthétiser les richesses accumulées par les autres formes de l'activité humaine »[251]. Il renie le monachisme et affirme l'avoir rayé définitivement de sa religion[252], tout comme il a rayé l'Eglise de sa vie. Or, « si la vie mystique, à son sommet, consiste dans une union effective à la divinité, elle ne saurait en effet se réaliser que par une grâce surnaturelle, dont le lieu normal, pour un chrétien, est l'Eglise et dont les conditions normales sont la vie de foi et les sacrements. En ce sens peut-on dire avec Dom Anselme Stolz, que dans l'Eglise seule se rencontre une « mystique vraie », et que « hors de l'Eglise, point de mystique »[253] chrétienne authentique.

Ǧubrân donne parfois l'impression de se moquer même de la mystique. « Un jour, il part avec son âme à la mer. Là, ils voient l'ombre d'un homme se dessiner sur le sable. Les vagues venaient effacer cette ombre. Alors son âme lui dit : « Voici le mystique qui, de ses illusions, élève une idole pour l'adorer, laissons-le tranquille et partons d'ici »[254].

En faisant la synthèse de tous ces aspects, pouvons-nous dire :
— que Ǧubrân a combattu la mystique à la manière de Naǧîb Maḥfûẓ ? « Celui-ci a mené une campagne satirique contre ceux qui prennent le mysticisme comme « une voie vers Dieu » et le cœur « comme un moyen de connaître le mystère de la vie et de la mort »[255].
— ou bien pouvons-nous dire qu'il s'est fait une mystique à la manière de J.J. Rousseau, une mystique faite « d'enthousiasme affectif et irrationnel, assurée de l'alliance d'un Dieu »[256].

Bien que profondément influencé par J.J. Rousseau, Ǧubrân s'en éloigne totalement dans sa conception de la mystique et se rapproche davantage, comme nous l'avons déjà signalé, de la mystique hindoue qui : « à la différence des mystiques monothéistes, se définit non comme une union d'amour avec une divinité personnelle, mais comme la découverte d'une identité cachée, mais substantielle, avec un fondement éternel et imper-

(250) Le Prophète. p. 26-29. Ceci est en réaction contre une certaine passivité qui peut paraître inhérente à la mystique.

(251) H. de Lubac. La pensée religieuse. p. 14.

(252) 'Awâṣif. p. 442.

(253) Cité dans la Mystique. p. 16.

(254) Badâ'i'. p. 537.

(255) Cité par Ṭarâbîsî. Allâh fî riḥlat N. Maḥfûẓ. p. 77.

(256) J. Maritain. Trois réformateurs. p. 160.

sonnel. Dans cette expérience, l'homme atteindrait bien le fond éternel de son âme, mais ce fondement ne serait ni l'Absolu, ni Dieu »[257].

Qu'en est-il maintenant de son ami Nu'ayma qu'un jeune écrivain, Youssef Taoufîq 'Awwâd, a surnommé : l'ermite du Šûḫrûb, *nâsik al-Šûḫrûb*[258] ?

C. Nu'ayma-Mystique

1. Tout l'itinéraire spirituel puis littéraire de Nu'ayma illustre une tournure d'esprit mystique. Celle-ci « a pris naissance à Nazareth, fut nourrie en Russie par Dostoïevski... et Tolstoï, et finalement marquée à Seattle par le transcendantalisme américain »[259]. Les années passées dans sa montagne libanaise, en pleine nature, ne firent que contribuer à développer ses dispositions mystiques. Et la lecture du roman de Marie Corelli, *Ziska*, a suffi pour les réveiller et les affermir[260].

Très tôt, Nu'ayma lit les œuvres des grands mystiques et confesse sa joie de les voir se rencontrer dans la recherche de la vérité. « Al-Ḥallâǧ, Ibn 'Arabî et bien d'autres soufis arabes sont très proches de François d'Assise, Jacob Boehme, William Blake, Ramakrishna, Gordiev, Orobindo et ceux qui ont suivi leur voie à travers le monde »[261]. « Il est vrai, ajoute Antoine Vergote, que toutes les Ecoles qui se réclament de la mystique... ont en commun qu'elles aspirent à une expérience de Dieu ou du divin qui se livre dans une intuition immédiate »[262]. Beaucoup d'observateurs des faits mystiques tiennent en effet pour l'unité du mysticisme[263].

2. *Les tendances mystiques de Nu'ayma* se manifestèrent très tôt par une faim, un attrait pour la solitude et le silence non pas par égoïsme et fuite de son entourage mais pour « s'adonner à la recherche de la vérité de son âme et de la vérité du monde »[264], pour satisfaire une soif intérieure de sérénité, de clarté et de simplicité, réviser sa vie passée et s'armer pour affronter l'avenir[265], pour combler son désir d'amour et

(257) Hervé Rousseau. Les Religions. p. 79.

(258) Ṣawt. 5,346.

(259) Nadeem Naimy. op. cit. p. 247.

(260) Sab'ûn. 1,407.

(261) Sab'ûn. 1,330

(262) A. Vergote. Psychologie religieuse. p. 157.

(263) cf. La Mystique. p. 19. Et Simone Weil affirme: «Les mystiques de presque toutes les traditions religieuses se rejoignent presque jusqu'à l'identité». cf. E. Joly. op. cit. p. 97.

(264) Sab'ûn. 1,569, Aḥâdîṯ. 9,469.

(265) Sab'ûn. 1,622.

d'union à toute la création, enfin pour se preparer à pénétrer le cœur de l'homme, prélude et porte vers le cœur de Dieu[(266)]. Très jeune encore, il aimait s'isoler au bord d'une rivière ou à l'ombre des sapins d'où il contemplait la création : une fourmi traînant un grain de blé, un oiseau cherchant sa nourriture, un petit nuage dans le ciel immense... Dans cette solitude, il trouvait la sérénité et la paix intérieure, se sentait uni aux créatures et au Créateur[(267)]. Cet attrait pour la solitude et le silence s'accentuera avec l'âge. Durant ses promenades à Nazareth, il lui arrivait de laisser ses camarades et de s'isoler pour méditer sur la vie du Christ, son Guide et son Sauveur[(268)]. Parfois, il faisait vœu de garder le silence durant dix jours et de s'y tenir tellement qu'il ne saluait même pas ses camarades[(269)]. Les hommes se divisent en deux catégories, dit-il par la bouche d'Al-Arqaš, ceux qui parlent et ceux qui se taisent. Je suis la partie silencieuse de l'humanité[(270)]. Ayant compris et expérimenté la douceur de ce silence, patient et débordant de foi, Mirdâd le conseille fortement aux siens[(271)]. Car comment peuvent-ils atteindre Dieu ceux qui fuient le silence et la contemplation[(272)] ?

Cette solitude et ce silence au sein de la nature portent leur fruit. Ils créent en Nu'ayma la soif de connaître les mystères qui l'entourent et l'Auteur de ces mystères. Le choc produit sur son âme par la force de la Nature, inhérente à la mer, au soleil et à la terre, lui révèle la merveille de la création et l'achemine vers cette profession de foi : « Je crois en Dieu ! Que la création est belle ! J'ai faim de sa beauté ! C'est une beauté fascinante et irrésistible ! Béni soit Celui qui l'a ainsi faite »[(273)] ! Cette expérience mystique de la nature rend l'âme capable d'étreindre toutes les créatures. Car « le mystique ne peut se voir indépendant dans son milieu humain ni dans son milieu cosmique, mais il se sent intimement lié à tous ses frères dans l'Humanité et à toutes les formes de la vie dans leurs diversités. Le cosmos constitue une unité bien cohérente et le mystique vit en perpétuelle correspondance intérieure avec ce cosmos »[(274)]. Cette union du

---

(266) *Ṣawt*. 5,349. Et Tolstoï donne ce conseil: «Pour retrouver Dieu, consacrez les premiers jours, en arrivant à la capitale, à la solitude ». *Guerre et paix*. 1,452.

(267) *Sab'ûn*. 1,82-83. C'est là, dans cette retraite paisible, au paysage riant, qu'il prend l'habitude de composer son œuvre.

(268) *Sab'ûn*. 1,127-129.

(269) al-Aštar. op.cit.p.1,76.

(270) *Arqaš*. 4,349, 351, 352, 353, 355, 356, 360, 365, 438...

(271) *Mirdâd*. 6,643-645.

(272) *Arqaš*. 4,359.

(273) *Sab'ûn*. 1,161.

(274) M. Shaya. op.cit.p.314.

mystique à l'univers l'invite à s'unir au Créateur par l'adoration et l'amour et à goûter humblement mais réellement la douceur de l'expérience mystique(275).

3. Vertus mystiques pratiquées et prêchées par Nu'ayma

Toute expérience mystique est de « nature agapéique » (d'après le grec Agapé : amour de charité) pour ne pas employer l'expression ambiguë d'amoureuse »(276). Cet amour de charité est le thème central de la vie et de l'œuvre de Nu'ayma. Par lui, il se sent uni à tout ce qui est sur la terre comme au ciel. Par lui, il considère l'humanité comme une grande famille empruntant une voie unique vers un but unique : la déification, la victoire sur la souffrance et la mort, la connaissance de tout ce qui est caché, « le discernement de la réalité cachée sous les phénomènes apparents, le *bâṭin* sous le *ẓâhir*. Notons au passage que ces deux termes sont coraniques et ont été utilisés par de nombreux mystiques musulmans : il s'agit d'atteindre sous les écorces, *al-qušûr*, la quintessence, *al-lubb* »(277).

Le fils de *Baskinta* se sent indigne de vivre dans cette humanité tant qu'il existe sur terre un homme qu'il refuse d'accueillir en lui. Aussi, invite-t-il ses auditeurs à œuvrer pour acquérir ce cœur large à la dimension du monde. « Elargissez les portes de vos âmes afin que personne ne reste dehors. Si vous rencontrez un aveugle alors que vous, vous voyez, sachez que vous resterez aveugles comme lui tant que vous ne lui aurez pas prêté votre vue. Car tant que sa route reste dans les ténèbres, la vôtre le sera aussi : votre route et la sienne sont identiques. Il en est de même si vous rencontrez un paralytique... ou un lépreux. Ne haïssez personne ! Les hommes sont semblables aux fleurs épineuses. Si nous allons à elles avec violence, elles nous blessent, mais si nous y allons comme l'abeille, leur portant la paix de Dieu et l'amour des nôtres, elles nous ouvrent leurs cœurs et nous donnent leur douceur. Avec moi, apportez aux hommes la paix de Dieu et l'amour des hommes »(278). « Aimez la terre et tous ceux qu'elle nourrit, le ciel et tous ceux qui l'habitent »(279), car la terre et le ciel vivent en vous, et tous ensemble, vous vivez sous la conduite d'un seul

---

(275) Voir les composantes de cette expérience : L. Gardet. *Expériences mystiques, en terres non-chrétiennes.* Paris (1953), p.19.

(276) H. Rousseau. op.cit.p.28.

(277) R. Arnaldez. *Les valeurs humaines.* p.7.

(278) *Zâd.* 5,159-161. Nu'ayma a donné cette conférence le 15.10.1932, lors de son retour des U.S.A. Notons que le mystique juif Bahya Ibn Paqûba a expérimenté ce même universalisme. cf. L. Gardet. *Expériences mystiques.* p.75.

(279) *Mirdâd.* 6,636.

Ordre et pour une même finalité[280]. « Entrez dans les cœurs des hommes par la *Maḥabba* et la compréhension, afin qu'une fois entrés, vous puissiez travailler à les délier de leurs chaînes. *Al-Maḥabba* guidera alors vos mains tandis que la compréhension vous portera la lumière »[281]. Cet amour de charité possède la puissance de vaincre le temps et l'espace. Il est l'arme la plus puissante[282]. A lui seul, il constitue la clef du cœur de la Vie ! du cœur de Dieu[283] ! Alors du plus profond de son extase mystique, Nu'ayma fait jaillir cette hymne : « Ô amour ! Tu es le commencement et la fin ! En toi la vie prend sa source ! De la vie jaillit la beauté et de la beauté la vérité ! Tu es le créateur et tu es la créature ! Tu es tout en tout ! Gloire à toi ! Ô Amour ! Voici que j'ai fait de mon cœur ton temple, sanctifie-le, ô toi le plus saint des saints »[284].

Cette conception de l'amour a conduit Nu'ayma à distinguer entre le mariage spirituel et le mariage physiologique et à s'éloigner de celui-ci car il y voit un handicap au mariage spirituel[285], et un moyen de tuer l'amour[286]. Dès lors, il emploiera le mot *maḥabba* de préférence à *ḥubb*[287].

4. *Ascétisme mystique de Nu'ayma*

A l'inverse de Ǧubrân, Nu'ayma ne fuit pas l'ascétisme, l'austérité et la mortification par lesquels le cœur se purifie de ses passions, l'homme se lave de ses fautes et se débarrasse de tout ce qui l'enchaîne et l'empêche de s'ouvrir à Dieu. Nu'ayma lui-même est un ascète bien original, puisqu'il confesse être « un ermite, non dans une cellule, mais avec les hommes et au milieu des hommes »[288]. Son ascétisme n'a rien de stoïcien, il n'a pas pour but d'atteindre une meilleure qualité du Moi mais il est inspiré par la foi. Bien que parfois, il donne l'impression contraire : « Tant que vous ne vous perdez pas dans la « Parole », *al-kalima*, vous ne comprendrez pas la parole que vous êtes, vous ne comprendrez pas votre « ana »[289].

---

(280) *Durûb.* 6,93.
(281) *Mirdâd.* 6,730.
(282) *Adam.* 7,46.
(283) *Sab'ûn.* 1,463.
(284) *Ibid.* p.464.
(285) *Sab'ûn.* 1,703.
(286) *Arqaš.* 4.394.
(287) T. Milḥès. op.cit.p.96.
(288) *Sawt.* 5,344. *Arqaš.* 4,349.
(289) *Mirdâd.* 6,607. cf. aussi B. Pirone. op.cit.p.71.

Le premier mobile de son ascétisme n'est pas « sa lassitude de la civilisation »[290], mais bien « la volonté de méditer sur la finalité de la vie »[291], de répondre aux cris d'angoisse de l'homme contemporain, perdu dans un monde où il recherche son âme, enfin le désir d'atteindre cet état mystique. Celui-ci est obtenu, en général, à la suite d'une ascèse méthodique qui cherche à créer une sorte de vide en soi, car il faut passer par une sorte de « nuit obscure ». Nu'ayma a connu ces « nuits obscures », il s'est senti étranger à lui-même, méprisable, « engagé dans un tunnel ténébreux, envahi par des questions angoissantes et foudroyantes : qui suis-je ? D'où suis-je venu ? Où vais-je ? De Dieu ? A Dieu ? Mais qui est Dieu ? Quel est le sens de l'existence ?... Les ténèbres s'épaississaient alors, le tunnel devenait de plus en plus étroit et aucune réponse ne m'arrivait !... Une rapide éclaircie suivit cette nuit obscure et « le chercheur de la vérité » que j'étais, sentit la sérénité de celui sur qui Dieu se penche pour l'étreindre ainsi que toute la création. A cet instant, comme emporté par l'extase mystique, je me suis senti uni à la nature environnante, ne faisant, avec elle, qu'un corps et qu'une âme s'étendant jusqu'à l'infini »[292].

A l'exemple du mystique chrétien, Nu'ayma sait concilier « la prière, l'action et l'ascétisme, les trois lignes principales de la mystique chrétienne »[293], nourries par une constante nostalgie pour la solitude, la méditation et « la contemplation mystique qui n'est pas du tout négation de la réalité, mais plutôt sa transfiguration consciente et définitive dans la réalité du Tout »[294]. Cette nostalgie de retrouver la nature libanaise, *al-šuḫrûb, Baskinta* et le *Ṣannîn*, l'a harcelé dans ses dernières années de vie aux U.S.A. De retour à *Baskinta*, assis face au *Ṣannîn*, il décrit cette nostalgie suprême; *al-ḥanîn al-akbar*, qui l'habite et la compare à une fièvre qui s'empare de tout l'être. Elle envahit le cœur et le purifie de toutes ses scories, le rend étranger au monde, tel un aigle fait pour les grands espaces et que l'on enferme dans un poulailler. La nostalgie libère son imagination. Celle-ci réveille sa foi et la foi l'élèvera au-dessus de son monde ancien et étroit et le conduira à la montagne pour y être purifié des derniers atomes de doute. Enfin, la foi conduira le frère de la nostalgie suprême au sommet de cette montagne et le livrera à la compréhension qui, elle, le conduira à la liberté de ce sommet qui est la demeure de Dieu englobant tout l'univers, et de l'Homme Vainqueur, *al-insân al-mutaġallib*[295].

(290) *Ġirbâl*. 3,522.

(291) *Ṣawt*. 5,347.

(292) *Sab'ûn*. 1,236, 251-252.

(293) *La mystique*. p.144.

(294) B. Pirone. op.cit.p.66.

(295) *Mirdâd*. 6,756-761.

N'est-ce pas là la victoire finale que recherche tout mystique ? Victoire sur lui-même et victoire sur le monde pour s'unir à la divinité ?

5. Conséquences de la mystique chez Nuʿayma

Poursuivant sa contemplation de la nature, de la vie et des merveilles de Dieu dont il s'est senti entouré dès le premier instant de son existence(296), Nuʿayma s'efforce de surmonter les innombrables oppositions qui l'entourent : le bien et le mal, la santé et la maladie, l'amour et la haine, la foi et l'athéisme, la force et la faiblesse, le repos et la fatigue, l'abondance et la privation, la joie et la peine, la sérénité et la crainte, l'espoir et le désespoir, la connaissance et l'ignorance, la lumière et les ténèbres, la vérité et le mensonge, la beauté et la laideur, la confiance et la méfiance, la vie et la mort(297). Puis, il exhorte ses auditeurs à s'engager sur cette voie, qui est « l'unique sagesse propre à résoudre les antinomies de la raison »(298), et à goûter la paix d'un cœur qui abrite côte-à-côte « les sentiments et la raison pour les envoyer ensemble sur les ailes de l'imagination porter leur message de fraternité au monde entier »(299). Le cœur du poète, transformé en une vaste oasis(300), devient une demeure paisible à la fois pour l'ange et pour le démon(301), incarnation du bien et du mal, « le bien qui réside dans l'obéissance à la volonté de Dieu et l'abandon de l'être séparé de l'Etre de Dieu, alors que le mal consiste à s'opposer à cette volonté divine et à vouloir rester séparé de son Etre »(302). Il devient aussi « la pulsation du Créateur et de la créature, le rassembleur de l'éternité sans commencement et de l'éternité sans fin..., la monture des peines et des joies..., le berceau de la vie et la tombe de la mort, l'autel des désirs et le *miḥrâb* de l'espoir »(303).

Parvenu à cette étape de sa longue marche mystique, l'auteur de *Mirdâd* ne pense pas avoir atteint le but. Dans son chant du cygne, *Naǧwa-l-ġurûb*, il remercie Dieu pour le chemin parcouru et s'abandonne à Lui pour l'étape suivante. « Mon Dieu, je suis ton enfant ! Les potentialités

(296) *Naǧwâ.* 9,341.

(297) *Marâḥil.* 5,108. Ǧubrân a exprimé cette réconciliation entre les innombrables antagonismes dans *le Prophète.* Cité par A.G. Karam. Malâmiḥ al-adab. p.121.

(298) J. Chevalier. op.cit.p.188. Et l'auteur détaille ces antinomies qui sont d'un ordre plus métaphysique et spirituel que celles vaincues par Nuʿayma. Ibid.

(299) T. Milḥès. op.cit.p.80-81.

(300) *Hams.* 4,35.

(301) Ibid. p.58.

(302) *Naǧwâ.* 9,368.

(303) *Arqaš.* 4,409-410.

énormes que tu as mises en moi sont encore au stade de l'enfance !... et c'est Toi qui t'en occupes, non pas moi »(304). Cette confiance redonne à son cœur sa jeunesse et son ardeur :

« Mon cœur débordant de la grâce de la *Maḥabba* se remet à chanter !

«Et Lorsque mon soleil s'approche du couchant, tout mon être se réjouit !

« Et j'en conclus fermement que son coucher sera un lever »(305) !

6. Nu'ayma est-il vraiment mystique ?

Après ce rapide tour d'horizon du long pèlerinage spirituel du fils de *Baskinta*, pouvons-nous conclure qu'il est authentiquement mystique ? Et mystique chrétien ? Oui, répond T. Milḥès dans son ouvrage consacré à M. Nu'ayma(306). « Nu'ayma est réellement mystique : mystique dans ses mœurs, *aḫlâquh*, ses désirs et son espérance; mystique dans son combat incessant et dans la profonde conscience de la responsabilité qu'il assume envers l'homme »(307) et envers l'humanité. Nous retrouvons chez lui les éléments de toute mystique : « La passivité sentie, la conscience de Dieu, l'illumination et l'inspiration »(308).

A l'exemple de Maître Eckhart, Nu'ayma a restitué à la religion « son caractère mystique». Pour M. Eckhart, comme pour Nu'ayma, l'essence de la vie religieuse, c'est l'amour, la fusion intérieure avec toutes choses créées... »(309). Mais, nous savons, en tant que chrétiens, que « c'est dans l'Eglise, dans la communion des saints, dans la vie sacramentelle de la communauté que toute mystique individuelle acquiert un sens vraiment chrétien »(310). Or, Nu'ayma s'est rallié aux mystiques chrétiens, non aux dogmes de l'Eglise qui, au cours du dix-neuvième siècle et de la première partie du vingtième, a fait preuve d'un dogmatisme hautain. Elle a donné le primat aux dogmes et à la connaissance sur l'amour. Nu'ayma s'est coupé du Corps Mystique du Christ, qu'il dépouille de sa divinité, par l'absence de toute vie sacramentelle. «Son attitude en face de l'institution ecclésiale

(304) *Nağwâ*. 9,366. Nous trouvons un processus semblable chez al-Qašânî pour qui « L'homme se remet volontairement à Dieu et se décharge sur Lui de son existence personnelle : c'est le *tawakkul;* en retour « Dieu le prend en charge et devient son *wakîl*. cf. R. Deladrière. *Hommage à Henri Laoust*. p.4.

(305) *Nağwâ*. 9,437.

(306) *M.Nu'ayma, al-adîb al-ṣûfî*. Beyrouth (1964).

(307) Ibid. p.33.

(308) J. Mouroux. *L'expérience chrétienne*. p.56.

(309) *Alpha. La grande encyclopédie universelle en couleurs*. Paris. p.2094.

(310) Jean Meyendorff. *L'Eglise Orthodoxe*. p.177.

rappelle ce qu'écrivait Dostoïevski dans la légende du Grand Inquisiteur des *Frères Karamazov*... Il ne fait aucun doute qu'entre l'ordre institutionnel de l'Eglise et l'esprit de prophétie, il opte pour la prophétie »(311).

D. Conclusion

Au terme de cette étude de la place qu'occupe la mystique dans la vie et l'œuvre des deux écrivains chrétiens libanais, il reste à nous poser une dernière question : à quel type de mystique se rattachent-ils ? A la mystique de salut ou hiératique ? Ou à la mystique de sagesse ou théorétique »(312). Ayant refusé tout salut par un sang étranger au leur et niant plus ou moins explicitement la divinité du Christ, Ǧubrân et Nu'ayma s'excluent eux-mêmes de la mystique de salut ou hiératique et se rattachent à la mystique théorétique dans laquelle « l'homme n'est pas sauvé par un autre que lui-même : c'est lui-même qui se sauve »(313).

IV. D'autres voies vers Dieu

Ǧubrân et Nu'ayma proposent encore d'autres chemins qui conduisent à Dieu. En tête les deux amis placent :

1. La personne humaine

« Pour savoir en quoi consiste la vie personnelle de Dieu, la Bible nous indique la voie : s'élever à Dieu à partir de la création qu'Il a faite à son image et ressemblance, c'est-à-dire la personne humaine»(315). Bien-aimée Mary, dit Ǧubrân à son amie, Dieu m'a beaucoup donné à travers toi. Quelle bénédiction pour toi d'être une main de Dieu ! Et que je suis comblé de connaître cette main et d'en être le bénéficiaire »(315) ! Ǧubrân est reconnaissant à Dieu pour tout ce qu'Il lui accorde par la médiation de Mary. Ces dons s'étendent à tous les domaines. C'est pourquoi nul ne doit mépriser un frère ni se laisser arrêter par un extérieur rugueux et même repoussant. Tout homme, même « celui que vous jugez si médiocre et si ignorant, est un messager de Dieu venu pour vous enseigner à vivre joyeusement dans la souffrance et à acquérir la connaissance par

(311) R. Arnaldez. *Les valeurs humaines.* p.7.

(312) Ce sont les deux types de mystique qui existent selon le Père. A.J. Festugière. *Hermétisme et Mystique.* Aubier-Montaigne (1967), p.27.

(313) A.J. Festugière. op.cit.p.27.

(314) F.M. Genuyt. *Le mystère de Dieu.* p.91.

(315) *Beloved Prophet.* Lettre du 17.6.1922. p.389.

l'ignorance »[316]. Car la voie la plus large et la plus sûre vers Dieu est la voie de l'amour fraternel[318]. C'est la route qui lui est tracée de toute éternité[319]. Nu'ayma l'affirme avec véhémence par la voix de Mirdâd: « Vous devez avoir pitié de tous les hommes sans distinction de race ou de nation, ils sont votre viatique dans votre voyage vers Dieu »[320]. Et « tant que vous n'avez pas trouvé la voie qui conduit au cœur des hommes, il vous sera impossible d'atteindre le cœur de Dieu »[321]. C'est là le point capital : « Seul peut pénétrer le cœur de Dieu celui qui croit fermement que le cœur de l'homme est la porte qui le conduit au cœur de Dieu »[322].

Dieu ne s'est pas présenté à notre monde avec «sa carte de visite» de Dieu. Il s'est présenté comme un homme. Ayant revêtu la nature humaine, le Christ est venu nous tracer cette voie. Bien plus, il a dit qu'il l'est lui-même. « Tu es la Voie, ô Fils de l'homme, dit Nu'ayma à Jésus, tu es la Vérité et la Vie. Personne ne peut arriver à ton Père et à son Royaume si ce n'est par toi. Aucun esprit ne peut se libérer du pouvoir de la lumière si ce n'est par la connaissance de la vérité. Celui qui connaît la Vérité est libéré par elle, et celui qui est libéré par la Vérité est vainqueur de la mort. Et celui qui suit ton enseignement connaît la Vérité »[323]. Mais « la révélation de Dieu ne consiste pas (seulement) dans les paroles dites par le Christ, elle consiste dans la totalité de sa présence et de sa manifestation dans le monde. Il nous dévoile sur la croix le mystère d'amour de Dieu en même temps qu'il nous dit le dernier mot sur Dieu : « J'ai manifesté ton nom aux hommes ». Ceux-ci deviennent porteurs et « sacrements de Dieu »[324]. Ils sont chargés à leur tour de Le manifester à leurs frères. L'homme moderne devient de plus en plus sensible à cet aspect de la révélation divine. Certes, affirme à nouveau Nu'ayma,

(316) *Sagesse*. p.81.

(317) *Ḥadîqa*. p.463.

(318) *Rasâ'il ḥubb Ǧubrân*. 3,6.

(319) *Ḥadîqa*. p.463.

(320) *Mirdâd*. 6,704.

(321) Ibid. p.717. Et W. Blake ajoute : « Le culte à rendre à Dieu consiste à honorer ses dons dans les hommes ». *Complete Writings*. p.158.

(322) *Ṣawt*. 5,349.

(323) *Marâḥil*. 5,36. cf. *Jean*. 14. Passim.

(324) Selon l'expression de Jacques Jullien. *Où va la morale ?* Croire Aujourd'hui. Juin 1978. p.338.

« l'homme est la voie de l'homme vers Dieu, comme il est la voie de l'homme vers son frère. Qu'il est ignorant alors celui qui cherche Dieu ailleurs qu'en l'homme et en soi-même »(325). Depuis l'aventure de l'Incarnation, pour nous chrétiens, le chemin qui conduit à Dieu, c'est le prochain, les autres, tous les autres, sans aucune distinction de race, de culture ou de religion. Et en choisissant Marie, une fille des hommes, pour être la mère du Christ, Dieu donne une dignité suréminente à l'homme, puisqu'Il a voulu que son Fils dépende de lui.

Les obstacles sur cette voie vers Dieu sont très nombreux. Le premier, c'est la haine qui sépare l'homme de son frère ou de la chose détestée. Or, tant que « nous sommes séparés d'une personne ou de quelque chose, nous demeurons séparés de Dieu présent dans l'homme et dans toute chose »(326). Il en est de même de la jalousie, de l'ambition, de l'orgueil, de l'amour de l'argent et du plaisir... qui sont autant d'entraves à l'esprit que d'obstacles à la présence de Dieu(327). C'est pourquoi l'homme doit prier et supplier Dieu de le rendre digne de Le chercher et de Le voir dans chaque créature(328). Il doit purifier son cœur par « le silence, la solitude et la contemplation »(329), par « l'amour et la compréhension »(330). Seul un cœur pur et « lumineux peut déchirer les voiles de la vie, nous conduire à la Lumière Eternelle (331) et nous faire voir Dieu dans toutes les créatures qui nous entourent, à l'exemple de Zakî Qunṣul (1919-) qui faisait monter cette prière vers Dieu lors de la mort de sa fille Souad, âgée de huit mois :

« Mon Dieu, je T'ai adoré, sourire éblouissant sur ses lèvres »(332).

2. *L'Amour*

L'amour vrai constitue une autre voie pour rencontrer Dieu. Cette rencontre se fait dans une écoute du cœur et un accueil d'amour qui fait

(325) *Yawm.* 3,143.

(326) *Zâd.* 5,222. « Seule la charité unit les hommes à Dieu », assure Ǧubrân. *ʿAwâṣif.* p.430.

(327) cf. tout son livre *al-Awṯân,* Les idoles.

(328) *Zâd.* 5,154.

(329) *Ṣawt.* 5,349. *Arqaš.* 4,359.

(330) *Mirdâd.* 6,651.

(331) *Durûb.* 6,79.

(332) Cité par I. al-Nâʿurî . Adab al-Mahǧar. p. 113. cf. Math. 19, 13-16.

tomber les masques, les préjugés et les méfiances et crée une atmosphère de paix et de joie. Toute la philosophie de Ǧubrân est construite sur « la marche de l'homme vers Dieu "dans", "à travers" et "avec" l'amour »[333]. Cet amour lui inspire même une nouvelle conception de Dieu : un Dieu-Mère. « La plupart des religions parlent de Dieu au masculin, chez moi, Dieu est Mère comme Il est Père; bien plus, Il est Père et Mère à la fois »[334]. Et comme tout père et toute mère Dieu veut que nous allions à Lui comme des fils. Cette filiation ne peut se réaliser que dans l'amour[335]. Le porte-parole de Nu'ayma, Mousâ-l-'Askarî, l'a fortement vécue lors de sa première rencontre avec celle qui allait devenir sa femme : « Nous nous sommes élevés au-dessus des Chérubins et des Séraphins et nous nous sommes sentis dans les bras de la Toute-Puissance de qui nous vient toute chose. Cette Puissance nous étreignit et nous l'étreignîmes tout comme la lumière enlace la lumière »[336].

Quant à Ǧubrân, il voit en cet amour le trait d'union entre tout ce qu'il y a dans l'homme et tout ce qu'il y a dans l'existence[337]. De son côté, Nu'ayma le compare à un pont qui relie l'homme à Dieu et à ses frères[338]. Sans cet amour, la vie ne peut subsister. Disons même que la vie de l'homme n'est plus humaine quand elle ne peut plus s'appuyer sur l'amour. Et lorsque « cet amour de charité habite les cœurs, il les transforme en trônes pour Dieu »[339], ce qui fait dire à Ǧubrân dans son discours au peuple d'Orphalèse : « Quand vous aimez, vous ne devez pas dire : « Dieu est dans mon cœur » mais plutôt « Je suis dans le cœur de Dieu »[340]. Il évoque ainsi l'Ecriture dont il est nourri : « Dieu est Amour; Celui qui demeure dans l'amour demeure en Dieu et Dieu demeure en lui »[341].

---

(333) J. Ghougassian. op.cit. p. 45.

(334) *Ǧubrân*. 3,84. Puis, il ajoute : « On atteint Dieu-Père avec la raison et l'imagination, mais la voie vers Dieu-Mère c'est l'amour ». Ibid. p.85. En ce qui concerne l'aspect maternel de Dieu-Mère, cf. Sliri Aurobindo. *La Mère*. Paris 75006. Passim, et Ma suryananda Lakshmi. *Quelques aspects d'une sadhana*. Paris 75014. p.11-34.

(335) *Hawâmiš*. 6,16.

(336) *Yawm*. 2,102.

(337) *al-Šâḏlî al-Sâkèr. al-Ḥubb, al-'Amal al-Ṯaqâfî. 16.10.1981 (Tunis).*

(338) *Zâd*. 5,222.

(339) *Sab'ûn*. 1,283.

(340) *Le Prophète*. p.15.

(341) *1 Jean*. 4,16.

3. Peut-on parler d'amour sans y joindre l'art, la beauté, la poésie, le travail et le don de soi ?

Parlant avec un ami, Ǧubrân lui dit : « L'art est la voie la plus courte vers Dieu »[(342)]. Il est « un pas de la nature vers l'Infini »[(343)]. C'est pourquoi, lorsqu'il peint, l'auteur du *Prophète* essaie d'insuffler à son œuvre une présence et une vie... tout en restant très disponible à l'inspiration divine. En effet, il est convaincu « qu'il ne dessine que des ébauches, des introductions. Le tableau parfait n'est créé que par Dieu »[(344)]. Cette perfection n'est perçue que par les cœurs purs et les yeux en recherche de « la beauté qui détourne le cœur des objets faits de bois et de pierre pour l'orienter vers la Montagne Sainte »[(345)]. La mission confiée à l'artiste et au poète est alors claire : être un éveilleur et un éducateur de cette beauté dans le cœur et l'âme de leurs frères, et un instrument de Dieu auprès d'eux : « Etes-vous une âme douée, en qui Dieu a placé une viole afin qu'elle berce l'esprit de musique céleste et rapproche les hommes de la Vie et de la Beauté ? Si oui, vous êtes un flambeau éclairant notre chemin, une tendre aspiration de nos cœurs et une révélation du Divin dans nos rêves »[(346)]. Dès lors, l'art suprême, selon Nuʿayma, est celui qui découvre à l'homme l'image et la ressemblance de Dieu en lui[(347)] ainsi que la merveille et la beauté de la création[(348)]. Que révèle cette beauté, flambeau éclairant les routes, à ceux qui l'écoutent et la suivent ? Que leur conseille-t-elle ? Tout d'abord de « libérer leur imagination de toutes ses entraves »[(349)], puis de « la laisser agir, car elle est leur guide divin vers les merveilleux trésors cachés dans l'Etre Infini qui habite l'homme »[(350)], et vers cette « œuvre visible et parfaite de Dieu qu'est la beauté »[(351)]. Ce

(342) *Ǧubrân.* 3,272.

(343) *Ramal.* p.199.

(344) *Ǧubrân.* 3,45. Ailleurs, il ajoute : «Tous les éléments... constituent un chemin au bout duquel Dieu apparaît à notre conscience ». *Beloved Prophet.* Journal du 22.5.1920. p.336.

(345) *Le Prophète.* p.33.

(346) *Sagesse.* p.30.

(347) *Bayâdir.* 4,509.

(348) Ibid. p.477-483.

(349) *Zâd.* 5,128.

(350) *Mirdâd.* 6,622.

(351) *Sagesse.* p.29. Pour Nuʿayma, la beauté répandue par Dieu dans l'univers est une nourriture spirituelle. *Zâd.* 5,140, et constitue une voie vers Dieu. *Yawm.* 2.174. C'est pourquoi à la vue de la beauté incarnée dans son fils, une mère se prosterne et glorifie Dieu. *Damʿa.* p.340.

guide divin les conduira « au cœur de la beauté, de l'amour et de la vérité, au cœur de Dieu »[352] ! Dès lors, Nu'ayma les exhorte à suivre ce guide avec des cœurs forts qui ignorent la crainte[353] et à respecter la voie que trace cette Imagination à chacun de ses enfants[354]. Ce respect se manifestera par un amour sincère qui accepte l'autre pleinement, tel qu'il est, sans préalable, sans réticence et sans se laisser décevoir, un amour gratuit qui rachète et sauve tout. En effet, l'amour vrai « est un trésor si inestimableque grâceà lui, on peut conquérir le monde entier et racheter non seulement ses péchés à soi mais aussi ceux des autres»[355]. Cela doit, comment s'exprimera cet amour ? Par le travail[356] et le don de soi. Le travail est une grâce propre à l'homme. Il est l'échelle par laquelle il monte vers Dieu..., le lien le plus fort et le plus durable entre l'homme et la création d'une part et entre l'homme et ses frères d'autre part[357]. Il l'intègre dans la création toujours inachevée et le rend collaborateur du Dieu Créateur. Le travail n'est plus considéré seulement comme un gagne-pain, un châtiment du péché ou un devoir d'état, mais comme la participation à la construction d'un monde où l'homme est partenaire autonome et libre de Dieu»[358].

Quant au don de soi, il est à la source de tous les autres chemins qui mènent à Dieu car c'est précisément le chemin que Dieu lui-même a emprunté pour venir à l'homme. Il s'est donné lui-même, c'est pourquoi Il a pu dire par la bouche de son Fils « Il n'est pas de plus grand amour que de donner sa vie pour ses amis »[359], de la donner jusqu'au bout et sans compter. Car Dieu aime celui qui donne joyeusement, généreusement et gratuitement. « Il en est , dit Ǧubrân, qui donnent et ne ressentent ni douleur, ni joie et ne sont pas conscients de leur vertu; ils donnent comme dans la vallée là-bas le myrte exhale son parfum dans l'espace. Par les mains

---

(352) *Zâd.* 5,128.

(353) *Mirdâd.* 6,622.

(354) *Bayâdir.* 4,468.

(355) Dostoïevski. *Les Frères Karamazov.* Livre de poche (1972), 1,64.

(356) Le travail est l'incarnation de l'amour, dit Ǧubrân. *Le Prophète.* p.28.

(357) *Arqaš.* 4,425. Le Prophète. p.27. *Beloved Prophet.* p.312 et 216.

(358) cf. *Le Prophète.* p.26. Même affirmation chez Marcel Jousse qui refuse de voir dans le travail une malédiction. « Le travail, la plus grande noblesse de l'homme », dit-il, *M. Jousse, Introduction à sa vie et à son œuvre.* Par Gabrielle Baron. Casterman (1965), p.98. Et J. de Baciocchi ajoute : « il est un aspect de la ressemblance avec Dieu ». op.cit.p.132.

(359) *Jean.* 15,13.

de tels êtres, Dieu parle, et à travers leur regard Il sourit à la terre »[360]. Ailleurs, il rappelle que c'est la nature qui apprend à l'homme le vrai sens du don[361]. Celui-ci consiste à tout donner et à se donner soi-même. Car, seul « celui qui a donné le tout peut gagner le Tout »[362]. C'est ce même témoignage que rend Nu'ayma à Dieu Puissance et Vie. Cette Puissance est toujours la même car Elle se donne sans compter. Et dans la mesure où généreusement l'homme se donne à Elle et lui donne tout ce qu'il a et tout ce qu'il est, il se rapproche d'Elle et La gagne pleinement. Et l'homme n'apprendra à aimer la Vie que lorsqu'il saura La donner sans calculer et sans espérer aucune récompense[363], à la manière de « l'Amour qui offre en holocauste l'être aimant à l'être aimé et celui-ci à celui-là sans jamais disparaître et sans que son holocauste ne disparaisse »[364].

Au don de soi se joint la souffrance. « Celui qui ne gravit pas le sommet du Golgotha... et ne boit pas la coloquinte, *al-'alqam*, et le vinaigre..., celui qui ne sent pas dans son pain le goût de la souffrance, celui-là ne connaîtra jamais Dieu » affirme Eliâs Abû Šabaké[365]. Quant à Ǧubrân et Nu'ayma, ils encouragent leurs frères à faire bon accueil à la souffrance car d'une part elle est salvifique du fait qu'elle rappelle à l'humanité que son bonheur est ailleurs[366] et d'autre part, elle est présentée à l'homme par « la main bienveillante de l'Invisible. Et la coupe que cette main offre, bien qu'elle brûle vos lèvres, a été façonnée de l'argile que le Potier a mouillée de ses propres larmes sacrées »[367]. Nu'ayma en a fait l'expérience. Dans ses souffrances physiques (ses deux chutes en 1895 et en 1958)[368] comme dans ses souffrances morales (mort de Ǧubrân, puis celle de son frère et de ses deux parents[369], il voit la main du Guide Suprême le conduire avec douceur et bonté et le protéger de toutes les embûches.

(360) *Le Prophète*. p.22.

(361) *Le Prophète*. p.73. Nu'ayma, lui, a appris ce don total de sa contemplation de la mer. cf. *Zâd*. 5,147.

(362) *Yasû'* p.291.

(363) *Zâd*. 5,186.

(364) *Bayâdir*. 4,483.

(365) S. Labakî. *Lubnân al-Šâ'ir*. Beyrouth (1964), p.213. Même affirmation chez Jung. *L'homme et ses symboles*. p.225.

(366) *Zâd*. 5,163. Ce qui ne signifie pas le rejet du monde, car celui-ci est aussi une œuvre de Dieu.

(367) *Le Prophète*. p.53.

(368) *Nûr*. 5,623-624. *Sab'ûn*. 1,829-831.

(369) *Sab'ûn*. 1,575, 627, 692-693, 737-738, 771-773.

« A celui dont le cœur cherche Dieu, toutes les voies conduisent à Lui » avait affirmé Nu'ayma[372]. Car à « celui qui sait regarder, il n'est rien dans le monde qui ne montre Dieu »[371]. Ǧubrân et Nu'ayma furent, à leur manière, de ces chercheurs inlassables de Dieu. Ils ont su Le voir autour d'eux, dans la beauté de la création, dans le regard et l'amour des hommes, dans leur travail, leur souffrance et dans tout ce qui fait leur vie[372].

Conclusion

Nous voudrions conclure ce chapitre par une remarque : Nu'ayma et Ǧubrân ont essayé d'aller à Dieu en « chrétiens universalistes ». Ils ont emprunté toutes les voies mises à leur disposition par la Providence, et en premier lieu la Nature. Tout au long de leur vie, ils ont expérimenté l'affirmation « d'Etienne Gilson, ce catholique d'obédience thomiste : «Mieux nous connaîtrons la Nature, mieux nous pourrons connaître Dieu »[373]. Pour les deux amis, la mission de la Nature est de montrer, désigner le Créateur et en témoigner comme le confessait une amie à J. Maritain[374]. En désignant Dieu, la Nature invite à le connaître . Or, « plus l'homme avance dans la Connaissance plus il s'approche de Dieu » déclare Nu'ayma[375]. Dire que cette connaissance de Dieu n'est jamais parfaite et qu'elle est insuffisante, ne signifie pas qu'elle soit fausse ou que l'homme puisse soutenir n'importe quoi, mais seulement qu'il est en marche vers Dieu qui est la Connaissance Parfaite, et comme tout marcheur, il ne doit jamais s'arrêter en route. C'est pourquoi les deux amis adoptèrent la voie mystique pour les conduire au cœur de la Connaissance, au cœur de Dieu. Mais comme nous l'avons déjà signalé, ils sont restés à la phase intellectuelle du mysticisme (comme de la connaissance), profane et cosmique sans chercher à se greffer au Corps Mystique du Christ par la pratique rituelle. Toutefois, notons avec René Guénon, que l'homme peut acquérir la vraie connaissance divine (et avancer dans les voies mystiques), même sans observer les rites prescrits. Ceux-ci ainsi que divers modes

---

(370) *Mirdâd*. 6,793.

(371) H. de Lubac. *La pensée religieuse*. p.38.

(372) Ǧubrân et Nu'ayma signalent encore quelques autres moyens de relation à Dieu que nous verrons : la prière, les vertus théologales, la mort...

(373) Cité par H. de Lubac. *La pensée religieuse*. p.132.

(374) cf. J. Maritain. *Les degrés du savoir*. p.552.

(375) *Aḥâdîṯ*. 9,736.

particuliers de méditation peuvent aider, mais à vrai dire, ils n'ont rien d'essentiel[376].

S'étant détournés de l'Eglise, Corps Mystique du Christ, Ǧubrân et Nu'ayma ne se détournent pas du Christ et de son message. Fortement nourris et profondément marqués par l'Evangile, ils ont misé leur vie et leur œuvre sur la personne humaine, « cette créature "capable" de Dieu... du fait que seule elle a pu se charger du Dépôt divin »[377]. Ils en ont fait la voie par excellence pour atteindre Dieu, convaincus qu'ils sont, que l'œuvre de Dieu passe par chacune de ses créatures, que Dieu va à l'homme par l'homme et qu'à son tour l'homme va à Dieu par l'homme. Ils ont eu le grand mérite de rappeler à tous leurs frères que la connaissance de Dieu, son amour et l'union à Lui ne sont le privilège de personne. Les voies qui conduisent à Lui sont innombrables, elles sont toutes tracées par sa bienveillante bonté paternelle et celui qui Le cherche avec un cœur pur et sincère a l'assurance de Dieu même de Le trouver. Dès lors, au nom de la grande famille humaine dont ils sont solidaires, ces deux « Pèlerins de l'Absolu» peuvent faire monter cette prière vers le Ciel: «Seigneur, Dieu et Père, tout ici-bas, autour de nous, autour des hommes, par nos yeux d'admiration et de contemplation, par nos mains, par tout notre corps et par nos vies, tout ici Seigneur nous parle de Toi. C'est tout ce soleil qui nous dit Ton Nom, car c'est à Ton Image qu'il est pour nous la lumière et la chaleur... En ce ciel si bas, uniforme de gris, nous Te retrouvons Toi le Seigneur... Et les hommes aussi, Dieu, nous disent Ton Nom. Ils sont dans leur vie même le témoignage de Ta vie. Tu es plus profond que le plus profond des regards.

« Par cette terre si dense où reposent nos vies, nous Te bénissons Toi notre Dieu. Pour la vie que tu donnes à ce qui nous entoure, pour nous permettre encore de voir et d'admirer, de chercher et découvrir, pour nos yeux, nos mains et nos corps, pour la terre et le ciel, pour tout ce que Tu es, Tu es béni Seigneur Notre Dieu »[378].

---

(376) René Guénon. *L'homme et son devenir.* p.187-186 (sic).

(377) Selon al-Qašânî, cité par R. Deladrière. *Hommage à Henri Laoust.* p.3.

(378) F. Chagneau. *Reste avec nous.* p.51-52.

DEUXIEME PARTIE

LE CHRIST

DANS LA PENSEE ET L'OEUVRE DE ǦUBRÂN ET DE NU'AYMA

« O Seigneur de l'Amour !
O Seigneur de nos désirs silencieux !
Le cœur du monde bat à l'unisson du Tien».

Ǧubrân.. Yasû' .p. 356.

« O mon Christ, ta Croix est mon bouclier,
ton amour est ma protection,
ton Evangile est la voie de la Vérité.
Que mon amour pour Toi intercède pour moi
auprès de Toi».

Nu'ayma... Masîḥ. 9,336.

Introduction

Notre époque est perplexe en ce qui concerne Jésus. Beaucoup de nos contemporains vont à Dieu sans passer par le Christ(1). D'autres s'intéressent à lui, mais le regardent simplement comme un homme exemplaire dont ils peuvent s'inspirer, «le grand exemple humain qui a le mieux accompli la «métamorphose» de la nature humaine en nature divine», selon l'affirmation de Ǧubrân(2).

Qui est ce Jésus que nous appelons Christ ? Qui est ce Jésus qui a coupé l'histoire en deux et en est devenu «la charnière»(3)? Lorsqu'on est sensible à l'humanité fascinante de Jésus, comme le sont les deux penseurs libanais, Ǧubrân et Nu'ayma, comment peut-on aller jusqu'au bout de la question de son identité, du mystère de sa personne, de sa mort et de sa résurrection ? Comment avancer dans la réponse à la question : «Pour vous, qui suis-je» ?

La réponse à cette question se compose de quatre chapitres qui, à partir de l'œuvre de Ǧubrân et de Nu'ayma, traiteront progressivement:

1. De la personne du Christ «ce grand inconnu qui fait du Christianisme lui-même cet inconnu que chacun sait»(4).
2. Du message de Salut prêché par le Prophète de Nazareth.
3. De l'Economie du Salut consommé sur le Croix et par la Résurrection.
4. Et enfin du retour du «Fils de l'Homme» et des fins dernières de l'homme et de l'humanité.

---

(1) ou du moins pensant ne pas passer par lui car, tous les hommes sont membres du Christ, soit explicitement s'ils sont chrétiens, soit implicitement s'ils ne le sont pas.

(2) Cité par J. Ghougassian. op. cit. p. 47.

(3) Selon l'expression de Hegel, citée par V.Messori. *Hypothèses sur Jésus*. Paris (1978), p. 42.

(4) Selon l'expression de H.Küng, citée par V.Messori. op.cit.p. 17.

CHAPITRE UN

LA PERSONNE DU CHRIST

Le Christ a été constamment travesti et masqué selon les accoutrements de chaque mode. Aussi, au temps des «lumières», Jésus est un sage, un maître éclairé qui prêche Dieu et la vertu. Au temps du romantisme, il se transforme en un génie religieux dramatique. Le kantisme en fait un moraliste, le créateur d'une éthique. Pour le socialisme et le communisme, il est le leader capturé et rendu inoffensif par les Eglises. Le nazisme le transforme carrément en prototype de l'arien(5).

Ǧubrân et Nu'ayma prennent place parmi «les post-chrétiens» qui entendent marquer leur distance à l'égard de l'Eglise, mais qui restent attachés à la personne du Christ. Jésus est le souci permanent de Ǧubrân, le souci inhérent à sa vie. Quant à Nu'ayma, il commence son livre sur le Christ par ces mots: «Je témoigne, ô mon Christ, que tu es constamment présent dans ma vie depuis l'instant où j'ai pris conscience de mon existence jusqu'à cette heure (1974). Mais la place que tu occupais dans ma vie quand j'avais cinq ans est différente de celle que tu occupais quand j'en avais cinquante et bien plus différente encore de celle que tu occupes aujourd'hui alors que j'ai dépassé les quatre vingts»(6). Cette différence est due au fait qu'à mesure que Ǧubrân et Nu'ayma avançaient dans la vie, un sourd malaise grandissait en eux vis-à-vis du visage doctrinal et ecclésial de Jésus. Ils ont alors cherché à lui substituer un autre portrait, fruit de leur expérience personnelle et de leur méditation des évangiles(7). Leur

(5) V. Messori. op. cit. p. 109. Voir d'autres interprétations de la personne de Jésus: Walter Kasper. *Jésus le Christ*. Paris (1976), p. 41. Sur le malaise christologique contemporain, voir *Jésus-Christ, Fils de Dieu*. Albert Dondeyne. Bruxelles (1981), p. 13-49.

(6) *Masîḥ*. 9,183.

(7) A. G. Karam note dans son livre, *Muḥâḍarât sur Ǧubrân*, p. 28.: «Le seul livre arabe que Ǧubrân emporta avec lui lorsqu'il émigra en Amérique fut l'Evangile». Cité par G.F.Brâkès. op. cit. p. 326. De son côté, Nu'ayma affirme que «l'unique lampe qui le guide c'est l'Evangile» cf. *Sab'ûn*. 1,271.

attachement au Christ, leur foi en lui et l'amour qu'ils lui portent ne sont pas à mettre en cause. Aussi nous essayerons d'esquisser tout d'abord un tableau d'ensemble de la personne du Christ pour en faire ressortir les traits dominants qu'en ont retenu les deux amis. Le second point traitera du mystère de l'Incarnation, des deux natures humaine et divine de Jésus, du rôle qu'a joué Marie dans la réalisation du plan de Dieu et de la place qu'elle occupe dans la vie et l'œuvre des deux écrivains libanais. La vie cachée de Jésus fera l'objet du troisième et dernier point.

I- Le Christ de Ǧubrân et de Nu'ayma.

1. Jésus: un sujet inépuisable.

Pourrait-on trouver un sujet qui ait autant intéressé les écrivains, au long des siècles, comme celui de Jésus? Des centaines d'auteurs[8] anciens et modernes, croyants et incroyants, bienveillants ou de mauvaise foi, l'ont étudié comme un esprit divin, un homme idéal, un envoyé céleste, un exemple du mystique, de l'initié, du perturbateur, bref, chacun s'est fabriqué un Jésus pour son usage personnel et le plus souvent sur la base de sa formation culturelle, de son tempérament et de ses préférences idéologiques dans la vie. C'est ainsi que Nu'ayma assure qu' «il n'écrit pas pour les théologiens ou inspiré par eux, mais tout simplement parce qu'il est inspiré par son amour illimité pour Celui qui est venu annoncer aux hommes le Royaume des Cieux et leur tracer la voie vers ce Royaume»[9]. Quant à Ǧubrân, son projet d'écrire un livre sur Jésus, «comme personne ne l'a jamais fait auparavant»[10], remonte aux années 1909-1910 lors de son séjour à Paris. C'est durant ce séjour qu'il eut l'occasion de lire *la Vie de Jésus*, d'Ernest Renan[11]. Pour présenter «son Jésus», Ǧubrân fait parler soixante-dix sept personnages, hommes et femmes, tous contemporains de Jésus. Chacun parle selon ses penchants et ses goûts, ou plus exactement selon les penchants et les goûts de l'auteur lui-même. Celui-ci se défend d'écrire en tant que théologien ou en tant qu'historien. Il veut écrire un livre sur les multiples relations que Jésus a nouées avec ses disciples et ses premiers témoins. Aussi l'écrit-il en tant que «poète et artiste qui parle de Jésus avec un cœur plein d'admiration, d'amour et d'adoration»[12].

(8) Cf. Messori. op. cit. p.7., et *Ǧubrân*. 3,254.
(9) *Masîḥ*. 9,200.
(10) Cité par G.F.Brâkès. op. cit. p. 362. «Ǧubrân veut créer une image de Jésus qui remplacerait son image traditionnelle. Il veut insister sur la mission humaine de Jésus trop négligée par les théologiens qui ne se livrent qu'à des discussions doctrinales propres à distraire les gens de l'essentiel de cette mission». R. Ġurayyèb. op. cit. p. 262-263.
(11) Notons que Nu'ayma a lui aussi lu cet ouvrage. cf. *Sab'ûn*. 1,239.
(12) *Ǧubrân*, 3,257. Même affirmation chez Ǧ.Ǧabr. cf. *Ǧubrân, sîratuhu* p. 171-172.

2. *Comment naquit l'attachement de Ǧubrân et de Nu'ayma à Jésus ?*

a. Un cheminement parallèle.

Cet attachement des deux amis à Jésus n'a rien d'étonnant. Le milieu familial a largement collaboré à le faire naître et à le faire grandir. Leurs mères respectives étaient très croyantes et pratiquantes. Le nom de Jésus figurait (et figure encore de nos jours) parmi les quatre premiers mots qu'une maman, arabe chrétienne, apprend à son petit(13). La prière du matin et du soir se faisait en famille. «Les Psaumes de David qui annonçaient la venue du Christ seront ce que Ǧubrân retiendra le plus dans son adolescence»(14). Son village natal était riche en monuments religieux et en églises, comme en manifestations religieuses communautaires à l'occasion des fêtes. Il est donc tout à fait normal et naturel que des enfants qui baignent dans une telle atmosphère de piété populaire sentent en eux un penchant spécial pour Jésus. Dès leur jeune âge, toute leur dévotion se polarise sur lui. «Jésus occupe toutes mes pensées»(15), affirme Ǧubrân car il est «l'être suprême, le sage le plus grand qui ait jamais foulé notre terre, lui, Jésus, notre Seigneur et notre frère, Jésus le Fils de l'homme»(16).

Comment les jeunes Ǧubrân et Nu'ayma expriment-ils cette affection pour Jésus ? Un matin de vendredi saint, Ǧubrân, âgé alors de cinq ans, demande à se joindre à son demi-frère, Pierre, et ses amis pour aller à la montagne souffrir avec le Christ et ramasser des fleurs pour les déposer sur son cercueil lors de la cérémonie de sépulture à l'église(17). Devant leur refus de l'emmener avec eux, l'enfant part tout seul et passe la journée dans les champs à «souffrir avec Jésus». Le soir, ne le voyant pas rentrer, sa mère va à sa recherche et le trouve assis au cimetière. Il explique qu'ayant trouvé l'église fermée, il est venu ici chercher la tombe du Christ pour y déposer sa gerbe de fleurs(18).

«Jésus en Croix», c'est aussi la première icône qui s'est gravée dans l'imagination de Nu'ayma lorsque sa mère l'emmenait à l'église, porté sur

(13) Les quatre mots sont: *bâbâ, mâmâ, Yasû', 'azrâ'* (prononcé *aḏra*): papa, maman, Jésus et Vierge.

(14) G.F. Brâkès. op. cit. p. 361.

(15) F. 'Atoui. op. cit. p. 36.

(16) B. Young. op. cit. 97.

(17) Selon une vieille tradition répandue dans les églises d'Orient, l'office du vendredi saint s'achève par une véritable cérémonie de sépulture. Le Christ est descendu de la croix et mis dans un cercueil que les fidèles s'empressent d'orner des fleurs, cueillies spécialement par les enfants. Le cercueil est déposé au pied d'un reposoir. Le samedi saint, les fidèles viennent le vénérer puis de là vont visiter le cimetière.

(18) *Ǧubrân*. 3,33-34.

ses épaules. Lui aussi, devant le refus de ses frères de le prendre avec eux à l'église, essaie de les rejoindre tout seul[19].

Cette dévotion des deux amis pour leur grand frère Jésus va les accompagner tout au long de leur vie. Jésus devient leur modèle surpême, le moteur de leur vie et de leur œuvre[20]. Le désir de lui ressembler s'intensifie de plus en plus. Mais à partir de là, leurs chemins se séparent.

b. Une démarche plus personnelle.

Fasciné par la figure du Christ, Ǧubrân se compare à lui et se demande «pourquoi ne serait-il pas, lui, le Jésus du vingtième siècle? ou bien sa réincarnation[21]? Pourquoi n'accepterait-il pas la souffrance, la solitude comme l'a fait le Christ? Et pourquoi ne consacrerait-il pas sa vie et son œuvre à combattre les hypocrites et à annoncer sa mission spirituelle? Tout cela amena le Nazaréen à devenir le mobile et le but de la vie de Ǧubrân. Du Christ part l'appel et vers lui se dirigent et convergent toutes les forces.

Dans son atelier, sur le mur ouest, pend une toile représentant Jésus crucifié. En 1920, il écrit à Mary a propos d'un tableau de la *Tête du Christ*: «Ce tableau signifie pour moi infiniment plus que ce que tu me dis. Après avoir fait ce dessin du bien-aimé Jésus, j'ai senti qu'il était plus près de mon cœur que n'importe quelle autre chose»[22].

Du dessin, Ǧubrân passe à la parole. Tous ses héros deviennent des icônes du Christ. Ils méditent sa parole[23], parlent en son nom et prêchent son Evangile[24]. Dans *Yuḥanna-l-maǧnûn*, l'auteur parle avec beaucoup de vénération de l'Evangile «plein de vérité et d'esprit»[25], et invite la foule à méditer l'enseignement du Christ, gardien fidèle et bon pasteur[26]. Arrêté et conduit pour être jugé, son héros garde le silence à l'exemple de son Maître[27]. Dans sa prison, il ressent calme et sérénité, assuré qu'il

(19) *Sab'ûn*. 1,28.

(20) Pour être digne de Dieu, Ǧubrân recommande de prendre Jésus pour guide et de suivre sa voie. J. Ghougassian. op. cit. p. 48.

(21) Dans une lettre à Mary, il écrit que Jésus et lui sont nés le même jour. «Jésus est né en réalité le 6 Janvier» et Mary ajoute «c'est la date de naissance de Ǧubrân lui-même». Cité par T. Sâ'iǧ. *Aḍwâ'*. p. 60.

(22) *Beloved Prophet*. Lettre du 19-7-1920. p. 336.

(23) *Yuhannâ*. p. 71. *Ḫalîl*. p. 134 et 160.

(24) *Yuḥannâ*. p. 78.

(25) Ibid. p. 70.

(26) Ibid. p. 78.81.

(27) Ibid. p. 80.

est de l'assistance de Jésus de Nazareth[28]. Ḫalîl al-Kâfir est renvoyé du couvent pour avoir voulu vivre à l'exemple de son Maître, alors il répète avec lui: «Les renards ont des tanières et les oiseaux du ciel ont des nids, mais le Fils de l'Homme n'a pas où reposer sa tête»[29]. Au nom de Christ et de la loi d'amour qu'il est venu instaurer sur terre, Ǧubrân prend la défense des faibles et des opprimés[30], au point qu'à sa mort, Šukr Allâh al-Ǧarr s'écrie: «Il est mort, celui qui, comme le Christ, a vécu avec un cœur débordant de pitié pour les malheureux, essuyant toute larme et rendant l'espoir aux désespérés»[31]. C'est aux pieds du Christ crucifié que Salma Karâmé, l'héroïne de ses rêves, cherchait force et consolation[32]. A l'exemple de Salma, la plupart des héroïnes de Ǧubrân ont Jésus pour refuge et pour secours. Dans leur malheur elles s'agenouillent dans le silence de la nuit devant l'image de Jésus pour y déverser le trop plein de leur cœur et puiser la force du lendemain.

Dans son article *al-ṭifl Yasû' wa-l-ḥubb al-ṭifl*, l'enfant Jésus et l'amour enfant, le fils de *Bcharré* glorifie la Parole de Vie. *Kalimat al-Ḥayât*, qui était dès le début auprès de l'Esprit... et s'est incarnée... dans les bras d'une Vierge. «Par son incarnation, cette Parole a transformé ma vie. Celle-ci était tristesse et elle est devenue bonheur pour finir par être allégresse, car les bras de l'Enfant ont enlacé mon cœur et étreint mon âme»[33].

A la fin de la deuxième période de sa vie, son attachement au Christ prend une nouvelle dimension. «Le Christ devient pour Ǧubrân une personne inséparable de sa propre personne»[34]. Il s'identifie tellement à lui dans *le Prophète* qu'un «écrivain américain, Berzabayyen, apprenant le décès de Ǧubrân, s'écrie: «Si j'étais de ceux qui croient à un nouveau retour du Christ, j'aurais eu la ferme conviction qu'il est revenu dans la personne

---

(28) Ibid. p. 35. cf. aussi: T. Zakka op. cit. p. 31.

(29) *Ḫalîl*. p. 127. Notons que Ḫalîl a eu plus de pouvoir et de succès auprès des hommes que son Maître car il a réussi à triompher du fanatisme et de la tyrannie par la seule magie du verbe, aussi n'eut-il pas besoin de mourir sur une croix ou de mourir déchu comme le protestant As'ad al-Šidyâq. cf. K. Ḥâwî. op. cit. p. 141.

(30) *Yuḥannâ*. p. 79. *Arâ'is al-murûǧ*. Passim. Sallûm Mokarzell écrivait à propos de Ǧubrân : «Comme Jésus justifiait Zachée le pauvre percepteur d'impôts qui confessait humblement ses fautes devant Dieu, de même Ǧubrân comptait parmi les sauvés les millions d'hommes de toutes races, langues, croyances qui n'avaient pas été baptisés par l'eau et l'Esprit». B.young. op. cit. p. 41.

(31) Cité par Ḥ.Mas'ûd. op. cit. p. 774.

(32) *Aǧniḥa*.p. 232.

(33) *Dam'a. P. 324-325.*

(34) G.F. Brâkès. op. cit. p. 331.

de Ǧubrân»[35], et qu'un autre auteur le considère comme «une étincelle de l'Esprit du Christ lorsqu'il prêchait et enseignait du haut de la montagne»[36]. Toute sa vie, le fils de *Bcharré* demeure fidèle à Jésus et à son message. Mais sa conception du message et du Messager se modifie avec l'évolution de sa pensée.

Qu'en est-il de son ami Nu'ayma ?

Fasciné lui aussi par le Christ, Nu'ayma le prend pour «guide et sauveur»[37]. Jésus devient le grand frère qu'il admire, imite, aime et à qui il recourt dans les difficultés. Malheureux d'avoir perdu son canif, désespéré devant l'inefficacité de toutes ses recherches, le jeune Miḫâ'îl, âgé alors de sept ans environ, se tourne vers le Christ. «J'ai alors prié avec ardeur et foi, suppliant le Christ de me conduire vers mon trésor égaré. El le Christ ne me déçut point»[38]. Six ans plus tard, Nu'ayma arrive à Nazareth. Il considère ce voyage et les quatre années qu'il va passer dans la ville de Marie et de Joseph comme une grande faveur du Christ. En effet, «ces années furent les plus douces de ma vie. Que de fois je me suis imaginé foulant la même poussière que Jésus, buvant à la même source, respirant le même air, abrité par le même ciel, attentif aux mêmes cantiques de la nuit et m'entretenant du plus profond de mon cœur avec le même Père auquel s'adressait Jésus»[39].

Le jeune séminariste de Nazareth ne se contente pas de se remémorer la vie terrestre de Jésus. Il emprunte les mêmes voies que son Maître emprunta, il y a dix-neuf siècles, de Nazareth au Lac de Tibériade[40]. Il boit l'eau du lac et mange de ses poissons. Il traverse ses sables jusqu'à Capharnaüm en passant par Magdala, le village de Marie Madeleine. Tout au long de la route, il chemine avec Jésus et les foules qui l'accompagnaient. Il revit ses miracles et sa prédication du haut de la montagne[41].

L'attachement du fils de *Baskinta* à Jesus ne s'exprime pas seulement par ces pèlerinages aux lieux qui touchent de près ou de loin à la vie de

---

(35) Cité par Ḥ. Mas'ûd, op. cit. p. 584.

(36) *Ibid. p. 601. «Y a-t-il une preuve plus convaincante de l'attachement de Ǧubrân à la personne de Jésus que le rôle qu'il joue sous le nom d'al-Musṭafa, dans son livre Le Prophète*? La prophétie du poète puise sa matière première de l'image qu'il s'est faite du Christ par sa pensée puis par son crayon et enfin par sa plume, et de sa grande admiration pour lui» ? G.Mâǧid. *Bayn Ǧubrân wa-l-Ṣâbbî*. al-Fikr. Février 1979. p. 619-620.

(37) *Sab'ûn* 1,129.

(38) *Sab'ûn* 1,84.

(39) *Masîḥ*. 9,236.

(40) Nu'ayma rappelle ici tous les faits passés au bord du lac. cf. *Sab'ûn*. 1.131.

(41) *Sab'ûn* 1,84; 130 et 132, *Masîḥ*, 9,237-238.

Jésus[42]. Certes celui qui fait un pèlerinage accomplit une démarche religieuse très louable, mais il risque parfois de s'arrêter aux sentiments et de ne satisfaire qu'une certaine émotivité. C'est pourquoi Nu'ayma va plus loin, car un profond sentiment religieux l'anime et Jésus en est le centre et le mobile. «Miḫâ'îl, prends garde d'oublier que tu es là en présence du Christ»[43]. C'est par ces mots qu'il ravivait son amour pour son grand frère Jésus. Durant ses promenades, il se retirait souvent pour méditer sur la vie de Jésus et de ses disciples, le prier et se confier à lui[44].

Ces moments de solitude et de retraite spirituelle devaient se multiplier durant son séjour en terre sainte. «Imaginer, dit-il, un jeune garçon, croyant comme je l'étais, passer une journée et une nuit au sommet du Mont Thabor avec pour unique spectacle le visage du Christ transfiguré... Le sentiment que j'avais alors de sa proximité et de mon intimité avec lui était indescriptible»[45].

Certes il est relativement facile de se sentir uni au Christ lorsque tout va bien et que la nature, celle-là même où vécut le fils de Marie, vous y porte. Mais continuer à l'aimer et à lui manifester son attachement lorsque la souffrance s'abat sur vous, les soucis et les préoccupations vous envahissent et que tout devient ténébreux, cela est autrement plus difficile. Que fait alors Nu'ayma ? Qu'a-t-il fait au moment de la maladie et de la mort de son frère Nasîb? Il a appelé Jésus à l'aide: «Où es-tu ô Jésus? Je t'appelle, ne m'entends-tu pas? ... Fais un miracle ô Jésus, rends la santé à mon frère»[46]. Mais le miracle n'eut pas lieu. Nasîb mourut. Alors Nu'ayma se tourne de nouveau vers le Christ pour y chercher force et consolation. Ecoutons-le se confier au Christ: «Au moment de l'épreuve, il me plaît d'élever une croix dans mon cœur et de te clouer dessus, puis de contempler ton visage irradié par la lumière du «Royaume» lorsque du haut de la croix tu as appelé ton Père: Père, entre tes mains je remets mon esprit»[47].

Cette confiance inébranlable qu'il a dans le Christ, Nu'ayma veut la communiquer aux autres. A celle qu'il appelle «son ange gardien», sa nièce Mayy, il fait ce reproche au moment où les bombes s'abattaient sur la capitale libanaise: «Pourquoi avoir peur, mon enfant? N'es-tu pas chrétienne?

---

(42) *Sab'ûn* 1,129-130.
(43) Ibid. p. 127.
(44) Ibid. p. 128.
(45) *Sab'ûn* 1,130.
(46) Ibid. p. 692.
(47) *Marâḥil.* 5,42. reprenant *Luc.* 23,46.

Crois au Christ et ne crains rien»[48], adoptant ainsi la même attitude que le Christ à l'égard de ses apôtres lors d'une tempête en pleine mer: «Pourquoi avez-vous peur, gens de peu de foi» ?

Cette confiance en Celui qui est constamment présent au cœur de la vie des hommes s'exprime chez certains par le don total d'eux-mêmes à son service. Nu'ayma le sait et au jeune homme qui lui demande conseil sur sa décision d'embrasser la vie sacerdotale, il répond: «Tout ce que je peux te dire c'est que c'est une grande chose d'aimer le Christ au point de consacrer ta vie à répandre son enseignement et imiter sa vie... Je te conseille d'aimer le Christ de toutes tes forces et d'approfondir, dans la mesure du possible, son message»[49].

Aimer Jésus de toutes ses forces et approfondir son message, toute sa vie, le fils de *Baskinta* s'attachera à le faire. Mais comme son ami Ǧubrân, sa conception du message et du Messager évolue avec l'évolution de sa pensée. Voyons maintenant quelles sont les images que nous donnent les deux amis de leur grand'frère Jésus.

3. Les images du Christ.

a. Existe-t-il une «image» évangélique de Jésus? Dans aucun des quatre évangiles faisant partie du canon des Ecritures, nous ne trouvons un portrait physique de Jésus[50]. En effet, «les évangiles s'adressent à des publics plus ou moins divers et puisent dans des traditions partiellement autonomes: autant de raisons pour diversifier leurs points de vue et les accents forts qu'ils placent dans leur présentation de Jésus»[51]. Cette diversité dans les points de vue a donné dans le présent comme dans le passé de nombreuses images de Jésus dans notre monde plus ou moins marqué par la référence au Christ et au Christianisme. De fait, les diverses images qu'offrent les innombrables études faites sur Jésus, même la plus pauvre et la plus caricaturale, comportent une part inaliénable de vérité et montrent combien pouvait avoir raison un «Ricciotti lorsqu'il observait, sur un ton polémique, qu'accepter telle quelle la figure de Jésus des évangiles, ou l'effacer en partie ou tout à fait, c'est là une conclusion que

---

(48) Henri Zuġayyèb. *Yawm fî šayḫûḫat M. Nu'ayma wa-l-šâ'ir al-Qaroui*. al-Nahâr al-'Arabî wa-l-douali. 1981. n° 199. p. 54.

(49) *Rasâ'il*. 8,576-577.

(50) cf. le souhait de Nu'ayma dans ce domaine. *Masiḥ*. 9,185.

(51) J. de Bacciochi. op. cit. p. 14, cf. également E. Renan. op. cit. p. 421-422. Enfin, pour ce qui concerne la question des représentations du Christ, cf. le très important ouvrage d'Ouspensky. *Théologie de l'icône dans l'Eglise Orthodoxe*. Paris. (1980).

dictent surtout des critères philosophiques assurément peu historiques»[(52)]. Certes, «on peut refuser de croire en la divinité de Jésus, on peut se dire sincèrement incapable de l'accepter. Jamais on ne conteste la grandeur unique de la personnalité du Christ»[(53)].

Du fait de leur éducation, de leur milieu, de leur formation et de leur tempérament humain et spirituel, Ǧubrân et Nu'ayma considèrent Jésus comme l'un des plus grands «hommes» que l'humanité ait connu. Ils posent sur lui un regard de respect, d'admiration et de fascination. Et dans leur amour pour lui et par fidélité à son enseignement, les deux amis s'attachent à retrouver sa vraie figure qui a été dénaturée par ses disciples et ses adeptes.

b. La première image que donne Ǧubrân de celui qui «fut son grand modèle et l'idéal de sa vie» est celle qu'il s'est faite de lui dans ses rêves. En effet, dans ses lettres à Mary et dans leur journal, Ǧubrân parle souvent des visions qu'il a du Christ. Dès 1908 et durant quinze ans, il a souvent la visite de Jésus dans son sommeil. Etait-ce là une influence de W.Blake, de Renan, de Dostoïevski, de Ramakrishna et de bien d'autres qui voyaient Jésus dans leurs rêves[(54)]? Peu importe, vrais ou faux, «les rêves du fils de *Bcharré* expriment une préoccupation constante du Christ[(55)] et lui permettent de brosser le portrait de son frère Jésus.

De façon générale, Jésus lui apparaît au Liban[(56)], au moins deux fois par an et jamais plus de quatre. La toute première fois, Ǧubrân l'a vu sur le bateau qui le ramenait en Syrie, tout près de *Bcharré*. Mais cette fois-là, ils ne se parlèrent pas. Souvent, il ne se souvenait pas de ses paroles,

---

(52) V.Messori. op. cit. p. 32.

(53) H.Le Saux. *Sagesse Hindoue*. p. 124. Pour souligner cette grandeur de Jésus, Ǧubrân affirme: «Il n'y a que les forts de ce monde qui gagnent la victoire. Tandis que Jésus a été courponné par ses amis comme par ses ennemis à l'insu de ces derniers». *Yasû'*. p. 307.

(54) G.Gobillot souligne: «Comme Ǧubrân, Blake avait des visions du Christ et des personnages bibliques» op. cit. p. 16. cf. également E.Renan. op. cit. p. 12. Dostoïevski. *Crime et Châtiment*. Paris, (1961), p. XXI. Quant à Ramakrishna, voici comment cela s'est passé: «En 1885, après avoir médité pendant trois jours la vie de Jésus, une figure humaine apparut à Ramakrishna et il entendit une voix intérieure appeler cette vision: «Rédempteur, «Amour Incarné», «Maître Yogi». cf. A.J. Cuttat, *Expérience chrétienne*. Dans *La Mystique*. p. 892-893.

(55) G.F. Brâkès. op. cit. p. 364. Barbara Young ajoute: «Qui sommes-nous pour douter des paroles de Ǧubrân ? (Il venait de dire: Trois fois, je l'ai vu notre Seigneur et notre Frère, et j'ai parlé avec lui). Est-ce que Jésus lui-même n'a pas dit à ses disciples: «Ces choses-là, vous les ferez et vous en ferez de plus grandes parce que je vais à mon Père» ? *This man*. p. 95.

(56) Barbara Young. op. cit. p. 98.

à l'exception de deux fois. Or, même s'il ne «se souvient pas des paroles échangées avec Jésus»[57], Ǧubrân assure que leurs relations étaient amicales[58]. «Une fois, dit-il, je lui ai présenté du cresson. Jésus le mangea avec délice, puis s'agenouilla près de la rivière et but profondément... après quoi, il poursuivit simplement son chemin. Comme il marchait, il retourna la tête et me regarda avec un sourire, un regard de compréhension et de joie, la joie d'avoir partagé un plaisir»[59].

Dans certains rêves, Ǧubrân s'attache particulièrement à peindre le portrait physique de Jésus. «Je vis Jésus venir à moi. Il avait le même visage qu'il a toujours eu: un visage de type arabe, un nez aquilin, des yeux très noirs, profonds et larges... Son teint était brun et il respirait la santé... Sa chevelure était abondante et noire... La tête nue comme toujours. Il portait une tunique flottante, marron, avec une corde autour de la taille. Il avait des sandales grossières, lourdes et ordinaires»[60]. Ses visions du Christ dictent à Ǧubrân les grands traits d'une vie de Jésus qu'il se préparait à écrire[61].

La première image de Jésus qui se dégage des visions de Ǧubrân et de sa vie de Jésus, *Yasû' Ibn al-Insân*, est réellement celle d'un fils de l'homme qui a pleinement vécu sa vie humaine, «un homme qui n'a laissé aucune coupe d'extase humaine sans y avoir bu, ni aucune angoisse humaine sans l'avoir embrassée dans sa divinité»[62]. Il a participé à des noces[63]. Il a aimé et s'est fait aimer[64], «à ce point qu'après sa mort, on ne cessera de l'aimer»[65]. Il a aimé la nature et tout ce qui est beau[66]. Il a prêché aux hommes le pardon et l'a pratiqué lui-même. Parlant à une amie, Salomé lui dit: «J'ai confiance et j'ai l'assurance qu'il m'a pardonné d'avoir dansé pour obtenir la tête de son ami»[67]. Il a prêché la joie et était lui-même joyeux: «Rachel, l'une des ses disciples, le décrit comme quelqu'un qui rit à plein poumons même lorsque la tristesse se dessinait dans ses yeux et se mêlait à sa voix»[68], tandis que l'une des Marie qui

---

(57) *Beloved Prophet*. Journal du 10-01-1914. p. 171.
(58) T.Sâgèġ. op. cit. p. 58-60.
(59) *Beloved Prophet*. Journal du 27-5-1923. p. 405.
(60) Ibid. p. 170 et 405 .
(61) B. Young. op. cit. p. 170-171. cf. aussi *Beloved Prophet*. Lettre du 7-02-1912. p. 64.
(62) Barbara Young. op. cit. p. 96.
(63) *Yasû'*. p. 223, 225, 285.
(64) Ibid. p. 214.
(65) Renan. op. cit. p. 417. Puis l'auteur ajoute: «Là fut son chef-d'œuvre et ce qui frappa le plus ses contemporains». Ibid.
(66) cf. le témoignage du poète grec Romanos. *Yasû'*. p. 263.
(67) *Yasû'*. p. 251.
(68) *Yasû'*. p. 255.

le suivait, le dépeint souvent triste, d'une tristesse qui se transformait en sourire(69)... En d'autres termes, il est le modèle de tout homme et sa vérité. Il révèle et réalise en même temps, par sa manière de vivre et de parler, ce que l'homme porte de meilleur en lui, à savoir cet idéal d'amour total vers lequel il tend sans jamais l'atteindre. En effet, Ǧubrân considère Jésus comme «l'être le plus humainement illuminé et le plus divinement informé qui ait jamais visité cette planète, un être d'une sagesse et d'une puissance illimitées et incommensurables, un très grand poète, un personnage de pouvoir qui rend solitaire, un homme dont le concept des dons et des responsabilités humaines était complet et convaincant»(70).

La deuxième image est celle d'un Jésus puissant et fort tel que l'auteur du *Prophète* le voit dans ses rêves: «Il marchait comme un homme face à un vent puissant, mais il était plus fort que le vent.. Il portait la tête haute, et sur ses traits, j'ai aperçu sa vaste détermination»(71). Cette vision du Christ est en contradiction avec celle des chrétiens qui confessent que Jésus est né pauvre, qu'il a vécu dans la pauvreté et qu'il est mort sur une croix, comme les criminels, dans les affres de la souffrance et de l'abandon. Le fils du pays des cèdres rejette cette image du Christ car «il est impossible que celui que les chrétiens ont divinisé, et que lui-même appelle «le génie des générations, *nâbiġat al-aǧyâl*»(72), soit plus faible qu'eux devant l'épreuve et qu'il ait besoin de leur compassion. Un homme tel que Jésus de Nazareth, en qui la tempête de l'existence s'est incarnée... et qui représente l'Etre Idéal, ne peut être faible, résigné à la tristesse et condamné à la mort par la force»(73). Non. «Jésus n'a pas vécu misérable et craintif. Il n'est pas mort souffrant et plaintif, mais il a vécu comme un révolutionnaire, il fut crucifié comme un rebelle et mourut tel un héros»(74). Et «lorsque l'heure de la crucifixion fut passée, il descendit de sa croix et s'en alla, comme un puissant à la conquête des générations... remplissant la terre de sa gloire et de sa beauté»(75). Car il ne fut pas un

(69) *Yasû'*. p. 261-262.
(70) Barbara Young. op. cit. p. 95-96. cf. *Yasû'*. p. 262.
(71) Barbara Young. op. cit. p. 171.
(72) *'Awâṣif*. p. 422.
(73) H.Ġassân. op. cit. p. 310-311. Ǧubrân rejette également le Jésus du Coran «humble et soumis». cf, R.Arnaldez. *Jésus, fils de Marie, Prophète de l'Islam*. Paris (1980), p. 137. Voir les raisons que donne Ǧubrân pour expliquer cette attitude des chrétiens. *Beloved Prophet*. Journal du 7-9-1920. p. 345.
(74) *'Awâṣif*. p. 378. cf. aussi *Yasû'*. p. 248, 249, 270; et *Baṯṯa*. 2,613.
(75) *'Awâṣif*. p. 395. Ǧubrân se contredit lui-même. Dans son livre *Yasû'*, il exprime son admiration pour cet homme qui a conquis le monde par une croix de bois. Cité par Ǧ. Ǧabr. *Ǧubrân, Sîratuhu*. p. 205. Et parlant de la civilisation du XXème, il dit: «Elle sera détruite comme l'a été la civilisation romaine par les mains de cet homme doux.. le Christ». H. Ġassân. op. cit. p. 227-228, et Ḥ. Mas'ûd. op. cit. p. 688.

oiseau aux ailes brisées mais un ouragan qui brise toutes les ailes tordues[76]. Il n'a pas eu peur de ses ennemis et de ceux qui le persécutaient, il ne s'est pas plaint devant ses bourreaux mais il était libre[77].

En insistant sur la liberté de Jésus devant ses ennemis, Ǧubrân fait écho à l'Evangile qui nous dépeint le Christ s'offrant lui-même à ceux qui venaient l'arrêter. Jésus, et sans doute lui seul, s'est abaissé de lui-même. Il n'a jamais cédé à une quelconque fatalité, il n'a pas subi un destin qui lui aurait été imposé du dehors. Quand il a pris la condition d'esclave et accepté la mort sur une croix, il l'a fait en souverain, et non en surhomme comme le voudrait Ǧubrân[78]. De fait, avec *Yaŝu' Ibn al-Insân*, Ǧubrân ne désavoue pas l'idée fondamentale du philosophe allemand dans ce sens que c'est l'humanité du Christ qui prime en fait sur sa divinité[79].

La divinité du Christ mise à part, nous nous demandons avec Nu'ayma, comment Ǧubrân a pu faire de Nietzsche son compagnon. «Il est vraiment étonnant, dit Nu'ayma, que Ǧubrân, qui n'a vénéré aucun maître de l'humanité ni aucun de ses prophètes comme il a vénéré Jésus, ait pu accompagner, même pour un temps, un homme comme Nietzsche qui a essayé de démolir la gloire du Christ et la grandeur de sa mission»[80] et qui l'a tourné en dérision au point de l'identifier à «un âne adoré et encensé»[81]? Nu'ayma répond: «Ǧubrân a réussi à concilier sa vénération pour Nietzsche et son amour pour Jésus en faisant de celui-ci le surhomme prêché par celui-là»[82].

Pour conclure disons que malgré la tentative avortée de concilier le Christ de l'Evangile bon, miséricordieux, ami des pauvres, pleinement

---

(76) Barbara Young souligne: «Le même courroux qui brûlait en Jésus chassant les vendeurs du temple, brûle aussi en Ǧubrân». op. cit. p. 40-41.

(77) *'Awâṣif*. p. 378.

(78) *Beloved Prophet*. Journal du 7-9-1912. p. 98. Et ailleurs Ǧubrân dit à Mary que selon lui «Nietzsche était l'intellect occidental qui se rapprochait le plus de l'intellect du Christ et que Nietzsche haissait le Christianisme parce qu'il représentait la mollesse». *Beloved Prophet*. Journal du 7-9-1912. p. 86. H. de Lubac a également comparé Jésus et Nietzsche. cf. *De la connaissance de Dieu*. p. 67.

(79) cf. G. Gobillot. op. cit. p. 14-15.

(80) *al-Maǧmû'a al-kâmila al-'arabiyya*. p. 26. *Ǧubrân*. 3,176. Et F. 'Aṭoui ajoute «Nietzsche a regardé Jésus pour lui déclarer la guerre car il a vu en lui le symbole de la faiblesse, tandis que Ǧubrân s'est passionné du Christ car il a vu en lui le symbole de la puissance». op. cit. p. 73.

(81) F. Nietzsche. *Ainsi parlait Zarathoustra*. p. 355.

(82) *al-Maǧmû'a*. p. 26. Quant à F. 'Aṭoui il affirme que le seul point commun entre Ǧubrân et Nietzsche réside dans leur tentative de concilier la puissance d'une part et le mysticisme d'autre part. op. cit. p. 73.

humain et le surhomme de Nietzsche, Jésus reste pour Ǧubrân ce qu'il a été depuis toujours et le restera pour l'humanité: l'être sublime, suprême et idéal.

c. Voyons maintenant l'image, ou les images, de Jésus que nous présente le fils de *Baskinta*. Une donnée s'impose à l'évidence: Nu'ayma est beaucoup plus discret, dans ce domaine, que son ami, et par là il est beaucoup plus proche des évangiles[83]. Les détails lui importent peu. Ce qui l'intéresse en premier c'est l'enseignement du Nazaréen[84]. Aussi, toutes les figures du Christ, anciennes et contemporaines, il les ramène à sa mission, cause et mobile de sa grandeur humaine: «On a dit un nombre incalculable de choses sur Jésus. Certains ont renié son existence. D'autres ont cru en lui tout en le traitant de magicien. D'autres enfin ont dit qu'il était dans l'erreur. Les uns en ont fait un Dieu, d'autres un homme et d'autres enfin un homme-dieu. Ma foi, continue Nu'ayma, tout cela n'est que la preuve évidente que cet homme était un aspect extraordinaire des divers aspects de l'univers»[85]. Mais, soucieux de vérité, et animé par un grand amour pour son frère aîné, Jésus, Nu'ayına ne s'arrête pas à cette constatation. Il va plus loin et s'attache à redonner à Jésus la place qui lui revient, car pour lui Jésus est une individualité à retrouver, à restituer, tant il a été déformé par la religion même dont il a été l'auteur.

La première icône du Christ qui a marqué le jeune Miḫâ'îl l'a aussi beaucoup gêné car: «ses couleurs étaient sombres, l'homme avait une barbe épaisse, un visage aux traits tirés et des yeux sévères, sans pitié ni miséricorde»[86]. Pour comprendre les raisons de ce malaise, il faut nous rappeler que le Christ des Orientaux c'est le «Ressuscité», le «Glorieux» tandis que le Christ des Occidentaux est davantage le «Sauveur», le «Rédempteur». Or, l'accent mis sur le seul Christ Sauveur a conduit bien

---

(83) Notons que Nu'ayma a reproché à Ǧubrân d'avoir déformé l'Evangile, animé qu'il était par le souci de présenter Jésus «tel qu'il le voyait lui-même» *Ǧubrân*. 3,257. Sur le Jésus de Ǧubrân et celui des évangiles, cf. Joseph Merhi al-Yammouni. op. cit. p. 138-145. Le reproche de Nu'ayma à son ami n'empêchera pas que, quarante ans plus tard, lorsqu'il écrira son livre sur le Christ, *min waḥy al-Masîḥ, Nu'ayma lui-même interprètera certains épisodes de l'Evangile de la façon qui servira le mieux ses idées. cf. Masîḥ*. 9,267-271. Nous y reviendrons.

(84) De son côté, B.Pirone, voit que «dans toute la vie et la mission du Christ, Nu'ayma a vu la primauté d'un profond respect et d'une grande admiration du Christ pour l'homme; et dans un certain sens on peut dire que Nu'ayma s'est intéressé à la figure et au rôle du Christ justement en fonction d'une clarification plus problématique et plus exhaustive de l'homme lui-même». op. cit. p. 69.

(85) *Ǧubrân*. 3,263.

(86) *Sab'ûn*. 1,28.

souvent à un Christianisme doloriste et culpabilisant, climat qu'on ne retrouve pas en Orient. Il est donc tout à fait normal et naturel que Nu'ayma, qui cherche et trouve refuge et consolation auprès du Christ, ne s'arrête à Jésus en Croix que comme une étape précédant immédiatement la Résurrection et annonçant la gloire du Ressuscité. «Fuyant les visages humains, je cherche refuge auprès du visage du Nazaréen après qu'il eut crié: «Elie, Elie» et prononcé ses dernières paroles: «Tout est accompli ! Père, entre tes mains je remets mon esprit»(87). Pourquoi cet attachement à ce visage du Christ d'au-delà des souffrances et de la mort ? Parce que «dans ce visage, dit l'auteur, je lis la synthèse de la mission du Prophète de Galilée, mission écrite en lettres de lumière. Et voici ce que je lis: «Je suis la Voie, la Vérité et la Vie. Nul ne va au Père sans passer par moi»(88).

Après cette brève profession de foi, Nu'ayma s'attache à développer les raisons de sa vénération pour cette figure du Christ qui fascine tant d'hommes, chrétiens et non-chrétiens. J'aime ton visage, ô Jésus, ce visage qui ne connut point le sourire, mais seulement les larmes et les souffrances dans leurs diversités. Je l'aime, car j'y vois derrière de nombreux visages tous beaux et purs. Mais le tien est le plus beau, le plus pur et le plus sublime(89).

Quelles sont les caractéristiques de ce visage ? Celles-ci ressortent de son livre *Min Wahy al-Masîḥ*, Inspiré par le Christ, et de bien de pages de son œuvre. Parmi ces nombreuses pages, nous nous arrêterons particulièrement à une, tirée de son livre *al-Marâḥil*, et plus précisément à son hymne aux troix visages qui l'ont le plus marqué, à savoir le visage de Bouddha, celui de Lao-Tseu et enfin le visage multiple que nous allons décrire, celui de Jésus. Cette page a été méditée, vécue puis décrite par un homme dont le Christianisme, bien que coupé de l'Eglise traditionnelle, était d'autant plus exigeant qu'il le voulait à l'image de l'idéal évangélique.

Le premier visage qui apparaît dans cette page est celui de la sérénité, *waǧh al-ṭuma'nîna qui*, debout sur la montagne, prêche les Béatitudes et donne la charte du Royaume nouveau(90). Cette première caractéristique

(87) *Marâḥil*. 5,31.
(88) Ibid. p. 31-32. Et Ǧubrân de se demander : «Quel est l'homme faible qui dirait de telles paroles» ? *Yasû'*. p. 248.
(89) *Marâḥil*. 5,42. Ce credo de Nu'ayma fait écho à celui de Dostoïevski. cf. *Les Frères Karamazov*. 2,503.
(90) *Marâḥil*. 5,42.

du visage du Maître est le reflet du Christ tel que le voit la spiritualité orthodoxe à laquelle Nu'ayma est rattaché[91].

Cette sérénité découle de la véracité et lui est intimement liée. Aussi au visage serein succède le visage véridique, *wağh al-ṣidq*, dressé face au mensonge[92].

Il y a également le visage de la justice céleste, *wağh al-'adl al-samâwî*, qui envoie ses rayons sur la justice terrestre prescrivant de lapider la femme adultère. Dans les paroles du Christ aux scribes, Nu'ayma lit «la bonté du Maître, sa miséricorde envers la faiblesse humaine et sa condamnation de la sévérité de la justice humaine»[93].

Le visage du Maître prêchant le Royaume de l'esprit à ses disciples se dresse face à l'incompréhension de ces derniers qui, nourris d'ambition et assoiffés de pouvoir cherchent à savoir lequel, parmi eux, sera le premier ministre dans ce Royaume. Cette prédication de Jésus qui a de toute évidence provoqué depuis le commencement l'admiration, la fascination et l'enthousiasme, mais aussi l'incompréhension, le scepticisme, le scandale et la haine, offre à Nu'ayma un nouveau visage du Christ: le visage de l'Envoyé, *wağh al-rasûl*, venu apprendre aux hommes que Dieu est Père, Amour infini et qu'il veut s'unir à chaque être humain pour en faire son fils bien-aimé.

Le dernier visage que le fils de *Baskinta* nous présente de Jésus est celui de la Vérité, *wağh al-ḥaqq*, silencieuse en présence de l'autorité terrestre qui ne reconnaît et n'admet que sa vérité[94].

Visage de sérénité, de véracité, de justice céleste, visage du prédicateur d'un ordre nouveau fondé sur l'amour, visage enfin de la vérité, tels sont les visages que Nu'ayma nous dépeint en référence constante aux évangiles[95]. Car, le seul portrait humain de Jésus est celui que nous dessinent les évangiles. Et une fois éliminées les images les plus diverses que les hommes se sont faites de lui: - de son temps déjà: sauveur messianique, rebelle, blasphémateur et faux prophète, fou, esprit égaré, Jean Baptiste, Elie et prophète echatologique,

(91) cf. *Sab'ûn*. 1,119 et 173.
(92) *Marâḥil*. 5,42-43.
(93) alors que Ǧubrân y lit l'expression de la force et de l'assurance. cf. *Yasû'* p. 249.
(94) *Marâḥil*. 5,43.
(95) Jésus est encore un symbole divin, *ramz ilâhiyy*, en qui toutes les aspirations humaines se sont incarnées. *Ġirbâl*. 3,522.

- de notre temps: rêveur, homme incomparable, superhomme, il nous faut bien reconnaître que personne au monde ne «voit» Jésus en toute objectivité, que dans toutes ces représentations, la plupart du temps c'est l'esprit de ceux qui les tracent qui se reflète en lui. Il était et il reste un mystère. Lui-même n'a presque rien fait pour éclairer ce mystère. La seule chose qui lui importait était, telle que l'a souligné Nu'ayma, sa mission: le règne de Dieu qu'il est venu instaurer dans l'amour.

Comment Jésus a-t-il accompli cette mission ? Cela doit constituer la suite de notre recherche sur le Christ et son mystère.

II- L'Incarnation du Christ

1. L'Existence historique de Jésus-Christ.

L'existence historique de Jésus est attestée de façon certaine non seulement par les écrivains chrétiens, mais aussi par des auteurs non-chrétiens, qui ne sauraient être soupçonnés de falsification[(96)].

Ǧubrân et Nu'ayma n'ont jamais douté de l'existence du Christ. Pour eux, l'historicité de l'événement de Jésus de Nazareth allait de soi.

Face à cette historicité du Christ, les théosophistes, dont Nu'ayma a subi l'influence, adoptent plusieurs attitudes et « distinguent «le Christ historique» du «Christ mystique» c'est-à-dire du principe supérieur de l'homme, et aussi du «Christ mythologique» ou «dieu solaire», car ils admettent les conclusions de la prétendue «science des religions» sur «les mythes» et leur interprétation astronomique»[(97)]. C'est ainsi que Mme Blavatsky, «fondatrice de la Société Théosophique» nie cette historicité[(98)].

Dans cette histoire, le chrétien a trouvé le «lieu concret» où le Salut lui est donné. Et l'insertion de ce Salut au «milieu» de l'histoire n'est autre que l'Incarnation du Christ[(99)], qui est «venu tout récapituler en lui».

---

(96) Parmi les plus importants, citons: Tacite, Suétone, Pline le Jeune, Flavius Josephe, Celse... cf. Daniel Rops. *Jésus en son temps*. Paris (1945), p. 11.

(97) René Guénon. *Le Théosophisme*. p. 193.

(98) Ibid. p. 194-195. Mme Blavatsky disait: «Notre but n'est pas de restaurer l'Hindouisme, mais de balayer le Christianisme». Ibid. p. 8.

(99) G. Van Der Leeuw. op. cit. p. 564.

2. L'incarnation du Christ.

La foi chrétienne a son origine absolue dans une initiative de Dieu dans l'histoire, et non dans une découverte de l'homme. En Jésus, Dieu s'est manifesté, Il s'est approché de l'homme et lui a parlé. Cette manifestation du Christ a été annoncée et longuement attendue. Cette annonce est reconnue et confessée par Ǧubrân: «Ma bien-aimée, les juifs attendaient le Messie dont l'avènement leur avait été promis et qui devait les délivrer de leurs entraves»(100), et par Nu'ayma. Celui-ci, après avoir décrit la vie des Esséniens, dit qu'ils ont prédit «la naissance de deux enfants extraordinaires, Jean fils de Zacharie et d'Elisabeth puis de Jésus .»(101).

a. Comment Ǧubrân voit-il l'Incarnation de Jésus ? Quelle signification lui donne-t-il ? Bien qu'il considère que le Christ n'est pas une personne historique dans le sens étroit du terme, car son ombre s'étend à tous les temps et sa présence se fait sentir à diverses époques et dans divers endroits du monde, Ǧubrân affirme ses nombreuses venues sur terre(102) et les parcours qu'il a effectués dans de nombreux pays. Sa voix s'est fait entendre par la bouche des Prophètes et des Envoyés car le Christ est la flamme de la divinité ou le Verbe de Dieu qui s'incarne une fois de temps en temps. Cette flamme s'est unie depuis deux mille ans à la personne de Jésus de Nazareth(103). Comment cette Incarnation s'est-elle accomplie, il y a environ deux mille ans ? Après avoir confessé sa foi au Christ «qui a pris un corps comme le nôtre»(104), Ǧubrân nous décrit cet événement dans un style poétique qui en souligne l'aspect romantique bien plus que la réalité doctrinale. Il dit: «En une nuit, en une heure, en un instant, les lèvres de l'Esprit s'entrouvrirent et prononcèrent le mot sacré de «Vie». Aussitôt, cette Vie devint chair et prit la forme d'un enfant dormant dans une étable près d'une Vierge. Dans l'étable, des bergers abritaient leurs troupeaux de l'attaque des bêtes sauvages de la nuit et contemplaient émerveillés l'humble enfant sommeillant dans la mangeoire»(105). Ce récit rappelle celui du poète al-Qarwî: «Lorsque le poète mourut, les anges le transportèrent au ciel dans le sein d'Abraham, mais ses larmes ne tarissaient pas. Dieu lui-même le transporta dans son propre sein, mais il continuait à pleurer. Alors il exprima à Dieu le souhait d'être transporté dans

---

(100) *Sagesse*, p. 94 et *Dam'a*. p..323.
(101) *Masîḥ*. 9,196.
(102) *Yasû'*. p. 355.
(103) G. Mâǧid. *Bayn Ǧubrân wa-l-Šâbbî*. al-Fikr. N°5 Février 1979. p. 619. cf. *Yasû'*. p. 235.
(104) *Yasû'*. p. 234.
(105) *Sagesse*. p. 95. *Dam'a*. p. 324.

le sein de sa mère. Le Créateur fut étonné et surpris de ce qu'une créature préférât le sein d'une femme au sien propre, mais il décida d'en faire l'expérience. Alors il fut une nuit et voici qu'un petit enfant dormait dans le sein de Marie: *Wa kânat laylatun wa idâ ṣabiyyun ṣaǧîrun nâ'imun fî hiḍni Mariam*»[(106)].

Ǧubrân ne s'arrête pas à cet aspect romantique. Il essaie de donner à sa foi en l'Incarnation un accent plus ou moins dogmatique. «Lorsque Dieu parla, dit-il, le Christ fut son premier Verbe et ce Verbe était parfait. Lorsque Jésus de Nazareth vint sur terre, le monde en entendit parler et crut en lui en tant que le premier Verbe sorti de la bouche de Dieu. La voix de ce Verbe devint chair et sang»[(107)]. Est-ce que ce Verbe était au commencement avec Dieu ? Est-ce que ce Verbe était Dieu, ou bien est-ce que Jésus de Nazareth était en réalité ce Verbe ? Ǧubrân ne nous donne aucune réponse, il se contente d'encourager ses auditeurs «à comprendre par le cœur. Car l'intellect pèse et mesure tandis que le cœur pénètre au plus intime de la vie et embrasse ses mystères»[(108)].

Avant la naissance du Christ, les hommes avaient peur de s'approcher de l'Esprit Total. Mais par sa naissance, Jésus les délivra de leur crainte puisque désormais «Dieu a dressé sa tente au milieu d'eux». «Emmailloté dans les haillons de sa mère, l'Enfant roi s'assit sur le trône des cœurs enchaînés et, par son humilité, il arracha le sceptre de puissance des mains de Jupiter et le tendit au pauvre berger qui gardait son troupeau. De Minerve, il prit la sagesse et l'enfouit dans le cœur d'un pauvre pêcheur qui raccomodait son filet. D'Apollon, il prit la joie, et l'ayant purifiée par ses propres souffrances, il la donna au mendiant qui, le cœur brisé, se tenait au bord de la route. De Vénus, il prit la beauté qu'il versa en pluie dans l'âme de la femme déchue, tremblant devant son oppresseur»[(109)]. Cette hymne de Ǧubrân à la Vie faite chair paraît être l'écho du cantique de la Vierge, le Magnificat, dans lequel Marie magnifie le Seigneur pour l'ordre nouveau qu'il est venu instaurer sur terre. Ce monde nouveau fondé sur l'Amour, incarné dans la personne de Jésus de Nazareth, transforme les ténèbres en lumière, la souffrance en joie et le désespoir en félicité, car «les bras de l'Enfant ont enlacé le cœur humain et étreint son âme»[(110)].

---

(106) Cité par al-Nâ'ûrî. op. cit. p. 218.
(107) *Yasû'*. p. 300.
(108) *Yasû'*. p. 300.
(109) *Sagesse*. p. 95. et *Dam'a*. p. 325.
(110) *Dam'a*.. p. 325.

b. Pourquoi Dieu s'est-il incarné dans la nature humaine, se demande Nu'ayma? La réponse nous est offerte dans son article, la crèche et la croix, *al-midwad wa-l-ṣalîb.* «Si je te parle de la crèche et de la croix c'est pour te rappeler le berceau de Dieu incarné... et le trône de l'homme déifié»(111). Remarquons que les deux aspects «Dieu incarné» et «homme déifié» sont intimement liés dans la pensée de Nu'ayma comme d'ailleurs dans la doctrine chrétienne. Car, l'homme créé à l'image et à la ressemblance de Dieu, est appelé à Le rejoindre. Mais s'étant séparé de Lui l'homme ne peut plus Le rejoindre. Voilà pourquoi l'initiative est venue de Lui: «Voyant les hommes enfoncés dans la désobéissance malgré les guides et les prophètes qu'Il leur avait déjà envoyés, Dieu décida de confier à son unique et bien-aimé Fils la tâche de les sauver de leur erreur. Alors ce Fils s'incarne dans Jésus de Nazareth»(112). Or celui-ci ne naquit dans une crèche que pour être un symbole du «commencement animalier de l'homme, *bidâyat al-insân al-ḥayawâniyya.* Quant à la voie parcourue par lui depuis le berceau jusqu'à la croix, c'est la voie qu'il nous faut suivre à tout prix si nous voulons vaincre l'animal en nous pour atteindre l'homme, puis nous libérer de l'homme pour nous unir à Dieu»(113). Par cette affirmation, l'auteur de *Mirdâd* rejoint, à sa manière, la doctrine de l'Eglise pour qui «tout le mystère du Fils se ramène aux deux mystères essentiels: l'Incarnation et la Résurrection. L'Incarnation étant l'événement stupéfiant de Dieu qui descend vers l'homme, la Résurrection étant l'événement stupéfiant de l'homme qui monte vers Dieu»(114). En envoyant son «Fils unique pour sauver l'humanité du péché mère, *al-ḫaṭî'a-l-umm*, ou du péché ancestral, *al-ḫaṭî'a-l-ğaddiyya*, Dieu a donné au monde la plus grande preuve de son amour»(115).

Grâce à l'Incarnation, l'homme a la certitude que Dieu l'aime et veut être aimé par lui. Il a l'assurance que Dieu peut combler son attente et sa soif d'amour.

Mais, accepter cette Incarnation, cette immersion de Dieu dans l'histoire de l'humanité n'est pas à la portée de la Raison humaine, comme l'affirme al-Ġazâlî(116). Parmi les nombreuses difficultés inhérentes à l'Incarnation, arrêtons-nous à celle qui de tout temps a secoué l'Eglise et à laquelle se heurtent Ğubrân et Nu'ayma, à savoir:

---

(111) *Nûr* 5,688.

(112) *Masîḥ*. 9,244. cf. M.L.Borodine. op. cit. p. 53-54 pour ce qui concerne la doctrine des Pères de l'Eglise: S.Irénée et S.Athanase.

(113) *Nûr*. 5,688. Un peu plus loin, Nu'ayma ajoute: «La vie du Christ sur terre a été une guerre sans merci contre le côté animal de l'homme». ibid. p. 689.

(114) Jean Daniélou. op. cit. p. 84.

(115) *Masîḥ*. 9,292.

(116) al-Ġazâlî. *Michkât al-anwâr*, le terbernacle des lumières, traduit par R. Deladrière. p. 58.

3. La Divinité de Jésus-Christ

«Je crois en Jésus-Christ, vrai Dieu et vrai homme».

Jésus-Christ, Fils de Dieu, est-ce une vraie question? les vraies questions ne sont-elles pas celles qui font vivre et non celles qui font parler ? Est-il vital pour nous que Jésus soit le Fils de Dieu ? Cette question de la divinité du Christ semble souvent ne plus pouvoir intéresser les chétiens: n'est-ce pas une question qui nous dépasse, alors que l'essentiel est que Jésus change notre vie ? Un chrétien disait récemment dans son équipe d'action catholique: «Pour moi, le fait que le Christ soit le Fils de Dieu ne change pas grand'chose. Ce que je crois, c'est que le Christ a dit un certain nombre de choses qui me semblent la seule voie pour l'humanité»[117].

Une de nos difficultés majeures, aujourd'hui, à reconnaître la divinité de Jésus vient inévitablement de notre expérience et de notre compréhension de la paternité et de la filiation humaines. Une autre difficulté vient de la critique opérée par les Sciences Humaines, en particulier l'analyse freudienne. Suite à ces difficultés, deux hypothèses ont pris naissance: «l'hypothèse mythique ou mythologique qui affirme que Jésus est un dieu progressivement humanisé et l'hypothèse critique pour qui, à l'origine du Christianisme, il y a un homme progressivement divinisé»[118]. Qu'en est-il pour Ǧubrân et pour Nu'ayma ?

Pour les deux amis, Jésus est réellement homme, depuis sa naissance naturelle d'un homme et d'une femme[119] jusque dans sa mort et dans les moindres détails de sa vie. Parce que incontestable, la réalité humaine de l'existence de Jésus n'a nullement préoccupé Ǧubrân et Nu'ayma. Par contre tous les deux se sont longuement interrogés sur sa divinite.

a. Ǧubrân commence par nier la divinité de Jésus en affirmant «qu'il est né comme nous. Son père et sa mère étaient comme nous, et lui aussi était comme nous»[120]. «Jésus n'était pas un Dieu, il était un homme comme nous, mais en lui la myrrhe de la terre s'est levée pour rencontrer l'aloès du ciel. Dans ses mots, nos balbutiements ont embrassé un chuchotement invisible... Certes Jésus était un homme et il n'était point un

(117) J.N. Bezançon. *L'Eglise devant la divinité du Christ*. C. Auj. Juillet-Septembre 1977. p. 392. Sur les conséquences de la divinité de Jésus pour un chrétien, cf. *Jésus-Christ, Fils de Dieu*. D'Albert Dondeyne... et Adolphe Gesche. p. 208-216, que nous avons déjà cité.

(118) V. Messori. op. cit. p. 104.

(119) *Yasû'*. p. 236. *Marâḥil*. 5,41. *Masîḥ*. 9,196. Nous y reviendrons.

(120) *Yasû'*. p. 236.

Dieu»[121]. «Ni les Juifs, ni les Romains, ni même les disciples qui prêchent aujourd'hui son nom n'ont compris Jésus. Les Romains l'ont tué et ce fut là leur faute. Les Galiléens ont voulu faire de lui un Dieu et ce fut là leur erreur. Jésus était profondément humain»[122]. En soulignant que «Jésus était littéralement un fils d'homme, Ǧubrân n'introduisait rien de nouveau dans le Christianisme américain, car les Unitaires avaient, longtemps avant lui, nié que Jésus fût Dieu. Aussi leur insistance sur la gloire et la divinité de l'homme est en accord avec la doctrine générale de Ǧubrân»[123]. Mais cette insistance sur la réalité de Jésus n'empêche pas l'auteur du *Prophète* de voir en lui plus qu'un homme. C'est ainsi qu'il affirme par la bouche de Nicodème: «J'ai reçu le Salut de Jésus et je ne crains pas ce qui pourrait m'arriver car : «Serais-je plus petit qu'un homme alors que j'ai cru en celui qui est plus qu'un homme»[124] ? De son côté, Nathanaël s'interroge: «Quel est l'homme faible qui pourrait dire: «Je suis la Vie, je suis la Voie et la Vérité» ? Quel est l'homme humble et misérable qui oserait dire : «Je suis en Dieu notre Père, et notre Dieu le Père est en moi»[125] ? Ce «plus grand qu'un homme» devient pour la femme de Pilate «un Dieu». Après avoir parlé aux siens de Jésus, de sa vie et de ses discours, elle ajoute : «Lorsque Jésus me vit passer, il s'arrêta un instant de parler et me regarda avec douceur. Je me sentis alors toute petite devant son regard et je compris au fond de moi-même que j'étais passée près d'un Dieu»[126]. Le même sentiment est éprouvé par Marie-Madeleine : «Vous détestez Jésus, dit-elle à ceux qui ne croyaient pas en lui, car un homme du Nord a dit qu'il était fils de Dieu. Vous le détestez car certains d'entre vous ont dit qu'il est né d'une Vierge et non pas de la semence d'un homme. Un gouffre sépare ceux qui aiment Jésus et ceux qui le détestent, ceux qui croient en lui et ceux qui n'y croient pas. Mais lorsque les années dresseront un pont au-dessus de ce gouffre, à ce moment, vous saurez que celui qui a vécu en nous ne meurt pas et qu'il était Fils de Dieu comme nous aussi nous sommes fils de Dieu, qu'il est né d'une Vierge comme nous aussi nous sommes nés de la terre qui n'a pas d'époux»[127]. Cette même confession, nous la trouvons dans la bouche même de Jésus qui, âgé de douze ans, conduit un aveugle et l'aide à traverser la rivière. Pour l'en remercier, l'aveugle lui demande:

---

(121) *Yasû'*. p. 284.

(122) Ibid. p. 286.

(123) K.Ḥâwî. op. cit. p. 235. «La divinité du Christ fut niée, dans l'antiquité chrétienne... et elle le fut dans les temps modernes». cf. L. Ott. op. cit. p. 186.'

(124) *Yasû'*. p. 279.

(125) Ibid. p. 248-249.

(126) Ibid. p. 329.

(127) *Yasû'*. p. 354-355.

«Qui es-tu, jeune garçon ?

«Je ne suis pas un jeune garçon , je suis Jésus.

«Qui est ton Père ?

«Le Seigneur, *al-rabb*, est mon Père.

L'aveugle rit et lui dit : «Tu as bien répondu, mon enfant; dis-moi qui est ta mère ?

«Je ne suis pas ton enfant, et ma mère est la terre.

«Ah, dit l'aveugle. C'est donc le fils de Dieu et de la terre qui m'a conduit»[(128)].

Quelle signification Ǧubrân donne-t-il à cette appellation de Jésus «fils de Dieu»? Est-ce le sens que lui donne l'Eglise ou bien les significations de l'Ancien Testament et des traditions culturelles ?[(129)] Ou encore celle du Nouveau Testament[(130)].

Que veut-il souligner dans son livre, *Jésus, fils de l'homme*, quand il insiste sur le fait que «dans tous les aspects de la vie, Jésus voyait le Père en face de lui ? Il Le voyait dans les nuages et dans l'ombre des nuages lors de leur passage au-dessus de la terre. Il Le voyait dans les rivières calmes. Il voyait la trace de ses pas sur le sable. La nuit lui parlait par la voix du Père»[(131)].

Plutôt que de nous embarquer dans les questions théologiques auxquelles Ǧubrân n'accordait aucune importance car nullement préparé à les affronter, il est peut-être plus simple et plus efficace de s'en tenir aux nombreuses citations de l'appellation «Jésus Fils de Dieu» qu'il emploie. De ces nombreuses citations, il ressort que le fils de *Bcharré* ne nie pas explicitement la divinité du Christ, tout comme il n'en donne aucune preuve[(132)]. Il s'y réfère tout simplement pour affirmer que l'homme est aussi fils de Dieu, qu'il est appelé à le devenir plus profondément à la manière de Jésus et qu'il est apte à devenir dieu : «Nous sommes tous les fils du Très-Haut, mais le Messie est son Fils aîné qui s'est incarné dans le corps de Jésus de Nazareth. Celui-ci a marché parmi nous et nous l'avons contemplé de nos propres yeux»[(133)].

(128) Ibid. p. 318-319.

(129) Pour ces diverses significations. cf. G.Van Der Leeuw.op. cit. p. 504. Puis: *Exode*. 4,22. *Osée*. 11,1. *Jér*. 31,9. *Ps*. 2,7.89 et 27. *2.Sam*. 7,14. *Rom*. 8,14-16. *1.Jean*. 3,1.

(130) cf. *Math*. 16,16 et 20. *Marc*. 14,36. Jean. 20,17. *math*. 5,9 et 45.

(131) *Yasû'*. p. 299.

(132) Critiquant les religieux, l'auteur dit en s'adressant au Christ: «Ils laissent vide l'estomac de ceux qui croient en ta divinité». *Yuḥanna*. p. 78.

(133) *Yasû'*. p. 300. De son côté, A.D. Sherfan affirme : «Ǧubrân dépouille bel et bien Jésus de sa divinité» *The nature of love*. p. 31.

Comment cette divinité du Christ pénètre-t-elle son humanité et la déifie-t-elle ? Selon Ǧubrân, l'une est un handicap à l'autre: «O Maître de la lumière, tu es encore sujet de mépris et de moqueries, un homme dont la faiblesse est un handicap à la divinité, un Dieu dont l'humanité limitée empêche que tu sois adoré»[(134)].

b. La formation théologique de Nu'ayma l'a préparé à affronter les questions doctrinales et à ne pas les admettre comme allant de soi. C'est pourquoi nous le voyons se forger sa propre doctrine et procéder, toujours à partir de l'Evangile qu'il considère n'être pas compris et vécu tel qu'il est ni par l'Eglise ni par les chrétiens, à «une démythologisation systématique du Christ Fils» de Dieu au sens théologique catholique»[(135)]. Ecoutons-le expliquer le Prologue de l'Evangile de S. Jean. «Au commencement était le Verbe... et le Verbe était avec Dieu et le Verbe était Dieu». «Selon l'Eglise, le Verbe c'est le Christ, mais moi je dis que le Verbe de Dieu était bien avant la naissance du Christ sur terre, le Verbe était de toute éternité. Le Christ est une représentation de ce Verbe. Et ce Verbe a été représenté dans bien plus d'un Christ, car le Christ est venu il y a environ deux mille ans, qu'y avait-il donc avant lui ? N'y avait-il pas de Verbe»[(136)]? Dieu était et le Verbe était aussi. Le Christ est la dernière Incarnation du Verbe». Dans cette interprétation du Prologue de S. Jean, nous percevons l'influence des religions asiatiques sur Nu'ayma comme d'ailleurs sur Tolstoï par qui il a été fortement marqué[(137)].

Toutefois, profondément marqué par le Christianisme, Nu'ayma cherche à concilier les divers aspects de la divinité du Christ. C'est ainsi que nous le voyons affirmer : «Le Christ est une Incarnation de ce Verbe : et le Verbe s'est fait chair et il a habité parmi nous, et nous avons vu sa gloire, la gloire du Fils unique qui est venu de la part de Dieu»[(138)]. De même, nous le voyons couronner son livre sur le Christ par cette confession : «ô mon Christ, tu es le Verbe existant de toute éternité et demeurant jusquà toute éternité»[(139)].

Les premières interrogations de Nu'ayma sur le sens de la filiation divine remontent à l'époque de son séjour au séminaire de Poltava. «Avant

(134) *Yasû'*. p. 361. Sur la relation entre les deux natures du Christ selon les Pères grecs, cf. V. Lossky. *Théologie mystique*. p. 142.

(135) B. Pirone. *Sistema filosofico-religioso di Miḫâ'îl Nu'ayma*. Oriente Moderno. Marzo-Aprile. (1977), p. 69.

(136) *Masîḥ*. 9,323 et *Interview* du 22-11-1977.

(137) cf. Tolstoï. *Socialisme et Christianisme*. p. 144. Puis Gustave Martelet. *Résurrection, Eucharistie et Genèse de l'homme*. Paris (1972), p. 151.

(138) *Masîḥ*. 9,325.

(139) Ibid. p. 331.

d'arriver en Russie, j'étais incapable d'affronter les problèmes de l'existence par mes propres forces humaines comme j'étais incapable de douter de la vérité de l'interprétation que m'offrait l'Eglise de ces problèmes»[140], affirme-t-il; mais les études faites au séminaire ouvrent son esprit et l'arment pour y faire face. C'est alors qu'il commence à remettre en cause tout ce qu'il avait reçu de l'Eglise et d'abord le sens de la filiation divine de Jésus et sa relation avec les hommes qu'il est venu conduire au Père. «Comment se peut-il que le Christ soit le Fils unique de Dieu sans que je sois moi aussi fils de Dieu, alors que le Christ m'a appelé son frère et m'a appris à appeler Dieu son Père et mon Père»[141]? Le fait que Jésus soit appelé «Fils de Dieu» n'a rien de particulier pour Nu'ayma, puisque tous les hommes le sont déjà ou sont appelés à le devenir à des degrés divers[142]. Oubliant qu'entre la filiation éternelle du Christ à l'égard de Dieu et la filiation adoptive à laquelle nous sommes appelés, l'opposition n'est pas celle des contraires. mais celle de l'absolu et du relatif, dans une même ligne de valeur»[143].

Un autre point de divergence entre la conception qu'a Nu'ayma de la divinité du Christ et la doctrine de l'Eglise : l'auteur de *Sab'ûn* affirme que la filiation du Christ a débuté dans le temps. Elle a commencé au moment où «Jésus a vaincu la matière et ses passions en subissant avec succès la tentation et le dépouillement de tout ce qui est du domaine des sens, *al-maḥsûs*»[144]. Cette victoire n'eut lieu que sur la Croix car «La vie de Jésus était partagée en plusieurs étapes. Passant d'une étape à une autre, il s'élevait de «Jésus fils de l'homme au Christ Fils de Dieu, *min Yasû' ibn al-insân ilâ al-Masîḥ Ibn Allâh*»[145]. Alors que jamais l'Eglise catholique ne semble mettre un point de départ à la filiation du Christ.

La foi de Nu'ayma en la filiation divine de Jésus serait plus proche de celle d'Arius pour qui Jésus est bien dieu, mais un dieu fait[146], et de

(140) *Sab'ûn*. 1,276.
(141) Ibid. p. 279.
(142) Cette interprétation rappelle celle de Renan. cf. *Vie de Jésus*. p. 277-279, dont Nu'ayma est influencé, cf. *Sab'ûn*. 1,239. cf. également M. Eckhart. *Traités et Sermons*. p. 21.
(143) J. de Baciocchi. op. cit. p. 132. Même affirmation chez S.Boulgakof. op. cit. p. 210.
(144) *Marâhil*. 5,41.
(145) *Masîḥ*. 9,310. Peut-on lire dans cette conception du Christ une nouvelle influence du Théosophisme sur Nu'ayma ? De fait Mme Blavatsky faisait une distinction, qui ressemble à un jeu de mots, entre *Christos* et *Chrestos*: elle réservait le premier de ces deux termes au «Christ mystique», et elle regardait le second comme désignant un certain degré d'initiation dans les mystères antiques; tout homme qui avait atteint ce degré était donc, non pas *Christos*, mais *Chrestos*, et tel put être le cas de Jésus de Nazareth, si toutefois l'on admet son existence historique, dont, pour sa part, elle doutait fortement». R. Guénon. *Le Théosophisme*. p. 193-194.
(146) cf. Bernard Sesboüé. op. cit. p. 42.

celle de Renan qui affirme que Jésus est dieu en ce sens qu'il est l'individu qui a fait faire à son espèce le plus grand pas vers le divin[147].

Pour justifier sa conception de la divinité du Christ, Nuʿayma recourt aux paroles mêmes du Christ et les interprète à sa façon. «Après avoir dit que lui et le Père ne font qu'un, qu'il est dans le Père et que le Père est en lui..., que celui qui le voit voit le Père..., Jésus ajoute: «Si vous m'aimez, vous vous réjouirez de ce que je vais au Père, car le Père est plus grand que moi... Je ne fais rien de moi-même, mais le Père qui m'a envoyé m'a dit ce que je dois faire»[148].

Certes, dès l'origine Jésus est le Fils, il se reçoit entièrement de son Père. Mais ce que Nu'ayma ne souligne pas, c'est que Jésus, qu'il considère comme «la manifestation la plus complète et la plus exhaustive du Parfait Absolu»[149], agit en Dieu et «proclame sans ambages «son droit aux attributs proprement divins»[150].

c. En faisant la synthèse des différents aspects de la divinité de Jésus soulignés par Ǧubrân et Nu'ayma, nous constatons qu'ils rejoignent d'une certaine façon la doctrine du théologien allemand Hans Küng, condamnée par l'Eglise. Ce théologien considère «Jésus seulement comme mandataire de Dieu et non pas aussi comme le Fils éternel de Dieu, de même nature que le Père qui, devenu homme dans le temps, a pris la nature humaine dans son unité personnelle[151].

Pour conclure, disons que les deux écrivains libanais chrétiens pourraient faire leur la profession de foi de Tolstoï composée un mois avant son excommunication le 24 Mars 1901: «Je crois en Dieu que je comprends comme Esprit, Amour et Principe de toute chose... Je crois que la volonté

(147) E.Renan. op. cit. p. 426. Notons qu'après avoir lu *la Vie de Jésus* de Renan, Nu'ayma écrit: «Il me semble qu'après avoir essayé de dépouiller le Christ de sa divinité (cf. les arguments de Renan contre la divinité du Christ. p. 277-278, 282-283), Renan a fini par affirmer cette divinité en donnant à Jésus un degré de perfection humaine que personne n'a encore pu atteindre et ne le pourra jamais» *Sab'ûn*. 1,239.

(148) *Masîḥ*. 9,246-247. Sur la question de la soumission hypostatique de Jésus à son Père cf. S. Boulgakof op. cit. p. 151, 152, 155.

(149) B. Pirone. op. cit. p. 66.

(150) cf. *Jean*. 5,22. *Marc*. 2,5-10. *Jean*. 20,21-23. 13,19. 18,5. 5,58. 7,39. *Luc*. 6,5. *Math*. 26,64-65. *Luc*. 4,1. 14,18.

(151) cf. Franjo Cardinal Seper. *Déclaration relative à certains points de la doctrine* théologique du professeur. H. Küng. La Documentation Catholique n° 1778 du 20-1-1980. p. 74. Puis la déclaration du Cardinal Hoeffner. Ibid. p. 76. Enfin voir l'article de J. Guillet. *Si Jésus n'était pas le Fils de Dieu*. C. Auj. Oct. 1971.

de Dieu se trouve le plus clairement et le plus simplement exprimée dans l'enseignement de l'homme Jésus-Christ, qu'il est à mon sens hautement blasphématoire de tenir pour Dieu(152).

4. Marie, la Mère de Jésus.

Aucune époque n'a tout dit de Marie. Chaque époque l'a perçue selon sa sensibilité, sa mentalité et sa dévotion. Tour à tour Vierge nourricière reprenant les vieilles traditions de la Terre-Mère, Vierge et Mère des douleurs debout au pied de la Croix telle que nous la décrivent Ǧubrân et Nu'ayma(153), Modèle de sainteté féminine(154), d'amour, de pureté, d'ouverture, d'obéissance et d'accueil à Dieu, Marie présente à chaque temps l'idéal féminin qu'il recherche. Quelle place occupe-t-elle dans la vie et l'œuvre des deux amis ?

Remarquons tout d'abord que Ǧubrân et Nu'ayma ne semblent pas avoir eu de dévotion spéciale à la Vierge. Ensuite, lorsqu'ils en parlent, c'est toujours en relation avec son fils Jésus(155). C'est pourquoi, nous les voyons s'interroger sur la conception virginale de Jésus et la virginité de Marie.

a. Bien que K.Ḥâwî semble affirmer que Ǧubrân nie la conception virginale du Christ aussi bien que la virginité de Marie, une étude plus approfondie des textes révèle une attitude à la fois plus nuancée et plus ambiguë. De fait, K.Ḫâwi semble s'appuyer uniquement sur les paroles de Jean, fils de Zébédée: «Jésus est né comme nous. Son Père et sa mère étaient comme nous. Lui aussi était comme nous»(156). Alors que deux autres textes soulignent clairement la foi de l'auteur du *Prophète* en la conception virginale de Jésus. «La Vie prit la forme d'un enfant dormant dans une étable près d'une Vierge»(157). Et Marie de Magdala confesse: «Jésus est né d'une Vierge et non pas de la semence d'un homme»(158).

---

(152) Tolstoï. *Socialisme et Christianisme*. p. 346.

(153) *Aǧniḥa*. p. 221. *'Awâṣif*. p. 377. *Masîḥ*. 9,314.

(154) G.F. Brâkès. op. cit. p. 159-160.

(155) Notons qu'ils n'emploient jamais l'expression «Marie, Mère de Dieu», étant donné qu'ils ne croient pas explicitement en la divinité du Christ.

(156) *Yasû'*. p. 236. Remarquons que K.Ḥâwî se réfère à ce texte pour établir une comparaison entre Ǧubrân et W.Blake. cf. K. Ḥâwî. op. cit. p. 234-235 et *Yasû'*. p. 317.

(157) *Dam'a*. p. 324.

(158) *Yasû'*. p. 354. Cette naissance particulière est vue par le Coran comme une création. cf. R. Arnaldez. *Jésus, Fils de Marie*. p. 99-100. Notons également que les preuves scripturaires de la naissance virginale de Jésus données par Luc. 1,34-36, se trouvent également dans le *Coran*. 4,171, avec quelques nuances.

La position de Nu'ayma est plus nette que celle de Ǧubrân. Après avoir souligné que Dieu a choisi pour le Christ une mère juive(159), l'auteur s'interroge sur les événements qui ont suivi l'annonciation de l'ange à Marie: La conception, le doute de son fiancé et sa volonté de la répudier en secret(160), l'apparition de l'ange à Joseph puis aux bergers et de nouveau à Joseph pour lui demander de fuir en Egypte avec l'Enfant et sa Mère(161). «O mon Christ, poursuit Nu'ayma, ce qui est étonnant au sujet de ta naissance d'une Vierge, c'est que tu n'en parles jamais au cours de ta vie, tout comme tes apôtres n'en parlent guère durant leurs trois ans de vie avec toi. Or, si à Nazareth, les voisines de Marie avaient cru son histoire, la nouvelle se serait répandue aussi vite que l'éclair, non seulement à Nazareth, mais aussi dans toute la Galilée et la Judée, et cette naissance aurait été ta meilleure arme contre ceux qui doutaient que tu étais le Messie promis, *al-Masîḥ al-muntaẓar*. Plus d'une fois, tu as eu l'occasion de prouver aux juifs que tu es né d'une Vierge. Mais tu ne l'as jamais fait. Et voici l'évangéliste Luc lui-même qui t'interroge par la bouche de ta mère : «Mon enfant, pourquoi nous as-tu fait cela ? Vois ! ton père et moi, nous te cherchions angoissés»(162). La position de Nu'ayma est donc claire : «Jésus n'est pas né d'une Vierge mais d'un homme et d'une femme»(163).

Rien d'original et de nouveau dans cette négation de la conception virginale de Jésus. Les adversaires de cette doctrine ont toujours existé(164), mais il est bien étonnant que Nu'ayma ne se soit pas arrêté au verset de l'évangile de Matthieu: «Et Joseph ne connut pas Marie jusqu'au jour où elle enfanta un fils» que Luc appelle «son fils premier-né»(165) pour réfuter la doctrine chrétienne sur la conception virginale de Marie. Les preuves qu'il a données lui paraissent-elles assez convaincantes? Ou bien trouve-t-il cela secondaire par rapport à la mission du Christ qui seule l'intéresse ? Nous trouvons la réponse dans la prière par laquelle il a commencé son livre sur le Christ : «Je sais, ô mon Christ, que ce que je dis à propos de ta naissance ne diminue en rien ta grandeur et la valeur de

(159) *Awṯân*. 3,557.
(160) cf. l'interprétation bien ambiguë que donne W.Blake à l'attitude de Joseph à l'égard de Marie. W.Blake. op. cit. p. 694.
(161) *Masîḥ*. 9,186.
(162) *Masîḥ*. 9,188.
(163) La même affirmation est reprise dans *Masîḥ*. 9,196, et se trouvait déjà dans *Marâḥil*. 5,41.
(164) cf. L. Ott. op. cit. p. 292.
(165) *Luc*. 2,7. Ǧubrân met dans la bouche d'Anne, la mère de Marie, une expression identique: «Ma fille ne parlait jamais devant moi de son fils aîné». *Yasû'*. p. 209. Sur les significations que l'Eglise donne aux appellations «fils premier-né» et «les frères de Jésus», cf. L. Ott. op. cit. p. 296.

ta mission... Non, que tu aies un père sur terre, cela ne te porte point préjudice, puisque tu en as un au ciel, comme cela ne porte nulle atteinte à ta mère de t'avoir conçu à la manière dont Eve a conçu Caïn et Abel et comme conçoivent toutes les filles d'Eve depuis que l'homme existe sur terre»(166).

Comment donc le fils de *Baskinta* explique-t-il la grandeur de Marie et la place qu'elle occupe dans la vie des chrétiens ? Sa réponse, il la puise dans la doctrine de l'Eglise: Marie tire sa gloire de la gloire de son fils(167). «L'honneur et la gloire de Marie, dit-il, lui viennent du fait qu'elle soit ta mère, qu'elle t'ait porté neuf mois dans ses entrailles, que son sang ait coulé dans tes veines et que ton cœur ait battu à l'unisson du sien..., qu'elle t'ait allaité et que du haut de la Croix tu lui aies confié Jean, ton disciple bien-aimé»(168).

Cette gloire que Marie tire de sa maternité lui vaut d'être honorée et aimée par les chrétiens qui en ont fait «le modèle de la femme parfaite..., l'ont élevée au ciel avec son corps même et en ont fait leur médiatrice préférée auprès du Christ et leur secours dans les difficultés»(169). Certes «ni l'Immaculée Conception vénérée chez les peuples latins bien avant la proclamation du dogme, ni l'Assomption ne se trouvent évoquées dans l'Orthodoxie, mais la ferveur de la dévotion à la Vierge, «but et sens de la création», dit l'archiprêtre Boulgakof, ne s'en trouve pas diminuée; elle reste «l'âme de la piété orthodoxe»(170).

Comment expliquer donc le peu d'importance qu'accorde le fils de l'Eglise Orthodoxe à la Vierge dans sa vie(171)? Est-ce à cause de la trop

---

(166) *Masîḥ*. 9,189.

(167) L. Ott. op. cit. p. 286. Notons que les commentateurs musulmans soulignent que «dès son jeune âge, Marie fut l'objet de faveurs divines qui sont déjà le signe de la venue de Jésus.» cf. R. Arnaldez. *Jésus, Fils de Marie*. p. 59 et 77. Quant à Ǧubrân, «pressé de donner son avis sur l'Immaculée Conception, il répond: «Est-ce que toute conception n'est pas un miracle» ? Cité par Barbara Young. op. cit. p. 95.

(168) *Masîḥ*. 9,189-190.

(169) *Masîḥ*. 9,189. Ǧubrân souligne également «que dans leurs difficultés les femmes allaient chercher consolation auprès de Marie». *Yasû'*. p. 324.

(170) P. Rondot. *Chrétiens d'Orient*. p. 61. A propos des raisons pour lesquelles le dogme de l'Immaculée Conception est étranger à la tradition orientale, cf. V.Lossky. *Théologie mystique*. p. 136. Quant aux diverses manifestations de la piété mariale dans l'orthodoxie, dans *La Mystique*. p. 473. cf. également Dostoïevski. *Les Frères Karamazov*. 1,313-314.

(171) Même interrogation pour Ǧubrân. Celui-ci raconte à Mary «qu'une Irlandaise qui posait pour lui l'a blâmé un jour, puis l'a complètement abandonné, car, étant catholique, il ne priait pas la Vierge». Cité par T. Ṣâyèǧ. op. cit. p. 210.

grande place qu'elle occupe dans la vie des chrétiens, aux dépens de son fils, selon Nu'ayma ? «Les supplications et les louanges qu'ils adressent à la Vierge, dit-il, dépassent en importance celles qu'ils adressent à son fils. Certaines sont parfois exaucées lorsqu'elles sont accompagnées par une foi fervente»(172).

b. Arrivées à ce point de notre réflexion, nous pouvons nous interroger sur la manière dont Ǧubrân et Nu'ayma envisagent les relations de Jésus avec sa mère. Doué d'une imagination fertile et animé d'un grand amour pour Jésus, Ǧubrân part de deux événements évangéliques, la naissance de Jésus et sa mort, pour nous présenter Marie aux côtés de son fils et prenant une part active à son œuvre. Son oui à l'Incarnation devait la conduire jusqu'à la Croix. Ǧubrân dit : «Quand j'ai médité profondément sur Jésus, je l'ai toujours vu ou bien comme un enfant au berceau regardant le visage de sa mère Marie pour la première fois, ou bien sur la Croix fixant le visage de sa mère Marie pour la dernière fois»(173). Marie vivait dans un recueillement mystique face à l'enfant Jésus, à travers lequel elle adorait déjà l'image du Sauveur. Elle était proche de lui et éprouvait pour lui un amour beaucoup plus spirituel, plus conscient de son être profond et par conséquent plus nuancé par l'esprit de sacrifice(174). Lorsqu'il commença sa vie publique, elle le suivit pour écouter son enseignement et entendre la voix de son cœur(175). Lorsqu'il monta à Jérusalem pour la Pâques, elle le rejoignit, accompagnée de quelques femmes(176). Lorsqu'il fut arrêté, elle ne dit rien, mais dans ses yeux on lisait la réalisation de cette promesse de la douleur et de la joie qui se lisaient déjà lorsqu'elle était fiancée à Joseph de Nazareth. «Elle ne pleurait pas mais elle marchait parmi nous comme l'âme d'une mère qui ne veut pas se désoler sur l'âme de son fils»(177). Lorsque Jean, le fils de Zébédée, vint lui annoncer que Jésus était en route vers le Golgotha, elle sortit avec lui... Elle marchait la tête haute derrière son fils et ses pas étaient fermes. Elle assista à la crucifixion sans verser une larme, et avec beaucoup de calme elle dit : «O toi, mon fils, qui ne m'appartiens pas, toi, l'homme qui a visité une fois mes entrailles de femme, je suis fière de ta force, je sais que chaque goutte de sang qui coule de tes mains sera une source d'où sortiront les fleuves de toutes les nations. Qu'as-tu dit à l'homme crucifié à ta droite pour le rendre heureux dans sa douleur»(178)? Durant les der-

(172) *Masîḥ*. 9,189. cf. aussi *Kân*. 2,348. *Yawm*. 2,84. De même Tolstoï souligne la foi des petits et des simples dans les miracles de la Vierge. *Guerre et Paix*. 1,500.
(173) *Spiritual sayings*. p. 36. Cité par G.Gobillot. op. cit. p. 63.
(174) G.Gobillot. op. cit. p. 57-58.
(175) *Yasû'*. p. 319.
(176) Ibid. p. 320.
(177) Ibid. p. 321.
(178) *Yasû'*. p. 322.

niers instants de la vie de Jésus, Marie, debout au pied de la Croix, le regarda et dit «O mon fils, tu me souris maintenant et ce sourire m'indique que tu as sauvé le monde». Son fils la regarda alors et lui dit: «Marie, dès cette heure, soyez une mère pour Jean», et à Jean il dit: «Sois un fils aimant pour cette femme. Va chez elle. Fais cela en mémoire de moi»[179]. A la mort de Jésus, elle s'écria: «Regardez, Il est parti maintenant, le combat est terminé et la planète a répandu sa lumière, le bateau est arrivé au port et celui qui s'est appuyé sur mon cœur lorsqu'il était enfant, s'est élevé maintenant vers le ciel... Je suis heureuse d'être la mère d'un Vainqueur»[180].

Cette attitude de Marie au pied de la Croix, communiant intimement et fortement à la souffrance de son fils, est en contradiction avec le portrait que Ǧubrân nous a donné d'elle dans ses premiers écrits. Il l'avait présentée «avec Marie Madeleine et deux autres femmes, tristes et tout en pleurs»[181]. Le nouveau regard de l'auteur du *Prophète* sur la mère de Jésus est le fruit de son attachement à Nietzsche et de son adoption de la philosophie de la puissance dont nous avons déjà parlé.

A l'exemple des évangiles et de l'Eglise, Nu'ayma est très discret sur les relations de Jésus avec sa mère. Non seulement nous ne trouvons pas chez lui cette chaleur humaine qui régnait chez Ǧubrân dans les relations entre la mère et son fils, mais nous le voyons recourir aux paroles de Jésus à sa mère, à Cana, pour souligner que Marie n'occupait pas une place spéciale dans le cœur de son fils, une place différente de celle dont jouissent toutes les mères en général dans le cœur de leurs enfants. «Femme, qu'y a-t-il entre vous et moi»[182]? Le vrai sens de cette expression, bien sémitique, semble échapper à l'auteur de *Sab'ûn*. Elle évoque une certaine solennité dans la relation de deux êtres, dans l'union ou dans l'opposition.

A l'exemple de l'évangéliste Jean, Nu'ayma fait réapparaître Marie aux côtés de son fils lorsqu'arrive l'Heure décisive de la Croix. Les paroles du Christ à Marie et à Jean constituent un moment capital de la crucifixion. «Femme, voici ton fils» puis au disciple «Voici ta mère»[183]. Ces paroles, dans lesquelles Nu'ayma lit la plus grande marque d'affection de Jésus envers sa mère, se situent au sommet de l'accomplissement de la mission du Christ. A l'exemple des Pères et Docteurs de l'Eglise, aussi bien

(179) Ibid. p. 323.
(180) Ibid.
(181) *Aǧniḥa*. p. 221.
(182) *Masîḥ*. 9,188.
(183) *Masîḥ*. 9,190.

d'Orient que d'Occident, Nu'ayma voit dans ce comportement du Christ à l'égard de sa mère le modèle de la charité filiale.

Cet aspect de l'amour filial de Jésus pour sa mère souligné par Nu'ayma complète celui de l'amour maternel de Marie pour son fils relevé par Ǧubrân. En effet, pour celui-ci «Marie constitue, et cela n'est pas un cas unique, car beaucoup d'écrivains chrétiens ont cette même vision, le modèle de toutes les mères. Marie est la femme dont l'amour est le plus beau, le plus pur et le plus sublime, parce que le plus douloureux et le plus sacrifié»(184).

Après ce tableau, brossé par Ǧubrân et Nu'ayma, des relations existant entre Jésus et Marie, nous sommes à même de nous interroger sur la vie cachée de Jésus(185).

III. La Vie cachée de Jésus-Christ.

Nous ne disposons que de peu de documents concernant les trente années que Jésus a passées à Nazareth avec Marie et Joseph. Les évangélistes n'y font aucune allusion, à l'exception de Luc qui raconte l'épisode appelé «Jésus parmi les docteurs»(186). Ce récit de la fugue de Jésus s'achève sur ce mot : «Il redescendit avec eux et revint à Nazareth, et il leur était soumis».

Après cet incident, Jésus entre dans le silence le plus complet et ceci pour dix-huit ans, ce qui fait dire à Nu'ayma : «N'est-ce pas étonnant et déroutant que deux évangélistes, Matthieu et Luc, s'occupent de certains détails de la naissance de Jésus et de son enfance, et que les quatre évangélistes ignorent complètement dix-huit ans de sa vie, dix-huit ans durant lesquels sa personnalité s'est formée et sa mission a mûri»(187).

Malgré ces lacunes et peut-être à cause d'elles, Nu'ayma cherche à se faire une idée approximative sur la vie cachée de Jésus. Avant de nous

(184) G.Gobillot. op. cit. p. 59.

(185) Il serait tout à fait normal de parler ici des relations de Jésus avec les femmes en général. Nous ne le faisons pas, car Nu'ayma n'en parle que pour dire qu'elles étaient au pied de la Croix. Et une étude vient d'être faite sur *l'Image de la femme chez Ǧubrân* par Geneviève Gobillot. Nous renvoyons aux pages 57-63 et 89. cf. aussi V. Messori. op. cit. p. 233-236 et E. Renan. op. cit. p. 158, 212-213. Nous n'en parlerons donc que très brièvement.

(186) *Masîḥ*. 9,188. et 191. se référant à *Luc*. 2,41-50.

(187) *Masîḥ*. 9,191. Notons avec W. Kasper que l'intérêt des histoires de l'enfance de Jésus est plus théologique que biographique. cf. *Jésus le Christ*. Paris (1976), p. 92-93.

pencher sur ses «découvertes» et les conséquences qui en découlent, remarquons la discrétion et le silence de Ǧubrân à ce sujet. En dépit de son imagination fertile et des nombreux rêves qu'il eut de Jésus, l'auteur de *Jésus, Fils de l'homme*, ne nous apprend rien de particulier sur cette étape de la vie du Nazaréen. Tout ce qu'il nous dit de lui, c'est qu'à l'âge de douze ans, il conduisit un aveugle pour lui faire traverser une rivière, qu'il jouait avec ses camarades et était aimé de tout le monde(188), à l'exception d'un vieillard de Nazareth qui le considérait comme «étranger au milieu des habitants du village et un mécréant qui n'a pas suivi la voie de Dieu mais a marché dans les voies du mauvais. A l'âge de douze ans, il discutait avec les vieux savants et se moquait de leur prestige»(189). «Une fois adolescent, il vivait entre la scie et l'enclume, refusait d'accompagner les jeunes aux fêtes et préférait la solitude. Il se croyait supérieur à ses compatriotes et ne répondait pas à celui qui le saluait»(190). Mais ce témoignage ne concorde pas avec l'atmosphère de sympathie et d'affection dont il était entouré. Ecoutons Suzanne, la voisine de Marie : «Nous avons tous aimé le fils de Marie, nous l'observions avec des yeux pleins d'amour car il était rempli de la force de la vie et de sa plénitude»(191).

Pourquoi les évangélistes ont-ils gardé le silence sur la vie cachée de Jésus ? se demande Nu'ayma. La réponse est très simple, dit-il. Ceux qui ont écrit les évangiles ainsi que ceux que Jésus a choisis pour répandre son message ignoraient tout du lieu où le Nazaréen a passé cette période de sa vie. Là-dessus, Jésus lui-même a gardé le secret le plus absolu. Où donc a-t-il vécu entre douze et trente ans ? L'explication de ce pourquoi dit Nu'ayma, nous donnerait la clef qui nous permettrait, d'une certaine manière, de comprendre Jésus, sa vie et sa Bonne Nouvelle. Puis il ajoute, je dis bien «d'une certaine manière», car il est impossible à un être humain de comprendre pleinement le message d'un maître de la trempe du Christ venu conduire les hommes à la Vérité et qui est au-delà des limites de la chair et du sang, de l'espace et du temps(192). Bel hommage au Christ et à sa mission de la part d'un chrétien qui croit fermement que sa venue, son message et sa mort ont eu des répercussions inouïes sur «toute la civilisation inspirée directement ou indirectement du Christianisme»(193).

Fasciné par le Christ et par sa vie, préoccupé par l'origine et la finalité de la vie de l'homme, ni chercheur, ni théologien, Nu'ayma assure

---

(188) *Yasû'*. p. 318. Nous avons déjà cité ce passage «Jésus conduisant un aveugle».
(189) Ibid. p. 275. Réminiscences de *Luc*. 2,41-52.
(190) Ibid.
(191) Ibid. p. 318.
(192) *Masîḥ*. 9,192.
(193) W.Kasper. op. cit. p. 32. Sur l'influence de Jésus sur l'histoire de l'humanité, cf. *En. Univ*. 9,426.

être parvenu, grâce à la méditation et à ses nombreuses lectures, à une conclusion satisfaisante en ce qui concerne l'étape obscure de la vie de Jésus. Et «au fond de moi règne une certaine assurance que cette conclusion n'est guère loin de la vérité»[194]. L'histoire des Rois Mages venus d'Orient à Bethléem pour adorer l'enfant et lui offrir en présents de l'or, de l'encens et de la myrrhe, m'a souvent conduit, explique Nu'ayma, tantôt en Perse, tantôt aux Indes. Mais chaque fois, je me disais : «Il est impossible que ces sages se soient occupés de l'enfant Jésus , alors qu'il était au berceau, pour l'abandonner par la suite. Sans doute, eux-mêmes ou d'autres, envoyés par eux, sont-ils venus chercher Jésus adolescent pour l'emmener avec eux afin de l'initier dans la voie de la connaissance et lui révéler les mystères réservés à une élite. Mais cette hypothèse ne me convainquait pas, ajoute Nu'ayma, car chaque fois je me disais : «Si cela était exact, nous pourrions déceler dans la prédication du Christ quelque chose de l'enseignement de Ahouramazda et d'Ahriman[195] ou bien de celui de Krishna[196] et de Vichnou, ou bien encore de Bouddha, Confucius ou Lao-Tseu en Chine». Mais l'accent qui domine dans les évangiles est purement hébreu: Moïse, la loi de Moïse, Abraham, Isaac, Jacob, les prophètes d'Israël et tout particulièrement Isaïe et David, le sabbat, la Pâque, le temple, les prêtres, les pharisiens, les scribes, les publicains... Tout cela montre que Jésus a reçu un enseignement purement et exclusivement hébreu[197]. Il n'a donc pas quitté la Palestine et il n'a appris que l'hébreu et le syro-araméen. Celui-ci était la langue courante à cette époque et c'est en syro-araméen que Jésus parlait à ses disciples et à la foule[198]. De son côté, Ǧubrân affirme que Jésus parlait «le syro-chaldéen - le vernaculaire - alors que les gens cultivés parlaient l'hébreu»[199].

Jusque-là nous ne pensons pas que Nu'ayma s'écarte de la vérité tue par les évangiles dont l'attention va à la réalisation historique du dessein de Dieu. Mais la démarche qui cherche à ôter le voile qui recouvre la vie cachée de Jésus apparaît moins solide. Cette démarche, très louable

---

(194) *Masīḥ*. 9,192. Notons ici que Nu'ayma ne recourt pas aux évangiles apocryphes pour y chercher les secrets qu'il ne pouvait trouver dans les évangiles canoniques.

(195) Le premier est un dieu suprême dans la religion mazdéenne, et le second est le principe du Mal, opposé à *Ormuzd*, dans la religion de Zoroastre.

(196) Dieu hindou, représenté comme la huitième incarnation de Vichnou.

(197) Gubrân apporte ici une note différente: «Dans la contrée où vivait Jésus, il y avait un grand mélange de races: Chaldéens, Grecs et bien d'autres. Je ne doute pas que tout cela ait énormément influencé Jésus». *Beloved Prophet*. Journal du 6-1-1918. p. 294.

(198) *Masīḥ*. 9,192. Même affirmation chez le Père Marcel Jousse. cf. G. Baron. *Marcel Jousse*. p. 244, et p. 35-36.

(199) *Beloved Prophet*. Journal du 6-1-1918. p. 294.

en soi, consiste à démontrer que Jésus a vécu chez les Esséniens «cette secte ésotérique mentionnée par les historiens Josephe et Pline»[(200)]. Nu'ayma avance cette hypothèse à la suite de la découverte, par des bergers, d'une grotte située au bord de la mer Morte appelée *Qumrân*. On y découvrit des manuscrits hébreux de certains livres de la Bible dont les plus importants sont les prophéties d'Isaïe»[(201)].

Qui sont ces Esséniens? Nu'ayma fait remonter leur histoire au début du deuxième siècle avant Jésus-Christ[(202)]. «Leur nom signifie les silencieux, *al-sâkitûn*, ou, les médecins, *al-aṭibbâ'*, ou enfin les pieux, *al-atqiyâ'*. Ils ont quitté le monde et se sont retirés aux alentours de la mer Morte. Certains d'entre eux s'adonnaient à la copie des manuscrits bibliques, particulièrement les prophéties d'Isaïe, et les conservaient dans des jarres... A côté de ce travail, ils s'adonnaient au travail de la terre et à d'autres travaux manuels»[(203)]. Ces hommes, pieux et sages, savaient que deux enfants extraordinaires, Jean et Jésus, allaient naître. Aussi surveillaient-ils attentivement le moment où ceux-ci atteindraient l'âge qui les rendrait aptes à accueillir les exercices spirituels qui les préparaient à leur mission. Ils savaient que la mission de Jésus était la plus importante car Jésus était le Messie Promis, *al-Masîḥ al-muntaẓar*. Quant à Jean, son rôle consistait à préparer la voie au Christ, c'est pourquoi il est appelé le Précurseur, *al-sâbiq*. Ainsi, âgés de douze ans, Jean et Jésus se joignent à la fraternité des Esséniens. Ils y furent attirés par des propagateurs secrets de cette doctrine, de façon toute mystérieuse et à l'insu de leurs parents[(204)].

Voilà donc Jésus élève des Esséniens. Ceux-ci lui apprennent à lire et à écrire. Arrêtons-nous un instant pour demander à Nu'ayma: Com-

---

(200) *Masîḥ*. 9,193. cf. également H.E. Del Medico. *Le mythe des Esséniens*. Plon (1958), passim et notamment p. 17-104. Voir aussi J.H. *Esséniens. En. Univ.* 6,550-551. A la page 194 *d'al-Masîḥ*, Nu'ayma donne une définition de ces sociétés et des exemples pris en Orient et en Occident. Rappelons que l'auteur lui-même a fait partie d'une société ésotérique, la Franc-Maçonnerie. cf. *Sab'ûn*. 1,344 et 346.

(201) *Masîḥ*. 9,193. *En. Univ*. 9,427. Ces découvertes eurent lieu en 1948.

(202) Alors que, chronologiquement, la plus ancienne mention des Essériens se trouve dans l'œuvre de Philon, écrivain juif qui naquit à Alexandrie vers 30 avant Jésus-Christ (?). cf. H. E. Del Medico. op. cit. p. 17.

(203) *Masîḥ*. 9,194-195. «Le but de leur vie était de faire en tout la volonté divine, d'étudier sans cesse la Loi et de mener une vie sainte qui réponde à ses exigences». *En. Univ*. 9,427.

(204) *Masîḥ*. 9,196-197 et 205. Un peu plus loin, l'auteur affirme que Jean et Jésus se sont rencontrés, lorsqu'ils étaient encore adolescents, à l'école des Esséniens. Ibid. p. 200 et 202. Alors que nous lisons dans *l'En.Univ*. 9,427: «Les évangiles ne mentionnent pas les Esséniens que Jésus a pourtant connus lorsqu'il était auprès de Jean-Baptiste».

ment se fait-il que Jésus, qui n'a appris à lire et à écrire qu'à l'âge de douze ans, ait étonné les docteurs et interprètes de la loi par ses réponses et les questions qu'il leur posait au temple? Comment expliquer ce manque de logique ? La réponse nous vient de l'auteur lui-même qui affirme être mû dans sa recherche sur Jésus par un grand amour et non pas par des motifs théologiques ou historiques[(205)]. Aussi, il n'est pas étonnant de trouver chez lui, comme chez son ami Ǧubrân, des hypothèses contradictoires qui s'enchevêtrent et parfois se bousculent.

Revenons aux Esséniens. Qu'apprennent-ils à Jésus outre la lecture et l'écriture ? Ils lui font approfondir l'histoire des fils d'Israël et des Prophètes et le préparent à sa mission[(206)], ce qui fait dire à Renan: «Le Christianisme n'est rien qu'un essénisme qui a eu du succès»[(207)].

Qu'en est-il de cette affirmation et de bien d'autres qui viennent confirmer l'hypothèse avancée par Nu'ayma ? «Dommage, répond le philosophe napolitain, Benedetto Croce, que tous les partisans d'un Christ essénien ne semblent par avoir soigneusement rapproché les documents de cette secte disparue, des textes évangéliques». Et plus loin, il ajoute: «Les découvertes des manuscrits de Qumrân ont emporté l'espérance qui pensait que les énigmes du message chrétien pourraient trouver quelque solution dans la secte judaïque»[(208)]. En effet, le message du Christ est très différent de celui des Esséniens, bien que tous les deux soient nés de (et dans) la même culture et aient eu indubitablement en commun certains côtés extérieurs. «Les Esséniens étaient réputés par un ascétisme exagéré dans la nourriture et le vêtement ainsi que par leur détachement des biens de ce monde»[(209)].

«Ils avaient l'air de petits enfants terrifiés par le bâton de leur Maître»[(210)] dit l'historien Josephe. Dans le discours sur la montagne, la grande charte du Christianisme, Jésus exhorte les siens à ne pas prendre un air morose, sombre, comme font les hypocrites, quand ils jeûnent. Au contraire de ce qui était imposé chez les Esséniens donc, «pour le propagateur de la Bonne Nouvelle» la mortification du corps ne doit s'accompagner ni d'ostentation ni de mélancolie mais de joie. Jésus a prêché le détachement du monde et en a donné lui-même l'exemple, remarque

(205) *Masîḥ.* 9,200.
(206) Ibid. p. 205 et 310.
(207) Cité par V. Messori. op. cit. p. 239.
(208) Cité par Messori. op. cit. p. 227 et 239.
(209) *Masîḥ.* 9,195.
(210) Cité par V.Messori. op. cit. p. 227.

Nu'ayma, «mais il se souciait de ses vêtements et de sa nourriture, il avait ses amis..., il a pleuré son ami Lazare et sa ville Jérusalem. Certes, Jésus était un ascète, mais un ascète bien modéré qui a certainement dû dire aux siens : «Donnez au corps ce qui est au corps et à l'âme ce qui est à l'âme»(211).

«Une grande affection unissait les Esséniens les uns aux autres»(212), mais cette affection était réservée aux seuls membres de la communauté. Quant à Jésus, il prêche l'amour de tous, y compris des ennemis.

«A Qumrân, la règle communautaire des Esséniens excluait rigoureusement les enfants»(213). Jésus, non seulement ne les chasse pas, mais «par un renversement total des valeurs (de toutes les sociétés antiques, et surtout de l'hébraïque pour laquelle le modèle de sagesse est l'homme âgé), il les montre carrément en exemple»(214).

Le manuel des Esséniens dit encore: «Stupides, fous, ... aveugles, estropiés, boîteux ... aucun de ceux-ci ne peut faire partie de la communauté»(215). De son côté, Jésus privilégie les minorités malheureuses, guérit leurs malades et s'asseoit à leur table.

Le plus étonnant de tout, ajoute encore Nu'ayma, c'est que la femme était complètement exclue des communautés esséniennes(216). Jésus lui, non seulement ne repousse pas les femmes, mais ils les admet dans sa compagnie, accepte leurs services, les guérit de leurs infirmités tant physiques que spirituelles, entretient avec elles des relations très amicales, des sentiments extrêmement délicats. «Les personnages féminins qui gravitent autour du Christ dans le livre de Ǧubrân, *Yasû' Ibn al-Insân*, sont nom-

(211) *Masîḥ*. 9,233-234. R. Arnaldez ajoute: «Le Christ lui-même, en dépit de la lutte ascétique qu'il a menée contre le «monde» pour se préparer à porter son message, ne s'est pas livré à une ascèse totale». *Les valeurs humaines*. op. cit. p. 7. Et V.Messori souligne: «Une des plus énigmatiques caractéristiques de l'éthique attribuée à Jésus demeure cette synthèse entre «corps et esprit». op. cit. p. 228.

(212) *Masîḥ*. 9,195 et 196.

(213) V. Messori. op. cit. p. 237 et 239.

(214) V. Messori, op. cit. p. 237-238. Dans ses *Mémoires*, Eléonor, la fille bien-aimée de Karl Marx a écrit: «Je me rappelle mon père me racontant l'histoire du charpentier de Nazareth qui fut tué par les riches, et disant souvent que nous pouvons pardonner bien de choses au Christianisme, parce qu'il nous a appris à aimer les enfants». Cité par V. Messori. op. cit. p. 238.

(215) V. Messori. op. cit. p. 240.

(216) *Masîḥ*. 9,195. Là Nu'ayma rappelle une visite effectuée il y a plus de soixante ans au Mont Athos. Dans ces monastères orthodoxes, l'accès y est interdit non seulement aux femmes mais aussi à toute femelle animale. Ibid. p. 195.

breux et les rencontres qui ont lieu entre elles et Jésus sont de différents niveaux. En effet, par sa double nature de Dieu et d'homme, le Christ engendre avec les femmes une relation toute particulière, basée à la fois sur la spiritualité et le sentiment et qui a pour résultat d'éveiller ce qu'il y a de meilleur en elles»(217). «Jésus ne s'est pas marié, dit Jeanne, la femme du gardien d'Hérode, cependant il était l'ami des femmes et il les a connues comme il convient de connaître tout le monde, dans l'amitié pure»(218). «C'est peut-être le plus beau cadeau que Ǧubrân pouvait faire aux femmes, insistant en cette vie de Jésus sur le fait que le Christ s'est comporté avec «elles» en ami, donc qu'il les a traitées sur un plan absolu de respect et d'égalité, comme des êtres humains à part entière, ce qui, à l'époque, pouvait paraître encore étonnant»(219). Ressuscité, le Christ réserve sa première apparition à une femme et lui confie la plus solennelle des missions et en fait sa messagère privilégiée. Nous sommes à l'antipode des Esséniens chez qui le Christ aurait étudié durant dix-huit ans.

Les divergences entre le message des Esséniens et celui du Christ sont encore nombreuses. Nous nous contenterons de citer encore celle qui concerne la pratique du sabbat; «A Qumrân, on poussait jusqu'à ses plus extrêmes conséquences la conception hébraïque du caractère sacré du sabbat. Ce jour-là, les «saints» n'allaient même pas faire leurs besoins, incertains qu'ils étaient de savoir si cela ne constituait point une infraction à la loi du repos. Dans le doute, ils préféraient s'abstenir. Une fois encore, c'est exactement le contraire de l'attitude de Jésus auquel, avec des phrases épouvantablement blasphématoires non seulement pour l'essénien mais pour tout juif, on fait dire : «le sabbat a été fait pour l'homme et non l'homme pour le sabbat»(220).

Pour conclure cette comparaison, disons qu'à la différence de Jésus, le Maître de Justice de Qumrân ne se présente pas comme un «incrédule» et un «criminel»(221) à l'égard des valeurs reconnues par la société du temps. «A Qumrân, dit le théologien allemand Hans Küng, le Nazaréen aurait été «excommunié» et expulsé»(222).

Comment se fait-il que malgré ce fossé qui sépare la doctrine du Christ de celle des Esséniens, fossé bien connu par Nu'ayma, celui-ci persiste à placer Jésus dix-huit ans durant dans cette société et à l'y faire vivre

(217) Geneviève Gobillot. op. cit. p. 57.
(218) *Yasû'* p. 222. cf. aussi p. 211-214, 251-252, 282-283, 329...
(219) G. Gobillot. op. cit. p. 63 et V. Messori. op. cit. p. 231-232.
(220) V. Messori. op. cit. p. 240.
(221) cf. *Masîḥ*. 9,299-306.
(222) Cité par V. Messori. op. cit. p. 239.

selon l'enseignement de ses maîtres ? Est-ce une solution de facilité trouvée par lui pour combler le vide laissé par le silence des Evangélistes ? C'est très probable. Mais a-t-il vraiment comblé ce vide ? Que nous apprend-il de plus que ce que les évangiles nous ont dit ? Rien sinon que Jésus aurait passé ces dix-huit ans dans une société ésotérique au lieu de les passer au milieu des gens de Nazareth et de mener tout simplement leur vie.

Conclusion

A la question posée au début de ce chapitre: Qui est Jésus-Christ ? Qui est cet homme qui ne se présente pas comme ambassadeur et mandataire de Dieu, chargé de transmettre un message, d'indiquer une voie, d'instaurer un nouvel ordre humain, d'initier à un mystère qui les dépasse... mais se dit être la Voie, la Vérité et la Vie et se donne comme le médiateur unique et nécessaire ? Ǧubrân et Nu'ayma ont essayé de répondre. A travers leurs réponses, nous sommes saisis par la présence constante du Christ, personne bien vivante qui semble occuper tout leur champ de conscience. A l'exemple de S. Paul, ils peuvent dire : «Pour nous, vivre c'est le Christ» ; mais leur vie en Christ et pour le Christ est une vie tronquée et coupée de ses racines étant donné qu'ils se sont attachés beaucoup plus à l'homme-Jésus, qu'à la deuxième personne de la Trinité en tant que Verbe et Fils de Dieu, autrement dit leur attachement au Christ va à sa nature humaine et au message d'amour qu'il a prêché plutôt qu'à sa nature divine[223]. Mus par un profond amour pour lui, ils ont voulu démythiser sa personne de tout ce que la légende, la crédulité ou l'incrédulité, l'exploitation cléricale ou l'exaltation mystique lui ont attribué. Ainsi, Jésus devient pour Ǧubrân l'ami «qui a établi sa demeure dans son cœur, l'homme élevé au-dessus de tous les hommes, le poète qui fait de nous tous des poètes, bien plus, l'Esprit qui se tient à la porte de nos cœurs et frappe afin de nous réveiller de notre torpeur... pour sortir à la rencontre de la Vérité toute nue et confiante en elle-même[224].

Cette Vérité, dit Nu'ayma, c'est «Toi, ô Jésus, Fils de l'Homme, Toi la Voie et la Vie. Nul ne peut arriver à ton Père et à son Royaume si ce n'est par toi. Nul ne peut se libérer de l'emprise de la matière et de ses illusions si ce n'est par la connaissance de la Vérité. Celui qui connaît la Vérité est libéré par elle... et devient vainqueur de la mort. Or, celui qui

(223) En cela, ils font écho à E. Renan qui termine sa *Vie de Jésus* par cette confession: «Quels que puissent être les phénomènes inattendus de l'avenir, Jésus ne sera pas surpassé... Tous les siècles proclameront qu'entre les fils des hommes, il n'en est pas né de plus grand que Jésus». op. cit. p. 427.

(224) ***Yasû'***. p. 237.

suit ton enseignement connaît la Vérité»[225]. Dans quelle mesure ont-ils suivi cet enseignement ? En attendant de répondre prochainement à cette question, écoutons monter du cœur des deux amis cette hymne par laquelle Ǧubrân termine son livre sur Jésus :

> «O Maître, ô cœur céleste
> «Toi le héros de nos rêves dorés
> «Tu ne cesses de marcher parmi nous,
> «Ni les flèches, ni les lances ne peuvent arrêter tes pas.
> « O grand cœur
> « Que le Seigneur bénisse ton non.
> «Qu'Il bénisse les entrailles qui t'ont porté
> «El les seins qui t'ont allaité»[226].

(225) *Marâḥil*. 5,36.
(226) *Yasû'*. p. 361-362.

CHAPITRE DEUX

LE MESSAGE DE SALUT RETENU PAR ǦUBRAN ET NU'AYMA

Nous abordons, avec ce chapitre, le deuxième volet du mystère de Jésus-Christ: Le message de Salut qu'il est venu apporter aux hommes. A vrai dire, cette distinction en deux volets est en partie factice, car le mystère de Jésus est tellement un qu'il est impossible de parler de la personne du Christ sans parler en même temps de son message. Voilà pourquoi, tout ce que nous avons dit précédemment doit rester présent à l'esprit maintenant que nous allons réfléchir sur l'authenticité et le contenu de ce message, sur la place que lui accordent Ǧubrân et Nu'ayma dans leur vie, et particulièrement dans leur œuvre, et enfin sur son sens pour la Rédemption du monde et l'instauration d'un monde nouveau.

Nous nous interrogerons tout d'abord sur les évangiles qui ne sont en somme que quatre approches différentes des mêmes faits, du même enseignement et du même message de salut. Ensuite nous analyserons le contenu de ce message, à savoir le Royaume de Dieu, fondé sur le double commandement d'amour, «la bonne odeur du pardon, les ailes de la liberté, l'espérance de la vie éternelle»[1]. Enfin, nous terminerons ce chapitre en passant en revue les divers noms et titres donnés à Jésus.

I- Ǧubrân, Nu'yama et l'Evangile.

1- Attachement de Ǧubrân et de Nu'ayma à l'Evangile.

A plusieurs reprises déjà, nous avons souligné l'attachement des deux amis à l'Evangile, la grande place qu'ils lui accordent dans leur vie[2], et les critiques qu'ils adressent à l'Eglise qui, par ses rites et ses traditions, a voilé la lumière de l'Evangile aux yeux des croyants. «Je suis convaincu,

---

(1) *Awṯân*. 3,553.

(2) cf. *Sab'ûn*. 1,271; *Ǧubrân*. 3,69 er 122; *Aḥâdîṯ*. 9,696; *Masîḥ*. 9, 184; *Yuḥannâ*. p. 70. G.F. Brâkès. op. cit. p. 362.

dit Nu'ayma, que l'Eglise a commis un crime contre l'Evangile en en faisant un livre parmi tant d'autres car, en lui-même, l'Evangile est un monde très vaste, une perle rare»[3]. C'est pourquoi, tous les écrivains *d'al-Râbiṭa al-Qalamiyya* et tout particulièrement ses deux piliers, en ont fait leur premier modèle[4] et leur livre de chevet[5]. L'Evangile fut le premier livre lu par Ǧubrân dans la vallée sainte de *Qadîša*. Ses versets furent incrustés au fond de lui-même. Il y recourait dans ses écrits et dans ses actes pour éclairer sa route vers la perfection[6]. Quant à Nu'ayma, il confesse que «l'unique lampe qui a éclairé sa route et l'éclaire encore est celle-là même qui a éclairé Tolstoï, à savoir l'Evangile»[7].

Les versets évangéliques sillonnent leurs écrits au point qu'on en trouve presque à toutes les pages[8]. Leurs héros lisent l'Evangile malgré l'interdiction qui leur en était faite par l'Eglise. Yuḥannâ veillait la nuit et attendait que son père se plonge dans le sommeil pour s'emparer de l'Evangile et méditer sur la vie à la lumière de l'enseignement du Christ[9]. Et lorsqu'il prenait la route des champs, il cachait le Nouveau Testament sous ses vêtements afin de n'être vu de personne, puis s'asseyait sur un rocher et contemplait tantôt la vallée, tantôt l'enseignement de son livre sur le Royaume de Dieu[10].

Quant à Nu'ayma, il dépouille al-Arqaš de toutes les possessions de la vie et ne laisse auprès de lui qu'un livre unique: le Nouveau Testament dans lequel il trouve la solution de tous ses problèmes[11].

(3) Sab'ûn. 1. p. 279.
(4) al-Aštar. op. cit. 1,85. C'est ainsi qu'Abû Mâḍî se réfère souvent à l'évangile pour donner plus de poids à ses idées. cf. Z. Mîrzâ. op. cit. p. 307, 782, 842...
(5) Déchiré par le doute, Nasîb 'Arîḍa cherche la lumière dans l'évangile. cf. al-Aštar. op. cit. 1,48.
(6) G. Ǧabr., Ǧubrân, sîratuhu. p. 197. cf. G. F. Brâkès. op. cit. p. 362.
(7) Sab'ûn. 1,271.
(8) Nous nous contenterons ici de quelques exemples. Dans *Yuḥannâ*, nous trouvons seize versets; dans *al-aǧniḥa al-mutakassira*, nous en trouvons six; dans *Dam'a*, trente. Dans les lettres de Nu'ayma, vingt-six versets sans compter les références indirectes aux paroles du Christ; dans *al-marâḥil*, et tout particulièrement dans le premier chapitre, p. 26-44, nous avons quarante-sept citations. Rappelons que Ǧubrân et Nu'ayma ont écrit une sorte d'évangile de Jésus, à leur façon. cf. *Yasû' Ibn al-Insân* et *Min waḥy al-Masîḥ*.
(9) *Yuḥannâ*. p. 69. Nu'ayma nous en donne un exemple très significatif: «Ǧubrân avait l'habitude de lire l'Evangile, dit-il; un jour, il tomba sur le verset suivant: «Si le grain de blé tombé en terre ne meurt, il reste seul...» cf. *Jean*. 12,24. Il l'avait souvent lu et entendu, mais cette fois il fut saisi comme s'il le lisait pour la première fois. Ce fut l'occasion d'une profonde méditation». *Ǧubrân*. 3,69. cf. également *'Awâṣif*. p. 483. *Beloved Prophet*. Lettre du 16-5-1912. p. 82.
(10) *Yuḥannâ* p. 70.
(11) *Arqâš*. 4,346. S'étant fait voler tout son argent, Nu'ayma recourt à l'évangile pour =

Ğubrân, Nu'ayma et les évangiles

L'attachement des deux amis à l'Evangile découle de leur fascination pour la personne de Jésus. Ainsi nous ne les voyons pas discuter sur l'authenticité de l'Evangile, mais s'y référer constamment pour y puiser «lumière et esprit» et affirmer que c'est grâce aux quatre évangiles qui nous sont parvenus que nous connaissons «la naissance du Christ, ses paroles et ses actions, sa mort et sa résurrection»[12]. Ces évangiles ne sont pas des témoignages historiques au sens moderne de ce terme... mais des «témoignages de foi».

Etant des témoignages de foi, «convient-il d'en accepter certains passages et d'en rejeter d'autres»[13] se demande Nu'ayma. Ce qui a été écrit dans les évangiles, poursuit-il, l'a été dans les termes mêmes qui nous sont parvenus. Depuis dix-neuf siècles l'humanité garde ce message tel qu'il est. Or, celui qui ne le comprend pas tel qu'il est et ne l'accepte pas, doit se dire qu'il ne lui a pas encore été donné de le comprendre comme il faut.

Certes chacun peut expliquer l'Evangile, chacun peut se faire «son» Jésus. Mais nul n'a le droit de prendre son Jésus de l'Evangile après avoir déformé celui-ci[14]. Est-ce à dire que Nu'ayma accepte les évangiles tels qu'ils sont ? Embrasser tout le contenu des évangiles sans aucun esprit critique me paraît inconciliable, explique-t-il, entre «la conviction que j'ai de ton infaillibilité, ô mon Christ, et celle de la faillibilité des quatre évangélistes[15]. Pourtant, à deux reprises, l'auteur affirme sa foi en la sincérité des évangélistes: «Je crois, ô Jésus, que ceux qui ont retracé ta vie, tes paroles et tes actes, l'ont fait très fidèlement»[16].

Qui sont ces évangélistes ? demande Nu'ayma. «Matthieu et Jean faisaient partie des douze que tu as choisis, ô Christ, pour leur confier ton message. Marc et Luc ne faisaient pas partie des douze. Ils t'ont connu

---

= y trouver l'explication. cf. *Sab'ûn*. 1,247. Cette tendance à tout voir à la lumière de l'Evangile s'appelle *quakérisme*. cf. H.Jaeger. *Mystique protestante et anglicane*. Dans *La Mystique*. p. 372.

(12) *Masîḥ*. 9,184.

(13) *Masîḥ*. 9,184.

(14) *Ğubrân*. 3,258. Nu'ayma venait de dire que Ğubrân a déformé l'Evangile. Ibid. p. 256-258. En effet, nombreux sont les épisodes évangéliques racontés par Ğubrân de manière différente de l'Evangile. cf. *Yasû'*. p. 219, 267, 286, 310. Ces divergences proviennent de la tendance de Ğubrân à interpréter librement l'Ecriture. Cette liberté, il l'a puisée dans le protestantisme, influencé qu'il était par la vie religieuse aux U.S.A.

(15) *Masîḥ*. 9,184.

(16) *Marâhil*. 5,41. *Masîḥ*. 9,248. Cette sincérité est confirmée par des chercheurs. cf. l'expérience du père Lagrange. Cité par V. Messori. op. cit. p. 185.

par tes disciples. Le plus étonnant est qu'aucun de ces quatre n'eut l'idée de conserver par écrit ton enseignement et ses relations avec toi. Ce n'est qu'après ton Ascension qu'ils se mirent à la rédaction»[17]. De fait, pour que l'enseignement de Jésus ne se perde pas et ne meure pas avec ceux qui l'ont entendu, il fallait qu'il fût transcrit et fixé. L'Evangile est né de cette nécessité et de celle de répondre à toutes les questions qui se posaient à la première communauté chrétienne.

Devant cet Evangile unique rédigé sous quatre formes, Nu'ayma reste perplexe sur l'opportunité du choix que les évangélistes ont fait des paroles et des gestes de Jésus. «Comment se fait-il qu'ils ont retenu certaines paroles et négligé d'autres qui, peut-être, avaient plus d'importance»[18].

Tout d'abord, Jésus n'a rien écrit. Il a parlé et vécu comme un homme de son temps. Il a annoncé le Royaume et rendu témoignage au Père qui l'a envoyé. Mais jamais il n'a donné un enseignement théorique sur sa propre personne. Aussi les évangiles ne contiennent pas les paroles prononcées par Jésus[19]. Chacune d'elles est née d'une situation bien particulière. Chaque évangéliste a découvert, en effet, dans la communauté qui était la sienne, un aspect du visage du Christ et s'est efforcé de révéler cet aspect en y mettant sa marque personnelle. Le rôle joué par la première communauté chrétienne dans la transmission de l'enseignement du Christ et la marque personnelle apportée par chaque évangéliste à la rédaction de cet enseignement, suffisent à réfuter les objections de Nu'ayma sur le crédit à accorder aux évangélistes qui ont rapporté des paroles et relaté des scènes de la vie de Jésus sans avoir été des témoins oculaires.

Un autre article de la doctrine chrétienne arrête Nu'ayma : c'est le nombre «quatre». Comment et pourquoi les Pères de l'Eglise ont-ils fixé le nombre des évangiles à quatre ? Quelle fut leur part d'infaillibilité lorsqu'ils ont affirmé que seuls ces quatre évangiles représentent l'essentiel de ce que Jésus a dit et fait durant les trois années de sa prédication[20]? L'un des quatre évangélistes ne clôt-il pas son évangile par ces mots «Jésus a accompli encore beaucoup d'autres actions. Si on les relatait en détail, le monde entier ne suffirait pas, je pense, à contenir les livres qu'on écrirait» ! Et Luc n'introduit-il pas son évangile par ces mots: «Puisque beaucoup ont entrepris de composer un récit des événements qui se sont accomplis parmi nous..., j'ai décidé, moi aussi, d'en écrire pour

(17) *Masîḥ*. 9,184.
(18) *Masîḥ*. 9,248.
(19) Quoique certains exégètes modernes voient dans certaines paroles attribuées à Jésus des «Ipsissima verba Christi».
(20) *Masîḥ*. 9,248.

toi l'exposé suivant, illustre Théophile». «Tout cela ne signifie-t-il pas, ô mon Christ, que ce que l'on a écrit sur toi fut bien plus que les quatre évangiles qui nous sont parvenus»(21).

De toutes les difficultés soulevées par les textes des évangélistes, il ne résulte pour le fils de *Baskinta* aucune espèce de doute, car «il ne veut faire ni œuvre d'historien, ni œuvre de théologien; sans doute parce que l'objet de l'historien est de rechercher des explications dans le temps et qu'un message transcende tout temps, tandis que le théologien veut enfermer la vérité dans les formules arrêtées d'un credo, alors qu'un message ouvert sur la vie et sur l'infini, transcende toute formule»(22). C'est ce message que Nu'ayma cherche dans les évangiles pour lesquels il exprime sa profonde admiration: «Je n'ai jamais lu les évangiles, confesse-t-îl, sans me recueillir pieusement devant l'innocence infinie qui se dégage de chaque ligne. Ceux qui les ont écrits n'avaient nulle intention de faire œuvre de rhétorique, ni œuvre d'historien. Ils voulaient tout simplement rédiger ce qui les a frappés dans ton enseignement pour prouver aux juifs d'abord, au monde entier ensuite, que tu es le Christ, annoncé par les Prophètes depuis des centaines d'années»(23), et venu apporter aux hommes le Message de Salut.

II- Le Message de Salut retenu par Gubrân et Nu'ayma

Ǧubrân et Nu'ayma se sont particulièrement attachés à comprendre le message de Jésus à travers les évangiles. Tout est devenu pour eux une occasion de méditer ce message et d'y trouver une réponse aux problèmes de la vie. Ce message comble toute leur espérance et leur rêve de fraternité universelle. Car, par définition, l'Evangile c'est une Bonne Nouvelle.

Les traits caractéristiques de cette Bonne Nouvelle se dégagent de la prédication du Christ, prédication profondément vécue par lui: «Ce qu'il dit découvre sa vie, la vie véritable, et sa vie éclaire ce qu'il dit «souligne R. Arnaldez(24). Or, parler des années que dura cette prédication est une

(21) Ibid. p. 248 et 185. Nu'ayma fait-il allusion aux évangiles apocryphes qui sont nés pour combler le vide laissé par le Nouveau Testament au sujet de la jeunesse de Jésus, de la vie et de la mort de sa mère, des voyages missionnaires des apôtres ? Très probablement, étant donné le contenu de ces évangiles. cf. Johannes Quàsten. *Initiation aux Pères de l'Eglise*. Paris (1955), p. 123.

(22) R. Arnaldez. *Les valeurs humaines*. p. 7. cf. également *Masîḥ*. 9,184. Nous trouvons le même émerveillement chez E. Renan devant la simplicité des évangiles. cf. *Vie de Jésus*. p. 97.

(23) *Masîḥ*. 9,185-186.

(24) R. Arnaldez. *Les valeurs humaines*. p. 7.

tâche relativement facile: elle commença au Jourdain par le baptême de Jean, et finit à Jérusalem par la mort sur la croix et la résurrection. Entre ces deux points fixes, nous pouvons ordonner le ministère public de Jésus-Christ.

1- Préparation à la vie publique

Sur cette étape de la vie de Jésus, Ǧubrân garde le silence. Ce qui l'intéresse, c'est le message du Christ qu'il présente d'ailleurs de façon toute poétique, imagée et parfois proche des évangiles apocryphes. Quant à Nu'ayma , il suit très fidèlement l'évolution de la vie de son Maître et la résume en ces mots: «Le Christ est venu guider les hommes vers la Vérité, vers la vraie Foi, vers le Père»(25).

Pendant trente ans de vie cachée, Jésus grandit, apprit, mûrit en silence. Comme dans les évangiles, après cette longue préparation, Nu'ayma le conduisit au Jourdain où «il se soumet aux purifications rituelles que pratiquait Jean le Baptiste à la suite de ses maîtres esséniens»(26).

Après le baptême, vint la deuxième étape préparatoire et combien plus difficile: les quarante jours de jeûne, de prière et de lutte dans le désert. Rien n'est plus naturel pour Jésus, que de s'isoler pour prier et s'entretenir avec son Père. Remarquons que Jésus n'innove rien dans ce domaine. Tous les mystiques se retirent soit au désert, soit dans les montagnes, pour y découvrir en eux-mêmes la volonté de Dieu. Pour sa part, Ǧubrân n'y fait aucune allusion. Quant à Nu'ayma, il se contente de raconter l'épisode évangélique en insistant sur la lutte qu'a menée Jésus en vue de se préparer à sa mission, et sur la victoire finale.

De cette lutte, Jésus sort victorieux: victorieux des passions de la chair, y compris la nourriture; victorieux du monde dont il rejette la richesse et le pouvoir; enfin, victorieux dans sa confiance en l'amour de son Père(27).

Les débuts de la mission de Jésus.

Après sa triple victoire, Jésus inaugure officiellement sa mission par le choix de ceux qui devaient être ses accompagnateurs, les témoins de sa vie et de sa prédication et les porteurs de son message jusqu'aux con-

(25) *Masîḥ*. 9,192 et 287. *Zâd*. 5,219. *Ṣawt*. 5,335. et *Nûr*. 5,689.
(26) *Masîḥ*. 9,199-200 et 206.
(27) cf. *Masîḥ*. 9,206-209.

fins de la terre. Il ne les choisit pas parmi les sages et les docteurs de la loi, mais parmi «des hommes simples qui ont conservé dans leur cœur une foi vivante et une grande disponibilité pour recevoir la nouvelle parole, *al-kalima al-ǧadîda*. Tels sont les douze apôtres choisis par Jésus pour être le levain dans l'immense pâte humaine qu'il est venu préparer pour les grandes noces du Royaume des Cieux»(28).

Après ce choix des apôtres, «Jésus leur consacre de longs moments pour les instruire sur lui-même et sur sa mission, et à leur ouvrir le cœur à son enseignement. Sa transfiguration sur la montagne n'avait pas d'autre but. Mais malgré toute cette attention, ils ne comprenaient pas grand chose de ce que leur Maître leur disait. L'un d'eux le trahira, un autre le reniera et les autres prendront la fuite»(29). La nouveauté inattendue de son message apparaît dans son comportement et provoque dès le commencement l'admiration, la fascination et l'enthousiasme, mais aussi le scepticisme, le scandale et la haine. Sans aucun doute, dit Ǧubrân, «une force cachée en lui donnait à ses paroles un accent magique qui attirait le cœur de ses auditeurs. Ses discours ne ressemblaient guère à ceux des Romains et des Grecs. Quand tu entendais le Nazaréen, ton cœur te quittait pour le suivre. La Syrie n'a jamais entendu de paraboles semblables aux siennes... Il a regardé nos vies à la lumière de Dieu»(30). Et dans une lettre à M. Haskell il écrit: «La chose la plus significative qu'a dite le Christ se résume en quatre mots: «Je vous le dis». Tout le monde vous enseigne de telle ou telle façon, mais moi, je vous dis»(31). Cette autorité ne coupe point Jésus du peuple. Ses relations avec les pécheurs, les gens «sans importance» lui attirent les critiques des pharisiens, des scribes et des gens «bien». Mais cela ne l'arrête point. Son message d'amour vaut pour tout le monde. «Il est venu guider tous ceux qui le désirent vers le Père»(32), il n'impose point son message, il le propose et demande la libre adhésion(33).

Toutefois, au début de sa prédication, Jésus s'adresse particulièrement à son peuple pour essayer de le convaincre qu'il était le Sauveur attendu. «Tu étais, ô Jésus, un israélite et tu n'as été envoyé «qu'aux brebis perdues de la maison d'Israël». Lorsque tu naquis, Israël se considérait - et se considère toujours - «le peuple élu de Dieu». Il avait ses lois,

---

(28) *Masîḥ*. 9,211.

(29) Ibid. p. 211-212.

(30) *Yasû'* p. 210-211. puis, l'auteur cite quelques paraboles du Christ telles que: le semeur, la vigne, le berger qui perd ses brebis...

(31) *Beloved Prophet*. Journal du 10-9-1920. p. 346. C'est ce style qu'imite Nu'ayma dans son livre *Mirdâd*. cf. p. 611, 691, 710, 724, 762...

(32) *Awṭân*. 3,557. *Zâd*. 5,219. *Ṣawt*. 5,335. *Nûr*. 5,689.

(33) «*al-Maḥabba* ne s'impose pas à celui que l'on aime», affirme Nu'ayma. *Adam*. 7.60.

ses rites et ses traditions. C'est pourquoi, lorsque tu lui parlais, tu avais «La loi et les Prophètes» dans une main et ta mission dans l'autre»[(34)]. Les quatre évangélistes, et particulièrement Matthieu et Luc, font ressortir de façon éclatante cette première et grande préoccupation de Jésus à savoir qu'il est venu tout d'abord pour le salut d'Israël, *ǧâ'a liḫalâṣ Isrâ'îl lâ ġayr*, comme il l'affirme lui-même à la cananéenne venue lui demander de guérir sa fille[(35)], mais «il est venu aussi changer l'esprit humain et tracer une nouvelle voie pour tous les hommes»[(36)]. A l'étrangère qui lui demande de guérir sa fille, il répond en juif convaincu: «Le peuple de Dieu d'abord, les autres ensuite». Cet épisode constitue une charnière humble, presque inaperçue: le Royaume promis aux juifs s'ouvre au reste de l'humanité. Jésus a essayé en vain, remarque Nu'ayma, de sortir son peuple du ghetto dans lequel l'avaient enfermé ses rites, ses traditions et ses lois. C'est pourquoi, sans le rejeter définitivement, il se tourne «vers tous ceux à qui le Père l'a envoyé»[(37)] et prescrit à ses disciples et apôtres d'évangéliser tous les hommes, et non plus les Juifs seulement[(38)].

3- Le Royaume de Dieu

Le Christianisme enfin vint pour prêcher le Royaume de Dieu et pour inviter les croyants à en faire le but ultime de leur vie : «Demandez d'abord le Royaume de Dieu et sa justice»[(39)]. Par ces paroles, Nu'ayma résume toute la vie du Chrétien selon le modèle tracé par le Christ.

Faisant écho à Nu'ayma, Ǧubrân affirme: «Le plus grand enseignement du Christ est le Royaume des Cieux»[(40)]. Cette idée de Royaume n'est pas nouvelle. Jésus se l'approprie, et à la suite des prophètes, il proclame la venue du Règne de Dieu. «Ce Règne sera éternel», souligne l'auteur du Prophète[(41)], et la voie vers ce Royaume est la voie du repentir

(34) *Marâḥil*. 5,42.
(35) *Masîḥ*. 9,226.
(36) Beloved Prophet. Journal du 6-10-1918. p. 295.
(37) Marâḥil. p. 5,34. De son côté, Ǧubrân précise : «Mon Père, dit Jésus, ouvre la porte de son Royaume à tous ceux qui y frappent, qu'ils viennent des nations païennes ou bien du peuple choisi, car son oreille est attentive à tout chant nouveau avec le même amour qu'il l'est au chant ancien Yasû' p. 309.
(38) *Masîḥ*. 9,228-229.
(39) *Ṣawt* 5,572.
(40) *Beloved Prophet*. Journal du 7-9-1920. p. 345. cf. également le journal du 8-02-1921. p. 359.
(41) *Yasû'* p. 289. Soulignons au passage qu'il ne faut pas confondre *Règne* et *Royaume, mulk, et malakût*. La notion de «Règne de Dieu» exprime son action spirituelle dans les âmes... La notion de Royaume est eschatologique: cf. Th. Rey-Mermet. *Vivre la foi dans les Sacrements*. Limoges (1977), p. 497-498. cf. également W. Kasper. op. cit. p. 101 pour la différence entre «Royaume des cieux» et «Royaume de Dieu».

Quel est le sens de ce «Royaume»? demande Nu‘ayma . Le Royaume de Dieu n'est pas un lieu, étrange et étranger, où l'on entre en accomplissant certains rites et en obéissant à des traditions. Il est l'éclosion de la fraternité entrevue, recherchée et vécue durant la vie terrestre. Nulle part, Jésus ne nous dit explicitement ce qu'est ce Royaume. Il dit seulement qu'il est proche... et même qu'il est déjà là[42]. Il parle «du Père, de la libération, de la liberté»[43] et de l'union à Dieu comme fin ultime de l'homme. Il donne à cette idée toute sa portée vivifiante en enseignant à ses disciples qu'ils sont en lui, qu'il est dans le Père et que le Père est en lui. Il en résulte que tous les hommes, unis dans le Père, doivent être unis entre eux d'une union existentielle, et unis de même à tous les êtres[44].

A. Quelles sont les caractéristiques de ce Royaume ?

Jésus a d'abord perçu «le Royaume de Dieu dans le cœur même de l'homme, puis sous le regard d'un monde de beauté, de bonté, de réalité et de vérité; enfin, comme un état de conscience. Il était prêt à mourir pour cette vérité car il croyait fermement que sa mort ferait comprendre aux hommes ce que rien d'autre ne le pouvait»[45]. Dans cette définition que donne Ǧubrân du Royaume, nous trouvons les trois caractéristiques qui ressortent dans son œuvre et dans celle de Nu‘ayma, et que nous allons développer.

1- Le Royaume est un trésor dans le cœur.

«Par tes paroles sur le grain de sénevé, du levain dans la pâte, des pêcheurs, du marchand de perles, du trésor caché dans le champ, tu me fais comprendre, ô Jésus, ta parole aux disciples: «Le Royaume de Dieu est au-dedans de vos cœurs»[46].

Le sens profond des paraboles est que le Royaume de Dieu est quelque chose de précieux qui vient dans l'obscurité, parfois même dans l'échec. Il en est de lui comme de la semence qui tombe sur le sol pierreux, épi-

---

(42) *Masîḥ*. 9,210. Pour Ǧubrân, la voie vers ce Royaume c'est l'amour, même s'il est coupable. Son héros n'a pas besoin de repentir et de pardon, souligne Amîn Ḫâlèd. *al-Ǧawhar al-fard fî adab Ǧubrân*. Cité par J. Fontaine, dans al-Fikr 16,2 Novembre 1970. Tunis. p. 37.

(43) *Yasû‘* p. 244.

(44) cf. *Masîḥ*. 9,216.

(45) *Beloved Prophet*. Journal du 8-02-1921. p. 359.

(46) *Marâḥil*. 5,36. et *Masîḥ*. 9,230 et 238.

neux, stérile et qui cependant porte beaucoup de fruits[47]. «Le Royaume de Dieu est en effet une réalité cachée. Il n'est pas caché comme les Apocalypticiens le pensaient, dans l'au-delà du ciel, mais ici et aujourd'hui, dans un présent extrêmement quotidien dont personne ne discerne ce qu'il contient. Les fruits de ce Royaume sont «le calme, la quiétude au plus profond de soi, l'amour de la vie, des ennemis et de tous les hommes»[48].

2- Le Royaume est identifié au Salut.

«Jésus fut oint par Dieu, observe Nu'ayma, pour porter au monde le message de salut»[49]. Pour les Juifs, ce salut consistait dans la libération du pouvoir injuste qui pesait sur eux. Le Royaume que Jésus vient prêcher n'a rien des équivoques politico-temporelles dont il s'était chargé dans l'esprit de ses compatriotes. C'est un Royaume qui relève du domaine de l'esprit, de la justice et de l'amour, et qui n'a aucun lien avec les ambitions humaines. C'est pourquoi, dans l'Evangile comme dans l'œuvre de Ǧubrân et de Nu'ayma, ce Royaume appartient aux pauvres en esprit.

«Mon Royaume n'est pas de ce monde, fait redire Ǧubrân à Jésus. Mon Royaume est là où deux ou trois sont réunis grâce à l'amour, au respect de la beauté de la vie»[50]. Certes, la terre est belle, «tout ce qu'il y a sur la terre est beau, poursuit Ǧubrân, mais derrière cette beauté existe un Royaume. Le roi n'est autre que Jésus et ses disciples. Son visage, ainsi que celui des siens, n'est pas voilé. Ils ne portent ni sceptre, ni épée. Leurs sujets les aiment et vivent en paix sans connaître la crainte»[51].

Cette conception du Royaume «ne convient guère à Judas qui souhaite un Royaume où il serait roi, alors que Jésus veut un Royaume dans lequel tous les hommes soient rois»[52]. Et l'auteur du *Prophète* résume toute sa conception de ce Royaume par ces mots: «Jésus n'est pas venu de la lumière éternelle pour détruire les maisons et utiliser leurs pierres pour construire des couvents et des ermitages, ni pour attirer les hommes puissants et en faire des prêtres et des moines. Il est venu répandre dans le monde un esprit nouveau et fort qui démolit toute puissance écrasant le pauvre. Il n'est pas venu apprendre aux hommes à construire les grandes églises et les somptueux sanctuaires près de pauvres tentes et de froi-

(47) Voir le commentaire qu'en donne Nu'ayma: *Marâḥil*. 5,35.
(48) *Beloved Prophet*. Journal du 7-9-1920. p. 345.
(49) *Masîḥ*. 9,205.
(50) *Yasû'* p. 206.
(51) Ibid. p. 204. Ailleurs, faisant écho à S. Jean, Ǧubrân affirme: «L'amour et la crainte ne peuvent se rencontrer». *Ramal*. p. 165.
(52) *Yasû'* p. 333. cf. également p. 204 et 205.

des et sombres maisons. Il est venu faire du cœur de l'homme un temple, de son âme un autel et de sa raison un prêtre. C'est cela qu'a fait Jésus de Nazareth et c'est pour cela qu'il est mort»[(53)]. A cette première leçon, Jésus en ajoute d'autres. Mais les nombreuses paraboles qu'il utilise pour présenter son Royaume ne sont pas comprises. Même ses disciples, qui l'accompagnent dans toutes ses randonnées, écoutent sa prédication, assistent à ses miracles, ne comprennent rien à ce Royaume. Jésus dit: «Celui qui veut être le Maître et le Seigneur, qu'il soit le serviteur de tous»[(54)], mais les disciples comprennent, puis enseignent que «le Royaume de Dieu est un Royaume que gouverne le Père du ciel qui distribue les fonctions entre ses élus»[(55)].

La douceur, la bonté, le service, la non-violence et l'amour fraternel remplacent la force et la domination. Mais un bon nombre de chrétiens vivent comme si Jésus n'était pas venu ou le rendent méconnaissable.

3- Le Royaume est union de l'homme à Dieu et au Cosmos.

Le Royaume de Dieu est enfin une prise de conscience, constamment présente à l'esprit de l'homme, de son unité avec le cosmos et avec le Seigneur du cosmos[(56)]. Nu'ayma puise cette nouvelle interprétation du Royaume des paroles mêmes du Christ : «Le Père et moi, nous sommes un... Je suis dans le Père et le Père est en moi». De «ce sentiment d'étroite unité avec son Père, Jésus tire toute sa gloire»[(57)]. Cette étroite union au Père apparaît comme étant le thème central de sa vie et de sa mission. Le but et le sens de celle-ci résident dans «le retour du Fils à son Père»[(58)]. Cette idée de la proximité de Dieu considéré, tantôt comme Père, tantôt comme Seigneur et Ordre, atteint dans la prédication de Jésus une profondeur qui ne sera jamais dépassée. Nu'ayma fait de cette union au Père la condition *sine qua non* pour entrer dans le Royaume. Pour s'unir au Père et retourner à son origine divine[(59)], il faut tout d'abord devenir

---

(53) 'Awâṣif. p. 379. Nu'ayma ajoute: «Tu n'es pas venu, ô Jésus, démolir mais tu es venu descendre le Dieu d'Israël de son trône pour y mettre ton Père. Tu es venu détruire les tours de superstition élevées par l'ignorance autour du beau symbole de Moïse...» Marâḥil. 5,34.

(54) *Sab'ûn*. 1,700.

(55) *Marâḥil*. 5,35. cf. également *Yasû'* p. 204. A la suite des évangiles, Nu'ayma souligne que, jusqu'au bout, les apôtres ont espéré un royaume terrestre. Jésus doit même réprimander Pierre et l'obliger à remettre son épée au fourreau. *Bayâdir*. 4,516.

(56) *Masîḥ*. 9,216.

(57) *Aḥâdîṯ*. 9,755.

(58) *Masîḥ*. 9,219-220.

(59) Cette notion «d'origine divine de l'homme», que Ǧubrân partage avec Nu'ayma (cf. Sagesse. p. 66; Dam'a p. 265), n'est pas chrétienne. cf. C. Tresmontant. Métaphy-

comme un enfant[60], se dépouiller de sa croyance au bien et au mal, se détacher du péché et du châtiment[61], autrement dit se convertir et croire. La conversion, qui constitue, selon Nu'ayma, le premier pas vers ce Royaume, ne signifie pas «un rigorisme ascétique, mais le regret de ce qui, dans nos vies, est raté. Ce regret doit être constructif, c'est-à-dire qu'il doit entraîner un retournement et une transformation»[62].

Cette renaissance et transformation dans l'Esprit, c'est la *metanoia* même, la conversion totale demandée par l'Evangile de quiconque veut avoir accès au Royaume. En effet, ce Royaume n'est ouvert que «pour celui dont l'esprit est libéré des entraves de la matière»[63], de l'amour de l'argent, de l'honneur, du pouvoir et de la gloire terrestre[64].

Le détachement des biens de ce monde qui entravent l'attachement au Père et l'amour des frères est donc le deuxième pas vers le Royaume[65]. Ce détachement a pour nom «la pauvreté évangélique qui inspire à l'homme la connaissance de la justice et la compréhension de l'essence de la vie»[66]. Le troisième et dernier pas vers ce Royaume est l'aboutissement et le couronnement des deux autres: il s'agit des vertus théologales: la foi, l'espérance et la charité[67] car la Royaume de Dieu est en définitive la participation à la Trinité.

«Cherchez le Royaume de Dieu» répète Nu'ayma après son Maître. «Réjouissez-vous et tressaillez de joie car vous avez trouvé le Royaume au fond de vous-mêmes»[68], ajoute Ǧubrân. Or, la voie vers ce Royaume est le Christ[69] et le disciple n'est pas plus grand que son Maître, tous ceux

= sique chrétienne. p. 63 et 83. cf. aussi S. Boulgakof. op. cit. p. 60 et 113, et Vladimir Lossky. A l'Image et à la ressemblance de Dieu. Aubier. Montaigne. (1967). Remarquons que là aussi Nu'ayma n'a pas de doctrine bien précise. Tantôt il affirme sa foi en l'origine divine de l'homme, tantôt il souligne que l'homme est prédestiné à la divinité et qu'il a en lui toutes les capacités pour devenir semblable à Dieu. cf. Maqâlât. 7,195 et Arqaš. 4,390.

(60) *Marâḥil*. 5,40. *Yasû'* p. 222.

(61) *Marâḥil*. 5,40.

(62) *Masîḥ*. 9,218. L'enfant prodigue est l'exemple concret de la conversion, ajoute Nu'ayma. Ibid.

(63) *Marâḥil*. 5,35.

(64) *Marâḥil*. 5,38.

(65) *Nûr* 5,689. *Masîh*. 9,232-233.

(66) Dam'a. p. 310 «Réjouis-toi donc à cause de la justice car tu es son porte-parole, et de la vie car tu es son livre». Ibid.

(67) *Ṣawt* 5,335. Nous aurons à en reparler.

(68) *Yasû'* p. 232.

(69) *Masîḥ*. 9,231; *Marâḥil*. 5,32; *Yasû'* p. 278.

qui s'engagent sur sa voie et «chantent son Royaume seront persécutés à leur tour, là est leur honneur et leur récompense»(70).

B- La Charte du Royaume.

Le Royaume de Dieu est une économie nouvelle dont Jésus est l'Ordonnateur. Cette économie continue celle de l'Ancien Testament mais a aussi sa doctrine propre: celle-là même prêchée par Jésus dans le Discours sur la Montagne et dans les discours paraboliques des Synoptiques. Et, par une extraordinaire épreuve décisive que, seul le Christianisme a affrontée et vaincue, Jésus et son enseignement ont survécu même là où la foi en Dieu est morte.

Nu'ayma explique ainsi les raisons de cette survivance: «J'ai trouvé dans l'Evangile des notions qui dépassent le sens humain ainsi que l'espace et le temps... J'y ai trouvé des passages merveilleux tels que le Sermon sur la Montagne. Celui-ci m'a accompagné à tous les instants de ma vie et je n'ai jamais pu m'en passer»(71).

Qu'est-ce que ce Sermon sur la Montagne qui a tant marqué Nu'ayma et Ǧubrân et qui a été à l'origine de la conversion de Ghandi(72)? Avant de répondre à cette question, voyons l'attitude de Jésus vis-à-vis de la loi ancienne résumée dans les commandements de Dieu.

1- Jésus et les commandements de Dieu.

Jésus ne parle pas contre la loi mosaïque. Donnée par Dieu, cette loi est immuable et éternelle. Jésus s'y soumet. Il accomplit «la loi et les prophètes en Israël»(73). Cette loi, avec toutes ses prescriptions, est là «pour aider l'homme à se libérer de tous les instincts bestiaux»(74). Mais, «toute loi, religieuse ou sociale, n'a de valeur que dans la mesure où les hommes, pour qui elle est faite, comprennent son esprit»(75). Or celui qui

---

(70) *Yasû'* p. 232.

(71) Ṭayyèb Ṣalaḥ. *Muqâbala ma' M.Nu'ayma*. Hunâ London. Mars 1973, n° 293. p. 5. cf. également C.Nijland. op. cit. p. 95. A son tour Maḥǧûb B. Milèd explique l'attachement de Nu'ayma à cet enseignement de Jésus: «L'expression la plus belle des transformations métaphysiques, *al-inqilâbât al-mawarâ'iyya*, se trouve, sans aucun doute, dans le discours donné par Jésus sur la Montagne». *Risâlat M.Nu'ayma*. al-Fikr n° spécial. 23/10. Juillet 1978, Tunis. p. 27.

(72) cf. *Mahabb.* 5,474-475. Notons que la même chose se passa pour Tolstoï. cf. P.M.Cortella. op. cit. p. 52. et Tolstoï. *Socialisme et Christianisme*. p. 53.

(73) cf. *Masîḥ*. 9,272.

(74) *Mahabb.* 5,438.

(75) *Bayâdir*. 4,544.

«suit l'histoire des Juifs dans la Bible, puis dans l'Evangile, constate que, plus d'une fois, ils se sont éloignés de la loi de Dieu»[76], soit pour la transformer en observations systématiques, soit tout simplement pour la violer[77]. Car, comment peut-on mettre en pratique une loi «dont la moralité dépend de la façon dont elle exprime l'intégralité de la personne qui agit»[78] alors «qu'on ne sent pas du tout la paternité de Dieu pour les hommes et la fraternité des hommes en Dieu»[79]? se demande Nu'ayma. Voilà pourquoi les critiques les plus sévères de Jésus sont dirigées contre les maîtres de religion et de morale dont les principes sont démentis par les actes et le formalisme. Mais Jésus ne critique pas pour démolir. Car il n'est pas venu pour détruire mais pour «faire dépasser les dix commandements»[80] et les «fondre» dans la fournaise de l'amour[81]. Toutefois, ce sommaire de la loi avec son rapprochement des deux commandements d'amour, l'amour de Dieu et l'amour du prochain, ne se comprend que sur l'arrière-fond du Sermon sur la Montagne.

2- Le Sermon sur la Montagne.

Il est vraiment étonnant que Nu'ayma, qui cite l'Evangile presqu'à chaque page de son œuvre, ne rapporte pas les Béatitudes, du moins dans leur formulation classique[82], à la différence de son ami Ǧubrân qui, avec beaucoup de liberté, interprète les paroles du Christ et en fait neuf Béatitudes au lieu de huit chez Matthieu et quatre seulement chez Luc. Ecoutons-le: «Jésus gravit la colline avec ceux qui le suivaient, puis commença à les enseigner: Bienheureux.

«Bienheureux les sages en esprit !

«Bienheureux ceux que leurs biens n'asservissent pas, car ils seront libres !

«Bienheureux ceux qui se souviennent de leurs souffrances, car dans leurs souffrances ils voient leur joie !

«Bienheureux ceux qui ont faim et soif de vérité et de beauté, car leur faim leur portera le pain, et leur soif l'eau douce !

«Bienheureux les compatissants, car ils seront consolés par leur douceur et leur compassion !

---

(76) *Masîḥ*. 9,272.
(77) ibid. p. 273 et 272.
(78) C. H. Dodd. op. cit. p. 80.
(79) *Bayâdir*. 4,544.
(80) cf. *Masîḥ*. 9,221; *Mahabb*. 4,438. *Nûr*. 5,652. *Yasû'* p. 232.
(81) *Masîḥ*. 9,274.
(82) Il cite la première: *Adam*. 7,53 et la deuxième: *Masîḥ*. 9,221 alors qu'il cite toutes les malédictions cf. *Masîḥ*. 9,223-224.

«Bienheureux les cœurs purs, car ils seront un avec Dieu !

«Bienheureux les miséricordieux, car la miséricorde sera leur !

«Bienheureux les pacifiques, car leurs esprits habiteront au-delà de la bataille, et ils transformeront les champs de bataille en paradis enchanteur !

«Bienheureux les pourchassés, car leurs pas seront rapides et ils seront ailés! Réjouissez-vous, car vous avez trouvé le Royaume de Dieu au fond de vos cœurs»(83).

Placé au début du ministère évangélique, sans doute vers Juin vingt-huit, ce discours s'adresse, sans doute, à ceux qui vont désormais le suivre: il est la charte de la future Eglise, le «discours-programme» de Jésus à son peuple. Il a pour objet le fait que «tous les hommes sont frères, que l'humanité tout entière est représentée dans chacun de ses membres et que Dieu est le Père de tous. C'est pourquoi, il est indispensable que l'homme traite son frère comme il veut lui-même être traité»(84). Aussi, Jésus défend la moindre parole dure, interdit l'attentat à la vie d'autrui, le divorce et tout serment... Il prescrit le pardon des injures et l'amour, même des ennemis. Le fondement de toutes ces maximes de charité est toujours le même : «... pour que vous soyez les fils de votre Père Céleste»(85).

Contrairement à certaines critiques qui taxent le Christianisme de passivité, le Christ n'invite pas l'homme à ne plus bâtir ni à ne plus cultiver. Il l'invite à collaborer avec Dieu dans le travail fait avec amour et en abandon total à son Père du ciel. Car «tous les commandements et toutes les prescriptions doivent céder le pas à la *maḥabba*, cet amour-de-charité envers tous les hommes et toutes les créatures»(86).

3. Qu'est-ce que cette *Maḥabba* sur laquelle Jésus fonde son Royaume, qui constitue «le thème unique de l'Evangile de Dieu»(87), qui était et demeure la philosophie de Nu'ayma(88) et qui caractérise la typologie du Christianisme ? Les sens très divers et très riches de ce mot, notamment

---

(83) *Yasû'* p. 231-232. Dans son livre, *Jésus, Fils de Marie, Prophète de l'Islam*. R. Arnaldez cite quelques versets coraniques qui, réunis, forment une sorte d'équivalent des Béatitudes. cf. p. 216.

(84) *Masîḥ*. 9,220,249 et 292. *Nûr*. 5,689. Même insistance sur cette solidarité entre les hommes dans *Mirdâd*. 6,606. *Adam*. 7,46-54; *Rasâ'il*. 8,566. *Maqâlât*. 7,349-350.

(85) *Masîḥ*. 9,220-221 et 238-239. cf. également *Sab'ûn*. 1,665-666.

(86) *Masîḥ*. 9,275.

(87) Selon Ǧubrân, cité par J.Ghougassian. op. cit. p. 70.

(88) Anonyme. *Liqâ' ma' Nu'ayma fî mahraǧân takrîmihi*. al-Ṣabâḥ, Tunis, 19/5/78. p. 8.

dans son emploi religieux et chrétien, ne se prêtent pas à une définition simple. La plus adaptée à notre contexte, et celle d'ailleurs adoptée par le Nouveau Testament, est le mot *agapé* pour désigner soit l'amour de Dieu pour les hommes, soit celui qu'Il veut susciter en nous aussi bien à son égard qu'à l'égard de nos frères.

Cet amour qui, au dire de Maḥǧûb Ben Milèd, est, «au vu des religions révélées, la loi suprême, *al-nâmûs al-a'lâ*, de la vie humaine»(89), et qui, dès cette terre doit unir les hommes, «n'est pas un ensemble de préceptes, excellents sans doute, mais extrinsèques; cet amour est la réalité d'une Personne Vivante, le Christ des évangiles et non Celui du Coran»(90).

a. Cet amour, identifié au Christ qui en est en même temps le maître(91), est devenu le mobile de la vie de Ǧubrân après avoir été libéré de l'influence de Nietzsche. *Al-Muhtada* parle librement sans que quiconque essaie de l'en empêcher. Il prêche l'Evangile de l'amour et de la fraternité(92). *Al-Muṣṭafa* prêche également l'amour de charité qui donne à la vie tout son sens(93), unit les hommes entre eux et les rapproche de Dieu qui les a sincèrement aimés en leur envoyant son Fils Jésus(94). Les maximes puisées aux sources de la charité prêchée par le Christ, se trouvent presque à chaque page de son livre *Ramal wa Zabad* comme dans de nombreuses pages de son œuvre, au point que quelqu'un a pu dire : «Ǧubrân a fondé une véritable Eglise de l'amour(95). En effet, à la suite du Christ, Ǧubrân fait de la *Maḥabba* la condition pour faire partie du Royaume et entrer au ciel(96), car celui qui s'en revêt devient miséricordieux(97) et juste, la justice étant un autre nom de cet amour de charité(98). Cet amour est à son tour notre Seigneur et notre Maître dans toutes les circonstances de la vie(99).

(89) *Risâlat M.Nu'ayma*, al-Fikr, 23/10. Juillet 1978 p. 19. «L'amour universel et la fraternité sont à la base de la vie humaine», affirme Ǧubrân, Cité par K. Ḥâwî. op. cit. p. 161.
(90) R. Arnaldez, Jésus, *Fils de Marie*. p. 224. et *Dam'a*. p. 325.
(91) *Yasû'* p. 360.
(92) Sagesse. p. 33. Dam'a. p. 290, 346. Yasû' p. 246, 267, 299, 339. Ḥadîqa. p. 472, 473. et Ḫalîl. p. 154 et 162 cf. aussi: Ab'ad. 6,9. Bayâdir. 4,472, 549, 557. Nûr. 5,532.
(93) *Le Prophète*. p. 29.
(94) *Yasû'* p. 225.
(95) Anonyme. *Le temps culturel*. 3 Avril 1979. Tunis.
(96) *Dam'a*. p. 291.
(97) Ibid. p. 304.
(98) Ibid. p. 348.
(99) *Aliha*. p. 391. Ǧubrân rappelle d'une certaine façon E. Renan qui disait: «On était disciple de Jésus non pas en croyant ceci ou cela, mais en s'attachant à Sa personne et en L'aimant». op. cit. p. 417.

En condamnant les hommes à l'amour, Jésus les condamnait à la liberté[(100)] et à la croix. En effet, lorsqu'il est vrai et sincère, cet amour de charité est à la fois «libération et crucifixion. Il est libération car il libère l'homme de son égoïsme et l'élève au niveau de la conscience illimitée qui lui fait sentir qu'il est devenu infini comme Dieu. Il est aussi crucifixion, car il suppose le déchirement»[(101)]. «Car, de même que l'amour vous couronne, il doit vous crucifier. De même qu'il est pour votre croissance, il est aussi pour votre élagage»[(102)].

Le fondement de cette *Maḥabba* chrétienne est l'amour de Dieu lui-même pour l'homme. Cet amour de Dieu pour l'homme exprime l'Etre même de Dieu: *Deus caritas est.*

b. Ǧubrân n'insiste pas beaucoup sur cette forme de l'amour de charité, au contraire de son ami Nu'ayma qui bâtit toute sa conception de la *Maḥabba* sur l'Evangile et particulièrement sur le Sermon sur la Montagne. «La mission de Jésus, écrit-il, éclate grâce à la foi et à l'amour. Et il est impossible de les séparer»[(103)]. Le point de départ de Nu'ayma est sa méditation de la parabole du bon Samaritain[(104)]. Son point d'arrivée est celui-là même de Jésus : «Il faut briser tout ce qui défigure l'image de Dieu dans l'homme et qui élève des barrières entre l'homme et son frère... L'essentiel dans les relations entre les hommes ne réside point dans la race, la croyance..., ou le voisinage mais dans ce sentiment que l'origine de tous est une, et une leur destinée»[(105)]. Devant la *Maḥabba* tout s'efface à la manière des astres qui s'éclipsent devant le soleil. Car, affirme le fils du *Ṣannîn*, «L'amour de charité est le soleil sans lequel notre monde ne serait que ténèbres»[106)].

Après cette définition romantique et poétique de la charité, Nu'ayma cherche sa vraie signification auprès de son Maître. Pour Jésus, dit-il, *«al-Maḥabba* est beaucoup plus qu'un sentiment qui fleurit, s'épanouit, mûrit

(100) cf. *Aǧniḥa*. p. 182. *Sagesse*. p. 69 et 94.

(101) N. Naimy. *Ǧubrân fî 'Alamihi*. Novembre 1972. p. 34.

(102) *Le Prophète*. p. 14.

(103) *Masîḥ*. 9,290. Nu'ayma les compare à des frères siamois, *taw'amân mutalâṣiqân*, la vie de l'un est étroitement dépendante de celle de l'autre. Ibid. A propos de ce lien étroit entre foi et charité. cf. *Bayâdir*. 4,632 et *Nûr*. 5,636.

(104) Nu'ayma rapporte cette parabole à la suite de *Luc*. 10,29-38, avec quelques commentaires personnels. *Masîḥ*. 9,279.

(105) *Masîḥ*. 9,279.

(106) *Masîḥ*. 9,289. Nu'ayma insiste,de façon très frappante sur cette primauté de la charité. cf. *Sab'ûn*. 1,269. *Kân*. 2,309. *Durûb*. *6,99*. *Aḥâdîṯ*. 9,245. *Nûr*. 5,554. *Mirdâd*. 6.633-634. cf. également *Beloved Prophet*. Lettre de 30-4-1913. p. 127.

et donne ses fruits. Elle est la nourriture de la vie, *qût al-ḥayât*. Tu as beau la consommer, elle se renouvelle toujours et demeure toujours intacte. Elle est la reconnaissance de l'être qui aime envers l'être aimé et l'aveu du besoin qu'il ressent de lui»(107). Pour jouir de la lumière de cet amour, de sa beauté, de sa puissance et de son éternité, il faut tout d'abord aimer la Vie. Or, «la Vie c'est Dieu»(108). C'est pourquoi, au pharisien qui voulait l'embarrasser par sa question : «Quel est le plus grand commandement ?», Jésus répond : «Aime le Seigneur ton Dieu... Aime ton prochain comme toi-même. En ces deux commandements se résument toute la loi et les prophètes». Il s'agit ici de la règle selon laquelle Jésus lui-même se comporte. L'amour de Dieu son Pere est sa première préoccupation. Sa sympathie, sa compassion, sa solidarité et son affection vont à tous ses frères, y compris ses ennemis(109).

Sans se laisser arrêter par leurs faiblesses, le fils de *Baskinta* les aime tous: «J'aime tous les êtres humains, confesse-t-il, malgré leurs défauts; je les aime d'un amour qui s'accroît avec l'âge, en profondeur et en pureté. Je ne souffre pas de les voir trébucher, car, se tromper est le lot de tous ceux qui s'élèvent progressivement à l'école de la Vie dont on ne connaît ni le commencement ni la fin»(110). Cet amour est la seule source de paix, affirme Nu'ayma à son frère Nasîb, car lui seul est capable de se sacrifier pour le bonheur d'autrui(111). C'est lui qui a fait que le Christ reprenne durement Pierre qui voulait le défendre: «Remets ton épée au fourreau». C'est lui qui a fait que Jésus ressuscite les morts, guérit les malades et pardonne à ses bourreaux(112).

A l'exemple de Jésus qui ne s'est jamais lassé de prêcher la *Maḥabba*, le fils de *Baskinta* se fait l'apôtre et le messager de cette vertu après en avoir fait sa voie vers le but final de la vie. «*Al-Maḥabba* est ma voie. Je n'en ai pas d'autre. Elle est aussi nécessaire à mon âme que l'eau, la nourriture et l'air à mon corps»(113). Aussi «ai-je essayé de mettre ma plume au service de l'humanité et d'en faire un moyen d'entente, de rap-

(107) *Masîḥ*. 9,290.
(108) *Adam* 7.53.
(109) *Masîḥ*. 9,290-291. Il convient ici de noter la remarque de V. Messori: «L'originalité chrétienne ne réside pas seulement dans l'amour, mais dans ce concept inouï qu'est l'amour pour les ennemis». op. cit. p. 218. De son côté, l'écrivain égyptien, al-'Aqqâd affirme: «Le Christ s'est imposé à l'histoire par la loi d'amour». cf. *Ḥayât al-Masîḥ 'Isâ Ibn Mariam*. Beyrouth (1966), p. 169.
(110) Cité par R. Arnaldez. *Les valeurs humaines*. p. 7.
(111) *Sab'ûn*. 1,598.
(112) *Maqâlât*. 7,273.
(113) Ibid. p. 270.

prochement, de *Maḥabba* et de paix entre les hommes»[114]. L'auteur de *Mirdâd* ne se contente pas de prêcher cette *Maḥabba* par sa plume, il lance un appel à tous les Libanais et les invite à ne former qu'une famille où chacun aime et se sent aimé[115]. Certes, c'est une grande grâce d'avoir quelqu'un qui vous aime, mais c'est une grâce plus grande encore d'avoir quelqu'un à aimer[116]. Eprouver l'amour de quelqu'un veut dire expérimenter que l'on est absolument accepté, accueilli et infiniment aimé, que l'on a la possibilité de s'accepter soi-même, d'accepter les autres et en définitive d'être heureux. Car, l'amour est la source du vrai bonheur[117] annoncé par Jésus dans les Béatitudes.

c. «Aime et fais ce que tu veux», dit S.Augustin. «Aime et sois heureux», peuvent dire les deux amis, car le Royaume annoncé par le Christ et pour l'instauration duquel il a donné sa vie a pour nom : amour, fraternité, vérité et il est proposé à tous.

Avec la venue du Royaume de Dieu, le monde entre dans le salut. A ceux qui pouvaient encore douter de ses paroles, Jésus dit : «Si vous ne croyez pas ma parole, croyez au moins à cause de mes œuvres»[118]. A la parole, Jésus joint les actes et ce seront les miracles.

C- Les Miracles, signes du Royaume.

1- «Le miracle est l'enfant le plus chéri de la foi», disait Goethe[119], mais aujourd'hui, il est l'adolescent qui cause le plus de soucis. Il est le premier obstacle auquel notre mentalité scientifique ne manque jamais de se heurter. En effet, à la différence des générations qui nous ont précédés, les miracles de Jésus ne paraissent plus aller de soi. En face d'eux, de nombreux esprits sceptiques adoptent des attitudes diverses, allant du refus railleur du rationaliste pur, au dogmatisme hésitant de Renan qui, tout en admettant la possibilité du miracle en soi, dénie toute valeur à ceux

---

(114) Ibid. p. 363. Nu'ayma fait écho à son maître spirituel, Ghandi, qui lui aussi fut un prédicateur de la charité, de la miséricorde et de la fraternité entre les hommes.

(115) *Maqâlât*. 7,292-297. Le même appel est lancé à tous les hommes de la terre afin qu'ils développent en eux les germes du bien, de la bonté et de l'amour de charité: «Elevons nos voix pour la vie, la liberté, l'amitié et la paix». Ibid. p. 152. C'est donc à juste titre que Nu'ayma est appelé: «*Rasûl al-Maḥabba*, l'apôtre de l'amour de charité». G. Ṣaydaḥ. op. cit. p. 251.

(116) *Masîḥ*. 9,292.

(117) *Nûr*, 5,556. *Dam'a*. p. 258.

(118) *Jean*. 14,11.

(119) Cité par W. Kasper. op. cit. p. 128.

de l'Evangile[120]. Certains héros de Nu'ayma les considèrent comme s'opposant à la raison[121]. Certaines des explications données paraissent misérables. D'autres plus subtiles. Ceci nous conduit à nous poser les questions suivantes: Quelles sont les raisons de tant de difficultés à croire aux miracles ? Que sont les miracles ?S'agit-il de données historiques ou de récits légendaires et symboliques ? Quelle place occupent-ils dans la foi de Ǧubrân et de Nu'ayma ? Quel rôle jouent-ils dans leur œuvre ?

2- Avant de parler des miracles du Christ, Nu'ayma commence par confesser sa foi en ces signes. Parlant des Lieux Saints et de toutes les polémiques qui tournent autour de leur authenticité, le jeune séminariste de Nazareth dit : «Bien que je doutais detout ce que l'on disait de tel ou tel lieu, je n'ai jamais douté de l'authenticité des miracles attribués au Christ»[122]. Cette attitude de Nu'ayma nous invite à nous interroger sur l'historicité des miracles du Nazaréen. Sont-ils historiques? Ou bien relèvent-ils uniquement de la légende comme le soulignait Ernest Renan ? Il est impossible de contester la présence d'un noyau historique dans la tradition de certains miracles[123]. Mais les hommes simples, peu instruits, voient des miracles partout. Nu'ayma se moque d'eux et les critique même car «ils lient la puissance du Créateur à leurs prières et à leurs sacrifices ouà l'intercession des saints»[124]. Or, pour l'auteur de *Sab'ûn*, «le miracle a lieu non pas grâce au saint, mais grâce au croyant lui-même»[125]. Il ridiculise également les gens qui, à l'exemple des autorités juives, réclament sans cesse des signes pour croire. «La chose la plus étonnante chez les hommes, écrit-il, est que, pour des motifs de satisfaction, de vanité ou d'insécurité, ils réclament sans cesse un miracle. Les bons et les méchants, les savants et les ignorants disent : «Si Dieu pouvait se manifester par un miracle, tout le monde croirait en Lui et renoncerait au mal»[126]. Oui, ajoute Ǧubrân par la bouche de Lazare, «vous et vos voisins, tout comme vos ancêtres, vous vouliez un miracle pour pouvoir croire aux choses les plus simples de la vie ! Que vous êtes durs et que vous êtes dans le ténèbres»[127]! Car, pareille exigence revient à vouloir forcer la main de Dieu.

(120) En effet, Renan considère que la majorité des miracles relèvent de la légende. *La vie de Jésus*. p. 453-454.
(121) *Akâbir*. 2,360-361. cf. la remarque de D. Rops. *Jésus en son temps*. p. 203. et celle d'E. Charpentier. op. cit. p. 19.
(122) *Sab'ûn*. 1,129. cf. également. *Marâḥil*. 5,27.
(123) Voir le résultat d'un examen historique critique des miracles: W. Kasper. op. cit. p. 131.
(124) *Yawm*. 2,85.
(125) *Aḥâdîṯ*. 9,452.
(126) *Bayâdir*. 4,477. Même remarque chez Dostoïevski. cf. *Les Frères Karamazov*. 1,325.
(127) *Lazarus*. p. 58.

L'attitude de Ǧubrân et de Nu'ayma devant leurs contemporains n'est guère différente de celle de leur Maître qui, non seulement refuse de faire des miracles, mais passe à la contre-attaque: «Cette génération est une génération mauvaise, elle demande un signe». «La nature est un miracle, dit Nu'ayma, mais on dirait qu'elle n'est miracle que si elle prend d'autres formes. Comme si l'homme n'était un miracle que s'il possédait des ailes pour voler ! Le soleil est un miracle, il est comme le buisson ardent de Moïse enflammé depuis l'aube de la création... L'univers entier - le visible et l'invisible - est un buisson ardent qui brûle sans s'éteindre»[(128)]. Il convient de noter ici qu'en soi l'œuvre de la création n'est pas un miracle. Car le miracle est un acte contre l'ordre naturel. Or, la nature est en Dieu et elle lui est donc soumise. Jésus fut le grand signe donné à sa génération et il le reste pour toutes les générations, selon l'affirmation de Ǧubrân. Parlant des miracles de Jésus, l'auteur du *Prophète* dit par la bouche d'un astronome: «J'ai parlé de ses miracles, la guérison des aveugles et des paralytiques et la résurrection des morts, auxquels je ne prête que peu d'importance face au grand miracle qu'est l'Homme lui-même. Ce passant a transformé ma rouille en or brillant; il m'a appris à aimer mes ennemis et par là, il m'a apporté la consolation parfaite. C'est là le miracle de ma vie. J'étais aveugle. Mon âme errait. J'étais possédé d'esprits perturbateurs. J'étais mort, mais voilà que je vis... La paix m'est revenue. Je vis pour ... annoncer les miracles de mon existence à tout instant de la journée»[(129)]. La même confession est reprise par Rachel, une disciple du Seigneur. Elle se demande si «Jésus était un être réel, une pensée ou un rêve. Puis elle affirme : «Pourtant, nous l'avons touché de nos mains, nous l'avons suivi, nous avons entendu sa prédication et nous avons vu ses actions... Jésus de Nazareth était l'événement suprême. Cet homme ... était lui-même un miracle survenu en Judée»[(130)].

3- Pourquoi Jésus fait-il des miracles ?

La principale raison qui a poussé Jésus à faire des miracles est la lenteur des disciples et des foules à comprendre sa prédication et le sens de sa mission. «Jésus savait que la Parole lumineuse, *al-Kalima al-nayyira*, ne peut être comprise que par des cœurs lumineux et purs. Or, ses disciples étaient bien loin de jouir des dispositions qui les rendraient aptes à

(128) *Bayâdir*. 4,477-478.

(129) *Yasû'* p. 273. Selon A.G.Karam. «Ǧubrân a tendance à nier les miracles de Jésus et à lui attribuer une puissance magique qu'il aurait puisée dans la science chal - déenne ou hindoue». *La vie et l'œuvre de Ǧubrân*. p. 224.

(130) *Yasû'* p. 253. Cette affirmation de Ǧubrân est corroborée par la-'Aqqâd. cf. *Ḥayât al-Masîḥ*. p. 238. et par Dostoïevski. cf. *Les Frères Karamazov*. 1,300.

accueillir la Parole. La vue de signes extraordinaires, tels que rendre la vue à un aveugle, la parole à un muet, leur serait d'un grand secours. Aussi, Jésus s'est-il mis à opérer des miracles, poussé tantôt par la pitié et la charité, tantôt par la volonté d'influencer ceux qui le suivaient, pour les amener à comprendre qu'il a la clef des lois de la nature et pour les conduire à croire qu'il est le Messie promis»(131).

Il est vrai que le Christ a appuyé et confirmé sa prédication par des sémeia. Mais, contrairement à ce que dit Nu'ayma, «c'était pour susciter et fortifier la foi de ses auditeurs, non pas pour exercer sur eux une contrainte»(132). Quant au premier mobile, il correspond parfaitement à l'attitude de Jésus dans les évangiles. De fait, les Evangélistes soulignent souvent la pitié et la compassion de Jésus. La chose n'allait pas de soi, comme nous sommes tentés de le penser après vingt siècles de Christianisme. Le sage antique visait à l'impassibilité. L'émotion était considérée comme une marque de faiblesse. Jésus lui, se laisse «prendre aux entrailles» par ceux qu'il rencontre(133). Il rend la vie au fils de la veuve de Naïm, à la fille du chef de la synagogue, à son ami Lazare, sans compter les nombreuses guérisons de diverses maladies, infirmités et divers cas de possession(134).

Parmi les miracles que Jésus fait pour influencer la foule et ses disciples, Nu'ayma mentionne l'eau changée en vin aux noces de Cana en Galilée, sa transfiguration sur la montagne, sa marche sur les eaux et le figuier desséché(135). Issus de la toute-puissance divine, ces miracles ne sont pas sans importance pour la prédication du Royaume de Dieu, pour la manifestation de la divinité de Jésus et pour la compréhension de son message.

Mais Jésus n'est pas venu seulement apporter un message, si beau soit-il; il est venu partager la vie des hommes et leur révéler, par son com-

---

(131) *Masīḥ*. 9,212-213. Sur les buts des miracles, cf. D. Rops. *Jésus en son temps*. p. 223.

(132) M.J.Le Guillou. *Le visage du Ressuscité*. p. 315.

(133) cf. Math. 9,36. 14,14. 15,32. 20,34. *Marc*. 6,34. 8,2. *Luc*. 7,13.

(134) *Masīḥ*. 9,213. Un enfant de huit ans, paralysé, prie le Christ de le guérir. Il lui rappelle tous les miracles qu'il a opérés: résurrection des morts, guérison des aveugles et des paralytiques... Puis il ajoute: «Et moi, je suis mort, ressuscite-moi; aveugle, ouvre-moi les yeux; paralysé, fais que je marche... Tu aimes les enfants, viens fêter Noël avec moi». *Baṭṭa*. 2,625-626.

(135) *Masīḥ*. 9,213. Notons que Ǧubrân et Nu'ayma se tiennent aux miracles reconnus par l'Eglise et figurant dans les évangiles canoniques. Nulle part nous ne les voyons recourir aux miracles rapportés par les évangiles apocryphes, cf. Johannes Quasten. *Initiation*. p. 124; et V. Messori. op. cit. p. 182. Quant aux miracles reconnus par le Coran. cf. L.Massignon. *La passion d'al-Ḥallâǧ*. 2,769.

portement, ses gestes et ses paroles, que le Père les aime. Jésus n'est pas uniquement le Messie de la parole, mais aussi de l'action. Ainsi, les miracles du Christ sont les signes de sa mission.

4- Quelle condition exige Jésus pour opérer un miracle ?

«Pour reconnaître un miracle, il faut déjà croire, ou du moins avoir une certaine notion de Dieu et être disposé à croire. La fleur est message parce que la fiancée aime et se sait aimée; un fait est parole de Dieu parce que le croyant se sait aimé et qu'il aime»(136). La foi est donc la condition indispensable pour que le miracle puisse se produire. A Nazareth, note Nu'ayma, à la suite de l'Evangile, Jésus ne fait pas de miracles à cause de leur manque de foi(137). C'est pourquoi, à Pierre qui veut marcher sur l'eau à l'exemple de son Maître et commence à sombrer, Jésus reproche de manquer de foi. Il adresse le même reproche à Thomas qui refuse de croire tant qu'il n'a pas mis son doigt dans la place des clous(138). Et à celui qu'il guérit, il dit: «Va en paix, ta foi t'a sauvé».

Qu'est-ce que cette foi qui opère des miracles ? La définition qu'en donne Nu'ayma nous déroute quelque peu : «La foi qui opère des miracles, dit-il, n'est pas un témoignage que profère le croyant, elle est l'assurance qu'a ce croyant de posséder la clef de tous les mystères de la nature contenus en lui»(139). Elle n'est donc pas l'expression la plus éclatante de la confiance en la puissance miraculeuse de Jésus(140). Le miracle devient donc une réponse de Jésus à une demande, comme expression de la foi, une réponse à une prière. En effet, poursuit Nu'ayma, «la foi est le plus grand trésor que l'on puisse posséder. Celui qui l'a devient capable de déplacer les montagnes, de chasser les démons, de parler en diverses langues, de prendre des serpents dans ses mains et de guérir les malades»(141),

---

(136) E. charpentier. op. cit. p. 18.

(137) *Masīḥ*. 9,285. Ailleurs Nu'ayma affirme : «L'amour seul peut opérer des miracles» *Adam*. 7,46 et *Mirdâd*. 6,639.

(138) *Masīḥ*. 9,285. Les miracles ne troublent jamais un réaliste, note Dostoïevski à propos de l'apôtre Thomas. cf. *Les Frères Karamazov*. 1,31. De son côté, S. Grégoire le Grand affirme: «plus utile m'a été le long doute de Thomas que l'immédiate foi de Madeleine». Cité par V. Messori. op. cit. p. 99.

(139) *Masīḥ*. 9,286.

(140) Lors de la maladie de son frère Nasīb, Nu'ayma confesse n'avoir pas la puissance du Christ pour le guérir par une parole ou par un geste... Aussi, du fond de son angoisse, s'adresse-t-il au Christ : «Où es-tu, ô Jésus ? Je t'appelle. Ne m'entends-tu pas ? C'est le moment de faire des miracles. O Jésus, fais un miracle, guéris mon frère» ! *Sab'ûn*. 1,661 et 692. cf. à ce sujet W. Kasper. op. cit. p. 143.

(141) *Masīḥ*. 9,285-286.

autrement dit, de refaire tous les signes qu'a faits son Maître durant sa vie publique et même d'en faire de plus grands. Certes, le Christ a opéré de nombreux miracles auxquels il est impossible de croire si l'on n'admet pas d'abord que l'homme possède en lui des forces prodigieuses qui demeurent inexploitées chez la majorité des personnes(142). Ces forces ne s'opposent nullement à l'Ordre du Cosmos, bien au contraire, elles en constituent une partie intégrante. La voie pour les éveiller est avant tout la foi absolue en leur existence et en l'existence de l'Ordre Cosmique, ensuite la lutte contre les instincts qui séparent l'homme de Dieu. C'est pourquoi la première chose que fait Jésus est d'engager cette lutte(143). Le résultat de ce combat est la découverte de son union profonde avec son Père: «Le Père et moi, nous sommes un». De cette union, Jésus puise la puissance d'opérer des miracles. Ceux-ci, affirme Nu'ayma, «ne sont qu'une suite naturellle de son union avec son Père. Voilà pourquoi il dit aux siens : «Les actions que j'accomplis,vous en ferez de plus grandes si vous atteignez l'unité que j'ai atteinte avec mon Père»(144).

Fasciné par cette unité et surtout par la foi de Jésus en cette unité, Nu'ayma fait cette prière: «Que ta foi est grande, ô Jésus ! Je crois en ta foi. Quant à la mienne, elle est faible ! Viens en aide à la faiblesse de ma foi»(145).

Comment Ǧubrân explique-t-il ces mêmes miracles? Marqué par le Christ et la loi d'amour qu'il a prêchée, «fondateur lui-même d'une véritable église d'amour»(146), l'auteur du *Prophète* voit dans la résurrection de Lazare l'expression de la bonté de Jésus à l'égard de ses amies, Marthe et Marie. «Le Maître a vu notre tristesse et notre souffrance et il t'a rappelé à nous, explique Marthe à son frère. Il connaissait nos cœurs et il a été bon avec nous. Lorsqu'il a rencontré notre mère et vu dans ses yeux un fils mort et enterré, la tristesse s'empara de lui. Il resta immobile et silencieux quelques instants puis nous le suivîmes au tombeau». Mais, très vite, cette bonté fait place à la force. L'empreinte de la philosophie nietzschéenne de la puissance n'est pas encore effacée. «Oui, c'est la tristesse

(142) Ailleurs, Nu'ayma écrit: «Il n'est pas contraire, loin de là, à l'esprit de la véritable religion, de croire que l'homme pourra un jour créer des êtres vivants à partir de la matière inerte, car «il y a dans l'homme des forces extraordinaires». cité par R. Arnaldez. *Les valeurs humaines*. p. 7.

(143) *Masîḥ*. 9,318-319.

(144) *Aḥâdîṯ*. 9,755. cf. également. *Masîḥ*. 9,288.

(145) *Marâḥil*. 5,40. Puis Nu'ayma énumère tous les miracles que Jésus a faits grâce à sa foi. Ailleurs, l'auteur souligne que l'union du disciple au Christ lui confère la puissance d'opérer des miracles. cf. *Rasâ'il*. 8,485.

(146) cf. Le temps culturel. Tunis, le 3 Avril 1979.

de ma mère et votre tristesse qui ont arraché à Jésus ma résurrection, déclare Lazare aux siens»[147].

Dans ce miracle, opéré par bonté, Ǧubrân voit une certaine faiblesse de la part du Christ. Mais celle-ci n'intervient que dans la résurrection de son ami Lazare. Il a opéré de nombreuses résurrections et toutes ont été des actes de sa puissance[148]. C'est pourquoi, il exige du paralytique qu'il guérit, la discrétion : «Lève-toi, rentre chez toi et garde-toi de dire au prêtre que je t'ai rendu la santé»[149]. En effet, les miracles étant en quelque sorte, des manifestations de sa messianité, et comme la foule n'est pas prête à comprendre cette messianité, Jésus préfère encore le silence.

Revenons à Ǧubrân et demandons-lui si la raison du silence imposé par Jésus au paralytique ne réside pas dans une certaine honte à se pencher sur les faibles et à collaborer avec eux ? Oui, répond le fils de *Bcharré*, et l'auteur des Tempêtes, *al-'Awâṣif*, car «la pensée de Jésus n'était point avec les handicapés, mais bien au contraire, avec les forts et les puissants»[150]. Voilà pourquoi sa principale préoccupation était de soulager les souffrances de toutes les créatures, non en recourant à sa seule connaissance mais en manifestant la force cachée dans ces mêmes créatures afin de les aider à se relever saines de corps et d'esprit. Toutefois, il n'utilise pas ses capacités médicales pour opérer des guérisons. Il préfère s'occuper de sujets religieux et politiques[151]. Est-ce à dire qu'il n'opère pas de miracles, à l'exception de quelques résurrections ? Non, répond Ǧubrân, le Nazaréen a guéri les hommes de maladies étranges, ignorées des Grecs et des Egyptiens. Il a opéré ces guérisons en s'opposant aux esprits mauvais et en leur livrant bataille, mais d'une manière connue de lui seul et ignorée de nos philosophes. C'est ainsi qu'il a étonné la fièvre par son toucher glacé et l'a obligée à reculer. Il a stupéfié les membres desséchés par la puissance de son calme et les a contraints à redevenir sains. Certes, le Nazaréen a connu la sève malade sous l'écorce de notre arbre desséché. Mais comment l'a-t-il atteinte? C'est ce que j'ignore[152]. Ce qui est cer-

(147) *Lazarus*. p. 58.

(148) *Yasû'* p. 215. Plus loin, parlant de ces résurrections, Ǧubrân ajoute: «Si vous pouvez me dire ce qu'est la mort, à ce moment je vous dirai ce qu'est le vie» Ibid. p. 272.

(149) Ibid. p. 313.

(150) *Yasû'* p. 313. Il convient de noter ici que les guérisons et exorcismes opérés par Jésus sont souvent désignés par le mot de «puissance» ou «actes de puissance». cf. *Marc*. 5,30. 6,1-6. 9,39-40. Mais la signification du mot dans l'esprit de Jésus et dans celui de Ǧubrân est diamétralement opposée. Pour Ǧubrân, c'est la puissance destructrice et écrasante, comme il l'a apprise à l'école de Nietzsche, tandis que pour Jésus elle désigne son activité thaumaturgique, sans aucune note péjorative ou restrictive.

(151) *Yasû'* p. 216.

(152) Ibid. p. 215-216.

tain, c'est qu'en lui, tous les éléments de nos corps et tous nos rêves se trouvent concentrés. C'est pourquoi l'on dit qu'il a redonné la vue aux aveugles, la force de marcher aux paralytiques et chassé les démons de ceux qui en étaient habités[(153)].

Comment Jésus a-t-il opéré ses miracles ? Si l'explication donnée par Nu'ayma concorde sur certains points avec celle de l'Eglise et des évangiles, celle de Ǧubrân est, pour le moins qu'on puisse dire, étrange. «Il se peut, dit-il, que la cécité ne soit qu'une pensée ténébreuse qu'on puisse vaincre par une pensée lumineuse. Il se peut que la paralysie ne soit que paresse d'un membre qu'on puisse réveiller par la force motrice. Il se peut que les démons, qui sont les éléments perturbateurs de notre vie, soient chassés par les anges de paix et de sérénité qui nous habitent»[(154)]. Cette interprétation des miracles du Christ par Ǧubrân est bien proche de celle de l'Egypte où dès «le troisième millénaire, le prêtre, l'exorciste et le médecin sont un seul homme»[(155)]. Par cette conception, Ǧubrân ramène-t-il Jésus à un simple médecin exorciste ? Renie-t-il la puissance de Dieu qui agit en lui ? Non, puisque contemplant le gland qui se transforme en chêne, le fils de Bcharré affirme: «Si notre Dieu a accordé à la terre le pouvoir de garder les semences qui apparemment sont mortes, pourquoi ne donnerait-il pas au cœur humain le pouvoir d'insuffler la vie dans un autre cœur, même si ce cœur semble mort»[(156)]? A la manière de la terre dans les profondeurs de laquelle s'enfouit la semence pour devenir un grand arbre, la puissance de faire le bien est en Jésus et il l'utilise pour exprimer la bonté et l'amour de Dieu.

5- Quelles sont les conséquences de ces miracles ?

La première conséquence des miracles est de conduire les témoins à la foi, ou bien de fortifier celle-ci, si elle existe déjà. Chez Ǧubrân nous ne trouvons aucune relation entre les miracles et la foi. Quant à Nu'ayma,

---

(153) Ibid. p. 272. Ǧubrân signale «trois autres miracles qui ne sont pas relevés dans le Livre (à savoir l'Evangile). Le premier est que Jésus était un homme pareil à toi et à moi. Le deuxième est qu'il était intelligent et habile, *ḏû kayâsa wa ẓaraf*, et le troisième enfin c'est qu'il savait qu'il serait victorieux alors qu'il était vaincu» *Ramal*. p. 200. De son côté, Nu'ayma souligne que la prière en elle-même est un miracle..., de même l'idée de Dieu et son adoration en est un. cf. *Bayâdir*. 4,480. Remarquons que ces miracles n'ont rien à voir avec ceux des évangiles apocryphes.

(154) *Yasû'* p. 272. cf. le point de vue de D. Rops. *Jésus en son temps*. p. 403.

(155) Antoine Duprez. *Miracles hellénistiques à l'époque du Christ*. Cahiers, Evangile. n° 8. p. 17. «Dans ce monde sémitique, divination, magie et médecine vont ensemble et ils sont habituellement l'apanage des prêtres». Ibid. p. 16.

(156) *Yasû'* p. 273.

à l'exemple de son Maître, il considère la foi comme une condition indispensable au miracle dont la principale conséquence est la renommée que se fait Jésus à l'exemple de tous les réformateurs. En effet, à mesure qu'il opérait des signes et des prodiges, le nombre de ceux qui le suivaient augmentait[(157)]. Les évangiles en donnent plusieurs exemples, Nu'ayma en cite quelques uns et explique ainsi «l'étrange puissance» qui sort de Jésus : «Jésus possédait un corps électro-magnétique. Cette propriété se communiquait à ses vêtements. C'est pourquoi, il a senti une puissance, Quwwa, sortir de lui, lorsque la femme a touché son vêtement»[(158)]. La doctrine chrétienne, elle, y voit l'insondable mystère de la nature divine agissant par le moyen de l'humanité du Christ .

L'enthousiasme de la foule, suscité par les signes qu'opère Jésus, atteint son apogée lorsqu'il entre triomphalement à Jérusalem, le dimanche des rameaux. «Ce jour-là, souligne Nu'ayma, les foules lui réservent un accueil incomparable. Quelle en est la raison ? Il a rendu la vie à certains de leurs morts, guéri beaucoup de leurs malades et de leurs infirmes, rendu la santé mentale à leurs épileptiques et surtout il les a rassasiés»[(159)]. Mais cet immense délire qu'éveille Jésus ne dura pas. En l'espace de cinq jours, entre le dimanche et le vendredi, survient le changement complet, incroyable, mais réel.

6- Une étude aussi limitée des miracles ne peut que nous conduire à cette conclusion: «Jésus, dit S. Augustin, n'a jamais fait de miracles pour le plaisir de faire des miracles»[(160)]. Il a opéré des signes pour appuyer sa mission divine «Quarante et une fois au cours de sa vie, se manifestent ces *prodiges*, ces *faits merveilleux*, ces *choses étranges*, ces *forces*, ces *signes*, ces *œuvres*, par lesquels il prouve sa puissance surnaturelle». Donc, «pour être catholique, dit le P. Allo, il faut croire, non seulement à la *possibilité du miracle*, mais à la réalisation objective et surnaturelle de certains miracles réalisés dans l'histoire, et justement des miracles évangéliques, au moins de ceux-là»[(161)]. Et en cela, Nu'ayma est plus proche de la foi chrétienne que ne l'est son ami Ǧubrân.

---

(157) *Masīḥ*. 9,304.
(158) Ibid.
(159) *Masīḥ*. 9,305.
(160) Cité par D. Rops. *Jésus en son temps*. p. 406. Notons qu'il n'en a jamais fait pour lui-même, pour sa propre gloire. Pour sa part, E. Renan affirme: «Jésus ne fut thaumaturge que malgré lui... comme cela arrive toujours dans les grandes carrières divines». op. cit. p. 293 et 295.
(161) D. Ropos. *Jésus en son temps*. p. 402.

II- Les Noms de Jésus, expression de sa Mission.

La vie publique de Jésus aussi bien que sa prédication sur le Royaume de Dieu et ses nombreux miracles, signes de la venue de ce Royaume, nous amènent à nous interroger sur les noms et les titres que Jésus se donne lui-même ou que ses disciples et ceux qui le suivent lui attribuent; enfin, sur ceux qu'il plaît à Ǧubrân et Nu'ayma de lui donner. Si nos groupons tout ce qui se rattache à ces divers noms et titres chez les deux amis, nous aboutissons au chiffre record d'environ mille trois cent soixante-dix(162). Cette longue litanie montre à quel point Ǧubrân et Nu'ayma sont attirés et fascinés par le Christ et la grande place qu'il occupe dans leur vie.

1- «Tu lui donneras le nom de Jésus». *Jésus*, nom donné par l'ange, de la part de Dieu, est le nom le plus courant du Prophète des chrétiens, aussi bien dans les évangiles que dans l'œuvre de Ǧubrân et de Nu'ayma(163). Ce nom signifie ce que désigne normalement tout nom dans le langage humain et en particulier dans la pensée sémitique: l'être même en son singularité, son individualité concrète et sa personnalité. Dans les évangiles, Jésus est le nom ordinairement employé pour le Christ. C'est même son nom propre.

L'emploi répété de ce nom par Ǧubrân et Nu'ayma entre-t-il dans la ligne de la tradition chrétienne ou bien cache-t-il leur intention de maintenir Jésus à un plan purement et simplement humain ? Cette dernière hypothèse semble assez évidente chez Ǧubrân. Son livre, *Jésus, Fils de l'Homme*, est là pour le prouver. Quant à Nu'ayma, il l'utilise pour souligner une étape bien précise dans la vie de Jésus. Celui-ci, dans la conception du fils de *Baskinta*, doit passer de l'humanité à la divinité, de «Jésus, fils de l'homme, au Christ, Fils de Dieu»(164), de «Jésus, fils de la terre, au Christ, Fils du Ciel»(165).

Etre de chair, «né d'une femme»(166), Jésus est apparu dans le monde, dans une famille humaine installée dans une petite ville de Galilée, appelée Nazareth. «Jésus de Nazareth» ou «Jésus le Nazaréen». Ce

(162) Cinq cent vingt-cinq fois chez Ǧubrân et huit cent quarante-cinq fois chez Nu'ayma.

(163) Nous le trouvons environ deux cent soixante-dix fois chez Ǧubrân et quatre cent trente fois chez Nu'ayma.

(164) *Masīḥ*. 9,310.

(165) Ibid. p. 313 et 320. Notons que cette interprétation est étrangère, pour le moins qu'on puisse dire à la mentalité orthodoxe pour laquelle: «L'invocation du nom de Jésus constitue le cœur de sa spiritualité». O. Clément. *L'Eglise Orthodoxe*. p. 7.

(166) *Gal*. 4,4 «Né d'une femme» et non d'une femme et d'un homme comme nous l'avons vu chez Ǧubrân et Nu'ayma .

nom trouve une grande audience chez Ǧubrân et Nu'ayma(167). Parfois, ils emploient «Le Nazaréen» tout court(168), ou bien «Le Galiléen» et «Le Prophète de Galilée»(169).

2- Assez rapidement, au nom de personne, Jésus, les disciples accolent un nom de fonction : *Christ*. Ainsi, ils unissent indissolublement le personnage historique, Jésus, et l'objet de la foi chrétienne, le Christ. Fréquente dans les Actes des Apôtres et les Epîtres, cette appellation, Jésus-Christ, est relativement rare dans les évangiles(170), comme aussi chez Ǧubrân(171) et chez Nu'ayma(172), alors que le titre «le Christ», al-Masîh, revient environ deux cent soixante fois chez Nu'ayma et quarante-cinq fois chez Ǧubrân(173). Pour Nu'ayma, ce titre devient le nom même du Christ(174), car il exprime explicitement la mission de celui dont les chrétiens sont disciples.

Jésus a-t-il prétendu être le Christ, c'est-à-dire le Messie annoncé par les prophètes ? S'est-il dit lui-même le Messie ? L'impression globale qu'on retire de l'Evangile fournit de toute évidence une réponse affirmative. La «conscience messianique» apparaît en lui absolument ferme dès le début de sa vie publique. Mais en même temps, cette révélation messianique apparaît comme un mystère. En effet, il authentifie la confession de son apôtre, comme parole décisive de révélation divine sur sa propre identité, mais en même temps, il impose le silence à ses disciples. Le terme de «Messie» vient de l'hébreu et désigne celui qui a reçu l'onction de Dieu(175), ce que le grec a exactement traduit par *Christos*. Le Christ est l'Oint du Seigneur

---

(167) Ǧubrân l'emploie cinquante fois environ. cf. Yasû' p. 225, 236, 243, 253, 260... 'Awâṣif. p. 377, 378, 379, 424. Yuḥannâ. p. 70, 75, 78. Ḫalîl. p. 131, 132, 151, 154... Et Nu'ayma l'emploie environ quinze fois. cf. Masîḥ. p. 200, 224, 300, 305... Sab'ûn. 5,665. Marâḥil. 5,26.

(168) Trente fois environ chez Ǧubrân. cf. *Yasû'* p. 210 (4 fois), 226 (2 fois); *'Awâṣif*. p. 378, 395. *Ḫalîl*. p. 151. Et quinze fois environ chez Nu'ayma: Sab'ûn. 1,700. *Marâḥil*. 5,31, 42. *Ṣawt* 5,269. Adam. 7,53. *Ǧadîd*. 7, 377.

(169) *Yasû'* p. 236, 238, 279. *Marâḥil*. 5,32. *Ǧubrân*. 3,263.

(170) cf. *Math*. 1, 1, 18. 16,21. *Marc*. 1,1. *Jean*. 1,17. 17,3.

(171) Une fois dans *Yuḥannâ*. p. 73.

(172) Trois fois: *Aḥâdîṯ*. 9,717. *sab'ûn*. 1,108 et 152.

(173) *Yasû'* p. 235, 250, 299, 355... *Ḫalîl*. p. 151.

(174) *Marâḥil*. 5,9. Notons qu'il l'emploie trente-cinq fois dans *Sab'ûn*. 1,11,17,84 (2 fois), 127 (3 fois), 129 (3 fois)... soixante-dix fois dans *Min waḥy al-Masîḥ*. p. 197, 199, 201, 225, 265 (2 fois), 280 (3 fois) ... vingt-cinq fois environ dans *Maqâlât*. p. 124, 180, 219, 247 (2 fois), 253 (5 fois), 254 (5 fois), 272 (2 fois), 372 (3 fois), 381, 540, 581... vingt-cinq fois environ dans *Rasâ'il*. 8,39, 86, 115, 284 (2 fois), 577 (6 fois), 579 (3 fois)...

(175) Selon l'explication de Nu'ayma: *Masîḥ*. 9,201 et 278.

«pour porter le message de salut, risâlat al-ḫalaṣ, au monde»(176). Au temps de Jésus, l'attente du Messie avait des formes très variées. Le titre de Messie pouvait avoir plusieurs interprétations et prêtait à malentendu. Aussi, il n'est nullement surprenant que les évangiles ne mettent jamais ce titre dans la bouche de Jésus, si ce n'est au moment ultime de sa vie. Entre les deux confessions, de Césarée de Philippe et du Golgotha, se place l'épisode de la Samaritaine à laquelle «Jésus révèle clairement qu'il est le Messie promis, *Mâsîḥa al-muntaẓar*, c'est-à-dire le Christ ou encore l'Homme oint par Dieu. Or, bien qu'il appelle Jésus *al-mamsûḥ*, l'oint(177), *al-malik al-mamsûḥ*, le roi oint(178), *Messie*(179), Ǧubrân ne fait aucun rapport entre ces différents titres et la mission du Christ. «Le Christ, qui était aux temps anciens , dit-il, est la flamme de la divinité, *šu'lat al-ulûhiyya*, qui demeure dans l'esprit de l'homme. Il est le souffle de la vie qui nous visite et prend un corps semblable au nôtre. C'est lui qui accompagne l'homme vers l'éternité»(180).

3- La confession de Jésus devant le Sanhédrin combine le titre de Messie avec celui de *Fils de l'Homme*. L'étude de cette expression est l'une des plus difficiles du Nouveau Testament et les opinions des exégètes divergent fort(181). Or, tandis que le titre de Christ-Messie se présente généralement dans la bouche des autres, et rarement dans celle de Jésus, l'expression «Fils de l'Homme» est toujours placée dans la bouche de Jésus. Nous la rencontrons quatre-vingt-cinq fois dans le Nouveau Testament. Le fait que ce soit toujours Jésus qui parle du «Fils de l'Homme» est très significatif. Il n'a jamais employé au hasard cette façon de parler, mais l'a fait seulement quand elle exprimait d'une manière à demi-voilée sa vocation(182).

Quelle signification revêt ce nom de Jésus chez Ǧubrân et chez Nu'ayma? L'auteur de Yasû' Ibn al-Insân, Jésus Fils de l'Homme, emploie

(176) *Masîḥ*. 9,205. A l'appellation «Meshiah», il convient de joindre celle de dieu-germe, *al-Ilâh al-ǧurṯûma*. *Mirdâd*. 6,783. Car le Christ en tant que Vie est désigné par ce terme dans de nombreux textes bibliques. cf. *Isaïe*. 4,2-5. *Jérémie*. 23,5-6; 33,15-16. *Zacharie*. 3,8; 6,12. Ce «Meshiah attendu a une fonction authentiquement germinale, il est la cellule mère d'une humanité nouvelle, la semence, le *logos spermatikos* d'une humanité sainte, informée par la pensée et la parole de Dieu». Cl. Tresmontant. *Le problème de la Révélation*. p. 90.

(177) *Yasû'* p. 248.

(178) Ibid. p. 259.

(179) Ibid. p. 250.

(180) *Yasû'* p. 235.

(181) A propos de ces diverses significations cf. C. H. Dodd. op. cit. p. 117. D. Rops Jésus en son temps. p. 328. W.Kasper. op. cit. p. 159. J. de Baciocchi. J.C. dans le débat des hommes. p. 124.

(182) cf. C.H. Dodd. op. cit. p. 119.

cette expression quinze fois environ[183] et l'explique ainsi: «Vous aimeriez, sans aucun doute, savoir pourquoi certains d'entre nous appellent Jésus «Fils de l'Homme». Eh bien, c'est lui-même qui a manifesté le désir d'être appelé ainsi, car il a connu la faim de l'homme et sa soif et il a vu l'homme chercher son être suprême, *ḏâtuhu al-kubrâ*. Le Fils de l'Homme, c'est le Christ compatissant qui veut être avec tous. C'est Jésus qui souhaite conduire tous ses frères vers l'Elu bien-aimé, *al-Muḫtâr al ḥabîb*, que Dieu a oint de son huile sainte. C'est le Verbe, *al-Kalima*, qui était dès le commencement auprès de Dieu»[184]. Dans ce regard posé sur Jésus, Ǧubrân ne se contente pas de faire ressortir le côté humain du Prophète des chrétiens, mais il va plus loin et l'identifie au Verbe et à l'Esprit: «Le Christ, le Verbe, l'Esprit qui nous souhaite la Vie plénière, tout cela est venu à Jésus et s'est uni à lui. L'Esprit était la main poétique de Dieu, et Jésus était la guitare. l'Esprit était le psaume et Jésus la mélodie. L'homme de Nazareth était l'hôte et le représentant du Christ»[185]. Mais, comme nous l'avons déjà souligné, Ǧubrân n'emploie pas ces titres dans le sens voulu par les Evangélistes et après eux par l'Eglise[186].

Chez Nu'ayma, l'expression «Fils de l'Homme» revient environ vingt-cinq fois[187] et vise «une démythologisation systématique du Christ, fils de Dieu au sens théologique catholique, au profit du Christ, fils de l'homme au sens historique et humain de l'anthropologie. Enlever au ciel un fruit de la terre - semble-t-il - ce n'est pas frustrer le ciel, mais rendre à la terre ce qui est à la terre»[188]. A-t-il réussi dans sa démarche ? Par les œuvres qu'il lui fait accomplir, Nu'ayma finit par placer Jésus au-dessus d'un homme et le fait jouir de la puissance même de Dieu. Quoi qu'il en soit, caractérisant le Seigneur dans sa situation humaine, ce nom se perd de bonne heure: les Apôtres et les Pères aiment l'appeler «Fils de Dieu».

Pour signifier cette même situation, Ǧubrân et Nu'ayma utilisent également les appellations : «... fils de Marie, fils de Joseph, fils de Marie

(183) cf. Yasû' p. 206, 235, 236, 237, 259, 310, 344, 346,... Ḫalîl. p. 127. Yuḥannâ. p. 71. Notons que dans Yuḥannâ, Ǧubrân n'est pas le Jésus de la théologie ni des dogmes dont la Révélation atteste qu'Il est le Fils et l'Egal de Dieu et du Saint-Esprit dans le mystère de la Trinité». Wings of Thought. p. 47.

(184) cf. *Yasû'*. p. 236-237.

(185) Ibid. p. 236. Dans cette vision Ǧubranienne de Jésus, nous sentons l'influence du Théosophisme. cf. R. Guénon. *Le Théosophisme*. p. 198.

(186) J. Ghougassian observe : «Comme le titre l'implique déjà, le Jésus de Ǧubrân n'est pas le Jésus de la théologie ni des dogmes dont la Révélation atteste qu'Il est le Fils et l'Egal de Dieu et du Saint-Esprit dans le mystère de la Trinité». *Wings of Thought*. p. 47.

(187) cf. *Masîḥ*. 9,220, 257, 262 (2 fois), 265 (3 fois), 268, 270, 273, 306... *Sab'ûn*. 1,729. *Ab'ad*. 6,176...

(188) B. Pirone. op. cit. p. 69.

et de Joseph»[189]. A ces appellations, Nu'ayma ajoute celle de «fils de David»[190], rappelant la fidélité de Dieu aux promesses faites jadis à ce Roi.

4- Parallèlement au titre de «Fils de l'Homme», ou associé à lui, nous trouvons fréquemment dans les évangiles l'expression «Fils de Dieu»[191]. «Fils de l'Homme» et «Fils de Dieu» sont des noms identiquement appliqués au Christ. «Cela signifie tout d'abord que Jésus n'est pas seulement le «Fils de Dieu» *sans relation* à l'humanité, et qu'Il n'est pas seulement le «Fils de l'Homme *sans relation* à sa divinité»[192]. Jésus s'est-il approprié lui-même ce titre ? Qu'il s'attribue explicitement ou non le titre de «Fils de Dieu» ou de «Fils», Jésus revendique pour lui une relation absolument unique à Dieu qu'il appelle son Père.

Ni Ǧubrân, ni Nu'ayma n'emploient ce nom de Jésus dans le sens utilisé par les Evangélistes et qui fait l'objet de la foi chrétienne. Pour eux, cette appellation est une métaphore pour désigner un saint particulièrement proche de Dieu, aimé de lui, chargé parfois d'une mission spéciale par lui et qui devient ainsi le modèle de ses frères et leur guide vers leur ultime destinée, car tout comme Jésus est le Fils de Dieu, les hommes le sont aussi ou sont appelés à le devenir[193].

5- *Le Verbe, La Parole de Dieu*, est un autre nom que les deux écrivains libanais aiment attribuer à Jésus et auquel nous avons déjà fait allusion.

« Au commencement était le Verbe
« Et le Verbe était avec Dieu
« Et le Verbe était Dieu». « Ces versets, dit Nu'ayma, écrits par un Hébreu sans artifice paraissent étrangers au patrimoine religieux connu en Israël. Celui qui les lit sent immédiatement que leur auteur les a puisés à des sources étrangères. Tout le monde sait que Jean a vécu plus de quatre-vingt-dix ans et qu'il a passé les dernières années de sa vie exilé dans l'île de Patmos où il est entré en contact avec les philosophies grecques. C'est

(189) *Yasû'* p. 208, 317, 318, 320, *Masîḥ*. 9,187, 196... *Sab'ûn*. 1,277. *Marâḥil*. 5,32,34. *Sawt* 5,249 (3 fois), 273.

(190) *Masîḥ*. 9,187 et 226.

(191) Les *Synoptiques* l'utilisent environ trente-six fois, *S. Jean*. neuf fois, Nu'ayma huit fois et Ǧubrân deux fois. cf. *Sab'ûn*. 1,277, 278, 629. *Marâḥil*. 5,41. *Masîḥ*. 9,325, 331... *Yasû'* p. 354, 355.

(192) S. Boulgakof. op. cit. p. 197.

(193) cf. *Yasû'* p. 204, 361. *Sab'ûn*. 1,279. *Masîḥ*. 9,325 et 331.

pourquoi, il utilise le mot Logos,, *al-Kalima*, dans une signification beaucoup plus large que la signification littérale»[194].

Dans la pensée de Nu'ayma, le verbe est identifié à Ana, le «Moi». «Ce *Ana* est la Parole créatrice par qui toute chose fut et en dehors de laquelle rien ne fut»[195]. Cette Parole était «dès le commencement»; elle était «auprès de Dieu», *ladâ Allâh*; bien plus, elle était Dieu. Quant au Christ, il était l'incarnation de cette Parole... Tel est le sens du Verbe dans l'évangile de S. Jean - la Parole créatrice et non créée, *al-Kalima al-ḫallâqâ wa ġayr al-maḫlûqa* - . Tel est également le sens que vise Jésus quand il dit de lui-même qu'il est «le Fils unique de Dieu». Tel est enfin le sens que l'Eglise donne au titre du Christ : Verbe de Dieu», affirme l'auteur de *Sab'ûn*[196]. Le Christ est donc l'incarnation du Verbe et non le Verbe lui-même, alors que pour la foi chrétienne, le Christ est «la Parole agissante par laquelle Dieu a créé le monde et constitué l'histoire sainte, par laquelle Il s'est manifesté comme vie et lumière des hommes»[197].

Quelle signification Ǧubrân donne-t-il à ce nom de Jésus ? La réponse est reproduite par Jean, le disciple bien-aimé. «Vous vous demandez peut-être pourquoi j'ai appelé Jésus la Première Parole, *al-Kalima al-ûlâ*. Ecoutez-moi: «Au commencement, Dieu se mut dans l'espace. De son mouvement incommensurable furent engendrées la terre et les saisons. Puis Dieu se mut une seconde fois. Et la terre jaillit... Puis Dieu parla, et de sa parole naquit l'homme... Et lorsque Dieu parla ainsi, sa Première Parole fut Jésus et cette Parole est parfaite. Lorsque Jésus de Nazareth vint au monde, le monde l'entendit comme Première Parole sortant de la bouche de Dieu. La voix de cette Parole se fit chair et sang»[198]. «Cette interprétation, mélange de poésie et de pensée abstraite, nous rappelle à certains égards, celle de la scolastique néoplatonicienne»[199]. Alors que pour l'Evangéliste, cette Parole est tellement liée à Jésus qu'il en a fait un nom propre et personnel, en relation étroite avec sa mission.

---

(194) *Masîḥ*. 9,323-324. Nu'ayma parle ensuite de la puissance de la parole que nous proférons, puis de la parole-mère, *al-Kalima al-umm* qui est *Ana*. Ibid. 324-325.

(195) cf. *Mirdâd*. 6,593-597: *Fî-l-Kalima al mubdi'a*, la Parole créatrice.

(196) Ibid. p. 325... cf. l'interprétation que donne R. Arnaldez de cette conception Nu'aymienne du Verbe. *Les valeurs humaines*. p. 7, dont nous avons déjà parlé. Remarquons que, partant de ses différentes connaissances doctrinales, le fils de *Baskinta* essaie de trouver des réponses personnelles et d'apporter ainsi sa part à l'éclaircissement du «mystère» de son frère aîné Jésus.

(197) J.M.Le Guillou. *Le visage du Ressuscité*. p. 64.

(198) *Yasû'* p. 299-300.

(199) A. G. Karam. La vie et l'œuvre de Ǧubrân. p. 226.

6- Nombreux encore sont les noms et les titres que Ǧubrân et son ami confèrent à Jésus. Parmi ces noms, nous nous contenterons de citer les plus importants:

a- En tête vient le Maître, *al-Mu'allèm*[200], auquel ils joignent le Seigneur, *al-Sayyèd*[201] et celui de *Rabb*, ou *Rabbî*, mon Seigneur, équivalent à mon Maître[202]. Ce nom, dans ses trois formes, exprime la souveraineté du Messie. A l'exemple des premiers chrétiens, Ǧubrân et Nu'ayma voient en Jésus le Seigneur, ce qui vise non pas sa nature mais son pouvoir.

b- Avec le Bon Pasteur, *al-Râ'î al-Ṣalèḥ*[203] et le Gardien Fidèle, *al-Ḥâris al-Amîn*[204], Ǧubrân définit Jésus comme le serviteur, le guide que les brebis connaissent et en qui elles ont confiance.

c- *Al-Muḫtâr al-ḥabîb*, l'Elu bien-aimé, ou tout simplement *al-Habîb*, le Bien-Aimé[205], *Rasûl al-salâm*, l'Apôtre de la paix[206], et *Malèk el-salâm*, le Roi de la paix[207], couronnent l'éventail des noms attribués à Jésus par les deux amis. Que ces noms ne reflètent pas toujours la doctrine christologique chrétienne, ceci n'est guère étonnant, étant donné que Ǧubrân et Nu'ayma ne font pas œuvre de théologiens mais tout simplement de penseurs chrétiens qui donnent à Jésus une place de choix dans leur cœur, leur vie et leur œuvre.

Conclusion

«Et son nom sera Jésus» ! C'est par ce vocable qu'il est authentiquement le «Fils de l'Homme», venu apporter à l'humanité le message de Salut. Durant toute la durée de son ministère, Jésus a prêché la proximité du Royaume de Dieu, centre et but de son message. Il l'a prêché tantôt en paraboles, tantôt ouvertement. Il a opéré de nombreux signes et

(200) Trente-cinq fois chez Ǧubrân et dix fois environ chez Nu'ayma. cf. *Yasû'* p. 214, 271, 285 (3 fois), 290, 313, 315... *Masîḥ*. 9,205, 267, 294, 295, 296, 297, 315. *Maqâlât*. 7,247, 249...

(201) Dix-huit fois environ chez Ǧubrân et huit fois chez Nu'ayma; cf. Yasû' p. 280, 281, 294, 311, 355-361 (onze fois) ... Masîḥ. 9,226 (trois fois), 315...

(202) Dix fois environ chez Ǧubrân et cinq fois chez Nu'ayma. cf. Yasû' p. 216, 260, 280..., Masîḥ. 9,294, 295, 315.

(203) *Yuḥannâ*. p. 78.

(204) Ibid.

(205) *Yasû'* p. 237, 244, 326.

(206) *Mûsîqâ*. p. 37.

(207) Maqâlât. 7.271 (2 fois), 275, 276, Rasâ'il 8.135.

miracles pour manifester aux hommes que Dieu les aime et que le monde et l'homme ne trouvent leur réalisation que dans l'amour. A la suite de leur Maître, Ǧubrân et Nu'ayma, chrétiens universalistes, respectivement «fondateur d'une Eglise d'amour» et «apôtre de la *Maḥabba*» prêchent ce Royaume qui apparaît partout où des hommes s'aiment, vivent dans la vérité et se confient à Dieu, même si en le faisant ils ne parlent pas expressément et explicitement de Dieu et de Jésus. Aussi, doués d'une irrépressible énergie créatrice et poétique, et tendus vers la réalisation plénière de l'homme, les deux pionniers *d'al-Râbîṭa al-Qalamiyya* appellent-ils à vivre le radicalisme de l'Evangile et particulièrement le Sermon sur la Montagne, quintessence de l'enseignement de Jésus et charte du Royaume qu'Il est venu fonder. Dans cet Evangile, nous voyons que Jésus ne s'est pas contenté de prêcher le Royaume, de le manifester par des signes et des prodiges. Sa vie, son Evangile même et sa mission seraient incomplets s'il n'avait été jusqu'au bout de cette mission, jusqu'au bout de l'amour et du don de soi, jusqu'à la Croix. Cette dernière étape, que l'Eglise appelle l'Economie du Salut, fera l'objet de notre prochain chapitre.

CHAPITRE TROIS

L'ECONOMIE DU SALUT PRESENTEE PAR ǦUBRAN ET NU'AYMA

Introduction

Le Christ est venu apprendre aux hommes que Dieu est Amour, qu'Il les aime tous d'un amour singulier et personnel, comme un père aime ses enfants. Il leur a révélé qu'il n'y a pas de plus grande preuve d'amour que de donner sa vie pour ceux qu'on aime. Cette suprême preuve d'amour, Jésus l'a donnée par sa vie, sa mort sur la Croix et sa résurrection.

Scrutant l'histoire du Salut accompli, pour un chrétien, en Jésus, dans son Mystère Pascal, nous considérerons tout d'abord les différentes notions du Salut et particulièrement celles retenues par Ǧubrân et par Nu'ayma. Ensuite, nous nous interrogerons sur les raisons qui ont nécessité ce plan de Salut, à savoir le péché. Enfin, avec les deux amis, nous nous pencherons sur le Salut dans le Christianisme, considéré comme Rédemption. Comment se situent Ǧubrân et Nu'ayma face à cette Rédemption ? Du fait que le Christ prenne sur lui le péché de l'humanité et meure pour réparer l'offense faite à Dieu par le péché, quelle place laisse-t-il à la liberté de l'homme ? Quelle doctrine de Salut proposent-ils ? Et quelles voies empruntent-ils pour atteindre ce Salut ? Avant de répondre à toutes ces questions, voyons d'abord ce qu'est le Salut.

I- La notion de Salut chez Ǧubrân et Nu'ayma.

La notion de salut en histoire des religions est une notion complexe. Nous nous arrêterons à sa signification dans certaines religions connues par Ǧubrân et Nu'ayma et par lesquelles ils furent influencés. Nous examinerons ainsi la conception du salut que l'on rencontre dans les religions de l'Inde et ensuite dans la tradition Judéo-Chrétienne.

1- L'une des doctrines centrales de la religion de l'Inde ancienne est celle du *Karma*: la nécessité qui s'impose à l'âme de toujours subir une renaissance nouvelle dans une condition humaine ou animale déterminée par la qualité de ses actes passés. Le salut consiste à s'évader de la fatalité du *Karma*, à briser le cercle des renaissances.

2- Dans l'Ancien Testament, le salut que promet et procure Yahvé se situe à plusieurs niveaux. Matérielles ou déjà spirituelles, toutes les conceptions judaïques du salut ont en commun d'être, à différents niveaux, négatives. Pour rencontrer un contenu positif de la même notion, il faut attendre le salut messianique(1).

Dans son acception purement chrétienne, le salut désigne l'effet, soit individuel, soit collectif, de la Rédemption. Dès l'aube de son existence, l'homme a offensé son Créateur par le péché. Aussi lui fallait-il à tout prix réparer cette offense faite au Créateur. C'est pourquoi, Dieu décide que son Fils prendra la nature humaine et offrira à la justice divine la réparation parfaite et infinie qui relève l'homme de sa chute et lui rend sa dignité humaine(2).

Ce Salut n'est ni une participation à la vie cosmique, ni une fuite hors du corps par l'ascèse, mais il consiste en une participation au dessein de Dieu et englobe l'humanité tout entière... Transcendant et assumant le social, le salut est communautaire, il veut la communion de tous, le «plérôme» au sens paulinien, c'est-à-dire la plénitude de l'humanité déifiée et de l'univers transfiguré»(3).

3- L'appartenance de Ǧubrân et de Nu'ayma au Christianisme et l'influence reçue des religions orientales sont d'une extrême importance pour comprendre leur conception du salut. Apôtres de la fraternité et de la solidarité entre les hommes, les deux amis sont en pleine conformité avec la doctrine chrétienne pour laquelle le salut ne peut être qu'universel et collectif(4). Comment comprendre donc l'attrait de Ǧubrân et de Nu'ayma vers la notion de salut à caractère individuel prôné par les religions de l'Inde ? Pour comprendre cet attrait, il faut prendre le terme «individuel» dans son acception «personnelle» et non pas «individuelle» ou «individualiste»(5).

(1) cf. *En. Univ.* 14,644-645.

(2) S. Boulgakof. op. cit. p. 280. Notons que «pour l'Eglise d'Orient, l'Incarnation n'est pas nécessairement conçue en fonction de la Rédemption... cf. M. Lot Borodine. op. cit. p. 51.

(3) O. Clément. *L'Eglise Orthodoxe*. p. 63.

(4) cf. *Marâḥil*. 5,36.
J. de Baciocchi. op. cit. p. 45. et A. Camus. *L'homme révolté*. p. 77.

(5) Il convient de noter ici que les écrivains du Mahǧar ont lu avec beaucoup d'intérêt le roman de Daniel Defoe: *Robinson Crusoé*, traduit par Bouṭros Boustânî à la =

Une autre réalité distingue le Christianisme des religions orientales. Contrairement à celles-ci, la religion chrétienne professe que l'homme ne se procure pas lui-même le salut, «il ne peut absolument pas «se sauver» par lui-même et devenir participant à la vie divine. Cette participation à la vie divine est un don gratuit de Dieu... C'est par l'Incarnation, la Mort et la Résurrection du Verbe de Dieu que l'homme est sauvé.

Pour les deux amis, comme pour l'homme moderne, la doctrine du rachat par un autre est peut-être la plus difficile à admettre de toutes les doctrines chrétiennes[6]. En effet, la réalité que recouvre le mot «Rédemption» n'a cessé d'être approfondie et réapprofondie par la foi chrétienne. Certains auteurs, dont Ǧubrân et Nu'ayma, ont exprimé leur doute au sujet de la possibilité même de la rédemption: «Si le Christ ou un autre te libère de la mort sans que tu meures toi-même et te fait parvenir à Dieu sans que tu parcoures toi-même la distance qui te sépare de Dieu, avec ton cœur sanglant, tu n'as aucun mérite à être sauvé. Tu dois acheter ta libération par ton propre sang»[7], car, poursuit Nu'ayma, «comment le péché de l'un peut-il être pardonné et effacé à cause des souffrances subies par un autre ? Peut-on encore parler de justice et d'équité, étant donné une telle substitution ? Comment un sang, différent du mien, peut-il me purifier d'un péché incrusté en moi et intimement lié à mon sang ? Quelle est la valeur d'une rédemption qui me vient d'un autre»[8] ? «La façon même dont cette question est posée, observe Serge Boulgakof, pèche par l'individualisme et le juridisme[9]. En effet, «la Rédemption, visant tout le genre humain et accomplie en le Nouvel Adam, doit être réalisée dans la liberté pour chacun des enfants du Vieil Adam; et son assimilation est l'œuvre propre de chacun d'entre eux»[10].

Envisagée sous cet éclairage, l'objection de Nu'ayma s'effondre d'elle-même. La passion est le chemin choisi par Dieu pour se réconcilier l'homme et, sans la Passion de Jésus, toute passion serait inefficace, mais aussi sans notre passion, la Rédemption du Seigneur n'aurait aucune signification pour nous. Dieu ne veut pas sauver l'homme sans son consentement. L'ac-

= demande des protestants évangélistes. Ce livre fait ressortir la personnalité de l'individu et la manière dont il atteint le salut au moyen de son effort personnel, de son expérience permanente et de sa foi qui le délivre des difficultés. Iḥsân 'Abbâs. op. cit. p. 25.

(6) cf. R.C.Zachner. op. cit. p. 286. cf. également H.Denis. *L'Evangile et le Dogme*. p. 113. Cette doctrine est rejetée en bloc par les musulmans qui la considèrent comme indigne de la majesté de Dieu et donc blasphématoire. cf. R.C.Zachner. op. cit. p. 286.

(7) *Nûr*. 5,691.

(8) *Sab'ûn*. 1,279. La même négation d'une rédemption par un autre se trouve affirmée dans l'Islam. cf. R.Arnaldez. *Jésus, Fils de Marie*. p. 86.

(9) S. Boulgakof. op. cit. p. 29.

(10) S.Boulgakof. op. cit. p. 285.

complissement objectif de ce salut doit être réalisé en chacun, par l'acceptation subjective (ou le refus catégorique) fondée sur une détermination de soi libre et personnelle.

Si nous tenons compte des observations faites par René Guénon à propos du salut, nous remarquons que la conception de Ǧubrân et de Nu'ayma se ramène davantage à la notion de «Délivrance» qu'à celle de salut(11).

II- Le Péché dans la conception de Ǧubrân et de Nu'ayma

1- L'expérience chrétienne se fonde sur la conscience qu'a l'homme d'être pécheur, mais un pécheur sauvé et rénové. Cette conscience n'est pas totalement la même en Orient et en Occident. Celui-ci «s'interroge avec acuité et même angoisse sur l'homme pécheur et lit le mystère du Christ dans l'horizon dramatique d'une histoire marquée par le péché dès l'origine..., alors que celui-là n'oublie pas que l'homme est pécheur, mais il lui suffit de savoir que le Christ sauve l'homme de son péché et le fait communier à Dieu»(12). La première place revient donc au salut opéré par le Christ, sans pour autant oublier le péché ou le méconnaître. C'est ce qui explique la position de Ǧubrân et, d'une certaine manière, celle de Nu'ayma, tous les deux écartelés entre leur adhésion à un Christianisme traditionaliste et une influence plus ou moins forte des religions orientales, entre un Christianisme qui insiste sur l'existence du péché et les religions de l'Inde pour qui il n'est nulle place pour un vrai péché.

2- Ne pouvant rester indifférent à ce problème, Ǧubrân essaie de concilier l'Hindouisme et le Christianisme. Il écrit: «Le péché n'existe pas, sinon dans la mesure où nous le créons nous-mêmes. Si nous choisissons de le faire exister, il existera jusqu'à ce que nous le détruisions»(13). Et «s'il faut à tout prix que le péché existe, un certain nombre d'entre nous le commet en regardant en arrière pour imiter le pas de nos pères et de nos ancêtres»(14). Ce refus du péché est confirmé dans un premier temps par Nu'ayma : «Vous dites: «Si l'homme est pécheur, alors qu'il est à l'image de Dieu et à sa ressemblance, Dieu est, sans aucun doute, la source du péché»(15). Cette façon de réagir et de mettre un lien de responsabilité entre Dieu et le péché est la forme la plus radicale, la plus archaïque même

(11) cf. R.Guénon. *Initiation et Réalisation spirituelle*. Paris (1952), p. 65 et 67. Voir également tout le chapitre: «Salut et Délivrance».

(12) B. Sesboüé. *L'Evangile dans l'Eglise*. p. 60.

(13) Cité par Barbara Young. *This man*. p. 4.

(14) *Ramal*. p. 176.

(15) *Mirdâd*. 6,763. cf. la réponse de Yuḥannâ al-Ḫûrî. dans *al-Radd*. p. 170.

et la plus incrustée dans le psychisme humain. Dieu ne s'est-il pas rendu complice du péché dès l'origine, en créant une humanité libre, exposée à mal se servir de sa liberté ? Ces difficultés ne sont pas rares, mais elles s'expriment différemment et de façon plus ou moins abrupte selon les personnes. L'auteur de *Sab'ûn* se reprend bien vite et éloigne de Dieu et de l'homme tout soupçon de péché. «Il n'y a point de péché en Dieu, affirme Mirdâd, à moins que vous ne considériez que le soleil pèche en donnant sa chaleur à la cire de la bougie. De même, il n'y a pas de péché dans l'homme à moins que vous n'imputiez un péché à la bougie qui fond au soleil pour s'unir à lui»[16]. La deuxième affirmation de Mirdâd, porte-parole de Nu'ayma, paraît tellement étrange, que son auteur même ne tarde pas à la rectifier. Car de même qu'un athée d'Occident reste imprégné d'idées et de réflexes chrétiens, il est difficilement concevable que le fils de *Baskinta* et l'étudiant en théologie à Poltava fasse table rase des idées et des comportements qui l'ont façonné. «Pour redevenir comme un enfant, je dois me dépouiller de l'illusion du péché et du châtiment. L'enfant ne pèche pas car il ignore le bien et le mal, le licite et l'illicite, le mensonge et l'hypocrisie. Il avance dans la vie poussé par la puissance de l'Ordre Eternel, *al-Niẓâm al-Sarmadî*, et libre des entraves humaines. Tout ce qu'il fait et tout ce qu'il dit est bon car son intention est bonne et saine»[17], mais dès l'instant où l'homme se détourne de cet Ordre, le péché s'installe dans sa vie, car «le péché consiste à nier l'existence de l'Ordre Cosmique, *al-Niẓâm al-Kawnî*, et d'imaginer que les rênes de sa vie sont entre ses seules mains et qu'il peut orienter cette vie comme il veut»[18]. Autrement dit, «le péché est l'illusion d'avoir une vie différente de la vie de Dieu, une volonté indépendante de la sienne, un royaume autonome du sien»[19]. Cette définition du péché est très proche de celle de Saint Paul. Celui-ci définit le péché comme étant une attitude de l'homme qui se cherche lui-même au lieu de chercher Dieu. Ce péché restera «collé» à l'homme jusqu'au moment où «il atteindra son essence divine»[20] et acceptera de vivre pour son Créateur. Car «pour la bougie, le péché consiste à refuser de se consumer au soleil pour s'unir à lui»[21], et pour l'homme de refuser la communion avec Dieu et avec le prochain, puisque, depuis l'Incarnation c'est sous le signe de ce prochain que Dieu veut nous demander notre amour et nous manifester le sien. Ainsi la définition la plus simple du péché pourrait être: «l'amour de soi poussé jusqu'au mépris de l'autre». Pour étayer cette définition, M.Nu'ayma reprend la parabole de l'enfant prodigue, qui est en réalité la parabole «des deux fils». Cette simple

(16) *Mirdâd*. 6,763.
(17) *Marâḥil*. 5,39.
(18) *Ab'ad*. 6,192.
(19) *Masîḥ*. 9,218 et 283.
(20) *Ğubrân*. 3,232.
(21) *Mirdâd*. 6,763.

histoire, explique-t-il, contient la synthèse de tout ce qu'on peut dire du «péché» et de la «conversion». Le «prodigue» qui imagine pouvoir se couper de son père et vivre par lui-même loin de sa volonté est l'image de l'homme qui croit pouvoir dresser une frontière entre son essence et l'essence de Dieu, entre sa volonté et la volonté de Dieu...»[22]. L'auteur de *Mirdâd* qualifie ce péché de l'homme qui se coupe de Dieu de «péché majeur, *al-ḫaṭî'a al-kubrâ*, ou de péché-mère, *al-ḫaṭî'a al-umm*»[23], que les chrétiens appellent le péché ancestral, *al-ḫaṭî'a al-ǧaddiyya*[24].

3- Prenant pour point de départ l'histoire d'Adam et d'Eve telle qu'elle est racontée dans la Genèse[25], Nu'ayma construit sa propre doctrine, convaincu qu'il est que, de même que la Bible a livré son message en accord avec la mentalité et la science de son temps, de même nous devons comprendre et livrer ce même message en accord avec la mentalité et la science de notre temps.

A propos de cette scène biblique, Nu'ayma se pose de nombreuses questions: «Dieu ne savait-il pas qu'Adam et Eve allaient manger du fruit défendu ? Comment son amour paternel lui a-t-il permis de tendre un piège à deux créatures dont la création l'a beaucoup réjoui ? Quel est le père qui tend un piège à son fils tout en sachant qu'il y tombera certainement»[26] ? «Dieu s'est-il vraiment mis en colère contre l'homme lorsque celui-ci mangea de l'arbre de la connaissance du bien et du mal»[27] ? Dieu savait cela, bien plus, dans son amour pour l'homme, Il a prévu tout cela afin de l'acheminer vers la Connaissance Parfaite qui n'est autre que Lui-même, semble affirmer l'auteur de *Mirdâd*. Ecoutons-le : «Dieu n'a pas donné un ordre à l'homme, Il l'a simplement averti, car Il savait bien qu'il mangerait de l'arbre et Il voulait qu'il en mange; mais Il voulait aussi qu'il connaisse la conséquence de son action et la supporte avec courage»[28].

Fortement marqué par l'Eglise Orthodoxe, fidèle à la tradition des Pères, notamment S. Irénée et S. Clément d'Alexandrie, Nu'ayma décrit

---

(22) *Masîḥ*. 9,219.

(23) *Masîḥ*. 9,218. «Ce péché majeur, explique Nu'ayma, est aussi une maladie, celle de l'ignorance qui est guérie par la Connaissance par laquelle l'homme découvre que sa fin est liée à «l'union à Dieu» et «dans l'union à Dieu». Cité par R.Arnaldez. *Les valeurs humaines*. p. 7.

(24) *Masîḥ*. 9,220.

(25) Tout en la considérant comme un mythe, le plus beau mythe créé par l'homme pour décrire son drame avec la Connaissance. *Adam*. 7,99-110. cf. aussi *Mirdâd*. 6,764.

(26) *Sab'ûn*. 1,227-278.

(27) *Mirdâd*. 6,767.

(28) Ibid. Sur la question: «Péché, liberté, responsabilité» voir l'article dans *l'En. Univ.*. 12,662.

Adam au paradis[29] comme un enfant passif, inerte et sans aucune créativité, un enfant ignorant toute chose, bien qu'il possédât potentiellement tous les attributs de la divinité. Il était une créature inachevée, imparfaite par rapport à ce qu'il était destiné à devenir[30]. En effet, l'homme fut créé pour atteindre la perfection intellectuelle et spirituelle, mais il n'était pas doté de cette perfection dès sa création. Ecoutons Dieu s'adresser à Adam et Eve: «O Adam et Eve, vous êtes une essence de mon essence, créés à mon image et à ma ressemblance. Mais vous êtes encore deux enfants ignorant toute chose. Et Moi, je veux que vous parveniez à vous connaître vous-mêmes et à Me connaître afin que je trouve en vous Ma joie et que vous trouviez en Moi votre joie»[31].

Nu'ayma doit cette conception d'Adam destiné à devenir comme Dieu aux Pères d'Orient. Ceux-ci mettent en relief l'imperfection infantile du premier homme par opposition aux Pères d'Occident qui le présentent semblable à un Dieu, magnifiant par-là «son péché originel»[32]. De fait, les Pères d'Orient se sont concentrés sur la potentialité d'Adam de grandir: sa condition était un état qui le préparait à la déification et à l'union à Dieu. Pourquoi donc Dieu n'a-t-il pas créé l'homme parfait dès le début, demande Nu'ayma ? La réponse lui vient de S. Irénée qui dit dans son *Traité contre les Hérésies:* «Il était possible à Dieu Lui-même de créer les hommes parfaits dès les débuts, mais l'homme ne pouvait pas recevoir cette perfection étant donné qu'il était encore enfant»[33].

Par quels moyens Dieu conduit-il l'homme à cette perfection ? Le premier moyen est la création d'Eve comme compagne à Adam. Le second est l'intervention du serpent pour «sortir Adam et Eve de leur sommeil passif, de l'état de non-vouloir à celui du vouloir»[34]. Qu'est-ce que la voix de ce serpent poussant Adam à manger du fruit défendu sinon la voix de la Raison de l'homme désirant tout connaître[35]? «Au jour où vous

---

(29) Ce paradis, explique-t-il, n'était nullement un jardin de fruits délicieux et appétissants, mais un symbole de l'état de non-conscience absolue.... l'état du non-Moi, *ḥâlat al-lâ-Anâ*, dans lequel était l'homme-enfant, *al-ṭifl al-insân*, lors de sa naissance, *Adam*. 7,100.

(30) *Mirdâd*. 6,764.

(31) *Adam*. 7,101.

(32) cf. J. Meyendorff. op. cit. p. 169-170.

(33) Nabîl Matar. *Adam and the serpent*. Journal of Arabic Literature, XI, 1980. p. 57.

(34) *Mahabb*. 5,426. Ailleurs, Nu'ayma dit que le serpent représente la vie enfermée dans l'homme et qui aspire à la libération. Cette libération ne lui viendra que de la connaissance. *Ab'ad*. 6,163.

(35) cf. *Adam*. 7,100-101. Dans *Mirdâd*, l'auteur dit que la voix du serpent était celle de la dualité, *al-ṯunâ'iyya*. p. 760. Or, une fois que l'homme aura traversé la voie de la dualité, il atteindra la compréhension et au moyen de celle-ci, il s'unifiera à l'exemple de Dieu. *Mirdâd*. 6,767.

mangerez de ce fruit, vos yeux s'ouvriront et vous deviendrez comme des dieux connaissant le bien et le mal»[36]. Par ces paroles, le serpent éveille en Eve le désir le plus fort qui sommeillait en elle, comme aussi en tout homme, le désir de devenir semblable à Dieu. Aussi, poussée par ce désir, Eve mange du fruit et en offre à son époux[37]. «Notons bien, observe Marie Abdon Santaner, qu'Adam et Eve ne sont pas présentés par l'Ecriture comme des rivaux de Dieu, pressés de se débarrasser d'un maître... Ils visent tout simplement ce pour quoi la Parole de Dieu a dit qu'ils sont faits: être Dieu»[38]. Aussi, «nos premiers parents ont risqué leur vie au paradis afin de connaître Dieu et de devenir dieux comme Lui. Le fait qu'ils n'aient pas connu Dieu immédiatement ne diminue en rien la valeur de leur aventure»[39]. Le commandement divin leur a signalé la voie à suivre pour atteindre la déification, une voie de détachement de tout ce qui n'est pas Dieu. Ils ont choisi la voie contraire, et ce fut le péché. Nu'ayma paraît donc orthodoxe dans ses opinions car dans son interprétation de l'histoire des premiers parents, il tient compte de la faiblesse et de la fragilité de l'homme. Ecoutons-le : «Si Adam a désobéi à Dieu alors que la création était encore toute pure, c'est parce qu'il était un nouveau-né et son sentiment de Dieu était encore très faible»[40]. Mais dès qu'il eut péché, Dieu réordonna le cours de l'histoire et décida la Rédemption.

Le serpent n'est pas seul à jouer le rôle d'éveilleur. «Si Eve n'avait pas existé, affirme Nu'ayma, Adam ne serait pas parvenu à la connaissance»[41], car, «au paradis, l'homme était solitaire; l'arbre de la connaissance du bien et du mal et l'arbre de vie étaient à sa portée, mais il n'a jamais tendu la main pour cueillir leurs fruits, car sa volonté, son goût, ses pensées et même sa vie étaient endormis et attendaient la voix et la main qui les sortiraient de leur léthargie. Eve fut cette voix et cette main»[42]. L'honneur et la gloire d'Eve consistent donc dans le fait qu'elle soit à la fois «La mère de la connaissance et la mère de la vie»[43]. Adam et Eve se complètent l'un l'autre et œuvrent ensemble dans un seul but: «atteindre la paix parfaite, l'unité parfaite et l'équilibre parfait dans la sainte compréhension»[44].

---

(36) *Adam*. 7,101.

(37) *Nûr*. 5,549. cf. aussi *Ṣawt*. 5,269. et *Ab'ad*. 6,163 Nu'ayma précise que cette soif de connaître naît dès l'instant où Dieu interdit à l'homme de manger de l'arbre de la connaissance du bien et du mal. *Ab'ad*. 6,163.

(38) M.A.Santaner. *Le don de Dieu qu'est l'Eglise*. C.Auj. Février 1977. p. 78.

(39) *Nûr*. 5,550. *Ṣawt*. 5,269. *Ab'ad*. 6,163.

(40) *Bayâdir*. 4,544.

(41) *Mahabb*. 5,471.

(42) *Mirdâd*. 6,764.

(43) *Mahabb*. 5,471. cf. *Ġirbâl*. 3,369.

(44) *Mirdâd*. 6,768.

Il convient ici de noter que Ǧubrân ne fait allusion à l'histoire des «premiers parents» que pour mettre en relief le rôle de la femme tout en laissant entendre que tous les deux, Adam et Eve, ont désobéi à la volonté du Créateur. Parlant de son premier amour, le fils de *Bcharré* dit: «Ma vie était vide, déserte et froide tout comme le sommeil d'Adam dans le paradis. Salma Karâmé fut l'Eve de ce cœur plein de mystères et de merveilles. Elle lui fit comprendre l'essence de cette existence... La première Eve fit sortir Adam du paradis par sa volonté à elle et sa docilité à lui. Quand à Salma, elle me fit pénétrer dans le paradis de l'amour et de la pureté par sa douceur et grâce à ma disponibilité»(45).

Revenons à Nu'ayma et voyons que représentent pour lui l'arbre de la connaissance du bien et du mal, *šaǧarat ma'rifat al-ḫayr wa-l-šarr*, et l'arbre de la vie, *šaǧarat al-ḥayât*. Le premier est «le symbole de la connaissance mensongère dont le but est d'éveiller d'abord la Raison de l'homme, ensuite sa conscience et enfin de diviser son monde en deux: *Anâ*, moi, et *ġayr-Anâ*, autre que moi. Cette connaissance, n'étant pas la vraie, conduit à la mort du *Anâ* illusoire. Quant au deuxième arbre, il est le symbole de la connaissance totale et parfaite, et de la conscience qu'a la vie d'elle-même. L'homme ne pouvait goûter à cette connaissance et jouir de son existence et de son extrême douceur qu'après avoir goûté à la connaissance mensongère et connu son extrême amertume»(46).

Cette conception nu'aymienne du rôle des deux arbres et de celui du serpent rejoint, sur certains points, celle de Mircéa Eliade pour qui le serpent induit Adam et Eve à manger de l'Arbre de science, les assurant que les fruits de ce dernier ne leur apporteront pas la mort mais la divinité(47).

Lorsqu'Adam vit Eve toute nue, il lui fit un vêtement avec les feuilles de figuier pour cacher sa nudité et la cacher à l'œil de Dieu qui pénètre tous les mystères. Il s'en suivit que, vêtu des feuilles de figuier, l'homme perdit le jardin d'Eden, symbole d'un bonheur assoupi, solitaire, replié sur soi et qui dresse une épée de feu entre lui et l'Arbre de Vie(48). Ces feuilles de figuier sont le symbole des illusions dont s'est servi le premier homme pour renforcer sa plus grande illusion, à savoir: pouvoir vivre séparé de Dieu»(49). Or, séparé de Dieu, l'homme n'existe pas car, rien n'existe en dehors de sa Cause Première(50).

(45) *Aǧniḥa*. p. 169-170. Même insistance sur le rôle de la femme dans *Dam'a*, p. 279. et *Aǧniḥa*. p. 195.
(46) *Adam*. 7,100. .
(47) Sur le rôle du serpent, cf. M. Eliade. *Traité d'histoire des religions*. p. 246, 247.
(48) *Mirdâd*. 6,769. cf. aussi *Zâd*. 5,165.
(49) Et c'est en cela que se trouve le mal, assure Nu'ayma. *Bayâdir*. 4,489.
(50) *Zâd*. 5,165. cf. également *Mahabb*. 5,34. et Yuḥannâ al-Ḫûrî. op. cit. p. 171 et 175.

4- Cette grande illusion de vivre «séparé de Dieu» constitue le péché du premier homme ou péché originel. De ce péché, dit Nu'ayma, découlent tous les autres péchés et «ceux-ci sont très nombreux», selon Jésus: «péchés d'actions, de paroles, de pensées, d'intentions et de diverses passions émanant du cœur. Ces péchés ont la caractéristique de contaminer toutes les créatures. Le premier de ces péchés est l'orgueil et l'amour du pouvoir. Le second réside dans la préoccupation exagérée qu'a l'homme de ses besoins temporels aux dépens de ses besoins spirituels. Le troisième est celui de l'hypocrisie. Enfin le péché des pharisiens. Celui-ci consiste en ce que ces derniers se considèrent comme les seuls médiateurs entre Dieu et les hommes, les seuls à comprendre la loi et à être responsables de son exécution. C'est pourquoi ils imposent une obéissance aveugle à toutes leurs volontés. Contre une telle attitude, Jésus déclare une guerre implacable qui le conduira à la croix(51).

Avant le meurtre de Jésus, un autre meurtre a incarné le péché de l'homme plein de lui-même et mécontent de voir tout réussir à autrui: le meurtre d'Abel. Caïn est jaloux de son frère qui vit en paix avec lui-même et avec Dieu, alors il commet un double crime: le meurtre et le mensonge(52).

De son côté, Ǧubrân ne dresse pas de liste de péchés mais insiste sur son caractère intérieur. A l'exemple des Occidentaux et surtout de Dostoïevski, il considère que «le péché réside dans le cœur et non dans le corps»(53), contrairement à Maxime Gorki qui affirme que «les péchés viennent de la chair»(54), de satan. Le diable, le démon, le tentateur, satan(55) est le responsable du péché et du mal. Ǧubrân le lui fait avouer: «Je suis le démon éternel, je suis l'inspirateur du mensonge et de la médisance, de la fraude et de l'ironie... Je suis le diable éternel, je suis le père et la mère du péché»(56). S'agit-il du péché originel ou du péché en général?

= Bartolomeo Pirone remarque que «l'identification entre 'illusion' et 'péché' enlève toute priorité à l'aspect originel de l'Ethique et de la culpabilité religieuse. Car, le problème est éminemment structurel, philosophique. C'est un problème de l'être qui se considère différent et autre de sa matrice originelle et qui place un segment le séparant de son principe vital» *Sistema filosofico*. p. 73.

(51) *Masîḥ*. 9,222-223. Notons qu'après chaque péché. Nu'ayma décrit l'attitude du Christ, sa mise en garde à ses auditeurs contre ce péché ainsi que les remèdes qu'il propose. cf. *Masîḥ*. 9,221-224.

(52) *Maḥabb*. 5,506.

(53) T. Zakkâ, op. cit. p. 40.

(54) Ayant succombé à la tentation de la chair, Ǧubrân s'interroge sur le péché: «Qu'est-ce que la faute ? C'est, répond-il, d'entendre un cœur appeler au secours et ne pas le secourir», *Ǧubrân*. 3,52.

(55) Sur les divers noms que Ǧubrân donne au diable, cf, *'Awâṣif*. p. 456.

(56) *'Awâṣif*. p. 458. Bien que le démon soit l'ennemi des hommes, Ibid. p. 451, bien qu'il les déteste, Ibid. p. 456, Ǧubrân considère son existence nécessaire à leur salut, =

Ǧubrân ne donne aucune précision. Dans la pensée chrétienne, le diable est le père de tout péché et donc aussi du premier péché dont les conséquences furent tellement néfastes. Quelles sont ces conséquences ?

5. Après avoir affirmé que la mort fut la conséquence de la désobéissance d'Adam à Dieu, Nu'ayma se reprend pour se contredire: «La mort n'est point un châtiment car elle est une étape inhérente à la vie de la dualité. Embrassant la dualité active et consciente, l'homme est mort à son individualité, *al-aḥdiyya*, passive, léthargique et inconsciente. Mais, tout en créant à sa vie une ombre, la mort, il ne cessa pas de rester vivant de la vie de Dieu qui n'a point d'ombre»[57]. Il est vrai, les conséquences du péché n'ont fait qu'atténuer le sceau divin sur le visage humain sans atténuer la nature humaine dans sa substance ou dans son essence[58].

Une autre conséquence du péché ancestral, soulignée par l'auteur de *Mirdâd,* est la lutte entre l'imagination, *al-ḫayâl,* et la raison, *al-'Aql.* Devant l'arbre de la connaissance du bien et du mal, le Dieu qui est en Eve, - son imagination, - s'éveilla; l'homme s'éveilla aussi, - et c'est sa raison- . Or, il est impossible à la raison, qui tire sa lumière des sens extérieurs, d'admettre l'existence de quelque chose sans l'avoir expérimenté. C'est pourquoi, elle a tendu la main vers le fruit pour y toucher Dieu. Elle a voulu Le contempler de ses yeux, Le goûter avec sa langue... et Le digérer dans son estomac. Et comme Dieu ne peut être vu, touché et mangé, la raison ne tira rien de son expérience. L'homme a voulu obtenir la béatitude suprême, il n'obtint que la douleur suprême. Il a voulu voir la connaissance lumineuse, il ne vit que l'ignorance ténébreuse. Il a voulu goûter la douceur de l'éternel, il ne goûta que l'amertume de la mort. Il a voulu trouver Dieu dans l'homme, il ne trouva que l'homme en Dieu. Lorsque l'homme «mangea» Dieu, la mort mangea l'homme. Car celui-ci a voulu enfermer son imagination illimitée dans les frontières de sa raison limitée[59]. Cette lutte entre la raison et l'imagination, soulignée par tous les mystiques, est propre à Nu'ayma dans sa relation avec le péché originel. Certes, la douleur, l'amertume et l'ignorance furent et sont les conséquences immédiates du péché[60], mais, identifier l'imagination à Dieu et la raison à l'homme est une interprétation purement nu'aymienne, dénuée de toute signification religieuse.

= Ibid. p. 459, car il est là pour les éprouver. Ibid. p. 458. De son côté, Nu'ayma ne mentionne le diable que deux fois: *Yawm.* 2,198 et *Bayâdir.* 4,487.

(57) *Mirdâd.* 6,767-768. cf. la réponse de Yuḥannâ al-Ḫûrî. *al-Radd.* p. 174.

(58) Claude Tresmontant. *Métaphysique chrétienne.* p. 74. Et Olivier Clément ajoute : «L'image de Dieu en l'homme est obscurcie, mais non abolie». *L'Eglise Orthodoxe.* p. 38.

(59) cf. *Ṣawt.* 5,269. cf. également S.Boulgakof. op. cit. p. 69.

(60) cf. M. Lot Borodine. op. cit. p. 178 et 89.

6- Pour conclure, disons que, partant des premiers chapitres de la Genèse Nu'ayma essaie, avec beaucoup d'incohérence et parfois de contradiction, de concilier l'enseignement de la Bible et le sien propre. Il est aisé dès lors de comprendre l'enjeu des difficultés et surtout des critiques qu'il rencontre, notamment de la part du clergé. L'erreur pour lui a été de méconnaître l'aspect positif du péché, non pas tel qu'il l'a exposé, mais telle que la doctrine chrétienne officielle l'expose dans ces mots: «Felix culpa», heureuse faute qui nous a valu un tel Rédempteur. Malgré sa bonne foi et sa sincérité, le fils de *Baskinta* donne l'impression de se comporter comme un illusionniste et non comme un initiateur. Celui-ci regarde objectivement le monde et son histoire, aide ses frères à tenir, à ramer sur la mer telle qu'elle est et à participer activement à l'édification d'une humanité meilleure. Celui-là tente de créer un monde factice où les tempêtes n'existent pas. Or, la foi n'est vraiment respectée que lorsque le chrétien considère les deux aspects du mystère.

III- La Rédemption dans la perspective de Ǧubrân et de Nu'ayma

«L'Ethique chrétienne n'est pas ce qui rend le Christianisme unique... Ce qui fait du Christianisme ce qu'il est, ainsi que S. Paul l'a clairement vu, c'est le scandale et la folie de la Croix, la doctrine de la Rédemption et la Résurrection du corps»[(61)]. Dans la Croix du Christ et dans sa Résurrection, Dieu manifeste son amour, sa vie, sa sagesse et sa fidélité par-delà la haine, la mort, la folie et l'infidélité de l'homme.

1- L'événement historique raconté par Ǧubrân et Nu'ayma

Le fait que Jésus de Nazareth soit mort sur la Croix appartient aux faits les plus assurés de l'histoire de Jésus. A aucun moment de leur vie, Ǧubrân et Nu'ayma n'ont douté de cet événement chrétien, bien plus, tous les deux trouvent leur consolation et leur force dans la Croix du Christ. «O mon Christ, dit Nu'ayma, ta Croix est mon bouclier tout comme ton amour est ma cuirasse»[(62)]. Quant à Ǧubrân, il puise sa force de la méditation de la passion du Christ, c'est pourquoi, la figure du Crucifié est présente dans toute son œuvre[(63)], comme elle l'est dans sa vie. De fait,

(61) R.C.Zachner. op. cit. p. 286.

(62) *Masîḥ*. 9,336.

(63) G.F. Brâkès op. cit. p. 378. cf. particulièrement: *Jésus, Fils de l'Homme*. Passim. *'Awâṣif*. p. 377-380. Rappelons que dans son atelier figurait un tableau du Christ en Croix.

dès l'âge de cinq ans, il pensait au Christ sur le Calvaire; et pour exprimer son amour au Crucifié, il passait la journée du Vendredi Saint à souffrir avec son Maître(64).

L'attachement des deux amis au Crucifié ne signifie pas qu'ils adoptent pleinement la conception chrétienne de la Passion rédemptrice. Prenant fidèlement les récits évangéliques pour point de départ, Ğubrân et Nu'ayma les interprètent à leur manière(65).

Pourquoi Jésus mourut-il? Lors du procès de Jésus devant le Sanhédrin, le véritable enjeu du conflit a tourné autour d'une relation inimaginable de Jésus avec le Très-Haut, la relation du Fils avec le Père. Jésus est jugé et mis en croix à cause d'une coalition entre deux pouvoirs: le pouvoir religieux et le pouvoir civil, la part du lion dans cette coalition revenant au premier. Car, «à la vue de l'entrée triomphale de Jésus à Jérusalem et des ovations du peuple, le clergé juif craignit pour son autorité et son intérêt temporel. Car, le Messie ne pouvait venir que par leur intermédiaire; personne ne pouvait l'accueillir comme tel si eux-mêmes ne le reconnaissent pas d'abord»(66). Tout au long de sa vie publique, les scribes et les pharisiens ont contrecarré son enseignement, lui ont tendu des pièges et creusé des fossés pour y prendre tous ceux qui voudraient le suivre(67). A plusieurs reprises, ils l'ont accusé de violer le sabbat et de désobéir à Rome. Mais à chaque fois, Jésus réussissait à se libérer d'eux avec intelligence et habileté(68). Impuissants à se débarrasser de lui, pharisiens et scribes recourent au pouvoir politique. Ils conduisent Jésus au grand-prêtre qui l'interroge sur son identité. Devant la réponse de Jésus, le grand-prêtre déchira alors son vêtement et dit: «Il a blasphémé».

Qu'est-ce que le blasphème aux yeux du clergé? Quel est ce blasphème proféré par Jésus? «Le blasphème, répond Nu'ayma, c'est d'adorer un Dieu différent de Celui qu'adore le clergé, ou encore de L'adorer d'une manière différente de la sienne, ou encore de n'adorer aucun Dieu»(69).

---

(64) *Ğubrân*. 3,32 et 33. cf. la description de cette scène à la page 155. La même manifestation religieuse est reproduite par Nu'ayma. cf. *Hawâmiš*. 6,334 et 336.

(65) Notons que Nu'ayma retrace à deux reprises la Passion, la première dans *Marâḥil*. 5,26,27 et la deuxième dans *Masîḥ*. 9,299-313. Quant à Ğubrân, il y revient plusieurs fois dans son livre *Yasû' Ibn al-Insân*.

(66) *Masîḥ*. 9,299-300 et 303. Cette même coalition entre les deux pouvoirs est confirmée par Ğubrân. *Yasû'*. p. 205. Sur la question du procès de Jésus et de la coalition entre les deux pouvoirs, cf. Th. Rey-Mermet. *Redécouverte de la foi*. Limoges, (1977), p. 201-203.

(67) *Yasû'*. p. 203.

(68) *Masîḥ*. 9,300.

(69) *Masîḥ*. 9,301. Nu'ayma donne l'exemple de Socrate, Galilée, Hallâğ... Ibid.

En réponse à ce blasphème, les deux pouvoirs, religieux et politique, s'unissent pour condamner Jésus. Ecoutons Caïphe expliquer les raisons de cette condamnation: «Cet homme constitue un danger aussi bien pour nous, grands-prêtres, que pour l'empire romain. Il a empoisonné le peuple et l'a conduit, par une étonnante magie, à se révolter contre nous et contre César. Mes esclaves mêmes, après l'avoir entendu, m'ont quitté pour le suivre. Il a semé la désobéissance; aussi, nous l'avons mis à mort avec une conscience pure et clairvoyante...»(70). Quant à Pilate, il reconnaît avoir agi sous la pression d'une foule déchaînée et mue par une autorité religieuse jalouse(71). En effet, Jésus a vécu dans un peuple dont toute l'histoire était traversée par l'attente d'un Messie libérateur qui rétablirait la royauté en Israël et ferait régner le prestige et la puissance. Mais il a refusé d'entrer dans cette voie-là. C'est alors, qu'à la haine des détenteurs du pouvoir, vient s'ajouter la déception de tout un peuple.

Très probablement, Jésus aurait pu se sauver lui-même, simplement en montrant qu'il n'avait nulle prétention à la royauté. Mais, s'il avait refusé de mourir, il aurait perdu beaucoup de ses disciples... Son courage devant la mort les attacha à lui beaucoup plus qu'autre chose. «Je crois, déclare Ǧubrân, que Jésus avait pleine conscience de cela et que sa décision de mourir dut être prise après son grand combat intérieur»(72). Ce combat livré, Jésus avance en héros vers la mort. «Il ne craint pas ses persécuteurs. Il ne tremble pas devant ses ennemis. Il ne souffre pas devant ses bourreaux. Il est libre, fort et courageux»(73). Cet héroïsme éclate déjà lors de son arrestation. Lorsqu'il voit les soldats romains et les hommes de Jérusalem, tous armés, arriver au jardin où il se trouve avec ses disciples, il laisse les siens et avance vers ses ennemis: «Prenez-moi, dit-il. Mais il faut que votre cage soit bien grande pour abriter ces ailes»(74).

En route vers le Golgotha, un soldat romain arrête un certain Symon de Cyrène et l'oblige à porter la croix de Jésus. «Devant cette demande, dit le Cyrénéen, mon cœur se réjouit. Je la portais avec reconnaissance

(70) *Yasû'*. p. 221.

(71) Ǧubrân souligne que lorsque Pilate vit Jésus marcher vers lui, ligoté, mais la tête bien haute, il sentit une force cachée le pousser à se prosterner devant lui: «Oui, j'ai senti comme si c'était César qui entrait chez moi, car celui qui était devant moi était plus puissant que Rome». *Yasû'*. p. 303.

(72) *Beloved Prophet*. Journal du 8-2-1921. p. 359. cf. aussi *Yasû'*. p. 290 où Ǧubrân dit: «Tout comme Jésus ne chercha pas à éviter la mort pour lui-même, il ne cherchera pas non plus à éviter les persécutions et la mort pour les siens». Bien plus il affirme: «Celui qui ne souffre pas avec nous ne peut pas partager autre chose avec nous», et, «Celui qui ne porte pas sa croix à ma suite, ne peut être mon disciple». *Badâ'i'*. p. 503.

(73) *'Awâṣif*. p. 378.

(74) *Yasû'*. p. 348.

bien qu'elle fût lourde. Chaque fois que Jésus posait sa main sur mon épaule, je ne sentais plus le poids de la croix. Nous avons cheminé ensemble jusqu'au lieu préparé pour la crucifixion. Pas un cri ! Pas une parole»[(75)].

L'autorité religieuse, aidée par l'autorité civile, crie victoire ! Elles se sont débarrassées du gênant Nazaréen en le faisant mourir de la façon la plus ignominieuse: sur une croix. Mais aucune de ces autorités ne pouvait s'attendre à ce que Jésus devienne plus dangereux après sa mort et que le bois sur lequel elles l'avaient crucifié détruise Jérusalem et son temple et devienne par la suite et pour des milliers de personnes «le symbole de la victoire de l'homme sur la mort»[(75 bis)]. De fait, dit Ǧubrân, «la mort de Jésus de Nazareth aussi bien que sa vie ont eu un effet merveilleux sur ses disciples. Le jour viendra où nous ne penserons plus qu'à la flamme et à la plénitude de Vie qui brûlaient en lui»[(76)]!

2- Signification de la Passion selon Ǧubrân et Nu'ayma.

Pour le Nouveau Testament, la Tradition chrétienne et les deux amis, la mort de Jésus n'est pas seulement une action des Juifs et des Romains, mais l'acte de Salut de Dieu[(77)] et l'oblation volontaire que Jésus fait de lui-même. C'est pourquoi la question essentielle est pour nous: Comment, selon Ǧubrân et Nu'ayma, Jésus lui-même a-t-il compris sa mort? Pourquoi l'a-t-il acceptée?

Une première réponse nous vient de l'auteur du *Prophète*. «Jadis, dit-il, vivait un homme que la foule a crucifié, car il aimait beaucoup et était très aimé»[(78)]. «Sa seule faute a été d'être venu du ciel pour rendre les hommes bons»[(79)], en les délivrant du mal: la haine, la torture, l'injustice et le manque d'amour. Pour cela, il a pris leur nature et est devenu l'un deux. «Sa vie fut celle de tous les hommes. Pour mieux les connaître

(75) Ibid. p. 348-350. A propos du Cyrénéen, notons la grande similitude qui se trouve entre l'évangile de l'hérétique Basilide et la théologie musulmane: tous les deux nient la crucifixion du Christ et confessent une simulation: c'est le Cyrénéen qui serait mort à la place du Christ. cf. J. Quasten. *Initiation*. 1.294., et R.C.Zachner. op. cit. p. 328, 329.

(75bis) *Masîḥ*. 9,303. cf. aussi p. 319. cf. la signification que lui donne également M. Eliade. *Naissances mystiques*. p. 248.

(76) *Beloved Prophet*. Journal du 6-01-1918. p. 295.

(77) Ǧubrân précise: «Sachez que ce ne sont pas les Romains qui l'ont mis à mort, ni les prêtres. Mais le monde entier s'est dressé sur cette colline pour lui offrir sa part de respect». *Yasû'*. p. 291.

(78) *Ramal*. p. 174.

(79) *Ǧubrân*. 3.32.

et les aimer, il a livré sa vie pour eux»[80]. Livrant librement sa vie, Jésus donne un sens à sa mort: d'un crime pour ses ennemis et ses bourreaux, il la transforme en un acte d'amour libre, de service et de libération. Par sa croix, il instaure le Royaume nouveau fondé sur la *Maḥabba* et donne aux siens le pouvoir de continuer sa mission. «Jésus meurt, dit encore Ǧubrân, pour que le Royaume des Cieux puisse être prêché et que chaque homme puisse atteindre cette conscience de beauté, de bonté et de vérité qu'il a en lui-même»[81]. Quant à Nu'ayma, il affirme: «Jésus meurt sur la croix non pas pour sauver le monde du péché[82] mais pour lui indiquer le chemin du Salut»[83]. En rappelant à ses frères l'itinéraire du Christ, c'est tout un programme de vie que le fils de *Baskinta* leur propose. Jésus a ouvert la voie vers Dieu, la voie de la déification; à chacun de s'y engager à travers les abaissements, les renoncements et parfois même les échecs. Il appartiendra au Père de transformer, par sa puissance, ces échecs en succès, ces renoncements en joie et ces abaissements en gloire. Le chemin de gloire pour le Christ devait passer par la croix. Sans sa mort en croix, sa mission serait restée une promesse sans lendemain! Car, il est très facile de promettre aux hommes une grâce incommensurable et d'appeler cette grâce «le Royaume des Cieux» puis de tracer la voie qui conduit à ce Royaume. Mais il est beaucoup plus difficile de parcourir soi-même cette voie et d'aller jusqu'au bout, surtout si cela demande de grands sacrifices et de coûteux renoncements: renoncement aux siens, à sa maison, sa patrie, sa terre, son ciel et même à sa propre vie[84]. Voilà exactement ce qu'a fait Jésus sur le calvaire. Et du haut de la croix, il peut alors s'écrier: «Tout est accompli»! Oui, Jésus a accompli sa mission, mais uniquement sur la

---

(80) *Yasû'*. p. 281. Le Christ souffrant pour les siens constitue le thème d'une nouvelle d'Ihsân 'Abd al-Quddûs. *Le Christ à Dichna*. Orient, 3ème trimestre. 1959. n° 11.

(81) M. Haskell souligne la foi de Ǧubrân en la nécessite pour Jésus de sa propre mort. cf. *Beloved Prophet*. Journal du 8-2-1921. p. 359.

(82) Pourtant, Nu'ayma souligne parfois la réalité de ce rachat. cf. *Ġirbâl*. 3,368. et surtout *Masîḥ*. 9,205 où il affirme : «Jésus est venu porter aux hommes la bonne nouvelle du Salut, le Salut du péché».

(83) *Masîḥ*. 9,292. Rappelons que Nu'ayma refuse un salut qui lui vient d'un autre: «Chacun doit se sauver par ses propres efforts». Ibid. cf. aussi *Nûr*. 5,691.

(84) Depuis le Christ, la croix est devenue le chemin de salut pour tous. Ecoutons Nu'ayma:

«Dans chaque cœur, il y a un Golgotha,
«Sur chaque Golgotha, une croix.
«Sur chaque croix, un crucifié;
«Sur son front, une couronne d'épines,
«Et sur ses lèvres un mot qui attend d'être prononcé.
«C'est ce que je vois dans mon propre cœur.
«Que vois-tu, frère, dans le tien»? Poème publié par Nadeem Naimy. M. Naimy. p. 179-180.

croix[85]. C'est pourquoi, malgré toutes les tentatives des siens pour l'éloigner de cette voie, il a poursuivi résolument sa marche, refusant tous les secours humains qui le détourneraient de la ligne de son destin. Il ouvre ainsi la voie du retour vers le Père dont la volonté est un appel au consentement libre et non une imposition de l'inévitable.

Jésus est en croix. Ses adversaires l'assaillent, eux qui sont enfermés dans le cercle de la haine, de la rancœur et de la violence. Ils le provoquent: «— Quel crime as-tu commis»? lui demande l'un. «— Dis-moi qu'est-ce qui t'a poussé à te sacrifier ainsi»? ajoute un autre. «— Penses-tu, ignorant, que tu vas acheter la gloire de ce monde à un prix si bas»? dit un troisième. «— Regardez son sourire silencieux, on dirait que rien ne lui est arrivé. Y a-t-il un homme qui puisse sourire devant une telle douleur»? demande un quatrième[86]. Jésus ne répond pas, il refuse de se laisser entraîner dans cette chaîne de violence et de vengeance. Devant la trahison de Judas, le reniement de Pierre, l'abandon des apôtres, le revirement et la lâcheté de la foule, les ricanements et les poings levés des passants et devant la dureté de ses bourreaux, il ouvre le chemin surhumain du pardon. Son silence est suivi d'une prière: «Père, pardonne-leur, car ils ne savent pas ce qu'ils font» ! «Quel est le cœur humain blessé et souffrant qui prononce de telles paroles? demande Ǧubrân. Quel est le condamné qui pardonne à ses juges ? Est-il déjà arrivé à l'amour de charité de vaincre la haine avc une telle force ? L'humanité a-t-elle entendu une voix aussi puissante que celle du Nazaréen en croix? A-t-on jamais entendu une victime implorer pitié et miséricorde pour son bourreau ? Les saisons et les années passeront, mais ses paroles: «Père, pardonne-leur», ne passeront pas»[87].

Ce pardon, sollicité par Jésus pour ses bourreaux, est ce qui a le plus frappé ses ennemis. «Il y a trente ans que Jésus fut crucifié, dit Claudius, le centurion romain. Mes enfants étaient alors jeunes. Maintenant, ce sont des hommes au service de César et de Rome. Mais chaque fois que je veux les conseiller, je leur parle de cet homme qui, face à la mort et prononçant son dernier soupir, implora la miséricorde et le pardon pour ses meurtriers»[88]. Le malfaiteur suspendu à la droite de Jésus lui dit: «Toi

(85) Nu'ayma résume cette mission en deux mots: «Foi et Amour». *Masîḥ*. 9,320 faisant écho à S.Paul. cf. *Eph.* 3,17. Sur la nécessité de la croix. cf. *Masîḥ*. 9,307,310 et 319. Puis *Rasâ'il*. 9,132. *Aḥâdîṯ*. 9,718. *Yasû'*. p. 341.

(86) *Maǧnûn*. P. 35. cf. aussi. *'Awâṣif*. p. 395.

(87) *Yasû'*. p. 326, 341,343. *Masîḥ*. 9,309. *Marâḥil*. 5,27,28.
Mêmes interrogations et même affirmation chez Dostoïevski. cf. *Les frères Karamazov*. 1,312.

(88) *Yasû'*. p. 343. De son côté, Nu'ayma se contente d'exprimer son regret devant l'insensibilité de beaucoup de chrétiens à ces paroles du Christ en croix. cf. *Marâḥil*. 5,27-28.

aussi, ô Jésus de Nazareth, tu verses ton sang avec moi»? Jésus lui répond: «S'il n'y avait pas le clou dans ma main, je l'aurais tendue pour te saluer! Nous sommes crucifiés ensemble! Mais dommage que ta croix ne soit pas à la hauteur de la mienne»![(89)]! Ǧubrân s'arrête à cet aspect humanitaire et amical du dialogue entre le larron et Jésus, alors que l'Evangile y voit l'aspect rédempteur: «Aujourd'hui, tu seras avec moi au paradis».

Puis Jésus contemple le visage de sa mère et celui du jeune homme qui se tenait près d'elle et dit: «O mère, voici ton fils! O femme, voici l'homme qui portera les gouttes de mon sang vers les pays du Nord»[(90)]. L'auteur du *Prophète* ne donne aucun commentaire de cette parole comme des suivantes d'ailleurs, alors que Nu'ayma, qui montre une plus grande fidélité à l'Evangile, y voit la confirmation de la maternité de Marie et de la mission qui lui est confiée.

Lorsque Jésus entend les lamentations des femmes de Galilée, poursuit Ǧubrân, il dit; «Voyez, regardez-les! Ce sont elles qui pleurent et c'est moi qui ai soif! Ils m'ont trop élevé de terre, aussi, je ne peux atteindre leurs larmes!»[(91)]. Ensuite, il ouvre les yeux, regarde le ciel et dit d'une voix forte: «Père, pourquoi m'as-tu abandonné»[(92)], *Eloï, Eloï, lamma šabaqtanî*»? C'est la seule parole prononcée par Jésus sur la croix et qui laisse entrevoir la plainte et le désespoir, précise Nu'ayma[(93)]. Cette exclamation, continue l'auteur de *Mirdâd*, n'est pas une plainte, ni un cri de désespoir, mais «la supplication la plus douloureuse et la plus tragique qu'une créature puisse adresser à Dieu»[(94)]. Elle traduit la stupéfaction douloureuse de l'homme seul, mais non point la révolte.

A l'instant où Jésus a accompli tout ce qui est en son pouvoir, il s'en remet de toutes choses à son Père: de sa vie, de sa mission apparemment inachevée, de son avenir et de son être même, pour n'être qu'ouverture, accueil et abandon. Ce qui est tout le contraire de la passivité. On parle

(89) *Yasû'*. p. 341. Remarquons que Nu'ayma omet cette scène.

(90) *Yasû'*. p. 341.

(91) Ibid. Remarquons que Ǧubrân confond les paroles de Jésus en croix et celles qu'il adresse aux filles de Jérusalem sur le chemin du Calvaire.

(92) De son côté, Ǧubrân emploie le pluriel de majesté: «*Limâḏâ taraktanâ? Yasû'*. p. 341.

(93) *Masîḥ*. 9,309. Ensuite Nu'ayma explique le sens de la racine *šabaqa* et l'expression: *lamma šabaqtanî*? Ibid.

(94) *Marâḥil*. 5,30. Puis Nu'ayma se demande: «Est-ce que le Christ crucifié a douté à cet instant de sa résurrection ? A-t-il douté des fruits qu'il attendait des graines jetées en terre ? A-t-il pensé que ce moment était la fin, une fin sans possibilité de recommencement ? Ou bien est-ce la souffrance insupportable qui a remué son corps faible et réduit son esprit fort en silence»? Ibid.

de la Passion du Christ et c'est vrai qu'à première vue, Jésus paraît subir passivement le destin qui l'accable. Et pourtant, il marche librement et volontairement vers la croix. N'a-t-il pas dit lui-même «Ma vie..., c'est moi qui la donne»? A ce don plénier du Fils et à son dépouillement volontaire(95), le Père répond par un autre don aussi total: la Résurrection.

3- La Résurrection vue par Ǧubrân et Nu'ayma

Triomphant du péché et de la mort, ressuscité par le Père, «Jésus transforme le Golgotha en porte vers le ciel»(96). La Résurrection est ainsi «une contestation» par Dieu de l'injustice des hommes et de leur péché.

a- Comment apparaît la Résurrection dans la vie et l'œuvre de Ǧubrân et de Nu'ayma ? Avant de répondre à cette question, signalons que les témoignages relatifs à la Résurrection de Jésus sont de deux sortes: il y a tout d'abord le kérygme de Pâques, ensuite les récits. Le premier se présente à nous dans les formules kérygmatiques et liturgiques de confession de foi, fixes et concises, exprimant et engageant la foi des premières communautés. Les récits de Pâques se distinguent de ce Kérygme par l'ampleur de leurs développements. Mais que sont ces récits ? Sont-ils des relations historiques ou s'agit-il de légendes qui expriment la foi pascale sous forme de récits ?

A cette question, Ǧubrân ne répond pas clairement et d'une façon qui l'engage. Il semble même se contredire dans ses affirmations. Les premières se trouvent dans *Yuḥannâ-l-maǧnûn*. «C'était le dernier jour du carême, les habitants du village attendaient la fête de Pâques, *'îd al-fiṣḥ*(97). Pâques arrive, les foules accueillent l'évêque venu consacrer la nouvelle église. Et l'on voit, d'un côté, un clergé riche qui détient le pouvoir religieux, de l'autre, un peuple pauvre et méprisé qui se réjouit dans le secret de son cœur de la Résurrection de Jésus d'entre les morts, *qiyâmat Yasû' min bayn al-amwât*(98). A la vue de la foule, Yuḥannâ élève la voix vers le ciel : «O Jésus, prends pitié de cette foule rassemblée en ton nom pour célébrer ta Résurrection»(99).

Ces pensées en germe trouvent leur développement et leur aboutissement dans *Yasû' Ibn al-Insân*. Rappelant ses souvenirs concernant Jésus,

(95) *Masîḥ*. 9,313.
(96) Ibid.
(97) *Yuḥannâ*.. p. 71.
(98) Ibid. p. 76-77.
(99) Ibid. p. 79.

Joseph de Rama dit: «Lorsque je lui ai rendu visite, la veille de son arrestation par Pilate, il y a dix ans de cela, nous avons longuement parlé ensemble... Oui, le cèdre est tombé depuis longtemps, mais son parfum demeurera et embaumera les quatre coins de la terre»[(100)]. Le quarantième jour après la mort de Jésus, les voisines de Marie se réunissent chez elle pour la consoler et pour chanter leurs élégies, *marâṯîhinna*. L'une d'elles entonna: «Où es-tu allé, ô Jésus ? ô mon printemps ? Ne vas-tu pas revenir chez nous ? Où es-tu allé, ô Jésus ? Où es-tu, ô fils de ma voisine Marie ? Où es-tu, ô compagnon de mon fils bien-aimé ? Ne reviendras-tu pas à nous une seconde fois» ? ... Une autre voisine continua: «O filles d'Astarté, pleurez avec moi ! Car, celui qui fut fait d'or et d'ivoire n'est plus dans l'existence ! Pleurez avec moi, tout comme pleurent les étoiles, autour de son cercueil, et consolez-moi, car Jésus de Nazareth n'est plus»[(101)]. Tout comme les disciples avaient pensé qu'avec la mort de leur Maître sur la croix tout était fini, Ǧubrân semble mettre un terme à la vie de Jésus au tombeau. Mais, poussé par son amour pour le Nazaréen, convaincu qu'il est que, si Résurrection il y a, elle ne peut être qu'une éclatante démonstration d'amour, l'auteur du *Prophète* choisit la personne qui a le plus aimé pour confesser sa foi en la Résurrection. «Pour la deuxième fois, dit Marie Madeleine, j'affirme que par sa mort, Jésus a vaincu la mort! Il est sorti du tombeau ! Il a marché parmi nous et a visité les jardins de notre amour ! Il ne dort plus là-bas, derrière ces pierres, dans ce rocher. Nous qui *l'aimons*, nous l'avons vu de nos yeux... et touché de nos mains»[(102)]! Cette même confession est reprise par lazare, l'ami qu'il avait ressuscité des morts. Au moment où Lazare était aux côtés de sa mère et de ses sœurs, un disciple, Philippe, vint leur annoncer: «Il est ressuscité ! Le Maître est ressuscité d'entre les morts et maintenant il est parti pour la Galilée»[(103)].

Devant ces affirmations, peut-on encore douter de la foi de Ǧubrân en la Résurrection ? Peut-on dire «qu'il omet, sciemment sans doute, le

(100) *Yasû'*. p. 280.

(101) Ibid. p. 337, 338 et 353. Cette élégie ressemble à l'hymne de Renan. cf. *Vie de Jésus*. p. 403-404.

(102) *Yasû'*. p. 354. Faisant relever la Résurrection du domaine de la légende, E. Renan écrit: «Le cri: 'Il est ressuscité' ! courut parmi les disciples comme un éclair. L'amour lui fit trouver partout une créance facile. La forte imagination de Marie de Magdala joua dans cette circonstance un rôle capital. Pouvoir divin de l'amour ! Moments sacrés où la passion d'une hallucinée donne au monde un Dieu ressuscité». op. cit. p. 409 et 410.

(103) *Lazarus*. p. 62. Même affirmation dans *Yasû'*. p. 295. : «Jésus est ressuscité des morts» ! Notons que Ǧubrân essaie sans y parvenir, de faire œuvre d'historien et de préciser le jour exact de la Résurrection. Tantôt il place mort et résurrection le même jour et tantôt la mort semble avoir précédé la résurrection de quelques jours. cf. *Lazarus*. p. 40,41 et 37.

grand problème de la Résurrection»[104]. Certes, non. Mais Ǧubrân croit en la mort et en la Résurrection du Christ, comme en toutes les vérités chrétiennes, non à la manière des chrétiens mais à sa manière à lui. Aussi, il est plus juste de nous demander: «En quelle Résurrection croit Ǧubrân ?» Rien ne permet de répondre clairement à cette question. Toutefois, le témoignage de Lazare: «S'il est ressuscité des morts, ils le crucifieront encore, mais ils ne le crucifieront pas seul. Maintenant, je vais lui porter témoignage et ils me crucifieront aussi»[105], laisse supposer une certaine similitude entre les deux résurrections. Or, la Résurrection du Christ, malgré la ressemblance du vocabulaire, n'est pas un retour émouvant à la vie humaine telle que fut celle de son ami Lazare.

b- Plus claire est la position de Nu'ayma face à cet événement. A plusieurs reprises, il confesse sa foi en la Résurrection du Christ et dans ses apparitions à ses disciples car pour lui «celui qui croit en ces apparitions est plus près de la vérité que celui qui les nie»[106].

Partant des récits de Pâques racontés par l'Evangéliste Jean, l'ancien séminariste de Poltava essaie d'accommoder les textes à sa propre «théologie». Car bien que Jean soit «un témoin oculaire de cet événement, ce qu'il dit suscite de nombreux points d'interrogation»[107]. Avant de poser ces derniers, Nu'ayma raconte fidèlement la visite de Marie Madeleine au tombeau, seule d'abord puis en compagnie de Pierre et de Jean; ensuite l'apparition de Jésus à Marie Madeleine au jardin, aux apôtres dans une maison dont les portes et les fenêtres étaient fermées, d'abord en l'absence de Thomas, puis en sa présence; la troisième apparition est aux disciples au bord du lac de Tibériade et la mission confiée à Pierre[108]. Enfin, bien que l'apparition aux disciples d'Emmaüs ne soit pas relatée par Jean, mais par Luc, Nu'ayma l'ajoute aux apparitions précédentes[109] pour donner un tableau complet de l'activité de Jésus après sa Résurrection.

Après ce tableau, conforme en tout à l'Evangile, le fils de *Baskinta* passe aux nombreuses énigmes que pose la Résurrection car «les évangiles n'ont jamais entrepris de *décrire* le phénomène concret de la Résurrection

(104) Comme prétend l'affirmer l'écrivain libanais A.G.Karam. *La vie et l'œuvre de Ǧubrân*. p. 226.
(105) *Lazarus*. p. 62.
(106) Nu'ayma s'appuie sur Jean car c'est le seul, avec Marie, qui étaient au pied de la croix. Aussi, ce qu'il dit de la crucifixion et de la Résurrection mérite, bien plus que les autres, notre attention. cf. *Masîḥ*. 9,314.
(107) Ibid.
(108) Ibid. p. 314, 327, 315-316.
(109) Ibid. p. 316-317.

de Jésus-Christ»[110]. Nulle part dans les évangiles nous ne trouvons les détails nécessaires qui permettent de dire exactement combien de temps Jésus resta au tombeau. Il est mort et fut enseveli un vendredi. Le lendemain, personne n'a pu aller voir le tombeau étant donné que c'était le sabbat. Le dimanche matin, très tôt à l'aube, Marie Madeleine trouva le tombeau vide. Quant fut-il vidé? Est-ce une heure ou un jour avant son arrivée? La question reste sans réponse.

Nombreuses sont encore les questions auxquelles nous ne trouvons pas de réponses: Qui roula la grande pierre qui fermait l'entrée du tombeau ? Est-ce les deux anges qui apparurent à Marie, ou bien Jésus lui-même ? Puisque le linceul se trouvait par terre, que portait Jésus lorsqu'il quitta le tombeau ? Où partit-il ainsi tout nu ? Pourquoi n'apparut-il pas à Jean et à Pierre lorsqu'ils vinrent au tombeau et apparut-il à Marie Madeleine ? Quelques heures à peine s'étaient écoulées depuis sa mort lorsqu'il apparut à Marie Madeleine. Est-il possible qu'il ait tellement changé que Madeleine ne le reconnut pas mais le prit pour le jardinier ? D'où s'était-il procuré les vêtements de jardinier ? Comment se fait-il qu'elle ne reconnut ni ses traits, ni sa physionomie, ni sa taille mais seulement sa voix lorsqu'il l'appela par son nom ? Pourquoi lui a-t-il dit : «Ne me touche pas, car je ne suis pas encore monté vers mon père ?» Au cas où elle l'aurait touché, n'aurait-il plus pu monter vers son Père ? Ou bien Marie Madeleine aurait-elle seulement touché du vent ? Et pourtant, huit jours après, il invite Thomas à toucher les traces des clous dans ses mains et dans ses pieds. Bien plus étrange encore l'apparition aux deux disciples d'Emmaüs. Comment a-t-il fait le chemin avec eux sans qu'ils ne le reconnaissent ni à sa physionomie, ni à ses vêtements, ni à sa voix comme cela arriva à Marie Madeleine ? Ils le reconnurent seulement à la fraction du Pain. Mais à peine le reconnurent-ils qu'il disparut à leurs yeux.

Jésus demeure quarante jours sur terre entre sa Résurrection et son Ascension. Durant cette période, relativement longue, il n'apparaît que quelques fois aux siens. Or, s'il était ressuscité avec le même corps qu'il avait depuis trente-trois ans, où passait-il son temps ? Où prenait-il ses repas ? Où dormait-il ?

A toutes ces questions et à bien d'autres, poursuit Nu'ayma, je trouvais la réponse dans l'hypothèse que Jésus est ressuscité avec un corps différent de celui qu'il avait avant la mort. Cette hypothèse se transforma

---

(110) Souligne Dodd. op. cit. p. 171, et il ajoute: «à part quelques évangiles apocryphes». Ibid.

très vite chez moi en certitude[111]. «Je crois, ô Crucifié, qu'après ta mort, tu apparus à tes apôtres avec un corps différent de celui qui fut crucifié. Ton premier corps était de chair, d'os et de sang... Ton corps ressuscité était différent. Tu es apparu aux disciples réunis dans la chambre haute alors que portes et fenêtres étaient fermées. Si tu avais eu le même corps, Marie Madeleine ne t'aurait pas pris pour le jardinier alors que deux jours à peine s'étaient-ils écoulés depuis ta mort. Si tu avais eu le même corps, tes deux disciples d'Emmaüs t'auraient vite reconnu» !

«Je crois, ô Jésus, que tu es apparu à tes disciples après ta mort car ton esprit a remporté la victoire sur la matière et en est devenu le maître absolu. Mais, de nouveau, il en a eu besoin pour apparaître aux siens, les fortifier dans leur foi en toi et leur donner le Saint-Esprit.»[112].

A peine une difficulté aplanie qu'une nouvelle surgit : l'Ascension. Dire que «le Christ est monté au ciel avec son corps, c'est aller à l'encontre de sa puissance. Car, comment le Christ qui s'est libéré de toutes les entraves peut-il se limiter de nouveau par un corps de chair ? Et puis, quel besoin a-t-il d'un corps humain au ciel ?»[113]. Par cette affirmation, Nu'ayma s'écarte de la doctrine chrétienne qui déclare: «Le Christ est monté au ciel, en corps et en âme», tout comme il s'écarte de l'Eglise Orthodoxe pour qui «l'Ascension n'est pas la fin d'une présence mais la glorification de la nature humaine, déifiée et assise à la droite du Père»[114]. En dépouillant le Christ, monté au ciel, de son corps, Nu'ayma rejoint, d'une certaine manière, la conception bouddhiste du salut. De fait, pour le bouddhiste, le salut consiste à «extirper l'âme du corps avant la mort»[115] alors que pour le chrétien, la Rédemption touche la personne dans son intégrité, âme et corps.

«Monté au ciel, en corps et en âme, le Christ est assis à la droite du Père» affirment tous les symboles de foi chrétiens. «Ces paroles, dit le fils de *Baskinta*, doivent être comprises dans un sens figuré. «Car, de même que le Père ne siège pas dans un lieu précis, de même Il ne peut avoir une droite et une gauche»[116].

(111) *Masîḥ*. 9,317,318 et 320.

(112) *Marâḥil*. 5,41. Par cette confession, Nu'ayma fait écho, d'une certaine manière, à la doctrine chrétienne. cf. L. Ott. op. cit. p. 276. S.Boulgakof. op. cit. p. 320 et Th. Rey-Mermet. *Redécouverte de la foi*. p. 441.

(113) *Masîḥ*. 9,320.

(114) J. Meyendorff. *L'Eglise Orthodoxe*. p. 165.

(115) R.C.Zachner. op. cit. p. 236.

(116) *Masîḥ*. 9,321. cf. sa signification: S. Boulgakof. op. cit. p. 340.

Arrivé à ce point de son récit du Mystère Pascal, le fils de l'Eglise Orthodoxe souligne encore une fois la place centrale qu'occupe l'événement pascal dans la foi chrétienne et rappelle une ancienne habitude toujours vivante dans les églises orientales. Au matin de Pâques, «dans toutes nos églises, et en chacune selon son génie spirituel, le premier cri de la foi est : «Christ est ressuscité ! Il est vraiment ressuscité » ! ... Avec des variantes dans la formulation selon les régions, la salutation chrétienne par excellence est celle que l'on chante et redit à satiété durant la Nuit et le temps de Pâques: «Christ est ressuscité ! Il est vraiment ressuscité » ![(117)].

Unissant sa voix à celle de ses frères et sa foi à la leur, rénové par un même baptême et animé par le même Esprit, Nu'ayma clame à nouveau sa foi en ce mystère: «Et moi aussi je dis: «Il est vraiment ressuscité» ! Oui, «Le Christ est mort et Il est ressuscité pour nous annoncer que nous pouvons mourir et ressusciter comme lui, à condition de mener le même combat que lui... A ce moment, nous comprendrons ses paroles: «Celui qui croit en moi, même s'il meurt, vivra»[(118)].

Nu'ayma a pleinement raison d'affirmer que la Résurrection du Christ est prémice de la nôtre, que la victoire du Christ est l'annonce de notre victoire. Mais, niant la montée du Christ au ciel avec son corps et rejetant le salut opéré par un autre, il méconnaît, sciemment sans doute, la doctrine chrétienne qui déclare que la Résurrection du Christ est l'image et le gage de notre résurrection corporelle future.

c- Pour conclure, disons que Ǧubrân et Nu'ayma ont essayé d'exposer le plus fidèlement possible leur conception de la Rédemption en Jésus-Christ. Tous deux croient que Jésus est mort et ressuscité, non pas pour le salut du monde, mais pour montrer aux hommes la voie vers Dieu. Cette voie ne sera pas celle du Christ, puisqu'ils ont choisi d'atteindre Dieu par leurs propres efforts au moyen de la réincarnation. Mais cela ne les empêche nullement de confesser leur foi au Christ et de chanter leur admiration et leur amour pour lui. Ecoutons-les: «O Crucifié tout puissant, dit Ǧubrân, toi qui regardes du sommet du Golgotha, qui écoutes le bruit des nations et comprends les rêves de l'éternité, sur ce bois tâché de sang, tu es plus vénérable et plus majestueux que mille rois sur mille trônes dans mille royaumes...

(117) J. Gorbon. *L'Eglise des Arabes*. p. 49 et 92. Voir également ce qu'en dit M.J. Le Guillou. *L'esprit de l'Orthodoxie*. p. 43.

(118) *Masīḥ*. 9,321 et 322.

«Sur ta tête, la couronne d'épines est plus belle que la tiare de Bahram ! Dans ta main, le clou est plus riche et plus précieux que le sceptre de Jupiter ! Sur tes pieds, les gouttes de sang sont plus brillantes que les colliers d'Astarté ! Pardonne à ces hommes faibles qui se lamentent sur toi, car ils ne savent pas comment se lamenter sur eux-mêmes. Pardonne-leur, car ils ne savent pas que par la mort, tu as vaincu la mort et donné la vie à ceux qui sont dans les tombes»(119).

«Il se peut, ô mon Christ, confesse Nu'ayma, que j'aie fait partie de ceux qui se moquèrent de toi le jour de ta crucifixion, ou de ceux qui enfoncèrent les clous dans tes mains et dans tes pieds il y a deux mille ans. Mais aujourd'hui, je proclame que ta croix est mon bouclier et ta charité ma cuirasse... Rends-moi digne de comprendre ton Evangile et de vivre de ta Vie»(120) !

IV- La Réincarnation, voie vers le Salut pour Ǧubrân et Nu'ayma :

Par réaction contre l'idée chrétienne du «péché originel» et de la «Rédemption» avec le double paradoxe de l'homme portant le poids d'une faute qu'il n'a pas commise et racheté par un sang autre que le sien, les deux amis accueillent avec empressement la théorie des spirites et des théosophistes sur la réincarnation et les renaissances successives jusqu'à l'obtention complète et définitive du salut.

«Maintenant que ma vie touche à sa fin, confesse Nu'ayma, ma philosophie se résume en deux points: «L'homme est préparé pour recevoir la couronne de la divinité», et «cette couronne ne peut être obtenue en une seule vie», aussi a-t-il besoin de plusieurs vies pour y parvenir»(121). Quant à Ǧubrân, il disait: «Si je meurs, je n'irai pas loin de la terre verte et pas pour très longtemps»(122).

1- Quelles sont les origines de cette doctrine ?

«Personne ne sait au juste où et quand parut la croyance en la réincarnation, dit Nu'ayma. L'idée n'est pas nouvelle. Elle est fort ancienne. Aux Indes, en Chine et ailleurs en Extrême-Orient, elle constitue la pierre

(119) *'Awâṣif*. p. 379.
(120) *Masîḥ*. 9,336.
(121) Henri Zuġayyèb. *Yawm fî šayḫûḫat M.Nu'ayma* . al-Nahâr al-'arabî. Paris 23/02 et 1/3 1981. n° 199. p. 54. cf. aussi *Sab'ûn*. 1,329.
(122) Cité par B. Young. *This man*. p. 41.

d'angle des croyances religieuses et profanes de milliers de personnes»[(123)]. Elle est au cœur de l'Hindouisme[(124)]. Elle n'est point étrangère au Bouddhisme[(125)]. Elle a même ses partisans dans le Brahmanisme[(126)]. Enfin, les philosophes grecs, particulièrement Platon et Pythagore, ont adopté cette théorie et l'ont répandue[(127)]... Au dix-huitième siècle, il y eut un renouveau d'intérêt pour cette théorie, intérêt qui démontre clairement le doute croissant qui agitait les esprits de moins en moins convaincus de l'immortalité de l'âme»[(128)]. Certains philosophes vont même jusqu'à affirmer que si l'immortalité de l'âme existe, ce ne peut être que sous forme de réincarnation[(129)].

2- Adhésion de Ǧubrân et de Nu'ayma à la réincarnation.

a- A son arrivée à Boston, la famille de Ǧubrân s'installe dans un quartier où la majorité des habitants étaient des Chinois et des Indiens. Rapidement, le fils de *Bcharré* se familiarise avec leurs idées et leurs conceptions de la vie. Puis, grâce à ses nombreuses lectures et à ses rencontres avec des adeptes des religions orientales, des théosophistes et des spirites, il approfondit leurs théories sur les renaissances successives jusqu'à l'obtention de la libération totale et de la perfection. Lui-même fait remonter l'origine de sa foi en ces théories à l'Inde: «En 112 avant Jésus-Christ, un sage indien visita Baalbeck. Il vint inviter les gens à croire en la transmigration des âmes»[(130)]. Ǧubrân y adhère non pas «par conviction philosophique, mais par un sentiment romantique qui lui fait voir la vie s'étendant sur plusieurs existences au lieu d'une seule»[(131)].

b- Les premières notions de cette doctrine arrivent à Nu'ayma par l'intermédiaire d'un jeune Ecossais, étudiant en pharmacie, avec qui il partageait sa chambre. «Avant de rencontrer ce camarade, je n'avais jamais entendu parler de la réincarnation et je n'avais jamais lu quoi que ce soit à ce sujet»[(132)]. Cet étudiant était membre d'une société théosophique

(123) *Yawm*. 2,117. cf. également *Aḥâdîṯ*. 9,76. De son côté, H. Ġassân souligne que la réincarnation s'est répandue tout d'abord dans le Thibet, puis dans les Indes et le Japon. cf. *Ǧubrân al-faylasûf*. p. 245-246.

(124) cf. S. Vallavarajs Pillai. *J'ai rencontré le Christ*. p. 89.

(125) A. Barreau. *La mystique bouddhiste*, dans *La Mystique*. p. 673. Nous verrons plus loin la différence entre les différents termes se rapportant à cette doctrine.

(126) J.Maritain. *Eléments de philosophie*. 1,13.

(127) Ibid. p. 48.

(128) J. Choron. op. cit. p. 115.

(129) Ibid. p. 118.

(130) *'Awâṣif*. p. 472.

(131) Mayy Ziyâdé. *al-Ṣaḥâ'if*. Beyrouth (1975), p. 67.

(132) affirme-t-il dans *Sab'ûn*. 1,328.

dont les principes étaient la réincarnation, *al-taqammuṣ*, et la loi de rétribution, *mîzân al-ṯawâb wa-l-'iqâb*»[133]. Fortement intéressé par ces principes, l'étudiant libanais se met à l'école de cet ami qui l'initie et en fait un adepte convaincu. Quelques années plus tard, il rencontre un jeune intellectuel hindou qui lui fait connaître la *Bhagavad Gîta* et un ouvrage du mystique hindou, Vivekananda, sur le *Raja Yoga*[134]. Malgré la satisfaction qu'il y trouve, les conséquences ne seront pas des plus heureuses. En effet, le fait qu'il ait lu les commentaires de Vivekananda au *Raja Yoga* et à la *Bhagavad Gîta* n'est pas très rassurant, car Vivekananda est malheureusement l'un de ces hindous séduits par la société matérialiste occidentale qui ont interprété la métaphysique hindoue à la «sauce» américaine et protestante, moralisante et sentimentalisante.

Adoptant avec empressement cette doctrine, les deux amis recourent aux livres religieux pour appuyer leurs idées et leur donner un fondement doctrinal. Ǧubrân s'appuie tout d'abord sur une parole de Bouddha: «Nous étions jadis dans cette vie, nous sommes revenus maintenant, puis nous y reviendrons encore jusqu'à ce que nous parvenions à la perfection comme les dieux»[135]. Ensuite, et de façon plus assidue, sur le verset coranique: *«Wa kuntum amwâtan fa aḥyâkum, ṯumma yumîtukum, ṯumma yuḥyîkum ṯumma ilayhi turǧa'ûn*»[136]. Nombreux sont les écrivains qui se basent sur ce verset pour affirmer que les deux piliers *d'al-Râbiṭa al-Qalamiyya* ont puisé cette croyance dans le Coran[137]. Or, «les exégètes musulmans interprètent *amwâtan* non pas dans le sens de «morts», mais dans celui de «n'ayant pas encore la vie». Il s'agit alors de «la préexistence des hommes» dans les reins de leurs ancêtres, *fî aṣlâb abâ'ihim*. Il ne convient donc pas d'entendre ce verset dans un sens réincarnationniste»[138].

Quant à Nu'ayma, il trouve le fondement de cette théorie dans l'histoire de l'aveugle-né de l'Evangile. Les apôtres demandent à Jésus: «Qui a péché, lui ou ses parents, pour qu'il soit né aveugle»? Si Jésus ne croyait pas que l'aveugle pût être complice du péché qui a causé sa cécité, il l'aurait manifesté aux siens: «Comment cet homme pouvait-il commettre un péché avant de naître»? Or Jésus ne fait rien. Par son silence, il recon-

(133) Ibid. p. 326.
(134) Ibid. p. 524.
(135) Cité par Ǧubrân dans *Ramâd*. p. 49. en notes.
(136) *Ramâd*. p. 49. *'Awâṣif*. p. 476, citant le verset 28 de la *sourate*. 2.
(137) Citons: G. Ṣaydaḥ. *Adabunâ*. p. 212. Et R. Ǧurayyèb. op. cit. p. 88.
(138) Cité par R.Deladrière. Lettre du 9-4-1980. al-Bayḍâwî donne une autre interprétation: «Dieu vous fera mourir à la fin de votre vie, puis il vous fera vivre le jour du grand rassemblement, *yawm al-ḥašr*, enfin il vous fera revenir à lui après le jugement final». *Commentaire de Bayḍâwî, d'après la lecture de Warš*. p. 22.

naît, comme les siens, que l'homme a péché et a perdu la vue à la suite de ce péché, et ceci avant sa naissance, donc au cours d'une vie précédente[139]. Le silence de Jésus n'est pas une confession de sa foi en la multiplicité des vies, mais l'expression de son union au Père et de sa prière. Car, face au malade, ce qui le préoccupe avant tout, ce n'est point de donner une explication de la maladie mais de soulager le malade et de manifester la bonté et la miséricorde de Dieu.

Cette histoire, poursuit Nu'ayma, constitue un exemple frappant de la réalité et de la véracité de cette doctrine. La preuve en est que lorsque Jésus demande aux siens: «Qui est 'le Fils de l'Homme' au dire de la foule» ? leurs réponses viennent affirmer: «Les uns disent: C'est Jean Baptiste; les autres: Elie; d'autres enfin: Jérémie ou l'un des prophètes». Or, Elie, Jérémie et les autres prophètes étaient morts depuis longtemps. Que peut-on conclure de ces réponses sinon que le peuple juif, y compris Jésus et les siens, croient que les esprits qui quittent la terre y reviennent revêtir un nouveau corps en fonction de leur passé et des besoins de leur vie nouvelle?»[140]. Cette interprétation est une preuve indéniable de la volonté du fils de *Baskinta* d'adapter l'Evangile à ses idées afin de leur donner un caractère religieux et de trouver plus de crédibilité auprès de ses lecteurs.

3- Qu'est-ce que la Réincarnation ?

La réincarnation, répond Ǧubrân, c'est «le passage des âmes d'un corps à un autre et d'une génération à une autre jusqu'à ce qu'elles atteignent la perfection et deviennent comme les dieux. Quand l'âme passe d'un corps à un autre, elle s'améliore grâce au milieu qu'elle choisit et grâce à l'amour qui l'habite»[141].

La définition que donne Nu'ayma reflète son souci de construire sa nouvelle croyance sur des fondations solides. Aussi le voyons-nous harceler son ami écossais de questions afin de parvenir à des notions claires et précises:

«Qu'est-ce que la réincarnation, demande-t-il?

— La réincarnation, c'est le retour à la vie, un laps de temps après la mort; tout comme la graine meurt pour renaître une graine nouvelle.

---

(139) *Masîḥ*. 9,267 et 270. cf. également *Yawm*. 2,116-117.

(140) *Masîḥ*. 9,270-271.
Notons que les écrivains *d'al-Râbiṭa al-Qalamiyya* fondent leur foi en la réincarnation sur deux paroles du Nouveau testament. *Jean*. 12,24. *1.Cor*. 15,36.

(141) *'Awâṣif*. p. 472.

«Est-ce que tu veux dire que je mourrai puis renaîtrai dans mon corps actuel et dans les mêmes conditions ?

— Non; tu renaîtras dans un nouveau corps qui te sera préparé en fonction de tes actions, penchants, aptitudes et relations que tu avais au moment de la mort»[142].

«Qui me prépare ce corps ? poursuit Nu'ayma.

— Les responsables de la loi de l'auto-suffisance, *al-takâfu'*, ou la loi de la rétribution qui consiste à récolter ce que l'on a semé.

«Donc, le semeur de blé récoltera indéfiniment du blé et celui de l'ivraie récoltera indéfiniment de l'ivraie.

— Non, car le but de la répétition des naissances est que le semeur du mal comprenne son mal et sème le bien. Il n'atteindra ce but qu'au cours de nombreuses vies»[143].

A son tour, Nu'ayma explique cette doctrine à son frère: «Sais-tu que des milliers de personnes croient que la vie de l'homme ne commence pas au berceau pour s'achever dans la tombe ? Sais-tu que chaque homme vivant sur terre a déjà eu une autre vie humaine sur cette même terre ? Il est mort puis il est revenu à la vie. Il mourra encore puis renaîtra jusqu'à la victoire complète sur le mal»[144]. «Lors de notre retour à une nouvelle vie, nous gardons l'image parfaite que nous avions avant la mort, exactement comme le grand palmier se trouve tout entier dans le noyau de la petite datte»[145].

Cette définition est une preuve, entre autres, que Nu'ayma aussi bien que Ǧubrân, n'ont pas connu le véritable Hindouisme, car la véritable doctrine hindouiste et bouddhiste est celle du *Samsâra*, transmigration, c'est-à-dire de la «ronde des naissances et des morts», ou, en termes guénoniens, de la «succession des cycles d'existence»[146], autrement dit, le passage de l'être à un autre état d'existence soumis à d'autres conditions que celles de la vie terrestre, généralement conçues comme animales[147].

---

(142) C'est ce que l'Hindouisme appelle la loi dite du «karma», d'après laquelle les conditions de chaque existence seraient déterminées par les actions accomplies au cours des existences précédentes. cf. R. Guénon. *Le théosophisme*. p. 121 et 122.

(143) *Sab'un*. 1,326-327.

(144) Ibid. p. 595.

(145) *Adam*. 7,83 .

(146) R. Guénon. *Le théosophisme*. p. 119.

(147) J. Choron. op. cit. p. 56. cf. également J.Maritain. *Eléments de philosophie*. 1,13. «Les noṣairis croient que le pécheur de leur religion revient dans le monde comme juif, musulman sunnite ou chrétien». *En. Is.* an. éd. 4,682. Dans certains villages d'Egypte, nous trouvons encore des restes de la primitive transmigration. Le troisième jour après la mort, le prêtre se rend à la maison du défunt pour «le renvoi de l'âme» que l'on croit errant encore dans les maisons... même sous la forme d'un animal domestique.

Toutefois, nous trouvons chez Nu'ayma quelques allusions à la doctrine hindouiste de la transmigration. Il affirme, par exemple, avoir connu de nombreuses terres avant de se trouver sur celle-ci, puis il ajoute : «Il se peut que nous ayons revêtu auparavant des corps différents de ceux que nous connaissons maintenant»(148). De son côté, Ǧubrân emploie indifféremment les deux termes, transmigration et réincarnation, pour désigner une même réalité(149).

Cette confusion entre les deux doctrines n'est guère étonnante chez les deux écrivains chrétiens libanais étant donné que c'est par le théosophisme que cette doctrine leur fut transmise. Le théosophisme lui-même la reçut par le spiritisme.

Quelles sont les conditions de réalisation de la réincarnation ? D'après la pensée hindoue, «tout attachement à un acte vertueux comme à un acte de péché entraîne la réincarnation»(150). Quant à Mme Blavatsky, elle écrit dans la *Doctrine Secrète*: «Aucune entité spirituelle ne peut se réincarner avant qu'une période de plusieurs siècles ne se soit écoulée»(151). De son côté, Mirdâd assure que «l'intervalle écoulé entre deux retours dépend de la volonté de chaque homme et de son désir de répéter cette expérience(152).

Malgré son caractère étrange, cette doctrine a trouvé une large audience un peu partout dans le monde et chez un grand nombre de personnes. Car l'homme admet difficilement sa disparition complète dans la mort. Cette doctrine, si simple soit-elle, remarque al-Nâ'ûrî est plus attirante qu'autre chose. Car l'homme préfère demeurer dans l'existence que de vivre par son esprit dans un autre monde que la terre»(153).

C'est ce caractère attrayant qui fait que Nu'ayma traite «d'ignorantes les personnes qui mesurent leur vie au moyen du court laps de temps s'étendant du berceau à la tombe, alors qu'elle s'étend à la mesure de l'éternité»(154). «Que tu es ignorant, ô Arqaš, de penser que Celui qui t'a donné l'univers ne t'a accordé que trois décennies pour le comprendre ?

(148) *Sab'ûn*. 1,621. mêmes explications dans *Mirdâd*. 6,683.
(149) cf. *Ǧubrân*. 3,95 et 107. *Sâbiq*. p. 65. *'Awâṣif*. p. 472.
(150) S.V. Pillai. op. cit. p. 89.
(151) R. Guénon. *Le Théosophisme*. p. 90-91.
(152) *Mirdâd*. 6,683. Puis il ajoute: «Je viens à la vie quand je veux et je la quitte quand je veux». Ibid. p. 684.
(153) al-Nâ'ûrî. *Adab al-mahǧar*. p. 159.
(154) *Liqâ'*. 2,289.

Qui t'a dit qu'en te donnant l'univers et la vie, Dieu ne t'a pas donné l'éternité»[155]? Les causes de cette conduite résident dans les difficultés qu'éprouve la raison humaine à admettre qu'avant le commencement de la vie, il y a d'autres commencements et après la mort d'autres fins, que le temps soit continu et ininterrompu et que la vie soit aussi comme le temps[156]. Il est vrai, observe «le Swâmî Chinmayânanda, qu'on ne peut prouver la réincarnation, mais elle est postulée par la logique et la raison. Le présent est déterminé par le passé, soit de notre vie, soit de la vie antérieure»[157].

4- Nécessité et finalité de la Réincarnation selon Ǧubrân et Nu'ayma

Postulée par la logique et la raison, la réincarnation paraît absolument nécessaire à l'homme, tout d'abord parce qu'elle est une exigence de la justice divine: «Comment se peut-il que Dieu donne aux uns quelques années et aux autres davantage»?, ensuite, parce que les diverses relations entre les hommes exigent ces vies successives, enfin parce que l'homme en a besoin pour assumer ses nombreuses responsabilités dans la vie, parvenir un jour à la connaissance parfaite de l'Ordre qui englobe l'univers[158].

En effet, la vie humaine a besoin d'un but. Celui-ci réside dans la connaissance parfaite de tout ce qui est visible et de tout ce qui est invisible. Mais, si longue que soit la vie humaine, elle ne suffit pas à cette connaissance. Nous avons donc besoin d'autres vies pour atteindre ce but. La route est longue ! Le temps l'est aussi ! Pourquoi ce temps ne serait-il pas la vie répartie en plusieurs étapes pour permettre à l'homme d'atteindre la connaissance[159]? Cette connaissance parfaite n'est autre que la connaissance de Dieu lui-même. Or, «si depuis des millénaires, l'homme ne cesse d'étudier son corps sans parvenir à des résultats pleinement satisfaisants, comment peut-il prétendre connaître Dieu en une seule vie qui commence à la naissance et se termine à la mort»[160] «Quel est l'homme, demande Nu'ayma, qui envoie, le matin, son fils à l'école et lui demande d'en revenir le soir avec un doctorat en philosophie ? Celui qui réussit cet exploit peut prétendre se connaître lui-même et connaître la Vie de manière

---

(155) *Arqaš*. 4,412.
(156) cf. *Liqâ'*. 2,289.
(157) S.V. Pillai. op. cit. p. 46.
(158) cf. *Aḥâdîṯ*. 9,683, 733 et 761.
(159) *Rasâ'il*. 8,7.
(160) Ibid, p. 448. même interrogation dans *Nûr*. 5,539.

absolue et parfaite au cours d'une vie unique»[161]. «La vie est une école et la majorité des gens sont encore dans les classes primaires»[162].

Tout ceci paraît tellement fascinant, normal et logique à l'auteur de *Mirdâd* qu'il devient un fervent apôtre de cette doctrine et son défenseur auprès de tous ses détracteurs: «Je ne sais pas pourquoi beaucoup de personnes trouvent étrange l'idée de réincarnation alors qu'elle est plus ancienne que l'histoire du monde et que des milliers de personnes sur terre en font la pierre angulaire de leur vie»[163]. Non, «ceux qui professent la réincarnation des esprits, *taqammuṣ al-arwaḥ*, en vue de parvenir à la connaissance parfaite et à la libération des illusions de la dualité, ne sont pas des naïfs et des anormaux»[164]. Car, «Dieu, à qui appartient toute l'éternité, n'est point avare et dur au point de refuser à l'homme le temps nécessaire pour se connaître et Le connaître. Puisque nous sommes de Dieu et en Dieu, pourquoi notre vie ne s'étendrait-elle pas autant que le temps»[165].

La connaissance parfaite n'est pas l'unique but de cette série de naissances et de morts. La perfection en est une autre.

«Nous mourons, dit Ǧubrân, en laissant derrière nous des dettes dans le bien et le mal, l'amour et la haine, l'amitié et l'inimitié. Puis, nous revenons sur terre pour acquitter ces dettes... et cela jusqu'au jour où il ne nous reste de dettes sinon envers Dieu. La réincarnation n'est donc qu'une voie pour atteindre la perfection qui est en Dieu»[166]. Atteindre la perfection qui est en Dieu, c'est devenir une ombre de Dieu[167], c'est s'unir parfaitement à Lui. Or, une seule vie est insuffisante pour atteindre la divinité[168], assure Nu'ayma à la suite de ses maîtres hindous. Car, il est presque impossible d'obtenir en une seule vie la pureté nécessaire pour être uni à Dieu. C'est pourquoi, Dieu accorde à l'homme tout le temps nécessaire «pour retrouver son unité et revenir au jardin d'Eden conscient de

(161) cf. *Adam*. 7,79 .
(162) *Bayâdir*. 4,543.
(163) *Rasâ'il*. 8,68. R. Génon refuse d'admettre cette ancienneté. cf. *Le théosophisme*.
(164) écrit-il à 'Abd Allâh al-Qâsimî. *Ǧadîd*. 7,560.
(165) *Nûr*. 5,538.
(166) Cité par Ǧamîl Ǧabr. *Ǧubrân, sîratuhu*. p. 195. cf. aussi *Aḥâdîṯ*. 9,458. Si pour Ǧubrân le réincarnation est le moyen de purifier l'homme grâce à ses nombreux retours dans ce monde afin de s'élever au niveau de la divinité, la loi de l'éternel retour n'est pour Nietzsche qu'un moyen de perpétuer la race humaine afin de parvenir à la génération des surhommes. Ibid. Quant aux analogies entre la réincarnation et la loi de retour éternel, cf. J. Choron. op. cit. pp. 176, 53 et 174.
(167) *Badâ'i'*. p. 529.
(168) *Aḥâdîṯ*. 9,552.

sa divinité et de son unité avec le Créateur»[169]. Ainsi la vie devient avec ses nombreuses étapes «un laboratoire dans lequel l'homme doit à tout prix pénétrer afin d'en sortir à la fin de la dernière étape avec un sentiment de Dieu semblable à celui qu'a Dieu de lui-même»[170].

L'union à Dieu, «la parfaite communion avec Lui», «la dissolution en Lui»[171],autant d'expressions qui marquent la fin et la délivrance de la réincarnation comme de la transmigration.

5- Diverses manifestations de la réincarnation chez Ǧubrân et Nu'ayma.

a- Les premières traces de la croyance de Ǧubrân en la réincarnation se trouvent dans sa nouvelle: *Ramâd al-aǧyâl wa-l-nâr al-ḫâlida*, les cendres des générations et le feu éternel, écrite avant de partir pour Paris et de s'installer à New York. «Faisant ses adieux, la fiancée du prêtre Hirâm dit: O mon bien-aimé, je m'en vais vers les esprits mais, bientôt je reviendrai dans ce monde... Bientôt, nous nous rencontrerons, ô Natân, et boirons ensemble la rosée du matin... A bientôt mon bien-aimé»... Vingt siècles plus tard, c'est la grande joie des retrouvailles[172]. Cette nouvelle n'est qu'une manière d'exposer de façon à la fois poétique et légendaire le principe de la réincarnation qui permet à l'auteur du *Prophète* «d'échapper au limites des traditions et de chanter la beauté et l'éternité de l'amour»[173], assure Nu'ayma.

La ville de *Baalbeck* où se passent les événements de *Ramâd al-aǧyâl* est le théâtre d'une nouvelle réincarnation. En 112 avant Jésus-Christ, le poète du roi meurt. Fortement attristé, celui-ci appelle le philosophe hindou, de passage à *Baalbeck*, et l'interroge: «Dis-moi, est-ce que les dieux nous ramèneront dans ce monde, moi, en tant que roi et lui, en tant que poète ? Mon esprit revêtira-t-il le corps du fils d'un grand roi et son esprit celui d'un grand poète»? ... Et le philosophe de répondre: «Tout ce que les esprits souhaitent, ils l'obtiennent». En 1912 après Jésus-Christ, l'esprit de ce poète s'incarne dans le corps du grand poète libanais Ḫalîl Maṭrân: «Que nous sommes heureux de la présence du poète de *Baalbeck* parmi nous»[174], s'écrie le roi.

Ce phénomène n'entraîne pas toujours le bonheur. Il est parfois source d'inquiétude, d'angoisse et de souffrance. Tel est le cas du roi 'Išânâ à

---

(169) *Mirdâd*. 6,766 et 673. cf. également *Rasâ'il*. 8,72 et *Aḥâdîṯ*. 9,733 et 761.

(170) *Bayâdir*. 4,545.

(171) *Mirdâd*. 6,683. Remarquons que Mirdâd emploie le terme *talâša*, se dissoudre, alors que dans la parfaite union et communion à Dieu, l'âme reste éternellement distincte de Lui.

(172) *Ramâd*. p. 49 et 57.

(173) Ǧubrân, *al-maǧmû'a al-kâmila al-'arabiyya*. p. 9.

(174) *'Awâṣif*. p. 474-475. Dans «Chant de moi-même», «Chant de prudence» et dans d'autres poèmes. W. Whitman exprime une semblable idée. cf. S.I.S.Ḥanna. Ḫ. Ǧibran et W.Whitman. Orient. 2ème semestre. 1968. p. 122.

qui l'on vient annoncer la mort de son ennemi le plus acharné. A cette joie s'ajoute une autre : «la naissance du prince héritier». Mais cette joie est de courte durée. De fait, le roi interroge un prophète authentique, véridique et courageux sur l'avenir de son enfant, le prophète répond sans hésitation . «Ecoute, ô roi, ... l'esprit de ton ennemi, mort hier soir, n'est resté qu'une seule nuit dans les airs puis il est revenu sur terre à la recherche d'un corps pour s'y incarner. Il n'a pas trouvé mieux que le corps de ton fils nouveau-né»(175).

Ce retour dans un autre corps, Ǧubrân l'a expérimenté et ce plusieurs fois au cours de son existence. Ecoutons-le: «Depuis soixante dix mille ans, dit-il à son peuple, je suis passé par-là et je vous ai vus vous remuer dans les grotttes comme des bêtes. Depuis sept minutes, je regarde de derrière la vitre et je vous vois marcher dans les rues sales»(176). Que signifient ces soixante dix mille ans? Où Ǧubrân les a-t-il passés? Nous trouvons la réponse dans une lettre à M.Haskell écrite en 1911. Il lui explique que «durant ses nombreuses vies antérieures, il a vécu en Syrie, mais une période du courte durée; en Italie, vingt-cinq ans; en Grèce, vingt-deux ans et en Egypte juqu'à la vieillesse. De même,il a vécu six à sept fois en Chaldée, une fois aux Indes et une fois en Perse. Durant toutes ces vies, il a revêtu une forme humaine, mais il ne se souvient de rien de ce qui s'est passé dans ses premières vies»(177). C'est au cours de l'une de ces vies qu'il connaît son amie et bienfaitrice Mary Haskell ainsi que son premier amour, Salma Karâmé. «Avril nous a réunis pour la première fois» ! s'écrie Salma dans un transport d'allégresse. «N'est-ce pas plutôt Dieu qui a réuni nos âmes avant que la naissance ne nous jette dans les prisons du temps ?»(178). Et à Mary il déclare: «Je suis sûr, Mary, que nous avons vécu auparavant. J'ai en moi des expériences de vies antérieures. Je suis parfaitement certain que je t'ai connue depuis des milliers d'années»(179). Plus tard, il ramène ses nombreuses vies à sept, influencé probablement par le poète anglais W.Blake(180) qui souligne dans son livre *Le mariage du ciel et de l'enfer,* que l'âme lutte durant sept vies pour se libérer de sa prison terrestre et regagner sa divinité première(181). S'adressant à

(175) *Sâbiq*. p. 65.
(176) *'Awâṣif*. p. 398.
(177) Cité par T.Ṣâyèǧ. *Aḍwâ'*. p. 47-48. C'est pourquoi il considère que sa naissance dans un village au nord du Liban n'est pas un fait du hasard, mais plutôt la conséquence nécessaire d'une vie précédente. cf. *al-maǧmû'a al-kâmila al-'arabiyya*. p.7.
(178) *Aǧniḥa*. p. 192.
(179) *Beloved Prophet*. Journal du 8-6-1924. p. 424.
(180) Ou bien par la Bible qui confère une grande importance au chiffre 'sept'. cf. à ce sujet: Letouzey et Ané. *Dictionnaire de la Bible*. 4,2. 1928. p. 1690.
(181) Cité par Ḫ.Ǧassân. op. cit. p. 259. T.Ṣâyèǧ rapporte qu'une amie commune à Ǧubrân et à Mary ramène la ressemblance entre Ǧubrân et Blake à la possibilité de la trans- =

Jésus, Ǧubrân dit: «O Maître des chanteurs... sept fois je suis né et sept fois je suis mort depuis la courte visite que tu nous as faite»[(182)]. Au cours de cette visite comme au cours de plusieurs autres, «Jésus de Nazareth a marché dans de nombreux pays... Malgré mon jeune âge, dit Jean, fils de Zébédée, je l'ai suivi pour écouter de la bouche de Jésus de Galilée les paroles du Christ»[(183)].

La connaissance antérieure qu'à Ǧubrân de ses amis ne lui est pas propre. Il la partage avec certains personnages de son œuvre. Ecrivant à sa bien-aimée, l'un de ses héros dit: «Lorsque je t'ai rencontrée pour la première fois, j'ai su que mon âme te connaissait depuis des siècles et que mon premier regard pour toi n'était pas en effet le premier»[(184)]. Cette connaissance se fait parfois dans le rêve et conduit les amis à une nouvelle rencontre. «O mon bien-aimé, je t'ai vu dans mes rêves. J'ai contemplé ton visage dans ma solitude. C'est toi le compagnon de mon âme, c'est toi ma douce moitié dont je me suis séparée lorsque j'ai dû venir dans ce monde»[(185)].

b- Plus intellectuel et plus sensible aux idées, Nu'ayma ne multiplie pas les exemples de réincarnation. A part sa nouvelle, *Liqâ'*, rencontre, semblable par son sujet, son développement et son dénouement à *Ramâd al-aǧyâl*, de Ǧubrân[(186)], il ne cite pas de cas de personnes ayant fait l'expérience de ces vies successives comme a fait son ami. Il est plus soucieux d'exposer les raisons qui l'ont amené à embrasser, avec un tel empressement, cette doctrine.

«Ma foi en la réincarnation, dit-il, est inséparable de ma mission qui consiste à trouver un sens à la vie de l'homme et une finalité à son existence. Au point où je suis arrivé dans ma réflexion, j'ai la ferme conviction que l'homme est capable de connaître tous les mystères du Cosmos et de devenir à son tour Créateur... Et comme une seule vie est insuffi-

---

= migration des esprits. Mary elle-même dit que «Blake meurt en 1827, Rossety naît en 1828; celui-ci meurt en 1882 et Ǧubrân nait en 1883». cf. *aḏwâ'*. p. 161.

(182) *Yasû'*. p. 355. De son côté Lazare dit: «Je suis le seul parmi les hommes qui ai souffert la vie deux fois, qui soit mort deux fois et deux fois ai connu l'éternité». *Lazarus*. p. 63.

(183) *Yasû'*. p. 235-236. Rappelons que pour Ǧubrân, le Christ s'est incarné dans Jésus de Galilée. A ce qui fut dit précédemment, ajoutons que Mme Besant annonce de nouvelles réincarnations du Christ. cf. R. Guénon. *Le Théosophisme*. p. 212.

(184) *Dam'a*. p. 312 et 313.

(185) *Badâ'i'*, p. 541.

(186) Citons à titre d'exemple : «Est-ce vrai ce qu'a dit Léonardo, à savoir qu'ils se sont connus avec Bahâ' dans les temps passés, alors qu'elle était fille d'un grand roi et que lui-même était berger chez son père ? *Liqâ'*. p. 289.

sante pour que l'homme accomplisse sa mission envers lui-même et envers l'univers, j'ai trouvé dans la doctrine de la réincarnation la solution à ce problème»[187].

A la lumière de cette doctrine, l'octogénaire de *Baskinta* explique sa vie présente comme étant une suite logique et un complément à de nombreuses vies antérieures. «Ni ma naissance à *Baskinta* de parents bien connus n'a été une coïncidence aveugle, ni les circonstances par lesquelles j'ai passé depuis ma naissance jusqu'à ce jour n'ont été des fruits du hasard. Elles sont les circonstances dont j'ai absolument besoin pour progresser dans la vie. Mes passages de l'école primaire de *Baskinta* à l'école normale russe de Nazareth, de là en Russie même puis aux U.S.A., mon séjour à New York où j'ai rencontré Ǧubrân et les autres membres de la future *al-Râbiṭa al-Qalamiyya*, enfin mon retour au Liban en 1932 où mon œuvre a pris naissance, tout cela me paraît avoir été préparé de façon toute minutieuse et bien calculée pour façonner M.Nu'ayma tel que je le connais et tel que les gens le connaissent»[188] . Nu'ayma est donc convaincu d'avoir déjà connu d'autres vies. Toutefois il ne se hasarde pas à donner des détails et des chiffres comme l'a fait Ǧubrân. Ce qui l'intéresse c'est d'exploiter au maximum les bienfaits de cette croyance.

6- Conséquences de la réincarnation sur la vie et l'œuvre de Ǧubrân et de Nu'ayma

a- La croyance en la réincarnation ne résout pas, chez Nu'ayma, tous les mystères de l'existence, mais elle l'aide à porter sur eux un regard tout nouveau. Tout d'abord, elle le libère de la frayeur de la mort en en faisant une servante fidèle de la vie au lieu d'en être une ennemie acharnée.

Ensuite, elle satisfait chez lui son besoin de «justice», de «vérité» et de «vie»[189], d'une part et son refus du péché originel et de la Rédemption par un sang différent du sien d'autre part. Car, du moment que, grâce à des vies successives, chacun a la possibilité de s'améliorer, d'évoluer, d'accomplir sa mission, de parvenir à la connaissance et à la perfection, enfin d'atteindre Dieu, le salut devient une affaire strictement personnelle sans aucune intervention de Dieu.

---

(187) *Aḥâdîṯ*. 9,503 et 552.

(188) Ibid. p. 734. Interview faite le 2-5-1970. A la lumière de cette théorie, Nu'ayma explique également ses relations avec les femmes qu'il a connues. cf. *Sab'ûn*. 1,508-509.

(189) *Yawm*. 2,118. Nu'ayma raconte que l'étape la plus dure de sa vie fut celle de sa jeunesse, lorsqu'il se mit à penser à la mort, puis au problème du bien et du mal, cette étape dura jusqu'au moment où je découvris la doctrine de la réincarnation: celle-ci m'a libéré du complexe de la mort et en a fait une étape de transition vers une vie nouvelle». *Aḥâdîṯ*. 9,750.

«Cette idée de me sauver par mes propres efforts, confesse l'auteur de *Mirdâd*, remplaça chez moi la hantise du «péché ancestral» et du «terrible jugement»(190). Car, comment se fait-il que Dieu qui est la justice même accorde aux uns un grand nombre d'années alors qu'avec d'autres Il est parcimonieux ? Cette différence entre les chances des hommes est une contestation flagrante de la justice divine: «Qu'est-ce qui est plus juste, poursuit-il, plus compatissant et plus aimant, que Dieu dise à l'homme: «Voilà, je t'ai créé pour ma gloire, et bien que toute l'éternité m'appartienne, je ne t'en donne qu'un laps de temps. Puis je te ferai mourir et je te laisserai mort jusqu'à la résurrection. Ce jour-là, connu de moi seul, je te jugerai et fixerai ton destin, soit dans un bonheur éternel, soit dans un enfer éternel». Ou bien qu'Il lui dise: «Tu es mon image et à ma ressemblance. Mais, ni tu te connais, ni tu me connais. Aussi, ai-je créé pour toi la terre, les cieux et tout ce qu'ils contiennent afin qu'ils t'aident à te connaître et à Me connaître. Je t'ai donné tout le temps nécessaire pour parvenir à cette connaissance. Pour te faciliter la tâche, j'ai partagé ta vie en étapes successives... Je te ferai mourir puis revivre, mourir puis revivre encore... jusqu'à ce que tu obtiennes la connaissance. A ce moment, tu seras hors du temps et de l'espace et hors de l'atteinte du bien et du mal»(191). Certes, Nu'ayma choisit la deuxième hypothèse car il la considère plus logique et plus juste que la première.

La réincarnation aide également le fils de *Baskinta* à comprendre les différences qui existent entre les hommes. A la question: «Pourquoi l'un est-il aveugle, muet ou paralysé, alors que l'autre jouit de la force et de la beauté» ?, il répond: «Parce que la vie présente de chacun est déterminée par sa vie passée»(192).

La foi en la réincarnation le fortifie aussi dans la dure épreuve de la maladie puis de la mort de son frère Nasîb(193) . Enfin, elle lui permet de supporter sa propre épreuve physique(194) avec beaucoup de patience et même de reconnaissance à la Puissance qui la lui a envoyée. Pas un instant il ne doute que cette épreuve ne lui soit arrivée à la suite d'actes,

(190) *Sab'ûn*. 1,325 et 328.
(191) *Yawm*. 2,119-120. cf. aussi *Aḥadiṯ*. 9,683.
(192) *Sab'ûn*. 1,327. *Rasâ'il*. 8,324.
(193) *Sab'ûn*. 1,642-643.
(194) Quarante jours immobilisé avec les épaules dans le plâtre. cf. *Sab'ûn*. 1,830-831. Le héros de sa nouvelle *Liqâ'*, Léonardo, explique également toutes les souffrances auxquelles il fut soumis durant sa détention par la réincarnation: «S'il n'y avait pas dans ma vie ce qui méritait la flagellation et le mépris, personne ne m'aurait méprisé et vous ne m'auriez pas trouvé dans ces chaînes». *Liqâ'*. 2,282.

de pensées ou de passions passés et il remercie Dieu de l'avoir préservé de toute maladie durant les soixante-dix ans révolus de sa vie(195) .

b- Fortement influencé aussi par cette doctrine, Ǧubrân découvre un nouveau sens à la vie. «J'étais perdu entre la vie et la mort, écrit-il, mais dans la doctrine de la transmigration, j'ai trouvé la clef de la vie et de la mort, ainsi qu'une lampe qui m'éclaire dans les tunnels des relations humaines»(196) . Traitant du secret de la mort, l'auteur du *Prophète* conseille au peuple d'Orphalèse de «le chercher dans le cœur de la vie».L'une et l'autre, la mort et la vie, sont en relation avec le processus de l'être. C'est pourquoi il exhorte: «Si vous désirez, en vérité, contempler l'esprit de la mort, ouvrez amplement votre cœur au corps de la vie. Car la vie et la mort ne sont qu'un, de même que le fleuve et l'océan sont un»(197). Il accepte ainsi la mort qui le projette dans une autre vie, une vie meilleure(198) .

Après la destruction de ses tableaux, Ǧubrân s'en prend à lui-même: «Je vois que depuis que tu as embrassé la croyance en la transmigration, tu lui attribues tout, y compris l'incendie qui a ravagé et détruit tes tableaux ! Ah ! Comme tu as changé depuis quatre ans»(199) ! De même, l'idée de quitter cette terre avant d'avoir accompli sa mission ne l'effraie pas car sa foi en la réincarnation satisfait sa volonté d'éternité(200) et l'assure de l'existence d'une nouvelle vie(201) qui lui permettra de vaincre tout ce qu'il n'a pu vaincre durant sa vie présente(202), de poursuivre sa tâche et de dire «son mot». Ecrivant à son amie Mayy Ziyâdé, le fils de *Bcharré* lui confie: «Sais-tu que je n'ai jamais pensé à ce que les gens appellent la mort sans trouver une étrange douceur, et sans sentir un immense désir de m'en aller. Mais très vite, je me ressaisis et me souviens que j'ai «un

---

(195) Notons en outre, qu'en règle générale, Nu'ayma s'abstient de manger toute chair animale, car celle-ci pourrait enfermer l'esprit d'un être humain. C'est encore une conséquence de sa foi en la transmigration des esprits.

(196) *Ǧubrân*. 3,95.

(197) *Le Prophète*. p. 80.

(198) Suhayl Ibn Sâlèm Ḥanna. *Ǧubrân et W.Whitman*. Orient. 2ème semestre 1968. p. 112. Puis l'auteur souligne l'identité de vue entre Ǧubrân et W.Whitman. Ibid. p. 113.

(199) *Ǧubrân*. 3,95.

(200) La réincarnation, dit Ḥ. Ġassân, incarne chez Ǧubrân, la volonté d'éternité et le désir d'une vie qui ne finit pas, mais une vie qui est unie à l'éternité de Dieu. cf. *Ǧubrân al-faylasûf*. p. 263-264.

(201) Cette assurance d'une nouvelle vie est source également de grande consolation: «Au moment de mourir, la princesse dit à son fils. «O mon bien-aimé, ô mon fils chéri, ô mon jeune poète ! Nous nous rencontrerons une autre fois, mais je n'aurai pas à ce moment soixante-dix ans» !. Tâ'ih. 442.

(202) cf. *Ǧubrân*. 3,241.

mot» que je dois dire. Je t'assure, Mayy, si je meurs avant d'avoir prononcé «mon mot», je reviendrai pour le dire»(203).

Faisant ses adieux au peuple d'Orphalèse, le Prophète les console du vide que son absence va laisser: «Adieu peuple d'Orphalèse. Ce qui nous fut donné ici nous le garderons. Et s'il ne suffit pas, nous devons nous assembler à nouveau et ensemble tendre nos mains vers le dispensateur. N'oubliez-pas que je reviendrai vers vous. Un petit instant, et mon désir recueillera poussière et écume pour un autre corps. Un petit instant, un moment de repos dans le vent et une autre femme m'enfantera»(204) . Au moment du départ, il ajoute : «Je m'en vais, mais si je pars en laissant une vérité inexprimée, cette vérité me poursuivra et me harcèlera. Je reviendrai vers vous... Et s'il y a encore quelque beauté que je ne vous ai pas encore dévoilée, je reviendrai encore une fois, portant le même nom, *al-Muṣṭafa*... Car Dieu ne peut supporter d'être caché à un homme, ni que sa parole demeure ensevelie dans l'abîme du cœur humain»(205) .

Fort de cette conviction, Ǧubrân peut chanter le cantique de l'homme vainqueur qui, à l'exemple de Jésus, jouissant de la liberté et de la perfection, «peut se tenir debout avec Dieu et avec le Cosmos, sur le même pied d'égalité»:

«J'ai été depuis l'éternité, me voici maintenant et je serai jusqu'à la fin des siècles ! Mon être n'a pas de fin.

«J'ai écouté la doctrine de Confucius. J'ai prêté attention à la sagesse de Brahma. Je me suis assis près de Bouddha sous l'arbre de la connaissance et me voilà maintenant à lutter contre l'ignorance.

«J'étais sur la montagne lorsque Yahvé apparut à Moïse. J'étais au Jourdain et j'ai vu les miracles du Nazaréen. A Médine, j'ai entendu la prédication du Prophète des Arabes et me voilà prisonnier du doute.

«J'ai vu et j'ai entendu tout cela alors que j'étais encore enfant. Bientôt je verrai et j'entendrai les gestes des jeunes. Puis je vieillirai, j'atteindrai la Perfection et je retournerai à Dieu»(206) .

7- Mais, bien que la réincarnation semble satisfaire la sensibilité des deux amis, elle limite cependant leur créativité car elle relativise la vie humaine et ne rend plus aussi urgent la délivrance d'un message qu'une seule vie nous oblige à donner.

---

(203) *Rasâ'il ḥubb Ǧubrân*. p. 514.
(204) *Le Prophète*. p. 93-94.
(205) *Ḥadîqa*. p. 480, 481, 482.
(206) *Damʿa*. p. 343.

V- La Déification de l'homme: but ultime du Salut chez Ǧubrân et Nu'ayma.

Malgré le refus de la conception chrétienne du péché et de la Rédemption accomplie par le Christ, Ǧubrân et Nu'ayma recourent à un langage patristique profondément enraciné dans la tradition biblique et envisagent la finalité religieuse de l'homme non pas comme étant le salut opéré par Dieu mais comme la déification de l'homme. «Rappelle-toi, dit Ǧubrân, que la divinité est la véritable nature de l'homme. Elle ne peut être échangée contre de l'or, ni accumulée comme les richesses du monde actuel»[(207)]. «Ma philosophie, affirme de son côté Nu'ayma, se résume dans ma conviction que l'homme est équipé de tout ce dont il a besoin pour atteindre la divinité»... Bien plus, «l'homme est un dieu-enfant qui possède tous les mystères de la divinité... Il est en route vers la découverte de ses mystères jusqu'à ce qu'il parvienne à la divinité»[(208)] . Ces affirmations sont à première vue en pleine conformité avec la doctrine chrétienne, notamment celle des Pères grecs pour qui «la créature ne peut avoir d'autre fin que la déification»[(209)]. Mais les deux amis ne tardent pas à s'en éloigner.

1- La doctrine chrétienne de la déification.

Avant de nous pencher sur la manière dont s'exprime la foi de Ǧubrân et de Nu'ayma en la déification de l'homme, il est important de rappeler que «toute la doctrine sur le déification de l'homme, lentement élaborée par la patristique grecque platonicienne, vécue, approfondie et fixée définitivement dans la *theoria* contemplative des moines, a été soutenue au cours des âges, jamais combattue ou minée sourdement par l'Eglise-mère»[(210)] . Cette doctrine est étroitement liée à l'Incarnation du Verbe. Celle-ci est au centre de cette finalité de l'homme comme elle en est le moyen : «Dieu s'est fait homme, pour que l'homme puisse devenir Dieu».

---

(207) *Sagesse*. p. 66.

(208) *Aḥâdîṯ*. 9,477, 552 et 558.

(209) V. Lossky. op. cit. p. 97. Sur la question de la déification de l'homme, nous conseillons le très bon ouvrage de Myrrha Lot-Borodine. *La déification de l'homme*. Ed. le Cerf. Paris 1970.

(210) M.L.Borodine. op. cit. p. 180. Notons que l'Eglise latine parle de «grâce sanctifiante» tandis que l'Eglise orientale préfère parler de «divinisation». cf. Paul Aubin. *La porte de la vie selon l'Esprit*. C. Auj. Janvier 1979. p. 19. M.R.Reladrière conseille l'emploi du terme «déification» qui est objectif alors que «divinisation» est plutôt subjectif. cf. Lettre du 27-3-1981. Dans nos citations, nous garderons le terme employé par l'auteur lui-même.

2- Nu'ayma et la Déification.

La foi de Nu'ayma en cette vérité chrétienne éclate dans toute son œuvre et atteint son apogée dans *Mirdâd* dont le leitmotiv est: «L'homme est un dieu dans les langes»(211) . Ces langes ne sont rien d'autre que le temps et l'espace, les sens et tout ce qui est empirique. La maman sait bien que les langes sont différents de l'enfant. Mais l'enfant ne le sait pas... Il sent profondément ses langes, car il ignore encore le vrai sens du Moi, *Ana*. Ce *Ana* est pour lui les langes et l'enfant à la fois(212). Pour se débarrasser de ses langes, «l'homme doit tout d'abord faire du temps sa monture afin de parvenir à la connaissance de son essence qui est de l'essence même de Dieu»(213) . Ensuite, «il doit traverser l'écorce du temps et les frontières de l'espace»(214) . Dans l'attente de cette victoire finale, il doit trouver sa joie dans le cœur de Dieu, son unique demeure, œuvrer à prendre conscience de Dieu qui habite en lui(215) et se garder de dire: «Je suis Dieu, *Ana Allâh*, pour dire: «Dieu, c'est moi, *Allâh Ana*»(216) .

Cette «origine divine» de l'homme est intimement liée à sa création. A la question : «Pourquoi la création »? la théologie chrétienne répond par la doctrine de la *théôsis*, la divinisation(217) . A son tour, Nu'ayma confesse la même doctrine mais avec des termes qui peuvent prêter à confusion: «Un Créateur peut-il créer quelque chose qui soit totalement différent de lui-même» ? demande-t-il. Non, «le Créateur se crée Lui-même, ni plus, ni moins»(218) . Puis il ajoute : «Lorsque Dieu vous a prononcés, Lui que nul ne peut prononcer, à ce moment, Il s'est prononcé Lui-même. Vous jouissez donc de la même puissance et de la même grandeur que Dieu. Car Dieu n'a pas déposé en vous une partie de Lui-même, mais Il y a déposé toute sa divinité, parfaite et indivisible»(219) . «Vous êtes une semence divine(220) , un germe(221) qui contient toutes les puissances divines... Les possibilités de vous développer sont illimitées, car Dieu est illimité»(222) . Et à ceux qui pourraient douter de cette réalité, Nu'ayma propose de scruter

---

(211) *Mirdâd*. 6,601,728. cf. aussi *Aḥâdîṯ*. 9,645. *Rasâ'il*. 8,53,354,370.
(212) Ibid. p. 601, 728 et 764. cf. Yuḥannâ al Ḫûrî. *al-Radd*. p. 45-46.
(213) Au dire de Nu'ayma, *Maqâlât*. 7,245.
(214) *Mirdâd*. 6,789.
(215) *Bayâdir*. 4,570. *Zâd*. 5,172 et 215. *Ṣawt*. 5,361.
(216) *Mirdâd*. 6,789. A propos de la réaction du clergé, cf. Y. al-Ḫûrî. *al-Radd*. 193.
(217) C. Tresmontant. *Problème de l'existence de Dieu*. p. 414.
(218) *Mirdâd*. 6,594.
(219) *Mirdâd*. 6,647. cf. aussi p. 695.
(220) *Sab'ûn*, 1,777. *Ayyûb*. 4,332. *Nûr*. 5,668. *Durûb*. 6,48 et 125.
(221) Ailleurs il dit: «Dieu se suffit de sa divinité dont vous êtes un noyau». *Mirdâd*. 6,648.
(222) *Ṣawt*. 5,332. Même affirmation. p. 367.

la nature, puis leur demande . «Le chêne n'est-il pas tout entier dans le gland» ? Dieu n'est-il pas tout entier dans l'homme ? récusant ainsi à l'homme la possibilité d'échapper à la descendance divine et d'être différent de Dieu(223) .

Tout au long de sa vie, l'homme doit œuvrer pour amener ses forces divines à leur accomplissement. Comment cela se fera-t-il ? «L'enfant divin qu'est l'homme grandit sans savoir comment. Mais bientôt il le saura»(224) . En attendant, il doit lutter contre la crainte et l'aveuglement qui l'empêchent de jouir de l'héritage divin qui lui est proposé, bien plus, qui lui est préparé et qui fait sa vraie grandeur(225) . Il doit tirer «sa fierté et son honneur du fait d'être une image parlante de Dieu et sa vivante ressemblance. Tout autre honneur est vain»(226).

Nu'ayma nourrit la même ambition que Dieu pour l'homme et va même jusqu'à déclarer que «seule la divinité de l'homme donne un sens à sa vie»(227) et que «si l'homme n'est pas dieu, il n'est rien»(228) , oubliant le grand mystère de la liberté humaine. De fait, si Dieu a créé l'homme sans sa collaboration, Il ne le déifiera pas sans sa participation. Bien plus, Il accepte même que son image en lui soit défigurée, comme le constate l'auteur de *Mirdâd*: «Nous sommes au siècle de la liberté, de la fraternité et de l'égalité. Le siècle suivant sera, sans aucun doute, celui de la déification de l'homme, et nous sommes au seuil de ce siècle. Mais hélas ! Qui est-ce qui sent que la déification de l'homme approche»(229) ? Cette indifférence se transforme en hostilité chez la plupart: «Dieu vous a créés à son image et à sa ressemblance»(230) , mais «vous êtes sur le point d'effacer cette image et cette ressemblance. Vous avez déformé votre être divin au point de ne plus le distinguer de votre être tangible. Vous avez éclaboussé votre visage divin avec la boue»(231) !, en poursuivant pour votre compte la richesse, le pouvoir, l'honneur et le prestige. Pour y parvenir vous écrasez les autres. Mille raisons ont été proposées à cette conduite. Mais la plus profonde et la plus vraisemblable ne serait-elle pas, qu'au

(223) *Mirdâd*. 6,599.. cf. aussi *Maqâlât*. 7,237.

(224) *Ṣawt*. 5,463, 368.

(255) *Awṭân*. 5,568. *Mirdâd*. 6,519. *Ayyûb*. 4,332. *Bayâdir*. 4,475.

(226) *Mirdâd*. 6,763. cf. aussi *Durûb*. 6,58.

(227) *Yawm*. 2,140.

(228) *Mirdâd*. 6,599. Dans *Bayâdir*. 4,546 l'auteur s'interroge : «Quelle serait la valeur de l'homme s'il n'avait le sentiment de sa divinité»?

(229) *Nûr*. 5,532.

(230) *Arqaš*. 4,368. *Karm*. 3,637. *Ayyûb*. 4,303. *Bayâdir*. 4,505. *Mahabb*. 5,470. *Mirdâd*. 6,600. et *Aḥâdîṯ. 9,643. Même affirmation chez M.Ziyâdé. cf. Ġâyât al-ḥayât*. p. 14.

(231) *Mirdâd*. 6,807.

plus profond de lui-même, l'homme est toujours inconsolable de ne pas être Dieu. Quoiqu'il fasse, l'homme revient toujours à sa source divine: «Si tu scrutes ton cœur, dit Nu'ayma à son interlocuteur, tu y trouveras un berceau pour le Dieu incarné en toi et un trône pour l'homme apte à se déifier»[232].

A quelles sources Nu'ayma puise-t-il cette doctrine de la déification de l'homme ? Son adhésion au Christianisme orthodoxe est sa première source. Mais le soubassement le plus solide reste l'Evangile et la personne même du Christ. En effet, explique-t-il, «Jésus donne l'ordre suivant à ses disciples: «Soyez parfaits comme votre Père Céleste est parfait». Or, si tout homme peut devenir parfait, cela signifie qu'il peut devenir dieu, car la perfection est à Dieu». Et «si l'homme ne peut pas atteindre cette perfection, quelle valeur reste-t-il aux paroles du Christ ? Cependant, quelle force cachent ses paroles ailées ! Elles contiennent la synthèse de la vie de l'homme et de son salut, la finalité suprême de sa vie et l'espoir infini de parvenir à cette finalité»[233] ! Cet appel à la perfection sert aussi de fondement à la «Logosophie ou science du Logos ou Christ ... et science de la divinité dans l'homme»[234] .

Cette divinité de l'homme lui est révélée par Dieu, le Père de Jésus lui-même: «J'ai dit: Vous êtes des dieux», souligne Nu'ayma[235] . Mais celui-ci omet un autre psaume qui apporte des nuances à cette expression orientale et poétique de la divinité de l'homme: «Tu l'as fait de peu inférieur à un dieu»[236] . En effet, selon le Christianisme, l'homme n'est pas par nature d'essence divine, il n'est pas une âme divine tombée dans un corps mauvais, mais il est appelé à la divinisation. Aussi, il n'est point seulement homme, mais dieu-homme.

Poursuivant sa recherche, l'auteur de *Sab'ûn* écrit : «Jésus ne se contente pas de dire que le Père et Lui ne font qu'un, qu'Il est dans le Père et que le Père est en Lui, mais il ajoute : «Si vous me connaissiez, vous connaîtriez aussi mon Père... et vous L'avez déjà connu et vu»[237] . Cette identification entre Jésus et son Père, puis entre Jésus et ses disciples, constitue la pierre angulaire de la doctrine de Nu'ayma sur la déification de

(232) *Nûr*. 5,688.
(233) cf. *Masîḥ*. 9,246. et *Ṣawt*. 5,463.
(234) R. Guénon. *Le théosophisme*; p. 183-184.
(235) *Masîḥ*. 9,246. reprenant le *Psaume*. 82,6-7 qui ajoute: «et les Fils du Très-Haut». cf. aussi *Mirdâd*. 6,789.
(236) *Psaume*. 8,6. cf. l'explication qu'en donne le Christ. *Jean*. 10,34-35.
(237) *Masîḥ*. 9,246.

l'homme, cet être en devenir, cette créature dont l'essence est de se surpasser elle-même pour passer de l'état de créature à celui de Créateur, de l'humanité à la divinité[238] .

L'homme est la création suprême de Dieu: «Il est l'enfant prédestiné à recevoir la couronne de la divinité, *innahu-l-ṭiflu al-mu'addu litâği al-ulûhati*»[239] . Car il a en lui toutes les capacités pour devenir semblable à Dieu. Bien plus, «son âme est un débordement de Dieu, *fayḍ min Ilâh*», «un écho de Dieu»[240] et «une guitare divine dont les cordes magiques ne cessent de réveiller en lui ses désirs de l'Absolu»[241].

Cette conception nu'aymienne de l'homme coïncide avec le thème central de l'Incarnation tel que le chante l'Eglise Orthodoxe à la messe, mais elle s'en écarte dès l'instant où le fils de *Baskinta* s'arrête au Christ considéré uniquement comme le modèle de cette déification et non pas comme son gage et sa condition. En effet, Nu'ayma ne voit en Jésus qu'un guide qui montre à l'homme «le chemin du retour vers son origine divine.». Ce retour est quasiment impossible si le Verbe Incarné n'a pas la même substance avec le Père. S'il n'est pas vrai Dieu, notre déification est impossible, car «c'est lui le Verbe, le Logos qui nous ouvre la voie vers l'union avec la divinité»[242] .

3- Ǧubrân et la Déification.

La place qu'accorde Ǧubrân à cette doctrine chrétienne n'est pas moindre que celle de son ami. Mais il en parle dans un langage romantico-poétique et sans lui donner de fondement religieux. Rappelant la création de l'âme, le poète libanais dit: «Le Dieu des dieux sépara de lui-même une âme et y insuffla la beauté. Il lui donna la douceur de la brise du matin, le parfum des fleurs des champs et la délicatesse des rayons de la lune. Il lui accorda la coupe du bonheur, de la joie et de la tristesse. Il répandit sur elle l'amour de charité et la science céleste pour la conduire dans les voies de la vérité. Puis, Il mit en elle la vie qui est l'ombre de la mort. Enfin, le Dieu des dieux sourit, pleura, ressentit un amour infini et réunit l'homme à Lui-même»[243] . D'origine divine, l'homme est «un souffle

(238) *Aḥâdîṯ*. 9,543 et 710. *Ǧubrân*. 3,334. *Maqâlât*. 7,237.
(239) *Mâqâlât*. 7,195.
(240) *Hams*. 4,19. et 49.
(241) *Hawâmiš*. 6,450.
(242) V. Lossky. op. cit. p. 8. Voir aussi l'affirmation de M.J. Le Guillou. *Le visage du Ressuscité*. p. 69 et 399.
(243) *Dam'a*. p. 256.

dans la sphère de Dieu et une feuille dans sa forêt»[244] . Il est «une flamme que Dieu a séparée de Lui-même avant la fin des temps»[245]. Il est «l'ombre de Dieu sur terre»[246] et «le premier Verbe que Dieu a prononcé»[247]. Il est «le souffle même de Dieu qui ne peut être saisi et emprisonné»[248] . En un mot, il est «un dieu qui s'élève très lentement vers la divinité»[249] , vers la perfection. Mais il ne pourra l'atteindre qu'en retournant à Dieu, en s'unissant à Lui et en disparaissant en Lui.

Dans chaque graine couve une nostalgie, *ḥanîn*. C'est la nostalgie vers l'éclatement de l'enveloppe qui l'empêche de s'ouvrir, de s'élever et d'être un arbre. Ainsi en est-t-il de l'homme. Il est un amas de nostalgie, la nostalgie du dieu emmailloté dans l'homme»[250] . Ces langes sont tantôt un voile épais, tantôt un grand bâtiment. Invoquant celle vers laquelle il se sent attiré, le héros de *Ramâd al-aǧyâl*, alî al-Husaynî, fait cette prière: «Déchire ce voile qui cache mon être et détruis ce bâtiment qui cache ma divinité»[251] . Pour encourager l'homme dans sa recherche, Ǧubrân lui donne la certitude de voir un jour son désir réalisé et sa nostalgie pleinement comblée. *«Mâ min ḥanîn illâ wa yataḥaqqaq*, toute nostalgie est en cours de réalisation»[252] .

La divinité étant sa véritable nature[253] , tout homme est en route vers la déification plénière, en route vers Dieu, son origine. En cela, il est semblable à «l'eau de la mer qui s'évapore, s'élève..., devient nuage, chemine au-dessus des vallées ... puis redescend vers les champs. Là, elle se joint au ruisseau et regagne de nouveau la mer, sa patrie. Il en est de même de l'âme. Elle se sépare de l'Esprit Universel et chemine dans le monde de la matière... jusqu'à ce qu'elle rencontre les brises de la mort. Alors, elle retourne à son origine, à l'océan de la *maḥabba*, de la beauté, de Dieu»[254] . En attendant ce retour à Dieu, Ǧubrân déplore l'ignorance

---

(244) *Le Prophète*. p. 51.
(245) *Ramâd*. p. 53.
(246) *Dam'a*. p. 336.
(247) *Ramal*. p. 152.
(248) Tâ'ih. p. 461.
(249) *Aliha*. p. 393. Malgré ses nombreuses affirmations de le divinité de l'homme, il arrive à Ǧubrân de se contredire et de la méconnaître. Il écrit par exemple : «Les hommes sont des lignes, écrites, mais avec de l'eau». *Mawâkib*. p. 363. Nu'ayma explique ce changement par l'infuence de Nietzsche sur son ami. cf. *al-Maǧmû'a al-kâmila al-'arabiyya*. p 24-25.
(250) N.Naïmy. *Ǧubrân fî 'alamihi*. Adâb. Octobre 1972. p. 47.
(251) *Ramâd*. p. 54.
(252) *Sand and foan*. p. 25. Notons que l'archimandrite Antonius Béchir a traduit le mot anglais non pas par *ḥanîn*, nostalgie, mais par *šahwa*, passion. cf. *Ramal*. 165.
(253) *Sagesse*. p. 66.
(254) *Dam'a*. p. 243. Keats par qui Ǧubrân est influencé écrit : «Cette vie ici-bas est un

dans laquelle sont les hommes, «ignorance de leur origine et de leur finalité divines»[255]. Ils oublient qu'ils sont «des vases choisis par Dieu»[256], «préparés pour recevoir une Vérité éternelle qui est Dieu»[257]. Ils se laissent aveugler par leurs passions et délaissent leur divinité[258] bien que tout en eux aspire à cette divinité[259]. Eblouis par leurs richesses, ils s'étonnent de ne pas la trouver. Pourtant, elle est là, debout, tel un géant, et elle se moque de la témérité de la terre et de la colère de la nature. Telle une colonne de lumière dressée au milieu des ruines de Babel et de Ninive, de Palmyre, de Bombay et de San Francisco, elle chante son cantique : «Que la terre prenne ce qui lui appartient, je suis éternelle»[260].

Pour peindre cette aspiration de l'homme à rechercher Dieu et à vouloir s'identifier à Lui, le fils de *Bcharré* trouve des accents d'un lyrisme bouleversant. «Du haut de la sainte montagne, écrit-il, j'ai appelé Dieu: «Je suis ton serviteur, Seigneur, ta volonté est ma loi, ma vie entière, je veux te rester fidèle» ! Mais Dieu ne me répondit point. Il passa tel un ouragan et se cacha à ma vue. Mille ans plus tard, je gravis la même montagne et m'adressai à Dieu dans ces termes: «Seigneur, je suis l'œuvre de tes mains; de la terre Tu m'as pétri; ton esprit, Tu l'as insufflé en moi. Je Te dois tout mon être»! Mais Dieu ne me répondit pas. J'attendis encore mille ans puis je repris la route de la montagne et je priai ainsi: «Père Saint, je suis Ton enfant bien-aimé. Dans la tendresse et l'amour, Tu m'as fait naître. Par l'amour et l'adoration, j'hériterai de Ton royaume». Pour la troisième fois, Dieu ne me fit aucune réponse. Mais, semblable à la brume qui voile les collines, Il se cacha à ma vue. Mille ans plus tard, je refis la même démarche: «O mon Dieu, Toi le Sage et l'Omniscient, ô ma perfection et la finalité de ma vie, je suis Ta veille et Tu es mon lendemain. Je suis Tes racines dans les profondeurs de la terre et Tu es mes fleurs dans la lumière du ciel. Ensemble nous grandissons au soleil. «A ce moment, Dieu se pencha sur moi et chuchota à mon oreille des mots pleins de douceur et de tendresse. Et tout comme la mer accueille un ruisseau de retour vers elle, Dieu m'accueillit en son sein»[261].

= rêve en comparaison de l'éveil que nous appelons la mort... Dans le monde futur, nous verrons tous nos sentiments et nous saisirons l'essence de notre divinité». Cité par Ǧ.Ǧabr. *Ǧubrân, sîratuhu*. p. 34.

(255) N.Naïmy. *Ǧubrân fî 'alamihi*. Adâb. Octobre 1972. p. 19. Nous trouvons la même attitude chez M.Nu'ayma. cf. *Sab'ûn*. 1,243.

(256) *'Awâṣif*. p. 470.

(257) précise Nu'ayma. *Ṣawt*. 5,340.

(258) *Dam'a*. p. 265.

(259) *Aliha*. p. 390.

(260) *Dam'a*. p. 267. et 306.

(261) *Maǧnûn*. p. 10. Ce texte exprime également la foi de Ǧubrân en la réincarnation.

Que l'on ne crie pas trop vite au scandale du panthéisme. Ce n'est là qu'une expression poétique, un peu osée peut-être, de la parole du Christ aux siens: «Si quelqu'un m'aime, il gardera ma parole, mon Père l'aimera et nous viendrons à lui et nous ferons chez lui notre demeure».

Le *Prophète*, sommet de l'œuvre et de la vie de Ğubrân, résume cette vérité par cette consigne: «Quand vous aimez, vous ne devez pas dire: «Dieu est dans mon cœur» , mais plutôt: «Je suis dans le cœur de Dieu»[262]. Or, le message chrétien n'est-il pas «tant le divin dans l'homme que l'humain en Dieu»[263] ?

Dans cette perspective, l'homme doit cultiver cette semence divine qui est en lui afin de produire des fruits dignes de Dieu tels que la joie, l'amour et la fraternité universelle. Il doit également accepter d'être «la nourriture des dieux, *ṭa'âm al-Aliha*» , autrement dit, mourir à lui-même pour trouver sa gloire en Dieu. «Car tout ce qui est humain n'a aucune valeur tant qu'il reste purement humain. La pureté des enfants et l'amour des jeunes, la passion des hommes en pleine maturité et la sagesse des vieillards, la gloire des rois et la victoire des guerriers, la renommée des poètes, l'honneur des gouvernants et des saints, tout cela doit être la nourriture des dieux... Et, comme le grain de blé se transforme en un cantique d'amour une fois que le rossignol s'en est nourri, ainsi en est-il de l'homme : ce n'est que lorsqu'il accepte d'être le pain des dieux qu'il pourra savourer la divinité»[264].

Est-ce là une manière métaphorique et romantique d'interpréter la parole de l'Evangile : «Celui qui perd sa vie à cause de moi, celui-là la sauvera» ? C'est fort probable, car, parler de la croix, de la souffrance, du renoncement, répugne aux oreilles de nos contemporains. Ğubrân le sait, comme il sait aussi que «le devoir de l'art est de déifier l'existence»[265]. Aussi pour atteindre le fond le plus intérieur de l'âme, il emploie un style mystico-lyrique qui lui assure une large audience auprès des hommes d'aujourd'hui[266].

4. Conséquences de la foi en le Déification chez Ğubrân et Nu'ayma.

La principale conséquence de cette foi en l'homme créé à la ressemblance de Dieu et appelé à devenir «par grâce ce que Dieu est par nature» est le respect de tout homme. En effet, «le jour où l'on croira fermement

(262) *Le Prophète*. p. 15.
(263) G. Van Der Leeuw. op. cit. p. 652.
(264) *Aliha*. p. 370-371.
(265) Comme le dit J. Choron. op. cit. p. 174.
(266) Penser tout simplement au succès que connaît son livre *Le Prophète*.

que l'homme possède en germe tout ce que Dieu possède en plénitude..., ce jour-là les hommes pourront orienter toutes leurs forces vers la réalisation de Dieu dans l'homme et ce jour-là seulement tous leurs problèmes disparaîtront car l'homme sera devenu un frère universel pour tous»[267]. Et aussi laid que soit son visage, il sera considéré comme un don du ciel à la terre, un frère qu'il ne convient pas d'humilier ni de fouler aux pieds[268] mais de guider sur la route de la déification. Car le meilleur don et le plus beau cadeau que l'on puisse faire à un homme c'est «de déchirer les voiles qui lui cachent ses richesses, à savoir la semence et les mystères de la divinité[269] puis de l'aider à «sortir du fourreau de son humanité pour s'acheminer vers le sommet de sa divinité. Là est l'art suprême»[270]! Quelles sont les règles de cet art ?

5- Les moyens de Déification

L'union à laquelle l'homme est appelé n'est ni hypostatique, comme pour la nature humaine du Christ, ni substantielle, comme pour les trois personnes divines: c'est l'union avec Dieu dans ses énergies ou l'union par la grâce. On reste créature tout en devenant Dieu par la grâce, comme le Christ est resté Dieu en devenant homme par l'Incarnation. L'homme n'est pas déifié dès qu'il est créé. Sa déification se réalisera en sa plénitude dans le siècle futur, après la résurrection des morts, déclare la doctrine chrétienne, après de nombreuses vies successives, rétorquent Ǧubrân et Nu'ayma. Cette déification est œuvre de grâce confiée à l'Eglise et à laquelle coopère la liberté humaine. En réaction contre une certaine passivité, les deux amis éliminent le rôle de la grâce, ou du moins, n'en parlent point, pour laisser toute la place à la liberté et à la responsabilité humaines. Puis, ignorant l'aspect rénovateur des sacrements et déniant à l'Eglise tout rôle de sanctification et de déification, les deux amis se tournent vers le Christ, non en tant que «médiateur entre les hommes et la Trinité», et «principe de toute déification», mais en tant que modèle à suivre et à imiter : «Ne vois-tu pas qu'en parcourant le chemin du Golgotha vers la croix, en acceptant la crucifixion, les moqueries et la souffrance sans qu'un mot de plainte ou de blâme ne lui échappe, le Christ a voulu nous montrer la voie qui conduit de l'être humain et mortel à l'Etre divin et immortel»[271]?

---

(267) *Aḥâdîṯ*. 9,594. Nous avons déjà longuement parlé de cet aspect d'universalisme chez les deux amis: amour universel, religion universelle, fraternité universelle...

(268) *Mirdâd*. 6,664.et 728.

(269) *Zâd*. 5,120.

(270) *Bayâdir*. 4,512.

(271) *Nûr*. 5,689. Nu'ayma critique ceux qui disent que Jésus le Nazaréen, qui a appelé à la libération, n'était qu'un cri dans une vallée et une chanson dans un moulin. Ibid. p. 690-691.

S'interrogeant sur la route parcourue et celle qui lui reste à parcourir, le fils de *Baskinta* se réfère à son Modèle pour constater qu'il est encore loin de l'étape finale qui le conduira à la déification définitive: «Je n'ai pas encore dit: «Père, pardonne-leur car ils ne savent pas ce qu'ils font». Mon sang ne s'est pas encore transformé en eau. Mes lèvres n'ont pas encore dit: «Mon combat est accompli» ! Mais le temps est long et la miséricorde de Dieu est plus étendue que le temps»[(272)].

Pour accomplir ce combat, l'homme doit accepter, à l'exemple du Christ, la souffrance purificatrice symbolisée tantôt par le nouveau déluge «qui n'a pas pour but d'effacer les traces de l'homme sur la terre, mais de dévoiler et de manifester Dieu dans l'homme», tantôt par la fournaise dans laquelle «l'homme doit pénétrer volontairement afin d'en sortir un dieu»[(273)]. Mais il ne sortira «dieu» et ne verra le Dieu vivant en lui que «lorsqu'il se laissera consumer par Dieu».. , «tout comme le feu consume le bois»[(274)].

Ouverte à Dieu par nature et capable de grâce, appelée dans le Christ à la communion surnaturelle, la personne humaine est, grâce à l'action de l'Esprit-Saint, orientée positivement vers la déification. En bon chrétien orthodoxe, Nu'ayma met en relief cette action déifiante de l'Esprit qui seul peut faire l'unité de l'homme avec lui-même et avec son Créateur. «En vérité je vous le dis, déclare l'auteur par la voix de Mirdâd, vous êtes vous aussi des fils de Dieu, et l'Esprit-Saint œuvre en vous de façon incessante»[(275)]. Cette action de l'Esprit produit la charité qui devient à son tour un moyen tout-puissant pour arriver à la déification. Fruit de la volonté et de l'intelligence, la charité rend l'homme semblable à Dieu, à savoir, Charité. Dieu est Amour, se plaisent à répéter Ǧubrân et Nu'ayma à la suite de S. Jean. C'est pourquoi, forts de cette charité et enracinés dans la connaissance, ils ne semblent guère handicapés dans leur cheminement vers la déification, malgré leur refus de l'Eglise et des sacrements. Jérémie n'a-t-il pas proclamé: «Vous êtes vraiment des dieux en ce que vous connaissez et aimez Dieu»[(276)]! Aussi, la connaissance et la charité

---

(272) Ibid. p. 690.

(273) *Mirdâd*. 6,616. A plusieurs reprises, Ǧubrân et Nu'ayma soulignent ce rôle purificateur et rédempteur de la souffrance. cf. *Ramal*. p. 169. *Rasâ'il ḥubb*. 1,54. *Sagesse*. p. 66. *Dam'a*. p. 273. *Badâ'i'*. p. 512. *Ayyûb*. 4,263-264 et 329. *Bayâdir*. 4,502, 503, *Zâd*. 5,163. *Ǧubrân*. 3,16-17. Au sujet du sens de la souffrance dans le Christianisme et l'Islam, cf. Anawâtî et Gardet. *La mystique musulmane*. p. 171.

(274) *Zâd*. p. 131.

(275) *Mirdâd*. 6,603, 789. Notons que «pour les Pères Grecs, l'Esprit-Saint est le «mystagogue» de la déification. cf. O.Clément. *L'essor du Christianisme oriental*. p. 22. Même affirmation chez M.L.Borodine. op. cit. p. 274.

(276) Cité par Maître Eckhart. op. cit. p. 243.

sont pour eux des moyens privilégiés pour aller à Dieu, s'unir à Lui et parfaire la déification(277).

A ces moyens, Nu'ayma joint un autre, puisé à l'Hindouisme. Il s'agit du Yoga cette forme de contemplation mystique qui se présente sous divers aspects. La préférence de Nu'ayma va au *Raja Yoga*, car «il a pour but d'éveiller les forces spirituelles endormies au fond de l'homme afin qu'il prenne conscience que sa finalité est de se libérer de son humanité pour atteindre sa divinité»(278). Cet attachement de Nu'ayma au Yoga n'est point étonnant, étant donné sa fascination pour la *Bhagavad Gîta*, comme nous l'avons déjà signalé.

Le Yoga, la connaissance, la charité, la souffrance et les efforts personnels(279) seraient insuffisants et inefficaces si l'homme n'avait que quelques années à sa disposition pour faire «son apprentissage de dieu». C'est pourquoi, dans sa bonté et sa justice, sachant qu'une seule vie est insuffisante pour s'unir à Lui et devenir créateur comme Lui(280), Dieu a donné à l'homme toute l'éternité ainsi que la possibilité de se réincarner autant de fois que cela serait nécessaire pour atteindre la perfection et retourner à Lui, faisant ainsi de la réincarnation le moyen le plus important et le plus efficace de la déification. Mais, bien qu'elle paraisse être l'œuvre de l'homme, cette déification «ne se réalise pas en définitive en dehors et indépendamment de Dieu, moins encore en s'opposant à Lui et à tous les êtres»(281). Car «tout comme un rameau vivant d'une vigne est enterré afin de pousser, grandir et devenir une nouvelle vigne portant des fruits tout en demeurant relié à la vigne-mère, ainsi en est-il de l'homme, ce rameau vivant de la vigne divine: s'il est enfoui dans la terre de sa divinité, il deviendra un dieu tout en demeurant uni à Dieu de façon infrangible»(282).

Cette déification ne détruit pas l'homme mais le transforme. Cette transformation ne se fait , selon le fils de *Baskinta*, que par un certain

(277) *Awṯân*. 3,538. Sur les moyens de déification de l'homme pour Ǧubrân, cf. J. Merhi el. Yammouni. G.K.G. *L'homme et sa pensée philosophique*. p. 95-104.

(278) *Aḥâdîṯ*. 9,743.

(279) *Nûr*. 5,535.

(280) *Aḥâdîṯ*. 9,630 et 486. Ailleurs, l'auteur déclare qu'une divinité obtenue au cours d'une ou même de plusieurs générations serait une marchandise à vil prix. *Nûr*. 5,691.

(281) R. Arnaldez. *Les valeurs humaines*. op. cit. p. 7. Puis l'auteur ajoute: «Il faut dire autant «du moi humain par rapport au Moi divin: il ne saurait se définir dans son en soi, en dehors du Moi divin». Ibid.

(282) *Mirdâd*. 6,723. Ailleurs, Nu'ayma affirme : «Lorsque l'homme parviendra à cette étape, il ne reniera pas l'existence de Dieu, mais travaillera avec Lui main dans la main *Aḥâdîṯ*. 9,664.

anéantissement de l'homme en Dieu, *bi fanâ'ihi fîhi*, ou bien, *bitalâšîhi fîhi*[283]. Une fois de plus, Nu'ayma évoque une valeur essentielle de la mystique musulmane, celle *d'al-fanâ' fî-l-Ilâh* qui n'est pas sans analogies avec des valeurs spirituelles de la mystique chrétienne.

Conclusion

«Je crois en Jésus-Christ fils de Dieu et fils de l'homme.
Il est allé jusqu'au bout de la vérité,
Jusqu'au bout de l'amour, jusqu'au bout du don.
Il a été condamné à mort, comme un malfaiteur,
Au milieu de deux brigands, lui qui n'a fait que du bien.
Parce que le monde a du mal à accepter la vérité.
A accepter la contestation, à accepter la libération...
Mais Jésus est ressuscité des morts,
Et il est maintenant le Seigneur,
Il partage la gloire du Père»[284].

Ce credo reflète l'image du Christ «Sauveur» et «Rédempteur» telle que la dépeignent Ğubrân et Nu'ayma. A la lumière d'un Christianisme plus ou moins traditionaliste dont ils sont fortement imprégnés et des religions orientales par lesquelles ils sont attirés, animés par un anti-cléricalisme d'autant plus justifié que le clergé a déformé le visage de leur grand frère et maître Jésus, les deux amis ne trouvent nulle difficulté à accommoder leur économie du salut et à comprendre le Christ non pas en tant que Dieu qui s'est incarné et a assumé la condition humaine afin de pouvoir, par sa mort et sa résurrection, sauver le genre humain du mal, du péché et de la mort comme l'enseigne l'Eglise, mais en tant qu'un homme qui, par l'amour, le renoncement à lui-même, le don total de sa personne, la sublimation spirituelle, la victoire sur la peur et la mort, a rejeté les langes qui l'emmaillotaient et libéré le Dieu qui est en lui. Ainsi, le Christ n'est pas un Dieu descendu vers l'homme mais un homme qui s'est élevé lui-même vers la Divinité. C'est pourquoi, il a été capable de faire des miracles et d'opérer des prodiges durant sa vie, de ressusciter après sa mort et d'affirmer être: «La Voie, la Vérité et la Vie». Par conséquent, il est pour les deux amis, et particulièrement pour Nu'ayma, l'unique voie de salut, non pas en tant que Dieu-Rédempteur, mais en tant qu'un être humain qui a donné l'exemple et la preuve finale que l'homme, ce dieu

(283) *Mirdâd*. 6,673.
(284) Paul Grostéfan. *Car Dieu répond*. p. 88.

en germe, cet «être merveilleux par son désir de libération et de déification»[285], peut lui aussi passer de l'humain au divin grâce aux nombreux moyens que Dieu met à sa disposition et dont les plus importants sont la réincarnation et la charité[286].

---

(285) *Awṯân*. 3,567.

(286) Nous ne nous sommes pas arrêtées à l'aspect *ḫalâṣ*, libération, étant donné que cet aspect de la pensée philosophique et religieuse de Nu'ayma vient d'être étudié par M.Shaya. *Falsafat M.Nu'ayma*. Beyrouth (1979), p. 119-193. Quant à Ǧubrân, cf. l'ouvrage de J.M. el-Yammouni. G.K.G. *L'homme et sa pensée philosophique. Vision de l'homme et de la divinité*. Lausanne. p. 104-119.

CHAPITRE QUATRE

L'ESCHATOLOGIE CHRETIENNE AUX YEUX DE ǦUBRAN ET DE NU'AYMA

Introduction

La méditation du mystère du Christ, de son message évangélique et de son amour poussé à l'extrême a conduit Ǧubrân et Nu'ayma à s'interroger sur le devenir ultime de l'existence chrétienne. Car la prédication du Christ n'a pas seulement un contenu religieux, mystique, moral et théologique. Elle renferme également une eschatologie. Elle annonce la parousie qui vient. Bien plus, elle est la proclamation de la réalisation des espérances eschatologiques.

Qu'est-ce que l'eschatologie chrétienne ? C'est la foi qu'en définitive «il y a pour l'homme un avenir absolu, (personnel et collectif), et que cet avenir, c'est la réalité même de Dieu : Dieu est la "fin" de l'homme»(1). «S'il est gagné, Il est ciel; s'Il est perdu, Il devient enfer. En tant que discriminant, Il est jugement. En tant que purifiant, Il est purgatoire»(2). Pour parvenir à cette 'fin', l'homme doit passer par la mort, moment de rencontre ultime avec Dieu en vue du jugement particulier, suivi de la purification de l'âme puis de la vision béatifique en attendant que s'accomplisse le cours du monde et que le jugement général fixe à tout jamais l'humanité dans le bonheur éternel ou dans le malheur éternel.

Eschatologie individuelle et eschatologie universelle: telles sont les deux perspectives de ce chapitre. Mais avant de les aborder l'une et l'autre pour définir exactement la doctrine eschatologique des deux écrivains libanais, il convient de souligner leurs difficultés à concilier leur foi en cet aspect fondamental du Christianisme que sont les fins dernières de

(1) H. Rousseau. *Les religions*. p. 66.
(2) L. Boros. *L'homme et son ultime option*. p. 161.

l'homme et de l'humanité, et leur foi en la réincarnation. Nu'ayma confesse que la période la plus dure de sa vie fut celle de sa jeunesse lorsqu'il se mit à réfléchir sur la vie et la mort, l'au-delà et l'éternité. «Une vie qui finit par la mort m'a paru futile. L'enseignement religieux que j'avais reçu à propos de la résurrection ne m'aidait point à résoudre ces problèmes»(3). «Il m'était aussi difficile d'accepter une éternité toute de bonheur ou toute de malheur que d'accepter la mort»(4). Ces difficultés ont trouvé leurs solutions dans la doctrine de la réincarnation que Ǧubrân et Nu'ayma ont accueillie avec beaucoup d'enthousiasme comme nous l'avons déjà noté. Mais les solutions pratiques auxquelles ils ont abouti ne leur font pas oublier l'enseignement du Nouveau Testament et celui de l'Eglise sur les fins dernières et leurs lieux corrélatifs.

I- L'Eschatologie de l'homme individuel

A- La Mort chez Ǧubrân et Nu'ayma.

Depuis qu'ils naissent, grandissent et meurent, les hommes s'interrogent: Qu'est-ce que la mort ? Sur quoi débouche-t-elle ? Comment meurt-on ? Comment s'effectue le grand voyage ? La souffrance est-elle insupportable qui mène de la vie à la mort ? La mort est-elle un châtiment ? Ou bien est-elle au contraire délivrance et libération ?

Théologiens et philosophes, penseurs et hommes de lettres ont tenté de répondre à ces questions. Quelles sont les réponses de Ǧubrân et de Nu'ayma ?

1- Ǧubrân et la mort.

Fidèle à sa foi en la bonté naturelle de l'homme et à sa conception du péché, l'auteur du *Prophète* n'établit aucune relation de cause à effet entre le péché et la mort comme l'enseigne la doctrine chrétienne. Fruit du péché de l'homme, «loi implacable de la nature, à laquelle nul vivant ne peut se soustraire»(5), la mort est pour Ǧubrân «un commencement et une victoire»(6) et nullement un châtiment(7).

(3) *Aḥâdîṯ*. 9,750.
(4) *Sab'ûn*. 1,836.
(5) G. Martelet. *Résurrection*. p. 47. et Ǧubrân écrit: «Socrate, Jésus, Jeanne d'Arc et Lincoln, les quatre êtres les plus beaux que le monde ait jamais connus, sont morts». Cité par B.Young. op. cit. p. 29.
(6) Mawâkib. p. 362.
(7) S'interrogeant sur la mort des siens, Ǧubrân conclut: «C'est moi qui aurais dû mourir et non pas ma mère, mon frère et ma sœur. Mais la vie peut être un châtiment et la mort une récompense». *Ǧubrân*. 3,67-74.

a. Elle est le commencement d'une vie nouvelle. Quelle est la nature de cette «vie nouvelle» ? Est-elle un retour aux éléments du cosmos ? Est-elle accès à une nouvelle forme de vie, achèvement de la création, entrée dans la communion plénière? Ǧubrân ne le dit pas. Il affirme seulement que cette vie nouvelle n'est nullement synonyme de solitude et d'isolement, mais de communion plus intense encore avec les êtres connus et aimés(8). De fait, la mort ne sépare pas celui qui aime de l'être aimé. Elle n'est pas la fin d'une histoire d'amour. Car lorsqu'on s'aime vraiment, il est impossible d'imaginer une séparation définitive. On espère l'amour pour toujours. «L'amour *per-se* implique une relation de communication et d'intimité qui ne peut être détruite. L'être aimant se convainc lui-même que le bien-aimé n'a pas disparu. Sa présence l'accompagne partout. Aussi, à ce stade de l'amour, l'espérance devient-elle une fidélité créatrice»(9). Ainsi, animé par cet amour pour les âmes des défunts et bercé par son désir de continuité, le prophète d'Orphalèse déclare: «Derrière la mort, je continuerai à vivre. Esprit invisible, je me tiendrai à vos tables. Je vous accompagnerai à vos champs... Je viendrai en hôte invisible à vos cheminées»(10). «Fermez les yeux, vous me verrez parmi vous aujourd'hui, demain et après demain»(11).

b. Elle est aussi une victoire, la victoire de la vie, car elle est libération. Elle libère l'homme de tout ce qui l'entrave dans sa marche vers Dieu. Elle libère «le souffle de ses marées inquiètes, pour qu'il puisse s'élever, se dilater et rechercher Dieu dans ses entraves»(12). «Non, Mary, la mort ne nous change pas. Elle libère seulement en nous notre conscience de nous-mêmes»(13), autrement dit, «elle est libération de l'homme des conditions du péché et résurrection dans le Christ»(14).

Cette libération est désirée et ressentie particulièrement par les simples et les pauvres qui, n'étant pas attachés aux biens de la terre, n'éprouvent aucun mal à les quitter. En cela, ils ressemblent à un voyageur en mer. «S'il a peu de bagages, il la traverse facilement. Mais, s'il s'encombre de bagages, il s'y noie»(15). Ecoutons le poète appeler la mort de tous

---

(8) Ǧubrân affirme même qu'il faut passer par la mort pour renaître à un plus grand amour. cf. *Sâbiq*. p. 78.

(9) J. Ghougassian. op. cit. p. 156 et 157. Même affirmation chez Dostoïevski. *Les Frères Karamazov. 2,480.*

(10) *Ḥadîqa*. p. 481.

(11) *Dam'a*. p. 336.

(12) *Le Prophète*. p. 81.

(13) cf. *Beloved Prophet*. Lettre du 16-5-1916. p. 273.

(14) A. Ravier. *Vie humaine et vie divine*. Dans *La Mystique*. p. 94. Même affirmation chez M.L.Borodine. op. cit. p. 257.

(15) *Mawâkib*. p. 362.

ses vœux: «Viens, ô mort toute belle ! Mon âme aspire à te recevoir. Viens, approche et délie les chaînes de la matière, car je suis las de les traîner. Viens, ô mort toute douce et sauve-moi des hommes qui me considèrent comme étranger car je leur communique le message des anges»[16]. «O mort, toi qui es la vérité de mes rêves et l'objet de mes espoirs, accueille mon âme ! Serre-moi bien fort ! Tu es miséricordieuse ! Tu es l'existence des dieux ! Tu es la droite de la Vérité ! Ne m'abandonne pas ! Etreins mon âme, toi, ma bien-aimée»[17].

Cet ardent désir de la mort est l'expression la plus frappante de la foi de Ǧubrân en l'origine divine de l'homme[18], et en l'éternité de bonheur qui l'attend. Voilà pourquoi il taxe les larmes sur les morts de grande erreur des générations passées[19] et exhorte les hommes ses frères à «se réjouir avec leurs défunts et à chanter avec eux l'hymne de l'éternité. Il les invite à ne pas porter le deuil mais à se revêtir de blanc en signe de joie et d'allégresse»[20]. Cette joie devant la mort n'est nullement incompatible avec la foi de Ǧubrân en la réincarnation qui conçoit l'existence humaine comme une succession de vies s'ouvrant sur l'éternité. Pour goûter cette joie, une condition est requise: donner à la mort toute sa place dans la vie de l'homme et dans son pèlerinage vers l'Absolu. «La mort, écrit Ǧubrân, n'est pas l'opposé de la vie et la vie n'est pas l'opposé de la mort. La vie signifie le développement de l'homme, or, se développer et grandir signifie être en constant état de mort. De là, toute mort devient en réalité une naissance nouvelle et un passage à un état supérieur. De même toute naissance est une sorte de réincarnation qui permet à l'homme d'avancer progressivement dans son voyage vers Dieu, naissance après naissance, mort après mort jusqu'à ce qu'il parvienne à l'Absolu»[21].

Cette conception ǧubranienne de la mort n'a rien de particulièrement nouveau. Le fils de *Bcharré* ne fait que suivre une tendance fort répandue chez les romantiques, les symbolistes et les mystiques pour qui la mort est un pont jeté entre cette terre et l'autre vie, un bateau qui s'en va vers l'au-delà ! Mais Ǧubrân va plus loin et établit une égalité entre la vie et

---

(16) *Dam'a*. P. 252. Même remarque chez Tolstoï. cf. *La mort d'Yvan Illitch*. p. X et 152.

(17) *Dam'a*. p. 308. Nous trouvons de semblables accents chez les romantiques. cf. J. Choron. op. cit. p. 135. Ces deux thèmes de l'amour et de la mort sont les deux piliers de la vie et de l'œuvre de Tolstoï. cf. *La mort d'Ivan Illitch. Introduction*. p. 5.

(18) K. Ḥâwî note que Ǧubrân croit que «seuls les pauvres» sont d'origine divine et que par conséquent le ciel leur est réservé. cf. *K.G., his background*. p. 131.

(19) cf. *Aǧniha*. p. 218.

(20) *Dam'a*. p. 336. Pour Rûmî aussi, comme pour tous les mystiques, la mort est un motif de joie, note E. de. V. Meyerovitch. *Rûmî et le soufisme*. Paris (1977). p. 58.

(21) Cité par N.Naîmy. *Ǧubrân fî 'âlamihi al-fikrî*. Adâb. Nov. 1972. p. 35.

la mort. «J'ai aimé la mort. Souvent je l'ai appelée par des noms très doux. Je me suis attaché à elle ... J'ai aussi aimé la vie. La vie et la mort me sont devenues égales et semblables par la beauté et la douceur. Toutes les deux ont mérité mon amour et mon affection»[22]. En effet, pour Ǧubrân comme pour ses maîtres orientaux, «la vie et la mort ne sont que les deux faces d'une même réalité»[23]. Bien plus, «la vie est l'ombre de la mort»[24], et «la mort est un mystère de la vie»[25]. Celui qui désire connaître le secret de la mort doit le chercher dans le cœur de la vie. «Si vous voulez vraiment contempler l'esprit de la mort, dit l'auteur du *Prophète*, ouvrez amplement votre cœur au corps de la vie. Car la vie et la mort sont un, de même que le fleuve et l'océan sont un»[26]. Parlant à son frère Lazare, Marie dit: «Le Maître t'a ramené à nous afin que nous sachions qu'il n'y a pas de voile entre la vie et la mort»[27], car, «la mort fait partie de la vie»[28]. Elle est source et condition d'autres vies. «De même que le noyau du fruit doit se rompre pour que son cœur puisse s'offrir au soleil, ainsi l'homme doit connaître la douleur»[29] et «les mères doivent mourir pour donner vie à la vie»[30].

En effet, depuis que l'homme a quitté le jardin d'Eden, il n'est point de naissance et de vie sinon dans les larmes et la douleur. Dieu en proclama la loi à Adam. A son tour, Jésus la rappella au moment de son passage au Père. Sa re-naissance à la divine filiation dans la gloire de la Résurrection s'opéra dans le déchirement de l'agonie puis au Golgotha et dans le sépulcre. Ǧubrân ne va pas jusque-là dans sa conception de la mort. Chez lui, l'élan poétique l'emporte sur les subtilités théologiques qu'il considère comme nuisibles à la bonne compréhension du mystère de la vie et de la mort.

2. Nu'ayma et la mort.

La première expérience que fait Nu'ayma de la mort remonte à la mort de son ami Ǧubrân [31]. Ce jour-là une transformation radicale

(22) *Dam'a*. p. 319.

(23) Pour Novalis (1772-1801), le plus brillant représentant du romantisme allemand, la mort est le complément de la vie. cf. C.Choron. op. cit. p. 136.

(24) *Dam'a*. p. 256.

(25) *Ramal*. p. 187.

(26) *Le Prophète*. p. 80. Même point de vue chez Jung. cf. *L'homme et ses symboles*. p. 148.

(27) *Lazarus*. p. 49.

(28) *Beloved Prophet*. Lettre du 2-8-1915. p. 253.

(29) *Le Prophète*. p. 52.

(30) *Yasû'*. p. 325. Même affirmation dans les *Cinq Grandes Odes* de S. Jean de la Croix. cf. Yvonne Pellé-Douël. *Saint Jean de la Croix et la nuit mystique*. Paris (1979), p. 116.

(31) Un an plus tard, en 1932, ce sera celle de son frère Nasîb, cf. *Sab'ûn*, 1,691.

s'opère en lui[32]; il se tourne alors vers le principe du retour éternel. Tout comme la goutte d'eau part de la mer et retourne à la mer, ainsi en est-il de l'homme. Dans cet éternel retour, la mort ne constitue pas «une coupure mais un chaînon d'une longue chaîne infinie, la chaîne de la vie:[33]. Elle n'est pas non plus un obstacle qui empêche l'homme d'atteindre sa finalité. Bien au contraire, elle peut lui être d'un «très grand secours»[34], à condition de ne point la considérer comme un châtiment, le châtiment de la faute des premiers parents. En effet, la théologie catholique ne considère pas la mort uniquement comme punition et châtiment. Certes, la mort est le châtiment du péché, mais elle est également «l'expression d'une première démarche de la miséricorde divine se penchant sur l'humanité déchue»[35].

La désobéissance d'Adam à Dieu et la mort qui en découle ne sont pas considérées comme telles par l'auteur de *Mirdâd*, mais comme un acte voulu par Dieu pour acheminer l'homme à travers la dualité vers la Vie Parfaite, *al-Ḥayât al-Kamila*[36]. Karl Rahner voit lui aussi, mais pas à la manière de Nu'ayma, qu'une certaine mort n'est pas une conséquence du péché originel. Même si l'homme paradisiaque n'avait pas péché, sa vie aurait eu une fin. En somme, l'homme aurait passé directement de son état de grâce originel au stade existentiel de la résurrection, sans avoir à abandonner son corps. Le terme «mort» n'ayant pas un sens absolument identique dans les deux cas[37].

La mort est un châtiment, explique Nu'ayma, pour ceux qui vont à l'encontre de la volonté de Dieu dans sa création[38]. Pour ceux qui vivent

---

(32) Pour S. Augustin aussi, c'est la mort d'un ami qui, en l'affectant jusqu'au fond de lui-même, l'affronta inopinément aux problèmes vitaux de l'existence humaine. cf. L. Boros. op. cit. p. 27 et 28.

(33) *Aḥâdîṯ*. 9,771. Cette conception de la vie et de la mort dicte à Nu'ayma l'ordre à suivre dans sa présentation de la biographie de Ǧubrân : en effet, il la commence par l'agonie suivie de la naissance.

(34) *Nûr*. 5,539. Lors d'une rencontre entre deux chefs de démons, le premier dit:
«— La mort est le guide de l'homme dans cette vie.
«— Oui, la mort guide l'homme vers l'éternité, répond le second.
«— Non, la mort ne le guide que vers la mort.
«— Certes, la mort se moque de lui, de ses larmes et de ses plaintes, mais à travers tout cela, elle le conduit dans le camp de la vie.
«— Comment la mort peut-elle trahir la mort ?
«— Non, mais la vie est fidèle à la vie». *Mirdâd*. 6,655.

(35) L. Boros. op. cit. p. 195. cf. également S. Boulgakof. op. cit. p. 311. Même affirmation chez Tolstoï. cf. *Guerre et Paix*. 1,619.

(36) *Mirdâd*. 6,768.

(37) cf. L. Boros. op. cit. p. 140 et 141.

(38) Arqaš. 4,368.

en harmonie avec l'Ordre, elle est «une sagesse»[39]. Voilà pourquoi, l'auteur de *Mirdâd* refuse de se lamenter dans ses panégyriques sur les morts. Car pour lui «pleurer sur un mort, c'est pleurer sur Dieu. Or, depuis quand Dieu a-t-il besoin de nos pleurs ? N'est-il pas l'éternel vivant»[40]? Puis, «dire que les morts ont disparu, c'est dire que Dieu qui vivait en eux a lui aussi disparu. Celui qui croit que la mort est le maître, il vaut mieux pour lui adorer la mort et nier la vie. Celui qui voit dans la mort la fin de la vie est un aveugle qui ne voit ni la vie ni la mort»[41]. Ne réussissant pas à concilier sa vie et ses paroles, le fils de *Baskinta* se reproche avec véhémence de verser des larmes à l'église devant le cercueil de Ǧubrân : «Moi qui dis et crois que l'agonie n'est que la douleur d'une nouvelle naissance et que la mort est une étape de la vie, quel est le sens des larmes que je verse»[42]? Pourquoi donc me lamenter devant la mort ? «Ou bien je la considère comme l'écrasement complet de la personne humaine, à ce moment, elle ne mérite pas nos larmes et nos sanglots, ou bien je la considère comme le passage d'un état à un autre, à ce moment, la douleur est absurde»[43]. Tout naturellement, Nu'ayma choisit la deuxième hypothèse et déclare devant la dépouille mortelle de Sâbâ 'Arîḍa[44]: «Non, je ne m'affligerai pas sur toi ! Comment m'affliger, moi qui dis avec l'Apôtre: «Frères. ne vous affligez pas comme ceux qui n'ont pas d'espérance[45]? Et au lieu de pleurer, il s'interroge sur «ce miracle que nous appelons la mort: Comment se produit-il et par la magie de quel magicien»[46]? Ce miracle devient «une étape indispensable à la vie de l'homme»[47], un passage de Dieu dans l'homme à l'homme en Dieu, le passage d'une vie en condition terrestre à une vie animée d'un dynamisme divin.

Comment expliquer alors la crainte et la faiblesse des gens devant cet «acte sacré» qu'est la mort[48]? Comment se fait-il que les hommes qui ont tant de mal à s'entendre, qui se sont toujours cadenassés dans leurs conflits, s'unissent si facilement pour détester la mort[49]? A quoi leur

(39) *Aḥâdîṯ*. 9,707.
(40) *Zâd*. 5,181.
(41) Ibid. p. 182.
(42) *Sab'ûn*. 1,575.
(43) *Ṣawt*. 5,378.
(44) S. 'Arîḍa est l'un des compagnons *d'al-mahǧar*.
(45) *Zâd*. 5,229. Même attitude chez Pascal lors de la mort de son père. cf. *En. Univ.* 11,375.
(46) *Ṣawt*. 5,378.
(47) *Aḥâdîṯ*. 9,552.
(48) Anonyme. *Ḥiwâr al-ayyâm al-aḫîra ma' M.Nu'ayma*. al-ṣabâḥ. 27-9-1980. p. 12.
(49) cf. *Adam*. 7,79.

aversion pour la mort est-elle due? Est-ce au fait que la mort soit cette chose «terrible»[50]? A quoi est dû l'abattement qui en découle. Nu'ayma puise sa réponse dans les paroles du Christ aux sœurs de Lazare et assure que «si son pays avait dans le cœur la foi qu'il a à la bouche, ses cérémonies funèbres ne seraient plus des actes de désespoir et de tristesse»[51].

Le premier remède que propose Nu'ayma n'est pas purement religieux, mais philosophique. Il voit que ses contemporains mettent la mort entre parenthèses au lieu de la regarder en face. Ils vivent comme s'ils ne devaient jamais mourir. Aussi leur répète-t-il le conseil de Sénèque (55 avant J.C.-39 après J.C.): «Il faut penser constamment à la mort»[52]. «Penser sans cesse à la mort pour vaincre l'angoisse de mourir. Se familiariser avec l'idée de la mort pour vaincre la peur de mourir»[53]. «Se familiariser avec l'idée de la mort aide également à la transformer en une 'nouvelle naissance'»[54], en une vraie naissance, plus vraie même que la première, en une naissance pleinement personnalisée. Comment cela ? «Alors que la première naissance se produit à notre insu, que nous sommes incapables de l'assumer et de la signer, la mort-naissance n'échappe pas à notre connaissance et à notre liberté... Toute notre vie, la mort est à l'horizon; nous savons que nous devons traverser cette porte étroite. Nous pouvons par avance, choisir de l'accepter, quelqu'en soit le moment... Dans la première naissance, nous sommes mis au monde, c'est passif. La seconde et ultime naissance peut et doit être un verbe actif»[55]. Nu'ayma et Ǧubrân essaient donc de vaincre la mort, non pas à la manière des chrétiens, en croyant à la résurrection, mais en l'identifiant à une naissance, rappelant la confession d'une mère à son enfant rapportée par Maurice Zundel dans son livre l'Homme passe l'homme[56]. D'ailleurs, l'œuvre des deux amis est, à l'exemple de celle de Tolstoï, une magistrale symphonie de la vie et de la mort.

Le second remède à la peur de la mort est le plus important aux yeux de Nu'ayma. Il s'agit de l'amour. En effet, dit l'apôtre de la *Maḥabba*, «nous ne détestons la mort que parce que nous ne savons pas aimer la vie»[57]. Aussi, «nous ne vaincrons ce dégoût de la mort que lorsque nous

---

(50) *Naǧwâ*. 9,376.

(51) *Bayâdir*. 4,557. Pour sa part Tolstoï affirme que la peur de la mort ne peut être la source de la révélation de l'existence de Dieu. cf. *La mort d'Ivan Illitch*. p. X.

(52) cf. J. Choron. op. cit. p. 61 et 62.

(53) *Yawm*. 2,111. Même affirmation chez Tolstoï. cf. *Guerre et Paix*. 1,457.

(54) *Ǧubrân*. 3,23. *Hams*. 4,9.

(55) M. Domergue. *Les ruptures créatrices de la Pâque*. C. Auj. Janvier 1982. p. 32-33.

(56) Cité par Th. Rey-Mermet. *Redécouverte de la foi. p. 457.*

(57) *Zâd*. 5,185. Nu'ayma fait écho à Ǧubrân qui affirme que la crainte de la mort est =

apprendrons comment aimer la vie»[58]... En aimant lucidement la vie, nous aimerons donc la mort. Car «le conflit entre la mort et la vie se résout dans l'amour, parce que dans l'amour leur opposition est assumée et dépassée»[59], et parce que l'amour est la force de l'âme dans cette vie, il est son arme la plus puissante et même l'unique arme si elle veut atteindre la victoire finale.

Grâce à cet amour, le nonagénaire de *Baskinta* a remporté la victoire sur le dégoût et la peur de la mort. A celui qui lui demandait : «Y-a-t-il une explication au fait que de plus en plus vous semblez vous plaire dans la solitude»?, il répondit :«Je sens la mort approcher. C'est peut être pour cette raison que je désire être seul. Je n'ai pas peur de la mort, mais j'ai beaucoup changé. C'est une réalité qu'à la fin de sa vie, on change complètement d'habitude»[60].

Avant d'atteindre cette sérénité spirituelle face à la mort, Nu'ayma fut tourmenté par son aspect absurde «d'anéantissement» et de «dispersion»[61]. Ecoutons-le devant la tombe de Sâba 'Arîḍa: «Je ne pleure pas sur toi... ! Tu t'es dépouillé de la crainte de la mort. Quant à moi, je ne cesse d'être un roseau tremblant devant elle»[62]. Cette peur est admirablement décrite dans deux entretiens du héros *d'al-Yawm al-aḫîr* d'abord avec sa servante puis avec son fils, et dans lesquels il laisse éclater son tiraillement entre sa crainte de la mort et sa soif de vie, de vérité et de sérénité:

«Umm Zaydân, savez-vous ce qu'est la mort?
— La mort, c'est la mort, mon fils. Que signifie cette question?
«Aimez-vous la mort?
— Qui aime la mort, mon fils.
«Aimez-vous Dieu ?
— Et qui n'aime pas Dieu ? Loué soit son nom !
«Comment aimez-vous Dieu et détestez-vous la mort alors que c'est Lui qui l'envoie»[63]?

= due à une mauvaise compréhension de la vie. *Beloved Prophet*. Lettre du 16-5-1912. p. 81.

(58) *Zâd*. 5,186. Voir d'autres solutions adoptées par Spinoza et Jaspers. J. Choron. op. cit. p. 199, et p. 157 pour Schopenhauer.

(59) F. Monfort. *Sacrement et mystère pascal*. C. Auj. Juin. 1977. p. 359.

(60) M.R. Kéfi. *M.Nu'ayma et le mal du passé*. Le Temps. Tunis 10-9-1980. p. 14.

(61) *Mirdâd*. 6,628.

(62) *Zâd*. 5,228. Sur cette question de la peur de la mort. cf. R. Troisfontaines. *Je ne meurs pas*. Ed. Universitaires. Paris (1960). p. 9-13, 15-17, 151-152.

(63) *Yawm*. 2,25-26.

El à son fils il demande:

«Hichem, as-tu pensé quelques fois à la mort?
— Jamais, répond l'enfant.
«Jamais la pensée de la mort ne t'a effleuré ?
— Les voix qui me parlaient ne m'ont jamais entretenu de la mort.
«De quoi te parlaient-elles?
— De beaucoup de choses, mais jamais de la mort.
«... Maintenant que tu penses à la mort, en as-tu peur ?
— Non.

«Bienheureux es -tu, mon fils. Tu vois que tu es plus grand que ton père et plus sage que lui ? Pour moi, je suis incapable d'affronter sereinement la mort. Il me suffit de penser à cette réalité pour que ma constance s'écroule»[64]. Car, «quelle est la signification d'un monde qui naît pour mourir ? Qui vit et se développe pour finir par disparaître ? Quelle est la signification d'une telle existence»[65]? L'auteur admet bien que des enfants démolissent des châteaux de sable ou d'argile qu'ils se sont donnés la peine de construire. Mais il ne comprend pas comment la Vie qui forme si bien un corps humain et lui fournit tout le nécessaire pour atteindre le bonheur et la perfection, puisse un jour le livrer aux vers de la terre»[66]. Cette perplexité se transforme en révolte lorsque le héros *d'al-Yawm al-aḫîr* entend une voix lui dire: «Lève-toi. Fais tes adieux à ton dernier jour»[67]! S'adressant à Dieu, Maître de la vie et de la mort, le héros crie son indignation devant cette fin imminente et sa soif de vivre: «Je veux vivre ! Je veux me rassasier ! Je veux me désaltérer, ô Maître du festin ! ... Et voilà que tu m'avertis que je vis mon dernier jour. N'aurait-il pas mieux valu pour toi ne jamais m'inviter à ce festin»[68].

Cette angoisse devant «le néant de la mort» semble être un phénomène spécifiquement moderne et occidental[69]. «Pour toutes les autres cultures non-européennes, c'est-à-dire pour les autres religions, la mort est considérée comme la Grande Initiation»[70]. Pour le Christianisme, elle est la voie «vers une résurrection générale pour une vie éternelle, au para-

(64) Ibid. p. 124-125.
(65) *Hawâmiš*. 6,368.
(66) *Sab'ûn*. 1,660. Nous trouvons des échos à ces interrogations chez Tolstoï pour qui Nu'ayma nourrit une grande admiration. cf. *La mort d'Ivan Illitch*. p. 80.
(67) *Yawm*. 2,7.
(68) Ibid. p. 45.
(69) cf. l'ouvrage de J. Choron. *La mort et la pensée occidentale*. Paris (1969), celui de Michael Singleton. *Expériences contemporaines de la mort: Albert Camus et Teilhard de Chardin*. Rome (1966).
(70) M. Eliade. *Mythes, rêves*. p. 66.

dis ou en enfer, et dont Dieu seul connaît le moment»[71]. Cette explication ne satisfait pas pleinement Nu'ayma[72]. Aussi recourt-il aux religions orientales pour se construire une doctrine dans laquelle tout croyant peut glaner à sa guise. Dans cette doctrine, la mort n'est plus considérée comme «un handicap dans la vie de l'homme»[73], mais elle est «l'expression la plus merveilleuse de l'amour de la vie pour elle-même et pour l'homme»[74], «une astuce et un moyen pour perpétuer cette vie»[75] et «lui permettre constamment de se renouveler»[76] étant donné qu'elle est son berceau. «Notre monde est un amas de berceaux qui se transforment en tombes et de tombes qui se transforment en berceaux»[77]. «Fermez les yeux et vous verrez dans la tombe le berceau de la vie»[78]. Ce renouveau de la vie, à l'instar de celui de la nature, est voulu par «l'Ordre qui transforme la mort en vie et la vie en mort afin que l'univers se renouvelle lui-même et ce de façon ininterrompue»[79].

Dans cet univers, la vie et la mort deviennent des jumelles[80] nées toutes deux «d'une même origine»[81], «indispensables l'une à l'autre»[82], «étroitement liées, à la manière du jour et de la nuit, de la fleur et du fruit»[83]. Et tout comme la fleur donne naissance au fruit, ainsi «la mort s'ouvre sur une nouvelle vie»[84]. Bien plus, la vie et la mort «forment une unité indivisible»[85]. Nul ne peut aimer l'une et haïr l'autre, s'attacher à l'une et mépriser l'autre. «Tu as choisi, mon ami, de détruire la mort

---

(71) *Mahabb.* 5,517. Ailleurs il affirme: «Si la sagesse de l'Ordre nous échappe pour le moment sur l'heure de la mort, elle ne nous échappera pas pour toujours». *Sab'ûn.* 1,692. Notons que la conception chrétienne de la mort vaut également pour le Judaïsme et l'Islam. Sur la question de la mort et de ses suites dans l'Islam, cf. L. Gardet. *Dieu et la destinée de l'homme.* Paris (1967).

(72) Cette insatisfaction relève de la volonté de l'auteur d'être partie prenante dans la détermination de son destin, de sa conception du péché et de la rédemption ainsi que des moyens de parvenir à cette rédemption. cf. le chaptire précédent.

(73) *Nûr.* 5,539.

(74) *Adam.* 7,79.

(75) *Aḥâdîṯ.* 9,630.

(76) *Durûb.* 6,11. Ce renouveau se fait pour Nu'ayma par la réincarnation.

(77) *Mirdâd.* 6,596. cf. également *Zâd.* 5,182,

(78) *Hams.* 4,9.

(79) *Marâḥil.* 5,95. R. Troisfontaines précise que la mort est également condition de progrès et d'évolution. op. cit. p. 1,72-81.

(80) *Ǧubrân.* 3,23.

(81) *Ṣawt.* 5,315.

(82) *Arqaš.* 4,382.

(83) *Zâd.* 5,183.

(84) *Ǧubrân.* 3,23.

(85) *Bayâdir.* 4,536. Notons qu'avant il se demandait: «Est-il possible que la vie soit la mort et la mort soit la vie» ? *Yawm.* 2,32.

et de garder la vie. A ton avis, la mort est l'ennemie de la vie, parce que la mort est un mal et la vie est un bien, la mort est laideur et la vie est beauté, la mort est souffrance et la vie est plaisir. Mais tu n'as pas pensé qu'au moment où tu as détruit la mort, tu as aussi détruit la vie»[86]. En effet, les hommes vivent grâce à la mort. Quotidiennement, ils tuent des animaux et des oiseaux pour se nourrir. Quotidiennement, ils consomment une quantité considérable de graines, de fruits et de légumes. Quotidiennement, ils abattent des milliers d'arbres et cassent des millions de rochers pour construire leurs maisons. Comment se fait-il donc qu'ils bénissent la mort de ces créatures et maudissent la leur ? La mort serait-elle à la fois bénédiction et malédiction[87]? «Celui donc qui déteste la mort doit détester la vie, et celui qui aime la mort doit aimer la vie. Car la mort est le champ de la vie et la vie est l'aire de la mort»[88]. Sans la mort, nul ne pourra connaître la vie. En effet, la mort donne sa place et sa chance à chaque vivant au cours de l'histoire humaine. Sans elle, on se marcherait sur les pieds. Vue sous cet angle, la mort devient suprême vérité, équité et sagesse»[89].

Cela signifie-t-il que l'homme doit se résigner à la mort telle que la conçoivent la majorité des hommes? Non, répond Nu'ayma. «L'homme est créé pour vivre, pour aimer la vie et pour vaincre la mort par la vie»[90]. «Puisqu'il est d'une source immortelle, l'homme n'existe pas pour être une proie pour la mort, mais pour mettre la mort au service d'une vie féconde»[91] et plénière. De toute éternité, Dieu a prévu que «dans ce monde sensible, la vie et la mort seraient la bonne terre préparée pour recevoir la semence divine qu'est l'homme et l'aider à s'ouvrir aux mystères qu'elle contient»[92].

Accueillie comme «une messagère de Dieu»[93], la mort devient le commencement d'une nouvelle existence spirituelle et «le passage de la lumière d'une lampe à une autre, d'un état à un autre»[94], autrement dit, en termes chrétiens, «elle n'est plus un *factum*, mais un état transitoire, un passage»[95] de cette vie à la lumière de l'éternité. En effet, «c'est dans

(86) *Hawâmiš*, 6,371.
(87) *Adam*. 7,80.
(88) *Bayâdir*. 4,473.
(89) *Adam*. 7,80, 81, 83.
(90) *Baṯṯa*. 2,603.
(91) *Rasâ'il*. 8,169.
(92) *Ṣawt*. 5,333.
(93) *Nağwa*. 9,379, 418, 419.
(94) *Nûr*. 5,538. Même insistance sur le changement d'état chez R. Guénon. *L'homme et son devenir*. p. 149.
(95) G.V. der Leeuw. op. cit. p. 197.

la mort que l'être humain atteint la frontière de l'existence où il s'éveille enfin à la connaissance et à la liberté. Au moment de la mort, connaissance et liberté sont à leur apogée»[(96)].

Nu'ayma élargit cette acception de la mort aux innombrables «morts», détachements, ruptures et séparations que connaît l'homme au cours de sa vie. Celui-ci est «dans un monde en perpétuelle douleur d'enfantement», déclare-t-il par la voix de Mirdâd[(97)]. Il faut à tout prix qu'il soit enterré vivant pour renaître à la vie : «Si tu veux, meurs pour vivre, et vis afin de mourir»[(98)]. Cette mort doit être acceptée «avec amour afin de s'ouvrir sur la Compréhension de la Liberté»[(99)]

Enfin, la mort est «la porte de l'éternité»[(100)]. Lors de la mort de son frère, Nu'ayma remercie ceux qui ont pris part à sa peine. Il écrit à l'un d'eux: «La force que je puise dans votre télégramme m'aide à transformer mes larmes en baume et ma souffrance en bénédiction adressée à la Volonté qui fait de la vie une porte de la mort, et de la mort une porte de la vie»[(101)]. Cette bénédiction se transforme en constante action de grâces au Dieu de la vie et de la mort, au Dieu qui est au-delà de la vie et de la mort[(102)], qui donne son plein sens à l'une et à l'autre, et aide à comprendre que la mort est le commencement d'autre chose de plus beau encore: «Seigneur comment comprendre que cette inévitable fin est le commencement d'autre chose dans la continuité de la vie? se demandent Ǧubrân et Nu'ayma avec François Chagneau. Comment admettre que cette ségrégation est un moment d'unité? Comment accepter que tant d'années pénibles où nous avons construit au feu de Ton Amour tout ce qui fut nous-mêmes, où nous avons créé la vie, bâti l'humanité et amené l'homme à un plus grand épanouissement, se termine en un instant ?

«Comment accepter que l'heure de notre mort soit celle d'une plus grande rencontre dans l'unique amour? Comment pourrions-nous dire en ces moments pénibles où notre matière prend le pas sur la vie, que la mort est au service de la vie et qu'elle est le passage, d'une vie limitée, à une

(96) L. Boros op. cit. p. 8. cf. également J. Choron op. cit. p. 157. Sur la triple signification que les théologiens chrétiens donnent à la mort (mort physique, spirituelle, mystique), cf. J. Choron. op. cit. p. 75-76.

(97) *Mirdâd*. 6,595.

(98) Ibid. p. 566.

(99) Ibid. p. 723.

(100) *Ayyûb*. 4,327. A ce sujet, cf. particulièrement R. Troisfontaines: *Je ne meurs pas*, déjà cité; et *J'entre dans la vie*. Ed. Univ. Paris (1963).

(101) *Rasâ'il*. 8,137.

(102) *Bayâdir*. 4,536. *Zâd*. 5,130.

vie de plénitude? Tu es seul, Seigneur, la réponse à cette angoisse et ce n'est que par Ton Esprit, que ce détachement final prendra pour nous son sens: le moment où tout nous est offert»[103].

3- Arrivés à ce point de notre étude de la vision de la mort chez Ǧubrân et Nu'ayma, il convient de nous interroger sur les caractéristiques de cette vision:

a- Est-elle religieuse? Oui, car elle est en parfaite harmonie avec la définition que donnent les religions de la mort: chez les deux amis comme dans toutes les religions, la mort n'est pas homologuée à l'idée du Néant. Elle est, bien entendu, une fin - mais une fin qui est immédiatement suivie par un nouveau commencement. On meurt à un mode d'être afin de pouvoir accéder à un autre.

b- Est-elle chrétienne? Oui, dans une première approche, car elle ne fige pas l'homme dans le néant, elle le ressuscite à une vie nouvelle[104]. Mais l'absence de toute référence au Christ et à son enseignement nous déroute, nous qui nous sommes habitués à deux basptisés tout imprégnés du Christ et de l'Evangile.

Certes, Ǧubrân et Nu'ayma ne séparent pas la mort de la vie à l'exemple de S. Paul qui ne sépare pas la mort de la résurrection. Mais les deux amis s'arrêtent à la mort et à la vie de l'homme alors que l'apôtre Paul les rattache à celles du Christ lui-même et proclame «la solidarité de l'aspect sotériologique et de l'aspect eschatologique des deux notions»[105]. Par le baptême, le chrétien meurt de la mort de Jésus et ressuscite de la résurrection de Jésus. La mort devient pour lui «une rencontre du Christ»[106].

Cette doctrine, élaborée par S. Paul, reprise par les Pères et enseignée par l'Eglise, n'est valable que pour ceux qui admettent la doctrine chrétienne du péché originel et de la Rédemption accomplie par le Christ pour le salut des hommes. Parce qu'ils «ont rejeté l'idée du péché originel et de la Rédemption avec le double paradoxe de l'homme portant le poids

---

(103) F. Chagneau. *Reste avec nous*. p. 37-38.

(104) Bien que Ǧubrân et Nu'ayma n'utilisent pas le mot «résurrection» en relation directe avec la mort, ils lui préfèrent celui de vie, ce qui revient au même dans la doctrine chrétienne. cf. *Jean*. 11,25.

(105) *En. Univ.* 11,364.

(106) L. Boros op. cit. p. 191-192.

d'une faute qu'il n'a pas commise et racheté par un sang autre que le sien»[107], et parce qu'ils ont adopté la doctrine de la réincarnation, Ǧubrân et Nu'ayma n'ont pas de place à accorder à la résurrection ni dans leur vie ni dans leur œuvre.

B. Le Jugement Particulier.

la théologie catholique parle d'un double jugement: le jugement particulier et le jugement général. Tous deux font partie de la doctrine de l'Eglise et sont attestés dans l'Ecriture[108].

Fidèles à leur théorie réincarnationniste, Ǧubrân et Nu'ayma refusent l'idée d'un jugement qui puisse clore définitivement les possibilités d'un progrès spirituel et moral et d'un rachat ultérieur de l'être qui n'a pas encore atteint la perfection et la divinité auxquelles il est destiné. Aussi, voulant vivre le plus fidèlement possible en harmonie avec leurs idées, les deux amis comprennent le jour du jugement particulier non pas comme «un jour» mais comme une sorte d'action continue par laquelle les âmes se libèrent de leurs imperfections et de leurs passions. Une fois pleinement libres, elles rejoignent la grande mer de l'Etre Absolu et deviennent un avec Lui, alors que celles qui sont encore esclaves de leurs passions et attachées à ce monde se réincarnent jusqu'à la purification finale.

Toutefois, en dépit de cette fidélité, Nu'ayma laisse percer une foi latente au jour du jugement particulier et ce lors de la mort de son ami Ǧubrân. Devant le lit de l'agonisant, le fils de ***Baskinta*** se plonge dans la méditation. Une parole du Christ le frappe et s'empare de lui: «Il n'est rien de caché qui ne sera un jour dévoilé». Il ressent alors la crainte du jugement et de la justice divine. Ce jugement lui apparaît comme un dévoilement et une révélation de tout ce que l'homme fait au cours de sa vie et au cours des siècles. Alors, confesse-t-il, «j'ai demandé pardon à la Vie pour tout ce que je Lui ai attribué d'injustice et de dureté» et j'ai dit en moi-même: «Mon âme, tu récolteras ce que tu auras semé»[109].

Que récolte l'homme au moment de quitter cette terre ? «Au moment de sa séparation d'avec le corps, l'âme, forme spirituelle, se trouve fixée dans l'action d'amour ou de haine qui détermine ses relations avec Dieu.

---

(107) Cette idée est fondamentale dans l'élaboration de la pensée religieuse de Ǧubrân et de Nu'ayma. C'est pourquoi nous croyons utile, bien plus, nécessaire de la répéter.

(108) Notons que l'Ecriture n'évoque jamais directement le jugement particulier, elle parle surtout du jugement général. Même constatation en Islam. cf. L. Gardet. *Dieu et la destinée de l'homme*. p. 237.

(109) *Ǧubrân*. 3,277.

L'âme en acte d'amour est sauvée, l'âme en acte de haine, damnée»[110]. Sauvée, l'âme jouit du bonheur éternel au «ciel»; damnée, elle va en «enfer».

C. Le Ciel et l'Enfer de Ǧubrân et de Nu'ayma.

1- «Je crois en la vie éternelle». déclare le symbole des Apôtres. La formulation de ce symbole est sous-jacente à l'enseignement et à la prédication du Christ. Les siècles passent avec leurs cultures et leurs civilisations, l'Eglise sent le besoin d'énoncer clairement sa foi en l'au-delà. Le premier pas est franchi par le Pape Benoît XII dans la constitution dogmatique *Benedictus Deus*[111].

Vision de Dieu, repos éternel, bonheur éternel et vie éternelle; souffrances infernales et privation de la vision de Dieu, autant d'expressions pour désigner ce que nous appelons couramment l'au-delà, le ciel et l'enfer. Remarquons que l'Ecriture ne parle jamais d'au-delà, mais qu'elle parle en termes d'espace et en images. Car l'expression «au-delà» évoque une limite, une frontière, un espace différent, une séparation. En réalité, l'au-delà n'est pas un espace limité par une frontière. Le ciel et l'enfer ne sont pas un lieu, ni ent tout cas, un autre lieu par rapport à la terre.

2- Ǧubrân parle de cet au-delà en chrétien mystico-romantique. Il semble ne pas faire beaucoup de différence entre le ciel de la théologie, demeure où Dieu rassemble ses élus, et le ciel des astronomes et des astrologues[112]. Dans la littérature orientale et dans le langage familier et quotidien, le mot *al-samâ'*, le ciel, utilisé indistinctement pour l'un comme pour l'autre, revêt également un aspect de mysticisme, de poésie et de divinité. «Etant à la fois poète et mystique, Ǧubrân habille ses pensées d'un langage très poétique[113]. Toutefois, dans les profondeurs de son cœur, il semble penser à la fois au ciel poétique de la littérature et au ciel de la théologie»[114]. Parlant des 'maisons' au peuple d'Orphalèse, Ǧubrân dit: «Ce qui est infini

(110) Louis Gardet. *Dieu et la destinée de l'homme*. p..241.

(111) L. Ott. op. cit. p. 654 et 658.

(112) «Ce n'est point là une confusion grossière dont serait responsable le langage enfantin de la Bible (par lequel Ǧubrân est fortement influencé), c'est le reflet d'une expérience humaine universelle et nécessaire: Dieu se révèle à l'homme à travers Sa création tout entière, y compris ses structures visibles» *V.T.B.*. c. 129.

(113) Faisant écho en cela aux épîtres et évangiles des 1er et 2 novembre et aux messes pour les défunts qui suggèrent le bonheur du ciel.

(114) A.D.Sherfan. op. cit. p. 39. Notons que le mot *al-samâ* est le mot le plus souvent employé par Ǧubrân. Le mot paradis se trouve une seule fois dans les lettres échangées entre lui et M. Haskell, *Paradise,* non sous la plume de Ǧubrân, mais sous celle de Mary. cf. *Beloved Prophet*. Journal du 29-5-1923. p. 407.

en vous habite le château du ciel, dont la porte est la brume du matin, et dont les fenêtres sont les chants et le silence de la nuit»(115). L'auteur du *Prophète* élargit sa vision poétique au 'ciel' des religions orientales, le *Nirvâna*. Pour lui, le *Nirvâna*, n'est pas «l'état d'extinction, c'est-à-dire de la cessation complète et définitive de toutes les passions», «l'extinction de la souffrance et du désir qui en est la source», mais un bonheur quotidien, tissé par de nombreuses activités humaines accomplies avec le maximum d'amour. «Le *Nirvâna*, dit-il, existe réellement. Il est dans le fait de conduire tes troupeaux aux verts pâturages, de mettre ton bébé dans un berceau pour l'endormir, d'écrire les dernières lignes de ton poème»(116).

De ce 'ciel' romantico-poétique, le fils de la vallée de *Qâdîša* et de l'Eglise maronite libanaise s'envole vers le 'ciel' où Dieu attend ses enfants pour le partage éternel. Lors de la mort de son père, Ǧubrân écrit à son amie Mary: «Je sais maintenant, ma chère Mary, que mon père repose dans le giron de Dieu. Toutefois, je ne peux éprouver que de la tristesse. Je ne peux pas ne pas sentir la lourde main de la mort peser sur mon front. Où sont-ils maintenant, père, mère, frère et sœur? Oui, je sais qu'ils sont vivants, qu'ils vivent une vie plus réelle et plus belle que la nôtre. Ils sont plus près de Dieu que nous. Ils ne jouent plus à cache-cache avec l'Esprit»(117). Dans cette confession de foi en l'au-delà, nous remarquons que l'auteur, en bon chrétien, n'emploie nullement le terme 'ciel', mais plutôt la réalité spirituelle sous-jacente à ce mot: proximité de Dieu, repos en Dieu, vision de Dieu. Par conséquent, le ciel est «le lieu de la lumière»(118), de «la justice et de la miséricorde»(119).

Le mot 'ciel' n'est pas l'unique concept auquel recourt Ǧubrân pour exprimer sa foi en cet au-delà de bonheur. Les mots de «vie éternelle» et d'«éternité» occupent une grande place dans son œuvre comme dans la Bible dont il est inspiré. «Dieu est vivant, Dieu nous appelle à la vie éternelle»(120): telle est la promesse qui parcourt la Bible comme un leitmotiv. Mais cette «vie éternelle» est impossible à imaginer. «Nous pouvons entr'apercevoir que l'idée d'éternité est chose raisonnable, mais nous échouons toujours lorsqu'il s'agit de savoir comment «cela» sera»(121).

---

(115) *Le Prophète*. p. 34.

(116) *Ramal*. p. 191. Sur les nombreuses interprétations du *Nirvâna*. cf. A. Barreau. *La mystique bouddhique*, dans *La Mystique*. p. 679. R.C.Zachner. op. cit. p. 67. H Rousseau. *Les religions*. p. 81.

(117) *Beloved Prophet*. Lettre du 23-6-1909. p. 22.

(118) *Marta*. p. 65.

(119) Ibid. p. 66.

(120) *V.T.B.* col, 1106.

(121) Bernard Bro. *Faut-il encore pratiquer ?* Paris (1967), p. 68-69.

Ǧubrân ne tente pas de comprendre ce «comment». Il se contente d'affirmer sa foi en cette éternité où «nous verrons les ondulations de nos sentiments et les vibrations de nos cœurs. Là, nous prendrons conscience de l'essence de notre divinité que nous méprisons maintenant, poussés par le désespoir»(122). Cette foi éclate un peu partout dans son œuvre et particulièrement dans son ouvrage, *The garden of the Prophet*, qui constitue, à lui seul, un credo simple et profond en ce qui se trouve au-delà de la porte que nous appelons la mort: «Je vivrai au-delà de la mort et je chanterai dans vos oreilles»(123). Lorsque le père de Salma Karâmé quitte ce monde, Ǧubrân s'écrie : «Fârès Karâmé est mort, l'éternité, *al-abadiyya*, a embrassé son âme»(124). Reprochant à son peuple ses nombreux crimes, le prophète d'Orphalèse s'écrie: «Vous avez empoisonné Socrate, lapidé Paul, tué Galilée... Mais tous ceux-là vivent maintenant comme des conquérants vainqueurs dans l'éternité»(125).

Son aspiration à l'éternité s'accentue dans les moments de solitude. Il écrit: «Parfois, mon cœur aspire à aller trouver les réalités de l'au-delà plutôt que de rester ici-bas où je sens une étrange solitude et une tristesse peu communes»(126). Et à celui qui l'interroge au sujet de ce qui nous attend après cette vie, il répond: «Je vous jure que si je ne croyais pas fermement en une autre vie, et si je n'avais pas un heureux sentiment intérieur à propos de cette vie, je me serais tué sans aucune hésitation»(127). La flamme de ce sentiment intérieur est attisée par les accents doux et mélodieux de la musique: «La douceur des mélodies, dit un sage hindou, fortifie notre espérance en l'existence d'une belle éternité»(128).

Cette foi en une vie éternelle lui donne la clef de ses nombreuses interrogations sur la précarité de la vie. Est-ce ainsi que les nuits passent? Est-ce ainsi que la lumière s'éteint? Est-ce ainsi que la *Maḥabba* disparaît et que les espoirs s'estompent? Est-ce cela la vie? «Non répond Ǧubrân. La vérité de la vie est Vie, *ḥaqîqat al-ḥayât Ḥayât*, une vie dont le commencement n'est pas dans la matrice et la fin dans la tombe. Toutes nos années ne sont qu'un instant d'une vie éternelle. Cette vie d'ici-bas n'est qu'un rêve certes, mais tout ce que nous aurons vu et tout ce que nous aurons fait demeure de l'éternité de Dieu»(129).

(122) Selon sa propre expression. cf. *Dam'a*. p. 262.
(123) Cité par Barbara Young. op. cit. p. 148. cf. aussi *Badâ'i' p. 550.*
(124) *Aǧniḥa*. p. 219.
(125) *'Awâṣif*. p. 395. Ailleurs il reconnaît la nécessité de la souffrance sur le chemin de la perfection et de l'éternité. *Dam'a*. p. 262.
(126) Cité par Barbara Young. op. cit. p. 97.
(127) Cité par Ḥabîb Mas'ûd. op. cit. p. 599.
(128) Cité par Ǧubrân. *Mûsîqâ*. p. 35.
(129) *Dam'a*. p. 261-262.

Cette éternité rassemblera tous les hommes dans l'amour-de-charité. «Regarde, dit Ǧubrân à sa bien-aimée, j'ai construit une ville mais les éléments de la nature l'ont détruite ! J'ai conçu une sagesse, mais les générations l'ont dédaignée ! J'ai élevé un royaume, mais il est bien vite tombé dans l'oubli ! Il ne me reste plus que les minutes de *Maḥabba* créées par ta beauté et les conséquences de ta beauté vivifiées par ton amour ! ... Lorsque la *Maḥabba* m'a éclairé, mon peuple m'a méprisé. Mais, lorsque la mort est arrivée, elle a porté mon amour à Dieu... et un instant après, le vent a diffusé ces mots: 'L'éternité ne garde que la *Maḥabba* car elle est *Maḥabba*, lâ taḥfaẓ al-abadiyya illâ al-Maḥabba li'annaha miṯluhâ'»[130]. La béatitude éternelle résulte, en effet, de «l'intensité de l'amour qui remplit désormais les cœurs habités par le Dieu d'amour». C'est pourquoi, remarque l'auteur du *Prophète*, «elle convient mieux que ce monde à la rencontre des bien -aimés»[131] et à la rencontre fraternelle à laquelle les hommes aspirent par le meilleur d'eux-mêmes.

3- La première interrogation de Nu'ayma au sujet du ciel remonte à son enfance. «Le soir, dit-il, je m'endormais avec des images étranges que les paroles de ma mère avaient gravées dans mon imagination»[132], «l'image d'un père qui n'est point en chair et en os et qui habite le ciel - cet espace bleu où le soleil luit le jour, où la lune et les étoiles brillent la nuit -. Je ne savais comment imaginer cette demeure. Est-elle semblable à la nôtre ? Peut-être. Mais elle est certainement beaucoup plus grande et plus belle»[133]. Cette image du ciel est très répandue parmi le peuple, poursuit l'auteur de *Sab'ûn*. «Si tu demandes aux hommes: «Où est le ciel»?, ils t'indiqueront la voûte bleue»[134]. Pour eux, le ciel est toujours «là-haut»[135]. Si tu leur demandes: «Qu'y a-t-il dans ce ciel» ?, ils te répondront: «Il y a un Dieu, des choeurs d'anges et des astres innombrables»[136]. Le ciel est donc la demeure du Très-Haut, le lieu de son trône et de tous ceux qui L'entourent: les anges, les saints... Il est aussi la source de tout bien, de toute grâce et de toute bénédiction. Il est la forteresse contre le néant. Au ciel, on ne se marie pas, on ne mange pas... Au ciel, il n'y aura ni naissance, ni mort, ni fatigue, ni jalousie, ni haine, ni guerre». Que fait-on donc au ciel? Que font Dieu et ses anges? D'abord,

(130) *Dam'a*. p. 263.
(131) Ibid. p. 249.
(132) *Sab'ûn*. 1,17. Ces paroles étaient les premiers mots du Pater «Notre Père qui es aux cieux» qu'il récitait avec sa mère avant de s'endormir. Ibid.
(133) *Sab'ûn*. 1,17.
(134) *Nûr*. 5,669.
(135) *Masîḥ*. 9,215. cf. l'explication qu'en donne M. Eliade. *Traîté*. p. 47.
(136) *Nûr*. 5,669.

au ciel, les élus jouissent du «sentiment d'une existence éternelle»[(137)]. Ensuite, «Dieu et les anges s'occupent des hommes, leur grande et unique occupation»[(138)]. Là, l'ancien séminariste, soucieux d'éveiller l'esprit critique de ses contemporains et de les sortir de leur passivité religieuse, s'adonne à une description de Dieu et du ciel tels que les voient certains hommes de religion. «Après la chute de l'homme, Dieu lui envoya des Prophètes pour lui indiquer la route de la délivrance. Puis Il se mit à guetter tous ses mouvements, ses pensées, ses penchants, ses aspirations et les pulsations de son cœur et à inscrire le tout dans un énorme registre. A la fin de sa vie, si l'homme a obéi à Dieu, un vaste paradis, tout de beauté, de sérénité, de repos, de liberté et de jouissance infinie sera sa demeure. S'il Lui a désobéi, il ira dans la géhenne de souffrance éternelle»[(139)].

Le clergé ne manque pas d'exploiter ce 'ciel' afin de renforcer son autorité en maintenant les croyants dans l'infantilisme et l'ignorance. Cet abus de pouvoir est vivement combattu par les deux amis. En effet, voulant être les meilleurs interprètes de la *Maḥabba* prêchée par le Christ, et les défenseurs d'une religion souvent accusée, et parfois à juste titre, d'être «l'opium du peuple», Ǧubrân et Nu'ayma rejettent cette présentation caricaturale de Dieu et du bonheur préparé de toute éternité pour les élus. Et, dans un élan de fidélité à l'essence et au fondement du Christianisme, «Dieu est Amour», les deux écrivains libanais se situent comme les partisans convaincus de la non-existence du ciel et de l'enfer tels qu'ils sont conçus et présentés par une partie du clergé. «Le ciel et l'enfer ne sont que deux mots dans la bouche des prêtres et dans les Livres Religieux afin de faire régner la crainte et la terreur dans le cœur des croyants»[(140)] et de «les contraindre à s'éloigner du mal»[(141)]. Or, la peur est si naturelle à l'homme, elle contamine si rapidement de telles zones de son être, que la hantise de la damnation se fait plus pressante et devient le principal mobile de ses actions. Elle lui fait oublier la connaissance de Dieu et de son amour. Voilà pourquoi, «il n'y a aucun enfer dans la vision ǧubranienne du Christianisme, remarque K. Ḥâwî, mais le ciel de l'au-delà»[(142)], faisant écho au poète Abû Mâḍî qui proclame:

«Combien n'ont-ils (les prêtres) pas fait frémir nos âmes par l'enfer!

(137) cf. *Masîḥ*. 9,215.

(138) *Nûr*. 5,669-670.

(139) Ibid. p. 670.

(140) *Ǧubrân*. 3,89.

(141) *Mirdâd*. 6,721. Même affirmation du pèlerin russe: «Ils veulent nous effrayer, nous les imbéciles, afin que nous soyons plus soumis». Anonyme. *Récits d'un pèlerin russe.* p. 61 Même remarque chez Th. Rey-Mermet. cf. *Redécouverte de la foi*. p. 455.

(142) K. Ḥâwî op. cit. p. 169. Puis l'auteur ajoute: «C'est pour cette raison que Ǧubrân ne sait pas où envoyer l'âme de l'homme riche». Ibid.

«L'enfer n'est qu'une idée de commerçant !
«Dieu n'a créé pour nous que le ciel»[143].

Cependant, dire que le ciel et l'enfer sont une invention, et dire qu'il n'y a aucune différence entre celui qui croit au ciel et à l'enfer, et celui qui n'y croit pas, est inacceptable pour un croyant en général et pour un chrétien en particulier. Nu'ayma lui-même considère la foi en l'éternité comme une vérité aussi vieille que le monde. Car le désir d'immortalité et d'éternité a toujours habité l'âme. «Qu'est-ce que le phénix, demande le fils de *Baskinta*, si ce n'est le symbole du désir qu'a l'homme mortel de l'immortalité»[144]? Cette foi en l'immortalité, synonyme pour Nu'ayma d'éternité, éclate déjà dans le *Livre des morts* des Egyptiens dont certains textes remontent au quarantième siècle avant Jésus-Christ. Tout le livre respire la foi des Egyptiens en l'éternité. En effet, pour eux, la mort est un pèlerinage entre deux mondes, un passage d'une vie à une autre[145].

Le Christianisme lui aussi est dominé par la nostalgie d'une éternité, d'un au-delà de bonheur. «La prière vers l'Orient se rattache aux thèmes paradisiaques... Se tourner vers l'Orient apparaît comme l'expression de la nostalgie du Paradis»[146]. Nu'ayma le sait. Ce qu'il rejette, c'est l'idée d'un ciel synonyme de «lieu» ou «d'état physique»[147]. «Le ciel n'est point un paradis enchanteur pouvant être acheté ou loué. Il est un état de cœur qu'on peut atteindre dès cette terre», déclare Mirdâd à ses compagnons[148]. Il est là où «les hommes prennent conscience de la finalité de leur existence sur cette terre»[149]. «Il est dans le cœur chaque fois qu'on pense au bien et qu'on le fait»[150]. «O pèlerins de la vigne sacrée, dit Mirdâd à la foule, je n'ai pas de ciel à vous promettre afin que vous fassiez le bien. Je n'ai pas non plus d'enfer dont je vous menacerais afin que vous vous éloigniez du mal. Tant que vous ne trouvez pas votre ciel dans le bien que vous faites, ce bien fleurira un jour puis flétrira éternellement. Et tant que vous ne trouvez pas votre enfer dans le mal que vous faites, votre mal s'endormira une nuit puis fleurira et fructifiera en mal»[151]. Le ciel, comme l'enfer, n'est pas donc une évasion dans un «ail-

(143) A. Mâḍî. *al-Ḫamâ'il p. 52. Même négation p. 91.*
(144) *Ṣawt.* 5,313.
(145) Ibid. p. 310.
(146) Affirme J. Daniélou. Cité par M. Eliade. *Mythes, rêves.* p. 90.
(147) *Masîḥ.* 9,320-321.
(148) *Mirdâd.* 6,720.
(149) *Masîḥ.* 9,260.
(150) *Baṭṭa.* 2,614.
(151) *Mirdâd.* 6,721. Nous trouvons la même insistance sur l'amour désintéressé chez Dos-
=

leurs» ou dans un état matériel»[(152)]. Il est en puissance dans chaque créature humaine. Il est déjà présent. Il est là où un être humain vit l'amour de Dieu et l'amour de ses frères à l'exemple du Christ qui s'est fait homme pour tracer à tous la voie vers le vrai ciel. Et lorsque la libération totale sera obtenue l'âme s'établit dans une situation «de jouissance de Dieu, de communion dans l'amour à la vie de Dieu»[(153)]. Elle s'établit dans un état de repos spirituel éternel. «Un instant de ce repos vaut la peine qu'on supporte toutes les souffrances et toutes les épreuves de la vie. Quant à y vivre éternellement, c'est ce qu'il y a de plus précieux»[(154)].

Ce bonheur est déjà commencé, «le Royaume de Dieu est dans vos cœurs» assure Jésus[(155)]. L'au-delà est déjà actuel et la foi invite les hommes à agir dès aujourd'hui dans le sens de leur espérance. Dieu est toujours présent. Il se donne dans cette vie et dans l'autre.

Le ciel final ne sera que l'explosion de la terre, comme la rose éclate sous le soleil à partir de l'espérance qu'est le bourgeon. Malheureusement, tous les bourgeons n'éclatent pas sous le soleil. Certains refusent ce déchirement douloureux et choisissent de vivre pour eux-mêmes. Ainsi en est-il des âmes qui «ignorent toute finalité à leur vie»[(156)], s'attachent à ce monde et vivent loin de Dieu. Elles se créent à elles-mêmes leur propre enfer. Celui-ci est, en effet, la suite logique d'un choix délibéré. Mais l'auteur de *Sab'ûn* est convaincu que tous les hommes connaîtront un jour la finalité de leur vie, par conséquent il est impossible qu'il y ait des damnés éternels car «la flamme divine qui est dans l'homme ne peut s'éteindre à jamais»[(157)].

Cependant, tout en éprouvant énormément de difficultés à admettre l'existence de l'enfer[(158)], Nu'ayma croit en un enfer qui serait «un état

---

= toïevski. *Les Frères Karamazov*. 2,300., chez la mystique musulmane Râbi' a al-Adawiyya. cf. L. Gardet. *Expériences mystiques*. p. 109. 110., chez le mystique musulman également, al-Ḥallâǧ. cf. Anawâti et Gardet. *La mystique musulmane*. p. 109.

(152) *Aḥâdîṯ*. 9,751. «qu'il s'appelle le Nirvânâ, le Royaume du ciel ou le Paradis». Ibid.

(153) *Aḥâdît*. 9,652. Rappelons que cette libération se fera grace a de nombreuses réincarnations selon Ǧubrân, Nu'ayma et leurs maîtres orientaux, grâce à la vie sacramentelle selon l'Eglise.

(154) *Mirdâd*. 6,761. Là, Nu'ayma s'écarte de ses maîtres orientaux, étant donné que pour «le bouddhiste, le paradis et l'enfer sont temporaires» cf. *En. Univ*. 6,237. et rejoint le Christianisme pour qui la vie de l'au-delà est éternelle.

(155) *Masîḥ*. 9,216.

(156) *Masîḥ*. 9,260.

(157) *Aḥâdîṯ*. 9,684.

(158) *Nûr*. 5,538.

de souffrance qui accompagne l'homme loin de Dieu»[159] et loin de ses frères. En effet, dit l'auteur, «on a suffisamment de raisons de penser que le seul enfer c'est la terre d'ici-bas sur laquelle sont consommés des vices et des outrages qui sans cesse portent atteinte à la dignité de la personne humaine et où le Moi. *Ana*, vit séparé de son Origine»[160]. Cet enfer «n'est pas une fournaise à laquelle l'on peut échapper par de nombreuses prières et par la fumée de l'encens. Il est un état du cœur[161] que les hommes peuvent expérimenter dès cette terre. Où fuir alors un feu dont le cœur est le combustible ? Le cœur est donc le centre du malheur aussi bien que du bonheur de l'homme. En lui réside l'enfer. «Il est lui-même son propre enfer, comme il est son propre ciel. Son enfer est en lui et son ciel est en lui»[162]. Mais, c'est en vain qu'il cherche le ciel et qu'il essaie de fuir l'enfer s'il ne consent pas à sortir de lui-même. «Tant qu'il n'unifie pas sa pensée et son cœur, sa volonté et son corps, l'homme demeure tiraillé entre le ciel et l'enfer: un pied dans le ciel et l'autre en enfer. Un tel état est vraiment infernal»[163]. Le seul moyen pour lui de sortir de cet état et de transformer son cœur en un ciel permanent c'est d'unifier sa vie[164], et de purifier son cœur. De fait, loin de fermer le cœur à l'amour, cette pureté l'ouvre largement. Et cet amour qui grandit dans le cœur humain le rend de plus en plus simple et l'unit à ses frères et à Dieu. Or, qu'est-ce que le ciel si ce n'est une communion dans l'amour, un amour qui unit les hommes entre eux en les unissant à Dieu? Mais, dès que l'amour déserte le cœur, l'enfer s'y installe. «L'enfer, dit Abû Mâḍî, c'est le manque d'amour»[165]. «C'est la souffrance de ne plus pouvoir aimer», précise Dostoïevski[166].

4- Par quels glissements successifs la crainte de l'enfer en vint-elle à supplanter l'amour de Dieu et le désir de Le contempler éternellement ?

---

(159) N. Naïmy. *M.Nu'ayma, an introduction*. p. 236. «Pour l'homme qui n'a pas encore saisi la finalité de sa vie sur cette terre, la vie ici-bas elle-même est un enfer», ajoute Nu'ayma. *Masîḥ*. 9,260. Et ailleurs il dit: «L'enfer, c'est l'homme séparé du Cosmos». *Marâḥil.* 5,109.

(160) Cité par B. Pirone. po. cit. p. 47.

(161) L'Eglise dit: «une 'situation' préparée pour le diable et ses anges» et «que l'homme peut rejoindre». Th. Rey-Mermet. *Redécouverte de la foi*. p. 463.

(162) *Zâd*. 5,163. Même affirmation dans: *Mirdâd*. 6,720. *Maraḥîl*. 5,109. Le mystique Rûmî dit: «L'enfer se trouve en réalité dans l'âme elle-même». cf. E. de V. Meyerovitch. op. cit. p. 148. Quant à Abû Mâḍî, il assure que «chaque cœur a le ciel qu'il désire! ... Chaque cœur est un ciel». *Ǧadâwil*. p. 25.

(163) cf. *Mirdâd*. 6,721.

(164) Ibid.

(165) cf. *Ǧadâwil*. p. 206.

(166) *Les Frères karamazov*. 1,410. Puis, l'auteur insiste sur l'intensité des souffrances morales bien plus redoutables que les douleurs physiques. Ibid, puis 2,292.

C'est ce que beaucoup de nos contemporains ne comprennent pas. Interprètes irrécusables de leur génération, apôtres d'une *Maḥabba* universelle, Ǧubrân et Nu'ayma rejettent à leur tour toute présentation du ciel et de l'enfer dont l'amour ne serait pas le commencement et la fin, le centre et le mobile. Cet amour est gratuit tout autant qu'il est nécessaire. Il est «le prélude de l'éternité et de l'immortalité»(167). «Seul il est vie, en dehors de lui tout n'est que mort»(168).

Devant cette présentation où l'aspect archaïque «récompense» et «châtiment» est dicté par l'amour et absorbé par lui, celui qui est attaché à la présentation traditionnelle des fins dernières et n'est pas immergé dans l'amour se sentira totalement déconcerté. Mais qu'il se rassure. Ǧubrân et Nu'ayma respectent pleinement sa foi tout en l'invitant à lui redonner «un supplément d'âme» par un plus grand amour»(169).

Avant de nous interroger sur l'eschatologie de l'humanité dans son ensemble, il nous faut noter le silence absolu des deux écrivains libanais sur le Purgatoire, cet autre article de foi vraiment mystérieux. Ce silence n'est pas étonnant étant donné que, dans leur conception de la «Délivrance», la purification de l'âme se fait au cours de ses nombreuses réincarnations. Il n'est donc pas nécessaire ni «de lieu, ni d'état de purification par des peines temporaires».

II- L'Eschatologie de l'Humanité.

Pour le croyant, l'histoire n'est pas un perpétuel recommencement; elle connaît une progression que marquent les visites de Dieu en des temps, des jours, des heures et des moments privilégiés. Le Seigneur est venu, Il vient sans cesse, Il va venir, pour juger le monde et sauver les croyants. Oui, le Seigneur reviendra aussi sûrement que revient chaque année le printemps, et le salut de Dieu parviendra alors à son terme. Le monde présent, si beau et si attachant soit-il, passera, mais c'est pour qu'advienne un monde tout neuf, le Monde définitif, une vie nouvelle, la Vie définitive. La fin de ce monde ne sera que le début d'un autre.

---

(167) *Sagesse*. p. 76.

(168) Ayyûb. 4,326. Un poème de XVIème siècle, d'un auteur anonyme, résume admirablement bien cette position des deux amis libanais et qu'ils pourraient faire leur. cf. B. Bro. *Faut-il encore pratiquer* ? p. 235.

(169) Sur une nouvelle conception des fins dernières. cf. l'article de Ladislas Boros, *De l'esprit propre à inspirer une nouvelle définition des fins dernières*. Concilium, 32. Février. 1968. p. 67-76.

A- Le retour du Christ et la fin du monde présentés par Ǧubrân et Nu'ayma.

1- «Il viendra juger les vivants et les morts» professe le Symbole des Apôtres. Jésus lui-même a clairement prédit ce retour, plus couramment connu sous le nom de Parousie.

2- A trois reprises, Ǧubrân exprime sa foi au deuxième retour du Christ et en la fin du monde. S'adressant aux hommes de religion, Yuḥannâ, porte-parole de l'auteur, leur dit : «Malheur à vous lorsque reviendra le Fils de l'Homme. Il démolira vos couvents..., brûlera vos autels et vos statues»(170). Puis, appelant de tous ses vœux le retour de Jésus, le héros s'écrie: «Reviens, ô Jésus, toi le vivant; reviens et chasse de nouveau, de ton temple, les marchands de religion. Etends ta main, ô Jésus, et prends pitié de nous! Ou bien, envoie la mort nous conduire dans les tombes où nous nous reposerons à l'ombre de ta croix en attendant ton deuxième retour»(171). Ce deuxième retour aura lieu au son de la musique(172).

Là s'arrête toute la doctrine ǧubranienne sur la Parousie. A l'opposé de certains peintres et poètes qui ont laissé libre cours à leur imagination, Ǧubrân se contente de confesser sa foi en la réalité de ce retour dans les termes les plus proches de ceux de l'Eglise. Quant aux signes avant-coureurs et à la date de ce retour, ils lui paraissent sans aucune importance pour sa foi. A l'exemple de Jésus et de ses Apôtres, Ǧubrân ne se considère pas comme un théoricien, ni comme un théologien. Il ne s'adresse pas aux philosophes et aux savants pour satisfaire leur curiosité ou leur permettre de bâtir des systèmes. Il s'adresse à un peuple écrasé par les responsables, religieux et politiques, pour lui donner confiance et espérance.

3- Plus élaborée est la pensée de Nu'ayma sur la Parousie. Mais tout en voulant être fidèle à l'Evangile, le fils de *Baskinta* s'en éloigne, par moments, pour présenter une doctrine claire qui puisse être comprise par les plus simples sans risque de confusion et de mauvaise interprétation. C'est pourquoi, nous le voyons, dans sa présentation du retour du Christ, séparer les signes annonciateurs de la ruine de Jérusalem et ceux de la fin des temps. Pour lui, il s'agit de deux événements différents, alors que pour l'Eglise il s'agit en réalité du même événement, dont les signes sont permanents.

---

(170) *Yuḥannâ*. p. 73.
(171) Ibid. p..78 et 79.
(172) cf. *Mûsîqâ*. p. 37.

Nu'ayma rappelle donc la prédiction de Jésus sur la destruction du temple de Salomon et celle de Jérusalem puis celle du monde. «Vous entendrez parler de guerres et de nouvelles sur les guerres... Mais ce ne sera là que le début des douleurs. Le mal s'étendra sur la terre. La *Maḥabba* s'affaiblira chez la plupart des hommes. Celui qui persévérera jusqu'à la fin sera sauvé... Les hommes verront alors le Fils de l'Homme venir sur les nuées du ciel, entouré de gloire et de magnificence. Il enverra ses anges rassembler ses élus des quatre coins du monde, d'un bout du ciel à l'autre»(173).

Cette description sous des images cosmiques et terribles du Jour du Jugement faite par Nu'ayma est conforme en tous ses points à celle du Nouveau Testament. Mais notons qu'elle n'est pas une invention des Evangélistes. Nous la trouvons déjà dans l'Ancien Testament(174). Cette imagerie n'est qu'un procédé littéraire oriental sans portée prophétique précise quant aux phénomènes décrits: elle est tout simplement une façon orientale d'exprimer l'importance unique de cet événement qui mettra fin au monde de ce temps pour inaugurer un monde nouveau.

Venant vingt siècles après les Apôtres et les Evangélistes, l'auteur de *Sab'ûn* fait un pas de plus qu'eux et constate que cette prophétie est en cours de réalisation. «Les temps ont leurs signes, écrit-il. Et plus d'un signe indique que notre époque vit dans l'attente d'événements terribles. En effet, chaque jour même, nous apporte son lot de troubles et de conflits mondiaux ou locaux. Les tremblements de terre ont changé la face de notre planète. Tout annonce que la prédiction de Jésus est sur le point de se réaliser. Et Nu'ayma croit fermement en cela. Tout, autour de lui, le porte à croire: depuis les grands bouleversements qui secouent le monde jusqu'à sa foi illimitée au Christ et en sa mission. «Il n'est nullement étonnant, écrit-il, que Jésus revienne une seconde fois sur la terre pour renouveler sa mission»(175). Mais, un détail le gêne: «Les hommes verront le Fils de l'Homme venir sur les nuées du ciel»(176). Cette venue sur les nuées du ciel est incompatible avec la réalité de notre planète. De fait, comment serait-il possible à tous les hommes de la terre de voir en même temps une seule

---

(173) *Masîḥ*. 9,261-262. Nous nous sommes contentées de relever quelques versets de la description des signes annonciateurs de la fin des temps, description conforme à celle de *S. Math*. 24, 15-31.

(174) cf. *Jér*. 25,30-38. *Dan*. 7,9-12.

(175) *Masîḥ*. 9,262, 264-265. Nu'ayma ramène les nombreuses causes des conflits qui déchirent l'humanité à l'absence de fraternité, de pardon, de compassion et de *Maḥabba* du cœur de l'homme.

(176) Ibid.

nuée, si grande soit-elle? Comment leur serait-il possible de voir celui qui est assis sur cette nuée ? Et si celui-ci revêtait un corps humain, d'où se le serait-il procuré, alors qu'au ciel il n'y a pas de corps humain ? Que signifient les anges qui sonnent dans les trompettes «pour rassembler les élus des quatre coins du monde» ? Le Fils de l'Homme ne peut-il rassembler ses élus sans recourir aux anges et aux trompettes? se demande Nu'ayma[(177)]. Cette venue est également incompatible avec l'humilité du Nazaréen lors de sa première venue[(178)].

Le fils de l'Eglise Orthodoxe trouve la réponse à ses questions dans la théologie chrétienne qui affirme que «la venue du Seigneur sur les nuées du ciel révèle sa puissance et sa gloire divines»[(179)].

Mais, craignant que cette réponse ne soit prise à la lettre et n'entraîne par là «une mésestime et de celui qui vient et de sa mission»[(180)], l'auteur de ***Sab'ûn*** insiste sur le fait que «le halo de 'magnificence et de grandeur' que le Christ confère à son second retour n'est qu'un symbole de la grandeur de celui qui vient et de la grandeur de sa mission»[(181)].

B- Le Jugement Général décrit par Ǧubrân et Nu'ayma

1- L'attente du retour du Christ comme juge des vivants et des morts fait partie du Credo chrétien. Ce thème de jugement général n'est pas exceptionnel en histoire des religions[(182)]. Ce jugement sera prononcé non par le Père mais par le Fils[(183)].

Dire: «C'est Jésus qui juge», c'est enfermer le jugement dans toute la miséricorde du Dieu-Amour. Dire: «Il viendra juger les vivants et les morts», ce n'est pas menacer: «Personne n'y échappera» !, c'est promettre: «Personne ne sera laissé de côté dans cette tendresse de Joseph pour

(177) Ibid. p. 265.
(178) *Masîḥ*. 9,265.
(179) L. Ott. op. cit. p. 667. Puis l'exégèse des Pères de l'Eglise précise que le signe du Fils de l'Homme est la croix. Ibid.
(180) *Masîḥ*. 9,265. Là, Nu'ayma raconte une histoire qu'il a lue dans les quotidiens de New York, au temps où il s'y trouvait: «Un homme prétendait connaître l'année, le jour et l'heure du retour de Christ. Alors il quitte sa maison, emmenant sa femme et ses enfants, et gravit une colline hors de la ville pour contempler la venue du Christ sur les nuées du ciel et entouré de ses anges». Ibid. p. 265-266.
(181) *Masîḥ*. 9,265.
(182) *V.T.B.*. c. 508. et c. 505.
(183) Notons que le choix de Jésus dans l'Islam, comme juge, n'est pas dû à son caractère de prophète, mais à son exemple de sainteté mystique. cf. *Coran*. 5,108-120.

ses frères pécheurs retrouvés»; c'est dire que l'homme Jésus, qui a été vivant, puis mort, est bien placé pour aimer, pour comprendre, pour retrouver, pour rassembler tous ses frères humains, vivants et morts, au jour du jugement final, ceux-là seuls s'en étant exclus qui se seraient obstinés à refuser de croire ou d'aimer»[184].

De ce jugement, Jésus donne une description imagée dans son grand discours eschatologique.

2- La séparation des hommes en «sauvés» et en «damnés» déroute Nu'ayma qui ne comprend pas pourquoi la paternité de Dieu se limiterait un jour à un nombre déterminé d'enfants. Il ne comprend pas non plus que «Jésus puisse un jour condamner au feu éternel»[185], alors qu'à celui qui lui demandait combien de fois fallait-il pardonner à son frère, il avait répondu: «soixante-dix fois sept fois», c'est-à-dire de façon illimitée. Pour le Nazaréen, «le pardon, tout comme la *Maḥabba*, ne connaît pas de limites; et là où règne la *Maḥabba*, là abonde le pardon. Car «le pardon est à la *Maḥabba* ce que la chaleur et la lumière sont au soleil». Cette *Maḥabba* est le fondement de la mission de Jésus. C'est pourquoi, celui qui lit le grand discours eschatologique est terriblement déconcerté par l'effrayante image que Jésus donne du jour du jugement»[186].

Quel est l'objet de ce jugement ? Sur quoi Jésus examinera-t-il les hommes? La réponse de Nu'ayma est dans la ligne de sa foi chrétienne et de la mission qu'il s'est donnée d'être un apôtre de la *Maḥabba*, autrement dit, sur le fondement et l'essence du Christianisme, à savoir sur «ce que les hommes auront fait ou auront omis de faire à l'égard de leurs frères que Jésus appelle 'ses petits frères, *iḫwatuhu al-ṣiġâr*! A ceux qui seront à sa droite, il dira: «Venez les bénis de mon Père...»

Immédiatement après, il se tournera vers ceux qui sont à sa gauche pour les maudire, lui qui a dit: «Bénissez et ne maudissez pas». «Eloignez-vous de moi, les maudits, allez au feu éternel préparé de toute éternité pour satan et ses anges». Pourquoi ? Parce que les premiers ont aidé et aimé Ses frères, alors que les seconds ne l'ont pas fait. Ainsi, «les uns iront dans la géhenne éternelle et les autres iront à la vie éternelle»[187].

---

(184) cf. Th. Rey-Mermet. *Redécouverte de la foi*. p. 312.

(185) Notons que Dostoïevski aussi ne croit pas en la possibilité d'une condamnation éternelle. cf. *Les Frères Karamazov*. 1,521.

(186) cf. *Masîḥ*. 9,256 et 257.

(187) *Masîḥ*. 9,257-258.

Là, Nu'ayma s'arrête, perplexe, scandalisé[(188)] et comme foudroyé: Comment comprendre cet avenir éternel de souffrances et de terreur que Jésus réserve à ceux qui n'auront pas aimé «Ses petits frères» face à sa parole : «Si ton frère pèche contre toi, pardonne-lui soixante-dix fois sept fois»[(189)]? Si un homme, collé à la poussière et enclin à toutes les passions de la chair est capable de pardonner à son frère de façon illimitée, à plus forte raison ne sied-il pas au Fils unique de Dieu, *Ibn Allâh alwaḥîd*, de pardonner à Ses «petits frères»! N'a-t-il pas, du haut de la croix, imploré le pardon pour ses bourreaux: «Père, pardonne-leur, car ils ne savent pas ce qu'ils font» ? Cette supplication est le pardon le plus noble qui ait existé depuis la création du monde et des hommes! Est-il possible que celui qui a prononcé de telles paroles, débordantes de compréhension et d'amour de charité, regrette ses paroles et dise à des armées de «ses petits frères»: «Allez loin de moi, vous les maudits, allez au feu éternel préparé pour Satan et ses anges»? «Par cette malédiction, le Christ ne démolit-il pas sa mission? Est-il venu guérir les bien-portants ou les malades? Si lui, le médecin suprême, n'a pu guérir un malade, comment châtiera-t-il ce malade de la façon la plus dure s'il n'a pu se guérir lui-même»[(190)]?

Ces nombreux points d'interrogation que pose Nu'ayma sont une suite toute naturelle et logique de son choix de bâtir sa vie et son œuvre sur la *Maḥabba*. Mais l'apôtre de la *Maḥabba* semble oublier que «la clef de toutes ses questions comme de toutes les questions de la foi, c'est le dogme central: «Dieu est Amour». Il ne peut exister d'enfer que dans cette lumière. Dieu ne veut pas l'enfer. «Mais Dieu est assez grand en amour pour donner aux anges et aux hommes une vraie liberté, y compris celle de Lui dire 'non' en face. L'homme peut s'obstiner à ne pas aimer. C'est très exactement cette possibilité qu'énonce l'idée de l'enfer», affirme K.Rahner[(191)].

Certes, le Christ a prêché l'amour. Il a donné sa vie par amour. En lui le salut du monde est déjà réalisé. Mais il reste aux hommes à accueillir et à assumer librement ce salut. La libération que le Christ a apportée, il faut la vivre quotidiennement dans la préparation et l'attente d'une libération totale et définitive. L'heure de la mort sera pour chacun l'Heure Suprême qui le fixe dans le degré d'amour qu'il a atteint au cours de sa vie.

---

(188) Son scandale n'est «qu'une image très lointaine du scandale de Dieu», comme l'affirme Gustave Martelet. Cité par Th. Rey-Mermet. op. cit. p. 466.

(189) Cette attitude s'explique aussi par la foi qu'a le fils de *Baskinta* et l'ancien étudiant en théologie «qu'en tout homme il y a une flamme divine et qu'il est impossible que cette flamme s'éteigne à jamais» comme nous l'avons déjà signalé. cf. *Aḥâdît*. 9,684.

(190) *Masîḥ*. 9,258. Nu'ayma explique que cette maladie est l'ignorance dans laquelle sont les hommes d'être les enfants d'un unique Dieu... et d'être tous frères de Dieu. Ibid. p. 259.

(191) Th. Rey-Mermet. *Redécouverte de la foi*. p. 464.

En effet, la certitude de Nu'ayma que l'amour est le fondement de toute vie chrétienne, le premier et unique commandement valable pour tous les disciples du Christ, et que cet amour ne passera jamais, a une double conséquence: d'abord cela seul qui est fait par amour a une valeur permanente et est inséré de façon durable dans la trame de l'éternité; ensuite c'est cet amour qui séparera les hommes ou plus exactement fera que les hommes se sépareront eux-mêmes en bons ou en mauvais, en sauvés ou en damnés. En attendant cette séparation, Dieu prend patience. Il laisse croître ensemble le bon grain et l'ivraie. A tous, Il donne sa pluie et son soleil. Celui-ci brille pour tous. Mais ceux qui s'enferment dans la cave ou ferment leurs volets ne le reçoivent pas. A l'instant de la mort les hommes jouiront d'une connaissance parfaite, semblable à celle qu'a Dieu Lui-même de ses créatures . L'amour même dont Dieu n'a cessé de les aimer au cours de leur vie sera parfaitement communiqué à ceux qui l'auront accueilli et vécu sur terre, et il deviendra la source de leur joie éternelle. Mais cet amour sera refusé à ceux qui, malgré toutes les avances et toutes les initiatives infiniment patientes et miséricordieuses de Dieu, l'auront refusé dès cette terre, et ce refus deviendra la source de leur souffrance éternelle. L'enfer, comme refus absolu de l'amour, n'existe donc et ne peut jamais exister que d'un seul côté.

Croyant non seulement à l'amour mais aussi à la liberté, ce précieux don fait par Dieu à la créature, peut-on se permettre encore de se dresser en «juge de Dieu» comme semble le faire Nu'ayma lorsqu'il écrit: «Le jugement n'est-il pas un aveu de Dieu reconnaissant s'être trompé lorsqu'il constata que le monde qu'Il avait créé était beau? En réalité, ce monde n'est pas beau comme Il l'avait cru»[192]. Et, se laissant aller à sa fertile imagination, l'auteur propose une solution au Créateur: «Pourquoi ne corrigerait-il pas son erreur en créant un monde meilleur, au lieu de ressusciter le monde actuel pour le juger sur ce qu'il a fait avant de mourir»[193]?

3— Pour éviter toutes ces difficultés, Ǧubrân se contente de signaler que ce jugement se fera au son de la musique: «Dans le Livre Saint, dit-il, il est écrit que les anges du ciel viendront à la fin des temps en soufflant dans les trompettes aux quatre coins du monde. En les entendant, les esprits se réveilleront, revêtiront leurs corps et paraîtront devant le Juge»[194].

(192) *Sab'ûn*. 1,281.
(193) Ibid.
(194) *Mûsîqâ*. p. 37.

Conclusion

Après avoir examiné la vision eschatologique de Ǧubrân et de Nu'ayma, et sans rien oublier de ce que nous avons dit précédemment, il convient d'ajouter - pour éviter toute mauvaise interprétation - que cette vision est profondément religieuse. Elle s'inscrit dans un courant d'attente religieuse non pas d'une fin de tout, d'une mort universelle, d'un retour du tout au néant, mais d'un commencement de tout, d'une naissance d'un monde nouveau comme un merveilleux printemps. Ne croyant pas en la résurrection à la manière des chrétiens, étant donné leur croyance réincarnationniste, leur conception de la vie et de la mort, du ciel et de l'enfer peut paraître parfois ambiguë et être taxée de non-chrétienne. Mais rassurons-nous, cette ambiguité n'est qu'apparente. En réalité, les deux amis accordent au Christ la place centrale dans la Parousie. Ils reconnaissent que les hommes seront jugés sur leur acceptation ou leur refus des dons de Dieu et sur les œuvres accomplies avec ou sans amour. «Au soir de la vie, nous serons jugés sur l'amour», aimait à répéter S. Jean de la Croix. Ǧubrân et Nu'ayma ont fait leur cette vérité. Ils ont ouvert tout grand leurs cœurs et leur vie à l'amour de leurs frères, gage et condition de leur amour de Dieu, et à l'amour de Dieu, source et tonus de leur amour pour leurs frères. Ils ont aimé et ils ont prêché l'amour. Avec François Chagneau, ils peuvent faire monter cette prière vers le Seigneur des vivants et des morts:

> «Seigneur mon Dieu, mon Créateur, Tu es Père de Jésus-Christ,
> Tu as sur moi paternité et sur tous les hommes mes frères.
> «J'ai vécu avec les hommes, j'ai témoigné de ton amour.
> Et J'attends maintenant que tu reviennes dans la paix.
> «Par ma vie tout entière Tu as passé, Seigneur,
> Je redis toute ma confiance, mon espérance en ton amour»[(195)].

Dans cette perspective, peut-on encore dire que la vision eschatologique des deux amis n'est pas chrétienne ? Si oui, la raison ne peut relever que du domaine du langage. En effet, les penseurs chrétiens se sont toujours heurtés à ce problème dès qu'il s'est agi de parler des choses de Dieu et de l'au-delà avec un langage humain. Pourquoi Gubrân et Nu'ayma feraient-ils exception à cette vérité aussi vieille que le monde chrétien?

Au terme de ces quatre chapitres sur le Christ, pouvons-nous mieux conclure autrement que par cette confession de foi respective de Ǧubrân et de Nu'ayma? «Jésus est la personnalité la plus puissante de

---

(195) François Chagneau. *Reste avec nous*. p. 105.

l'histoire»[196] déclare Ǧubrân. «Je n'ai jamais douté, ajoute Nu'ayma, de la grandeur spirituelle de Jésus, de la pureté de sa vision, de l'universalité de sa mission et de la grandeur de son sacrifice pour moi et pour tous les hommes»[197]. Pour les deux amis, comme pour beaucoup d'autres écrivains et hommes de lettres, cette grandeur ne consiste pas dans sa divinité, mais bien dans la noblesse de ses sentiments, dans la sublimité de son enseignement, dans sa sagesse et sa vertu. Jésus n'apparaît plus comme le deuxième Adam, Rédempteur qui réconcilie l'humanité avec Dieu, il n'est plus le Médiateur et le grand prêtre éternel, mais le Sage de Nazareth, le maître d'une loi d'amour et l'ami de tous. De même, sa vie, sa mort et son œuvre rédemptrice sont uniquement présentées dans le cadre du naturel et de l'humain. Sa souffrance et sa mort sont considérées comme une source de perfectionnement pour le monde. Son génie a consisté à aimer les hommes, à vivre profondément leur vie et à leur révéler les plus hautes et les plus profondes vérités dans un langage simple et aimant.

Hélas, ce génie et cette grandeur sont encore méconnus, s'écrie Nu'ayma. «Le Christ est aussi loin de nous que l'est Saturne et cela malgré les milliers de volumes que nous avons écrits sur lui et malgré les nombreux sanctuaires que nous lui avons élevés un peu partout dans le monde»[198]. La raison de cet éloignement réside dans le fait que les chrétiens cherchent Jésus au terme de leurs raisonnements alors qu'en réalité «Il est au terme de leur amour». C'est pourquoi, le fils de *Baskinta* souhaite un nouveau retour du Christ pour renouveler la face de la terre en prêchant la charité universelle: «O mon Christ, si tu revenais une autre fois nous apprendre que toutes les pierres d'une pyramide sont nécessaires, qu'il n'y a pas de différence entre les grandes et les petites! Nous avons besoin de toi aujourd'hui plus que jamais. Ah! Si tu revenais nous redire ton Sermon sur la Montagne! Car il vaut beaucoup mieux pour nous l'entendre de ta bouche que de l'entendre de tes prêtres ou de le lire dans ton Evangile. Les maladies ont envahi nos cœurs et nos corps, ta main seule peut nous guérir»[199].

Cet appel revêt un accent particulièrement émouvant lorsque, dans un élan d'amour, de simplicité et de confiance mûrie par les années, le nonagénaire de *Baskinta* le fait sien. Ecoutons-le: «Il se peut, ô mon Christ,

(196) *Beloved Prophet*. Journal du 8-2-1921. p. 359.
(197) *Masîḥ*. 9,248.
(198) *Masîḥ*. 9,332.
(199) Ibid. p. 335. Notons que Nu'ayma compare l'humanité à une pyramide. Ibid. p. 312 et 335. De son côté, al-'Aqqâd affirme que «si le Christ revenait, il renierait beaucoup de ce qui se fait en son nom, ... Il réapprendrait à ses disciples que l'essentiel est ce qu'il y a dans le cœur non ce que prononcent les lèvres». cf. *Ḥayât al-Masîḥ*. p. 262.

que j'aie été présent parmi ceux qui se sont moqués de toi lors de ta crucifixion. Aujourd'hui, ta croix est mon bouclier, ton amour est ma protection. je témoigne que ton Evangile est la voie de la Vérité, et que ta vie est la voie de la Vie ! Rends-moi digne de comprendre ton Evangile et de vivre de ta vie! Et que mon amour pour toi soit mon intercesseur auprès de toi»[200]! Car c'est à l'amour qu'appartient désormais, souverainement et inéluctablement, tout l'avenir de l'humanité. En effet, cet amour est au centre du message de Salut apporté par le Christ; il est l'unique charte du Royaume qu'il est venu fonder, le seul mobile de l'Economie du Salut qu'il a opérée et il sera l'unique objet du Jugement Général qu'il viendra prononcer. Tel est le message que nous livrent Ǧubrân et Nu'ayma sur la personne du Christ et sur son Oeuvre Rédemptrice.

Voyons maintenant quel message ils nous livrent sur l'Eglise, présence visible du Christ sur la terre.

(200) *Masîḫ*. 9,336.

TROISIEME PARTIE

L'EGLISE VUE PAR ǦUBRAN ET NU'AYMA

«Quand vous aimez, vous ne devez pas dire 'Dieu est dans mon cœur', mais plutôt, 'Je suis dans le cœur de Dieu'.

Ǧubrân... *Le Prophète*. p. 15.

«*Al-Maḥabba* est le soleil sans lequel notre monde ne serait que ténèbres».

Nu'ayma... *Masîḥ*. 9,289.

Introduction

L'Eglise est la présence vivante et visible du Christ sur la terre. Le Christ, don de Dieu aux hommes, ne peut d'aucune manière être séparé de son Eglise. Et le Christianisme, œuvre par excellence du Christ, «n'est vivant que dans l'Eglise»[1]. Cela apparaît clairement dans l'Eglise Catholique où les prêtres donnent les sacrements, où les évêques et le pape définissent la foi, où la hiérarchie gouverne et veille à la bonne santé spirituelle des fidèles. Nos frères protestants eux-mêmes, malgré leur rupture avec l'Eglise Romaine, maintiennent cette vérité. Ils aiment à citer la phrase de Calvin: «Impossible de naître à la vie d'en-haut, si ce n'est au ventre de cette mère (l'Eglise). Phrase qui ressemble singulièrement à celle de Saint Cyprien: Nul ne peut avoir Dieu pour Père, s'il n'a l'Eglise pour mère»[2].

Or, nous vivons aujourd'hui une crise religieuse qui secoue sérieusement le monde et se manifeste surtout par l'abandon de l'Eglise-institution et des sacrements. Cette crise s'exprime dans une revendication qui se fait de plus en plus pressante de retour à l'Evangile dans sa pureté première. Faisant partie de l'Eglise d'Orient, la plus ancienne, celle fondée par les Apôtres et les premiers chrétiens persécutés à Jérusalem et fécondée par le sang des martyrs, Ǧubrân et Nu'ayma n'échappent pas à cette crise. Bien plus, conscients de leur mission humanitaire, ils se font la voix de tous ceux qui aspirent à une vie chrétienne authentique, nourrie du Christ et de l'Evangile.

Quelles sont les raisons de cette crise ? La réponse à cette question réside dans le fait que l'Eglise n'est pas un parti, ni une idée: elle est fondamentalement et essentiellement l'assemblée diversifiée et multiforme, unie par la foi et dans la foi, des hommes qui, d'une manière ou d'une autre, se situent en relation avec Jésus-Christ. Elle est un corps, le corps visible du Christ mort et ressuscité.

---

(1) J. Maritain. *Trois réformateurs*. p. 212.

(2) Cité par Eugène Joly. *Qu'est-ce que croire?* p. 88. cf. également Vladimir Lossky. *Théologie mystique*. p. 175-176 et J. Maritain.De *L'Eglise du Christ. La personne de l'Eglise et son personnel*. D.D.B. Paris (1970), p. 178.

Comment les deux apôtres de l'Evangile et de la *Mahabba* ont-ils perçu, puis présenté, ce visage visible du Christ que doit être l'Eglise tout au long de son pèlerinage sur la terre? Sans doute, ne serons-nous pas en mesure de donner une réponse exhaustive et pleinement satisfaisante à cette question, étant donné le caractère principalement critique que revêt l'Eglise et ses représentants dans la vie et l'œuvre des deux amis. Mais nous tenterons d'éclairer trois points essentiels qui constitueront les trois chapitres de cette troisième partie. Nous verrons tout d'abord la nature de l'Eglise. Ensuite, nous nous interrogerons sur sa fidélité à garder et à transmettre le message confié par le Christ. Enfin, nous nous arrêterons sur la manière dont elle est l'instrument du Salut apporté par le Christ à tous les hommes.

CHAPITRE UN

LA NATURE DE L'EGLISE

L'Eglise est objet de foi pour tout baptisé. «Je crois en l'Eglise une, sainte, catholique et apostolique». Qu'est-ce que «croire en l'Eglise»? C'est recourir à Elle et lui faire confiance... C'est adhérer aux «points d'appui» de la foi qu'Elle présente et aux moyens qu'Elle propose pour aider les chrétiens à vivre de la vie même de Dieu manifestée par et dans le Christ. Autrement dit, c'est accepter pleinement son mystère dans sa triple réalité. «Un mystère d'unité... un mystère de différenciation... et enfin un mystère d'amour qui s'accomplit à travers cette unité et cette différenciation... Ce mystère de l'Eglise se présente, s'exprime et se communique sous forme sacramentelle»[(3)]. Faut-il souligner que c'est précisément cela qui fait le plus difficulté pour Ǧubrân et Nu'ayma comme d'ailleurs pour la majorité de nos contemporains?

Nous avons vu, au cours des chapitres précédents, avec quelle conviction et quel enthousiasme les deux amis proclament leur foi en Dieu et leur attachement au Christ et à l'Evangile. Et c'est précisément au nom même de cet attachement au Christ et de leur amour pour lui qu'ils refusent de voir, dans une Eglise engagée dans les misères et les défaillances humaines, le Christ, c'est-à-dire la Voie, la Vérité et la Vie de Dieu. La foi de Ǧubrân et de Nu'ayma en L'Eglise est l'aspect le plus contesté de leur pensée religieuse qui est restée profondément chrétienne dans la plupart de ses manifestations, malgré toutes les spiritualités orientales auxquelles elle a puisé et par lesquelles elle a été influencée. Leur révolte contre la religion est finalement réduite à une révolte contre les représentants de cette religion qui ont défiguré l'image du Christ. Elle s'inspire toujours de l'Evangile et s'accompagne toujours de la glorification du promoteur de la loi d'amour universel, s'appuyant sur des versets évangéliques pour montrer ce que le clergé a fait de ses enseignements et pour rappeler aux chrétiens que le cœur du Christianisme, et donc de l'Eglise, «ne consiste

---

(3) J. Mouroux. *L'expérience chrétienne*. p. 194-195.

pas dans sa structure hiérarchique, ni dans sa liturgie, ni dans ses sacrements, ni dans ses ordonnances juridiques, mais dans cette charité et cette union intime et personnelle avec le Christ»[4].

Comment cette révolte s'est-elle manifestée? Quels en sont les répercussions, les résultats et les fruits? Ǧubrân et Nu'ayma ont-ils réussi à toucher le cœur de leurs compatriotes ? Quelle place gardent-ils à l'Eglise dans leur vie et dans leur œuvre? Pour esquisser une réponse, il nous faut d'abord voir ce que représente l'Eglise pour les deux amis: quelle est sa nature? son organisation? Quelles sont ses caractéristiques? Comment se présente-t-elle au monde?

I. L'Origine de l'Eglise selon Ǧubrân et Nu'ayma

L'Eglise chrétienne est une des réalités de notre temps que l'on peut aimer ou haïr, tolérer ou persécuter, mais qu'aucun observateur sérieux ne peut ignorer. Bien plus, elle est, pout tout baptisé, une des composantes de l'expérience chrétienne. Aussi, essayons de voir comment se présente-t-elle concrètement? Qui est-elle? Que dit-elle d'elle-même? Que disent d'elle Ǧubrân et Nu'ayma?.

1. Fondation de l'Eglise.

a. «Du point de vue historique, le seul résultat évident de toute la vie et l'œuvre de Jésus fut l'apparition de l'Eglise... Elle n'était pas née d'un programme ni d'un *credo*, mais d'un attachement personnel à Jésus lui-même»[5]. Aujourd'hui, il est généralement admis que l'Eglise ne s'est pas constituée peu à peu par la volonté libre des fidèles du Christ et des communautés locales, mais qu'Elle a existé aussitôt après Pâques et s'est reconnue tout de suite comme une institution née de Dieu. Il est indiscutable aussi, que sa naissance remonte d'une manière ou d'une autre à la personne et à l'activité du Christ.

b. Pourquoi le Christ a-t-il fondé l'Eglise? En fondant l'Eglise, le Christ a voulu «inaugurer le Royaume de Dieu sur terre qui, dans la plénitude du temps, s'étendra jusqu'au Royaume de Dieu dans les cieux, à la fin des siècles, et sera absorbé par lui»[6]. Ce à quoi répond Nu'ayma:

---

(4) M.J. le Guillou. *Le visage du Ressuscité*. p. 368.

(5) C.H. Dodd. *Le fondateur du Christianisme*. p. 105.

(6) Sur cette question, on pourrait se référer à Hans Küng. *L'Eglise*. Brugge (1968), 1,87-118 puis à André de Bovis. *L'Eglise et son mystère*. Paris (1961), p. 26-40 et R.C. Zachner. op. cit. p.201.

«Oui, le but de la mission de Jésus est bien le Royaume des cieux, *malakût al-samawât*». Pour prêcher ce Royaume, «Jésus choisit un petit groupe d'hommes ouverts et disposés à comprendre sa mission», puis «il se mit à les instruire afin d'ouvrir leur intelligence à Sa vérité et à la vérité de sa mission. Il s'isolait avec eux durant des heures et parfois des jours pour leur expliquer qui Il était, d'où Il venait et pourquoi Il venait. Mais, en dépit de toutes ses explications, ils ne comprenaient rien à ce Royaume»[7]. L'auteur de *Sab'ûn*, voit-il, à l'exemple des théologiens, dans ce choix et dans cette longue préparation des apôtres à leur mission, la semence et les fondements de la future Eglise? Rien ne nous permet de répondre à cette question. Nu'ayma, généralement soucieux de précision et de clarté, se contente de relater cette scène évangélique et attend l'occasion favorable pour se prononcer.

A son tour, Ǧubrân raconte le premier appel des apôtres par Jésus qui promet de faire d'eux des pêcheurs d'hommes[8]. Puis il fait raconter à Pierre le choix que fit Jésus de lui-même et de son frère André «afin d'être avec lui»[9]. «Etre avec lui», pourquoi? Là aussi, nous n'avons aucun élément de réponse. La seule chose que Ǧubrân affirme c'est que Jésus demande à ses apôtres d'être «ses soldats»[10] et ses témoins dans le monde[11]. Le silence de Ǧubrân peut signifier soit son acceptation de la doctrine chrétienne qui confesse que l'Eglise est fondée par Jésus, soit son indifférence à l'origine divine de cette doctrine, comme aussi de toute doctrine.

2. Nature de l'Eglise.

Pour beaucoup de nos contemporains, l'Eglise est une institution majestueuse, très structurée, solide, immuable, mais vieillie, tournée vers un passé jugé révolu. Elle présente un enseignement rigide et une méfiance constante vis-à-vis du progrès. Cette présentation de l'Eglise est l'image de marque inscrite dans l'opinion publique. En partie vraie encore de nos jours, elle n'existait pas aux temps de son fondateur, ni aux temps de la première communauté chrétienne et des Pères de l'Eglise. Comment l'Eglise était-elle vue? Et qu'est-elle en réalité?

(7) cf. *Masîḥ*. 9,211-212.

(8) *Yasû'*. p. 217.

(9) Ibid. p. 219.

(10) Ibid. p. 343.

(11) Ibid. p. 259.

a. «Le théologien russe Florensky a dit un jour que l'essence de l'Eglise consiste en ce qu'elle est indéfinissable. Elle ne peut pas être définie, parce qu'elle est un organisme vivant. Et comme l'Eglise est, selon S. Paul, le plérôme du Christ, donc essentiellement étendue et universalité, toute définition que l'on en donne est déficiente en quelque endroit»[(12)]. C'est pourquoi les définitions de l'Eglise sont faites, non sous le signe du concept, mais sous celui de l'image. Elle est le Corps du Christ et le temple du Saint-Esprit. Ces deux principes, christologique et pneumatologique de l'Eglise, sont fortement soulignés par l'Apôtre des nations dans sa lettre aux Ephésiens. Ils sont également toujours fortement unis dans la théologie orientale «qui ne conçoit jamais l'Eglise en dehors du Christ et du Saint-Esprit»[(13)]. Quoique l'expression "Corps mystique du Christ" soit la plus employée et la plus riche de sens[(14)], d'autres expressions existent qui n'en ont pas moins leur valeur: Peuple de Dieu, Epouse du Christ, Maison de Dieu, Famille, Communauté des croyants, Nouvel Israël et Sacrement du Christ. Définir l'Eglise comme sacrement, c'est la comprendre dans la ligne même de l'économie du salut en fonction du sacrement par excellence qu'est l'humanité du Christ. Par conséquent, «elle est essentiellement *agapê* et *koinônia*, *samsat* et *coesse*, le signe et le sacrement définitif du mystère de la communauté divine de l'Etre. Communion d'amour par constitution même, ferment d'amour entre les hommes, elle pénètre peu à peu la masse de son «essence» de don et d'abandon»[(15)].

De toutes ces images et expressions, il ressort que l'Eglise du Christ n'est pas une institution. Elle est «une présence vivante, livrant pour la nourriture de ses enfants les éléments constitutifs de sa Tradition, les textes de la liturgie et les écrits des Pères»[(16)], en vue «d'une vie nouvelle avec le Christ, dirigée par l'Esprit-Saint»[(17)] et entretenue par la méditation de l'Evangile.

---

(12) Julius Tyciak. *Maintenant Il vient, l'esprit épiphanique de la liturgie orientale*. Le Puy-Lyon (1963), p. 9. Sur la nature de l'Eglise selon la doctrine catholique, cf. H. Fries. *L'Eglise, questions actuelles*. Paris (1966). p. 7-31.

(13) V. Lossky. *Théologie mystique*. p. 173.

(14) Sur les fondements scripturaires et les différentes significations de cette expression, cf. H. Küng. *L'Eglise*. 1,282-332. et tout particulièrement l'ouvrage d'Henri de Lubac. *Corpus Mysticum, l'Eucharistie et l'Eglise au Moyen-Age*. Paris (1944).

(15) H. Le Saux. *Sagesse Hindoue*. p. 192.

(16) M.J. Le Guillou. *L'Esprit de l'Orthodoxie*. p. 33.

(17) P. Rondot. *Chrétiens d'Orient*. p. 201.

b. En quelques mots, Nu'ayma démolit toute cette conception de l'Eglise. Pour lui. «l'Eglise est une institution, *mu'assassa*, semblable à toutes les institutions»(18), «une institution corrompue, différente du paganisme seulement par le nom»(19). «Elle se protège comme telle grâce à toute la force qu'Elle possède. Et cette force restera réellement puissante tant que l'Eglise prétendra la tenir directement du ciel et tant qu'il demeurera sur la terre des hommes qui la craindront pour leur vie d'ici-bas et pour l'éternité»(20). Elle n'est donc nullement fondée par le Christ. Amîn Rayḥânî, ami de Ǧubrân et de Nu'ayma, va plus loin et affirme: «Le Christ n'a pas essayé de fonder une Eglise sur la terre, car il haïssait les manifestations extérieures. Il nous a ordonné de prier en secret. L'Eglise est donc une forgerie de ses chefs, un moyen de ramasser de l'argent et de diviser la communauté nationale»(21).

Etant donnée sa nature purement humaine, l'Eglise n'a nullement besoin d'une assistance particulière du Saint-Esprit. Aussi, après avoir souligné la part d'exagération des Apôtres dans la description de la Pentecôte, «l'apparition des langues de feu accompagnée d'une forte tempête puis des dons de langues», Nu'ayma ajoute: «Si nous pardonnons aux anciens de semblables exagérations, nous ne saurions les pardonner à nos contemporains. Or, l'une de ces plus grandes et naïves exagérations est la persistance de l'Eglise chrétienne à proclamer que l'Esprit-Saint ne cesse d'œuvrer en Elle. Cette assistance du Saint-Esprit a commencé aux temps du Christ et des Apôtres et continue jusqu'à nos jours»(22). Pourquoi l'auteur de *Sab'ûn* taxe-t-il "d'exagération" cet article de la foi chrétienne? Autrement dit, pourquoi refuse-t-il cette assistance du Saint-Esprit à son Eglise, alors qu'elle en est un élément fondamental ? Serait-ce qu'il nie toute action du Saint-Esprit? Certes non. Ecoutons-le justifier sa position: «Le Saint-Esprit est l'expression même de la pureté, de la compréhension et de l'amour. Il ne peut donc habiter que des cœurs purs, compréhensifs et aimants comme le cœur du Christ et celui de ses disciples purifié par l'amour même du Christ»(23). Or, si «le Christ a donné le Saint-Esprit à ses Apôtres, et si ceux-ci L'ont donné à leur tour à leurs disciples, peut-on croire que tous ceux qui ont succédé aux Apôtres, depuis la mort de ces

---

(18) *Masîḥ*. 9,298.

(19) *Sab'ûn*. 1,271.

(20) *Masîḥ*. 9,298.

(21) Cité par J. Fontaine. op. cit. p.140.

(22) cf. *Masîḥ*. 9,328.

(23) Ibid.

derniers jusqu'à nos jours, soient des vases purs et aptes à recevoir le Saint-Esprit? Si oui, pourquoi l'Eglise s'est-elle divisée en Eglises? Pourquoi ses chefs sont-ils en désaccord sur celui qui, parmi eux, serait le plus grand? Pourquoi les guerres ont-elles éclaté, et éclatent toujours, entre les chrétiens? Pourquoi de nombreux fidèles se plaignent-ils de la conduite de leurs pasteurs? Se peut-il que tout cela ait lieu par... la grâce et la bénédiction du Saint-Esprit»[(24)].

Toutefois, si Nu'ayma refuse de croire en la présence et en l'action du Saint-Esprit dans l'Eglise en tant qu'institution, il n'en est pas de même de son action dans certaines personnes. En effet, «il y a une élite d'hommes et de femmes qui font du Christ *l'Alpha* et *l'Omega* de leur vie, *al-rakîza al-ûlâ wa-l-aḫîrâ*. Ceux-là brillent par l'imitation du Christ, par leur amour pour lui et pour ses «petits frères». Certains meurent pour défendre cet amour. Et si cette élite n'existait pas, nous pourrions affirmer que l'Eglise vit dans une vallée et l'Esprit-Saint dans une autre et que tout ce que nous voyons aujourd'hui dans l'Eglise n'a rien à voir avec le Saint-Esprit»[(25)].

Comment expliquer ce durcissement de l'attitude de Nu'ayma? La réponse nous vient de son attachement au Christ et de sa fidélité à son enseignement. Là est la clef de toute sa pensée religieuse et de toute sa vie. Le fils de l'Eglise Orthodoxe sait que le propre de l'Evangile c'est d'être porté, vécu et annoncé par l'Eglise, mais il semble oublier que cette Eglise est formée d'êtres faibles et imparfaits et que la tension entre leur vie quotidienne et la perfection à laquelle l'Evangile les appelle existera toujours. C'est pourquoi, scandalisé devant cette Eglise-institution, faible, limitée et tâtonnante, Nu'ayma la refuse pour rêver «d'une Eglise idéale, pure et universelle»[(26)]. Et, animé par ce désir d'une Eglise idéale, il engage une guerre sans merci contre l'Eglise dont il est membre, guerre dans laquelle Gubrân ne reste pas les bras croisés.

3. *Le Combat de Ǧubrân et Nu'ayma contre l'Eglise.*

A. La mort d'As'ad al-Sidyâq (1798-1829) par les mains du patriarche maronite Ḥubayš[(27)], provoqua un sentiment de haine, d'indignation

(24) Ibid. p. 297-298. Nous trouvons la même négation chez Mihâ'îl Mašâqâ (1800-1888) qui en 1964 s'est jeté sur ceux qu'il a appelés "les papistes" tout comme l'aigle se jette sur sa proie, critiquant, blasphémant, niant l'inspiration divine après la période apostolique afin de nier la divinité de l'Eglise. cf. *al-Fikr al-'arabî... 1967*. p. 379.

(25) *Masîḥ*. 9,329-330.

(26) J. Corbon, *L'Eglise des Arabes*. p. 98.

(27) As'ad al-Sidyâq enfreint les ordres du patriarche en entretenant de bonnes relations =

et d'opposition des penseurs libanais à l'autorité cléricale et engendra une critique des plus virulentes contre l'Eglise, assimilée à l'un de ses représentants. Cette opposition devint un de leurs principes. La critique de Ǧubrân sera l'une des plus véhémentes. Mais, «bien que colorée par un nationalisme passionné et davantage encore par le romantisme rousseauiste, cette révolte anti-cléricale est inspirée de l'Evangile comme l'était celle d'As'ad al-Šidyâq»[(28)]. Et ce que Barbara Young dit de lui[(29)], s'applique pleinement à son ami. De fait, comme tous les grands mystiques, Ǧubrân et Nu'ayma sont profondément religieux. Et c'est à cause de cela qu'ils se sont révoltés contre toutes les étroitesses de l'Eglise et de ses représentants qui comprennent mal et vivent plus mal encore l'enseignement et la mission du Christ. Quant aux différentes raisons qui ont motivé leur désaveu de l'Eglise institutionnelle, comme aussi de toute institution, et aux manifestations de ce désaveu, nous trouvons l'explication dans le caractère des deux hommes, Ǧubrân plus sensible et attentif aux personnes[(30)], Nu'ayma, grâce à sa formation, plus intellectuel et plus réceptif aux idées. Mais quoi qu'il en soit de ces différentes raisons et manifestations, le but est le même.

B. Tout d'abord, les deux amis veulent faire comprendre aux chrétiens que l'héritage religieux du Christ, à savoir l'Evangile, n'est pas le monopole de l'Eglise ou de certains initiés dans l'Eglise, mais qu'il est pour tous. Cette attitude fut engendrée par l'interdiction que fit l'Eglise à ses fidèles de lire la Bible. Tout en admettant que «la charge d'interpréter de façon authentique la parole de Dieu, écrite ou transmise, a été confiée au seul magistère vivant de l'Eglise, dont l'autorité s'exerce au nom de Jésus-Christ»[(31)], Ǧubrân et Nu'ayma voient, dans cette interdiction et dans les

---

= avec les missionnaires protestants et en lisant leurs livres. De fait, le patriarche avait interdit à ses fidèles tout contact avec les protestants, même dans le commerce, sous peine de péché mortel. cf. Mârûn 'Abbûd. *Ǧudud*. p. 180. Puis, ayant refusé de signer une déclaration de reconnaissance de la foi de l'Eglise romaine, il se voit accusé d'hérésie et menacé de prison. Livré au patriarche, celui-ci lui fait infliger des châtiments corporels. Coups et injures, privations et obscurité, il meurt d'hydropisie après trois ans de souffrances.
Pour plus de détails, voir. M. 'Abbûd. *Ǧudud*. p. 179-181. J. Fontaine. *Le désaveu*. p. 117-119. Ajoutons que l'histoire d'As'ad al-Šidyâq a été écrite en 1878 par Boutros al-Boustânî (1819-1883).

(28) K. Ḥâwî op. cit. p.43.

(29) cf. *This man*. p. 40.

(30) C'est pourquoi sa critique s'adresse à des personnes bien précises plutôt qu'à l'Eglise-institution.

(31) M. J. le Guillou. *Le visage du Ressuscité*. p. 79.

menaces d'excommunication qui planent sur ceux qui l'enfreindraient[32] un abus de pouvoir. Car le magistère est au service de la parole de Dieu et il ne peut d'aucune manière interdire sa lecture et sa méditation.

Ensuite, les deux amis cherchent à éveiller la conscience des chrétiens et à les encourager à secouer le joug de cette institution religieuse qu'est l'Eglise, qui, par sa domination, pèse lourdement sur eux et les empêche, par ses nombreux interdits, de vivre pleinement et joyeusement leur vie d'enfants de Dieu et de frères de tous les hommes comme le Christ le leur a enseigné. Elle les empêche également de s'intégrer pleinement dans le monde moderne et d'œuvrer à son humanisation et à son progrès. Car, comment les chrétiens pourront-ils s'intégrer pleinement dans le monde alors que l'Eglise elle-même «ne donne plus l'impression de "sentir avec l'Humanité"»[33.]

Enfin, Ǧubrân et Nu'ayma espèrent éduquer chez les chrétiens le sens de la responsabilité dans l'Eglise. Cette responsabilité s'exprime en travaillant à la croissance du Règne de Dieu dans le monde, car avec la hiérarchie, ils sont l'Eglise. Et l'Eglise est donnée, et cependant Elle est à faire. C'est «la collaboration des pasteurs et des fidèles» qui la fera, car, «si tout est donné dans l'Acte rédempteur, le Christ a confié l'actualisation des richesses infinies de cet Acte unique à la liberté de ses fils»[34], de tous ses fils. Pourquoi donc l'Eglise la limite-t-elle à certains? C'est ce que les deux penseurs chrétiens, Ǧubrân et Nu'ayma, ne comprennent pas.

C. Au cours de ses études au séminaire de Poltava, le fils de *Baskinta* constate que l'enseignement de l'Eglise auquel il avait, jusque-là, pleinement adhéré ne le satisfait plus. «Le vêtement taillé pour lui par l'Eglise, et dont il a été fier durant son enfance et une partie de sa jeunesse, devenait trop étroit et commençait à se déchirer»[35]. L'Eglise, dit-il, s'est

(32) cf. *Yuḥannâ*. p. 69.

(33) T. de Chardin. *Les directions de l'avenir*. p. 33. Quant aux explications que donne l'auteur à cet écart entre l'Eglise et le monde, cf. p. 35-36,37.

(34) J. Mouroux. *L'expérience chrétienne*. p. 204. De son côté, F. Monfort souligne les initiatives que les fidèles ont eu tout au long de l'Histoire de l'Eglise. cf. *Sacrement et Eglise*. C. Auj. Juillet-Septembre. 1977. p. 399. V. Lossky va plus loin et affirme que les fidèles ont le devoir de s'opposer aux évêques lorsque ceux-ci tombent dans l'hérésie. cf. *Théologie mystique*. p. 14.

(35) *Sab'ûn*. 1,277. Remarquons que Nu'ayma fait écho à Tolstoï qui avait dit: «Ce que la foi m'avait inspiré jadis était bien différent de ce qu'elle m'inspirait maintenant». *Ma confession*. p. 205.

éloignée de la voie que le Christ lui a tracée. Aussi, la rejette-t-il ainsi que tout ce qu'il avait reçu d'Elle[36] pour ne garder que «cette grandeur divine qui l'attirait dans la personne de Jésus de Nazareth»[37] et poursuivre sa route à «la lumière de l'unique lampe qui a éclairé la route de Tolstoï: L'Evangile»[38].

D. Quelles sont les raisons de ce rejet de l'Eglise-institution par Nu'ayma.

1. Le premier reproche que fait Nu'ayma à l'Eglise c'est sa tiédeur, son infidélité à l'Evangile et son insouciance à le garder vivant dans le cœur de ses fidèles. Cette infidélité lui vaut d'être taxée de criminelle. «Je suis convaincu, dit-il, que l'Eglise a commis un crime contre l'Evangile en en faisant un fascicule parmi tant d'autres qu'Elle a appelé «le Livre Saint», *al-Kitâb al-Muqaddas*. Or, l'Evangile est un monde en lui-même, une perle rare qui perd de sa valeur si elle est mise avec ce qui est de moindre valeur, que ce soit les livres de l'Ancien ou ceux du Nouveau Testament. Comment peut-on mettre sur un même pied d'égalité le livre de *Jonas*, ou celui des *Juges* ou bien les *Actes des Apôtres* avec le Sermon sur la Montagne de l'évangile de Matthieu:[39]? Eglise, qu'as-tu fait de l'Evangile? Telle est sans aucun doute la question de Nu'ayma et de Ǧubrân, comme de beaucoup de nos contemporains, chrétiens et non-chrétiens, à cette institution ecclésiale qui leur apparaît souvent représenter et vivre tout le contraire de ce qu'évoque le terme Evangile.

2. La deuxième raison vient de ce que l'Eglise a défiguré le vrai visage du Christ et est devenue un handicap à une vraie vie pour Lui. Ecoutons-le: «Il ne fait aucun doute que l'éducation chrétienne que j'ai reçue a eu la plus grande influence sur mon orientation religieuse et spirituelle actuelle. Mais, après avoir compris et connu le Christ à d'autres lumières que celles de mon enfance et de ma jeunesse, je me suis éloigné de l'Eglise, de ses traditions et des ses rites. Car ces traditions et ces rites étaient devenus plus importants, aux yeux du chrétien, que le Christ lui-même, au point que l'accomplissement des prescriptions établies par l'Eglise lui faisait oublier le Christ et la vie du Christ ainsi que le fondement sur lequel s'est

---

(36) cf. *Sab'ûn*. 1,272-273.

(37) Ibid. p. 280.

(38) Ibid. p. 271. A cause de son estime et de sa vénération pour Tolstoï, Nu'ayma réagit violemment contre l'Eglise lorsqu'Elle excommunia le Seigneur de Iasnaïa-Poliana en 1901 et interdit toute cérémonie religieuse à l'occasion de son jubilé. cf. *Sab'ûn*. 1,214.

(39) Ibid. p. 279-280. Même remarque chez E. Renan. op. cit. p. 418.

élevée l'Eglise. Ah ! oui ! l'Eglise s'est énormément éloignée du Christ»[40]! Cet éloignement du Christ et de son enseignement rend l'Eglise peu crédible aux yeux de ses enfants. Bien plus, il constitue un obstacle sur la voie de ceux qui voudraient s'engager au service du Christ et de leurs frères, tel que ce jeune homme qui écrit au septuagénaire de *Baskinta* pour lui faire part de sa décision de consacrer sa vie au service du Christ et de l'Eglise. La réponse ne se fait pas attendre: «C'est une très grande chose d'aimer le Christ au point de consacrer ta vie à prêcher son enseignement sublime et à imiter sa vie. Le seul danger ne te viendra pas du Christ mais de l'Eglise qui prétend Le servir mais qui est, en réalité, sur le point de L'étouffer par ses traditions, ses rites et ses subtilités théologiques... Approfondis tant que tu peux la personne du Christ et aime le Christ de toute la force de ton amour ! .. Oui, il est vraiment regrettable que le Christ soit dans une vallée et son Eglise dans une autre»[41]. Puis dans une autre lettre il ajoute: «Avance, mon fils, avance avec la bénédiction de Dieu et ne t'inquiète pas de ce que je dis ou de ce que d'autres peuvent dire sur l'Eglise !»[42].

3. Certes, «la vie de l'Eglise n'est manifestement pas irréprochable, l'Evangile ne la condamne-t-il pas en maintes occasions? Et dans le domaine de l'existence de la charité, l'Eglise n'a-t-elle pas consenti à de plus larges dérives par rapport à l'Evangile que dans le domaine de la doctrine et de la vérité»[43]? Là réside la troisième raison qui lui a valu et lui vaut encore de nombreuses attaques puis le rejet définitif. Les contestataires qui s'en prennent à l'Etat, au pouvoir économique, n'oublient pas de placer cette Eglise en bonne position sur leur cible. Sa morale, disent les uns, est répressive du désir humain, castratrice. Sa théologie en fait un soutien de la classe dominante, disent les autres: elle fait partie de «l'appareil idéologique d'Etat». Car du jour où le Christianisme a été au pouvoir et s'est confondu avec l'Etat, «il est devenu totalitaire et a persécuté tous ceux qui s'écartaient de la doctrine officielle»[44]. Bien plus, «il a fallu deux millénaires au Christianisme pour que les affirmations concernant la liberté religieuse émergent avec assurance à la conscience claire de l'Eglise entière!...»[45]. Et que dire de «l'Inquisition et des persécutions

(40) Interview. du 22-11-1977.

(41) *Rasâ'il.* 7,577 lettre du 4-12-1961.

(42) Ibid. Lettre du 22-01-1962.

(43) B. Sesboüé. *L'Evangile dans l'Eglise*. p. 134.

(44) J. Delumeau. *Le Christianisme va-t-il mourir?* p. 55. cf. aussi p. 43 et 50.

(45) M.J.Le Guillou. *Le visage du Ressuscité*. p. 190. J. Maritain en donne deux exemples en précisant que cela fut commis par le personnel de l'Eglise et non par l'Eglise.

dont un bon nombre de chrétiens innocents furent les victimes, par les mains de l'autorité ecclésiastique»[46]?, observe Nu'ayma. «Qu'ils sont nombreux ceux qui ont été brûlés, ou crucifiés ou encore mis en morceaux par l'épée et ceci toujours par les mains de cette même autorité»[47]. N'est-ce pas au nom d'une alliance entre l'autorité civile et l'autorité religieuse que le Christ lui-même fut jugé puis mis à mort? Et l'auteur d'ajouter avec douleur et regret: «L'alliance entre ces deux autorités est aujourd'hui plus forte que jamais»[48]. «Elle est même un mal incurable fortement ancré au cœur de la communauté humaine, renchérit Ǧubrân. Et ce mal ne disparaîtra que lorsque l'ignorance et la bêtise disparaîtront. Et ceci ne se réalisera que lorsque la raison de tout homme deviendra souveraine et le cœur de toute femme deviendra prêtre»[49]. En attendant, «les foules contre lesquelles se noue cette alliance sont semblables à des troupeaux que l'on conduit à l'abattoir aussi facilement qu'au pâturage et à l'abreuvoir. Cependant, il existe une différence : de nos jours, les autorités ecclésiastiques possèdent des moyens diaboliques pour attirer ce troupeau à leur suite, tels que le téléphone, l'école, les mass-médias et bien d'autres»[50]? Et que dire encore de l'Eglise qui bénit les armées allant combattre des frères dans le Christ, ou des frères dans l'humanité tout simplement[51]? «Que dire de l'Eglise et des hommes d'Eglise qui bénissent les guerres et font alliance avec l'argent et le pouvoir»[52]? «Peut-on dire que tout cela s'est passé et se passe encore de nos jours par la grâce du Saint-Esprit»[53]? Certes non. Mais comment expliquer ces infidélités qui scandalisent et ces duretés qui rebutent? Nu'ayma lui-même, n'a-t-il pas été témoin de semblables actions au cours d'une nuit de garde dans un hôpital militaire[54]? «J'ai vu, raconte-t-il, des religieux et des prêtres en tenue militaire! Quelle ironie! D'un côté, l'Etat qui ne cesse d'armer ses enfants et d'offrir leurs corps

---

= cf. *De l'Eglise du Christ*. p. 372. Sur la question de la liberté religieuse dans l'Eglise, voir l'ouvrage de Hans Küng. *Liberté du chrétien*. D.D.B. Paris (1967).

(46) *Masîḥ*. 9,329.

(47) Ibid. 9,269. Nu'ayma pense particulièrement au prêtre tchèque, Jean Huss (1369-1415) déclaré hérétique et brûlé. cf. *Ab'ad*. 6,255-256.

(48) *Masîḥ*. 9,299, 303, 305.

(49) *Ḫalîl*. p. 141.

(50) *Masîḥ*. 9,303-304.

(51) Ibid. p. 329. Même constatation chez Tolstoï. cf. *Ma confession*. p. 240.

(52) *Sab'ûn*. 1,272.

(53) *Masîḥ*. 9,329.

(54) La scène se passe en Juillet 1918, à Bordeaux, au moment où il servait dans l'armée américaine. cf. *Sab'ûn*. 1,379.

aux bombes puis aux corbeaux..., et leurs âmes aux démons de la rancune, de la haine et de la destruction! De l'autre, l'Eglise qui participe à l'action de l'Etat et la bénit, faisant ainsi alliance avec le démon contre Dieu! Cet Etat et cette Eglise sont là et tiennent à assurer à chaque soldat agonisant toute l'aide religieuse prescrite pour la circonstance. On dirait, qu'après l'avoir vendu, corps et âme, au démon, les deux alliés essaient, alors qu'il n'a plus aucun espoir de vivre, de le lui arracher et de susciter en lui l'espoir en la miséricorde de Dieu et en une autre vie! Oh, que de crimes ne commet-on pas au nom de la religion»[55]!

L'auteur de *Sab'ûn* n'est pas le seul à dénoncer ces déficiences morales de l'Eglise-institution. Avant lui, Tolstoï s'était révolté contre cette même Eglise, car, «l'antinomie du message de l'Eglise Orthodoxe d'une part, et de son acceptation de la violence, de l'injustice sociale et de la guerre, de l'autre» lui paraissait irrémédiablement scandaleuse[56]. Quelle solution adopte-t-il alors? Celle-là même qu'adopteront Ǧubrân et Nu'ayma à savoir le rejet radical.

4. La dernière raison qui met le comble au scandale de Ǧubrân et de Nu'ayma et les achemine vers le rejet de l'Eglise-institution réside dans les divisions au sein de l'Eglise. «Que dire des désaccords, des hérésies et des divisions qui ont commencé dès le temps des Apôtres et se sont accentués au cours des siècles»[57]? demande le fils de *Baskinta*. Puis il ajoute avec indignation et douleur: «A cause de ses divisions séculaires, l'Eglise est sur le point d'étouffer le Christ»[58]. A cause de ces mêmes divisions, elle perd son identité et ses caractéristiques: «une, sainte, catholique et apostolique»[59] et jette le discrédit sur son action. De fait, aucune des trois grandes dénominations chrétiennes: l'Eglise Catholique Romaine, l'Eglise Orthodoxe et l'Eglise Réformée, ne présente un visage sur lequel apparaissent les traits suggérés par le Christ dans son Evangile: à savoir ceux du rassemblement des croyants animés par une charité universelle, en marche vers Dieu. Chaque Eglise se cantonne dans une réalité masquant ainsi le vrai visage du Christ. Chaque Eglise traite les autres de schis-

---

(55) *Sab'ûn*. 1,385. Même remarque p. 256.

(56) Cité par M. T. Bodart. op. cit. p.100. Mêmes affirmations dans: Tolstoï. *Socialisme et Christianisme*. p. 61. *Ma confession*. p. 239, 240 et 241.

(57) *Masîḥ*. 9,329.

(58) *Rasâ'il*. 7,577.

(59) *Masîḥ*. 9,329. Sur la signification de ces caractéristiques, cf. H. Küng. *L'Eglise*, tout le tome 2. et l'article du P.M.A.Santaner. *L'Eglise, une, sainte, catholique et apostolique*. C. Auj. Mai. 1977. p. 299-303.

matiques. Ainsi l'Eglise Catholique réagit violemment contre les activités protestantes au Liban[60]. Dès 1828, on assiste à une décision du patriarche orthodoxe contre les écoles protestantes, à la lecture publique d'une lettre du patriarche melkite sur le même sujet, ainsi qu'à une démarche similaire de la part des maronites[61].

E. Tout ceci a existé et existe encore, d'une manière différente parfois, mais non pas moins scandaleuse. Mais il faut reconnaître que de sérieux efforts sont faits de part et d'autre en vue d'une reconstitution de l'unité des chrétiens. Cette unité est avant tout «une unité dans la foi et non une unité d'administration»[62]. Elle se fera grâce à un retour à la foi des Apôtres et des Pères. Et, c'est à ce "retour" que Nu'ayma fait appel lorsqu'il insiste sur la présence et l'action du Saint-Esprit dans les Apôtres, la première communauté des chrétiens et certaines personnes qui continuent à marcher sur leur voie[63].

En effet, le fils de l'Eglise Orthodoxe ne semble pas se préoccuper des subtilités dogmatiques qui séparent les trois grandes Eglises et particulièrement celles qui séparent l'Eglise Orthodoxe, à laquelle il appartient, de l'Eglise Romaine[64]. On dirait même qu'il oublie son appartenance à cette Eglise pour ne voir que son identité de chrétien et le témoignage de charité qu'il doit proclamer. Voilà pourquoi, pleinement d'accord avec Tolstoï, fortement attaché au Christ et à l'Evangile, Nu'ayma invite, avec insistance, à une «plus grande compréhension et un plus grand amour du Christ»[65]. Car «les Eglises s'approcheront les unes des autres dans la mesure où elles s'approcheront du Christ qui est la cause, la voie et la fin de toute unité»[66]. Ce rapprochement du Christ se fera par un approfondissement de l'Evangile et surtout de sa perle précieuse, le Sermon sur la montagne, afin de s'en nourrir et d'en vivre. Car, c'est seulement dans l'amour, vécu puis annoncé par le Christ et répandu sur les Apôtres à la

---

(60) K. Ḥâwî. op. cit. p. 62. Le Martyre d'As'ad al-Šidyâq dont nous avons déjà parlé en est l'exemple le plus frappant.

(61) J. Fontaine. op. cit. p.83.

(62) J. Meyendorff. *L'Eglise Orthodoxe*. p. 184.

(63) *Masîḥ*. 9,328 et 329.

(64) Rappelons qu'il subsiste actuellement cinq divergences doctrinales entre l'Eglise Orthodoxe et l'Eglise Romaine. cf. J. Tyciak. op. cit. p. 54-57; P. Rondot. op. cit. p. 47; J. Meyendorff. op. cit. p. 40 et 11.

(65) *Rasâ'il*. 7,577.

(66) *al.Fikr al-'Arabî ... 1967*. p. 383.

Pentecôte, que les Eglises pourront être unies tout en restant plurielles. De fait, «l'amour est un pont qui nous rapproche de Dieu et de nos frères»[67] souligne Nu'ayma. Et c'est le Saint-Esprit, source de tout amour et principe de toute unité réelle, qui stimule entre les chrétiens la charité mutuelle qui les pousse, non pas à devenir tous identiques, mais, tout en restant différents, à s'aimer, à être unis et à se respecter dans leurs différences mêmes. En effet, c'est l'amour qui fait l'unité dans la perfection. A cet amour, le fils de *Baskinta* adjoint la paix pour en faire «les meilleures armes dans la vie»[68]. Grâce à cet amour et à cette paix, la conversion des cœurs et des mentalités sera facilitée. Car «l'amour vrai est un puissant agent de conversion» proclame l'auteur du *Prophète*[69]. Une telle conversion exige la mort à l'égoïsme afin de vivre pleinement de l'Evangile du Christ, «aimer l'autre, tout autre, comme un frère, et aimer Dieu comme le Père de tous»[70].

Cet amour aidera à reconnaître les raisons des divisions et des antagonismes entre les différentes confessions et Eglises. Car «tant que les Eglises n'ont pas mis au clair ensemble les raisons pour lesquelles elles sont divisées, tout effort commun est une fuite en avant et on ne peut même pas préciser si l'unité est un mirage ou un mystère»[71].

Pour conclure ce paragraphe sur l'unité des chrétiens, qu'il nous soit permis de citer la déclaration du patriarche melkite, Maximos IV, que les deux fils des Eglises d'Orient, Ǧubrân et Nu'ayma, peuvent revendiquer comme leur: «Notre mission est double, à l'intérieur du catholicisme: lutter pour que latinisme et catholicisme ne soient plus synonymes, pour que le catholicisme reste ouvert à toute culture, à tout génie, à toute forme d'organisation compatible avec l'unité de foi et d'amour; en même temps amener l'Orthodoxie, par notre exemple, à admettre qu'on peut s'unir à la Grande Eglise d'Occident, à la chaire de Pierre, sans pour autant renoncer à l'Orthodoxie ni à rien de ce qui fait la richesse spirituelle de l'Orient apostolique, patristique, ouvert sur l'avenir comme sur le passé...»[72]

---

(67) *Zâd*. 5,222. Même affirmation chez le maître de Nu'ayma, Tolstoï. cf. Socialisme et Christianisme. p. 393. et chez J. Corbon. *L'Eglise des Arabes*. p. 207.

(68) *Zâd*. 5.161.

(69) Cité par K. Ḥâwî. op. cit. p. 124. cf. aussi *Masîḥ*. 9,218-219.

(70) *Masîḥ*. 9,220.

(71) J. Corbon. op. cit. p. 187. Même affirmation chez le Père Marcel Jousse. cf. Gabrielle Baron. op. cit. p. 234.

(72) Cité par M.J. Le Guillou. *L'esprit de l'Orthodoxie*. p. 125. Notons que le patriarche parle au nom des Eglises Orientales unies.

F. Dans ces perspectives, est-il permis de conclure par quelques questions adressées tout particulièrement à Nu'ayma qui, à l'exemple de Tolstoï, fait porter à l'Eglise la pleine responsabilité de ce que l'un ou l'autre de ses représentants ont commis, puis la rejette parce qu'Elle ne vit plus en pleine conformité avec l'Evangile, donne un contre témoignage au Christ à cause de ses nombreuses divisions et commet d'horribles atrocités dans le monde. Ses critiques sont d'abord à entendre, car elles veulent dire beaucoup. Refuser à priori tout réexamen des structures, ou refuser à priori l'Eglise-institution, ce sont deux façons similaires de fuir la tâche difficile de devenir ensemble le peuple de Dieu dans le monde d'aujourd'hui.

Que l'Eglise ait à se purifier, tout le monde est d'accord là-dessus et elle-même en premier lieu. Mais faut-il pour autant jeter le bébé avec l'eau du bain? Etre obnubilé par les déficiences de l'Eglise, comme paraît l'être Nu'ayma, c'est la prendre pour un succédané du parfait. Or, Elle ne l'est pas. Elle ne peut pas l'être. Son fondateur, tout en lui ordonnant de tendre à la perfection, a prédit qu'Elle ne le sera pas ici-bas mais seulement dans l'au-delà. Pierre, le premier Pape, a renié trois fois. Dans le champ , l'ivraie est mêlée au froment. Les invités de la noce n'ont pas tous la robe nuptiale.

En rejetant l'Eglise, comme il le fait, quelle place Nu'ayma laisse-t-il à la conversion? N'a-t-il pas reproché au Christ de rejeter Ses «petits frères» lors du jugement dernier[73] et manifesté son désarroi et son scandale devant cette attitude indigne de celui qui a donné l'exemple suprême du pardon? Comment expliquer cette contradiction chez celui qui a consacré sa vie et son œuvre à prêcher la *Maḥabba* dans ses diverses et multiples expressions? Comment expliquer sa dureté contre l'Eglise? Comment se fait-il que lui, si modéré dans sa polémique contre toute forme d'institutionnalisation des valeurs, devienne si violent quand il s'agit de l'autorité religieuse? Comment se fait-il qu'il ne laisse jamais passer l'occasion de frapper l'arrogance et le faux visage de la hiérarchie, de stigmatiser les fautes des responsables et d'en faire assumer les responsabilités à l'Eglise? Or, «si ce n'est pas le fait des hommes d'Eglise seulement, écrit J. Maritain, papes et prédicateurs (agissant comme causes propres), mais le fait de *l'Eglise* elle-même, d'avoir, au Moyen Age, suscité dans l'âme des chrétiens le zèle de la guerre sainte, tout en omettant de condamner les exactions et les déprédations des croisés; si à la même époque ce n'est pas les princes et les hommes d'Eglise, mais c'est *l'Eglise* elle-même qui a soumis les Juifs à un régime odieusement inhumain; si c'est *l'Eglise* elle-même qui a institué l'Inquisition médiévale, et est responsable de l'Inquisition

---

(73) *Masîḥ*. 9,258. cf. à ce propos le chapitre précédent.

espagnole, de toutes les décisions de l'Inquisition romaine et des Congrégations romaines; si c'est *l'Eglise* elle-même qui a condamné Galilée; ... si c'est *l'Eglise* elle-même qui a fait tout cela, on peut se plaire à la regarder comme une vieille souveraine des temps passés, altière, et assez cruelle.. qui veut à tous prix être obéie tout en prenant souvent des décisions fautives..., tous ces fiers jugements futiles provenant d'une absurde méprise et faisant indignement injure à celle qui en réalité est le Royaume de Dieu déjà commencé parmi nous»(74).

Peut-on expliquer ce durcissement dans l'attitude de Nu'ayma par sa déception de celle en qui il avait mis toute sa confiance et cru qu'elle assumerait fidèlement sa mission de Sacrement de Salut universel, grâce auquel chaque homme peut découvrir de quel amour il est aimé, depuis le commencement, alors même qu'il l'ignorait, et à quelle union intime avec ses frères il est invité ? Mais cette déception à l'égard de l'Eglise, «même si elle est fondée, peut-elle tenir lieu de la foi de l'Eglise et en Eglise? A-t-on assez creusé ce qui déçoit dans telle Eglise? Si l'on quitte l'Eglise dite «institutionnelle», ce doit être au nom d'un critère ecclésiologique, lequel? De quelle Eglise rêve-t-on»(75)? De quelle Eglise rêve Nu'ayma? Et son ami Ǧubrân? Leur attitude à l'égard de ses représentants, pris comme tels, nous fournira des éclaircissements et de nouveaux éléments de réponse.

II. La Hiérarchie de l'Eglise

1. «C'est le Christ encore qui «a donné» aux uns d'être apôtres, à d'autres d'être prophètes, ou encore évangélistes, ou bien pasteurs et docteurs, organisant ainsi les saints pour l'œuvre du ministère, en vue de la construction du Corps du Christ»(76).

Ce qui frappe dans cette définition donnée par l'Apôtre Paul, c'est le caractère dynamique de l'assemblée que le Christ a voulu fonder. Mais comme toute assemblée et tout gouvernement humain, une certaine organisation est nécessaire. Parmi ses disciples, Jésus choisit douze pour en faire ses compagnons et pour les envoyer porter la Bonne Nouvelle à toutes les nations, «l'aider à diffuser sa mission et être le levain dans cette pâte qu'Il est venu lui-même préparer pour le suprême festin dans le Royaume des cieux» affirme Nu'ayma(77).

(74) J. Maritain. *De l'Eglise du Christ*. p. 406.

(75) J. Corbon. op. cit. p. 144.

(76) *Eph.*. 4,11-12.

(77) *Masîḥ*. 9,211.

Dans ce collège des douze, Jésus confie une responsabilité première à Simon à qui il donne le nom de *Képhas*, pierre, le roc. Pierre aura pour mission essentielle et primordiale, celle d'affermir ses frères dans la foi. Il s'agit donc d'une mission d'ordre purement spirituel. Mais, connaissant le cœur humain et craignant les divisions qui risquent de surgir entre ses apôtres à propos de la première place et du premier rang dans les responsabilités, Jésus les met en garde contre ce danger. Il leur explique qu'«il s'agit avant tout d'un message, d'une mission, *risâla*, à annoncer aux hommes pour le salut de tous, et non d'une affaire de préséance ou de prééminence. Il s'agit de prêcher et non de chercher à gagner une place, si élevée soit-elle»(78).

La mission et les pouvoirs conférés aux douze passèrent à leurs successeurs qui, à leur tour, veillèrent à ce que l'Eglise demeure une communauté de vie et de foi en vue d'annoncer au monde la venue du Royaume.

2. Mais bientôt, la routine et la tiédeur prennent le pas sur la ferveur des commencements. Les apôtres, responsables et serviteurs de la communauté, car témoins privilégiés de la Résurrection, deviennent les maîtres exigeant les honneurs dûs à leur rang. Le pape se donne un rôle administratif comme primat de l'Eglise latine puis de l'Eglise universelle(79), ce qui entraîna de nombreuses difficultés dans l'Eglise institutionnelle et conduisit aux divisions entre les chrétiens, aux différentes conceptions de la hiérarchie et à l'éloignement de certains de cette Eglise.

Avant d'aller plus loin dans l'étude de la hiérarchie, une remarque s'impose: Ignorant d'une part la notion de succession apostolique rattachant tout homme, validement ordonné, au Christ lui-même et rendant valide l'accomplissement des gestes sacramentels, scandalisés d'autre part par les nombreuses déviations survenues dans l'Eglise telle que L'a voulue Jésus, repoussés enfin par l'attitude peu évangélique et parfois anti-évangélique de certains membres de l'Eglise, Ǧubrân et Nu'ayma refusent d'admettre la continuation de l'action du Saint-Esprit et par conséquent du Christ dans les successeurs de la première génération des apôtres(80).

(78) Ibid. p. 295.

(79) Th. Rey-Mermet observe avec beaucoup de courage : «Ce pouvoir ne s'enracine pas dans la primauté de Pierre. Il pourrait disparaître comme il est venu, par décision des hommes, sans soubresaut pour l'Eglise. Et peut-être, vu la mondialisation moderne, à son avantage». *Redécouverte de la Foi*. p. 352.

(80) cf. *Masîḥ*. 9,297 et 328, comme nous l'avons déjà souligné.

3. Dès l'origine, et de sa nature même, le primat du pape réside dans le service inaliénable de l'unité du Corps du Christ qu'est l'Eglise. Ce thème du service revient avec une fréquence significative dans les évangiles. Et il est évident que le Christ le considérait comme un principe fondamental de la communauté de ses disciples. Lui-même en donnait l'exemple. Et c'est sur cet exemple de Jésus que l'auteur de *Sab'ûn* fonde la fonction de service dans l'Eglise. Ecoutons-le : «Au cours du dernier repas, Jésus réunit ses apôtres autour de lui pour les affermir dans leur foi en lui, en sa mission, en l'égalité parfaite qui doit exister entre eux, et en l'extrême humilité qui doit caractériser leurs relations. Et pour leur donner un exemple vivant de cette humilité, il leur lave les pieds. Mais Jésus ne s'arrête pas là, ajoute l'auteur. Le Maître ne se contente pas de donner ce merveilleux exemple d'humilité, de renoncement radical à lui-même... Il va plus loin encore. Il va jusqu'au sacrifice de sa vie...[(81)]. Telle est la règle de vie donnée par le Christ à la première communauté ecclésiale.

Amour surnaturel de charité, liberté des fils de Dieu, service désintéressé des autres en vue de l'édification du Corps total de Jésus-Christ, telles sont les qualités essentielles et indispensables que les chrétiens en général, Ǧubrân et Nu'ayma en particulier, cherchent dans la hiérarchie chrétienne. Ne trouvant pas ces qualités dans les représentants de l'Eglise et ne réussissant pas à concilier la réalité d'une Eglise fortement instituée qui se voyait souveraine, dotée d'un pouvoir spirituel et d'un pouvoir indirect sur le temporel, avec l'imitation du Christ serviteur de tous, les deux amis leur livrent une guerre qui n'a d'égale que celle livrée jadis par le Christ aux prêtres et aux scribes de son temps.

III. L'Anticléricalisme de Ǧubrân et de Nu'ayma

«Notre malheur consiste dans le fait d'avoir des hommes de religion qui fabriquent quotidiennement de nouvelles croix, non pas pour se crucifier eux-mêmes, mais pour crucifier leurs ennemis»[(82)], remarque avec douleur Nu'ayma. Puis il ajoute: «Si Jésus revenait aujourd'hui sur terre, dirait-il du clergé, chargé de prêcher son enseignement et de veiller à sa mise en pratique, autre chose que ce qu'il a dit, dans le temps, des scribes et des pharisiens? N'est-ce pas, plutôt, qu'il ajouterait à ce qu'il a dit quelques explosifs de ce siècle, *mutafağğirât hâḏâ al-'aṣr*»[(83)]? Qu'est-ce que Jésus a dit et qui sert de modèle à Ǧubrân et à Nu'ayma? Autrement dit,

---

(81) *Masîḥ*. 9,295 et 294. Nu'ayma relate l'épisode du lavement des pieds tel qu'il est en Saint *Jean. 13,1-18, aussi n'avons-nous pas vu la nécessité de tout citer.*

(82) *Zâd*. 5,185. cf. églament *Rasâ'il. 8,579.*

(83) *Masîḥ*. 9,224.

quelles sont les relations de Ǧubrân et de Nu'ayma avec le clergé chrétien? Toute la suite de ce chapitre ne sera rien d'autre que l'histoire de cette lutte engagée par les deux écrivains chrétiens libanais contre le clergé.

A. Quelles sont les raisons de cette lutte ?

1. Avant d'aborder l'étude de ces raisons, il est nécessaire de souligner que l'enfance des deux amis fut marquée par de très bonnes relations avec les membres du clergé de leur pays.

a. Né de parents chrétiens maronites(84), Ǧubrân est éduqué et instruit dans leur foi. Il lui arrive souvent de rencontrer un prêtre, le père Joseph, qui venait de temps en temps au village de *Bcharré* administrer les sacrements et réconforter son peuple par ses conseils. Le jeune Ǧubrân guettait son arrivée et le suivait partout dans ses tournées apostoliques. Il l'interrogeait et méditait ses réponses. «C'est lui qui m'a appris à connaître Dieu et les anges» dira-t-il plus tard. «Ce prêtre était très proche de Dieu. Je le regardais émerveillé et je me souviens de lui avoir demandé: «Etes-vous bien le père Joseph, ou bien êtes-vous le Bon Dieu»? Je l'aimais avec une passion qui m'émeut encore lorsque j'y repense !»(85). L'admiration de Ǧubrân pour ce prêtre devait s'étendre à tous les prêtres de *Bcharré* à cause du bon exemple qu'ils donnaient à leurs fidèles. «A *Bcharré*, dit Mârûn 'Abbûd, il y a environ trente prêtres. Ne t'en étonne pas ! Tous étaient du type: «Que le plus grand parmi vous soit votre serviteur» ! Puis il ajoute: «Je suis certain que les hommes de religion que Ǧubrân a détestés sont très différents des prêtres de *Bcharré*.»(86).

Plus tard, après avoir quitté son village natal et engagé sa lutte anticléricale, le fils de *Bcharré* gardera de bonnes relations avec certains membres du clergé. C'est ainsi «qu'il passe de longues heures avec l'archimandrite Béchir pour la traduction de ses deux ouvrages, *al-Maǧnûn* et *al-Sâbiq*, et avoue son admiration pour ce prêtre»(87).

b. De son côté, Nu'ayma souligne l'estime et même l'affection que son père nourrissait pour les prêtres orthodoxes de sa paroisse, particuliè-

(84) Les Maronites sont d'obédience romaine, mais différents de l'Eglise latine par l'utilisation de la liturgie syriaque et par le mariage des prêtres.

(85) Cité par Barbara Young. *This man*. p. 96-97.

(86) M. *'Abbûd. Ǧudud*. p.126.

(87) *Ǧubrân*. 3,313.

rement pour les plus pieux[88]. Plus tard, au cours de son séjour en U.R.S.S., il arrivait à l'étudiant libanais de passer le congé de Noël dans la famille d'une de ses amies. «Le pope et sa femme, leurs deux garçons, étudiants au séminaire, et leur fille de quinze ans, élève à l'évéché, telle est la famille dont j'étais l'hôte»[89]. A la fin de ses études au séminaire de Poltava, il écrit à Grégoire Ḥaddad, patriarche des grecs orthodoxes à Damas, pour lui demander d'intervenir en sa faveur auprès du consul de France afin d'obtenir la dispense de payer la scolarité à la Sorbonne. L'intervention eut lieu et réussit[90]. Mais, Nu'ayma n'ira pas à la Sorbonne mais plutôt aux U.S.A. où Ǧubrân et d'autres penseurs Syro-Libanais l'avaient précédé et avec qui il va mener sa lutte anticléricale sans merci.

2. Cet anticléricalisme plonge ses racines, plus profond que dans les abus visibles, dans le sous-sol des relations que la référence à l'Absolu établit entre les prêtres et certains chrétiens ou l'ensemble des chrétiens (anticléricalisme dans l'institution), et entre l'Eglise et la société profane (anticléricalisme hors de l'institution).

A plusieurs reprises, les différentes Eglises réagirent fortement contre les abus d'autorité; et dans «la mesure où les appels à la réforme demeuraient sans réponse, les plus déçus se réfugiaient dans l'anticléricalisme»[91]. Ǧubrân et Nu'ayma en seront de fervents apôtres. Leur attitude fait partie d'un complexe collectif au sujet de l'autorité.

Par fidélité au Christ et pour l'imiter dans sa lutte contre toute forme d'oppression de la personne humaine, Ǧubrân et Nu'ayma se sont fait un devoir de combattre les hommes de religion qui font peser leur autorité sur le peuple et font que celui-ci agisse par crainte plutôt que par amour. «Est-ce que le Christianisme n'était pas la révolution la plus terrible contre les scribes, les prêtres et les pharisiens? Pourquoi l'homme doit-il rester esclave de ces prêtres et de ces pharisiens»[92]? C'est pourquoi, la puissance du combat anticlérical de Ǧubrân et de son ami sera à la mesure de l'hypocrisie du clergé et de la domination qu'il exerce sur les croyants.

(88) cf. *Sab'ûn* 1.65.

(89) *Sab'ûn* 1,235-236.

(90) Ibid. p. 281. cf. également l'intervention de Nu'ayma lui-même en Avril 1931 auprès des prêtres pour obtenir des funérailles religieuses à son ami Ǧubrân. *Ǧubrân*. 3,286.

(91) J. Corbon. op. cit. p. 138.

(92) *Ab'ad*. 6,240.

«Jésus a méprisé les hypocrites. Il les a sévèrement blâmés. Sa colère s'abattait sur eux comme une foudre. Ils le craignaient tellement qu'ils finirent par demander sa mort»[93].

Echo de la lutte menée par le Christ contre le clergé de son temps, la révolte de Ǧubrân et de Nu'ayma l'est aussi de celle des hommes de la Révolution Française, des théosophes, de Nietzsche et de Bouṭros Boustânî qui, selon certains, «était le premier représentant de l'anticléricalisme oriental»[94].

3. Le but de cette lutte variait selon l'idéologie de chacun. Pour les uns, c'était d'affaiblir l'autorité des hommes de religion. Pour les autres, c'était de purifier le Christianisme des scories qu'un clergé mal préparé et mal guidé y avait introduit, aider à une conversion intérieure qui ferait assumer la fonction sacerdotale comme un service et ainsi rendre à la communauté du Christ sa pureté première et sa beauté. Cette conversion doit se faire à deux niveaux: conversion du clergé tenté de monopoliser le pouvoir et d'exercer une autorité écrasante, soit de démissionner de son service; conversion aussi des fidèles tentés de se décharger sur le clergé et d'adopter une attitude passive et une obéissance aveugle, soit d'imposer, cléricalement, à leur façon, leur propre supériorité.

Contrairement à ce qu'ils voyaient dans leur pays, Ǧubrân et Nu'ayma voulaient que le rôle des pasteurs dans la communauté soit de faire jouer l'initiative, le discernement, la fidélité, la foi et l'amour de tous, y compris les leurs. Leur lutte anticléricale fut menée contre le clergé en général, puis contre les évêques.

B. Le combat de Ǧubrân et de Nu'ayma contre le Clergé

La rébellion fut une caractéristique de la philosophie de Ǧubrân qui visait à libérer l'homme de toutes ses servitudes, afin de lui rendre sa dignité. «Parmi les "idoles" et les "féodalités" contre lesquelles il s'insurge, figurent en bonne place le "cléricalisme" et les chefs religieux de sa patrie. Ces attaques n'ont pas manqué de lui valoir l'hostilité du clergé et des notables dans les communautés chrétiennes, parfois aussi les critiques sévères d'une revue sérieuse et pondérée comme *al-Mašriq*, dirigée par les Jésuites de Beyrouth»[95].

---

(93) *Yasû'*. p. 229. Même remarque chez Nu'ayma. cf. *Masîḥ*. 9,300.

(94) J. Fontaine. op. cit. p. 175.

(95) Jean Lecerf. Studia Islamica. 1953-1954. 1,132. L'auteur ajoute que dans la même revue, *al-Mašriq*, F.E. Boustânî apporte de nouveaux éléments qui nous font voir dans Ǧubrân un grand penseur spiritualiste, consulté à l'occasion par Krishnamurti. Ibid.

a. Le premier reproche que fait le fils de *Bcharré* aux chefs religieux de son peuple c'est d'être un élément d'oppression et d'exploitation. En réalité, l'auteur du *Prophète* blâme deux catégories d'oppresseurs qui ont en commun d'être riches et de faire des lois auxquelles les pauvres doivent se conformer, tandis qu'eux en sont exempts, mais qui sont différents par leur statut social: l'un porte une soutane, il s'appelle le prêtre, et ses normes sont religieuses; l'autre est un laïc, il s'appelle le gouverneur, et ses normes sont sociales. «Celui-ci construit son palais grâce aux faibles corps du peuple, celui-là élève le temple sur les tombeaux des croyants passifs. Le prince saisit les bras du pauvre paysan et le prêtre introduit sa main dans ses poches. Le gouverneur regarde sévèrement les fils des champs et l'évêque se tourne vers eux et leur sourit. Et, entre la sévérité du tigre et le sourire du loup disparaît le troupeau. Le gouverneur prétend symboliser la loi et le prêtre la religion, et entre les deux disparaissent les corps et les esprits»(96). Cette alliance entre le clergé et le pouvoir civil fait dire à M. 'Abbûd: «Sous la soutane de chaque clerc, qu'il soit petit ou grand, se cache un gouverneur oppresseur». Ce gouverneur oppresseur est incarné dans la personne du Šayḫ 'Abbâs qui «aime les religieux et les prêtres de son village, tient à leur enseignement et à leurs traditions, car ils l'aident à tuer la connaissance et la conscience des fidèles et à faire naître et grandir l'obéissance dans le cœur des paysans»(97).

Le clergé n'aidait pas seulement à exploiter le peuple et à le maintenir dans la misère, mais il entretenait également un certain fanatisme confessionnel entre les chrétiens des différentes confessions(98), et entre chrétiens et musulmans, causant ainsi la division dans le pays(99), et disloquant «l'unité de la nation arabe au Liban»(100).

Responsable des divisions, le clergé l'était aussi du sous-développement et de la décadence, non seulement au Moyen-Orient, mais un peu partout dans le monde. «Lorsque nous pensons au Moyen-Age, écrit Nu'ayma, nous pensons immédiatement aux siècles de décadence et nous constatons que les hommes de religion en sont la raison, car ils se sont écartés de

(96) *Ḫalîl*. p. 141.

(97) Ibid. p. 142.

(98) cf. l'exemple de ces deux prêtres, de confessions différentes, qui refusent l'enterrement religieux à un fidèle, car chacun prétendait, sans aucune preuve à l'appui, que le défunt était de sa paroisse. En réalité, le défunt fréquentait les deux paroisses, sans aucune distinction. Aussi, fut-il enterré sans prêtre. cf. *Kân*. 2,300.

(99) cf. A. Maqdisi. *al-Ittiğâhât al-adabiyya*. p. 81.

(100) As'ad al-Sakkâf. *M. 'Abbûd al-nâqid* p. 99.

la finalité et du vrai sens de leur religion. Ils ont mal utilisé leur autorité et ce fut alors l'Inquisition et la décadence»[101]. Oui, les hommes de religion ont commis de grands crimes contre le Moyen-Orient en le maintenant à l'écart de la civilisation alors qu'il aurait pu être en tête ! Pire encore, ils ont fait de cette région du monde la convqitise des plus grands»[102]. De fait, le Moyen-Orient n'a pas tardé à être dominé par des puissances étrangères. S'interrogeant sur les responsables directs de la présence coloniale dans les pays arabes, l'auteur de *Sab'ûn* conclut: «Ce sont les laïcs, les militaires, les féodaux et les hommes de religion, de n'importe quelle religion qu'ils soient !»[103].

Les responsables religieux sont également une pierre d'achoppement et un handicap à toute réforme, religieuse, sociale ou intellectuelle. Car, l'âme de toute réforme c'est la jeunesse. Or, la jeunesse syro-libanaise est prisonnière de l'autorité religieuse et de l'autorité politique. Aussi, n'ayant nul besoin d'être guidée, «elle a un besoin urgent d'être protégée de ses guides qui lui ligotent les mains et les pieds... et vivent constamment dans la crainte de voir les jeunes se révolter contre leurs traditions»[104].

Loin de se laisser attendrir et de se lamenter, Ğubrân se révolte contre son peuple opprimé car «celui-ci a mis le prêtre à la place de Dieu»[105]. «O fils de ma mère, que me demandez-vous? Que demandez-vous à la vie alors que la vie elle-même ne vous compte plus au nombre de ses enfants? Vos âmes tremblent sous les crocs des oppresseurs et des tyrans. Votre pays gémit sous les pas des ennemis... Qu'espérez-vous encore de la vie»[106]? «Dans le silence de la nuit, vous priez votre Père du ciel: «Donne-nous aujourd'hui notre pain de ce jour». Or, Dieu vous a donné cette terre afin qu'elle vous donne votre pain. A-t-il donné aux chefs religieux le pouvoir de vous arracher ce pain de la main? Vos âmes sont sous l'emprise du prêtre, vos corps sous les griffes du gouverneur et vos cœurs dans les ténèbres du désespoir et de la tristesse»[107].

---

(101) *Ğadîd*. 7,60.

(102) *Mahabb*. 5,410.

(103) cf. *Durûb*. 6,158.

(104) *Durûb*. p. 6,19.

(105) *Ğubrân*. 3,117 alors que le prêtre, semblable au poète, est le serviteur de Dieu qui est la Vérité et la Beauté, dit Nu'ayma. *Ġirbâl*. 3,402.

(106) *'Awâṣif*. p. 391-392.

(107) *Ḫalîl*. p. 151 et 152.

b. Oui, que peut espérer un peuple dont les pasteurs sont plus soucieux de pouvoir et de richesse que de service et de charité? Ne pratiquent-ils pas la Simonie pour augmenter leurs richesses[108]? Or, «le Christ n'a-t-il pas dit: «Vous avez reçu gratuitement, donnez gratuitement ! Ne gardez ni or, ni argent» ! Au nom de quel enseignement donc les prêtres se permettent-ils de vendre leurs prières pour de l'or et de l'argent»[109]?

Que peut espérer le chrétien de celui qui a choisi le sacerdoce, non pas par vocation, mais pour avoir un métier[110] qui lui permette de gagner le maximum d'argent? Que peut-il espérer du clerc qui se considère comme un homme qui n'admet pas que sa parole puisse être remise en question ou discutée ?

Qu'a fait le clergé du commandement du Christ : «Que le plus grand parmi vous soit votre serviteur» ? Qu'a-t-il fait de l'Evangile? Hélas, le Christ et l'Evangile sont dans une vallée et le clergé dans une autre, comme le constate Nu'ayma[111]. Les prêtres prêchent sans vivre ce qu'ils disent. C'est pourquoi Ǧubrân les compare à «des cloches qui invitent les croyants à venir à l'Eglise sans jamais y entrer»[112]. Ils prêchent l'Evangile à leur manière et de façon qui serve leur intérêt. Leur vie est en flagrante contradiction avec leurs paroles. «Montre-moi, dit Ǧubrân, parmi les Orientaux, un juge équitable... et un chef religieux qui mettent en pratique ce qu'ils disent et enseignent»[113]. Puis il ajoute: «Je vis des prêtres à la bouche écumante... qui ressemblaient à des renards rusés ! Je vis des prédicateurs lever les yeux au ciel, dans un geste d'adoration, alors que leurs cœurs étaient ensevelis au fond des tombes de l'avidité»[114]. Ainsi, dans le langage de Ǧubrân, le prêtre devient semblable «au lierre qui grimpe haut vers les cieux alors que ses racines plongent dans la gentillesse ignorante des pauvres, les spoliant, au nom de Dieu, de leur personnalité et de leurs biens»[115]. C'est pourquoi, leur prédication reste sans effet et sans fruit. «Enseigne-moi toi-même ô Jésus, dit Nu'ayma, et que la voix de tes

(108) *'Awâṣif*. p. 449 et 452. Même affirmation chez Jung. cf. *L'homme et ses symboles*. P. 94.

(109) *Ḫalîl*. p. 151. Même remarque et même attitude chez Tolstoï. cf. *Récits*. *Le faux coupon*. p. 361.

(110) Maǧnûn. p. 21.

(111) cf. Rasâ'il. 8,577.

(112) *'Awâṣif*. p. 492.

(113) Ibid. p. 409.

(114) *Sagesse*. p. 90.

(115) J. Ghougassian. op. cit. p. 119.

prédicateurs disparaisse de mes oreilles»[116]. Le héros de Ǧubrân revient de l'Eglise tout triste car les enseignements qu'il entendait du haut des chaires et des autels ne ressemblaient guère à ce qu'il méditait dans l'Evangile[117] qu'il lisait en cachette, s'exposant ainsi à la colère du clergé et à l'excommunication du sein de l'Eglise[118], tout comme jadis Jésus et l'aveugle-né qu'Il avait guéri un jour de sabbat. En effet, les pharisiens s'armèrent contre Jésus et contre l'aveugle de crainte que le peuple ne se détourne d'eux et ne se convertisse. Ecoutons le grand'prêtre: «Ne suis-je pas le gardien du temple? Ne suis-je pas le protecteur de la Loi? Aurais-je pu tourner le dos à Jésus et dire: C'est un fou? Aurais-je pu me boucher les oreilles et ne pas l'entendre nous traiter de menteurs, d'hypocrites, de loups, de vipères et d'enfants de vipères? Non, il n'était pas fou, il était trop fier de lui-même et cette fierté l'a porté à nous menacer. C'est pour cela que je l'ai condamné à mort, afin que sa crucifixion soit une leçon pour tous ceux qui l'ont suivi»[119].

Ainsi «agissent les hommes de religion de tous les temps et de tous les lieux, renchérit Nu'ayma. Brandissant le nom de leur fondateur, forts de leurs doctrines et des traditions dans lesquelles ils ont enseveli la vraie religion, ils déclarent la guerre aux fidèles. Ils chassent du temple et excommunient de l'Eglise tous ceux qui s'écartent de leurs croyances et de leurs traditions»[120]. Et l'auteur taxe ce péché de l'autorité religieuse de péché grossier. Il affirme que «c'est du "Non-Moi", c'est-à-dire du "péché" que proviennent toutes les falsifications de l'échelle des valeurs inhérentes à la réalité et à la vérité, les pseudo-valeurs ou tous ces empêchements de catégories qui alourdissent le "Moi", comme l'orgueil et la soif de domination, l'amour des richesses et le souci excessif des choses mondaines aux dépens des exigences spirituelles, l'hypocrisie et la tromperie, le mensonge et la simulation, l'arrogance et le fait de se croire les seuls intermédiaires entre Dieu et les hommes»[121].

---

(116) *Marâḥil*. 5,37.

(117) *Yuḥannâ*. p. 70. Pendant un sermon ennuyeux, Léon Bloy fit cette remarque: «Ils ont le toupet d'appeler cela la Parole de Dieu». Cité par Bernard Bro. op. cit. p. 296.

(118) *Yuḥannâ*. p. 69. La menace d'excommunication était alors une arme efficace aux mains du clergé. cf. *Marta*. p. 68. *Maḍǧa'*. p. 119, 120.

(119) *Yasû'*. p. 336. cf. également *Beloved Prophet*. Journal du 8-2-1921. p. 359.

(120) *Masîḥ*. 9,269.

(121) B. Pirone. *Sistema filosofico*. p. 74, se référant à *Masîḥ*. 9,222, 223. Ailleurs, Nu'ayma souligne que tous les hommes de religion n'ont aucune aptitude et aucune disposition intérieure pour assumer cette mission spirituelle. Ils sont hommes de religion car ils se sont consacrés à étudier les lois divines. cf. *Mahabb*. 5,495.

c. Avide de pouvoir, de domination, de richesses et d'honneur, quelle place laisse le clergé à la responsabilité de foi et de communion que le Christ lui a confiée?

1. La meilleure description du rôle spirituel du clergé nous est donnée par Ǧubrân dans ses deux nouvelles *Yuḥannâ al-maǧnûn*(122), et *Ḫalîl al-kâfir*. Les deux héros étaient en contact direct avec le clergé. Le premier fut emprisonné car ses moutons entrèrent dans le jardin du couvent Saint Elie. L'autre fut renvoyé du couvent car il osa rappeler l'enseignement du Christ aux religieux. Tous les deux profitèrent, par la suite, d'un rassemblement de la foule pour faire prévaloir l'Evangile de Jésus de Nazareth et l'hypocrisie des hommes de religion. Le premier emploie la rhétorique et la véhémence des prophètes de l'Ancien Testament ainsi que celle de Jésus prononçant les malédictions. Le deuxième oppose l'esprit du Sermon sur la Montagne à l'ancienne Loi de Moïse. Tous les deux dévoilent la contradiction entre la Bonne Nouvelle de Jésus-Christ et la vie des pasteurs religieux qui prêchent la haine et la vengeance, au lieu de l'amour et de la miséricorde.

Après avoir saisi les bêtes de Yuḥannâ et exigé de lui le paiement de tout ce qu'il doit, les religieux recourent à la parole du Christ, qu'ils comprennent mal et interprètent plus mal encore, pour justifier la dureté de leur cœur. Le Christ a dit : «A celui qui a on donne encore et à celui qui n'a rien, on lui prend même le peu qu'il a». Telle fut la réponse des religieux au jeune berger qui leur demandait : «Le pauvre doit-il vendre son champ, sa seule ressource, son seul moyen de vivre, pour ajouter son prix aux coffres du couvent qui regorgent déjà d'or et d'argent? Est-il juste que le pauvre devienne plus pauvre et meure de faim afin que S.Elie puisse pardonner la faute de pauvres bêtes affamées»(123)? Devant la réponse des religieux, Yuḥannâ se dresse face à eux comme jadis le Christ face aux scribes et aux pharisiens: «Ainsi, vous jouez avec l'enseignement de l'Evangile, phypocrites ! Ainsi, vous utilisez ce qu'il y a de plus sacré dans la vie pour répandre le vice sur la terre! Malheur à vous des larmes de Jésus et de sa mère ! Malheur à vous ! Oui, mille fois malheur à vous, vous qui êtes soumis aux idoles de vos ambitions, vous qui cachez sous vos sou-

(122) *Yuḥanna al-maǧnûn* n'est pas une simple nouvelle composée par Ǧubrân, c'est un événement qui se renouvelle quotidiennement ! ... Chaque jour, nous voyons un nouveau Yuḥanna déchiré par l'égoïsme et l'ambition humaine. Šukr Allâh al-Ǧarr. *Nabiyy Orphalèse*. p. 97.

(123) *Yuḥannâ*. p. 73. A propos des richesses du clergé, cf. tout particulièrement la description qu'en donne Nu'ayma dans *Mirdâd*. 6,711-724 et 799-800.

tanes noires les ténèbres de vos rancœurs. Malheur à vous, vous qui vous agenouillez devant l'autel alors que vos âmes sont en révolte contre Dieu»[124].

Puis, rappelant leur dureté à son égard et leur refus de lui pardonner, le jeune berger ajoute: «Cherchez dans cet Evangile et dites-moi donc à quel moment Jésus n'a pas été miséricordieux. Quand a-t-il refusé de pardonner? Est-ce dans son Sermon sur la Montagne? Ou bien à la femme adultère? Ou encore au Golgotha? O cœurs durs ! Regardez ces villes pauvres et ces villages misérables! Là, des malades se tordent de douleur, des prisonniers terminent leurs jours dans la misère et la souffrance, des étrangers dorment dans les rues, des veuves pleurent dans les cimetières ! Quant à vous, vous jouissez ici d'un repos paresseux, des fruits des champs et du vin des vignobles ! Vous n'avez pas visité un malade ou un prisonnier. Vous n'avez pas nourri un affamé ou abrité un étranger. Vous n'avez même pas consolé un affligé ! Plût à Dieu que vous vous soyez contentés de ce que vous avez volé à nos ancêtres ! ... Mais, telles que des vipères, vous tendez vos mains pour arracher à la veuve et au paysan leur économie»[125].

Une fois de plus, ces pasteurs préconisent l'enseignement du Christ: «A celui qui blasphème contre les élus de Dieu, il ne sera pardonné ni dans ce monde ni dans l'autre», «pour arracher l'Evangile des mains de Yuḥannâ, jeter celui-ci en prison et refuser de prendre sa mère en pitié tant qu'elle n'a pas racheté "la faute" de son fils en cédant au couvent l'unique collier qu'elle possédait»[126].

Une fois sorti de prison et après une cérémonie religieuse durant laquelle l'évêque a consacré une église, Yuḥannâ éleva la voix devant toute la foule et s'écria: «Regarde, ô Jésus, regarde, toi le Bon Pasteur: les griffes des bêtes sauvages ont déchiqueté les membres du faible agneau que tu as porté sur tes épaules! ... Regarde ce champ que tes pas ont béni ! Il est devenu un champ de bataille où les forts écrasent les faibles. Regarde ! Ceux qui sont assis sur les trônes, en ton nom, n'entendent pas les cris des pauvres et des faibles. Ceux qui, du haut des chaires, prêchent ta parole, ne comprennent pas les lamentations des affligés. Les pasteurs envoyés porter la parole de vie se sont transformés en oiseaux rapaces qui déchirent les moutons que tu as étreints entre tes bras. La parole de vie que

---

(124) *Yuḥannâ*. p. 73. Nous remarquons les mêmes interrogations chez Amîn Rayḥânî. cf. *Tasâhul*. Cité par Jean Fontaine. op. cit. p. 205.

(125) *Yuḥannâ*. p. 73-74.

(126) Ibid. p. 75.

tu as fait descendre du cœur de Dieu est enfouie dans les livres! ... Regarde, ô Jésus, pour la gloire de leur nom, les hommes de religion ont élevé des églises et des sanctuaires. Ils les ont ornés de soie et d'or et ils ont laissé les corps de tes pauvres élus, nus, dans les rues froides. Ils ont rempli l'espace d'encens... et ils ont laissé vide l'estomac de ceux qui croient en ta divinité! Ils ont rempli l'air de chants et de louange et ils n'ont pas entendu les cris des orphelins et les gémissements des veuves! ... Reviens, ô Jésus, et chasse ces vendeurs de religion de tes temples car ils les ont transformés en grottes pour les vipères de leur hypocrisie. Reviens et vois ceux à qui tu as confié la paix sur cette terre»(127) !

De telles critiques ne peuvent laisser le clergé indifférent. Yuḥannâ est de nouveau jeté en prison. Il ne sera relâché que lorsque son père aura témoigné que son fils est vraiment fou. A ce moment, celui-ci s'en va répétant ces mots: «Vous êtes nombreux et je suis seul ! Dites de moi ce que vous voulez ! Et faites de moi ce que vous voulez ! Les loups dévorent la brebis dans les ténèbres de la nuit, mais les traces de son sang demeurent sur les cailloux de la vallée jusqu'à l'aurore et au lever du soleil»(128).

Quant à Ḫalîl, il est renvoyé du couvent car il est devenu incapable de supporter le mensonge et l'hypocrisie, incapable de jouir des biens des pauvres et des misérables, incapable de prier avec les paroles vendues par le clergé et achetées avec l'argent des croyants simples et innocents. «J'ai été renvoyé parce que j'ai répété aux prêtres et aux religieux les paroles de l'Evangile qui les ont faits ce qu'ils sont» et parce que «je les ai invités à se mettre au service des pauvres et à vivre au milieu de la foule dont ils sont responsables au nom même de l'Evangile»(129).

Infidèles à leurs devoirs religieux de pasteurs des fidèles, les chefs religieux, particulièrement les orientaux, s'immiscent dans la vie des familles et imposent «des lois insupportables à l'amour, car elles sont inspirées par l'ignorance, l'orgueil et l'oppression.

Pire encore, ils profitent de leur position, non seulement pour étendre leur influence et leur domination, augmenter leurs richesses et leur gloire, mais aussi pour faire de leurs proches parents les premiers hommes du peuple et les rendre à leur tour des moyens d'oppression pour leur frères. Ecoutons encore Ǧubrân : «Après la mort du prince, sa gloire se

(127) Ibid. p. 78 et 79. Même constatation dans *Yasû'*. p. 361.

(128) *Yuḥannâ*. p. 79.

(129) cf. *Ḫalîl*. p. 129, 131 et 132.

transmettait à son fils aîné. Tandis que la gloire du chef religieux se transmettait, de son vivant, à ses frères et à ses neveux. Ainsi, le patriarche catholique, l'imâm musulman et le prêtre brahmane deviennent pareils aux pieuvres qui attrapent leurs proies et sucent leur sang»[(130)].

2. Toutes ces remontrances et ces attaques anticléricales de Ǧubrân trouvent leur écho chez son ami Nu'ayma. En effet, celui-ci ne laisse échapper aucune occasion de critiquer le clergé en général et les prêtres en particulier pour attirer leur attention sur l'essentiel de leur rôle et sur le fait que «la religion est faite pour l'homme et non pas l'homme pour la religion. C'est l'homme qui sanctifie la religion ou la souille et non pas le contraire»[(131)].

Pourquoi les religions ont-elles échoué dans leur mission de transformer le cœur de l'homme et de l'orienter vers Dieu? demande Nu'ayma. «C'est parce que les responsables religieux se sont occupés avant tout de leur promotion, de leur autorité, de leurs intérêts terrestres beaucoup plus que de leur rôle religieux»[(132)] qui consiste essentiellement à être, de manière toute particulière, «la lumière du monde», à l'exemple du Christ, modèle de tout chrétien. En effet, le Christ a prêché par sa vie et par ses paroles l'amour dont Dieu aime chaque homme et la dignité infinie qu'Il lui accorde grâce à cet amour. Il a appelé à «la conversion des cœurs afin que les hommes deviennent tous frères»[(133)]. Or, comment cette fraternité peut-elle exister quand le clergé enseigne le contraire du Sermon sur la Montagne? Parlant des funérailles du «soldat inconnu» et s'adressant à ce dernier, le fils de *Baskinta* dit: «Voici les grands-prêtres, qui veillent sur le troupeau du Christ et prêchent son Evangile, qui te disent au nom de leur Maître: «Hais ceux qui te haïssent, maudis ceux qui te maudissent, tue ceux qui te maltraitent». Ces pieux grands-prêtres qui, hier, priaient pour ton salut et la mort de ton ennemi, rendent maintenant grâce à Dieu de les avoir exaucés en te rendant digne de mourir au champ de la gloire, de l'honneur et du patriotisme»[(134)]. Certes, leur responsabilité est lourde; c'est

(130) *Aǧniḥa*. p. 196.

(131) *Rasâ'il*. 8,43, tout comme Jésus a insisté auprès du clergé de son temps sur le fait que «l'homme est plus important que le sabbat». *Masîḥ*. 9,228.

(132) *Aḥâdîṯ*. 9,726.

(133) *Aḥâdîṯ*. 9,726. Nu'ayma fait porter aux hommes de religion la responsabilité du mal qui se commet dans le monde au nom de la religion: «C'est leur crime, dit-il, lorsqu'un homme déteste un autre homme, ou fait couler son sang, au nom de la religion». *Sab'ûn* 1,154.

(134) *Marâḥil*. 5,63-64.

pourquoi, ils devraient avoir davantage le souci de mieux comprendre l'esprit de leur Maître et de leur religion afin de modeler leur vie sur cet esprit et d'éclairer leurs fidèles. En effet, bien souvent, ces derniers s'écartent du véritable esprit évangélique car ils ne connaissent que les écorces de leur religion. Ils sont excusables, affirme Nu'ayma. La faute incombe en premier lieu aux hommes de religion qui ont fait de ce moyen privilégié de relation à Dieu, qu'est la religion, «un ensemble de rites et de traditions qui fascinent l'œil, châtouillent l'oreille mais laissent le cœur froid, l'esprit assoiffé et l'âme affamée»(135).

Ainsi, s'attachant aux rites et aux traditions, recourant aux «menaces de la prison ou du feu éternel pour semer la vertu dans les cœurs»(136), le clergé ne réussit qu'à éloigner les fidèles, et tout particulièrement les jeunes, de la religion(137). Que de fois, durant son séjour à Poltava, l'étudiant libanais n'a-t-il pas entendu les jeunes répéter: « C'est vraiment péché! Cela ne peut pas durer» ! En quoi consiste ce péché ? «Dans l'exploitation de la foi du peuple. Au nom du Père, du Fils et du Saint-Esprit, on lui fait peur avec l'enfer comme on le stimule avec le ciel»(138). Aussi, Nu'ayma considère qu'il est de son devoir d'écrivain de mettre ces jeunes en garde contre ce danger: «Aux croisements de vos chemins, leur dit-il, vous rencontrez beaucoup d'hommes de religion. Ils portent des voiles très épais sur leurs yeux, de grands chapelets dans leurs mains et des lampes bien éclairées sur leurs dos. Chacun d'eux vous dit: «Suivez-moi, je connais la voie». Ces hommes représentent les différentes doctrines du monde. Leurs voiles, ce sont les voiles du fanatisme. Leurs chapelets, ce sont les bagatelles et les futilités dont ils se préoccupent, oubliant l'essentiel de la religion. Leurs lampes, c'est la vérité qu'ils ont reçue de leurs prophètes. Mais, ni ils s'éclairent eux-mêmes, ni ils éclairent les autres. Méfiez-vous de leurs voiles et de leurs chapelets. Quant à leurs lampes, recourez-y pour vous éclairer»(139)

Cette méfiance se transforme en critique virulente et acerbe dans la bouche de Mirdâd qui reproche aux représentants du Christ d'éloigner les fidèles de Dieu, pire encore, de disposer de Dieu pour sacraliser leurs propres pouvoirs: «O hommes du Livre et de l'encensoir ! Que brûlez-vous

---

(135) *Mahabb.* 5,410.

(136) *Sab'ûn* 1,462.

(137) cf. *Zâd.* 5,166 et *Ğubrân.* 3,195.

(138) *Ab'ad.* 6,213. cf. aussi Z. Mîrza. op. cit. p. 724.

(139) *Zâd.* 5,173.

dans votre encensoir ? Et que lisez-vous dans votre Livre ? Pensez-vous que l'odeur de l'encens cache celle de la haine et de la jalousie, de l'ambition et de l'hypocrisie, de la médisance et de l'athéisme qui se pavane dans les soutanes de la foi?

«Que lisez-vous dans votre Livre? «Lisez-vous des doctrines que vous enseignez du haut des chaires et que vous défendez par la logique et les discours, quitte à recourir à l'argent et même à l'épée en cas d'échec ? Ou bien, lisez-vous une Vie qui n'a nul besoin d'être défendue, car Elle est votre voie vers la liberté, qu'Elle soit à l'intérieur ou à l'extérieur du sanctuaire ? Et bien, tant que vous ne suivez pas vous-mêmes cette voie et tant que vous ne comprenez pas sa finalité, comment aurez-vous le courage d'inviter les autres à la suivre»(140)? De fait, rien ne vaut le bon exemple dans ce domaine. Un seul prêtre authentique peut suffire à rapprocher les âmes de Dieu. De même qu'un mauvais prêtre est trop souvent l'écran opaque qui détourne définitivement de Dieu(141). C'est pourquoi, Nu'ayma insiste sur la conversion des hommes de religion afin que leurs paroles reflètent leur vie et portent du fruit dans les âmes, Or, que voit le fils d l'Eglise Orthodoxe autour de lui? Des responsables religieux préoccupés de tout sauf du cœur de la religion. «Notre malheur ne nous vient-il pas de ces responsables? Lorsque nous fuyons le monde pour la religion, ne nous renvoient-ils pas à ce monde»(142)? «Ils croient accomplir leurs devoirs quand ils accomplissent des prescriptions religieuses précises, dans des lieux précis et à des heures précises. Ils oublient que des quintaux de prières et de prédication que prononcent les lèvres sans les cœurs ne valent pas un atome de bon exemple. Celui dont les actes, les pensées et les intentions sont mauvais, même s'il parle bien, ses prières et sa prédication ne valent rien, qu'elles soient accomplies dans un sanctuaire ou en dehors du sanctuaire. Au contraire, celui dont les pensées et les intentions sont bonnes, son cœur même est un sanctuaire»(143). Et dans ce sanctuaire vivant qu'est le cœur humain, «l'homme peut atteindre Dieu»(144) et transformer sa terre en ciel. «Qu'il est souhaitable, dit Mirdâd à ses compagnons, que vous dévoiliez à l'homme le ciel qui est dans son cœur en effa-

---

(140) *Mirdâd*. 6,719-720. Voir aussi *'Awâṣif*. p. 443. cf. La réponse de Yuḥannâ al-Ḫûrî. *al-Radd*. p. 145-148.

(141) cf. le temoignage que donne une jeune fille de vingt-trois ans de sa première rencontre avec un prêtre, dans: *Qu'attendez-vous du prêtre*? Cité par Eugène Joly. *Qu'est-ce que croire*? p. 90. cf. également *Rasâ'il*. 8,579. *'Awâṣif*. p. 443.

(142) cf. *Zâd*. 5,185.

(143) *Durûb*. 6,191.

(144) *Mahabb*. 5,426.

çant de ce cœur tout ce qui le sépare de son frère, des créatures et de Dieu! Mais comment pourrez-vous réussir dans cette tâche alors que vos propres cœurs ne sont point célestes»[145]?

Que sont ces «cœurs célestes» dont parle Mirdâd? Sans aucun doute sont-ils les cœurs décrits dans les Béatitudes. «De tels cœurs n'éprouvent pas l'amertume devant leur pauvreté. Ils n'envient pas la richesse d'autrui»[146] et ne recourent pas à tous les moyens, bons ou mauvais, pour arracher aux croyants leur argent et leur faire exhaler cette plainte: «Nous sommes les esclaves des prêtres qui font de nous ce que les anciens devins faisaient de leur peuple. Ils absolvent certaines fautes et en retiennent d'autres. Ils envoient les uns en enfer, les autres au ciel et nous arrachent ce que nous avons dans nos poches»[147].

Loin de porter les fruits escomptés par leur auteur, ces critiques suscitent de vives réactions dans le clergé. Mais cela ne décourage par Nu'ayma. Il écrit à Joseph Šûwayrî: «Ce que tu me dis *d'al-Radd 'alâ Mirdâd*, du père Yûḥannâ al-Ḫûrî, est en ta faveur et contre son auteur. Mirdâd est en train de se frayer un chemin dans le monde sans se soucier de l'habileté de ceux qui vivent dans les cages de leurs particularismes religieux»[148].

Le succès que connaissent *Mirdâd* de Nu'ayma et, longtemps avant lui, *Le Prophète* de Ǧubrân, malgré l'opposition du clergé, redouble l'ardeur des deux amis dans leur lutte anticléricale dans le but, non pas de démolir une autorité bien établie, mais de sortir le peuple de sa passivité et le clergé de sa tiédeur spirituelle. Car, à l'exemple de tous les vrais disciples du Christ, ils aimeraient voir d'emblée les représentants officiels et les porte-parole du Christ offrir au monde une image plus authentique, une incarnation plus sympathique du Christ. C'est ce qu'ils ne voient, malheureusement, pas. Voilà pourquoi, après le clergé en général, les évêques seront la cible de leurs critiques.

C. Ǧubrân, Nu'ayma et les Evêques.

1. «Quels chefs religieux êtes-vous ? demande Ǧubrân aux évêques. Es-tu un évêque qui tisse de la naïveté des croyants un vêtement somptueux pour son corps, façonne de la simplicité de leur cœur une couronne

(145) *Mirdâd*. 6,720. cf. Y. al-Ḫûrî. *al-Radd*. p. 145-148.

(146) cf. *Yawm*. 2,202 et 205.

(147) *Ab'ad*. 6,182.

(148) *Rasâ'il*. 8,183 lettre écrite le 17-02-1965.

pour sa tête et prétend haïr le démon tout en vivant de ses bienfaits? Ou bien, es-tu un évêque pieux qui considère la vertu comme la base et le fondement du progrès, et l'approfondissement de l'âme comme une échelle vers l'Esprit Total?

«Si tu es le premier, tu es un impie et un athée, même si tu jeûnes le jour et pries la nuit. Et si tu es le second, tu es un lys dans le paradis de la Vérité dont l'arôme... s'élève libre dans l'éther spacial où sont gardés les parfums des fleurs»[(149)].

Quel type de chef religieux a connu Ǧubrân ? Ecoutons-le : «Un homme dont les vices et la laideur marchent à l'ombre de l'Evangile pour paraître aux hommes comme des vertus[(150)]. Un chef religieux dans le pays des religions et des doctrines religieuses. Un homme craint par les âmes et les corps qui se prosternent devant lui tout comme les autruches inclinent leurs cous devant le boucher», tel est l'évêque que connaît Ǧubrân et qui va se dresser comme le grand obstacle entre son cœur et celui de Salmâ Karâmé. De «ses mains criminelles, il bénit l'union de Salmâ avec son neveu»[(151)], afin d'assurer à celui-ci la riche fortune de celle-là sans que personne ne trouve à redire. Car «quel est le chrétien qui ose s'opposer à la volonté de son évêque et espère garder une certaine estime parmi les croyants»[(152)]?

Il est vrai qu'il arrive parfois qu'une confession religieuse se révolte contre son chef religieux, le critique, rejette sa manière d'agir puis le menace d'embrasser une autre confession... Mais, bien vite, l'on apprend que les sages du pays ont résolu tout différend entre le pasteur et ses fidèles et redonné au chef religieux toute l'autorité dont il jouissait et à ses sujets l'obéissance aveugle qu'ils lui vouaient»[(153)]. Cettte obéissance aveugle est dégradante, mais elle est la seule issue qui reste aux fidèles. C'est pourquoi, beaucoup de chrétiens se sentent étouffés et même humiliés par une autorité qui paraît souvent utiliser la religion comme un opium pour les tenir tranquilles, alors que l'évêque doit être, «comme l'écrivait au premier siècle Saint Ignace d'Antioche, «l'image de Dieu» dans la communauté dont il est le chef»[(154)].

---

(149) *Badâ'i'*. p. 567.

(150) De son côté, A. Mâḍî écrit: «Ils ont simulé l'ascétisme au point que leur intérieur est devenu invisible aux yeux des croyants ! Ils ont brillé dans l'art de l'hypocrisie au point qu'ils ont dépassé le démon». Cité par Z. Mîrzâ. op. cit. p. 726.

(151) *Aǧniḥa*. p. 177.

(152) Ibid. p. 197.

(153) *'Awâṣif*. p. 407.

(154) J. Meyendorff. op. cit. p. 183.

Au lieu d'être cette «image de Dieu», l'évêque, «déguisé sous ces ornements violets, cherche à satisfaire ses désirs; protégé par sa croix pectorale, toute dorée, il cherche à assouvir ses ambitions! Il va à l'église le matin, puis il passe le reste de la journée à dépouiller les veuves, les orphelins et les simples de cœur de leurs biens. Le dimanche, debout face à l'autel, il exhorte ses fidèles à vivre l'enseignement du Christ sans que lui-même se soucie de le mettre en pratique. Le reste de la semaine, il s'occupe de la politique du pays... Cet évêque est un voleur qui se cache derrière des voiles ténébreux»(155). Un tel évêque, peut-il paraître aux chrétiens autrement que comme «un prince» ? Durant des siècles, les évêques ont été des princes et le pape a été un roi. Un mot d'eux suffit à abaisser l'un et à élever l'autre. Les fidèles le savent bien et certains ne manquent pas d'y recourir pour se frayer un chemin dans la vie et se faire une bonne renommée.

Certains chefs religieux ne brillent pas par leur vie donnée à Dieu. Les insignes qu'ils portent sont le symbole du service qu'ils doivent assurer au sein de la communauté. Malheureusement, ils les transforment en signe d'apparat. «La croix que tu portes sur ta poitrine est le symbole du don de la vie. Or, tu prends la vie de ces gens sans rien leur donner en retour». En effet, «l'évêque oblige des hommes et des femmes à transporter de grosses pierres puis à les tailler pour la construction de l'église, sans rien leur donner en retour, alors qu'ils savent bien que ses coffres regorgent d'or et d'argent et qu'eux-mêmes ne trouvent rien à manger»(156).

L'attitude de certains évêques avec leurs prêtres n'est guère différente de leur attitude avec leurs fidèles. Ils régnaient sur leur diocèse en vrais princes parfois. Aussi les critiques ne manquaient pas mais elles restaient sans effet.

2. Pour marquer son désir d'une plus grande fidélité au Christ et sa volonté de faire éclater les étroitesses des particularismes épiscopaux et rendre plus transparent le message évangélique qui est plus profond que toutes les structures ecclésiales et se situe au cœur de l'homme, Nu'ayma brosse un tableau dans lequel apparaît clairement le contraste entre le Christ, sa vie et son enseignement d'une part et les évêques, leur vie et leur enseignement d'autre part. Ecoutons-le parler au Christ: «O Fils de l'Homme, toi qui es la Voie, la Vérité et la Vie, sois toi-même mon maître

---

(155) *Aǧniḥa*. p. 211.

(156) *Tâ'ih*. p. 409.

afin que se taise, dans mes oreilles, la voix de tes prédicateurs, qui, du haut de leurs trônes majestueux, ne cessent de répéter ton humble parole : «Celui qui veut être le premier parmi vous, qu'il soit votre serviteur»,

«Eux qui témoignent, par leurs couronnes incrustées de pierres précieuses, qu'ils sont tes successeurs, Toi qui ne fus couronné que d'épines !

«Eux qui dorment dans des lits soyeux, pour ta gloire, Toi qui as dit : "Les renards ont leurs tanières et les oiseaux du ciel leurs nids, mais le Fils de l'Homme n'a pas où reposer sa tête" !

«Eux qui élèvent de grandes tours en pierre et en fer qui les séparent de Tes petits frères!

«Eux qui plient leurs genoux devant Toi et plient leurs cœurs devant les rois de ce monde!

«Eux qui exigent la dîme sur la menthe, le fenouil et le cumin pour protéger leur pouvoir terrestre et t'élever de "somptueuses" demeures!

«Eux qui font le trou de l'aiguille plus grand que l'espace afin que leurs chameaux, chargés d'or, puissent y entrer»(157) !

Personne ne peut mettre en question ces richesses dont parlent Ǧubrân et Nu'ayma et que possédaient certains évêques. Au XIVème siècle déjà, Pétrarque (1304-1374) avait fustigé certains cardinaux de son temps(158).

Devant la vie de certains évêques, Nu'ayma a de quoi douter de l'action du Saint-Esprit dans ceux qui se disent les successeurs des apôtres. Les ombres sont partout visibles: apparat et faste, anneaux d'or et ornements somptueux, intransigeance pour leurs fidèles et relâchement pour eux-mêmes, flagrante contradiction entre leurs paroles et leurs actes, souvent séduits par l'enjeu politique, les honneurs, les richesses et le scepticisme ambiant ! Leur vie n'est pas toujours édifiante, loin de là ! Aussi Nu'ayma refuse de croire que «le Saint-Esprit puisse habiter le cœur de tous les évêques qu'a connus l'Eglise depuis les apôtres jusqu'à nos jours, et par conséquent le cœur des prêtres ordonnés par ces évêques. Croire en cette présence, c'est prêter le flanc à l'ironie ! Car l'histoire de l'Eglise a connu plus d'un évêque et d'un archevêque dont les actions et les paroles témoignent que leurs cœurs sont des bastions du démon et non pas des demeures du Saint-Esprit»... Si tel est le cœur d'un bon nombre d'évêques, «que dire des simples prêtres qui sont des milliers depuis la fondation de l'Eglise jusqu'à nos jours»? demande Nu'ayma(159). A cette ques-

(157) *Marâḥil*. 5,36-37.

(158) cf. J. Delumeau. op. cit. p. 48. Ce qui est dit des cardinaux s'applique pleinement à certains évêques.

(159) *Masîḥ*. 9,328-329. Si A. Mâḍî est pleinement d'accord avec Ǧubrân et Nu'ayma pour saper l'autorité du clergé en général, il ne l'est plus quand il s'agit de personnes individuelles. cf. Z. Mîrzâ. op. cit. p. 176-177 et p. 564-566.

tion, Ǧubrân répond par une véritable envolée de critiques qui résument son point de vue et reflètent ses sentiments à l'égard du clergé et le ton qu'il emploie pour peindre l'écart entre la vie des prêtres et l'enseignement du Christ, la plus grande référence des deux amis.

D. Un pamphlet ǧubranien contre le prêtre.

«Savez-vous qui est le prêtre que vous craignez et dont vous avez fait le gardien de vos âmes ? Ecoutez-moi. Je vais vous dévoiler ce que vous ressentez sans oser l'exprimer:

«Le prêtre est un traître à qui les chrétiens donnent un Livre Saint; il en fait un filet pour repêcher leur argent. C'est un hypocrite à qui les croyants donnent une belle croix; il en fait une épée aiguë et la lève au-dessus de leurs têtes. C'est un tyran à qui les faibles livrent leurs cous; il les lie par des chaînes..., les tient avec une main de fer et ne les libère qu'écrasés comme la faïence, et dispersés comme la cendre.

«C'est un loup féroce qui pénètre dans la bergerie; le berger le prend pour un mouton et s'endort paisiblement. Lorsque la nuit tombe, il se jette sur les brebis et les étrangle l'une après l'autre.

«C'est un glouton qui respecte les tables bien servies beaucoup plus qu'il ne respecte l'autel du temple.

«C'est un rusé qui entre par les fissures des murs et ne sort qu'une fois les maisons détruites. C'est un voleur au cœur de pierre qui arrache le denier de la veuve et la piastre de l'orphelin.

«C'est une créature étrange... Prenez son Livre, déchirez ses vêtements, arrachez sa barbe, faites de lui ce que vous voulez puis mettez-lui un dinar dans la main, alors il vous pardonne vos offenses et vous sourit avec amour. Giflez-le, crachez-lui au visage, piétinez-le, puis invitez-le à vos tables, alors il oublie vos mauvais traitements, se réjouit de votre invitation...

«Blasphémez contre le nom de son Seigneur, tournez en dérision ses doctrines et moquez-vous de sa foi, puis envoyez-lui une jarre de vin ou une corbeille de fruits, alors il vous pardonne et vous innocente devant Dieu et devant les hommes.

«Il voit une femme, détourne d'elle son visage en disant à haute voix: "Eloignez-vous de moi, ô fille de Babylone", puis il murmure en lui-même: "Le mariage est préférable au désir insatisfait". Il voit des jeunes gens et des jeunes filles s'en aller dans le cortège de l'amour, il lève les yeux au ciel et s'écrie: "Vanité des vanités, tout est vanité sous le soleil". Puis dans sa solitude, il soupire : "Que périssent les lois et disparaissent les traditions qui m'éloignent du bonheur de la vie et me privent de ses plaisirs". Il prêche aux hommes: "Ne jugez pas et vous ne serez pas jugés", mais lui-même juge durement tous ceux qui se moquent de ses désagréments et de ses aversions, il envoie leurs âmes en enfer avant que la mort ne les retire de cette vie. Il vous parle, les yeux levés au ciel, mais sa pensée demeure toujours, tel un serpent, autour de vos poches. Il vous dit : "Mes chers enfants", mais il ne ressent aucun sentiment paternel, ne sourit jamais à un nourrisson et ne prend jamais un enfant dans les bras. Pieusement il vous dit: "Elevons nos cœurs au-dessus des affaires de ce monde, car nos vies passent tel que le brouillard et nos jours sont semblables à l'ombre". Mais, si vous le regardez bien, vous le voyez fortement attaché aux pans de la vie..., regrettant qu'hier soit vite passé, craignant la fuite d'aujourd'hui et attendant l'arrivée de demain.

«Il vous demande l'aumône alors qu'il est plus riche que vous. Si vous répondez à sa demande, il vous bénit officiellement ; mais si vous refusez, il vous maudit secrètement. Au temple, il vous recommande les pauvres et les misérables, alors qu'autour de sa maison s'élèvent les voix des affamés et devant ses yeux se tendent les mains des misérables. Mais, ni il les voit, ni il les entend! Il vend sa prière, celui qui ne l'achète pas est un infidèle qui renie Dieu et ses prophètes et sera privé du paradis et du bonheur.

«Telle est, ô chrétiens, la créature qui vous effraie ! ... Tel est le prêtre qui se signe de sa droite et opprime vos cœurs de sa gauche ! Tel est l'évêque que vous établissez serviteur et qui se transforme en Seigneur ! Vous le canonisez et il devient un démon ! Vous l'élevez comme un représentant du Christ et il devient un joug très lourd ! Telle est l'ombre qui suit vos âmes dès leur arrivée dans ce monde jusqu'à leur retour à l'éternité ! Tel est l'homme qui s'élève contre ceux qui se révoltent contre les ennemis de Jésus le Nazaréen qui vous a aimés, vous a appelés Ses petits frères puis est mort pour vous»[160].

De ce pamphlet, le plus dur que l'auteur ait jamais prononcé, il ressort que Ǧubrân s'attaque à des personnes bien précises qui ont éloigné les chrétiens du Christ, ont déformé le vrai visage de l'Eglise et lui ont valu les attaques et les critiques les plus dures de la part de ses ennemis comme de ses enfants.

---

(160) *Ḫalīl*. p. 152-154. Pour conclure, Ǧubrân n'aurait-il pu revendiquer comme sien ce conseil d'Amîn Rayḥânî: «Evite les prêtres et tu seras heureux». Cité par Jean Fontaine. op. cit. p. 140.

Conclusion

Pour conclure, il convient de souligner que les critiques et les attaques livrées par Ǧubrân et Nu'ayma contre les hommes de religion sont dictées par leur amour pour le Christ et par leur fidélité à l'Evangile et à l'Eglise. N'est-ce pas une manière d'aimer davantage l'Eglise et ses représentants que de leur demander beaucoup?

Il est vrai, les laïcs n'ont jamais été très tendres pour le clergé, pas plus aujourd'hui que dans le passé. Pourquoi Ǧubrân et Nu'ayma feraient-ils exception ? Cependant, cette exigence n'a jamais été le monopole des laïcs, des hommes d'Eglise eux-mêmes se sont souvent dressés contre certains abus et relâchements de Celle qui doit refléter l'amour du Père pour ses enfants. Mais ce que Ǧubrân et Nu'ayma semblent oublier, c'est que la sainteté de l'Eglise est l'affaire de tous et de chacun. C'est à tous que Jésus a dit : «Vous êtes le sel de la terre ! .. Vous êtes la lumière du monde». Tous les chrétiens, là où ils vivent, sont tenus de manifester, par l'exemple de leur vie et le témoignage de leurs paroles et de leurs actes qu'ils sont les disciples de Celui qui a aimé les hommes au point de donner sa vie pour eux! Tous les chrétiens sont l'Eglise et sont responsables de l'Eglise. Il n'y a pas d'Eglise hiérarchique au sens où la hiérarchie de l'Eglise, à elle seule serait l'Eglise. Il y a une seule Eglise, l'Eglise du Christ, intérieurement coordonnée par le ministère d'hommes mis à part pour ce service de foi.

Si Nu'ayma s'était souvenu de cette vérité, l'Eglise, tout en continuant à peser lourdement sur lui, n'aurait pas été cette pierre d'achoppement où bute sa foi. Son courage à revendiquer devant l'autorité ecclésiastique, comme le fit jadis Paul devant Pierre, le véritable esprit d'Eglise qui n'est rien d'autre que l'esprit du Christ et de l'Evangile, ce courage n'aurait pas affaibli son amour et sa pratique religieuse.

A cette dureté du fils de *Baskinta* pour l'Eglise-institution se mêle une certaine compassion, bien plus une réelle compréhension pour les prêtres. En effet, après les avoir violemment critiqués de déformer le vrai visage du Christ, Nu'ayma finit par porter sur eux un regard semblable au regard du Christ sur «Ses petits frères», faibles et pécheurs. «Si vous jugez la religion par les fautes des hommes de religion, dit-il à ses auditeurs, quelle perte de temps! Qui sont ces hommes de religion que vous jugez? Ne sont-ils pas des hommes pris du milieu de vous ? Ne sont-ils pas des créatures humaines semblables à vous? Il est vrai que chez certains le sentiment de Dieu n'est que fumée, ceux-là ont besoin de votre pitié beaucoup plus que de vos critiques ? Ayez pitié d'eux au lieu de les lapider ! Et si vous pouvez, éclairez-les de votre lumière. Chez d'autres, la religion a tellement pénétré dans leur vie qu'elle est devenue ce doux rayonnement qui transparaît dans tout ce qu'ils disent et ce qu'ils font. Eclairez-vous à leur lumière si vous êtes en route vers cette lumière»[161].

Cette remarque de Nu'ayma est une invitation aux chrétiens en général et à ses compatriotes en particulier, à vivre activement l'étroite collaboration qui doit exister entre pasteurs et fidèles en vue de l'édification du Corps du Christ.

Le progrès de son Corps Mystique, le Christ le confie à tous, fidèles et pasteurs, chacun selon ses dons et ses fonctions. L'essentiel est que les rites et les traditions ne l'emportent pas sur l'amour.

Pour porter cet amour à tous les hommes, les prêtres et tous les hommes d'Eglise doivent tout d'abord donner l'exemple d'une vie toute vouée au Christ et à Ses frères. Dans leurs charges, ils ne doivent se laisser mouvoir que par ce seul amour de Dieu et par le zèle pour le salut des âmes. Toutes leurs activités et tout l'exercice de leur autorité et de leur responsabilité, ainsi enracinés dans cette double charité, ne pourront produire que des fruits bons et salutaires.

Ne trouvant pas ce bon exemple chez les hommes d'Eglise de leur temps, Ǧubrân et Nu'ayma se sont donc acharnés à relever toutes leurs bévues et leurs fautes, avec une sévérité qui n'a d'égale que leur amour pour le Christ, méconnaissant souvent et fermant les yeux parfois sur leurs bienfaits qui sont incalculables. Ressentant de façon de plus en plus insupportable l'accommodement des hommes d'Eglise avec le siècle, leur bavardage, leur course vers les richesses, pour tout dire cette tiédeur indigne de ceux qui ont tout quitté pour mettre leurs pas dans les pas du Christ, les deux amis ont entrepris leur lutte et leur effort d'éveil à la fois des pasteurs et des fidèles. Et à ceux qui pourraient s'étonner de la sévérité de Ǧubrân et de Nu'ayma pour les hommes d'Eglise, nous répondrions c'est qu'«ils ont la vocation sacerdotale en très haute estime»[162] et aspirent à une Eglise «Une, Sainte, Catholique et Apostolique» telle que La veut Jésus-Christ et dans laquelle «l'homme» se sent aimé du même amour dont Dieu l'aime.

---

(161) *Bayâdir*. 4,545.

(162) Rappelons ce que dit Nu'ayma: «Certes, c'est un fait très grand que tu consacres ta vie au Christ ...» cf. *Rasâ'il*. 8,577 que nous avons déjà citée.

CHAPITRE II

L'EGLISE, GARDIENNE DU MESSAGE DU CHRIST SUR L'HOMME

Introduction.

Toutes les lacunes et les imperfections de l'Eglise-institution que Ǧubrân et Nu'ayma ont soulignées et violemment critiquées ne suffisent pas pour que les deux amis, fils et membres de cette même Eglise par le baptême, vivent comme s'ils n'en faisaient pas partie. Leur déception est à la mesure même de leur exigence et de leur amour pour Elle. Cette même Eglise, qu'ils combattent parce qu'ils l'aiment, restent au terme comme au début de leur pensée religieuse. Car, l'homme ne peut, sans se mutiler, échapper à la communauté dans laquelle il naît et grandit. Or, c'est à cette même communauté hiérarchisée qu'est l'Eglise, que Dieu a confié la garde de la Révélation qu'Il a faite sur Lui-même et sur l'homme. Par sa théologie et son enseignement, Elle transmet, authentifie et actualise cette Révélation qui se résume en deux mots: Amour, Miséricorde. Dieu est Amour. Dieu est Miséricorde infinie.

Le Christ n'a pas prêché de dogme. Il a fondé une Eglise, une Assemblée, précisément pour continuer à manifester au monde l'amour miséricordieux de Dieu. Il n'a pas formulé de Credo. C'est surtout une anthropologie basée sur une nouvelle idée de Dieu et de l'homme. C'est pourquoi, l'unique loi interne de cette Assemblée et le signe distinctif de ses membres, c'est la charité mutuelle, fondement et principal but de la vie de Jésus[1] . Attachez-vous donc à Jésus dit Nu'ayma et «méfiez-vous des théologiens et de leurs discussions. Ils sont les esclaves de la lettre qui tue et les ennemis de l'esprit qui vivifie»[2].

---

(1) cf. *Masîḥ*. 9,257, 289, 291, 292. Rappelons que cette charité est la charte et la quintessence de la vie, de l'œuvre de Ǧubrân et de Nu'ayma respectivement appelés : «Le fondateur d'une église d'amour» et «L'apôtre de la *Maḥabba*».

(2) *Rasâ'il*. 8,445.

Trop soucieux de perfection, Ǧubrân et Nu'ayma n'ont pu déceler cette charité. Ils se sont arrêtés aux attitudes de l'Eglise et aux manières de faire de ses membres, trop souvent choquantes et scandaleuses. Leur conscience critique des réalités de l'Eglise et la disproportion tragique entre ce que l'Eglise vit et ce qu'Elle devrait vivre les ont conduits à une rupture, plus apparente que réelle, avec l'Eglise-institution(3) . Cette rupture, tout en les empêchant de regarder objectivement et sereinement la finalité et l'utilité des dogmes et de la Tradition, ne les empêche pas d'accepter le message transmis par l'Eglise sur Dieu, dont nous avons déjà parlé et celui sur l'homme dont nous allons parler maintenant.

I. Questions de Ǧubrân et de Nu'ayma sur l'homme.

1. Homme, qui es-tu ?

A notre époque, on parle peu de Dieu. Le mot est devenu trop ambigu. Dieu est trop gênant. Par contre, il est beaucoup question de l'homme sous ses deux aspects, corporel et spirituel. L'homme est devenu un objet de recherche et d'étude scientifique. Longuement et fréquemment on dénonce les menaces et les dangers qui pèsent sur lui au dedans et au dehors. Qui est cet homme ? Que représente-t-il dans l'ensemble de la création ? Qui est l'homme. «Cette créature que la terre enfante et qui devient la nourriture des dieux? ... Qui est ce raisin qui ne mûrit que les jours de larmes, à cause de la peur et de la honte»(4) ? Telles sont les questions que l'homme ne cesse de se poser. «Je ne cesse de m'interroger sur moi-même, dit Nu'ayma par la bouche *d'al-Arqaš*. Qui suis-je? Dans tout ce que je fais, c'est toujours la même question qui revient: Qui suis-je?, au point que la méditation m'est devenue très pénible. Voilà que pour le quatrième jour, chaque fois que j'essaie de rassembler mes idées, une voix intérieure s'empare de moi : Qui suis-je»(5) ?

Cette question semble s'imposer à l'homme qui, depuis sa création et jusqu'à nos jours, n'a cessé de s'interroger sur son identité, «son origine et sa finalité»(6), ainsi que sur son existence humaine faite «d'un ensemble inexorable de contraires, le jour et la nuit, la naissance et la mort,

(3) Notons qu'en arrivant à l'hôpital où Ǧubrân agonisait, Nu'ayma commence par demander si l'on avait proposé à son ami les derniers sacrements. cf. *Ǧubrân*. 3,19.

(4) *Aliha*. p. 371.

(5) *Arqaš*. 4,391.

(6) *Ṣawt*. 5,280.

le bonheur et la souffrance, le bien et le mal»[7] . Cette accumulation de contraires ne facilite pas la tâche de l'homme et ne l'aide pas à répondre à la question : «Homme, qui es-tu»? «Je n'ai été impuissant, confesse Ǧubrân, que devant celui qui m'a demandé : «Qui es-tu»?[8] Ces difficultés proviennent de ce que l'homme doit se situer en face d'un Autre.

A la question «Qui suis-je»?, l'Eglise, qui transmet et actualise le message de Dieu sur sa créature humaine, répond: «L'homme est un mystère»[9], et Nu'ayma d'ajouter: «... un mystère caché, un trésor précieux, un vase sacré pour une Vérité Eternelle qui est Dieu»[10] . Oui, l'homme est un mystère «dont les profondeurs sont insondables»[11], «parce qu'il est un esprit, et comme tel, une image propre de Dieu, fait pour une vie mystérieuse avec Lui»[12].

2. L'Homme, centre d'intérêt de l'œuvre de Nu'ayma

N'étant ni un pur esprit, ni un animal; tenant à la fois de l'humain et du divin, de «l'infiniment petit et de l'infiniment grand»[13], l'homme a besoin d'être révélé à lui-même. Aussi, Nu'ayma consacre-t-il son œuvre à l'étude de l'homme, du sens de sa vie, et de la finalité de son existence[14]. «Dans votre dernière lettre, vous me demandiez de vous donner mon point de vue sur l'homme et sa place dans l'univers. Or,je n'ai composé le livre de *Mirdâd* que dans ce but»[15].

Dans son introduction à la vie de Ǧubrân, Nu'ayma insiste sur le fait que «la littérature n'a de sens et de raison d'être que dans la mesure où elle découvre à l'homme le sens de sa vie»[16]. C'est pourquoi, le centre

(7) C.G. Jung. *L'homme et ses symboles*. p. 85. et *Durûb*. 6,153.

(8) *Ramal*. p. 152.

(9) J. Mouroux. *Sens chrétien de l'homme*. Paris (1945), p. 238.

(10) *Ṣawt*. 5,340.

(11) cf. *Ǧubrân*. 3,7.

(12) J. Mouroux. *Sens chrétien de l'homme*. p. 238.

(13) *Tâ'ih*. p. 439. cf. Les deux infinis de Pascal. *Pensées et Opuscules*. p. 15-22.

(14) cf. *Aḥâdîṯ*. 9,638.

(15) *Lettre de Nu'ayma à Afifa Ghaïth*, du 30-8-1972.

(16) *Ǧubrân*. 3,9. Notons que cette tendance humaniste a marqué la littérature arabe du XXème siècle, particulièrement les écrivains d'al-Râbiṭa al-Qalamiyya. cf. N. Sarrâǧ. op. cit. p. 92; al-Aštar. op. cit. p. 1,59-94.

d'intérêt de la littérature, c'est l'homme «qui rassemble tout en lui»[17] et qui est la plus grande énigme de la création. «Il vient sans savoir d'où, il s'en va sans savoir où. Il se trouve sur cette terre pour un laps de temps. Attiré et ensorcelé par ce qu'il voit, il est perpétuellement en lutte avec la Nature[18]. Car, grâce à son *animus*, l'homme ne cesse, «depuis les siècles les plus lointains, de chercher à connaître la Vérité, *al-Ḥaqîqa*, la vérité sur lui-même et la vérité sur le Cosmos dans lequel il vit». A quoi ont abouti toutes ses recherches? A des «mystères, *asrâr*[19], et à l'humble aveu qu'il est extrêmement difficile d'emprisonner dans quelques formules l'idée qu'il se fait de lui-même. Comment alors Nu'ayma le définit-il? Comment entre-t-il dans sa connaissance?

3. *Foi en Dieu et Foi en l'Homme*

a. Pour définir l'homme, le fils de *Baskinta* ne s'appuie pas sur les sciences humaines ni sur la théologie et les doctrines religieuses. «Celles-ci constituent, selon lui, un handicap pour l'homme à atteindre la vérité»[20]. Il part de la foi chrétienne, car pour lui comme pour tous les penseurs chrétiens «l'homme ne s'explique pas au niveau de l'homme»[21]. Seule «l'imagination de Dieu peut imaginer cet être merveilleux en qui sont rassemblés le temps et l'espace avec tous les mystères qu'ils renferment»[22]. Il y a plus. «Le fait que l'homme ne cesse de chercher un surplus à ce qu'il est, comme s'il avait fini de comprendre tout ce qu'il y a autour de lui, le rend plus merveilleux encore»[23]. Est-ce de la curiosité? Non. Mais dans l'homme, il y a quelque chose qui le dépasse, qui tend vers un ailleurs, vers un Autre. Héraclite (576-480 av. J.C.), ce philosophe grec de l'école ionienne, ne disait-il pas : «La demeure de l'homme, c'est Dieu»[24] ! Tout comme «la demeure de Dieu, c'est l'homme» affirme Ǧubrân[25]. Oui, renchérit Nu'ayma, «l'homme est la

(17) *Ḅadâ'i'*. p. 594 et *Sab'ûn*. 1,476.

(18) *Ġirbâl*. 3,354.

(19) *Sab'ûn*. 1,344.

(20) cf. *Mirdâd*. 6,807.

(21) Olivier clément. *Questions sur l'homme*. Paris (1972), p. 8.

(22) *Bayâdir*. 4,614.

(23) *Bayâdir*. 4,614.

(24) Cité par O. Clément. *Questions sur l'homme*. p. 8.

(25) *Badâ'i'* p. 496.

demeure de Dieu-Lumière»[26] . Combien exact est alors le mot de Guardini: «Seul celui qui connaît Dieu connaît l'homme»[27]. Car, explique Nu'ayma, «l'essence de la vie humaine c'est Dieu»[28] et c'est de toute éternité que Dieu a conçu l'homme dans sa pensée»[29].

S'adressant à ses auditeurs libanais, Nu'ayma leur dit : «Je ne sais pas si vous êtes croyants ou bien athées... Je ne sais pas non plus de quelle nature est votre foi ou votre athéisme... Quant à moi, je crois en Dieu... et ma foi est la pierre angulaire de ma vie. Je crois aussi en l'homme. Ma foi en l'homme est l'arche qui me porte dans l'existence. Or, si je ne croyais pas en Dieu, je ne pourrais pas croire en l'homme , Et si je ne croyais pas en l'homme, je ne pourrais pas croire en Dieu! Ma foi en Dieu et ma foi en l'homme proviennent d'une même source, bien plus, elles sont une seule et même foi»[30] . Autrement dit, «la foi en Dieu ne peut s'élever que sur la foi en l'homme»[31] . Car, comment celui-ci peut-il croire en Dieu sans croire en lui-même ? Comment peut-il croire en Dieu sans croire en l'homme qui est son image et sa ressemblance ? se demande l'auteur de *Sab'ûn*[32]. «Je m'étonne, dit Amina al-'Alawiyya, de ceux dont les apparences extérieures détournent du Créateur de ces apparences»[33]. De fait, nul ne peut croire en Dieu et nier son œuvre, et «tout édifice qui ne s'élève pas sur cette foi, en Dieu et en l'homme, est condamné à la destruction»[34] .

b. Ce credo est un témoignage éclatant de la fidélité du fils de l'Eglise Orthodoxe à la vision chrétienne de l'homme et à l'anthropologie de l'Eglise universelle. En effet, proclame l'Eglise, la foi en Dieu et la foi en l'homme sont inséparables. «On ne saurait prendre au sérieux le mystère de Dieu

(26) *Arqaš*. 4,372. Cette proximité de Dieu et de l'homme est exprimée en des termes très poétiques par R. Tagore. cf. *Le Jardinier d'amour*, suivi de *La Jeune Lune*. Paris (1950), p. 124-125.

(27) Cité par H. Fries. *L'Eglise, questions actuelles*. p. 201.

(28) *Arqaš*. 4,370.

(29) *Zâd*. 5,119, *Badâ'i'*. p. 578.

(30) *Bayâdir*. 4,504-505. Cette confession de foi revient souvent dans l'œuvre de Nu'ayma. cf. *Ab'ad*. 6,157. *Arqaš*. 4,436 et *Zâd*. 5,196.

(31) *Ṣawt*. 5,246, tout comme l'amour de Dieu ne peut être vrai que s'il est concrétisé dans l'amour du prochain.

(32) *Karm*. 3,637.

(33) *Badâ'i'*. p. 587.

(34) *Ṣawt*. 5,244.

indépendamment de l'homme»[35]. C'est bien la raison pour laquelle à celui qui entreprend d'analyser ce qu'est l'homme et de faire l'inventaire de ce qu'on trouve en lui, «une perspective théologique s'ouvre inévitablement. L'homme est un être capable de Dieu, disent les théologiens, un être créé capable, par nature, de recevoir, par grâce, la participation à la vie divine»[36]. Cette capacité de Dieu, l'homme l'acquiert par le baptême qui fait de lui, selon l'expression du fils de *Baskinta*, «ce mélange d'humain et de divin. L'humain, c'est l'enveloppe sensible à la vérité éternelle. Le divin, c'est la vérité éternelle elle-même. L'homme ne réalisera le divin que lorsqu'il se débarrassera de l'humain qui voile Dieu en lui»[37].

Nous retrouvons, dans l'œuvre de Ǧubrân, ces deux réalités qui cohabitent dans l'homme et se le disputent. L'auteur invite ses lecteurs, dans des accents lyriques qui lui sont propres, à s'incliner devant le mystère que chaque homme porte en lui et qu'il est lui-même:

«Comme l'océan, est votre moi divin;
«Il demeure à jamais immaculé ...
«Tout comme le soleil, est votre moi divin ;
«Mais votre moi divin n'est pas seul dans votre être.
«Beaucoup en vous est encore homme»[38] .

Cette intuition du poète a besoin de la claire vision du penseur et du philosophe pour mieux comprendre ce qu'est l'homme.

4. Le Christ, fondement de l'anthropologie de Ǧubrân et de Nu'ayma

a. Dieu lui-même a pris l'initiative de révéler à l'homme la vérité profonde qu'il porte en lui-même. Il «a voulu, pour sa gloire, sa pleine et définitive réalisation»[39]. Pour cela, «Il a fait don de son Fils unique, *ǧâda bi Ibnihi-l-waḥîd*»[40] qui a pleinement épousé l'humanité et l'a faite sienne pour rendre aux hommes leur dignité de fils de Dieu. «Reconnais, chrétien, ta dignité», répète la liturgie.

b. Le but de la mission de Jésus de Nazareth, affirme Nu'ayma, «est d'apprendre à l'homme comment retourner à son origine divine»[41] en devenant pleinement enfants de Dieu le Père. L'homme avait perdu l'amitié

(35) cf. Jean Moussé. *Foi en Dieu, Foi en l'homme*. p. 123, 83, 72, 68.

(36) C. Tresmontant. *Le problème de l'existence de Dieu*. p. 341.

(37) *Aḥâdîṯ*. 9,782.

(38) *Le Prophète*. p. 39.

(39) René Le Troquer. *Homme, qui suis-je?* Paris (1975), p. 94.

(40) *Masîḥ*. 9,292.

(41) Ibid. p. 334, 246 et 312.

de Dieu. Par sa vie, sa mort et sa résurrection, Jésus lui reconquiert cette amitié et lui trace la voie pour la retrouver chaque fois qu'il la perd[42]. Lui-même est «l'unique voie vers le Père»[43] et «le guide de tous ceux qui le désirent»[44]. Pour Lui comme pour ses frères, «l'essentiel de la vie de l'homme est l'union à Dieu»[45]. Jésus en a donné l'exemple. Et «tout comme il a passé de «Jésus, fils de l'homme, au Christ, Fils de Dieu»[46] ainsi doit-il en être pour les hommes ses frères qu'Il est venu entraîner à sa suite vers la plénitude de l'intimité divine. «Chaque homme donc, dit Nu'ayma, est appelé à mener la même vie que le Christ»[47] qui, «étant l'Homme par excellence, *a'ẓam insân*»[48] est vraiment «la clé de toute connaissance et de toute vérité sur l'homme»[49] . Car, comme le dit avec force *Gaudium et spes*, «le mystère de l'homme ne s'éclaire vraiment que dans le mystère du Verbe Incarné»[50], mort et ressuscité pour rétablir le pont jeté entre Dieu et l'homme. On comprend dès lors l'insistance de l'Eglise universelle et en particulier de l'Eglise Orthodoxe, dont Nu'ayma est fils, sur cette réalité qui constitue la condition *sine qua non* pour comprendre l'homme.

C'est dans le Christ que tous les hommes sont appelés à l'Etre. En Christ Dieu a régénéré l'humanité. En Christ, Il l'a réunifiée. Mais cette réunification n'est pas seulement unité, elle est échange, où «le mouvement d'amour» de la Trinité se communique aux hommes»[51] . Voilà pourquoi, pour l'Eglise Orthodoxe, «la révélation trinitaire constitue le fondement de toute anthropologie chrétienne»[52].

c. Mais, comme nous l'avons déjà vu, la conception de la Trinité chez Ǧubrân et Nu'ayma n'est pas pleinement chrétienne. Ils parlent de triade plutôt que de Trinité. Aussi, leur anthropologie est purement christique.

---

(42) *Masîḥ*. 9,231. cf. aussi. p. 208 et 220.

(43) *Marâḥil*. 5,36. cf. aussi p. 34.

(44) *Awṯân*. 3,557.

(45) *Masîḥ*. 9,280. La condition de cette union: «Se perdre en Dieu et se consumer en Lui». Ibid. p. 312.

(46) Ibid. p. 220 et 310.

(47) Ibid. p. 326.

(48) Ibid. p. 273.

(49) R. le Troquer. op. cit. p. 97.

(50) *Les Actes du Concile Vatican II*. p. 542.

(51) Olivier Clément. *Questions sur l'homme*. p. 60, 62.

(52) O. Clément. *L'Eglise Orthodoxe*. p. 61.

Ecoutons Ǧubrân : «Le Christ n'était guère avec l'esclave contre son maître, ni avec le maître contre son esclave. Il n'était avec aucun homme contre un autre homme. Il était au-dessus de tous les hommes. Il était l'homme le plus libre, le plus noble et le plus digne»[53]. Bien plus, «Il était plus grand qu'un homme»[54]. Et cette grandeur, Il l'a mise au service de ses frères en leur «traçant une nouvelle voie vers Dieu» et en donnant un sens à leur vie. Ainsi, Il devient leurs profondeurs lointaines, leurs sommets les plus élevés, le compagnon de l'homme vers l'éternité»[55] «le modèle suprême de l'humanité et son idéal le plus élevé»[56]. Que nous apprend ce «compagnon», ce «modèle» sur celui qu'Il est venu guider vers le Père et qui par sa vie exemplaire,«la vie la plus digne, *ašraf ḥayât*»[57], qu'un homme puisse mener sur cette terre, lui a tracé la voie, l'unique voie vers l'éternité?

La réponse nous vient, encore une fois, de celui qui a consacré sa vie et son œuvre à sonder les profondeurs de l'homme[58]. Partant de la réponse de Jésus aux pharisiens: «Le Sabbat est fait pour l'homme et non pas l'homme pour le Sabbat», Nu'ayma s'écrie: «Qu'il est grand ce témoignage rendu à l'homme par le plus grand Homme ! *Yâ lahâ šahâda yû 'addîhâ a'ẓam insân lil-insân*[59]! Quelle est la raison de cette admiration de l'auteur de *Sab'ûn*? Ecoutons-le : «L'homme est au-dessus de toute évaluation ! Il est bien plus grand que tout ce qu'il a créé jusqu'à ce jour et de tout ce qu'il pourra créér dans les jours à venir... Il est l'image de Dieu ! Il est le fils de Dieu ! Il est l'éternel ! Quant à toutes ses inventions, ses découvertes et ses créations, elles sont toutes exposées au changement et à la disparition. L'homme, lui, est la Vérité! Quant à ses actions, elles ne sont que des ombres»[60] ! Telle est l'essence, la synthèse de l'anthropologie de Nu'ayma et, nous pouvons, sans aucune hésitation, ajouter, de Ǧubrân également[61].

---

(53) *Yasû'*. p. 306.

(54) Ibid. p. 279. Rappelons que Pilate lui-même reconnaît et confesse cette grandeur de Jésus, remarque Ǧubrân. cf. *Yasû'*. p. 303.

(55) Ibid. p. 235.

(56) *Ǧubrân*. 3,258. De son côté Nu'ayma précise: «Le Christ est le modèle de l'humanité dans sa marche vers Dieu». *Nûr*. 5,688.

(57) *Masîḥ*. 9,307.

(58) cf. *Aḥâdîṯ*. 9,638. *Sab'ûn*. 1,476.

(59) *Masîḥ*. 9,273.

(60) Ibid. p. 273-274.

(61) et de tous les membres *d'al-Râbiṭa al-Qalamiyya*. cf. al-Aštar. op. cit. 1,65.

Dans toute la vie et la mission de Jésus de Nazareth, les deux amis voient la primauté d'un profond respect et d'un grand amour du Nazaréen pour l'homme. Et d'une certaine manière, nous pouvons dire avec Bartholomeo Pirone, que Nu'ayma et Ǧubrân s'intéressent à la personne du Christ, à sa vie, sa mort et sa mission «en fonction d'une clarification plus problématique et plus exhaustive de l'homme»[(62)].

5. L'Eglise, dépositaire de «l'Humanisme de l'Incarnation»[(63)].

L'idéal d'humanité, d'homme parfait, donné dans et par Jésus-Christ, par sa personne et son œuvre, est rendu présent et actuel par l'Eglise et dans l'Eglise. Fondée sur le Christ, l'Eglise est sa présence durable et la continuatrice de son œuvre. Il convient donc à sa nature et à sa mission que devienne présent et s'actualise en Elle tout ce qui a été dit, fait et accompli par le Christ à qui l'on doit un nouveau sens de l'humanité et un nouveau regard sur l'homme.

Que fait l'Eglise de ce dépôt que le Christ lui a confié? Comment fait-Elle fructifier ce trésor, pourraient objecter Ǧubrân et Nu'ayma.

Quoi qu'en disent ses ennemis, ses détracteurs et parfois même ses fils, l'Eglise a toujours tenté d'apporter sa contribution au sens de l'humain[(64)]. Elle a toujours défendu la dignité de l'homme et, malgré toutes ses déficiences, Elle tente de rester la dépositaire attentive et la gardienne fidèle du testament du Christ.

Comment, dans son enseignement et sa prédication, l'Eglise défend-Elle intégralement, sans parti pris et sans crainte le sens de l'humain manifesté par Jésus-Christ ? Comment dans son message et dans sa vie prêche-t-Elle et affirme-t-Elle la dignité de l'homme ? Comment s'oppose-t-Elle à tout ce qui défigure l'homme et détruit sa dignité ? Autrement dit, comment l'Eglise garde-t-Elle le dépôt que Dieu, par son Fils et en son Fils, lui a confié, à savoir : l'homme créé à son image et à sa ressemblance ? C'est la question fondamentale qui guidera la suite de notre réflexion.

II. L'homme créé à l'image et à la ressemblance de Dieu.

L'homme auquel s'intéressent Ǧubrân et Nu'ayma n'est pas un être abstrait et hypothétique. IL n'est pas «un dieu déchu ni une parcelle d'es-

(62) B. Pirone. Sistema filosofico. op. cit. p. 69.

(63) L'expression est de J. Maritain. Citée par H. Fries. op. cit. p. 199.

(64) cf. les nombreuses encycliques des papes. Citons à titre d'exemple: *Rédemptor Hominis* de Jean Paul II du 4 Mars 1979. Nous verrons les autres plus loin.

prit tombée du ciel dans un corps»[65]. Partie du tout, l'homme est surtout une créature formée à l'image de Dieu et à sa ressemblance, caractérisée par son désir d'Absolu, son appel sans compromis et sa destinée inaliénable à l'union avec le Tout. C'est pourquoi, il ne peut jamais être un moyen au service d'une fin, mais il est une fin en soi.

Bien qu'étant une fin en soi, l'homme ne se suffit pas à lui-même. Il ne peut s'accomplir qu'en étant en constante relation avec cet Inconnu qu'il appelle Dieu et vers qui il tend de toutes ses forces. Ce désir d'Absolu naît de la nature même de l'homme qui est une créature.

A. L'homme est une créature.

La création est un thème central de la Bible. Et la création de l'homme par Dieu est le point essentiel des deux récits de la Genèse comme de toute l'Ecriture. Voilà pourquoi, dès sa création, «l'homme apparaît libre, en relation constante et essentielle avec Dieu»[66].

Aussi il ne peut exister sans Dieu, ni hors de Dieu, confesse la doctrine chrétienne à laquelle adhèrent Ǧubrân et Nu'ayma. Dès lors, nous sommes amenés à nous interroger sur le but de cette création: Pourquoi Dieu a-t-il créé l'homme ?

B. Finalité de la création de l'homme selon Ǧubrân et Nu'ayma

1. Ǧubrân résume la raison d'exister de l'homme sur cette terre et la finalité que Dieu lui a fixée par ce conseil que donne Amina al-'Alawiyya à son visiteur: «Marche dans la lumière et avance sous la protection de Dieu. Marche à la lumière de la Vérité que rien ne peut voiler ni éteindre»[67]. Ainsi, bien que l'homme soit une créature faible devant les éléments de la nature, tantôt dieu[68], tantôt «esclave de la vie»[69], semblable à «l'écume de la mer flottant à la surface de l'eau, sitôt que souffle le vent, elle se dissipe et c'est alors comme si elle n'avait pas existé»[70], Ǧubrân ne cesse de lui rappeler qu'il est un pèlerin et un chercheur de

(65) *V.T.B.*. col. 442.

(66) *V.T.B.* col. 242.

(67) *Badâ'i'*. p. 593.

(68) *Aliha*. p. 347.

(69) *Mawâkib*. p. 372.

(70) *Sagesse*. p. 28.

l'Absolu[71]. C'est pourquoi, il ne doit pas vivre à l'ombre des lois et des traditions qu'il s'est imposées lui-même, alors que l'oiseau vit selon la Loi Totale et Absolue qui fait tourner la terre autour du soleil»[72]. Il doit constamment se rappeler qu'il est «le souffle de Dieu»[73], Sa première Parole. En fait, «le premier fruit de la pensée de Dieu, dit Ǧubrân, fut un ange et sa première Parole fut l'homme»[74]. Cet homme est «à la recherche constante de la Vie»[75], qui n'est rien d'autre que Dieu, car il se sait appelé à l'union intime avec ce Dieu qui l'a créé.

Ennemi de toute spéculation théologique[76], Ǧubrân exprime cette intimité par des images et des symboles. Il dit par exemple que «toute la vie de l'homme aspire à la divinité»[77] étant donné qu'il est «en lui-même un dieu en puissance»[78], et qu'il est appelé à être «lui aussi un Christ»[79], un Homme Parfait. Cet «Homme Parfait sera l'archétype de la création, la fin de la voie, la cause finale et le but de l'univers, comme le dit Rûmî, car il sera devenu le miroir des attributs divins, qu'il actualise et totalise»[80]. Pour le chrétien, cet Homme Parfait est Jésus-Christ, parfaite image du Dieu invisible qui, par sa vie et sa mort, a restauré dans l'homme la ressemblance divine altérée par le péché et lui a indiqué la vraie finalité de sa vie.

2. «L'homme est la préoccupation suprême du Ciel», écrit Nu'ayma. «Celui-ci l'a créé pour le bonheur, il a choisi le malheur. Il l'a créé pour la vie, il a choisi la mort. Alors le Ciel trouva pénible que l'homme se rebelle contre sa volonté, qu'il soit malheureux et sombre dans la mort. Alors, il lui a envoyé des prophètes capables de lui indiquer la route du salut»[81]. Mais, les hommes ne les écoutèrent pas. Alors, Dieu envoya son Fils unique pour leur montrer cette voie et les inviter à marcher à Sa suite.

---

(71) Mais, c'est un «pèlerin loin du Seigneur», remarque J. Mouroux. *Le sens chrétien de l'homme*. p. 245.

(72) *'Awâṣif*. p. 439.

(73) *Le Prophète*. p. 51. *Tâ'ih*. p. 461. *Badâ'i'*. p. 496.

(74) *Ramal*. p. 152.

(75) *Le Prophète*. p. 87.

(76) cf. *Ramal*. p. 160. *Ḥadîqa*. p. 455. A.G. Karam. La vie et l'œuvre de Ǧubrân. p. 221.

(77) *Aliha*. p. 390.

(78) Ibid. p. 393. cf. *Ǧubrân et la déification de l'homme*, 2ème partie, chapitre trois.

(79) *Yasû'*. p. 236.

(80) cf. Eva de V. Meyerovitch. *Rûmî*. p. 169.

(81) *Nûr*. 5,670.

Pourquoi tant d'efforts et de sacrifices de la part de Dieu? Parce que Dieu est fidèle envers l'homme et envers l'univers. Cette fidélité est partie intégrante de son être de Créateur et comme tel, Il prend soin de l'ouvrage de ses mains, de cette créature qu'Il a façonnée à son image pour l'élever à Lui. «Tu es une semence divine, dit la voix à Job... Tu n'as pas de vie hors de notre vie et... seule notre vie est immortelle»[82].

Etant une semence divine, l'homme est créé pour la vie, non pour la mort. Son être dans sa totalité «tourne autour d'un unique et éternel axe. Cet axe, c'est la Puissance Créatrice, *al-Qudra al-Mubdi'a*, ou Dieu»[83], qui attire constamment l'homme à Elle pour le faire vivre de sa vie. Oui, l'union à Dieu est l'unique but de la vie de l'homme, et, ne «lui proposer que l'humain, remarquait Aristote, c'est le trahir et vouloir son malheur»[84].

Conscient du but pour lequel il est créé: «la réalisation de l'image de Dieu en lui»[85], l'homme s'interroge sur les moyens mis à sa disposition pour atteindre ce but. Contemplant le visage de Jésus, l'auteur de *Mirdâd* écrit: «J'aime ce visage car il reflète toute la vie de Jésus, tout comme le ciel se reflète dans une goutte d'eau. En lui, je lis la synthèse de la mission du Prophète de Galilée écrite dans des lettres de lumière: «Je suis la Voie, la Vérité et la Vie. Nul ne va au Père sans passer par moi». «C'est vraiment étonnant, poursuit-il! J'ai interrogé Ghautama Bouddha sur la mission qu'il était venu accomplir pour moi, - moi en qui toute l'humanité est représentée - , il m'a répondu que j'étais dans l'erreur et qu'il venait m'indiquer «la voie». Et maintenant, je t'interroge sur ta mission, ô Fils de Marie, - toi qui es venu six siècles après Bouddha et Lao-Tseu - . Et tu me réponds que je suis dans l'erreur et que tu viens m'indiquer «la voie». La voie de Bouddha conduit à l'Etre Cosmique, *al-Ḏât-'Alamiyya*; celle de Lao-Tseu conduit au Tao et la tienne conduit au Père. Y a-t-il une grande différence entre ta voie et les leurs?, entre ton but et les leurs? Qui est donc ton Père?»[86]

Quelles sont les raisons de ce tiraillement ? Pourquoi l'homme, créé à l'image de Dieu n'est-il pas capable de trouver sa voie par lui-même? Certes, il en était capable avant la chute, au moment où il jouissait d'une

(82) *Ayyûb*. 4,332.

(83) *Ṣawt*. 5,251.

(84) J. Maritain. *Humanisme intégral*. p. 10.

(85) *Mahabb*. 5,470. *Masîḥ*. 9,274.

(86) *Marâḥil*. 5,31-32.

harmonieuse intimité avec son Créateur. Mais cette harmonie fut altérée et brisée par la désobéissance de l'homme, son refus de dépendre de Dieu et sa volonté de vivre par lui-même et pour lui-même. Cependant, Dieu n'abandonne pas sa créature. Il lui tend la main et l'invite de nouveau, mais cette fois-ci, par son Fils, «à quitter le cœur de cette existence, enfant impuissant et ignorant, pour y retourner puissant sur toute chose et connaissant toute chose»(87).

La connaissance de toute chose «le libèrera de la souffrance et le conduira à la Vérité, à Dieu»(88). Ce but, l'homme ne l'atteindra pas facilement. Enclin à l'imperfection et à la faiblesse, il doit sans cesse se reprendre en main et accepter le renouveau que la Vie lui propose(89). Il doit également accepter de cheminer vers ce but avec la création, «tout entière présente en lui». Car l'homme n'est pas un être exilé et isolé du reste de la création. De par sa nature, il est lié à l'ensemble de l'univers. Aussi, «dans sa voie de l'union avec Dieu, l'homme ne rejette pas les créatures mais il rassemble dans son amour le cosmos disjoint par le péché, afin qu'il soit finalement transfiguré par la grâce»(90).

Enfin, et par-dessus tout, l'homme doit être conscient qu'il ne va pas à Dieu par lui-même et par ses seules forces. Mais c'est Dieu, «présent en lui à la manière du grand cèdre tout entier contenu dans la petite semence»(91), qui l'attire à Lui et lui donne de s'unir à Lui. C'est en cheminant avec son Créateur, à la lumière de sa foi, que l'homme pourra parvenir à la pleine communion avec Lui, communion à laquelle il est destiné et dont il porte en lui les arrhes, étant créé à l'image et à la ressemblance de Dieu.

C. L'homme est l'image de Dieu et sa ressemblance.

Le thème de l'homme créé à l'image de Dieu, qui marque avec force la grandeur de l'homme et son invulnérabilité dans sa relation à Dieu, est l'un des thèmes dominants de la pensée de Ǧubrân et de Nu'ayma, profondément marqués par la Bible.

(87) *Mahabb.* 5,433.

(88) cf. *Nûr.* 5,613.

(89) cf. *Durûb.* 6,10-11.

(90) V. Lossky. *Théologie mystique.* p. 105 et 106.

(91) *Zâd.* 5,119.

1. Que nous apprend l'Ecriture sur cette «image»?

Hormis Dieu, tous les êtres, y compris l'homme, sont des créatures. Tel est le fait qui s'impose nettement dès l'abord et détermine jusque dans le dernier détail l'enseignement de la Bible. Cependant, être créé ne signifie pas seulement pour l'homme totale dépendance et appartenance inconditionnée à Dieu, mais aussi ressemblance avec Dieu qui fait de l'homme son image. La personne humaine est voulue comme une image de Dieu, mais transfigurée dans le Christ; elle est voulue comme une relation spirituelle à Dieu, mais divinisée et subsistante dans le Christ.

Tel est le credo de l'anthropologie chrétienne ! Telle est la raison principale de la dignité, de la perfection et de la gloire de l'homme ! Voyons ce qu'en disent les deux penseurs libanais.

2. Ǧubrân ne semble pas accorder une importance particulière à cette vérité chrétienne de l'homme créé à l'image de Dieu. Une seule fois, nous trouvons sous sa plume cette expression si courante dans les ouvrages des penseurs chrétiens. «Que devons-nous faire de l'homme alors qu'il est le fils de notre cœur et qu'il est à notre image et à notre ressemblance»(92)? demande le deuxième dieu à ses compagnons. Toute l'attention de l'auteur du *Prophète* se cristallise sur l'homme appelé à la divinité. Il invite à s'intéresser à la tendance originelle de l'homme, intact de tout mal, étant donné qu'il est «une partie de Dieu. Dieu est immanent à toute l'existence et l'homme est appelé à devenir dieu»(93). Ecoutons-le: «Mon humanité qui m'a tant privé du repos appelle la divinité. La beauté que nous avons cherchée dès le début appelle aussi la divinité»(94). Cet appel de la divinité qui se fait pressant chez Ǧubrân, est l'expression la plus évidente de la soif d'Absolu qui habite l'homme, qu'il exprime cette soif en termes théologiques ou en termes romantico-lyriques. Dans tout homme, il y a un désir d'Infini puisqu'il est lui-même un infini, «un souffle dans la sphère de Dieu et une feuille dans la forêt de Dieu»(95). «L'existence de ce désir permet de répondre aux trois questions connexes: «D'où venons-nous? Où allons-nous? Pourquoi sommes-nous?» «Nous venons d'une Puissance Absolue qui nous inspire ce désir infini de nous unir à Elle et nous ne sommes que pour atteindre cette unité»(96). Cette unité n'est rien d'autre pour

(92) *Aliha*. p. 374.

(93) H. Ġassân. op. cit. p. 170-171.

(94) *Aliha*. p. 390.

(95) *Le Prophète*. p. 51.

(96) R. Arnaldez. *Les valeurs humaines*. p. 7.

Ǧubrân que la divinité. «Les dieux de la terre disaient : L'homme est le petit-fils de notre cœur. Il est un dieu qui s'élève très lentement vers sa divinité»[97]. Or, la volonté de ces dieux sur leur petit-fils est «qu'il ne brûle plus l'encens devant les idoles et ne sacrifie plus les victimes devant les dieux, mais qu'il brûle l'encens devant lui-même et sacrifie les victimes à lui-même. Car le Dieu le plus puissant et le plus beau a fait du corps humain son temple»[98]. Dans cet univers des dieux, les artistes occupent une place spéciale car «ils sont le vase que Dieu remplit d'un vin nouveau»[99].

De vase choisi par Dieu, la personne devient un homme vaste, illimité, immense:

«L'homme vaste dans lequel vous n'êtes tous que des cellules et des tendons;

«Celui dans le chant duquel tous vos chants ne sont qu'une muette palpitation.

«C'est dans l'homme vaste que vous êtes vastes,

«Et c'est en le contemplant que je vous ai contemplés et que je vous ai aimés...

«Tel un chêne géant couvert de fleurs est l'homme vaste en vous.

«Sa force vous attache à la terre, son parfum vous élève dans l'espace, et dans sa pérennité vous êtes immortels»[100].

Qui est cet homme vaste? D'où Ǧubrân a-t-il puisé cette conception de l'homme? Plusieurs hypothèses sont à l'horizon. Il se peut qu'il l'ait puisée d'une interprétation du panthéisme moniste qui, elle-même, provient de plusieurs sources, spécialement de l'Hindouisme. Elle peut être aussi un écho à l'Homme Universel de W. Blake[101], ou une simplification de la théorie mystique et théologique de l'Homme Parfait d'Ibn 'Arabî et d'autres mystiques musulmans[102].

---

(97) *Aliha.* p. 393.

(98) cf. *'Awâṣif.* p. 396, 397.

(99) Ibid. p. 470.

(100) *Le Prophète.* p. 85.

(101) K. Ḥâwî remarque que Ǧubrân a suivi la même manière de Blake de regarder l'homme comme un être universel. Blake dit : «Vous êtes un Homme, Dieu n'est rien de plus. (Thou art a man, God is no more); Ǧubrân dit: «Rien n'est supérieur à l'homme». K. Ḥâwî. op. cit. p. 239.

(102) Ibid. p. 232.

Cette conception de l'homme chez Ǧubrân se complique lorsqu'il fait de l'homme: «un esclave qui, de l'esclavage, tire son bonheur»(103), «une fourmi géante et sans limite qui, de sa puissance, remplit l'univers»(104) et enfin «des lignes écrites avec de l'eau»(105). Quelle est la raison de cette contradiction ? C'est la lassitude de Ǧubrân, lassitude causée par la bassesse des hommes qu'il côtoyait, leur laideur, leur ignorance et leur oppression d'autres hommes. Mais tout cela, constate Nu'ayma, n'empêche pas l'auteur du *Prophète* de glorifier l'homme, d'admirer la sagesse de la Vie et sa justice ainsi que la divinité de l'homme.

3. Profondément marqué par son appartenance à l'Eglise Orthodoxe et par ses études de théologie au grand séminaire de Poltava, Nu'ayma connaît «le rôle capital que joue dans la spiritualité orthodoxe l'idée de la *ressemblance de l'homme avec Dieu* et du devoir qu'il a de perfectionner en lui cette ressemblance»(106). A plusieurs reprises, le fils de cette Eglise Orthodoxe proclame sa foi en «l'homme image et ressemblance de Dieu»(107). Oui, «l'homme est l'image la plus haute de Dieu. Il possède la même puissance que Dieu. Mais il est encore un enfant, ses forces se libèreront petit à petit»(108). «Cette image de Dieu dans l'homme est encore confuse. Elle est semblable à la photo avant son développement. L'homme a tout le temps pour déchirer tous les voiles des sens et rendre l'image de Dieu claire et parfaite. Et Lorsqu'il aura réussi, il devra alors aider ses frères à libérer à leur tour la même image. Car, tant que Dieu demeure confus en nous, nous demeurerons dans des prisons ténébreuses et sous l'emprise de la souffrance»(109).

Que signifie cette image de Dieu en l'homme? Pour l'auteur de *Sab'ûn*, cette expression signifie «la connaissance de toute chose et la puissance sur toute chose»(110), autrement dit, «la perfection»(111). Ayant atteint la perfection, l'homme devient «la manifestation la plus claire de Dieu»(112).

---

(103) *Aliha*. p. 374.

(104) *Maǧnûn*. p. 26.

(105) *Mawâkib*. p. 363. Nous trouvons la même contradiction chez Abû Mâḍî. cf. I. Abbas et M. Y. Naǧm. *al-Šiʿr al-ʿarabî*. p. 134. cf. la même contradiction soulignée par Z. Mîrzâ. op. cit. p. 117-119.

(106) cf. S. Tyszkiewicz. *La spiritualité orthodoxe russe*, dans *La Mystique*. p. 468.

(107) *Bayâdir*. 4,504 et *Arqaš*. 4,368.

(108) *Aḥâdîṯ*. 9,458.

(109) cf. *Bayâdir*. 4,505 et 506.

(110) Mahabb. 5,470. cf. aussi *Adam*. 7,146.

(111) *Aḥâdîṯ*. 9,458. Nu'ayma rappelle S. Grégoire de Nysse dans sa conception de l'homme. cf. V. Lossky. op. cit. p. 114.

(112) *Aḥâdîṯ*. 9,670. Nu'ayma fait écho au Père Monchanin, cf. H. Le Saux. *Sagesse Hindoue*. p. 7., et à J.Mouroux. cf. *Le sens chrétien de l'homme*. p. 25.

Nu'ayma semble ne retenir qu'un seul aspect de la création de l'homme à l'image de Dieu. En réalité, elle comporte un double message : «un message au sujet de l'homme sans doute, et destiné à faire réaliser par l'homme sa place éminente au sein de la création»[(113)]. «Ne voyez-vous pas que l'homme est presque une image en miniature de la terre»[(114)]? Le second message s'adresse également à l'homme mais lui parle de Dieu[(115)].

Que fait l'homme de cette image et de cette ressemblance de Dieu en lui? Ecoutons Nu'ayma : «Seigneur, voilà les hommes que tu as créés à ton image et à ta ressemblance et en qui tu as mis ton esprit. Qu'en font-ils? Rien. Ils ne s'occupent que de chiffres»[(116)]. Malgré cette indifférence et cette insouciance, l'homme finira un jour par comprendre qu'il doit «transformer l'image inamissible, mais déformée, mais ternie, en cette ressemblance parfaite, qu'est la *similitudo*, donnée en germe comme devenir, comme promesse de la déification participée»[(117)]. Et, «Quand l'homme aura purifié ce qui ternit l'image de Dieu en lui, il sentira que toutes les gloires de la terre ne sont que velléité en face de la gloire de Dieu»[(118)]. Cette certitude permet au fils de *Baskinta* de chanter sa foi en la victoire finale de l'homme[(119)].

III. Les conséquences pour l'homme d'être à l'image de Dieu.

1. Dignité et grandeur.

a. Das les deux récits de la création, nous retrouvons l'idée que l'homme est la créature la plus noble de toutes les œuvres de Dieu et que toutes les autres choses et tous les autres êtres vivants ont été créés pour lui. Cette seigneurie conférée à l'homme sur le monde inanimé fait de lui «la pierre d'angle de toutes les créatures»[(120)]. En fait, «l'homme occupe

(113) H. Le Saux. op. cit. p. 223.

(114) *Ṣawt*. 5,301. De son côté Ǧubrân ajoute: «L'homme n'est pas un être dans l'air. Il est mis sur terre. La terre est sa maison et son royaume. Mais il n'est pas encore le maître de ce royaume», cité par B. Young. op. cit. p. 27., car, «de lui-même, il est incapable de connaître le mystère de l'existence», précise Nu'ayma. *Marâḥil*. 5,48.

(115) H. Le Saux. op. cit. p. 224. Même affirmation chez Ǧubrân. cf. *Maǧnûn*. p. 12.

(116) cf. *Bayâdir*. 4,549, et 550-551. cf. également M. Gorki. *La Mère*. p. 256.

(117) M. Lot Borodine. op. cit. p. 227.

(118) *Ṣawt*. 5,328.

(119) *Bayâdir*. 4,643. Ailleurs il affirme que la victoire sera à l'humanité qui accordera la primauté à l'homme. *Durûb*. 6,155.

(120) *Dam'a*. p. 29.

une position-clé, une position d'axe principal, une position polaire dans le monde, si bien qu'il nous suffirait de comprendre l'homme pour avoir compris l'univers»(121). Car, explique Nu'ayma, «il est l'univers dans lequel se concentrent tous les univers»(122)

Mais là n'est pas la grande dignité de l'homme. Pour les Pères, l'homme tire sa dignité et sa grandeur de sa relation personnelle à Dieu. De toutes les créatures, de tous les êtres vivants, l'homme est le seul à qui Dieu s'adresse personnellement, comme à une personne et de qui Il attend une réponse.

b. Ǧubrân est convaincu qu'il n'y a pas de gloire dans le monde sinon la gloire de l'homme, ni de grandeur si ce n'est sa grandeur, ni de divinité en dehors de sa divinité. Les raisons de cette gloire et de cette grandeur demeurent floues chez l'auteur du *Prophète* qui révèle à ses auditeurs qu'ils sont à la fois faibles et puissants, «tantôt fragiles comme l'écume, tantôt puissants comme l'océan»(123) et qu'ils n'atteindront leur vraie grandeur, celle à laquelle Dieu les destine, que lorsqu'ils accepteront de ne plus trouver leur fin en eux-mêmes mais dans les dieux, car, «tout ce que l'homme possède est pain pour les dieux»(124). Etant à l'image de Dieu, seul le don de lui-même, à la manière du pain partagé et mangé, maintient l'homme dans la grandeur et la dignité auxquelles il est destiné et dont il jouit dès cette terre.

c. Quant à Nu'ayma, il voit la dignité et la grandeur de l'homme dans sa puissance à être créateur à l'exemple de Celui qui a mis en lui son image et lui a communiqué «la perfection de devenir cause d'autres êtres», comme dit Saint Thomas d'Aquin(125). En effet, de toutes les créatures de la terre, l'homme est le seul à pouvoir créer. «Sa puissance est illimitée et infinie. Oh! Qu'il est grand ! *Mâ a'ẓamahu*»(126)! Sa gloire est au-dessus de tout. Il est l'expression la plus élevée de la Vie sur cette terre(127). Car, «plus

---

(121) dit T. de Chardin. *La place de l'homme dans la nature*. p. 14.

(122) *Sab'ûn*. 1,489.

(123) *Le Prophète*. p. 85.

(124) *Aliha*. p. 370-371.

(125) cf. C. Tresmontant. *Problème de l'existence de Dieu*. p. 328

(126) *Sab'ûn*. 1,151. Même affirmation dans *Bayâdir*. 4,505 et 480. *Hawâmiš*. 6,414 et 539. *Naǧwa*. 9,407.

(127) *Mahabb*. 5,519. «En lui doivent se manifester la vie et l'amour de Dieu» *Naǧwâ*. 9,361.

puissant que la nature, il vise à se libérer de toutes les entraves et de toutes les limites, afin de comprendre la Vie, de s'unir à Elle et de Lui obéir consciemment et volontairement. Il rêve de devenir un jour un esprit pur tout comme la Vie qui habite en lui»[(128)].

Animé par la foi et cheminant avec espérance, le fils de *Baskinta* affirme que ceux-là mêmes qui maintenant méconnaissent la grandeur de l'homme finiront par s'unir à tout l'univers pour reconnaître et proclamer cette grandeur. «Alors, les déserts..., les pôles..., les mers..., le ciel et la terre s'écrieront d'une seule et même voix : «Que l'homme est grand»![(129)]. Puis «les montagnes..., les déserts..., les mers..., les habitants des pays de la mort..., la Trinité Sainte avec sa Volonté Totale... tout se réjouira de saluer cet Homme victorieux»[(130)].

De «Qu'il est grand»!, Nu'ayma passe à «Que nous sommes grands!» - alors que les éternités sont en notre possession»[(131)].

2. Liberté.

Dès le début de la pensée chrétienne, la Tradition a été unanime pour affirmer : la destinée qui est proposée à l'homme implique et présuppose que l'homme soit liberté[(132)]. Cette liberté, tout en étant limitée, reste cependant un reflet de la liberté du Créateur[(133)]. L'Eglise, en vertu de sa mission divine, est gardienne de cette liberté qui est la condition et le fondement de la véritable dignité de la personne humaine.

En quoi consiste cette liberté pour le chrétien? La réponse nous vient du Christ lui-même : «Vous connaîtrez la vérité et la vérité vous rendra libres»[(134)]. La vérité est donc la condition d'une authentique liberté. Aussi, malgré toutes les faiblesses inhérentes à la vie, l'Eglise ne cesse de rappeler aux hommes cette vérité fondamentale de la Révélation. Elle ne cesse de les former au vrai sens de la liberté qui met l'homme devant un choix et fait qu'il soit pleinement responsable de son choix[(135)].

---

(128) *Sab'ûn*. 1,752.

(129) *Nûr*. 5,664.

(130) *Mirdâd*. 6,777.

(131) *Awṯân*. 3,568.

(132) cf. C. Tresmontant. *Métaphysique chrétienne*. p. 69.

(133) cf. F. M. Genuyt. *Le mystère de Dieu*. p. 130., et *En. de la foi*. 2,461.

(134) *Jean*. 8,22.

(135) cf. M. L. Borodine. op. cit. p. 192., et J. Delanglade. *Le problème de Dieu*. p. 243.

Elevés dans la foi chrétienne, Ğubrân et Nu'ayma restent imprégnés des valeurs évangéliques vécues puis prêchées par le Nazaréen et en premir lieu de cette valeur à nulle autre semblable car elle révèle le dessein de Dieu sur l'homme.

b. Ğubrân ne conçoit pas la liberté à la manière classique des théologiens. Mais, une fois de plus, il met son talent poétique au service de ses sentiments et nous offre une description romantico-évangélique de la liberté. Car, pour lui comme pour Nu'ayma, la seule référence est l'Evangile et non les dogmes. La première chose qui frappe chez lui, c'est son indignation devant l'esclavage qui règne parmi les hommes et dont ils sont responsables. «Dieu ne vous a-t-Il pas créés libres? Comment levez-vous les yeux vers le Dieu tout-puissant pour L'appeler Père alors que vous courbez l'échine devant un homme faible et vous l'appelez seigneur? Comment, vous les enfants de Dieu, acceptez-vous d'être les serviteurs des hommes»(136)? La raison de cette réaction ne peut venir que d'un grand amour pour la liberté dont l'auteur du *Prophète* dit qu'elle est l'ombre de Dieu sur cette terre»(137). «J'aime la liberté plus que toute autre chose car je la trouve solitaire et presqu'une ombre tellement les hommes la délaissent»(138).

Comment expliquer l'indifférence des hommes à l'égard de la liberté alors qu'ils en ont besoin pour vivre tout comme l'oiseau pour voler? A la différence de l'oiseau et de tous les éléments de la nature qui vivent librement suivant la loi naturelle donnée par Dieu, l'homme s'enferme dans les pièges de ses propres lois et de ses propres traditions. «Devant l'arche de la liberté, les arbres se réjouissent et font jouer la brise... En présence de la liberté, les oiseaux se font des confidences et volent près des rivières. Dans l'espace de la liberté, les fleurs répandent leur parfum... Quant aux hommes, ils se privent de cette grâce, car ils forgent à leurs esprits divins, une image de Dieu, terrestre et limitée. Ils fabriquent à leurs corps et à leurs âmes une loi unique et dure...». Puis l'auteur de se demander: «L'homme va-t-il rester jusqu'à la fin des siècles esclave de ses lois perverties(139) ou bien va-t-il se laisser libérer afin de vivre de l'Esprit et par l'Esprit»(140)? N'est-ce pas cet Esprit qui fait naître en lui une faim

(136) *Ḫalîl*. p. 155.

(137) Cité par T. Ṣâyèġ. op. cit. p. 115.

(138) *Dam'a*. p. 319.

(139) Pour Ğubrân, observe A. D. Sherfan, la liberté est au-dessus des lois humaines. Le tyran est tel parce qu'il trouve un peuple passif. L'unique loi de l'homme devrait être sa conscience qui l'unit à Dieu». *The nature of love. p. 31.*

(140) *Arwâḥ*. p. 99.

spirituelle pour quelque chose qui est au-delà de la matière? N'est-ce pas ce même Esprit qui met en l'homme ce profond désir d'une liberté spirituelle qui lui enseigne à se réjouir avec son prochain de la lumière du soleil et de la beauté de la vie? C'est cette liberté qui permet à l'homme de s'approcher de la Force Invisible sans crainte(141) et d'aimer ses frères comme Dieu les aime.

Dans son ascension vers la liberté, Ǧubrân se met à l'école de Jésus de Nazareth qui invitait les siens, et les invite toujours, à vivre le moment présent avec amour car «l'amour seul peut libérer l'homme et la liberté n'est que le moyen d'aimer»(142).

«L'amour ne donne que de lui-même et ne prend que de lui-même»(143). Telle est la voie que suit Ǧubrân, convaincu qu'il est, qu'il n'y a pas de liberté sans amour. «*Al-Maḥabba* est la seule et unique liberté qui existe dans ce monde, car seule, elle élève là où les lois et les traditions humaines ne peuvent parvenir et où les lois de la nature ne peuvent prétendre arriver»(144). Mais ceux-là seuls qui savent aimer peuvent comprendre cette liberté. «J'étais une adultère et une traîtresse, dit l'héroïne d'al-Arwâḥ al-mutamarrida, lorsque j'étais dans la maison de Rašîd Nu'mân. J'étais une impure et une pècheresse... Maintenant, je suis pure, car la loi de l'amour, *nâmûs al-ḥubb*, m'a libérée»(145).

"Amour et liberté" cheminent ensemble dans la doctrine de Ǧubrân, tout comme "vérité et liberté" cheminaient ensemble dans la doctrine du Christ. Y a-t-il une différence entre ces deux doctrines? S'il y en a une, c'est seulement au niveau des mots. Le contenu est le même. Est-ce à dire que l'homme sera préservé des difficultés? Non, répond Ǧubrân au peuple d'Orphalèse:«Vous serez libres non pas lorsque vos jours seront sans un souci et vos nuits sans un désir et sans une peine. Mais plutôt lorsque ces choses enserreront votre vie et que vous vous élèverez au-dessus d'elles nus et sans entraves... «Et ainsi votre liberté, lorsqu'elle perd ses entra-

(141) *Dam'a*. p. 323.

(142) *La Mystique*. p. 1055.

(143) Le Prophète. p. 15. C'est ce qui fait dire à R. Tagore: «Celui-là seul est libre qui aime la liberté pour lui et se réjouit de l'étendre aux autres» *Le vagabond*. p. 178. Même affirmation chez Nu'ayma. *Mirdâd*. 6,636.

(144) *Aǧniḥa*. p. 182.

(145) *Arwâḥ*. p. 92-93. Rappelons qu'elle l'avait épousé par la volonté de ses parents et sans son consentement.

ves devient elle-même l'entrave d'une plus grande liberté»[146]. Mais si grande que soit cette liberté, elle est par elle-même limitée. Car «que de choses fait l'homme croyant être libre, alors qu'en réalité, il est soumis à un destin»[147]. Cette soumission à un destin n'enlève pas à «la créature libre l'initiative des actes libres, de qualité bonne ou mauvaise». Autrement dit, «Dieu prévoit, mais ne prédétermine pas», dit Jean Damascène à la suite de Jean Chrysostome[148]. C'est la créature elle-même qui, libre de son choix, peut opter pour le bien ou le mal. «Je vis l'amour et la haine se jouer du cœur de l'homme. L'amour lui dissimulait sa culpabilité et l'enivrait avec le vin de la soumission, de l'adoration et de la flatterie, cependant que la haine l'incitait au défi, lui scellait les oreilles et rendait ses yeux aveugles à la Vérité»[149]. Dès lors, on comprend que l'homme soit tiraillé tantôt par les anges du bonheur, tantôt par les démons du malheur. Convoité par les uns et par les autres, à qui va-t-il donner son choix? Va-t-il opter pour le bonheur ou pour le malheur? Par création, par nature, l'homme est fait pour le bonheur. S'il l'a perdu et continue à le perdre, c'est par sa propre responsabilité...

En dépit de son triste emploi de la liberté, l'homme continue à la désirer, à l'appeler de toutes ses forces, car il sait qu'elle est le plus grand don que Dieu lui ait fait lors de sa création. Il sait aussi que rien n'est aussi bafoué sur cette terre que la liberté: «Du plus profond des profondeurs, nous t'appelons ô Liberté, écoute-nous. Du milieu de nos ténèbres, nous levons nos bras vers toi. Jette un regard sur nous! Devant ton trône... nous faisons monter vers toi la prière qui, jadis, a jailli des cœurs meurtris de nos pères. Prête attention à notre prière et écoute-nous... Tourne-toi vers nous, ô Liberté, et regarde-nous! Dans les tentes dressées à l'ombre de la pauvreté et du mépris, les poitrines se battent devant toi. Dans les maisons bâties à l'ombre des ténèbres de l'ignorance, les cœurs se remettent à toi! Regarde-nous, ô Liberté, et prends pitié de nous. Dans les écoles, la jeunesse désespérée se tourne vers toi! Dans les églises et les mosquées, le Livre abandonné t'appelle! Dans les tribunaux..., la loi délaissée t'implore. Sois compatissante, ô Liberté, et sauve-nous! Dans nos champs brûlés par la sècheresse, le laboureur creuse la terre avec ses ongles et la sème avec les graines de son cœur. Puis il l'arrose de ses larmes. Mais il ne récolte que les ronces ! ... Parle, ô Liberté, et enseigne-nous... Viens, ô Liberté, et délivre-nous !.

(146) *Le Prophète*. p. 47 et 49.

(147) *Badâ'i'*.. p. 588.

(148) Cité par M. Lot Borodine. op. cit. p. 218.

(149) *Sagesse*. p. 90.

«Dès le début, les ténèbres nocturnes couvrent nos âmes. Quand l'aube paraîtra-t-elle?

«Prête l'oreille, ô Liberté, et écoute-nous! O mère de toutes les créatures, tourne-toi vers nous et regarde-nous!

«Ecoute-nous, ô Liberté! Prends pitié de nous, ô fille d'Athènes! Délivre-nous, ô sœur de Rome! Sauve-nous, ô compagne de Moïse! Porte-nous secours, ô bien-aimée de Mahomet! Instruis-nous, ô épouse de Jésus! Fortifie-nous, fortifie nos cœurs afin que nous vivions. Ou bien, fortifie nos ennemis afin qu'ils nous exterminent. Alors, nous trouverons le repos»[150].

Cette hymne à la liberté est la plus belle action de grâces qui s'élève vers Dieu, créateur et dispensateur de toute vraie liberté. Elle est l'expression la plus frappante de la soif de liberté qui habite l'homme et lui confère, avec la justice, l'égalité et la solidarité fraternelle, sa vraie dignité de personne humaine.

c. Conscient de sa mission spirituelle, Nu'ayma va, par la voix de *Mirdâd*, indiquer aux hommes la voie de la vraie liberté pour laquelle ils sont créés.«La liberté, écrit-il, est le but suprême de toutes les créatures et en premier lieu de l'homme»[151]. Elle est «un don de Dieu à tous les enfants de Dieu, sans aucune distinction entre le maître et le serviteur»[152]. Elle est également le but suprême de l'humanité, le but pour lequel des fleuves de sang, surtout le sang des jeunes, ont coulé[153], sans aboutir à un heureux résultat car les hommes sont en désaccord sur la signification et la finalité de la liberté. Voilà pourquoi, l'auteur de *Sab'ûn* insiste sur l'unité de la liberté malgré ses multiples dénominations[154].

Après cette déclaration, l'auteur s'interroge sur les aspects négatifs de la liberté: «Comment serait-il libre celui dont les rênes ne sont pas dans sa main»[155]? La réponse à cette première question ne se fait pas attendre: «Il n'est point libre celui dont la vie est dans la main d'un autre, fût-elle la main d'un Dieu ou celle d'un démon»[156].

---

(150) *Ḫalîl*. p. 160-163.

(151) *Nûr*. 5,600.

(152) *Zâd. 5,203.*

(153) *cf. Mahabb*. 5,442.

(154) *Adam*. 7,75-76.

(155) Ibid. p. 76.

(156) *Nûr*. 5,600.

De quelle liberté parle Nu'ayma ? Est-ce une liberté de créature dont la vie dépend d'un Autre, ou celle du Créateur lui-même? La liberté n'est-elle pas faite pour servir ? «N'est-elle pas le pouvoir qu'a l'homme de se réaliser, en obéissant à Dieu et en aimant ses frères? L'auteur de *Mirdâd* n'ignore pas ce sens et ce but de la liberté chrétienne. Mais, à première vue, il semble parler de la liberté toute-puissante du Créateur à laquelle Dieu appelle tous les hommes. De fait, «un des devoirs les plus sacrés de l'homme est de lutter, sans lassitude, sur la voie de la liberté»(157).

Le premier aspect de cette lutte paraît déroutant. Ecoutons encore Nu'ayma: «Le jour où tu pourras dire au soleil : Montre-toi, ou, couche-toi; à la terre : Ne tourne-plus, ou, tourne; au vent: Souffle, ou, ne souffle plus; à la pluie : Tombe, ou, ne tombe plus... et tout cela t'obéira, «Le jour où tu pourras commander ton corps à ta guise pour la faim et la soif, le manger et le boire, la fatigue et le repos, le sommeil et les rêves, la vue, l'ouïe et l'odorat, la mort et la vie,

«Le jour où tu seras le maître absolu de toi-même, où tu pourras revêtir un corps quand tu voudras et l'abandonner quand tu voudras,

«Le jour où ni la joie, ni la tristesse ne pourront t'émouvoir, où ni l'argent, ni l'honneur, ni le pouvoir ne t'attireront,

«Le jour où le feu de la haine, de l'envie et de la colère ne te rongera plus,

«Le jour où ton cœur ne craindra plus rien,

«Le jour où tu ne maltraiteras plus personne et que plus personne ne te maltraitera,

«Le jour où tu aimeras la vie du même amour dont tu es aimé,

«Ce jour-là, tu connaîtras qui tu es. Et dans cette connaissance, tu trouveras la liberté... Ce jour-là, et non pas avant, tu pourras prononcer le nom très saint de la liberté. Car, là où sévit l'ignorance, il est impossible que la liberté puisse vivre»(158). En effet, ajoute l'auteur, «là où il n'y a pas de connaissance, il ne peut y avoir de liberté. Et là où il n'y a pas de liberté, il ne peut y avoir de connaissance»(159).

Par cette insistance sur le lien très étroit et la réciprocité entre la connaissance et la liberté, «les deux armes de l'homme»(160), Nu'ayma désire, d'une certaine manière, rejoindre son Maître de Nazareth pour qui la vérité est la voie vers la liberté. Mais la voie tracée par le fils de *Baskinta* paraît

---

(157) *Bayâdir*. 4,502.

(158) *Adam*. 7,77-78.

(159) *Mahabb*. 5,443. Même affirmation dans *Ṣawt*. 5,368 et 319. *Naǧwa*. 9,423.

(160) *Nûr*. 5,541. *Naǧwa*. 9,362 et 421.

impraticable: «Grande est la liberté dont tu parles, dit le visiteur au vieillard ! Mais elle paraît hors de la portée de l'homme. Elle est condamnée à rester un rêve.

«Pourquoi désespérer de l'homme, répond le vieillard.

«Parce qu'il vit dans un corps dont les besoins augmentent au fil des jours.

«Il suffit à l'homme de prendre la liberté comme but de sa vie et de commencer à diminuer les besoins de son corps. Puis il lui suffit d'accepter avec reconnaissance l'éducation que lui donne la Vie.

«Il lui suffit d'élargir la conscience qu'il a de lui-même afin que cette conscience devienne totale à l'exemple de la Vie. A ce moment, la liberté sera à sa portée.

«Il m'est impossible de croire que l'homme puisse atteindre une telle liberté au cours de sa vie»[(161)]. Ce qui est impossible au cours d'une seule vie devient possible au cours des nombreuses vies que Dieu, dans sa générosité, donne à l'homme. Une fois de plus, la foi de Nu'ayma en la réincarnation vient au secours de son impuissance à expliquer sa conception de la liberté, conception, c'est le moins qu'on puisse dire, utopique pour notre monde d'aujourd'hui. Mais est-elle si utopique qu'on le pense? Eclairé par la parole du Christ[(162)] et par son exemple, Nu'ayma déclare que l'homme d'aujourd'hui est esclave et qu'il n'obtiendra la liberté à laquelle il aspire que lorsqu'il retrouvera une foi vivante et forte[(163)].

Cette foi apprend à l'homme que la vraie liberté «ne consiste pas à supprimer toute personne et toute chose qu'il considère être un handicap sur sa voie. Elle consiste à élargir l'horizon de son imagination au point qu'il se reconnaît en toute personne et en toute chose. A ce moment, tous les obstacles deviennent pour lui une échelle vers l'espace libre»[(164)]. Et la liberté devient pour lui «le bâton du pèlerin»[(165)].

Comment atteindre cette liberté qui élargit le cœur aux dimensions de l'humanité ? Comment passer de «la répétition de son nom sacré à la vision de son visage radieux»[(166)]? La liberté restera un rêve jusqu'au jour

(161) *Adam*. 7,78. Nu'ayma est pleinement dans la ligne de la théologie orthodoxe dans ce domaine. cf. V. Lossky. *Théologie mystique*. p. 215.

(162) *Marc*. 11,23.

(163) cf. *Ṣawt*. 5,247.

(164) *Zâd*. 5,211. Même affirmation dans *Naǧwâ*. 9,417.

(165) cf. M. Lot Borodine. op. cit. p. 94.

(166) *Marâḥil*. 5,10.

où «les hommes comprendront que tant qu'ils ne la trouveront pas dans leurs cœurs et dans leurs pensées, ils ne la trouveront nulle part»[(167)]. En effet, «celui qui cherche la liberté, ne la trouvera dans aucune chose extérieure... mais en lui-même. Son siège est dans l'esprit et le cœur de l'homme»[(168)].

Le grand maître de la liberté comme de l'amour, pour Nu'ayma, c'est encore Jésus de Nazareth, et tout d'abord au jardin de Gethsémani lorsqu'il s'abandonne entièrement à la volonté de son Père, ensuite sur la croix[(169)]. Tout au long de sa vie publique, Jésus a enseigné aux siens la voie de cette liberté. Et c'est dans cet enseignement que Nu'ayma puise sa doctrine: «Pour atteindre la Vie et la Liberté, écrit-il, il faut vaincre la colère par le pardon, l'avidité par la tempérance, l'orgueil par la douceur, la passion animale par la chasteté, la vengeance par le pardon, la force par la justice, le mensonge par la vérité, la crainte par le courage, le doute par la foi, la haine par l'amour de charité»[(170)]. Autrement dit, il faut que «la volonté de l'homme soit en plein accord avec la Volonté Universelle au point que les deux volontés ne fassent qu'une seule»[(171)] et que l'homme devienne, d'une certaine manière, prisonnier de Dieu[(172)].

Comment concilier la prison et la liberté? Etre prisonnier de Dieu, c'est lui être uni et grâce à cette union, l'homme sera libéré des chaînes du temps et de l'espace. Seule cette libération, *al-in'itâq*, est digne du nom de liberté sacrée[(173)]. Cette libération doit commencer ici-bas et à celui qui vous dit: «Renoncez à votre liberté terrestre car, une liberté indescriptible vous attend au ciel, répondez : «Celui qui ne goûte pas la liberté sur terre ne la goûtera pas au ciel»[(174)]. Car, le bonheur de l'au-delà se prépare dès ici-bas. Et la liberté à laquelle l'homme aspire est «la liberté même de Dieu»[(175)]. Le salaire de cette liberté devient ainsi la divinité. En fait, «celui qui goûte à la vraie liberté goûte à la divinité»[(176)].

---

(167) *Ṣawt*. 5,365.

(168) *Mirdâd*. 6,736. *Zâd*. 5,133.

(169) *Masîḥ*. 9,313.

(170) *Mahabb*. 5,409. Même affirmation dans *Nağwâ*. 9,417.

(171) Ab'ad. 6,181

(172) *Mirdâd*. 6,733.

(173) Ibid. p. 786.

(174) *Ṣawt*. 5,375.

(175) *Mirdâd*. 6,676.

(176) *Nûr*. 5,600.

Certes, «la voie de la vraie liberté est ardue»[(177)], elle est semée de ronces et d'épines, mais l'homme n'y chemine pas seul. Soutenu par la grâce, l'homme s'engage dans la voie de la liberté et peut ainsi goûter la paix car «là où il y a la liberté, là règne la paix et avec la paix, la force que nul ne peut vaincre»[(178)]. Il tend les mains à tous les hommes sans aucune distinction de race ou de religion. Car ayant «la liberté créatrice pour but, il est impossible à l'homme de reconnaître un Dieu qui attise dans le cœur des ses adorateurs le feu de la rancœur contre ceux qui L'adorent de manière différente»[(179)]. La Vie ne fait nulle distinction et nulle différence entre ses enfants. Elle leur offre la même liberté à tous, liberté qu'ils peuvent accepter ou refuser.

Cette potentialité donnée par Dieu à l'homme remplit le fils du pays des cèdres de joie et d'admiration pour l'image et la ressemblance de Dieu qu'il porte en lui. Cette joie, il veut la communiquer à tous ses frères. C'est pourquoi, il les invite à glorifier l'homme avec lui: «Glorifiez avec moi l'homme! Glorifiez-le car il est plus grand que toutes ses actions ! Glorifiez-le car son berceau est dans l'éternité qui n'a pas de commencement, *al-azal*, et sa tombe dans l'éternité qui n'a pas de fin, *al-abad*[(180)].

3. Eternité.

a. Le concept d'éternité est utilisé dans l'enseignement du Magistère pour caractériser Dieu dans sa divinité, laquelle Le distingue essentiellement de l'homme et du monde temporel dont il a l'expérience. Mais, allant jusqu'au bout de leur foi en l'homme créé à l'image et à la ressemblance de Dieu, Ǧubrân et Nu'ayma affirment que l'homme aussi est éternel.

b. Devant l'interrogation de l'homme : «Qui suis-je pour être éternel»? al-'Alawiyya répond: «Tu es toi-même. Tu es toute chose. C'est pourquoi tu resteras éternellement, *ḫâlid...*»[(181)]. Le terme *ḫulûd* ne couvre pas celui d'éternité, *abadiyya wa azaliyya*; aussi sentant l'impuissance du concept à rendre exactement ce qu'il désire, Ǧubrân prend son élan et clame

(177) *Ṣawt*. 5,296.

(178) *Bayâdir*. 4,486. Ailleurs il affirme que la paix consiste à aimer. *Zâd*. 5,205, qu'elle n'est pas autre chose que l'amour, Ibid. p. 203, faisant ainsi écho à l'enseignement de l'Eglise pour qui la seule voie vers la paix réside dans l'amour à l'exemple du Christ.

(179) *Nûr*, 5,659.

(180) *Zâd*. 5,135.

(181) *Badâ'i'*. p. 586 et 587.

l'hymne de l'homme éternel: «J'étais de toute éternité. Je suis encore. Et je serai jusqu'à la fin des siècles. Mon être n'a pas de fin.»[(182)]. Le caractère ambitieux de ce poème n'enlève rien à sa valeur religieuse et spirituelle. Car il est une révélation et une confirmation du désir d'Absolu qui habite l'homme. Celui-ci en effet «est le siège le plus profond de la présence de l'Absolu»[(183)].

c. Nu'ayma est plus explicite et plus clair. S'adressant aux étudiants, il leur dit: «Qu'attendez-vous de moi? Je n'ai rien à vous donner. L'univers et tout ce qu'il contient sont à vous ! En vous résident toutes les gloires de la Puissance qui vous a créés... Vous avez existé dans la pensée de Dieu de très nombreux siècles avant que vous soyez ce que vous êtes aujourd'hui. Vous êtes donc éternels, *sarmadiyyûn*, comme la Puissance de laquelle vous avez jailli»[(184)]. Mais, cet homme, «éternel de l'éternité de son Créateur»[(185)], s'est divisé lui-même. Cette erreur commise par l'homme n'effraie pas Nu'ayma. Celui-ci reste très optimiste quant à l'avenir de l'homme. Car, «habité par la force de Dieu»[(186)], jouissant «d'une liberté illimitée»[(187)], ayant «ses racines dans l'éternité qui ne connaît ni commencement ni fin, l'homme est constamment poussé par des forces intérieures vers la libération»[(188)] et la perfection.

4. Perfection

a. «Soyez parfaits comme votre Père Céleste est parfait». La perfection de Dieu est l'horizon de l'homme. De tout son cœur et de toutes ses forces, il doit tendre vers cette perfection s'il veut un jour parfaire l'image de Dieu en lui.

b. «Avance, ô homme, et ne t'arrête pas ! Avance, la perfection est au devant de toi»[(189)]! Avant d'être une imitation de Dieu «l'Etre parfait, *a perfect Being*»[(190)], la perfection à laquelle Ǧubrân exhorte les hommes

---

(182) *Dam'a.* p. 343. Nous avons déjà cité ce poème presque dans son entier pour expliquer la doctrine réincarnationniste de Ǧubrân.

(183) B. Pirone. *Sistema filosofico.* p. 69

(184) *Zâd.* 5,119-120. *Masîḥ.* 9,274.

(185) *Bayâdir.* 4,505. *Arqaš.* 4,392. *Sab'ûn.* 1,489. *Maraḥîl.* 5,105.

(186) *Awṯân.* 3,337.

(187) *Naǧwâ.* 9,362 et 421.

(188) *Rasâ'il.* 8,334 lettre du 8-9-1950.

(189) *Dam'a.* p. 276.

(190) *Beloved Prophet.* Lettre du 3-01-1917. p. 283.

est une loi de la nature, «une loi lente mais efficace»[191]. Tout ce qui est créé s'achemine vers le progrès et évolue vers la perfection. Visiblement, Ǧubrân change subrepticement le sens du mot ''perfection''. Il n'en parle pas à la manière de son Maître de Nazareth, mais à la manière d'un mystique-romantique assoiffé de communion plénière avec toute la création.

«Frère, écrit-il, tu me demandes de te dire quand l'homme sera parfait. Ecoute ma réponse: «L'homme chemine vers la perfection lorsqu'il sent qu'il est lui-même l'espace et qu'il est illimité; lorsqu'il sent qu'il est la mer sans rivage, le feu inextinguible, la lumière éternellement étincelante...

«Lorsque l'homme parviendra à ce stade, il sera à mi-chemin de la perfection. S'il souhaite parvenir au sommet, il doit, lorsqu'il sent son être profond, se sentir l'enfant confiant et abandonné à sa mère, l'homme responsable des siens, le jeune homme égaré entre ses désirs et sa passion, le vieillard en lutte contre son passé et son avenir, l'ascète dans sa cellule, le criminel dans sa prison, le savant au milieu de ses livres et de ses papiers, l'ignorant entre les ténèbres de sa nuit et celles de son jour, la religieuse au milieu des fleurs de sa foi et des épines de sa solitude, la prostituée déchirée par les canines de sa faiblesse et les griffes de ses besoins, le pauvre tiraillé entre l'aigreur et la résignation, le riche balloté entre son ambition et sa soumission, il doit se sentir enfin le poète errant entre le brouillard de ses soirées et les rayons de ses aubes.

«Lorsque l'homme réussira à connaître et à expérimenter tous ces événements et toutes ces situations, à ce moment, il atteindra la perfection et deviendra une ombre de Dieu, parmi tant d'autres, *ẓillan mèn ẓilâl Allâh*»[192]. Ayant ainsi atteint la perfection, l'homme devient éternel et infini comme son Créateur, car pour l'auteur du *Prophète* «la perfection c'est l'éternité»[193].

c. Fort de sa foi en l'homme et s'appuyant sur l'Evangile puis l'enseignement des Pères de l'Eglise, Nu'ayma exhorte l'homme à «s'acheminer vers la perfection»[194] et à y tendre de toutes ses forces. Il doit y aspirer sans se lasser afin de connaître «le mystère de la Vie» et «devenir maître absolu de lui-même et de l'univers»[195].

(191) *Aǧniḥa*. p. 209.

(192) *Badâ'i'*. p. 529

(193) *Dam'a*. p. 298.

(194) *Ayyûb*. 4,304.

(195) *Yawm*. 2,139 et *Mahabb*. 5,453.

La raison de cette insistance est la même qui a fait dire au Christ s'adressant à ses disciples et à la foule : «Soyez parfaits»., La perfection est, en effet, le devoir impérieux et l'idéal suprême de l'homme. C'est pourquoi, Nu'ayma s'écrie : «Gloire à toi, ô homme, qui vises à la perfection»[196].

Comment l'homme peut-il atteindre cette perfection ? La réponse du fils de *Baskinta* est dans la logique de son anthropologie: «Nous ne serons maîtres de nous-mêmes et de l'univers que lorsque nous comprendrons les Forces qui sont au-dessus de nous et leur obéirons volontairement et non sous la contrainte»[197].

Lorsque l'homme aura atteint cette perfection, il pourra alors jouer son rôle de médiateur : purifier comme une mer de pureté ce qui est souillé, restaurer dans l'union ceux qui sont séparés et coupés de l'Esprit, réconcilier les frères séparés et être la porte par laquelle passe la voie qui conduit à Dieu[198].

A ce moment, l'apôtre de la *Maḥabba* invitera tous ses frères à s'unir à lui pour chanter le *Magnificat* de l'homme : «Glorifiez avec moi l'homme car il est parfait et l'expression de la Vie Parfaite»[199] qui aime tous ses enfants et croit en leur unité profonde.

5. Unité de tous les hommes.

La similitude de tous les hommes avec Dieu est le fondement de l'unité profonde à laquelle ils sont tous appelés. L'image de Dieu est, au point de départ, la même en tous. Même ceux qui ont renié et abjuré leur Christianisme et se sont révoltés contre Dieu, ont été créés dans leur substance à son image et à sa ressemblance, et ils le sont demeurés malgré leur révolte. Un passage de Paul Claudel exprime cette profonde réalité: «Pas un seul de nos compagnons, même s'il le souhaitait, ne peut nous décevoir et nous laisser indifférents. Dans le plus insensible des avares, dans l'être le plus profond de la prostituée et dans le plus vil des ivrognes, il y a une âme immortelle, (car créée à l'image de Dieu), qui a l'intention de se conserver en vie et qui, fermée à la lumière du jour, adore dans la nuit»[200].

---

(196) *Arqaš*. 4,

(197) *Mahabb*. 5,453.

(198) Eva de V. Meyerovitch. op. cit. p. 122.

(199) *Zâd*. 5,135. Cette Vie Parfaite c'est Dieu. cf. *Marâḥil*. 5,34.

(200) Cité par A. D. Sherfan. op. cit. p. 16.

Ǧubrân et Nu'ayma ont profondément compris cette solidarité et cette unité entre les hommes et en ont fait la pierre angulaire de leur vie et de leur œuvre.

a. Ǧubrân met fortement en garde tous ceux qui se laissent arrêter par les apparences. Car. «il se peut que celui que l'on méprise à cause de sa laideur physique soit un don du Ciel et un souffle de Dieu au milieu des hommes»(201). Dans le regard qu'il pose sur ses frères, l'homme doit imiter Dieu qui veille sur tous, «donne son soleil et sa pluie à tous». «J'ai regardé la vie et j'ai vu que derrière toutes les apparences contradictoires qui existent dans la société humaine, il y a une Loi unique et équitable qui ne distingue pas entre les peuples en opprimant les uns et en élevant les autres»(202). La Vie aime tous ses enfants et les appelle à s'aimer les uns les autres.

A l'exemple du docteur angélique, le fils de la vallée de *Qadîšâ* confesse: «Selon moi, les hommes se répartissent en trois catégories: Ceux qui maudissent la vie, ceux qui la bénissent et ceux qui la contemplent. Je les ai tous aimés ! Je les ai beaucoup aimés ! J'ai aimé les premiers parce qu'ils sont malheureux. J'ai aimé les seconds parce qu'ils sont conciliants. Et j'ai aimé les troisièmes parce qu'ils sont conscients de ce qu'ils font»(203). Cette force d'aimer tous les hommes, l'auteur du *Prophète* la puise dans l'amour de son frère Jésus qui «appelle tous les hommes "Ses frères"»(204). N'a-t-il pas été jusqu'au bout de la condition humaine, jusqu'au bout de l'amour? «Passant devant une prison, Jésus s'arrête et dit aux prisonniers: "Bientôt je vous visiterai dans vos prisons et offrirai mes épaules pour porter vos fardeaux. Car l'innocent et le coupable sont inséparables l'un de l'autre"»(205).

Jésus porte les fardeaux des hommes et meurt pour eux afin d'établir un nouveau type de relations entre eux en leur donnant l'exemple de la solidarité qui doit exister entre tous: «Il vous a été dit: "Il faut que le meurtrier soit livré à l'épée, le voleur à la croix et l'adultère à la lapidation". Eh bien, moi je vous dis : "Vous n'êtes pas innocents du crime du meur-

---

(201) *Badâ'i'*. p. 496.

(202) *'Awâṣif*. p. 445.

(203) *Dam'a*. p. 319.

(204) *Ḫalîl*. p. 154.

(205) *Yasû'*. p. 307. Ailleurs il affirme: «Le saint et le pécheur sont frères». *Ḥadîqa*. p. 472.

trier, ni de celui du voleur, ni de la faute de la femme adultère''. En vérité, il n'y a pas de crime commis par un seul homme ou une seule femme. Tous les hommes sont solidaires dans les crimes qu'ils commettent»(206).

Une autre fois, Jésus dit à ceux qui le suivaient: «Ne restez pas solitaires dans la vie, car vous vivez tous dans les actions les uns des autres. Vous vous accompagnez mutuellement tout au long de la vie, parfois à votre insu»(207).

Cet enseignement du prophète de Galilée, Ǧubrân, prophète à son tour et à sa façon, le transmet à son peuple d'Orphalèse. Un jour, un juge de la cité s'avance et dit : «Parlez-nous de crime et de châtiment». Et il répondit disant : «Souvent je vous ai entendu parler de celui qui commet une mauvaise action comme s'il n'était pas l'un des vôtres, mais un étranger parmi vous et un intrus dans votre monde.

«Mais je vous le dis, de même que le saint et le juste ne peuvent s'élever au-dessus de ce qu'il y a de plus élevé en chacun de vous,

«Ainsi le mauvais et le faible ne peuvent tomber au-dessous de ce qu'il y a également de plus bas en vous.

«Et de même qu'une seule feuille ne jaunit qu'avec le silencieux assentiment de l'arbre,

«Ainsi le malfaiteur ne peut agir mal sans le secret acquiescement de vous tous.

«Comme une procession vous avancez ensemble vers votre moi-divin»(208).

A l'exemple de son Maître de Nazareth, Ǧubrân se sent profondément solidaire de tous les hommes, non seulement des bons et des justes, - cela va de soi, - mais des méchants et des mauvais. «Je ne peux jamais me séparer des criminels, écrit-il à M. Haskell. Quand je lis quelque chose sur le falsificateur et le meurtrier, je sens que je suis l'un et l'autre. Car, si l'un de nous fait quelque chose, nous le faisons tous avec lui»(209). Cette solidarité entre tous suscite chez Ǧubrân la volonté et l'ardeur de cheminer avec tous : «Je voudrai marcher avec tous ceux qui marchent»(210),

(206) *Yasû'*. p. 233.

(207) Ibid. p. 245-246.

(208) *Le Prophète*. p. 40, 41, 43.

(209) *Beloved Prophet*. Journal du 20-4-1920. p. 331.

(210) Cité par B. Young. op. cit. p. 89. Ailleurs, il écrit . «O mon frère, tout problème qui te trouble me trouble aussi». Ibid. p. 59.

sans aucune distinction entre saint et pécheur, juste ou déchu, car «la route vers la Cité Sainte est la même pour tous»(211). Est-ce à dire que l'auteur du *Prophète* approuve le crime et le mal? Certes non. Il fait la différence entre la personne et le mal qu'elle commet. A l'exemple du Christ, il a la maladie en horreur mais il aime le malade. Il hait le mal et le péché, mais il aime aussi bien le malfaiteur que le pécheur. Ne sont-ils pas tous, «bons et mauvais»(212), les fils du même Père et les frères de Jésus? Jésus n'est-il pas mort pour leur ouvrir à tous la porte du bonheur éternel? Oui, répond Ǧubrân, et pour nous donner une preuve de sa foi et nous la faire partager, il nous invite à le suivre pour assister à l'arrivée de son bien-aimé Jésus au ciel entraînant à sa suite toute la foule humaine:

« Père, mon Père, ouvre Ta porte,
J'amène avec moi une bonne compagnie
Ouvre Ta porte pour que nous puissions entrer.
Nous sommes tous les enfants de Ton cœur
Ouvre, mon Père, ouvre Ta porte.
« Père, mon Père, je frappe à Ta porte.
J'amène un larron qui fut crucifié avec moi, aujourd'hui-même,
Malgré cela, c'est une bonne âme. Il veut être Ton hôte.
Il a volé un pain pour nourrir ses enfants,
Mais je vois la lumière dans ses yeux. Elle peut Te réjouir.
« Père, mon Père, ouvre Ta porte.
J'amène une femme qui s'est livrée à la fête de l'amour.
Alors ils ont voulu la lapider.
Mais, connaissant la profondeur de Ton cœur, je les ai empêchés...
Et maintenant, elle voudrait entrer avec moi dans Ta maison.
« Père, mon Père, ouvre la porte,
Je t'amène un assassin, ...
Il a chassé pour rassasier ses enfants, ...
Il désirait de la viande pour ses enfants,
Là où la viande était interdite.
Mais son arc et sa flèche étaient trop près
Et il commit le meurtre.
Pour cela, il est maintenant avec moi.
« Père, mon Père, ouvre Ta porte,
J'amène avec moi un ivrogne,
Un homme assoiffé pour autre chose que ce monde..
Il fixait profondément l'intérieur de la coupe
Et il y voyait Tes étoiles se refléter dans le vin.
Alors, il buvait profondément car il voulait atteindre Ton ciel.

---

(211) *Yasû'*. p. 246.

(212) *Ḥadîqa*. p. 473. Même affirmation chez Nu'ayma. *Zâd*. 5,160.

« Il voulait atteindre son être le plus grand
Mais il s'est perdu en chemin et il tomba.
Je l'ai relevé, Père, du dehors de l'auberge...
Et pour cela, je l'amène à Ta porte.
« Père, Mon Père, ouvre la porte,
J'amène avec moi un joueur,
Un homme qui a voulu changer sa cuiller d'argent en un soleil d'or...
Je l'ai alors invité en ma compagnie et lui ai dit:
«Regarde les visages de tes frères! Regarde mon visage
Et viens avec nous, nous allons vers un pays fertile,
Viens avec nous».
Et il vint.
« Père, mon Père, Tu as ouvert la porte !
Voici mes amis
Je les ai amenés de partout...
Maintenant que Tu as ouvert Ta porte
Et que Tu as reçu et accueilli mes compagnons,
Il ne reste plus sur terre de pécheurs
Qui soient coupés de Toi et de Ton accueil.
Il n'y a ni enfer, ni purgatoire.
Toi seul existes ainsi que le ciel, et sur la Terre, l'Homme,
Le fils de Ton ancien cœur»(213).

Cette conception ǧubranienne de l'homme, tout imprégnée de la conception du Christ, image parfaite du Père, est aux antipodes de la philosophie athée de Jean Paul-Sartre qui écrit: «L'enfer c'est les autres». Elle est le reflet de l'anthropologie chrétienne, exprimée de manière romantico-mystique, qui affirme que toute personne humaine est le reflet de l'Absolu du Créateur qui l'a faite à son image. «Ton prochain et toi, vous êtes deux graines semées dans un même et unique champ. Ensemble vous grandissez et ensemble vous ondulez, *tatamawwaǧûn*, sous les caresses du vent. Mais aucun de vous ne peut prétendre posséder le champ»(214). Ce lien ontologique qui unit les hommes et auquel ils ne peuvent échapper doit être nourri par la compréhension, le respect et l'amour.

Ce message d'amour et de respect mutuel, Ǧubrân l'adresse et le confie tout particulièrement aux jeunes, conscient du rôle primordial et irrem-

(213) Cité par Barbara Young. *This man*. p. 163-166. Ǧubrân écrit ce poème, tout jeune encore; il avait 13-14 ans, souligne B. Young. Il comptait le remanier mais il ne le fit pas. Ibid. p. 162-163. Ce poème est le développement et l'expression romantique et musicale de la scène rapportée par *Math*. 8,10-13: Jésus prend ses repas avec les pécheurs.

(214) *Yasû'*. p. 246.

plaçable qu'ils ont à jouer dans la construction d'une société nouvelle, d'une grande famille humaine dans laquelle l'homme aura toute sa dignité de fils de Dieu, créé à son image et à sa ressemblance.

b. L'attitude de Nu'ayma face à l'homme ressemble étonnamment à celle de Ǧubrân. Fréquemment et avec insistance, il souligne cette unité à laquelle tous les hommes sont appelés. «Souvenez-vous, dit Mirdâd à se disciples, que la Parole est une, *al-Kalima wâḥida*, et que vous tous, semblables aux syllabes de cette Parole, n'êtes en réalité qu'un»[(215)]. En attendant cette unité, l'oppression et l'exploitation des hommes, les uns par les autres, font rage. C'est pourquoi, Nu'ayma est tout indigné de voir les divisions et les guerres régner entre les frères, entre ceux qui sont appelés à vivre en frères. Il est non seulement indigné, mais révolté contre ceux qui ne considèrent l'homme que dans la mesure où ils peuvent en tirer quelque chose pour leur propre intérêt. Après quarante-huit heures de voyage pour rejoindre le front, Nu'ayma remarque, qu'à leur arrivée, personne ne s'est soucié de leur fatigue ou de leur repos... Puis il ajoute avec une profonde douleur : «Ce qui importe aux chefs c'est que nous soyons forts pour manier les armes. Mais, que l'image de Dieu soit en nous, que nous ayons faim de vérité, soif de Dieu, de bien, de paix et de bonheur, cela leur importe peu»[(216)]. Or, «l'homme a besoin de lumière qui éclaire, d'amour qui réchauffe et de paix démunie de toute arme si ce n'est de l'arme de la *Maḥabba*»[(217)]. C'est pourquoi, il est vraiment honteux que l'homme devienne une marchandise. C'est vraiment un crime énorme de verser le sang d'un homme pour une raison quelconque[(218)]. Ces paroles de Nu'ayma trouvent leur écho dans l'enseignement de l'Eglise. En effet, comme lui, l'Eglise constate avec douleur que la situation de l'homme dans le monde contemporain semble très éloignée des exigences objectives de l'ordre moral, comme des exigences de la justice, et plus encore, de celles de l'amour évangélique[(219)]. Car, avant d'être arabe ou étranger, musulman ou chrétien, l'homme n'est-il pas une créature façonnée à l'image et à la ressemblance de Dieu[(220)]? «Ne suis-je pas ton enfant, ton image et ta ressemblance, ô mon Dieu»? «Ne suis-je pas ton enfant bien-aimé... et le temple merveilleux en qui doit se manifester Ta vie»[(221)]?, demande

(215) *Mirdâd*. 6,610.

(216) *Sab'un*. 1,361.

(217) *Hawâmiš*. 6,542.

(218) cf. *Rasâ'il*. 8,41.

(219) cf. J. Paul II. *Le Rédempteur de l'homme*. p. 69.

(220) *Rasâ'il*. 8,313.

(221) *Naǧwâ*. 9,377 et 361.

le nonagénaire de *Baskinta* alors qu'il avance à petits pas vers la rencontre finale avec son Père Céleste.

Après avoir été bien accueilli et aidé par quelqu'un à Jaffa, l'auteur écrit: «J'ai été tellement bouleversé par sa gentillesse que je n'ai pas eu l'idée de lui demander son nom et sa religion. C'était peut-être mieux ainsi. Car cela me permet de témoigner devant le monde et devant moi-même qu'une source de bonté existe toujours dans l'homme, dans tout homme»[222]. Cette source de bonté lui fait voir en chaque homme un frère dont il reconnaît et respecte la dignité. Et «celui qui reconnaît la dignité d'un seul reconnaît celle de l'humanité tout entière»[223]. Car chacun porte en lui toute l'humanité:

«Tu es l'humanité tout entière, proclame Nu'ayma, *anta-l-insâniyyatu bikâmiliha*!

«Tu es son alpha et son omega. En toi ses sources prennent naissance, vers toi elles retournent et en toi elles se jettent.

«Tu es celui qu'on honore et celui qu'on méprise; tu es son criminel et son saint, son ange et son démon.

«Tu es le fils de chaque père et de chaque mère. Tu es le père de tout frère et de toute sœur. Et moi, je ne peux me passer de toi. Toi non plus tu ne peux te passer de moi. Car tu es moi, et je suis toi. Et tous les deux nous sommes l'humanité tout entière.

«Sans toi, je n'aurais pas été ce que je suis. Sans moi, tu n'aurais pas été ce que tu es. Sans nous deux, les autres n'auraient pas été ce qu'ils sont»[224].

Cette parenté indissoluble entre tous les enfants de la grande famille humaine est semblable, dans la vision de Mirdâd, à un grand arbre. Les branches sont nombreuses, les feuilles multiples et les fruits abondants. Mais c'est la même sève qui les nourrit tous. «Méfiez-vous donc des divisions... Travaillez à faire régner l'entente de l'amour de charité entre tous... Car, si vous voulez que votre arbre porte des fruits délicieux et si vous voulez qu'il demeure fort et verdoyant, veillez à la sève qui le nourrit»[225]. Cette sève, c'est la *Maḥabba*. Lorsqu'elle tarit, l'arbre se dessèche et meurt. «Une feuille ne jaunit sur l'arbre de votre vie que parce que vous la sevrez de votre *Maḥabba*. Ne blâmez donc pas la feuille morte»[226]. Mais élar-

(222) *Sab'ûn*. 1,115.

(223) *Ṣawt*. 5,343.

(224) *Marâḥil*. 5,73.

(225) *Mirdâd*. 6,634.

(226) *Mirdâd*. 6,635.

gissez les horizons de votre *Maḥabba* aux dimensions de l'humanité et accueillez dans votre cœur tous les hommes. Ils sont tous les frères de chacun:

«Ton prochain est-il heureux? Réjouis-toi avec lui, car tu as collaboré à tisser ce bonheur même si cela est imperceptible à l'œil de ton voisin. L'oeil qui voit toute chose le voit.

«Ton prochain est-il malheureux? Partage sa peine, car tu y as collaboré par ta haine et ton indifférence.

«Ton voisin est-il en prison pour un crime qu'il a commis? Que ton cœur l'accompagne dans sa prison car tu es son collaborateur dans ce crime, même si l'autorité légale ne t'a pas jugé et mis en prison.

«... Tu es l'humanité tout entière, que tu en sois conscient ou non. Je suis ton image et ta ressemblance. Où et comment peux-tu me fuir sans te fuir toi-même? Et si tu te fuis toi-même... qui es-tu»(227)?

Que fait l'homme de cette image et de cette ressemblance? Malheureusement il la méconnaît, voilà pourquoi il maltraite son frère et refuse son appartenance à la famille humaine. Mais tôt ou tard, son cœur s'ouvrira et il finira par reconnaître en chaque homme un frère et en chaque frère tous les hommes et toute l'humanité. Car Dieu ne reste jamais sourd à la prière de ceux qui cherchent leur frère: «O Maître du jour et de la nuit, rends-moi digne de reconnaître mon frère et d'être pour lui un gardien actif, vigilant, fidèle et aimant»(228). Sa prière exaucée, l'homme se tourne vers son frère et lui fait cet aveu : «O frère que ma mère n'a pas conçu ! Aujourd'hui j'ai compris que je n'ai jamais fait un pas dans la vie sans que ta main ne soit pas dans la mienne... Je n'ai jamais respiré ou pensé tout seul ! ... Je n'ai pas vécu grâce à la seule vie qui est en moi, mais grâce à ce qu'il y a en nous deux ! ... Et maintenant, j'implore ton pardon pour mes nombreuses fautes contre toi. Me les pardonnes-tu?

«O mon frère, aujourd'hui j'ai compris que toute étoile qui brille dans le firmament brille pour nous deux. J'ai compris que tout oiseau qui chante, chante pour nous deux... La terre est à nous. Qu'elle est belle et qu'elle est généreuse! Le ciel est à nous. Qu'il est vaste et qu'il est beau ! A nous aussi la fraternité qui subjugue les siècles ! Que nous sommes riches ! Que nous sommes forts !

«Jusqu'à ce jour, nous étions des frères étrangers. Aujourd'hui, je t'ai connu. Oui, je t'ai connu, alors je t'ai aimé!

«Et voilà qu'en te tendant la main, je la tends à la Vie. En t'étreignant, j'étreins en toi tous les hommes.

«O frère que ma mère n'a pas conçu»(229).

---

(227) *Marâḥil*. 5,74-75.

(228) *Bayâdir*. 4,549.

(229) *Ṣawt*. 5,288-289. cf. aussi *Nağwa*. 9,410 et 415. *Mirdâd*. 6,611.

Après ces retrouvailles, que reste-t-il à faire sinon à exulter de joie et à faire sienne la confession de Nu'ayma : «J'aime tous les hommes et je les accueille tous sans exception car ils sont tous mes frères et mes associés dans la divinité»[230]. Il n'y a plus ni maître ni serviteur, ni supérieur ni inférieur. Il n'y a plus que des frères qui se tendent la main: «Ecoute ô Šamâdam, je te parle, non à la manière d'un supérieur qui s'adresse à son inférieur, ou d'un maître à son serviteur, mais je te parle tout comme un frère parle à son frère»[231].

Quels sont les fondements de cette fraternité pour l'auteur de *Sab'ûn* ? Nul ne peut nier sa sympathie pour le théosophisme dont la fraternité est le premier but, ni son ouverture à la civilisation moderne dont la fraternité est le principe. Toutefois, là n'est pas la source de Nu'ayma. Elle est dans l'Evangile, cette lumière unique qui éclaire ses pas dans la vie.

Partant de la rencontre du Christ avec la Samaritaine, Nu'ayma souligne la volonté du prophète de Galilée d'étendre sa mission, et donc son amour qui en est le fondement, à toute l'humanité, même aux ennemis de sa nation et de son peuple. On dirait, remarque l'auteur, que Jésus veut crier à son peuple et à tous les hommes: «L'homme ! L'homme!, là où il est, et tel qu'il est, est mon frère! Lui et moi nous sommes un»[232]. Et, craignant que cet exemple ne suffise pas à faire pénétrer dans les cœurs la nouvelle conception de l'humanité qu'il est venu instaurer, Jésus ajoute la parabole de l'homme juif tombé entre les mains des brigands, auquel prêtre et lévite restent indifférents, mais secouru par un samaritain... Par ses paraboles, conclut Nu'ayma, Jésus veut montrer que l'essentiel dans les relations fraternelles ne réside pas dans la race ou la doctrine religieuse, la langue, le voisinage, la civilisation ou les différents principes. L'important est d'être conscient que «notre origine est une et une notre finalité, puis d'agir selon cette conviction»[233], en aimant tous nos frères d'un même amour de charité qui ne demande rien en retour mais se donne sans compter. Car, «*al-Maḥabba* n'est pas une simple vertu, elle est plus nécessaire que le pain et l'eau, la lumière et l'air»[234]. Et l'homme est seul capable de croire en son inéluctabilité et d'en faire le fondement de ses relations avec tous ses frères et avec toute la création.

---

(230) *Rasâ'il*. 8,244.

(231) *Mirdâd*. 6,610.

(232) cf. *Masiḥ*. 9,257; 278, 289, 291, 292. et *Naǧwâ*. 9,417.

(233) *Masîḥ*. 9,279.

(234) *Mirdâd*. 6,636.

c. Pour construire cette humanité nouvelle à laquelle Dieu s'est lié et pour le bonheur de laquelle Il a sacrifié son Fils, le Concile Vatican II invite tous les chrétiens à s'examiner sur leur fidélité à être l'image de Dieu et «le miroir du Miséricordieux»(235) pour tous leurs frères. Pleinement en accord avec l'anthropologie de l'Eglise, Nu'ayma affirme : «Nous devons nous demander : dans quelle mesure nous dévoilons l'image de Dieu en nous pour la laisser transparaître au regard des autres. Nous ne devons mépriser aucune créature car Dieu est présent en elle. Nous ne devons nous croire supérieurs à aucun homme, car il est l'image de Dieu, comme nous ne devons nous abaisser devant personne, car nous sommes à la ressemblance de Dieu»(236).

Cet appel au respect de tous les hommes, par-delà toute différence de race ou d'idéologie, car ils sont tous créés à l'image et à la ressemblance de Dieu, est l'une des composantes essentielles de la pensée religieuse de Nu'ayma et de son ami Ğubrân, à l'exemple de l'Eglise chrétienne à laquelle ils appartiennent.

A ce respect entre les créatures, les deux amis apportent leur contribution en accordant, dans leur vie et dans leur œuvre, une place primordiale à la fraternité universelle. En effet, ils aspirent à l'accomplissement et à la réalisation de la grande famille humaine dans laquelle chacun sera accepté tel qu'il est et aimé pour ce qu'il est. Voilà pourquoi, Ğubrân et Nu'ayma se sont vigoureusement élevés contre tout ce qui porte atteinte à la dignité et à la divinité de l'homme, et en premier lieu contre l'Eglise, pas toujours fidèle à sa mission d'«Avocate de l'homme»(237), oubliant qu'après beaucoup de tâtonnement et contrairement à son attitude défensive aux époques antérieures, Elle apporte aujourd'hui sa collaboration et sa contribution au respect de l'homme et à la construction de la nouvelle famille humaine(238). En effet, après avoir longtemps, et parfois inconsciemment, adopté l'attitude de Caïn : «Suis-je le gardien de mon frère», l'Eglise s'est enfin engagée au côté de l'homme(239), au côté de cet

(235) Eva de Vitray Meyerovitch. op. cit. p. 50.

(236) *Bayâdir*. 4,511.

(237) H. Fries. op. cit. p. 58-60, 207-209.

(238) cf. l'ouvrage de Rémi Parent. *Condition chrétienne et service de l'homme*. Cogitatio fidei. Ed. du Cerf, Ed. Fides. Paris, Montréal (1973). Enfin l'ouvrage de François Houtart. *L'Eglise et le Monde*. Vatican II. Col. *L'Eglise aux cent visages*. 12. Ed. du Cerf. Paris (1964).

(239) cf. toutes les Encycliques des Papes, de Jean XXIII à Jean Paul II en passant par Paul VI.

éternel voyageur cherchant inlassablement un ailleurs. Nu'ayma explique cette conversion dans une prière que l'Eglise peut revendiquer comme sienne:

«Mon Dieu! Aujourd'hui, j'ai compris ce que j'ignorais hier!

«J'ai compris que Toi seul es la Vie, que ma vie vient de Toi et que Toi seul es l'existence dont je tire mon existence.

«J'ai compris que Tu m'as donné la conscience, *al-ḍamîr*, pour être mon guide vers Toi...

«Mon Dieu! Je T'ai menti lorsque Tu m'as demandé où était mon frère et que je T'ai répondu: «Je ne sais pas». Je ne savais pas qu'en agissant ainsi je souillais mon âme devant Toi qui vois tout.

«Mon Dieu! J'ai compris aujourd'hui ce que j'ai renié hier. J'ai compris que je suis le gardien de mon frère. Et nous voici, mon frère et moi, marchant main dans la main, à la lumière de la conscience qui n'a de guide que l'amour de charité, *al-Maḥabba*, et c'est Toi l'Amour, *wa anta-l-Maḥabba*»(240).

Conclusion

Cette prière de Nu'ayma est la meilleure voie vers une conclusion sur l'anthropologie chrétienne développée par Ǧubrân et son ami, anthropologie que nous avons qualifiée de christique. Créé à l'image et à la ressemblance de Dieu, l'homme ne peut être compris qu'à la lumière de Dieu. Appelé à retourner à Dieu avec tous ses frères, il ne peut trouver un sens à sa vie sans donner la main aux autres «qui sont, tous, ses compagnons et ses associés dans la vie, son viatique, son bâton de route et sa lumière tout au long de son voyage vers la Vie», qui est Dieu. *wal-ḥayât hiya Allâh*(241)! Cette révélation est le propre de la mission du Christ, l'Homme Parfait, l'unique voie vers Dieu et le modèle de tout homme qui veut réaliser le sens de sa propre existence, c'est-à-dire sa vérité essentielle, sa ressemblance avec son Créateur. C'est donc à juste titre «qu'un homme du Liban, dix-neuf siècles après»(242) chante son amour à l'Homme par excellence :

«O Seigneur des chanteurs,

«O Seigneur des paroles non encore prononcées,

«... O Seigneur des Poètes ! O Seigneur de tout ce qui a été dit et chanté !

---

(240) *Adam*. 7,97-98.

(241) *Masîḥ*. 9,291, 290.

(242) C'est le titre du dernier chapitre de l'ouvrage de Ǧubrân, *Yasû' Ibn al-Insân*. Cet homme est Ǧubrân lui-même qui donne sa vision de Jésus dix-neuf siècles après Sa naissance. cf. *Yasû'*. p. 355.

«Les hommes t'ont bâti des temples.
«Sur toute colline, ils ont élevé Ta Croix.
«Ils veulent honorer l'Homme qu'ils ne connaissent pas.
«Mais ils n'honorent pas l'Homme, l'Homme vivant, le premier Homme qui a ouvert ses yeux et regardé le soleil sans trembler! ...
«O Seigneur de l'Amour !
«O Seigneur de nos désirs silencieux !
«Le cœur du monde bat à l'unisson du Tien...
«L'homme nourrit le même rêve que Toi.
«Il veut voir avec Tes yeux !
«... O Seigneur de la lumière,
«O Seigneur ! O cœur céleste !
«O Héros de nos rêves dorés !
«Tu es sans cesse devant nos yeux !
«Et, bien que Tu sois plus jeune que nous tous, Tu es notre Père à Tous.
«O Poète !
«O Chanteur !
«O Grand Cœur !
«... Que Dieu bénisse Ton Nom»[243].

Cette hymne n'est pas seulement l'expression la plus éclatante de l'attachement de Ǧubrân à son frère aîné Jésus et de son amour pour lui, elle est aussi une vibrante invitation à l'homme moderne, à la recherche de son identité et de l'accomplissement de sa personnalité, à prendre le Christ pour modèle et pour idéal. Car, quiconque suit le Christ, Homme parfait, devient lui-même plus homme, étant donné que «le Christ ... révèle pleinement l'homme à lui-même»[244]. Devenir plus homme, c'est devenir davantage semblable à Dieu, c'est être animé des mêmes sentiments que Lui, c'est-à-dire la liberté, l'unité et l'amour. Là résident sa vraie grandeur et sa dignité d'homme et de fils de Dieu comme le chante Nu'ayma dans son hymne, négative d'abord, puis positive, à la Grandeur de l'homme: *'azîm anta ya Ibn Adam*.

«Tu es grand, ô fils d'Adam!
«Tu es plus grand que tout ce que tu peux imaginer...
«Mais, tu n'es pas grand par tes actes et tes paroles, comme tu peux l'imaginer. Ceux-ci ne sont que l'écume qui entoure ta vraie grandeur.
«Tu n'es pas grand parce que tu as brisé l'atome et libéré son énergie nucléaire. La Vie qui a formé l'atome est plus grande et cette grandeur demeurera un mystère pour ta raison.

(243) *Yasû'*. p. 355-362

(244) J. Paul II. *Le Rédempteur de l'homme*. p. 37.

«Tu n'es pas grand parce que tu as découvert la terre...

«Tu n'es pas grand parce que tu as construit de grandes villes...

«Tu n'es pas grand parce que tu as recensé les peuples de la terre...

«Tu n'es pas grand parce que tu as rempli des milliers de bibliothèques

«Tu n'es pas grand parce que tu as transplanté le cœur ou l'œil. Tu ne pourras jamais fabriquer un cœur ou un œil.

«Tu n'es pas grand, même si tu parviens à prolonger ta vie jusqu'à mille ou deux mille ans. Car ce qui te fait souffrir dans ta vie de courte durée te fera souffrir dans celle de longue durée.

«Tu n'es pas grand par ce que tu dis et fais, ni par ce que tu aspires à dire et à faire... Mais tu es grand, et combien grand, ô fils d'Adam, parce que tu peux AIMER!

«Puis, parce que tu peux CROIRE!

«Et grâce à ton Amour et à ta Foi, tu peux te comprendre toi-même, et en te comprenant toi-même, tu peux comprendre la Vie»[245]!

---

(245) *Adam*. 7,34-37.

CHAPITRE TROIS

L'EGLISE, SACREMENT UNIVERSEL DU SALUT

«Hors de l'Eglise point de salut». Cette déclaration, longtemps prônée par les théologiens, nous incite à nous interroger sur le rôle que Ǧubrân et Nu'ayma reconnaissent à l'Eglise en tant qu'instrument de salut. Mais, comment parler sans appréhension de ce sujet maintenant que nous connaissons la position des deux amis à l'égard de l'Eglise? Le choc entre leur attente d'une Eglise «une, sainte, catholique et apostolique» et la réalité quotidienne d'une Eglise faible, imparfaite, repliée sur elle-même et divisée est certes bénéfique. Cela invite à une redécouverte de la puissance de l'Evangile dans lequel les deux amis ont puisé leur vision universelle du salut et à partir duquel ils ont invité tous les hommes à une plus grande fraternité.

Dès leur enfance et tout au long de leur formation religieuse, plus profonde pour Nu'ayma que pour Ǧubrân, les deux amis ont appris que Dieu a parlé aux hommes par les Ecritures et les Prophètes, puis par son Fils Jésus. Ils ont appris que pour perpétuer sa présence au milieu de ses frères, le Fils a fondé l'Eglise et lui a confié les Sacrements qui maintiennent sa Parole et son Evangile vivants. Mais, confrontés à des cultures et à des pensées religieuses différentes des leurs, ils se demandent si, en dehors de l'Eglise et des Ecritures, Dieu ne parle pas.

Pour éclairer cette question, Ǧubrân et Nu'ayma ont ouvert l'Evangile et écouté l'enseignement de leur Maître. De tout ce que celui-ci dit, il est clair que le Dieu de Jésus-Christ est un Dieu qui parle bien au-delà de tout ce que nous entendons dans les Ecritures et les évangiles, et qu'en Lui il n'y a pas de partialité. Et le Fils, partageant le même amour universel que le Père, donne sa vie pour la multitude, c'est-à-dire pour tous les hommes. Certes, beaucoup ne le reconnaissent pas encore, mais sa volonté est de les «attirer tous à lui». C'est pourquoi il a fait de son Eglise le moyen privilégié pour le salut de tous. C'est la conclusion de l'importante déclaration du Saint-Office qui achève de préciser, au terme d'un développement séculaire, le sens de l'adage créé par Saint Cyprien: *Extra Ecclesiam nulla salus* mis en tête de notre chapitre[1].

Sacrements, prière, vie religieuse et monastique, telles sont les trois parties que nous développerons dans ce chapitre afin de dégager l'importance de chacune d'elles dans la pensée religieuse des deux amis, sa conformité avec l'enseignement de l'Eglise et l'écho qu'elle trouve dans notre monde d'aujourd'hui.

I. Ǧubrân, Nu'ayma et les Sacrements.

A. Apôtres de la charité et prédicateurs de la fraternité, les deux amis ne reconnaissent à l'homme de vraie grandeur que celle de pouvoir aimer. Mais il est étonnant, qu'ayant accordé une telle place à l'amour, au Christ et à l'Evangile, dans leur vie et dans leur œuvre, les deux penseurs libanais n'aient pas porté plus d'attention à certaines paroles du Christ qui soulignent la grande difficulté qu'ont les hommes à aimer pour de bon, et à admettre que «la charité leur est absolument, radicalement et désespérément étrangère»[2]. Aussi, ils ont besoin de l'aide de Dieu pour renaître constamment à la charité et en vivre. Cette aide, Dieu la leur propose, entre autre, dans les sacrements.

Or, refusant la succession apostolique qui rattache tout homme, ordonné par l'Eglise, au Christ lui-même et qui rend valide l'accomplissement des gestes sacramentels et permet à l'action surnaturelle des sacrements d'être toujours réelle et efficace, Ǧubrân et Nu'ayma éprouvent de grandes difficultés à admettre, du moins intellectuellement, que les sacrements fassent partie intégrante de la vie de foi, et à ce titre, présentent pour le chrétien un intérêt primordial. La première raison est la répulsion que leur inspirait l'attitude peu évangélique de certains membres du clergé. La deuxième, et la plus importante,est le malaise général que connaît notre monde contemporain pour tout.ce qui est rites et culte. L'image de marque du sacrement est encore trop celle d'un rite individuel ou communautaire, moralisant, destiné à assurer une vie terrestre honnête et un salut dans l'au-delà. Et il semble alors sans aucun rapport avec les problèmes des hommes d'aujourd'hui, avec les grandes options qui se posent à la conscience contemporaine. Le catéchisme présente les sacrements comme

(1) cf. *En. de la Foi.* 1,430.

(2) Bernard Bro. op. cit. p. 18.

des signes et des moyens de salut. Nos contemporains demandent alors : de quoi sauvent-ils donc ? Peuvent-ils remédier à nos maux présents? ... Quelles sont les réponses de Ǧubrân et de Nu'ayma ? Que sont pour eux les sacrements ?

B. Ǧubrân et les Sacrements.

1. A son arrivée à l'hôpital où Ǧubrân se préparait à l'ultime voyage, Nu'ayma demande à Barbara Young:

— «Quelqu'un lui a-t-il proposé de se confesser et de communier?

— «La religieuse infirmière lui a demandé s'il était catholique. Il lui a répondu: ''non''. Puis un prêtre syrien est venu le voir.

— «Qu'a fait le prêtre ?

— «Rien ...». Et plus loin l'auteur ajoute . «Au moment des funérailles, le prêtre de l'Eglise maronite de New York refusa de donner au prêtre de Boston l'autorisation d'inhumer Ǧubrân à l'Eglise. Car, lorsqu'il l'a visité à l'hôpital, il n'a pas pu parler avec lui pour savoir s'il désirait se confesser et recevoir les sacrements divins après les avoir abandonnés depuis une trentaine d'années environ»[(3)].

Tel est le témoignage de Nu'ayma sur la pratique sacramentelle de son ami. Mais ce témoignage est rejeté par Monseigneur Manṣour Isṭfân, curé de l'Eglise Notre Dame du Liban pour les maronites à New York, à l'époque où Ǧubrân y séjournait. Il aurait rencontré le «fils des cèdres» en 1927. «Si Ǧubrân s'est révolté contre les hommes de religion, explique le prélat, il ne l'a pas fait contre la religion. Lui-même était pratiquant. Il mourut après avoir reçu les sacrements divins». Puis il ajoute: «C'est mon ami, Monseigneur Isṭfân Douwayḥî, curé à ce moment de l'église Notre Dame des pins pour les maronites à Boston, qui a présidé aux funérailles religieuses... J'ai vu moi-même le certificat qui atteste que Ǧubrân reçut les sacrements divins avant sa mort, conclut Monseigneur Mansour Isṭfân»[(4)]. Quelle est la raison de cette contradiction dans les deux témoignages? Est-ce un certain désir du clergé de réhabiliter l'auteur du *Prophète* après l'avoir menacé d'excommunication? La question reste posée.

Pour compléter ce tableau sur la vie sacramentelle de Ǧubrân, ajoutons que Mary Haskell, son amie la plus intime, rapporte dans son journal que le 5 Mai 1922, il est allé à la messe[(5)]. Y allait-il souvent? Lui-

(3) *Ǧubrân*. 3,19. et p. 286.

(4) Riâḍ Ḥunayn. op. cit. p. 72-73.

(5) *Beloved Prophet*. Journal du 5 Mai 1922. p. 381.

même n'en parle jamais. Mais dans son ermitage, *ṣawma'a*, il avait dressé un autel sur lequel était posé un calice entre deux chandeliers. Sur le mur, au-dessus de l'autel, s'élevait un crucifix(6).

2. De ces différents témoignages, il ressort que la pratique sacramentelle n'était pas complètement étrangère à l'auteur du *Prophète*, même si celui-ci critiquait d'une manière très virulente les ministres des sacrements et les considérait indignes de refaire les gestes et les paroles du Christ.

Tout en accordant, dans son œuvre, peu d'importance aux sacrements, ne faisant pas œuvre de théologien ou d'exégète, mais de penseur et de poète, Ǧubrân ne les élimine pas totalement. Trois sacrements retiennent particulièrement son attention: le baptême, le mariage et l'eucharistie.

a. Un jour de grande tempête, une femme non-chrétienne vint trouver un évêque dans son église et lui dit : «Je ne suis pas chrétienne, pourrais-je être sauvée du feu de la géhenne»? L'évêque la fixa et lui répondit : «Non. Le salut est réservé à ceux-là seuls qui sont baptisés dans l'eau et l'Esprit»(7) Cet évêque s'arrête au baptême d'eau, néglige le baptême de sang et le baptême de désir et oublie que les sacrements sont certes, nécessaires, mais moins indispensables qu'une relation personnelle consciente au Christ»(8). Or, le Christ n'a rejeté personne. La brebis perdue fut sa hantise. Il s'est fatigué à sa recherche. Il fut l'ami des publicains et des pécheurs. Il s'est épuisé à aller les chercher pour les ramener dans le royaume de son Père. Il ne les rejetait pas comme fait cet évêque à l'égard de la brebis perdue qui est venue à lui. Aussi, marqué par l'exemple de son Maître, animé par un grand amour pour ses frères et nourrissant une certaine animosité contre le clergé, Ǧubrân laisse libre cours à son imagination bien fertile dans ce domaine. «Pendant que l'évêque parlait à la femme, la foudre s'abattit sur l'église qui fut dévorée par les flammes. Les gens de la ville accoururent. Ils sauvèrent la femme mais ne purent sauver le prélat car les flammes avaient eu vite fait de le dévorer»(9).

Au clergé de son temps, Ǧubrân rappelle que ce ne sont pas ceux qui affichent leur identité de chrétiens qui seront sauvés, mais ceux qui vivent à l'exemple du Christ qui a aimé tous les hommes et a donné sa vie pour

(6) cf. ce dessin dans Riâḍ Ḥunayn. op. cit. p. 72 et 73.

(7) *Tâ'ih*. p. 403.

(8) L. Boros. *L'homme et son ultime option*. p. 125.

(9) *Tâ'ih*. p. 403-404.

eux. En effet, le salut n'est pas un privilège réservé à certains. Le salut est offert à tous les hommes. Il est une réalité universelle. Il englobe toute l'humanité. Mais, ce salut ne peut rester sur le plan des idées. Le rite est nécessaire tout en n'étant qu'un support pour la foi(10).

b. Si Ǧubrân est en pleine conformité avec la doctrine baptismale de l'Eglise, pouvons-nous dire de même pour le mariage?

«Le mariage n'est pas le consentement lui-même», mais «la communauté profonde de vie et d'amour dont parle Vatican II dans *Gaudium et Spes*: un amour étonnant, durable, visible et campé devant les hommes comme un signe quotidien du Christ»(11). Cette définition du sacrement de l'amour trouve son expression poétique chez «le fils du pays des cèdres». Maître, parle-nous du mariage, demande al-Mitra. Et lui de répondre : «Vous êtes nés ensemble et ensemble vous resterez toujours. Vous resterez ensemble quand les blanches ailes de la mort disperseront vos jours. Oui, vous serez ensemble jusque dans la silencieuse mémoire de Dieu»(12). Cet «ensemble» que répète Ǧubrân comme un refrain est l'expression la plus impérative de la foi de l'auteur en l'indissolubilité du mariage, cet engagement à vie de deux personnes qui se donnent l'une à l'autre pour donner vie à de nouveaux êtres. «La mariage est l'union de deux divinités, en sorte qu'une troisième puisse naître sur la terre»(13). Mais le mariage n'a pas pour seule fonction d'engendrer des enfants. Il a également une signification pour l'homme en tant qu'être humain: celui d'être l'expression et l'accomplissement de l'un par l'autre. Car «l'homme et la femme sont une flamme unique sortie de la main de Dieu»(14). Et, le mariage garde cette flamme bien vivante en apprenant aux partenaires à s'oublier l'un pour l'autre(15), à se sacrifier l'un pour l'autre car l'amour se nourrit de sacrifices. «Il ne donne que de lui-même et ne prend que de lui-même»(16). Avec le mariage, «l'aspiration à l'amour rejette son voile et éclaire les profondeurs du cœur. Elle crée un bonheur qu'aucun autre bonheur ne saurait surpasser, sinon l'âme étreignant Dieu»(17).

---

(10) cf. René Guénon. *L'homme et son devenir selon le Vêdanta.* Note (1). p. 159-160 et V. Pillai. *J'ai rencontré le Christ.* p. 37.

(11) Th. Rey-Mermet. *vivre la foi.* p. 387.

(12) ***Le Prophète.*** **p. 17.**

(13) *Dam'a.* p. 297.

(14) *Warda.* p. 90 et 92.

(15) *Aliha.* p. 387.

(16) *Le Prophète.* p. 15.

(17) *Dam'a.* p. 297.

Cette vision mystique et chrétienne de l'amour conjugal trouve de larges échos chez nos contemporains, chrétiens et non-chrétiens. Il y a une cinquantaine d'années, Ǧubrân était la bête noire des curés et un suppôt de Satan. Et le voilà en passe de devenir un apôtre. En effet, dans la liturgie du sacrement de mariage de l'Eglise Catholique, des textes du *Prophète* sont largement utilisés et commentés. Comment se fait-il qu'un penseur chrétien, dont les idées ont été si contestées de son temps et dans son pays, ait pu rallier tant de personnes autour de son œuvre? Ironie du sort? Evolution des pensées? Ou justification de la parole du Christ: «Un prophète n'est méprisé que dans sa patrie, dans sa parenté et dans sa maison»?

Conçu comme une harmonie céleste qui emporte vers les horizons élevés la symphonie de deux âmes enlacées et les aspirations matérielles et spirituelles de deux âmes bien unies ayant pour témoin un amour profond et une volonté consciente(18), le mariage ne doit pas devenir un carcan pour les époux. «Aimez-vous l'un l'autre, mais ne faites pas de l'amour une entrave: qu'il soit plutôt une mer mouvante entre les rivages de vos âmes. Donnez vos cœurs, mais non pas à la garde l'un de l'autre. Car seule la main de la Vie peut contenir vos cœurs»(19). Malheureusement, Ǧubrân constate, avec amertume et angoisse, que dans son pays, l'amour et le mariage sont des entraves et des fardeaux très lourds à porter. Unis par les traditions ou par la volonté des parents(20), les deux partenaires sont vite séparés par l'argent, les traditions et souvent le manque d'harmonie entre eux. Leur vie se transforme en enfer, allant ainsi à l'encontre de la volonté de Dieu qui les a créés pour être heureux, préfigurer Son bonheur même et participer à sa propre capacité d'amour et de fidélité.

Cet Amour, l'Alpha et l'Omega du sacrement de mariage, faisant défaut à beaucoup de couples, l'auteur du *Prophète* passe outre aux prescriptions religieuses et encourage au divorce. Il permet à la femme, mal mariée, de rencontrer en l'absence de son mari, celui qu'elle aime vraiment. Il l'encourage à se révolter contre tout ce qui se dresse sur son chemin et l'empêche d'être heureuse(21).

Ǧubrân encourage-t-il vraiment au divorce? D'une part, s'il encourage au divorce, cela n'est pas dirigé contre l'Eglise mais contre une civilisation dans laquelle le mariage était tout d'abord l'affaire de toute une famille.

(18) cf. Ǧubrân Mas'ûd. op. cit. p. 131.

(19) *Le Prophète*. p. 17 et 18.

(20) cf. *Maḍǧa'*. p. 114 et 118. *Warda*. p. 89. *Aǧniḥa*. p. 177.

(21) Ces idées sont largement développées dans la plupart de ses nouvelles, particulièrement dans *Aǧniḥa*, *Warda*, *Maḍǧa'*.

D'autre part, peut-on parler de mariage, et par la suite de divorce, quand les conditions requises n'ont jamais existé et quand l'un des partenaires a été forcé à ce rite communautaire? l'Eglise, qui concrétise l'enseignement de son Maître par l'interdiction du divorce, reconnaît parfois qu'il n'y a jamais eu de mariage(22).

Mais, bien que la conception ǧubrânienne du mariage soit, dans ses grandes lignes, en harmonie avec la doctrine de l'Eglise, elle s'en écarte par le fait que Ǧubrân ne la rattache pas au Christ et à son Corps Mystique. L'auteur reste à la phase poético-romantique du mysticisme de l'Ancien Testament.Certains de ses accents rappellent le Cantique des Cantiques.

c. Plus discrète est sa conception de l'Eucharistie. Il n'en parle clairement et expressément qu'une fois dans son ouvrage *Yasû' Ibn al-Insân*. C'est à Jacques, le "frère" du Seigneur, que Ǧubrân confie le soin de raconter le dernier repas de Jésus avec les siens. Après avoir fait asseoir ses apôtres autour d'une table, le Maître leur lava les pieds. Puis «il prit un pain et nous le donna en disant : Nous ne romprons peut-être plus le pain ensemble. Mangeons donc ce morceau de pain en souvenir des jours passés en Galilée. Puis il versa du vin, en but lui-même et nous donna à boire: Buvez de cette coupe en souvenir de la soif que nous avons connue ensemble. Buvez-en dans l'attente de l'alliance nouvelle. Lorsque je vous quitterai et ne serai plus avec vous, chaque fois que vous vous réunirez, ici ou ailleurs, rompez ce pain, versez ce vin, mangez et buvez tout comme vous le faites maintenant»(23).

Ainsi, l'Eucharistie, instituée par le Christ peu avant sa mort, sacrement pascal par excellence et sommet de la vie chrétienne, devient pour Ǧubrân un simple repas d'adieux à ses amis. Le pain et le vin restent du pain et du vin. Rien n'est changé. Ils sont le symbole de l'amitié qui unit le Christ aux siens. Ecoutons encore le témoignage de Lazare, frère de Marthe et de Marie: «O mon ami Jésus, dit Lazare, une fois, tu m'as donné une coupe de vin en disant : «Bois ceci en mémoire de moi». Puis, tu as trempé un morceau de pain dans de l'huile et tu m'as dit : «Mange ceci, c'est ma part de pain que je partage». O mon ami, tu as passé ton bras sur mon épaule et tu m'as appelé "fils"»(24). Ce qui semble intéresser Ǧubrân, c'est sans aucun doute l'amitié qui unit son bien-aimé Jésus aux siens. Que Jésus se soit donné lui-même en nourriture à ses amis, qu'il

(22) cf. *Les Actes du Concile Vatican II*. p. 582.

(23) *Yasû'*. p. 345-346.

(24) *Lazarus*. p. 53.

ait pu, par ce don plénier de lui-même, perpétuer sa présence au milieu d'eux, n'a pas l'air de retenir son attention. Est-ce de l'indifférence ou bien le refus de s'engager dans des discussions théologiques? Rien ne permet de trancher la question si ce n'est la répulsion de Ǧubrân pour tout ce qui est théologie, doctrine et dogme. Toute son attention se polarise sur des personnes et sur l'amour et la fraternité qui les unissent.

d. Quant au sacrement de Pénitence, Ǧubrân semble complètement l'ignorer: «Ma conscience est mon tribunal. Elle me juge avec équité: si je suis innocent, elle me délivre du châtiment; si j'ai commis un crime, elle me prive de la récompense»(25). Ce refus catégorique de la confession est certainement le résultat des relations tendues qui existaient entre l'auteur et le clergé comme aussi de la grande importance que les croyants accordaient aux rites aux dépens même de l'Evangile. En effet, par une série de rites, de prières, de gestes et de comportements, les chrétiens ont voilé le Christ et son enseignement. La Bonne Nouvelle qui fait du chrétien un autre Christ est en quelque sorte remplacée par l'accomplissement de certains gestes et la fréquentation routinière des sacrements. C'est pourquoi, à la manière d'Amos, de Jérémie, de Joël et de tous les grands porte-paroles du Seigneur, Ǧubrân proclame que la manière de vivre importe plus que les gestes cultuels. Ceux-ci doivent exprimer la vie et non l'entraver, épanouir les personnes et non les asservir.

C. Nu'ayma et les Sacrements.

En vertu de sa formation théologique, de son activité intellectuelle et des nombreuses doctrines qu'il a connues, Nu'ayma est particulièrement sensible à l'influence des idées et des vues théologiques sur la conscience religieuse de ses contemporains. Aussi sa doctrine sacramentelle est-elle plus élaborée que celle de son ami Ǧubrân.

1. Ramenant les sacrements à de simples rites et jouant sur le double sens du mot arabe, *asrâr*, sacrements et mystères(26), Nu'ayma considère les sacrements, non comme des actes du Christ, mais comme des «rites voulus par les Pères de l'Eglise pour éblouir les païens et les juifs par le grand nombre de leurs *asrârs*, la beauté de leurs rites et le caractère sacré de leurs traditions»(27). Les Pères de l'Eglise et l'Eglise elle-même seraient

---

(25) *Dam'a*. p. 293.

(26) Ce qui lui permet de déduire que tout est mystère-sacrement dans la vie cf. *l'interview accordée à Marie Lydia Ghaïth*. le 22-11-1977. Nous verrons plus loin que ce double sens de mot *asrâr* s'applique pleinement au sacrement.

(27) *Masîḥ*. 9,297.

donc à l'origine de l'institution des sacrements. «L'Eglise, affirme Nu'ayma, en tant que société bien organisée avec des chefs, des serviteurs et une charte de vie, s'est vue dans l'obligation de se doter de nombreuses doctrines. Celles qu'Elle n'a pu expliquer aux fidèles, Elle les a appelées des *asrârs*. Il me semble qu'il en reste sept dans l'Eglise tels que le sacrement de mariage, le sacerdoce et l'Eucharistie. Tout cela est né en marge du Christianisme, et n'a jamais existé dans le Christianisme originel du temps du Christ et des Apôtres. La Christ n'a jamais dit aux siens: "Voici un sacrement, ou un mystère que vous ne comprenez pas". Il leur a tout expliqué»(28).

Après cette affirmation, le caractère sacré et christique des sacrements disparaît. Les sacrements deviennent des gestes humains, des rites à caractère parfois mystérieux, d'où la double signification qu'accorde l'auteur de *Mirdâd* au mot *sirr*. Alors que pour les chrétiens «ils sont à la fois des symboles, ce qui est conforme à la nature humaine, et des causes, ce qui est conforme à l'action divine qui est toujours efficace... C'est précisément ce double caractère qui fait des sacrements, des mystères»(29).

Quelles sont les raisons qui ont amené Nu'ayma à ne voir dans les sacrements qu'une invention de l'Eglise?

La première raison paraît être son appartenance à l'Eglise Orthodoxe. Sans doute, le fait que l'Eglise d'Orient «scrute la réalité de la grâce dans sa source, le Christ, plus que dans les sacrements où le Christ nous donne la communion avec sa vie»(30), a une certaine influence sur sa conception des sacrements.

La seconde raison est probablement la confusion qu'il fait entre l'institution des sacrements par le Christ et la fixation de leur nombre par l'Eglise. Il est vrai, comme l'a souligné Nu'ayma, que le Christ lui-même n'a pas dit à ses disciples: Ceci est un sacrement. Mais Il leur a laissé des signes et de ces signes sont nés les sacrements.

Une troisième raison, et non la moins valable, car elle est donnée par l'auteur lui-même, c'est la répulsion que lui inspirait l'attitude peu évangélique de certains membres du clergé et l'empêchait de croire que le Saint-Esprit puisse agir par de telles personnes.

---

(28) *Interview*. du 22-11-1977.

(29) B. Bro. op. cit. p. 169. cf. également G. Van Der Leeuw. op. cit. p. 356.

(30) B. Sesboué. *L'Evangile dans l'Eglise*. p. 59.

Après avoir cité quelques-uns des sacrements de l'Eglise, le fils de *Baskinta* poursuit : «Tous ces sacrements ne s'accomplissent que par la grâce du Saint-Esprit. Cette grâce n'est obtenue que par l'intermédiaire d'un prêtre qui l'a lui-même reçue d'un évêque par la seule imposition des mains de ce dernier. Cela signifie que le Saint-Esprit ne cesse de passer d'une personne à une autre par l'imposition des mains d'un évêque et ce depuis la première Pentecôte et le retour du Christ auprès du Père. Or, si Jésus, l'incarnation même de la compréhension, de la pureté, de la charité et du don de soi pour les autres, si Jésus a pu conférer aux siens la grâce du Saint-Esprit, et si les Apôtres, à leur tour, l'ont conférée à leurs disciples après l'avoir reçue pure et limpide de sa source, qui peut dire de même de leurs successeurs». Et l'attachement de l'auteur à la personne du Saint-Esprit lui fait ajouter avec plus de véhémence: «Le Saint-Esprit est innocent de tout ce qu'on lui impute. Ce n'est pas lui qui donne aux prêtres le droit de lier et de délier au ciel et sur la terre»[31]. De cette démarche de Nu'ayma vers la négation de l'action du Saint-Esprit dans les ministres du culte chrétien, la vie sacramentelle est réduite à n'être qu'une affaire purement humaine. Car, «la plupart des prêtres sont les soldats d'une institution nommée l'Eglise et non point les soldats du Christ»[32].

Fidèle à sa conception du salut, chacun se sauve par ses propres forces, le fils de *Baskinta* accepte le salut offert par Dieu, mais refuse que ce salut soit transmis par les sacrements et au moyen d'un homme ordonné. Or, «depuis l'Ascension, la présence du Christ... a été confiée à la communauté humaine. C'est par ses frères, signes visibles de Dieu que le chrétien reçoit les sacrements»[33]. Et si Nu'ayma n'accepte pas d'entrer dans cette perspective de salut, c'est par crainte qu'elle ne limite sa liberté. Pourtant, s'il avait compris la finalité des sacrements, il aurait saisi que Dieu respecte admirablement notre liberté et la dignité par laquelle nous lui sommes semblables.

• A toutes ces raisons, il nous faut ajouter une dernière qui réside dans le décalage entre la foi, qui suppose une démarche personnelle, un engagement intérieur, une maturité spirituelle, et les sacrements qui ont été acceptés, au point de départ, de façon peut-être traditionnelle. Baptisé et confirmé parce que né dans une famille chrétienne, que de fois, dit Nu'ayma, «je me suis trouvé dans cette église à contre cœur! Que de fois n'ai-je pas senti l'odeur de l'encens et entendu répéter : ''Encore et en paix prions le Seigneur'' ! Que de fois n'ai-je pas entendu le *Cherobikum*,

---

(31) *Masîḥ*. 9,297 et 330.

(32) Ibid. p. 330.

(33) B. Bro. op. cit. p. 249.

l'hymne angélique, et les paroles de la consécration»[34]! C'est pourquoi, dès que le fils de *Baskinta* eut quitté son milieu traditionnel, - la famille d'abord, le petit séminaire de Nazareth ensuite, et le grand séminaire de Poltava enfin - , un écart énorme apparut entre les sacrements liés à l'habitude du milieu familial et estudiantin de ce temps, et la foi personnelle.

2. A partir de toutes ces raisons, nous pouvons nous poser la question sans laquelle notre recherche serait insuffisante et incomplète : Quelle place reste-t-il aux sacrements dans la vie et l'œuvre de Nu'ayma?

Nu'ayma n'est pas indifférent aux sacrements de l'Eglise[35]. A son arrivée à l'hôpital où agonisait Ǧubrân, sa première réaction fut de demander si l'on avait proposé à l'agonisant les derniers sacrements. Cette réaction est-elle dictée par un acte de foi ou par une démarche traditionnelle ? C'est dans la mesure où nous percevons, dans son œuvre, le lien entre les sacrements et la vie chrétienne que nous saisissons un peu mieux la vérité et le mobile de sa réaction.

a. Fondée par Jésus-Christ lors de sa Pâques, étant le sacrement chrétien par excellence, il est tout à fait normal que l'Eucharistie occupe une place de choix chez le fils de l'Eglise Orthodoxe.

Qu'est-ce que l'Eucharistie pour Nu'ayma? «C'est le sacrement du changement, *sirr istiḥâlat*, du pain et du vin au corps et au sang du Christ»[36]. Comment l'auteur de *Mirdâd* est-il arrivé à cette définition ? Et que signifie-t-elle exactement ? Parlant de l'incarnation plénière de Jésus dans la vie de son peuple, l'auteur souligne le profond respect qu'a le peuple du Moyen-Orient pour le pain, don de Dieu, et pour le vin dont le prophète David dit «Qu'il réjouit le cœur de l'homme». Puis il ajoute : «Là réside la raison de la vénération de Jésus pour le pain et le vin et leur utilisation pour être le symbole de son corps vivant et de son sang très pur pour tous ceux qui croient en lui»[37].

Le point de départ est le même : le besoin de nourriture. La transposition de cette nourriture vers l'Eucharistie, si évidente pour l'Eglise, devient une pierre d'achoppement pour l'ancien étudiant en théologie. En effet,

---

(34) Il s'agit de l'église de Poltava qu'il visite le 16-8-1956. cf. *Rasâ'il.* 8,543.

(35) Bien qu'il fuît la confession et la communion lorsqu'on l'y obligeait. cf. *Sab'ûn.* 1,239-240.

(36) *Masîḥ* 9,297 et 330.

(37) Ibid. p. 240.

après avoir rapporté le récit de l'institution de l'Eucharistie en utilisant les mêmes termes que les ministres du sacrement lors de la consécration, Nu'ayma explique et commente le geste et les paroles de Jésus. «Le pain que Jésus bénit, rompit puis distribua à ses disciples, était du pain ordinaire. Et si, d'une manière toute miraculeuse, il s'était transformé en chair humaine, les disciples s'en seraient dégoûtés et personne n'aurait pu en manger»... «Et si le vin que Jésus leur donna s'était transformé en sang, personne ne l'aurait bu, pas même Judas Iscariote, celui que Jésus a accusé de trahison ». Puis il ajoute : «Bien souvent, Jésus recourait à des symboles et à des paraboles pour s'entretenir avec ses disciples et ceci jusque dans les dernières heures de sa vie terrestre. Que les disciples mangent le corps, *ǧasad*, de leur Maître et qu'ils en boivent le sang, *damm*, signifie qu'ils forment un avec lui[38], non dans la chair et le sang, mais dans la vie éternelle dont la chair et le sang ne sont que des symboles. Et Jésus qui recommanda à ses disciples de manger le pain et de boire le vin en souvenir de lui, était décidé, le lendemain à abandonner son corps terrestre pour aller vivre auprès de son Père dans un monde de lumière où il n'y a ni corps, ni ce qui ressemble à des corps»[39].

Trois à quatre ans plus tard, interrogé sur la place, bien minime, qu'il accorde aux sacrements dans la vie spirituelle, il répond: «Les paroles du Christ signifient qu'Il est la vraie nourriture, *al-ġiḏâ' al-ḥaqîqî,* et non pas que chaque fois que nous communions, nous mangeons sa chair... Et tout comme le pain vivifie le corps humain, ainsi le corps et le sang du Christ vivifient le chrétien». Puis il fait dire à Jésus : «Etant donné que vous êtes mes frères, vous devez me manger, vous devez manger la Connaissance que je vous ai donnée et non pas manger mon corps et boire mon sang.»[40].

Comment comprendre cette conception de l'Eucharistie? Le moins que l'on puisse dire c'est qu'elle est ambiguë et pleine de contradictions. L'auteur insiste sur le symbole. Or, «le symbole du sacrement de l'Eucharistie n'est pas l'acte de manger, mais celui de partager dans la communion fraternelle : partager son repas avec quelqu'un, c'est le reconnaître comme un frère. Le symbolisme des éléments eucharistiques prend donc

---

(38) Nu'ayma rappelle la doctrine de l'Eglise qui affirme que «par la communion nous nous unissons au Christ, ou mieux encore, nous sommes incorporés au Christ avec qui nous ne faisons plus qu'un, dans la distinction des personnes». A. Ravier. *Vie humaine et vie divine*. Dans *La Mystique*. p. 70.

(39) *Masîḥ* 9,296-297. Conformément à la doctrine de l'Eglise, Nu'ayma place l'institution de l'Eucharistie au cours du dernier repas du Christ avec les siens.

(40) *Interview* du 22.11.1977.

place dans le symbole d'un repas fraternel»[41]. Ce partage dans la communion fraternelle n'est pas absent chez Nu'ayma. Les expressions «un avec le Christ», «frères», reviennent souvent sous sa plume lorsqu'il parle de la Cène du Seigneur. Mais ce partage se fait autour d'un repas dans lequel le pain et le vin sont des symboles, alors que dans la doctrine chrétienne, «consacrés», ils vont signifier efficacement le corps et le sang du Christ. C'est le mot «efficacement» qui manque à Nu'ayma.

La difficulté qu'éprouve l'auteur de *Sab'ûn* à croire à la transsubstantiation, les apôtres et les disciples l'ont éprouvée avant lui. Pour les disciples, pour Nu'ayma et tous les chrétiens, l'Eucharistie est un seuil de la foi! C'est le mystère de la foi par excellence. «Il est grand le mystère de la foi !» chante l'Eglise après la consécration. Jouant sur le double sens du mot *asrâr*, sacrements et mystères, le fils de *Baskinta* trouve un palliatif à son manque de foi. En effet, son interprétation symboliste de l'Eucharistie prouve tout d'abord qu'il ignore la distinction chrétienne entre la ''nature'' et la ''grâce'', entre ''naturel'' et ''surnaturel''. Elle prouve ensuite qu'il feint d'ignorer ou ne croit pas vraiment en la «présence réelle» du Christ dans les espèces du pain et du vin consacrés.

b. Après sa résurrection d'entre les morts, Jésus dit à ses disciples: «Allez de par le monde entier, annoncez la Bonne Nouvelle à toute la création. Celui qui croira et se fera baptiser, sera sauvé»[42]. Nu'ayma recourt à cette parole du Maître, fondement scripturaire du sacrement du baptême, pour faire ressortir et souligner l'importance et la primauté de la foi dans la vie du chrétien. Mais cette foi est accompagnée d'une pratique rituelle spécifique, d'un sacrement, le baptême qui régénère celui qui le reçoit. Ce sacrement ne paraît pas poser de problèmes à Nu'ayma. Il en parle naturellement. Tout d'abord, il rappelle son propre baptême par immersion[43] tel que cela se pratique dans les rites orientaux. Ensuite, il parle du «baptême de son neveu» dans ''l'eau et l'Esprit''. Ce baptême rend la parenté entre l'oncle et le neveu plus forte que la parenté biologique, d'autant plus que l'oncle a accepté d'être le parrain, *'arrâb*, de son neveu, c'est-à-dire son père spirituel»[44].

Conscient de sa responsabilité envers son neveu, Nu'ayma lui trace un programme de vie. Car «le baptême n'est pas une purification exté-

(41) Th. Rey-Mermet. op. cit. p. 141.

(42) *Masîḫ*. 9,286.

(43) *Ġirbâl*. 3,368.

(44) *Rasâ'il*. 8,516. Lettre écrite à Noël 1967.

rieure et magique. Il est un engagement envers Dieu à vivre une vie nouvelle dans le Christ, à "prendre le Christ comme le plus grand ami et le meilleur conseiller"»[45].

Après son propre baptême et celui de son neveu, l'auteur nous ramène à Jean le Baptiste pour l'interroger sur les raisons qui l'ont conduit à baptiser les foules qui venaient à lui. «Ce rite, le Baptiste l'avait appris des Esséniens, ses maîtres, qui avaient fait du baptême un symbole de la purification de toute passion, pensée ou intention qui serait un handicap au salut»[46].

c. Après l'Eucharistie et le baptême, l'attention de Nu'ayma se porte sur le sacrement de Pénitence[47] qui est sans doute le sacrement où la rencontre de personne à personne avec le Christ est la plus marquée. C'est le seul sacrement où il n'y ait pas d'autre signe qu'un acte humain. Comment l'auteur de *Sab'ûn* le considère-t-il? Le seul éclairage qu'il donne sur lui-même c'est «qu'il s'isolait du monde, se recueillait profondément pour demander des comptes à son âme»[48]. Le fait de demander des comptes à son âme est ce que nous appelons couramment l'examen de conscience.

Là où l'allusion au sacrement de Pénitence est très nette, c'est lorsque l'auteur écrit: « Je m'étonne de celui qui se lave le visage plusieurs fois par jour et ne se lave pas le cœur, ne fût-ce qu'une fois l'an»[49]. Cet «une fois l'an» est-il un rappel du commandement de l'Eglise qui «au quatrième concile de Latran (1215) et au concile de Trente, imposa par une loi générale à tous les fidèles la confession annuelle»[50]? C'est fort probable. L'auteur ne précise pas davantage sa pensée.

---

(45) Ibid. Dans cette lettre adressée à son neveu à l'occasion de la Nativité du Christ, Nu'ayma résume le Sermon sur la Montagne dans ses grandes lignes. Ibid. p.516-518.

(46) *Masîḥ* 9,199. Sur la différence entre le baptême chez les chrétiens et celui des Esséniens, cf. M. Eliade. *Naissances Mystiques*. p 243 et 242.

(47) Il convient de s'interroger sur le silence de Nu'ayma au sujet du sacrement de Confirmation alors que dans l'Eglise Orientale il suit immédiatement le baptême. Ce silence serait-il lié au doute qu'il fait planer sur la validité de l'ordination de la majorité des prêtres et de l'action du Saint-Esprit en eux? cf. *Masîḥ*. 9,328. Sur la question «Baptême-Confirmation» dans le rite oriental, cf. tout particulièrement V. Lossky. *Théologie mystique*. p. 167.

(48) *Sab'ûn*. 1,224.

(49) *Karm*. 3,584. Notons que nulle part Nu'ayma ne dit s'être confessé, alors que Tolstoï écrit: «J'étais si joyeux de m'humilier et de m'abaisser devant mon confesseur, prêtre simple et timide, de dépouiller mon âme de toutes se impuretés». *Ma confession*. p. 221.

(50) Louis Ott. Précis de *théologie dogmatique*. p. 603-604.

La troisième et dernière mention du sacrement de la réconciliation arrive lors du voyage de Nu'ayma à Prague en Août 1956. Visitant la cathédrale de Saint Vite, l'ancien étudiant du séminaire de Poltava passe devant une longue rangée de confessionnaux couverts de poussière. «De quels péchés humains ces confessionaux n'ont-ils pas été témoins? Où sont-ils aujourd'hui, tous ces pécheurs et tous ces péchés? Si ces confessionnaux ont largement prodigué le pardon aux pécheurs, qui est-ce qui leur remettra leurs propres péchés»[(51)].

d. Deux autres sacrements tiennent encore une certaine place dans l'œuvre de Nu'ayma : l'Ordre et le Mariage.

Le décalage entre la vie de certains prêtres et évêques et la vocation à laquelle le Christ les a appelés empêche Nu'ayma d'admettre la notion de succession apostolique. En fait, écrit Nu'ayma, «étant donné qui Il est, le Christ pouvait souffler sur les Apôtres et leur dire : "Recevez le Saint-Esprit. Ceux à qui vous remettrez les péchés, ces péchés leur seront remis, et ceux à qui vous les retiendrez, ils leur seront retenus». A leur tour, les Apôtres qui avaient reçu le Saint-Esprit directement du Christ pouvaient Le donner à tous ceux à qui ils imposeraient les mains pour en faire des prêtres du Christ. Car le Saint-Esprit n'habite que des cœurs purs, compréhensifs et aimants tels que le cœur du Christ et celui de ses Apôtres qu'Il a lui-même purifié dans son amour. Quant à habiter le cœur de tous les évêques qui ont existé dans l'Eglise depuis les Apôtres jusqu'à ce jour et le cœur de tous les prêtres ordonnés par ces évêques, cela c'est de l'exagération à nulle autre semblable»[(52)]. De cette affirmation, il ressort que le sacrement de l'Ordre n'a été conféré qu'aux douze Apôtres qui constituent, à jamais, personnellement et collégialement, les témoins qualifiés du Ressuscité, puis à leurs disciples et collaborateurs. Et si l'auteur n'avait pas ajouté un "mais", *illâ anna*, «qui met à part une petite élite d'hommes qui ont consacré leur vie au Christ»[(53)], l'on aurait pu dire qu'il n'admet pas l'existence d'un sacrement de l'Ordre et par conséquent l'existence de tous les sacrements dont l'Ordre est à la source.

Quant au mariage, ce sacrement du couple humain, sans faire de grandes considérations, Nu'ayma le résume ainsi à son frère Nasîb. «Avec l'Eglise, écrit-il, je crois fermement que le mariage est un *«sirr»*, sacrement et mystère. Approche-toi donc de lui comme d'un précieux sacre-

---

(51) *Ab'ad.* 6,256.

(52) *Masîḥ* 9,328.

(53) Ibid. p. 329.

ment, à caractère mystérieux. Examine bien ton cœur et ta pensée afin de n'être pas poussé par la passion ou par un intérêt provisoire... Nasîb, l'amour est le cœur de la vie et son essence. Il est la Vérité. Il est Dieu. Tout ce qui se construit sur cet Amour est inébranlable... L'âme de l'amour est l'oubli de soi pour l'être aimé. Que ton souci soit de rendre ta femme heureuse, ainsi tu trouveras en toi la force de pardonner, la patience et le courage d'accepter sereinement et calmement les difficultés»(54). En quelques mots, Nu'ayma souligne ce que la conception chrétienne, autrement dit, ce que le sacrement ajoute à la réalité humaine de l'union de l'homme et de la femme : il est vraiment le symbole de l'image des rapports entre Dieu et l'homme, car «il est le sacrement de «l'amour»» selon l'affirmation de S. Jean Chrysostome(55).

Sans une harmonie des pensées, des cœurs et des corps, la finalité propre du mariage va à sa ruine. Et le silence de Nu'ayma sur ce sujet est l'expression la plus évidente qu'il est pleinement d'accord avec la solution proposée par son Eglise : le divorce. En effet, «l'unicité de l'amour ne peut être une contrainte juridique : l'Eglise Orthodoxe permet le divorce lorsqu'une infidélité durable, une mutuelle destruction, empêchent les époux de vivre le «mystère» qui leur est offert»(56).

Fondé sur l'amour, nourri et entretenu par la *Maḥabba*, le mariage devient une voie vers Dieu. «Obéis à Dieu. Il est plus proche de toi que tes parents. Il connaît ton bonheur bien mieux qu'eux. L'amour est la loi divine la plus importante. Il est même la voie qui nous conduit à Dieu»(57). Une fois cette union à Dieu atteinte, au-delà de la mort, il n'y aura plus de mariage. Car celui-ci est limité à notre monde d'ici-bas. La légende du phoenix en est le symbole(58).

D. Conclusion.

Le propre de l'Eglise est d'être sacrement du salut universel. Ce salut s'exprime, pour tout baptisé, dans les sacrements. Tout en admettant l'existence de ces sacrements et en leur accordant une place plus ou moins impor-

---

(54) *Sab'ûn*. 1,398.

(55) Cité par V. Lossky. *Théologie mystique*. p. 104.

(56) V. Lossky. op. cit. p. 104.

(57) Nu'ayma écrit à l'un de ses amis dont les parents s'opposent à son mariage. *Rasâ'il*. 8,562. Lettre du 22-10-1927.

(58) cf. *Ṣawt*. 5,316.

tante dans leur œuvre, Ǧubrân et Nu'ayma semblent les laisser de côté pour ne s'attacher qu'à la personne du Christ et à son message. Or, ce n'est ni par la pensée, ni par la ferveur de l'amour que l'on peut, *concrètement*, communier à la personne du Christ, mais par les sacrements, ces gestes à la fois de l'homme et de Dieu qui rendent accessibles pour les chrétiens l'indécevable présence de Jésus-Christ ressuscité et vivant. Cette présence est soumise, normalement, à un contact direct avec le prêtre et, à travers lui, avec le Saint-Esprit. Rejetant ce contact, étant donné l'indignité des ministres à être des demeures du Saint-Esprit, la pensée religieuse chrétienne des deux amis reste amputée de la notion de vie sacramentelle et rituelle; et la religion universelle à laquelle ils invitent tous les hommes reste une théorie et un rêve irréalisables.

Les rites et les sacrements sont donc la voie normale, pour le chrétien, permettant d'obtenir soit le salut, soit l'illumination. «La pensée et la sensibilité ne suffisent pas car elles ne peuvent établir le contact avec l'Envoyé divin, sans lequel il n'y a pas de "seconde naissance". Sans cette "seconde naissance", l'homme en est réduit à n'être qu'un corps et une âme; par la "seconde naissance", il devient esprit»[(59)].

Tout cela, Ǧubrân et Nu'ayma ne l'ignorent pas. Mais : marqués dans leur enfance par une certaine ambiance liturgique orientale[(60)] et par une pratique sacramentelle des plus traditionnelle, fortement scandalisés et repoussés par les faiblesses de l'Eglise-institution et de ses membres, ils ont choisi de cheminer avec le Christ et à la lumière de son enseignement, ne retenant de celui-ci que ce qui correspond à leur religion d'amour universel et la sert. C'est pourquoi, en les lisant, on a *l'impression* qu'ils sont restés à la phase intellectuelle du mysticisme profane et cosmique, sans chercher à «se greffer» au «Corps Mystique» du Christ, qu'est l'Eglise, par la pratique sacramentelle.

Dépassant toute pratique sacramentelle et rituelle, les deux amis donnent *l'impression* d'être parvenus à un état où l'on n'aurait plus besoin de ces procédés matériels, de cette régulation visible et nécessaire pour s'alimenter à la vie de Dieu et cheminer vers la déification finale. Autrement dit, et dans les termes mêmes de Nu'ayma, ils font partie d'une catégorie

(59) R. Deladrière. Lettre du 12-1-1977.

(60) «Les fidèles orthodoxes ne méconnaissent pas la valeur propre des sacrements, mais l'ambiance liturgique qui fait le fond de la piété, qui procure ce sentiment de communion aux réalités divines, donne, peut-être, trop souvent le change...». J.Le Guillou, *L'esprit de l'Orthodoxie*. p. 69.

de privilégiés «dont les cœurs sont purs et les intentions droites. Pour eux, la religion est bien au-delà des pratiques cultuelles. Elle est le sentiment constant, calme, serein et profond que Dieu habite en eux et dans tout ce qui existe. C'est pourquoi, leurs actions, leurs pensées et leurs intentions sont "Prière"»[61].

II. Ǧubrân, Nu'ayma et la Prière.

La prière découle des sacrements comme de sa source. Sacrements et prière se rejoignent toujours car ils sont les moyens privilégiés de la rencontre avec Dieu. La rencontre avec Dieu, l'union à Dieu n'est pas cantonnée dans les temps forts qu'est la célébration des sacrements. Toute la vie du chrétien doit être une prière. A partir du baptême qui fait du croyant un enfant de Dieu, la prière du chrétien devient une prière qui s'adresse au Père. Mais la prière chrétienne s'adresse aussi au Christ, le grand Sacrement du Père. Très vite, les chrétiens se tournèrent vers la mère de Jésus pour l'invoquer et se confier à elle, comme des enfants se confient à leur mère.

Cette prière peut être personnelle ou communautaire. Mais qu'elle soit personnelle ou communautaire, elle est toujours une relation personnelle avec Dieu.

Comment Ǧubrân et Nu'ayma ont-ils saisi la prière comme relation à Dieu, comme «le chemin le plus court pour s'approcher de Dieu»[62]?

A. Ǧubrân et la Prière.

Il y a ceux qui consacrent leur vie à la prière et ceux qui trouvent la prière inutile ou dangereuse. Il y a ceux qui disent qu'ils ne savent pas prier et ceux pour qui tout est prière. Il y a les poètes, les peintres et les musiciens qui, dans leurs œuvres, parlent de la prière et les théologiens qui en font des théories. Il y a ceux qui prient chez eux, à l'église et il y a ceux qui prient dans la nature. Dans quelle catégorie se place Ǧubrân?

1. Fortement marqué par sa première éducation et particulièrement par sa mère «qui connaissait le vrai sens de la prière et de l'adoration et qui adorait en esprit et en vérité»[63], le fils de *Bcharré* priait souvent.

---

(61) cf. *Aḥâdîṯ*. 9,754.

(62) selon la définition de Rûmi, citée par Eva de V. Meyerovitch. op. cit. p. 36.

(63) *Ǧubrân*. 3,62.

Sa prière éclate surtout dans ses lettres à son amie M. Haskell. Fréquemment nous trouvons sous sa plume des expressions telles que : «Je prie Dieu», «Je demande à Dieu dans la prière». Que met-il sous ces mots? Qu'est-ce que la prière pour lui? Est-elle des formules que rabachent les lèvres ou un élan du cœur ?

«La prière, écrit-il, n'est pas une fonction de spécialistes, elle ne consiste pas en des formules anciennes et bien établies que les hommes apprennent et qu'ils répètent, pensant, en vain, obtenir les bénédictions de Dieu et sa bonté. La prière est un état intérieur et spirituel. Bien plus, elle est un état caché dans la nature même. Elle ne commence pas avec ce que prononcent les lèvres et ne s'achève pas avec ce que chantent les hommes. Elle a toujours été et elle demeure toujours dans chacun de nos premiers sentiments, dans chaque heure de nos jours et de nos nuits»[(64)]. Etat intérieur et spirituel, prière de tous les instants de la vie, cette définition de la prière rappelle celle des mystiques qui ont branché leur vie sur Dieu et pour qui tout est prière. Cet état accompagne l'homme tout au long de son pèlerinage sur cette terre. «Pour moi, poursuit Ǧubrân, la prière est tout désir de survie, toute aspiration à la vie. Le premier cri de l'enfant n'est que la prière de l'inconscient qui s'éveille. La pudeur de la jeune fille, la nuit de ses noces, n'est qu'une prière jaillie de l'espérance tendue vers cet être supérieur que nous appelons «la maternité». Le dernier soupir qui s'exhale du cœur de l'agonisant n'est que la prière du connu vers le temple de l'Inconnu et du Caché»[(65)].

Il est vrai que tout est prière, étant donné que celle-ci est la respiration de l'âme. Mais, est-il nécessaire que cette âme soit consciente de l'acte qu'elle pose et du sentiment qu'elle nourrit ? Certainement, répond Ǧubrân. Toutefois, cette conscience est plus ou moins voilée selon les personnes. «Nous prions tous, les uns dans un but bien précis et en sachant qu'ils prient. Les autres ignorent qu'ils prient et ce pourquoi ils prient. Mais chez tous, le cœur humain bat en silence devant l'Immensité Sainte. Il bat devant Elle en chantant»[(66)]. Ce battement du cœur est la prière silencieuse et continue qui s'élève de tous les cœurs vers le Créateur. «Tous nous prions, et tout ce qui est sur terre prie car tout ce qui est sur terre est de Dieu et pour Dieu»[(67)]. L'essentiel de la prière est donc, pour l'au-

(64) *Kullunâ yuṣallî*. Cité par H. Mas'ûd. *Ǧubrân Ḥayy wa Mayyit*. p. 217.

(65) *Kullunâ Yuṣallî*. p. 216.

(66) Ibid.

(67) Ibid.

teur du *Prophète*, la prise de conscience de ce que Dieu est et fait dans la vie de l'homme. Elle est la prise de conscience que l'homme ne trouve sa perfection et sa joie que dans sa relation à Dieu. Autrement dit, dès que l'homme prend conscience de ce qu'est son rapport à Dieu, sa relation à Dieu, la prière doit jaillir spontanément. Et si elle ne jaillit pas, peut-on alors parler de véritable prise de conscience ?

A la prêtresse qui lui demande de leur parler de la prière, le prophète d'Orphalèse répond: «Je ne puis vous apprendre à prier avec des mots. Dieu n'écoute pas vos paroles sauf lorsque lui-même les prononce à travers vos lèvres»(68). Cette approche de la prière, romantique, voire mystique, pourrait être l'expression la plus éclatante de la prière chrétienne dans l'Esprit. Aucune créature ne peut entrer en relation avec Dieu, lui parler comme un enfant parle à son père, si Dieu lui-même ne prend l'initiative. Nul ne sait prier comme il faut, dit Saint Paul, c'est pourquoi «l'Esprit vient en aide à notre faiblesse.

Après avoir rappelé à son peuple que, dans la prière, le premier partenaire est Dieu, Ǧubrân continue: «Vous priez en votre détresse et en votre besoin, puissiez-vous prier aussi dans la plénitude de votre joie et en vos jours d'abondance. Car la prière qu'est-elle sinon l'expression de votre être dans l'éther vivant»(69)?

La prière embrasse toute la vie, rien ne lui est étranger, ni les larmes, ni les rires, ni la peine, ni la joie. Elle est le moment privilégié de la rencontre, non seulement de Dieu, mais de tous les hommes et particulièrement de ceux qui prient. «Lorsque vous priez, vous vous élevez pour rencontrer dans l'air ceux qui prient à cette même heure, et que, sauf en prière, vous ne pourriez rencontrer. Aussi que votre visite dans ce temple invisible ne soit que l'extase et la douce communion»(70). La prière est donc une extase en Dieu et une communion avec lui et avec nos frères. Cette communion doit être spontanée et désintéressée. Car, la première caractéristique de la prière est la gratuité: «Si vous ne pénétrez dans le temple que pour solliciter vous ne recevrez pas. Et si vous n'y pénétrez que pour vous

(68) *Le Prophète*. p. 68. Ḥallâǧ l'avait bien compris quand il disait :
«O mon Dieu, tu me sais impuissant à t'offrir l'action de grâce qu'il Te faut !
«Viens donc en moi Te remercier toi-même.
«Voilà la véritable action de grâce, il n'y en a pas d'autres». Cité par J. Chevalier. *Le Soufisme*. p. 93.

(69) *Le Prophète*. p. 67.

(70) Ibid.

humilier vous ne serez pas élevés. Ou même si vous y pénétrez pour implorer le bonheur pour les autres vous ne serez pas entendus. C'est assez que vous pénétriez dans le temple invisible»[71]. Etre là devant Dieu, savoir qu'Il est là et qu'Il nous aime, c'est là le sommet de la vraie prière, le sommet de toute prière.

2. Cette présence aimante et silencieuse, tout en comblant l'âme, n'est pas toujours à sa portée. Aussi recourt-elle à d'autres formes de prières, telles que la prière de demande, d'action de grâce, de pardon et de louange. L'auteur du *Prophète* lui-même a connu ces différentes formes de prière. Il a demandé la joie pour son amie : «Mary, je prie Dieu pour que tu continues à trouver un plaisir réel et une vraie joie dans chaque lieu que tu visites et chaque chose que tu vois et entends»[72]. Il implore la bénédiction de Dieu sur elle : «Puisse Dieu te bénir, Mary, pour tout ce que tu fais pour moi. Puisse Dieu t'aimer et te garder toujours près de son cœur»[73]. Il prie pour les pays du Proche-Orient : «Je demande à Dieu que cette guerre amène le démembrement de l'Empire Turc afin que les pauvres nations du Proche-Orient puissent vivre en paix»[74]. Il prie pour tous les hommes en général : «Mary, la Vie est toujours très bonne pour moi. Je prie afin qu'Elle le soit aussi pour les autres»[75]. Ce souci des autres éclate dans une prière jaillie du cœur d'une maman, un soir de neige et de grand froid: «Seigneur, aie pitié des pauvres, préserve-les de la dureté de ce froid, et de ta main, couvre leurs corps nus. Seigneur, regarde les pauvres endormis dans les tentes. Ecoute l'appel des veuves abandonnées dans les rues entre les griffes de la mort et du froid. Tends la main et ouvre le cœur du riche à la nécessité du pauvre. Prends pitié des affamés qui se tiennent debout devant les maisons en cette nuit. Guide les étrangers. Regarde les petits oiseaux et garde les arbres craintifs devant la puissance des tempêtes. Amen»[76].

Action de grâce pour lui-même, demande pour les autres, la prière de Ğubrân revêt parfois un aspect de supplication et de demande personnelle. Un jour, le fils de *Bcharré* entend une voix jaillir du temple et pro-

(71) Ibid. p.68.

(72) *Beloved Prophet*. p. 428. Lettre du 8-7-1925. et p. 21. Lettre du 25-12-1908.

(73) Ibid. Lettre du 30-4-1923. p. 403. Même prière dans sa lettre du 22-4-1924. p. 418 et dans celle du 19-12-1916. p. 281.

(74) Ibid. Lettre du 22-10-1912. p. 104. cf. aussi: *Sâbiq*. p. 60.

(75) *Beloved Prophet*. Lettre de 26-02-1918. p. 300.

(76) *Dam'a*. p. 271. Dans *'Awâṣif*. p. 481, nous trouvons une autre prière dans «la souffrance».

clamer : «La vie est composée de deux parties: une partie glacée et une autre enflammée». Alors, il pénétra dans le temple, s'agenouilla et supplia Dieu en ces termes : «Seigneur fais de moi la nourriture de la flamme ! Rends-moi une nourriture pour le feu sacré. Amen»(77). Ce feu sacré n'est autre que l'amour mystique dont rêve l'auteur du *Prophète* et vers lequel il aspire, assuré qu'il est d'y parvenir un jour .Car une prière persévérante et jaillie de plus profond du cœur est toujours exaucée. Le modèle de cette prière est le *Pater* que Ǧubrân reprend à son compte et reformule en poète.

3. Après avoir raconté le Discours sur la Montagne, Matthieu, poursuit : «J'ai voulu me prosterner devant Jésus mais la honte m'en empêcha. Toutefois, je m'enhardis et lui dis: "Je voudrais prier à cet instant, mais ma langue est lourde. Apprends-moi à prier". Jésus répondit: "Lorsque vous priez, que votre nostalgie prononce les mots de la prière". Au fond de moi, une nostalgie qui voudrait prier ainsi:

«Notre Père qui es sur la terre et aux cieux, que Ton nom soit sanctifié.

Que Ta volonté soit avec nous comme elle est dans l'espace.

Donne-nous de Ton pain pour notre jour.

Par Ta bonté, pardonne-nous et élargis nos âmes afin que nous pardonnions nous aussi les uns aux autres.

Conduis-nous vers Toi. Dans les ténèbres, tends-nous Ta main.

Car à Toi le règne, en Toi notre force et notre perfection»(78).

Quel Pater récitait Ǧubrân? Est-ce celui qu'il apprit étant enfant et que depuis vingt siècles l'Eglise fait monter vers le Père, ou celui que lui-même a composé à partir du texte des évangiles? Nous n'en savons rien. Que l'expression soit différente importe peu, car l'auteur du *Prophète* ne prétend pas faire œuvre d'exégète, de théologien ou de catéchiste. Il veut s'unir à son Maître et Frère pour élever son âme vers le Père.

4. Cette élévation de l'âme vers Dieu atteint son sommet dans l'adoration, cœur de la prière et de la religion. Or, affirmer que Dieu est et qu'Il est le principe de tout, reconnaître sa puissance et sa grandeur, c'est le premier mouvement de la prière d'adoration. «O mon Dieu, ô Dieu de l'amour, de la vie et de la mort, c'est Toi qui as façonné nos âmes et les a conduites dans cette lumière puis dans ces ténèbres. C'est Toi qui as formé nos cœurs et les as fait battre d'espérance et de douleur»(79).

---

(77) *'Awâṣif*. p. 382.

(78) *Yasû'*. p. 234. Voir le commentaire de cette version du Pater par Nadîm Nu'ayma, dans Adâb. *Ǧubrân fî 'âlamihi al-fikrî*. Nov. 1972. p. 36.

(79) *Badâ'i'*. p. 512.

Cette adoration ne se limite pas à des moments précis du jour ou de la nuit. Elle doit être continue. «Celui pour qui l'adoration est une fenêtre, à ouvrir mais aussi à fermer, n'a pas encore visité la demeure de son âme dont les fenêtres sont ouvertes d'une aurore à l'autre»(80). Elle est possible à tout moment. Elle ne nécessite pas la solitude, ni le retrait du monde. «Je n'ai pas cherché la solitude et les lieux déserts pour prier, car la prière, qui est le chant du cœur, atteint les oreilles de Dieu, même si elle s'élève mêlée aux cris des milliers de personnes. Je n'ai pas quitté le monde pour trouver Dieu et L'adorer. J'ai trouvé Dieu chez mes parents et partout ailleurs»(81).

Dieu étant esprit, on peut L'adorer partout. Nul n'a besoin de lieux précis pour cette adoration. «Les vrais adorateurs doivent L'adorer dans l'Esprit et en vérité». Dieu étant la Beauté même, «ses vrais adorateurs sont les amoureux de la beauté»(82). Or, qui sont les vrais amants de la beauté? Ne sont-ils pas les mystiques et les poètes? Il est vrai, dit Paul Claudel,que «la poésie rejoint la prière, parce qu'elle dégage des choses leur essence pure... Mais elle est inférieure à la prière, parce que l'homme est fait pour Dieu seul et non pas pour les choses»(83). Partant de cette analogie entre la poésie et la prière, le «fils du pays des cèdres» parle du poète et de l'orant sans distinction entre l'un et l'autre. «Le poète c'est cet orant qui pénètre dans le temple de son âme et s'y agenouille. Là, il connaît divers états d'âme : les larmes et la joie, les lamentations et l'allégresse, l'écoute de la prière silencieuse. Quant à celui qui imite les autres, *al-muqallid*, c'est celui qui répète la prière et les supplications de ceux qui prient sans volonté ni sentiment»(84).

5. La prière préférée de Ǧubrân est celle de la nature. C'est au cœur de cette nature qu'il a composé son poème *al-Mawâkib*, les cortèges, et qu'il a prononcé son vers si célèbre: «*A'ṭini al-nâya wa ġannî, fa-l-ġinâ ḫayru-ṣ-ṣalât*, donne-moi le luth et chante, le chant est la meilleure prière»(85). A son exemple, Nâdra Ḥaddâd, son compagnon de lutte dans

(80) *Le Prophète*. p. 78.

(81) *'Awâṣif*. p. 442.

(82) cf. *Dam'a*. p. 261.

(83) Cité par J. Lecerf. Studia Islamica. *Un essai d'analyse fonctionnelle*. (Les tendances mystiques du poète libanais d'Amérique : Ǧubrân Ḫalîl Ǧubrân). Paris (1953-1954), 2,140.

(84) *Badâ'i'*. p. 561.

(85) *Mawâkib*. p. 355. Ǧubrân rappelle Ǧamal al-dîn al Rûmî qui «parmi les nombreuses voies qui conduisent à Dieu, a choisi celle de la danse et de la musique». Cité par E. de Vitray Meyerovitch. op. cit. p. 40.

al-Râbiṭa al-Qalamiyya, fuit tous les lieux de prière communs aux hommes, la mosquée, l'église et le temple, pour prier dans la nature: «Quant à moi, j'ai voulu prier dans les champs loin de tous les rites»(86).

En quoi consiste cette prière de la nature et dans la nature? «Pour moi, répond Ǧubrân, la prière consiste en ce que l'homme se tienne respectueux devant l'aube, étonné à midi, émerveillé au coucher du soleil, silencieux et paisible à minuit pour porter le silence et la paix à tout ce qui est caché dans les secrets de la nuit»(87). Prière et silence deviennent comme des vases communicants. Plus la prière s'approfondit, plus le silence s'intensifie et devient réel. Grâce à ce silence, la comtemplation de la nature devient prière. Grâce à l'abandon confiant au Créateur de cette nature, la vie des champs se transforme en prière. A ce moment, la prière revêt la forme «d'un espoir très doux dans le cœur du semeur qui dépose sa semence dans la terre en disant : ''Au nom de Dieu, toute ma confiance est en Dieu''. Elle devient un devoir très léger chez le berger qui conduit son troupeau aux verts pâturages et une action aimée dans l'esprit du tisserand»(88). Voilà pourquoi, l'auteur du *Prophète* invite son peuple à se mettre à l'école de la nature pour apprendre la vraie prière, tout comme Jésus de Nazareth a invité les siens à apprendre la confiance en Dieu des oiseaux du ciel et des fleurs des champs. En effet, écrit Ǧubrân, «les fleurs prient avant que le printemps ne les réveille de leur profond sommeil. Les arbres prient avec ardeur. L'oiseau prie avant de chanter et après avoir chanté. L'animal prie lorsqu'il cherche sa nourriture et il prie lorsqu'il se réfugie dans les grottes. Les montagnes prient à l'heure du coucher du soleil. Les vallées prient lorsque la brume les couvre...»(89).

Tout dans la nature prie et fait monter vers le Créateur cette prière de louange et d'adoration:

«Notre Dieu, qui es notre moi ailé, c'est ta volonté en nous qui veut.

«C'est ton désir en nous qui désire.

«C'est ton élan qui voudrait changer nos nuits, qui sont tiennes, en jours qui sont tiens aussi.

«Nous ne pouvons te demander quoi que ce soit car tu connais nos besoins avant qu'ils ne soient nés en nous:

---

(86) Cité par Ǧ. Ṣaydaḥ. *Adabunâ wa udabâ'unâ*. p. 282.

(87) *Kullunâ Yuṣallî*. p. 216-217.

(88) Ibid. p. 216.

(89) Ibid. p. 217. «Toute prière est une à l'unisson d'un univers sacralisé, où l'oiseau prie en étendant ses ailes, et l'arbre en étendant son ombre». Eva de Vitray Meyerovitch. op. cit. p. 168.

«Tu es notre besoin; et en nous donnant plus de toi-même, tu nous donnes tout»[90].

Pour entendre cette prière, il faut écouter dans le calme et le recueillement, accepter la solitude paisible des nuits silencieuses. «Ta vie intérieure, ô mon frère, est entourée de solitude et d'isolement. Sans cette solitude et cet isolement, tu ne serais pas ce que tu es ni moi ce que je suis»[91].

Pour que la prière soit acceptée du Très-Haut et exaucée par Lui, elle doit être faite au nom de tous les hommes. L'homme qui entre dans son temple pour prier «doit prendre avec lui tous les hommes» et «toute la vie des hommes». «Votre vie quotidienne est votre temple et votre religion.

«Lorsque vous y pénétrez prenez tout votre être avec vous.

«Prenez la charrue et la forge et le maillet et le luth,

«Les choses que vous avez modelées dans le besoin ou pour votre délice.

«Et prenez avec vous tous les hommes:

«Car en adoration vous ne pouvez voler plus haut que leurs espérances ni vous abaisser plus bas que leur désespoir»[92].

6. Pour conclure, disons avec Ǧubrân, que la nature est le lieu le plus favorable au sacré et à la rencontre avec Dieu[93], la vraie prière est celle qui offre à Dieu toute la création animée et inanimée, celle qui rend gloire à Dieu au nom de tous les hommes et de tout l'univers. Or, n'est-ce pas là la finalité et la raison d'être de l'Eglise sur cette terre ? Comment se fait-il alors que la conception ǧubrânienne de la prière soit coupée de ses racines? A part sa référence au Christ apprenant à ses disciples le *Pater*, nulle part Ǧubrân ne se réfère, dans ce domaine, au Nazaréen ou à l'Evangile qui nous Le montre en diverses occasions plongé dans la prière. N'est-ce pas par le Christ, avec Lui et en Lui, que le chrétien fait monter sa prière vers Dieu, s'unit à Lui et Lui rend gloire ? Ǧubrân ne l'ignore pas, mais, une fois de plus, l'attitude trop indigne du clergé et le commerce que celui-ci

---

(90) *Le Prophète*. p. 68-69. Il convient de souligner ici que toute cette prière de louange de Ǧubrân contient des réminiscences de nombreux psaumes, par exemple les psaumes 28, 104, 108, 136...

(91) *Badâ'i'*. p. 573. cf. aussi *Beloved Prophet*. Journal du 7-8-1920. p. 345.

(92) *Le Prophète*. p. 78.

(93) Dans son manuscrit, non publié, *Falsafat al-dîn wa-l-tadayyun*, Ǧubrân souligne que la nature est le trône de l'Esprit et qu'elle est mieux que l'église pour rencontrer Dieu.

faisait avec la prière, l'ont détourné de toute prière liturgique et communautaire. «Dis-moi, ô Jésus, est-ce que ton Père est glorifié lorsque des lèvres souillées et des langues mensongères prononcent son nom»(94)? Il s'est fait alors sa propre prière personnelle, sans aucune référence à l'Eglise et rarement au Christ(95).

Cependant, cette carence n'est qu'apparente. La prière de Ǧubrân est profondément évangélique dans son objet : Dieu et ses enfants, et dans son expression simple et vraie. A la fois poète, peintre et musicien, le fils de *Bcharré* a trouvé pour parler de ce moyen de relation à Dieu qu'est la prière, des accents qui nous introduisent dans un univers religieux, romantique, voire mystique, font vibrer le cœur de Dieu attentif au moindre signe de ses enfants et trouvent de larges échos auprès de nos contemporains assoiffés de simplicité, de fraternité et d'union à Dieu. Son exhortation au peuple d'Orphalèse à faire de sa vie une prière trouve son écho dans celle de Charles Singer. Ecoutons-le:

«Prie pour percer les nuages et courir après le soleil. Prie pour dire que tu es vivant et que rien ne saura te fermer la bouche...

«Prie pour être l'égal de Dieu, puisque tu Lui parles comme à un ami et que l'ami est égal à son ami. Un ami ne refuse rien à celui qu'il aime et il sait, Dieu, ce qu'il te faut pour ton bonheur.

«Prie pour dire : Dieu et moi on se comprend à demi-mots ou dans le silence.

«Prie pour rappeler au Père que tu existes et qu'Il est responsable de toi.

«Prie pour rejoindre tes frères et te lier à eux.

«Dieu, tes frères, toi, vous renouvellerez la face de la terre»(96).

B. Nu'ayma et la Prière.

Elevé dans une famille profondément croyante et pratiquante, soutenu par la foi d'une mère pour qui la prière était une nourriture quotidienne, Nu'ayma comprit très vite «que sans la prière, il est impossible de faire quelque bien que ce soit, et que sans les évangiles, on ne peut

---

(94) *Yuḥannâ*. p. 79.

(95) et à plus forte raison à la Vierge et aux saints. Riâḍ Ḥunayn rapporte un incident très éclairant dans ce domaine: «Au cours d'une conversation avec Ǧubrân, la jeune fille irlandaise, qui posait pour ses dessins, se rend compte que, tout en étant catholique, il ne récitait pas son chapelet. Alors elle le quitta définitivement». *Al-waǧh al-âḫar*. p. 74.

(96) Charles Singer. *Prier*. Paris (1979), p. 7-9.

apprendre convenablement à prier»[97]. Il a compris que cette prière est la voie la plus sûre pour arriver à l'union avec Dieu.

Tout enfant, le fils de *Baskinta* apprit de sa mère à prier. Sa première prière fut le Notre Père suivi de quelques oraisons jaculatoires aux intentions de tous les leurs. «Mon enfant, dis avec moi : ''Notre Père qui es aux cieux...; Seigneur, aide papa en Amérique...; ramène-le nous en bonne santé; garde mon frère, mes oncles...»[98]. L'enfant récitait cette prière quotidienne avec sa mère, puis allait se coucher avec d'étranges images que les paroles de sa mère avaient imprimées dans sa mémoire. Avec le temps, ces images s'incrustèrent en lui et la prière devint pour lui une démarche naturelle dans sa quête de Dieu.

Il avait à peine onze ans lorsqu'il perdit un canif auquel il tenait beaucoup. «Je l'ai cherché partout, raconte-t-il, mais en vain... Je priai alors le Christ avec ferveur et foi, le suppliant de me guider vers mon objet égaré. Et le Christ ne me déçut pas»[99].

Cette confiance spontanée dans la prière ne fait qu'augmenter durant son séjour à Nazareth. Là, il aimait, à l'exemple du Christ, se retirer pour prier. C'est ainsi qu'au cours d'une promenade, il s'éloigna de ses camarades et s'agenouilla près d'un rocher, loin du regard des curieux. «Là je priai Jésus avec beaucoup de ferveur et je le suppliai de m'aider à résoudre un problème. A la fin de ma prière, la solution me parut très claire»[100].

La prière personnelle et dans un lieu retiré allait être la prière préférée du fils de *Baskinta* et de la montagne de *Ṣannîn*. Les grandes cérémonies à l'église trouvaient peu d'échos dans son coeur. Car «comment est-il possible à celui qui prie d'élever sa pensée et son cœur vers Dieu alors que les pierres précieuses qui brillent dans la couronne de l'évêque, les cierges allumés et les gestes des célébrants accaparent son regard? Comment peut-il prier alors que la voix des chanteurs remplit ses oreilles et l'odeur de l'encens envahit ses narines»[101]? Et, après avoir critiqué la direction du Séminaire qui obligeait les élèves à une assistance assidue aux offices

---

(97) Anonyme. *Le pèlerin russe, trois récits inédits*. p. 58.

(98) *Sab'ûn*. 1.17.

(99) Ibid. p. 84.

(100) Ibid. p. 128

(101) Ibid. p. 188. cf. aussi Gamîl Gabr. *Mayy Ziyâdé fî ḥayâtiha*. p. 55.

religieux[102], Nu'ayma confesse : «Quant à moi, je préférais prier seul et à l'écart, je préférais prier avec mes propres paroles et non avec celles des prêtres»[103], car la prière n'est pas un exercice de «rabâchage» mais une rencontre personnelle et intime avec Dieu. Est-ce à dire qu'il ne participe jamais à une prière communautaire? Non. Après son retour à *Baskinta* en 1932, il fréquentait l'église et participait aux cérémonies religieuses, tout comme les gens de son village[104]. Car ce qu'il fuit, ce n'est pas la prière paroissiale en tant que telle, mais la prière qui n'a rien de sacré à cause de tout le faste qui l'entoure. «Que de fois j'ai prié dans cette église du séminaire de Poltava contraint par une sévère discipline et non par un sentiment jailli du cœur ! Mais que de fois aussi j'ai prié parce que mon âme désirait prier, et cela particulièrement à Pâques»[105].

En 1956, durant sa visite en Union Soviétique, les occasions de visiter les églises et d'y prier ne lui manquèrent pas. Ecoutons-le : «Le matin du 12 Août, j'ai été à l'église Saint Nicolas pour assister à une partie de la Messe au moins, parce que j'aime beaucoup le chant religieux russe... A l'étage, se célébrait une Messe solennelle à laquelle participaient près de trois mille fidèles dans un recueillement frappant. A ce moment, je fus heureux. Mon désir était comblé. J'ai senti, alors que je regardais une femme prier près de moi, les larmes me jaillir des yeux»[106].

Cette forte émotion ressentie durant la prière, Nu'ayma l'a connue au moment où la mort lui ravissait son ami Ǧubrân : «Mon Dieu, que Tu es grand ! Que Tu es beau ! Que tu es juste ! Que nous sommes ignorants quand nous nous séparons de Toi ! ... Que nous sommes aveugles quand nous Te cherchons en dehors de nous-mêmes»[107]! Fort de sa foi, Nu'ayma essaie de réconforter la sœur du mourant. Mais lorsque celui-ci rendit le dernier soupir, «j'ai senti, poursuit Nu'ayma, une force m'attirer vers le sol. Je m'agenouillai près du lit et je cachai mon visage dans le drap blanc. De toutes les voix qui parvenaient à mes oreilles, je n'en-

(102) ces élèves, note Nu'ayma, passaient le temps de la cérémonie à parler de cigarettes et de sorties avec les jeunes filles. Et Tolstoï d'appuyer cette critique de Nu'ayma : «L'erreur la plus grande est de rendre la prière obligatoire». *Socialisme et Christianisme*. p. 189.

(103) *Sab'ûn*. 1,188.

(104) *Sab'ûn*. 1,727. Il faisait même partie de la chorale. Ibid.

(105) *Ab'ad*. 6,285.

(106) *Rasâ'il*. 8,540. Lettre du 12-8-1956. Même attitude décrite dans *Ab'ad*. 6,275-277.

(107) *Ǧubrân*. 3,278-279.

tendais qu'une seule..., celle du prophète David : «Pitié pour moi, Seigneur, et dans ta grande miséricorde efface mes péchés...». Une sorte de léthargie s'empara de moi et lorsque je repris conscience, je me trouvai parler au prophète de Galilée et répéter Ses mots d'adieu à Ses disciples: «Et voici que je suis avec vous tous les jours jusqu'à la fin des temps»(108).

Au moment de la cérémonie religieuse à l'église, continue l'auteur, ma pensée était très loin de tout ce qui se passait devant moi. «Brusquement, une voix grave et belle entonna, en arabe, le psaume cinquante: «Pitié pour moi Seigneur». Et voici que des larmes incontrôlées jaillirent de mes yeux»... Car à cet instant, il m'a semblé que l'âme de mon ami, mon âme et les âmes de tous les participants à la cérémonie, bien plus, les âmes de tous les habitants de notre planète, celles des vivants et celles des morts, toutes à la fois, imploraient le pardon de Dieu»(109).

La troisième fois que le fils de *Baskinta* met un lien étroit entre la prière et les larmes, ce langage muet du corps, remonte au 24 Juillet 1935. Ce jour-là, il visitait *Râmallah*. Là, il fut invité à prêcher dans une église. Une fois à l'église, face aux fidèles, «J'ai senti les larmes dans mes yeux et dans mon cœur. Je les ai vite étouffées pour que personne ne s'en aperçoive. Ces larmes étaient une prière silencieuse. Elles imploraient Dieu, le Vrai, *al-Ḥaqq*, de m'aider à L'annoncer avec une langue pure et un cœur sans artifice»(110).

L'exemple d'une prière vraie et fervente a toujours frappé Nu'ayma, particulièrement lorsqu'il était au grand séminaire. «Hier, écrit-il, j'ai été très frappé par la vue d'un ami en prière. A genoux au pied de son lit, il y resta environ dix minutes..., puis s'endormit paisible et serein. Heureux est-il! Heureux sont ceux qui lui ressemblent! Comme je les envie»(111)! Cette scène arriva à un moment où l'auteur traversait une période de sècheresse spirituelle et où toute pratique religieuse était laissée de côté.

Repoussé par une certaine pratique sacramentelle, à cause de son aspect obligatoire et de l'attitude de certains prêtres, Nu'ayma garde au fond de lui-même le besoin de prier. Répondant à une lettre de Monsei-

(108) Ibid. p. 280.

(109) *Sab'ûn*. 1,575.

(110) *Rasâ'il*. 9,19. Lettre du 24-7-1935.

(111) *Sab'ûn*. 1,242. Ce bon exemple est également souligné par Tolstoï. cf. *Guerre et Paix*. 2,439.

gneur Zâyèd, évêque de *Ḥomṣ*, l'auteur lui rappelle leur dernière rencontre, le chapelet qu'il lui avait offert puis conclut par ces mots: «Gardez-moi une petite part dans vos prières et dans votre méditation»[(112)]. Pourquoi se confier à la prière d'un autre s'il n'y croit pas et s'il n'a pas confiance en son efficacité ? A son frère Nasîb qui étudiait en France, il écrit: «Tes parents, tes frères et ta sœur ne cessent de prier pour toi»[(113)]. Et lorsque, quelques années après le mariage, l'état de santé de son frère se détériora, Nu'ayma escalade la montagne du *Ṣannîn* pour lui ramener un peu de neige. «En route vers le sommet, raconte l'auteur, tantôt je méditais, tantôt je priais ou plutôt j'essayais de prier. Je ne savais pas comment prier, ni Qui prier, ni pour qui ou pour quoi je priais»[(114)]. Mais son frère mourut. Quelques années après mourront ses parents et un autre de ses frères. A chaque épreuve, le solitaire du *Šuḫrûb* puisait force et courage dans la prière. Annonçant à son ami le décès de son frère aux U.S.A., il ajoute : «J'ai beaucoup pensé à lui ces derniers temps et j'ai beaucoup prié pour lui»[(115)].

Mais l'auteur ne prie pas uniquement au moment des épreuves. Tout est pour lui occasion de prier. Attendant la visite d'un ami, il lui exprime sa joie puis conclut ainsi sa lettre : «Dès maintenant, je prie pour que le week-end soit ensoleillé et égayé par le sourire du ciel»[(116)].

Cette prière revêt d'autres accents lorsqu'elle ne s'adresse plus à Dieu pour des intérêts purement matériels et terrestres: succès, santé, beau temps, mais pour Le louer[(117)] et Lui donner la première place dans sa vie: «Seigneur, ferme en nous l'œil du mal et ouvre celui du bien afin que nous Te voyions dans nos corps et dans nos esprits, dans tout ce que Tu as mis à notre disposition et dans toute la beauté et la perfection que Tu nous a données»[(118)]. Ce cri du cœur atteint son apogée dans son poème *Ibtihâlât*, Supplications:

«Seigneur, éclaire mes yeux d'un rayon de Ta lumière afin qu'ils Te voient.

---

(112) *Rasâ'il*. 8,154. Lettre du 8-7-1938.

(113) *Sab'ûn*. 1,599.

(114) Ibid. p. 691-692. Cette attitude de Nu'ayma est très humaine. cf. M. Eliade. *Mythes. Rêves*. p. 81. *Traités*. p. 55. A. Vergote. *Psychologie religieuse*. p. 111.

(115) *Rasâ'il*. 8,288. Lettre du 20-7-1950.

(116) Ibid. p. 222. Lettre du 15-10-1932.

(117) cf. son ouvrage *Nağwa-l-ġurûb*, Confidences du déclin, ce «véritable psaume des temps modernes» selon l'expression de M. R. Deladrière. Nous y reviendrons.

(118) *Nûr*. 5,610.

«Ouvre mes oreilles afin qu'elles perçoivent Ton appel.
«Que ma langue soit mon témoin fidèle.
«Et fais de mon cœur une oasis qui désaltère le proche et l'étranger.
«Son eau c'est la foi, quant à ses plants ce sont l'espérance, l'amour et la longue patience.
«Son atmosphère c'est la fidélité, quant à son soleil ce sont la fidélité, la vérité et la longanimité»[119].

La finalité de cette prière exprimée dans des circonstances très différentes c'est de mettre l'homme devant Dieu, Créateur et Père; c'est d'arriver dans ce dialogue avec le Père à redire avec le Christ : «Que ta volonté soit faite». Car, dit Jésus : «Votre Père sait ce dont vous avez besoin avant que vous le Lui demandiez». Pourquoi prier alors? Pour répondre à cette question, voyons ce qu'est la prière pour Nu'ayma.

2. «Maître, que dis-tu de la prière ?, demande un compagnon de l'Arche à Mirdâd. Quand nous prions, nous devons prononcer beaucoup de mots et demander beaucoup de choses, et il est très rare de recevoir ce que nous demandons»[120]. Pour répondre à cette requête, l'auteur de *Mirdâd* commence par souligner que la prière est le suprême recours des hommes sur cette terre. Car, quoi qu'ils fassent, ils restent au fond d'eux-mêmes assoiffés de Dieu et en quête de Lui. En effet, «malgré la grande diversité de leurs sciences et de leurs arts, de leurs découvertes et de leurs inventions, de leur commerce et de leur politique, les hommes sentent une certaine déception devant leur faiblesse face à une Puissance contre laquelle ils ne peuvent rien. Et lorsque la douleur les mord, le désir d'une vie exempte de souffrances émerge du plus profond d'eux-mêmes. Alors, ils se mettent à supplier Celui qui est au-delà de tout plaisir et de toute douleur. Et quand la mort déchire leurs cœurs, ils se dirigent vers les sanctuaires pour supplier le Maître de la vie»[121].

Pour donner une définition de la prière, Nu'ayma ne recourt pas aux hommes de religion, «ils sont un handicap à la vraie prière». Il ne recourt pas non plus aux théologiens et aux nombreux traités sur la prière. Il ouvre les évangiles où Jésus apparaît comme «l'homme devant Dieu».

---

(119) *Hams*. 4,32-35. Après chaque invocation, le poète énumère toutes les créatures dans lesquelles il voudrait voir, entendre et aimer Dieu.

(120) *Mirdâd* 6,645.

(121) *Bayâdir*. 4,469. Et partant du dicton «Laisse-moi composer les chants du peuple et peu importe par la suite qui composera ses lois», Nu'ayma affirme: «Il vaut mieux dire : "Laisse-moi composer les prières d'un peuple et peu importe par la suite qui le gouvernera"». Ibid.

3. Dans l'Evangile, souligne Nu'ayma, Jésus exhortait constamment ses disciples à prier. Très souvent, il se retirait pour prier. Mais «personne ne sait comment il priait, ni si sa prière était exprimée dans des mots ou si elle était une contemplation qui ouvrait le cœur et fermait la bouche»[(122)]. Son premier enseignement sur la prière se trouve dans le Sermon sur la Montagne. La prière n'est pas, explique Nu'ayma, une affaire de paroles. «Les juifs ont beaucoup prié et de manière ininterrompue. Malgré cela, Dieu les a dispersés sur toute la surface de la terre. Les chrétiens ne cessent de prier, pourtant, Dieu ne leur épargne pas les guerres et les révolutions»[(123)]. La prière ne consiste donc pas à satisfaire un besoin ou à changer une situation. «Car Dieu sait ce dont nous avons besoin avant que nous le Lui demandions. Il se peut même que notre demande ne coïncide pas avec nos besoins. Voilà pourquoi, la majorité des prières des fidèles sont semblables à un cri dans une vallée ou un souffle dans la cendre»[(124)].

Cette inefficacité de la prière est due à ce que les hommes ne savent pas prier. Ils prient poussés par des motifs humains et multiplient inutilement les paroles alors «qu'une seule parole a suffi au publicain et à l'enfant prodigue pour obtenir le pardon de Dieu. Entendant la cloche d'un couvent religieux et la voix d'un muezzin appeler à la prière, le héros *d'al-Yawm al-aḫîr* s'écrie: «Invitez d'autres que moi à la prière. Quant à moi, j'ai beaucoup prié avec ceux qui prient. J'ai prié pour la santé, la paix et la tranquillité. J'ai prié pour moi, pour ma famille et pour le monde. Or, personne n'est en bonne santé ou en paix. Mes prières ont été inefficaces, tout comme les prières de ceux qui m'ont précédé»[(125)]... Car Dieu ne se donne pas aux craintifs mais seulement à ceux qui s'abandonnent à Lui. «Vous priez beaucoup, dit Nu'ayma à ses auditeurs. Vous priez pour beaucoup de choses que vous n'obtenez pas. Et vous obtenez beaucoup de choses que vous cherchez à éloigner de vous. Alors vous dites : "Pas de justice sur cette terre, pas de Dieu au ciel". Sachez que la Vie est en vous et qu'Elle connaît vos besoins. Lorsque vous demandez quelque chose par vos paroles ou dans vos cœurs sans l'obtenir, c'est que beaucoup d'anges prient en silence afin de vous délivrer de ce que vous demandez. Et quand vous obtenez le contraire de votre demande, c'est qu'il y a en vous des forces qui le demandent à votre insu»[(126)].

---

(122) cf. *Masîḥ*. 9,250. Dans l'interview du 22-11-1977, il précise : «La prière du Christ était une méditation et non pas une prière vocale».

(123) *Ab'ad*. 6,175. Nu'ayma ajoute qu'il en fut de même pour les Français avec Napoléon Bonaparte, et pour les Russes avec leur tsar Nicolas II. Ibid.

(124) *Masîḥ* 9,251.

(125) *Yawm*. 2,46. cf. aussi p. 85 et 205.

(126) *Zâd*. 5,173.

Méconnaissant cette force intérieure, les hommes font de Dieu une sorte de sorcier ou de magicien à qui ils apportent leurs maux, leurs malentendus et leurs nuits blanches(127). D'autres en font une armoire spéciale d'où ils tirent ce dont ils ont besoin. D'autres enfin font de Lui leur intendant particulier. Ils oublient que la vraie prière consiste à diriger sans relâche leurs pensées et leur attention vers Dieu, à marcher en sa présence et à L'aimer. C'est pourquoi, ils attirent sur eux les critiques virulentes de Mirdâd. Celui-ci affirme que Dieu n'a pas besoin qu'on Le prie puisqu'Il est dans l'homme. «Où est-il Dieu pour que vous criez dans ses oreilles vos passions et vos désirs, vos louanges et vos plaintes»(128)? Votre prière elle-même, poursuit l'auteur, n'est-elle pas aussi une plainte? «Qu'elle soit vocale ou silencieuse, elle est dans sa plus haute expression la plainte du croyant à son Créateur au sujet d'une situation qui ne lui convient pas en vue d'obtenir une situation meilleure»(129). Or, où est-il Dieu pour L'importuner de la sorte? N'est-Il pas en vous et autour de vous»(130).

Que faire alors? Abandonner la prière ? Non, mais purifier notre conception de la prière, notamment de la prière de demande dont le but est «d'accorder notre âme et de l'harmoniser avec l'objet de sa demande»(131), autrement dit, de changer notre cœur afin qu'il revienne au Notre Père, cette prière qui nous met au niveau du plan de Dieu et nous ramène à l'attitude de Jésus à Gethsémani: «Non pas comme je veux, mais

---

(127) L'auteur rassemble dans un chapitre intitulé *Ṣalawât*, Prières, une série d'exemples de personnes, de tout âge et de toute profession, qui recourent à la prière comme à une potion magique : un enfant prie pour que Dieu casse la main de sa mère qui l'a frappé et c'est la sienne qui se casse ; une élève prie pour que sa maîtresse tombe malade et la maîtresse meurt; un amoureux prie pour que sa bien-aimée dise "oui", elle dit "oui" mais à un autre; une femme stérile implore Dieu de lui donner un enfant, un fibrome à l'utérus laisse supposer sa prière exaucée, mais elle meurt durant l'opération; des brigands prient et réussissent à s'emparer de la fortune d'un bédouin; une prostituée prie et réussit à toucher le cœur d'un client, celui-ci la conduit dans un couvent de religieuses; une maman prie pour la guérison de son enfant, mais l'enfant meurt; des voyageurs prient une nuit de tempête, tous périssent sauf celui qui n'a pas participé à leurs prières; un pays prie pour obtenir la pluie et voilà que des pluies diluviennes emportent tout; un monde prie pour la paix, peine perdue et prière inefficace; un fou prie afin d'être délivré de tous ceux qui l'importunent avec leurs problèmes... cf. *Hawâmiš*. 6,385-407.

(128) *Mirdâd* 6,648.

(129) *Durûb*. 6,14. cf. aussi *Baṭṭa*. 2,625-628.

(130) *Mirdâd* 6,648. Mirdâd venait de leur dire : «C'est en vain que vous priez quand, dans vos prières, vous vous adressez à d'autres dieux qu'à vous-mêmes», Ibid. p. 646, poussant l'union de l'homme avec Dieu à son paroxysme.

(131) *Mirdâd* 6,650.

comme toi, Père, tu le veux»[132]. Là est la finalité de la prière telle que le Christ l'a enseignée et pratiquée. En effet, lorsque Jésus repoussa la prière à la manière des païens, il voulait dire que «la vraie prière, *al-ṣalât al-ḥaqq*, c'est l'ouverture du cœur au Père, *infitâḥ al-qalb 'alâ al-'Ab*, et non la multiplication des paroles qui préoccupent le cœur et élèvent un écran entre lui et Dieu. C'est aussi l'union entre celui qui prie et Celui qu'il prie, *ittiḥâd al-muṣallî bi-l-muṣallâ*. C'est enfin l'abandon de la volonté de l'homme à celle de Dieu, non pas par contrainte, mais de plein gré, avec reconnaissance et amour»[133].

4. «Mais, sentant cette sublime conception de la prière au-delà des capacités de compréhension des foules, Jésus lui-même l'abandonne et apprend à ses disciples le *Pater*: «Quand vous priez dites : "Notre Père"». Le «mais», *lâkin* de Nu'ayma laisse entendre que le Notre Père, «cette petite et courte prière», n'est pas en harmonie avec la définition que le Nazaréen a donnée de la prière. A quoi ce reproche est-il dû? L'ouverture et la disponibilité à Dieu, le zèle pour la venue de son règne, l'obéissance spontanée et amoureuse à sa volonté, la confiance filiale et l'amour fraternel, tout cela s'estompe devant l'accent trop impératif que Jésus emploie: «Donne-nous, pardonne-nous, délivre-nous». Or, «ce ton, dit Nu'ayma, est indigne du Père, Lui qui scrute les reins et les cœurs et connaît les besoins de ses enfants avant qu'ils ne les formulent»[134].

Une autre prière du Seigneur attire l'attention de Nu'ayma. Cette prière est plutôt une confidence du Christ à son Père. Certains l'ont appelée la prière sacerdotale, *al-ṣalât al-kahnûtiyya*. Jésus se confie à son Père à la vue de ses disciples et cela après leur avoir annoncé sa mort toute proche et sa victoire finale sur le monde. Il veut aussi les confirmer dans leur foi en Lui et en son Père. Il veut révéler la source d'où Il a puisé la force pour remporter sa victoire et leur montrer qu'ils pourront, à leur tour, remporter la même victoire s'ils prennent conscience, à sa manière, de leur unité avec le Père. Aussi, devant ses disciples, Il s'adresse à son Père pour lui rendre compte de sa mission et encourager les siens à accomplir la leur tout comme Lui-même l'a parfaitement accomplie[135].

Pour accomplir cette mission, ils ont besoin de son aide. Voilà pourquoi Il prie pour eux, c'est-à-dire à leur avantage mais aussi en leur nom.

(132) *Masîḥ* 9,249 et 251.

(133) *Masîḥ* 9,251. La troisième définition est reprise dans *l'interview*. du 22-11-1977.

(134) *Masîḥ* 9,252.

(135) *Masîḥ* 9,253.

Il manifeste ainsi le profond désir de l'humanité, désir enfoui, ignoré, perdu dans la masse des autres désirs, le désir d'union et de communion.

«Père saint, garde en ton nom ceux que Tu m'as donnés
Pour qu'ils soient un comme nous»(136)...

La première réaction de celui qui écoute ou lit cette longue confidence serait que Jésus va à l'encontre de ce qu'il avait enseigné dans son Sermon sur la Montagne, «Pour toi, quand tu pries, retire-toi dans ta chambre». «Retire-toi», telle est la règle élémentaire de quiconque veut prier, rencontrer Dieu et s'unir à Lui. Qu'on la nomme silence, solitude, recueillement, cette condition est impérative. Jésus ne s'y est-il pas soumis lui-même ? Pourquoi donc, après avoir enseigné aux siens que «la prière est une méditation silencieuse, *ta'ammul ṣâmit*, avant d'être des paroles entendues»(137), Jésus recourt-il à la prière vocale? Pourquoi tient-il à ce que ses disciples entendent ses paroles ? A toute attitude du Christ Nu'ayma trouve une réponse. On dirait, dit-il, «que dans cette prière et dans toutes celles transmises par les évangiles Jésus confesse que le sentiment intérieur se fortifie lorsqu'il s'exprime dans des paroles»(138), à condition que ces paroles ne deviennent pas un écran à la rencontre avec Dieu.

5. Silencieuse et personnelle, la prière est aussi communautaire. «Lorsqu'une communauté, unie par un même sentiment, prie et que sa prière jaillit du fond du cœur, cette communauté se transforme de l'intérieur. Une telle prière, si elle jaillit de cœurs bons et aimants, engendre le bien et la charité. Mais elle devient un courant terrible de mal et de haine si elle émane de cœurs mauvais et haineux. Enfin, elle est sans aucune efficacité si elle est faite sans cœur et du bout des lèvres»(139). «Comme c'est le cas, hélas, pour les prières obligatoires qui finissent par être une habitude communautaire bien plus qu'un besoin intérieur(140) ou bien, les prières faites par crainte de Dieu, et non par amour pour lui, confiance en sa miséricorde infinie et sa justice illimitée»(141).

Epris de clarté, Nu'ayma classe ces différentes manières de prier en quatre degrés: la prière fervente, le croyant offre à Dieu avec une généro-

(136) Ibid. p. 253-254. Nu'ayma précise qu'il n'a donné qu'un résumé de cette prière; et nous nous sommes contentées d'un verset car l'auteur cite le texte de l'évangile.

(137) *Masîḥ*. 9,254 et *Interview*. du 22-11-1977.

(138) cf. *Masîḥ*. 9,254.

(139) *Mirdâd*. 6,650 et 805.

(140) Nu'ayma se souvient du lourd fardeau qui pesait sur lui lorsqu'il était au séminaire de Poltava. cf. *Sab'ûn*. 1,239-240 et *Ab'ad*. 6,176-177.

(141) *Masîḥ*. 9,255.

sité sans égale les holocaustes de sa pensée, de son cœur et de son corps à la manière d'un amant à celle qu'il aime ou d'une maman à son nouveau-né. La prière tiède, elle, manque énormément de générosité. La prière froide, c'est l'avarice personnifiée. Enfin la prière que prononcent les lèvres alors que les pensées, les cœurs et les corps sont bien loin»(142). Puis, avec beaucoup de souffrance, l'auteur conclut : «Il est vraiment regrettable que la grande majorité de nos prières soit aujourd'hui des prières faites du bout des lèvres et non du fond du cœur, des prières dictées par la crainte ou la rancœur et non des prières de sérénité et de *Maḥabba*, des prières d'esclaves vils, non des prières d'enfants aimant leur Père»(143).

Comment passer d'une prière d'esclave à une prière de fils? Par la voix de Mirdâd, Nu'ayma exhorte tous les hommes et les invite à prier pour demander la Compréhension. «Car celui qui a faim d'autre chose que de la Compréhension ne sera jamais rassasié». C'est pourquoi «lorsque vous priez, demandez l'Esprit de la Compréhension avant tout, en tout et par-dessus tout ! Je vous le redis : priez pour demander la Compréhension». «Remplissez votre cœur d'Amour et de Compréhension et laissez de côté toutes les paroles»(144).

Animé par l'Esprit, le chrétien est sûr que sa prière sera une prière filiale, confiante et aimante. A ce moment, il peut prier : «Allez, priez comme on vous a appris à le faire. Priez comme vous pouvez et priez pour tout et pour tous ! Allez et faites tout ce que l'on vous demande... afin d'apprendre à faire de chaque mot une prière et de chaque acte un sacrifice»(145).

Lorsque toute la vie devient prière, «les hommes n'auront plus besoin de langues pour prier, mais d'un cœur silencieux et éveillé et d'une volonté forte qui ignore le doute et la perplexité»(146), affirme Mirdâd à ses disciples. Car, un cœur aimant et libre ignore le doute. La prière devient le langage du cœur et un cœur priant ignore la rancune. Il prie pour ses ennemis comme le lui a enseigné le Christ par ses paroles et par son exemple sur la croix. Et lorsqu'il n'y aura plus de séparation entre les fils d'un même

---

(142) *Awṯân*. 3,538.

(143) *Masîḥ*. 9,255.

(144) *Mirdâd*. 6,651 et 604. La Compréhension est la troisième personne de la Triade de Nu'ayma.

(145) *Mirdâd*. 6,618. et *Marâḥil*. 5,88. cf. aussi H. Ġassân. *Ǧubrân al-faylasûf*. p. 381.

(146) *Mirdâd*. 6,650. cf. Maître Eckhart. *Traités et Sermons*. p. 28.

Père, tous seront unis et solidaires. «N'êtes-vous pas tous les marches mobiles dans l'échelle infinie de l'existence? demande Mirdâd. Celui qui veut parvenir à la sainte liberté, ne lui faut-il pas monter sur les épaules d'autrui? Ne faut-il pas qu'à son tour il présente ses épaules aux autres? Voilà pourquoi je vous dis : "De tout votre cœur, appelez les bénédictions sur le monde, car toute bénédiction pour le monde est une bénédiction pour vous aussi"»(147).

Cette bénédiction est le sommet de toute prière, le point d'aboutissement de la prière de demande(148). Le croyant remercie Dieu en toutes circonstances pour ses bienfaits, même si les orages de la vie ne lui sont pas épargnés. Par cette prière d'action de grâces, l'homme confesse qu'il se sait connu par Dieu, reconnu et aimé pour ce qu'il est, tel qu'il est.

6. «Rabbi, où demeures-tu»?, demandent les disciples de Jean à Jésus. La question de la demeure de Dieu s'est toujours posée dans l'Ecriture. Elle continue à se poser aujourd'hui encore. «Où pries-tu? demande Umm Eliâs à David(149). Est-ce à l'église grecque ou à l'église maronite? Au temple protestant ou à la mosquée ?

«Je prie dans mon cœur et nulle part ailleurs, répond le jeune instituteur.

«A quoi servent alors les églises si nous prions dans nos cœurs ? A quoi servent les prêtres et les évêques, reprend la vieille femme.

«Celui qui ne peut adorer Dieu que dans une église, qu'il aille à l'église et celui qui ne peut parler à Dieu que par la bouche d'un prêtre ou d'un *imâm*, qu'il suive le prêtre ou *l'imâm*. Quant à moi, je m'en passe.

«Et tu dis que tu crois au Christ ! Et tu dis que tu es chrétien ! Délivre-nous Seigneur»(150).

Aux yeux de cette femme, la seule prière valable est celle qui est faite dans une église ou dans un lieu réservé à cet effet. Or, remarque Nu'ayma, «quand l'homme adore son Dieu et Le prie d'une façon unique, dans un lieu précis et à des moments qu'il ne peut changer sans que cela ne nuise à sa prière et mette son Dieu en colère, sa prière est néfaste et même nuisible. C'est comme s'il adorait un programme de culte avant d'adorer

---

(147) *Mirdâd*. 6,660.

(148) V. Lossky. *Théologie mystique*. p. 204.

(149) Ce sont les deux héros *d'al-Abâ' wa-l-Banûn*.

(150) *Abâ'*. 4,161-162. Nous trouvons le même scandale chez M. Gorki : «Tu honores le Christ et tu ne vas pas à l'église» ! *La mère*. p. 19.

Dieu»[151]. Et ouvrant les évangiles, Nu'ayma écoute son Maître: «Là où deux ou trois sont réunis en mon nom, je suis au milieu d'eux». le Fils de Marie n'a donc pas précisé un lieu pour être adoré. Il se peut que deux se réunissent en son nom au sommet d'une montagne ou dans une vallée, sur un bateau, dans un café ou au fond d'une mine, Il est au milieu d'eux...»[152].

Il ne s'agit pas là de pieuses considérations, mais il faut entendre cette remarque comme une définition réelle de ce que devrait être un lieu de culte, «un lieu qui offre au croyant une atmosphère favorable qui le prépare à entrer en contact avec Dieu et avec ses frères»[153]. Or, que voit Nu'ayma, lui qui, jeune séminariste à Nazareth, a visité tous les lieux saints connus par le Christ? «Il voit que les lieux de culte grouillent de croyants et d'orants.Mais quand ceux-ci rentrent chez eux après avoir accompli leurs devoirs religieux, ils ne sont pas meilleurs, ni plus heureux»[154]! A peine quittent-ils ces lieux qu'ils «se trouvent dans un champ de bataille sans merci... Ils s'entretuent, non pas pour le Royaume de Dieu, mais pour celui de Belzébuth! Les armes qu'ils utilisent sont la haine, la rancœur, l'hypocrisie, la jalousie, l'ambition... l'amour de la gloire, du pouvoir et de l'argent»[155]. Il voit encore que «certains sanctuaires atteignent une beauté qui mérite notre adoration[156]. Si toutefois le Christ venait à y entrer, il s'y trouverait étranger[157]. C'est ce qui fait dire à l'auteur de *Sab'ûn*: «Que de sanctuaires vénérés et adorés aux dépens de Celui pour qui ils ont été élevés»[158].

Que peut-on dire alors d'un sanctuaire d'où Dieu est absent? «J'ai longtemps cherché le Dieu chrétien, confesse M. Gorki, mais je ne l'ai pas trouvé dans les églises, ni dans les couvents, ni dans les grottes des

(151) *Awṯân*. 3,554. Or, «la finalité du culte n'est pas d'accomplir des prescriptions précises, dans des lieux précis et à des heures précises». cf. *Masîḥ*. 9,280.

(152) *Ġirbâl*. 3,425-426.

(153) *Masîḥ*. 9,332.

(154) *Durûb*. 6,123.

(155) *Masîḥ*. 9,332 et 333.

(156) Voir la description de l'église Sainte Sophie. *Ab'ad*. 6,279-280.

(157) *Masîḥ*. 9,332. Même remarque chez Gorki. cf. *La mère*. p. 273.

(158) *Karm*. 3,651. Ce reproche rejoint celui que fait P. Claudel à l'art dans les églises et à l'encombrement des cérémonies qui détournent les fidèles de l'essentiel. cf. B. Bro. op. cit. p. 287-288.

ascètes et des moines»[159]. Que peut-on attendre d'un lieu de prières d'où «l'homme sort avili et mesquin, sinon que c'est un sanctuaire qui ignore Dieu? ... Car, le sanctuaire idéal, c'est celui dans lequel le croyant rentre mesquin et petit, et duquel il sort fier et grand»[160], non pas parce qu'il a accompli des rites et des prescriptions, mais parce qu'il a prié et rencontré Dieu.

Aussi, voyant que les sanctuaires, les églises et les lieux de culte n'accomplissent pas ce pour quoi ils ont été construits, Nu'ayma n'hésite pas à écrire : «Il serait préférable de fermer les lieux religieux, car ils apprennent à l'homme tout ce qu'il veut sauf la manière de se dominer et de dominer la Nature, à savoir la connaissance de lui-même»[161].

Quel est donc le meilleur lieu pour prier, rencontrer Dieu et s'unir à Lui ? Le cœur. De fait, affirme Nu'ayma, «Dieu ne s'intéresse point aux temples et à leur décoration, mais à la prière qui jaillit du fond du cœur. Le temple et les cérémonies ne sont pas nécessaires à la prière et au culte»[162]. Oui, renchérit Mirdâd, «vous n'avez pas besoin de temple pour prier. Celui qui ne trouve pas un temple dans son cœur ne trouvera son cœur dans aucun temple»[163].

7. Si nous essayons de résumer l'enseignement de Nu'ayma sur la prière, nous nous trouverons devant quelques affirmations vigoureuses et simples. Ces affirmations ne rejettent rien de la prière traditionnelle des chrétiens. Elles la situent au-delà des attitudes, des formules et même des demandes dans lesquelles elle s'exprime. Elles s'accordent à ce que dit le Christ, Maître et modèle de toute prière.

A l'exemple du Christ, Nu'ayma écarte d'emblée tous les bavardages et toutes les prétentions de paraître, toutes les attitudes fausses et toutes les peurs indignes des enfants de Dieu. «Entre dans ta chambre et prie». Le cœur seul est le lieu de la prière. Seule l'ingénuité d'un cœur libre et aimant permet de rencontrer filialement Dieu. «O mon serviteur, où me cherches-tu? Regarde. Je suis auprès de toi. Je ne suis ni dans le temple

---

(159) Cité par Nu'ayma, *Sab'ûn*. 1,231.

(160) *Ṣawt*. 5,341.

(161) *Yawm*. 2,141.

(162) *Ġirbâl*. 3,425. Ailleurs il dit : «Apprends à te recueillir là où tu es, dans ta chambre, dans les champs... et que Dieu soit avec toi». *Rasâ'il*. 8,359.

(163) *Mirdâd*. 6,650. et *Mahabb*. 5,426.

ni dans la mosquée, ni dans le sanctuaire de la Mecque, ni dans le séjour des divinités hindoues... Si tu me cherches vraiment, tu me verras aussitôt et un moment viendra où tu me rencontreras»[164]. La condition de cette rencontre est, pour un chrétien, de faire la volonté du Christ, de l'aimer et d'aimer ses frères. Les églises, les sanctuaires et les temples perdent-ils alors leur importance pour Ǧubrân et Nu'ayma ? Non. Car, bien qu'ils critiquent de façon virulente les sanctuaires, les deux amis ne les rejettent pas, ils ne les ferment pas, mais ils veulent, à l'exemple du Christ, chassant les vendeurs du temple, les rendre à leur destination première : des maisons de prière, des lieux de rencontre de Dieu Père et de tous ses enfants.

Durant quatre-vingts ans le fils de *Baskinta* a prié. C'est pourquoi, au seuil de l'éternité, il peut chanter les merveilles de Dieu, «les savourer et laisser un grand bonheur couler dans ses vieilles veines»[165]. «Depuis ma naissance et jusqu'au déclin de mes jours, tes merveilles m'enveloppent de toute part, Seigneur ! Au milieu de ces merveilles, je me tiens recueilli, ému et en extase. Il me semble être la plus grande de tes merveilles ! ... Que tu es grand Seigneur et que je suis merveilleux»... «Mon cœur déborde d'amour, mon esprit chante en moi et au moment où le soleil de ma vie décline à l'horizon, dans l'allégresse je l'accueille, car j'ai la certitude que son coucher est l'annonce d'un nouveau jour»[166].

III. Les Conseils Evangéliques.

L'appel à suivre le Christ, ayant son fondement dans l'épisode du jeune homme riche, s'est incarné par la suite dans une forme de vie bien concrète, la vie religieuse pour les uns, la vie monastique pour les autres. Toutefois, cette vie n'est pas d'abord séparation et rupture avec l'ensemble de l'Eglise. Elle ne constitue pas un huitième sacrement, ni un état privilégié de perfection. Tous les chrétiens sont appelés à la perfection. C'est à tous que le Christ a dit: «Soyez parfaits». Mais, ce que tous ont à être, à faire et à devenir doit être signifié par quelques-uns.

---

(164) R. Tagore. *La fugitive*. p. 152. Voir l'importance que les hindous accordent à leurs temples. A. Daniélou. *Le polythéisme hindou*. p. 550.

(165) Charles Singer. op. cit. p. 35.

(166) *Naǧwâ*. 9,341, 343 et 437. Il est vraiment regrettable de ne pouvoir citer toute cette prière de Nu'ayma, écho moderne du *psaume*. 71 (70), et véritable hymne d'action de grâce au soir d'une vie bien remplie et toute tendue vers l'Absolu.

A. La Vie Religieuse et Monastique.

Si les religieux sont rassemblés au nom du Christ, des relations d'amour fraternel cimentent leur vie de communauté. Ce sont ces relations, alimentées par la vie sacramentelle, la prière et la pratique des vœux de pauvreté, de chasteté et d'obéissance, qui distinguent les religieux de l'ensemble des chrétiens(167). Pourquoi des vœux ? Quelle est leur signification? Notons tout d'abord que le premier but des vœux n'est pas une mutilation de l'être humain, ni un asservissement, mais une libération «dans les trois secteurs de l'existence humaine». Cette libération n'est pas propre aux religieux. Elle est pour tous. Seule change la manière de la vivre. En effet, les vœux constituent un état de vie pour ceux qui s'y engagent; ils sont davantage un style de vie pour les laïcs. Par la pratique des trois vœux, les religieux et les moines tendent à vivre l'Evangile comme le Christ et à aider tous leurs frères à en vivre. Comment Ǧubrân et Nu'ayma ont-ils perçu cette forme de vie chrétienne?

1. Les couvents étaient très nombreux au Liban. Et du temps des deux amis, ils étaient devenus le thème central de la vie des villages libanais. Autour du couvent tournaient les affaires religieuses, morales et sociales. Cette attention particulière au couvent aboutit à l'agrandissement de ses propriétés par l'intermédiaire des dûs familiaux, des cadeaux et des *waqfs* qu'offraient certains riches en expiation de leurs péchés. Ainsi, les institutions religieuses au Liban se transformèrent rapidement en fiefs religieux et temporels. L'exagération et l'extrémisme dans la vie mondaine, l'attrait des richesses et leur préférence aux motifs religieux furent une raison suffisante pour pousser certaines personnes à la critique et au refus d'obéir aux responsables religieux(168).

A ces motifs, ajoutons l'ardeur des deux amis et leur zèle pour l'Evangile, leur amour pour tous les hommes et en particulier pour les plus défavorisés et nous comprendrons les attaques et la verve critique dont les couvents furent gratifiés. Ces attaques et cette critique sont exactement les mêmes que celles adressées au clergé et dont nous avons déjà longuement parlé.

La décadence de la vie religieuse et monastique n'est pas propre au Moyen-Orient ni à l'époque de Ǧubrân et de Nu'ayma. «Au Moyen-Age déjà, la réputation des moines avait sensiblement baissé, car il y en avait

(167) B. Sesboüé. *L'Evangile dans l'Eglise*. p. 98.

(168) cf. Ḫâlèd Ġassân. op. cit. p. 109.

trop de vagabonds qui vivaient au crochet des fidèles»[169]. Mais la grande décadence du monachisme orthodoxe date surtout de la seconde moitié du dix-neuvième siècle sous le choc du sécularisme occidental, importé en Orient sous sa forme la plus grossière[170].

2. Ne pouvant rester indifférent devant cette décadence et ne se contentant pas de critiques, Ǧubrân puis Nu'ayma invitent les religieux et les moines à un retour authentique à l'Evangile, leur unique règle de vie.

a. La première consigne que donne le Christ à ceux qui veulent le suivre c'est de tout quitter. «Nul ne peut servir deux maîtres, Dieu et l'argent», déclare le prophète de Nazareth. «Les richesses tuent la passion de l'âme»[171], renchérit le prophète d'Orphalèse. «Elles dénaturent l'âme et durcissent le cœur»[172]. Elles constituent un handicap à une vie à la suite du Christ. «Comment peux-tu lever la main pour bénir si elle est pleine d'or»[173]? demande Ǧubrân. Le seul moyen donc de vivre pour le Christ et d'être le témoin de l'Evangile c'est de libérer son cœur du culte rendu à l'argent et à la fortune. Voilà pourquoi, la sagesse invite ses enfants à ouvrir leurs cœurs à la pauvreté telle que l'a enseignée le Nazaréen afin d'acquérir la vraie connaissance à laquelle ils aspirent. «Ami qui es dans le dénuement, si tu pouvais savoir que la pauvreté qui cause tant de ravages est celle-là même qui révèle la connaissance de la justice et la compréhension de la vie, tu serais satisfait de ton lot»[174]. Pour que cette pauvreté soit vraiment évangélique et bienfaisante, il faut qu'elle soit acceptée et vécue «dans l'amour et la justice bienveillante»[175].

Pour concrétiser cet amour de la pauvreté, Ǧubrân invite religieux et moines à rendre aux villageois les terres qu'ils leur avaient prises. «Venez, dispersons-nous comme les oiseaux, servons le faible et pauvre peuple grâce auquel nous sommes devenus forts et puissants. Nous réformerons ainsi le pays qui nous fait vivre de ses biens. Nous apprendrons à cette nation malheureuse à sourire à la lumière du soleil et à se réjouir des dons du ciel, de la gloire de la vie et de la liberté»[176].

---

(169) B. Sesboüé. *L'Evangile dans l'Eglise*. p. 101.

(170) O. Clément. *L'Eglise Orthodoxe*. p. 113.

(171) *Le Prophète*. p. 33-34.

(172) *Sagesse*. p. 25.

(173) *Ramal*. p. 165.

(174) *Sagesse*. p. 65.

(175) *Le Prophète*. p. 37.

(176) *Ḫalîl*. p. 132. même exhortation chez Dostoïevski. cf. *Les Frères Karamazov*. 1,112.

Est-ce à un abandon de la vie religieuse et monastique qu'invite Ğubrân? Nous ne le pensons pas. Il invite plutôt à une revalorisation de cette vie. Car il sait qu'à l'Eglise comme au monde il faut des religieux et des moines. «Il en faut pour rappeler au monde le sens de l'Absolu de Dieu, de la primauté de l'Etre sur tout devenir»(177).

La revalorisation à laquelle appelle Ğubrân se fera par une ouverture des religieux à leurs frères, l'abandon de tous les privilèges et de toutes les prérogatives dont ils se sont entourés afin de partager leur vie avec les autres et mettre leurs dons et leurs talents au service de leurs frères. Car, c'est dans «le cœur de ces frères que Dieu a bâti un temple éternel et dans leur cœur qu'Il a élevé un autel immortel»(178). Dans leur amour du prochain, ils doivent imiter le Christ qui ne s'est pas contenté de belles paroles et de grandes théories sur le Père et l'au-delà.

Devant ce prochain, le religieux doit s'oublier. Il ne doit pas se regarder lui-même, mais regarder le besoin de son frère. Et si le prochain oppose la haine et la dureté à cette bonté, le religieux ne doit pas se laisser décourager. Il doit toujours aimer à l'exemple de son Maître qui a donné sa vie pour tous, pour les bons et pour les méchants. Car «si dure que soit une nature, elle fondra au feu de l'amour»(179). En effet, «la miséricorde et la dureté se disputent le cœur de l'homme... mais la miséricorde finira par vaincre la dureté car elle est divine» affirme Ğubrân(180).

b. Pour hâter cette conversion, Nu'ayma suscite Mirdâd. Celui-ci se présente lui-même comme le réformateur des couvents qui ont dévié de leur finalité(181). A celui qui lui faisait part de sa volonté de se retirer dans un couvent au Liban pour trouver la solitude et la sérénité de l'âme, Nu'ayma écrit: «Malgré leur grand nombre, les couvents du Mont-Liban ne ressemblent plus aujourd'hui à ceux des temps passés. On n'y trouve plus l'austérité, l'adoration, le détachement du monde et de ses attraits. Ils sont devenus des sociétés plus préoccupées d'améliorer leurs revenus et de perpétuer leur existence matérielle que d'approfondir leur existence spirituelle. Les religieux se contentent de sonner les cloches, d'accomplir au moment voulu les prières prescrites par le règlement et les pratiques

(177) Henri le Saux. *Sagesse Hindoue*. p. 208.

(178) *Yasû'*. p. 232.

(179) dit Ghandi que je cite de mémoire.

(180) *Ḫalîl*. p. 127.

(181) *Mirdâd*. 6,724.

cultuelles selon «les normes fixées par le rituel». Quant au sentiment d'union de la créature à son Créateur, il en est quasiment absent»[182]. Mirdâd se présente donc comme l'envoyé de Dieu pour redonner à ces couvents, symbolisés par l'Arche, leur pureté première. Ainsi, «après de nombreuses années d'égarement, voici que l'Arche est maintenant guidée dans la voie droite. Son nouveau supérieur veut la libérer de tout poids inutile afin qu'elle puisse avancer allègrement et paisiblement»[183].

En quoi consiste cette réforme ? Nu'ayma commence par rappeler à tous ceux qui choisissent de suivre le Christ par la pratique des conseils évangéliques que Jésus de Nazareth ne sera pas plus compatissant pour eux qu'il ne l'a été pour lui-même lorsqu'il jeûna quarante jours pour purifier son cœur de toutes les passions et séductions du monde, lorsqu'il ratifia cette purification par le baptême au Jourdain et le jour où il sacrifia son corps sur la croix[184]. C'est pourquoi Mirdâd rappelle lui aussi aux compagnons de l'Arche le but pour lequel ils sont réunis au nombre de neuf et les raisons pour lesquelles ils doivent rester dans l'Arche «loin du monde et près de Dieu»[185]. Ils doivent mener une vie d'austérité semblable à celle de Noé et de ses fils. La finalité de leur vie est de «veiller à ce que le feu de la foi ne s'éteigne pas dans les cœurs. C'est pourquoi, ils doivent s'adonner à la prière au Très-Haut pour leur propre conversion et celle de leurs frères. Ils ne doivent pas s'inquiéter de leurs besoins corporels, ils leur seront procurés par la charité des croyants»[186].

Compter sur la charité des croyants ne signifie pas vivre aux dépens des autres. Or, avec le temps, les compagnons de l'Arche ont accumulé d'immenses richesses. Ils ont choisi d'être servis au lieu de servir, ils ont abandonné leur vie de prière, s'attachant uniquement aux prières strictement obligatoires. Aussi, leur prière est fausse et leur témoignage mensonger, mensonger est le témoignage de leur chasteté. «Qu'ils sont nombreux les religieux et les religieuses qui sont bien plus impurs que les plus grands impurs, même si leur chair jure - et de façon véridique - qu'elle n'a jamais eu de contact avec une autre chair»[187] «Vous n'êtes, dit Mirdâd aux religieux, qu'une poignée d'hommes coupés extérieurement du monde, de ses

(182) *Rasâ'il*. 8,358-359, lettre du 20-3-1966.

(183) *Mirdâd*. 6,724.

(184) *Masîḥ*. 9,232.

(185) *Mirdâd*. 6,643.

(186) Ibid. p. 550.

(187) *Mirdâd*. 6,698.

plaisirs et de ses expériences, pour vous consacrer à Dieu. Mais les liens qui vous rattachent au monde sont obscurs et combien nombreux»[(188)]. Ces liens étant les richesses, le premier pas vers la conversion sera le détachement de ces richesses qui emprisonnent le cœur et le ferment à toute souffrance.

Une fois libérés des richesses matérielles, les religieux se consacreront à la pratique des vertus évangéliques. «Si vous voulez que votre vie soit belle, remplissez vos yeux de beauté; si vous la voulez pure, lavez-vous les mains dans l'eau du pardon et parfumez-les avec le parfum de l'amour; si vous la voulez parfaite, allumez dans vos cœurs le feu d'une foi vivante»[(189)].

Ce simple conseil contient à lui seul tout le programme d'une vie religieuse authentique et efficace. Grâce à l'amour de Dieu et des autres, les religieux sauront donner à leurs vœux en général et à leur vœu de chasteté en particulier leur vraie signification, car «n'est point chaste celui qui porte le vêtement d'un religieux ou d'une religieuse et se cache derrière des murs épais et d'énormes portails de fer. Les vrais chastes sont les chastes de cœur et de pensées, qu'ils soient dans un couvent ou sur une place publique»[(190)]. Ceux-là savent que leur chasteté consacrée les ouvre à un amour universel et les rend d'autant plus créatifs qu'ils renoncent à une fécondité physique. Leur unique force réside dans «le pardon et l'amour»[(191)]. Animés par l'amour, ils offrent à Dieu un sacrifice agréable, «le sacrifice de leur orgueil et de la dureté de leur cœur»[(192)] et ils offrent à leurs frères un amour sans artifices, fondé sur l'oubli d'eux-mêmes et le renoncement à leur propre *Ana*»[(193)], la pratique de la vertu dans la plus grande discrétion[(194)], l'obéissance clairvoyante et aimante[(195)] et enfin le respect et l'estime dûs aux enfants de Dieu et à Dieu lui-même.

Pauvres en esprit, purs de cœurs et de corps, doux, miséricordieux et pacifiques, les religieux pourront alors s'adonner à l'ascèse corporelle;

(188) Ibid. p. 622.

(189) *Zâd*. 5,174.

(190) *Mirdâd*. 6,698.

(191) *Ṣawt*. 5,364. *Bayâdir*. 4,497 et 498.

(192) *Mirdâd*. 6,719.

(193) Ibid. p. 589 et 679.

(194) Ibid. p. 645.

(195) *Zâd*. 5,192.

mais avant de parler d'ascétisme comme moyen de salut et de perfection, il convient de nous arrêter sur l'image que donnent les deux amis de la religieuse.

3. Si Nu'ayma ne fait pas de distinction entre la vie des religieux et celle des religieuses, s'il critique les couvents féminins qui maintiennent les religieuses dans «l'ignorance totale du monde»(196), Ǧubrân nous donne une belle image en mettant en scène une religieuse qui, pour préserver sa virginité, préfère perdre sa vie. «Ce texte s'intitule: «L'image de la vierge». Il s'agit d'une armée qui bat en retraite, traverse péniblement une longue étendue désertique et se voit dans l'obligation de prendre quelque repos dans un couvent de religieuses, seule habitation rencontrée au terme de cette longue marche. Les religieuses accueillent les soldats et leur servent à manger dans le jardin du couvent. Le commandant de cette armée était, nous dit-on, un homme vil et corrompu. Le désir de posséder une femme naît en lui et il décide de violer une des religieuses. Ayant acquis la confiance de la mère supérieure, il s'introduit dans le couvent et avise à l'intérieur d'une cellule, une religieuse jeune et innocente, puis il pénètre dans la pièce le sabre à la main, menaçant de la tuer si elle crie. La pauvre fille, comprenant la nature du danger qui la menace. décide d'adopter un comportement qui mette cet homme en confiance. Elle le prie de s'asseoir, puis lui parle avec amabilité, s'inquiétant de sa fatigue, s'extasiant sur son courage qui lui fait braver à la guerre de terribles dangers. Puis, elle lui dit posséder une poudre merveilleuse qui protège de toutes les blessures. Il la croit, elle va chercher une jarre pleine de poudre blanche. Lui proposant de faire une expérience, elle met de cette poudre sur son cou et lui dit de la frapper le plus fort possible de son sabre. Le rustre la croit et ne réalise sa sottise que lorsqu'il voit rouler à ses pieds la tête de sa victime. A ce moment, il se trouble, donne ordre à l'armée de quitter au plus vite le couvent et part en pleurant et criant: "Je l'ai tuée, je l'ai tuée"!»(197). Ce texte est fort intéressant car, contrairement aux religieux et aux moines, ces religieuses sont des femmes de courage et de bien, de paix et d'accueil.

A part cette scène, Ǧubrân n'accorde pas d'importance et de valeur particulière à la vie religieuse. S'adressant à son lecteur, il dit : «Tu regardes par la fenêtre et tu vois une religieuse et une prostituée. Dans ta naïveté et la sincérité de ton cœur tu dis: "Que la première est noble et que la deuxième est méprisable!" Mais si tu fermais un instant les yeux et prê-

---

(196) *Abâ'*. 4,157.

(197) Cité pa G. Gobillot. *L'image de la femme chez Ǧubrân*. p. 56.

tais attention, tu entendrais dans l'éther une voix qui répète: "L'une me glorifie par la prière et l'autre par la souffrance. Dans l'âme de chacune d'elles se trouve une ombre à mon âme"»[198]. Aussi, l'auteur du *Prophète* ne voit dans ce genre de vie qu'un refuge aux gens incompris[199].

L'incompréhension, les déceptions affectives, la fuite du monde et la recherche d'une certaine sécurité: ces motivations n'ont-elles pas poussé certains (et certaines) à entrer au couvent, davantage que l'amour du Christ et l'attrait de l'Evangile, à certaines époques de l'Eglise? Or, ce n'est pas par une fuite du monde que jeunes gens et jeunes filles consacrent leur vie à Dieu. C'est dans l'Eglise et dans le monde que religieux et religieuses, moines et moniales portent témoignage de la dimension eschatologique du Royaume.

B. L'Ascèse.

1. Pourquoi parler de l'ascèse, *al-zuhd*, indépendamment de la vie religieuse et monastique? Les premiers ascètes n'étaient-ils pas les moines et les religieux? «La pauvreté n'est-elle pas la vertu fondamentale de toute ascèse chrétienne et l'obéissance son sommet»[200]? La raison de cette distinction réside dans le fait que l'ascèse n'est pas le propre de la vie religieuse et monastique, mais chaque chrétien est appelé à suivre cette voie, quoique les formes de renoncement à la vie terrestre et à ses biens puissent être variées. La notion d'ascèse n'est pas d'origine chrétienne. Le mépris du corps a atteint dans le Bouddhisme la faim et la mortification à tel point que le jour où Bouddha, exténué physiquement, perdit connaissance et fut obligé de se nourrir, ses disciples l'abandonnèrent.

L'ascèse chrétienne consiste avant tout dans la pratique des vertus théologales afin d'atteindre non pas une perfection humaine mais la déification à laquelle le chrétien, de par son baptême, est appelé. Pour atteindre cette déification, le baptisé doit mourir à la chair pour pouvoir vivre en esprit.

Mais, si l'ascèse ne consiste qu'à mortifier le corps, elle n'est pas chrétienne. Car «tout Christianisme qui nie la dignité du corps et donc de la matière ne me semble pas du tout chrétien: car c'est là nier le fondement

(198) *Ramal.* p. 195.

(199) cf. *Badâ'i'.* p. 500.

(200) cf. Ravier. *Vie humaine et vie divine.* Dans *La Mystique.* p. 103.

de toute foi chrétienne, la résurrection du corps du Christ Jésus d'entre les morts»[201], et nier la dignité de la personne humaine, tout entière, corps et âme, créée à l'image et à la ressemblance de Dieu.

2. La fraternité universelle à laquelle Ǧubrân appelle tous les hommes l'empêche d'accepter une certaine forme d'ascèse, celle qui consiste à se retirer loin du monde et à se couper de ses frères. «Deux hommes s'en allaient ensemble dans une vallée. L'un d'eux dit à son compagnon: «Vois-tu cet ermitage? Là vit un homme qui a renoncé au monde depuis longtemps. Il ne cherche rien et ne veut rien sur cette terre sinon Dieu». L'autre lui répondit: ''Il ne trouvera Dieu que s'il quitte son ermitage, sa solitude, son ascèse et retourne dans le monde pour partager nos joies et nos peines»[202]. Toutefois, Ǧubrân respecte et estime «l'ascète qui se retire pour se retrouver lui-même» devant Dieu et dont la vie se passe dans l'adoration, la prière, l'union à Dieu et l'amour de ses frères. Mais il nourrit dédain et mépris pour ceux qui recourent à l'ascèse pour paraître saints aux yeux des hommes et dont la vie est en flagrante contradiction avec les paroles.

Voici un prophète totalement livré à l'ascèse. Il ne quitte son ermitage que trois fois par mois pour aller en ville, prêcher sur les places publiques et inviter les hommes à s'aider mutuellement à porter le poids de la vie... Un jour, trois hommes lui rendent visite dans sa solitude et lui disent : ''Tu as prêché le partage et l'entr'aide, tu as invité les riches à partager avec les pauvres. Il n'est pas de doute que, grâce à ta renommée, tu aies acquis une grande fortune. Partage-la avec nous, nous sommes dans le besoin ! L'ascète leur répondit: «Mes amis, je n'ai que ce matelas, cette couverture et cette cruche. Si vous les voulez, prenez-les. Je n'ai ni or, ni argent». A ce moment, les trois visiteurs le regardèrent dédaigneusement... et l'un d'eux lui dit: «Tu es un hypocrite, tu trompes les gens, tu prêches et tu enseignes des vérités que tu ne mets pas en pratique »[203]. De cet ascète, Ǧubrân se contente de dire ce que Jésus disait des docteurs de laLoi de son temps: «Faites et observez tout ce qu'ils pourront vous dire; mais ne vous réglez pas sur leurs actes, car ils disent et ne font pas».

Quant aux ascètes qui s'adonnent à la mortification de leur corps et à la répression de leurs désirs, Ǧubrân les rejette catégoriquement : «Une telle ascèse, déclare-t-il, n'a pas de place dans ma religion. Car Dieu a créé

---

(201) R.C. Zachner. *Inde, Israël, Islam*. p. 269. cf. aussi J. Mouroux. *Le sens chrétien de l'homme*. p. 43-57.

(202) *Tâ'ih*. p. 443.

(203) *Tâ'ih*. p. 428.

le corps pour en faire le temple de l'Esprit»(204), «le temple de Dieu»(205), et de la «beauté»(206). «Notre devoir, poursuit-il, est donc de veiller sur ce temple afin qu'il demeure fort, pur et digne de la divinité qui l'habite»(207).

Ǧubrân ne voit aucun mal dans les fonctions biologiques du corps, et en cela, il est en parfaite harmonie avec l'Eglise qui affirme le caractère sacré du corps. En effet, «l'un des plus intuitifs parmi les philosophes religieux russes du début du siècle, Basile Rozanov, véritable poète de la nuptialité, a pu dire que *l'éros*, non seulement dans son expression contemplative mais dans son expression sexuelle, revêt un sens fondamentalement religieux. «L'athée, dit-il, est celui qui n'a pas le sens de la chair»(208). Aussi, il appartient à l'homme d'en faire un instrument de joie comme l'enseigne le prophète d'Orphalèse: «Votre corps est la harpe de votre âme. Et il vous appartient d'en tirer musique douce ou sons confus»(209).

Nombreux sont les moyens qui permettent de tirer du corps cette «douce musique». Ǧubrân cite le jeûne dont le but n'est pas d'affaiblir le corps ou de l'anéantir, «le corps connaît son héritage et son juste besoin, et veut n'être pas déçu»(210), mais d'abandonner le mal et de rejeter la haine et la rancœur». Car, s'abstenir de manger, se priver de viande durant le carême et attendre impatiemment Pâques pour «s'empiffrer», ce n'est pas là le jeûne qui plaît à Dieu. Le vrai jeûne c'est celui du cœur et du corps qui rappelle au chrétien la tragédie du Fils de l'Homme et sa mort»(211). Le véritable jeûne élève le corps et en fait un messager d'amour et de don de soi à Dieu et aux autres. Il est une source de vie et d'union à Dieu.

---

(204) *'Awâṣif*. p. 442. Même affirmation chez Tolstoï. cf. *Socialisme et Christianisme*. p. 170.

(205) *Rasâ'il ḥubb Ǧubrân*. 2,29.

(206) *Dam'a*. p. 261.

(207) *'Awâṣif*. p. 442.

(208) Cité par O. Clément. *Questions sur l'homme*. p. 79-80. Et S. Jean Climaque d'écrire: «Il faut aimer Dieu de tout son éros». Ibid. p. 85.

(209) *Le Prophète*. p. 72.

(210) Ibid.

(211) cf. *Yuḥannâ*. p. 70-71.

3. L'invitation à la maîtrise des passions et à l'ascèse comme moyen de perfection sillonne l'œuvre de Nu'ayma. Lui-même se présente comme un ascète original: «Ils sont dans l'illusion ceux qui croient que je mène la vie d'un ascète dans un ermitage coupé totalement du monde. En réalité, je suis un ascète, non dans un ermitage mais avec les gens et au milieu d'eux»(213). Dans cette déclaration, l'ascète du *Šuḫrûb, Nâsik al-Šuḫrûb*, confesse son besoin de solitude, non pas pour fuir les hommes, mais pour mieux se préparer à les accueillir. Car, «seul celui qui pénètre le cœur de l'homme peut pénétrer le cœur de... Dieu»(213). Voilà en quelques mots le but de l'ascèse choisie par Nu'ayma et qui devrait être celui de toute ascèse. Mais qu'en est-il dans le concret de la vie?

a. Après avoir rappelé que l'ascèse est née de l'éternelle guerre entre la religion et le monde, l'auteur poursuit : «Mal comprise par certains, elle est devenue une discipline corporelle incroyable. L'exemple des "fakirs" aux Indes demeure connu... Le but est de se venger de l'âme qui ordonne le mal, *al-nafs al-ammara bi-l-sû'*, la purifier des imperfections terrestres et la conduire à la connaissance de la vérité et à l'union avec l'Etre Universel selon l'enseignement hindou ou à la jouissance du bonheur du Nirvâna selon celui du Bouddhisme»(214).

Ces exagérations ne se limitent pas aux ascètes de l'Inde. Suite à la prédication sur le Royaume de Dieu, l'ascèse se répandit de façon inimaginable durant les premiers siècles chrétiens. Les couvents et les monastères se multiplièrent pour abriter des femmes et des hommes qui faisaient vœu de chasteté, et s'adonnaient à l'adoration, poussés par la crainte de l'enfer et le désir du ciel. La mortification à laquelle ils s'adonnaient atteignit un degré insupportable, tel que chez l'ascète syrien Simon le Stylite (390-458)... Puis chez François d'Assise (1182-1226) qui ne possédait absolument rien si ce n'est son vêtement et se faisait flageller sans pitié(215).

Quelle est la valeur de cette ascèse au regard de Nu'ayma? Tout d'abord l'auteur exprime sa pitié pour ceux qui embrassent ce genre de vie parce qu'ils sont déçus par la vie, à cause de leur pessimisme exagéré

---

(212) *Ṣawt*. 5,344. A propos de l'ascèse de Nu'ayma, cf. l'ouvrage de T. Milḥès. *M. Nu'ayma, al-adîb al ṣûfî*, dont nous avons déjà parlé.

(213) *Ṣawt*. 5,349. Voir tout cet article intitulé : «*Pourquoi me suis-je retiré du monde, Limâḏâ i'tazaltu al-nâs*?» Ibid. p. 344-349.

(214) cf. *Ṣawt*. 5,371-372 et *Maqâlât*. 7,257-258. Ailleurs Nu'ayma cite les trois grands modèles de l'ascèse orientale : Bouddha, Lao-Tseu et Krishna. cf. *Masîḥ*. 9,234-235.

(215) *Ṣawt*. 5,372 et *Maqâlât*. 7,258-259. Sur les différences entre l'ascèse chrétienne et l'ascèse orientale. cf. J.A. Cuttat. *Expérience chrétienne et spiritualité orientale*. Dans *La Mystique*. p. 918.

ou bien par crainte du châtiment éternel et désir du bonheur éternel. Quant à ceux qui choisissent l'ascèse comme moyen d'atteindre la connaissance, ceux-là méritent sa vénération et son estime et lui font dire avec les mystiques orthodoxes: «En dehors de la ''gnose'', la vie ascétique n'a aucun prix»[(216)].

b. Celui qui prend Jésus pour modèle doit savoir, dit Nu'ayma, qu'il ne sera pas traité autrement que son Maître qui a jeûné quarante jours dans le désert pour purifier son cœur et le détacher du monde et de ses attraits[(217)]. A ce premier but du jeûne fixé par Jésus lui-même, Nu'ayma en ajoute un autre: «mortifier le corps et fortifier l'esprit»[(218)]. De quel jeûne s'agit-il? La réponse à cette question se trouve dans sa nouvelle *Ṣadîqî 'Abd al-ġaffâr* dans laquelle l'auteur critique sévèrement ceux pour qui le jeûne ne consiste qu'en une simple abstention de nourriture et de boisson. Si dur que soit ce jeûne, il n'est d'aucune valeur pour Dieu. Car le jeûne agréable à Dieu et bénéfique pour l'homme c'est le jeûne du cœur. Ce jeûne devient une joie spirituelle devant laquelle tout autre plaisir s'estompe[(219)]. C'est ce jeûne qu'a pratiqué Jésus et c'est à ce jeûne qu'il convie ses disciples.

Jésus ne s'est pas contenté de prêcher, précise Nu'ayma. Il a renoncé à ce monde au point de dire qu'il n'avait pas où poser sa tête. Cependant Jésus n'exagéra pas dans sa pratique de l'ascèse. Il s'occupait de son vêtement et de sa nourriture. Il avait ses amis et était attaché à son pays. Il a pleuré sur Lazare et sur Jérusalem. L'un de ses disciples portait une épée et un autre gardait la bourse de la petite communauté. C'est pourquoi V. Messori a pu dire qu'une des caractéristiques de l'ascèse du Christ est la modération ou «la synthèse, unique dans toute l'histoire religieuse, entre ''corps et esprit'', entre ''nature et grâce'', entre ''douleur et joie''»[(220)]. La perfection chrétienne consiste alors dans ce juste milieu. Mais, «la plupart des gens, remarque Nu'ayma, accordent au corps le maximum de ce qu'ils peuvent et abandonnent l'esprit. Et c'est d'eux que Jésus dit : «Ce

---

(216) Cité par Vladimir Lossky. *Théologie mystique*. p. 212.

(217) *Masîḥ*. 9,232.

(218) *Sab'ûn*. 1,596. cf. également *Adam*. 7,69-70. Quant à Ghandi, remarque Nu'ayma «il croyait que le jeûne est un moyen pour réparer ses fautes et celles de ses disciples». *Mahabb*. 5,477.

(219) *Baṭṭa*. 2,580 et 581. al-Ḥallâğ va jusqu'à placer le sacrifice interne du cœur plus haut que la fête des sacrifices. L. Massignon. *La passion d'al-Ḥallâğ*. 1,277.

(220) V. Messori. op. cit. p. 228.

ne sont pas ceux qui me disent Seigneur, Seigneur, qui entreront dans le Royaume des cieux». Rares sont ceux qui comprennent et vivent l'ascèse comme Jésus l'a enseignée et vécue et qui recherchent le Royaume de Dieu dans leur cœur. A ceux-ci Jésus dit : «Voici que je suis avec vous tous les jours jusqu'à la fin du monde»[221].

Ainsi, éclairé par l'exemple et l'enseignement de son Maître, Nu'ayma redonne à l'ascèse sa véritable signification : «donner au corps ce qui est au corps et à l'esprit ce qui est à l'esprit». La voie de cette ascèse vivifiante est celle suivie par le Christ, à savoir celle des Béatitudes. A tous ceux qui, comprenant mal l'enseignement du Christ et l'interprétant plus mal encore, s'adonnent à une ascèse démesurée ou s'arrachent des larmes à coups de fouets, Nu'ayma et Ǧubrân redisent les paroles de Saint Nil : «Le chemin vrai passe par la pénitence du cœur, la prière, le désir; "pleure et verse des larmes devant Dieu par l'intention"; ainsi "à force de foi et de prière", on finit par changer le roc de son âme en source d'eau»[222].

Conclusion de la troisième partie.

Tout au long de nos trois chapitres sur l'Eglise, nous avons cheminé avec deux fils de cette Eglise en révolte contre leur mère infidèle au message d'amour que le Christ lui a confié. Plus préoccupé de titres et de fastes que de l'Evangile, le clergé a enfermé la vie sacramentelle des fidèles dans un petit monde artificiel de rites, de prescriptions, de pratiques et de pieuses surenchères entièrement séparé du salut opéré par le Christ et dont l'Eglise est sacrement.

C'est contre cet aspect extérieur de «religiosité» que s'élèvent les deux fils d'un Liban traditionnellement chrétien. Dans leur contestation et leurs critiques virulentes, ils ne mettent pas en question l'Eglise elle-même, mais ses structures et son mode d'organisation, son faste extérieur et son intolérance, sa tiédeur à annoncer la Bonne Nouvelle du Christ et son infidélité à l'Evangile. Tous les deux rejettent cette Eglise qui s'est éloignée du Christ, de l'Evangile et de l'homme et aspirent à une Eglise qui renonce, autrement que par des formules vagues, à ses prérogatives et à sa volonté de puissance, pour jouer correctement son rôle de sentinelle de l'Evangile et de sacrement du salut universel. Le credo de Charles Singer résume admirablement bien leurs critiques et leur aspiration:
« Je ne reconnais pas l'Eglise

---

(221) *Masîḥ*. 9,234.

(222) J. Mouroux. *L'expérience chrétienne*. p. 299.

Elle n'a aucun droit sur les hommes,...
Au nom de Dieu Elle étouffe la liberté et court après la puissance.
Elle aime les honneurs, Elle est du côté de l'ordre
et des traditions confortables...
« Je ne crois plus aux églises qui sont des lieux d'incroyance,
parce que les prêtres ne donnent plus des paroles pour vivre,...
« Je reconnais que l'Eglise est le rassemblement des hommes et des femmes pour qui Jésus-Christ est la mesure de toutes choses.
Je dis que l'Eglise désirée par Jésus-Christ
doit sans cesse se purifier de sa volonté de puissance.
Si l'Eglise est loin de la vie,
de la souffrance et de l'amour, elle est morte.
« Je crois en l'Eglise qui cherche à être sainte, humble, dépouillée,...
« Je crois aux églises où chante la musique de Dieu,
où une parole vivante est donnée à des vivants,
où les chrétiens célèbrent le Dieu de leur Vie»[223].

(223) Charles Singer. op. cit. p. 91.

CONCLUSION GENERALE

ǦUBRAN ET NU'AYMA. CHRETIENS UNIVERSALISTES D'OBEDIENCE REINCARNATIONNISTE.

A. Au terme de cette étude de la pensée de Ǧubrân et de Nu'ayma est-il possible de formuler une conclusion assurée et définitive? Notre souhait, au contraire, serait que ce travail soit une porte ouverte sur de nouvelles recherches et analyses. Cependant, retenons quelques remarques qui nous ont semblé importantes.

B.1. Le milieu de Ǧubrân et de Nu'ayma était un milieu chrétien, plus ou moins pratiquant, mais bien enfermé dans les traditions et les lois des différentes Eglises. Pour la majorité des chrétiens de leur temps, la religion était surtout une morale, alors qu'en réalité ce qui est premier dans le Christianisme, c'est l'amour que Dieu porte à ses enfants. Aussi, les deux amis libanais étaient-ils écartelés entre un Christianisme traditionnaliste et une soif de Dieu Amour et Père. Toute leur vie, pensée et œuvre, fut une recherche de Dieu. «Notre Dieu..., nous ne pouvons te demander quoi que ce soit car tu connais nos besoins avant qu'ils ne soient nés en nous: Tu es notre besoin ; et en nous donnant plus de toi-même, tu nous donnes tout»[1]. «Mon Dieu, toi seul es la Vie! ... Toi seul es l'Amour! ... Et moi, je suis ton enfant bien-aimé... et le temple merveilleux que tu as construit afin que s'y révèlent le visage de la Vie, - ta Vie - , et celui de la *Maḥabba*, - ta *Maḥabba* -»[2].

Mais, n'étant ni *métaphysiciens de vocation*, ni *théologiens de métier*, ni *exégètes de profession*, Ǧubrân et Nu'ayma ont décrit leur aspiration à Dieu en *penseurs et mystiques chrétiens* influencés d'une part par les

(1) *Le Prophète*. p. 69.

(2) *Naǧwâ*. 9,361.

religions orientales et d'autre part par les *romantiques* en général et J.J. Rousseau en particulier. A la manière de celui-ci, les deux fils de l'Eglise libanaise ont eu le grand mérite d'apercevoir et de développer un certain nombre d'idées et de vérités chrétiennes oubliées ou négligées par leurs contemporains(3). Leur force a été de les rappeler dans un style semblable à celui de la Bible dans ses deux parties, l'Ancien et le Nouveau Testament. Mais, voulant que leur pensée religieuse soit présentée de façon à pouvoir être admise par les croyants de toute religion et non pas seulement par les chrétiens à l'exclusion des autres, les deux amis donnent *l'impression* d'avoir, d'une certaine manière, inventé un *Christianisme coupé du Corps Mystique du Christ, séparé de l'Eglise.* En effet, niant le péché originel et la Rédemption telle qu'elle est conçue par l'Eglise, «refusant le sens traditionnel de la religion», adoptant la réincarnation comme moyen privilégié d'atteindre l'illumination et la déification auxquelles tout homme est destiné, c'est dans leur recherche de la vraie nature des relations entre Dieu et les hommes, dans leur recherche du sens à donner à l'existence personnelle et à l'histoire de l'humanité face à Dieu, Créateur et Père, et de la signification à donner à l'univers dans sa totalité, que Ǧubrân et Nu'ayma se révèlent comme des êtres religieux.

Il se peut que nous ne comprenions pas Ǧubrân et Nu'ayma lorsque nous cherchons en eux les semences d'un Christianisme traditionnel et figé auquel nous ont habitués certains membres du clergé, ou bien lorsque nous cherchons en eux les semences d'une morale chrétienne coupée de sa source : le Christ. Ǧubrân et Nu'ayma sont au-delà d'un tel Christianisme. L'expérience chrétienne est pour eux - d'abondantes citations de la Bible en général et des évangiles en particulier en font foi - l'accomplissement de la loi d'amour impérée par Dieu.

Ni *gnostiques* ni *panthéistes* contrairement à certaines interprétations qui ont été données de leur doctrine(4), Ǧubrân et Nu'ayma sont, à leur manière, profondément chrétiens, dans leur foi en Dieu et au Christ et

---

(3) Bien plus, par leur intuition de poètes et de penseurs chrétiens et par leur grand amour de Jésus, Ǧubrân et Nu'ayma ont souligné des mots prononcés par Jésus lui-même, «Ipsissima verba Christi», tels que «*Abba*» (*Yasû'. p. 347) et «Moi je vous dis*», que les exégètes aujourd'hui sont unanimes à reconnaître. cf. Joachim Jeremias. *New Testament Theology*. Vol. 1. London (1971), p. 38 note 66, et p. 30.

(4) Car, il est extrêmement facile de laisser tomber de la pensée d'un auteur ce qui n'intéresse pas, de n'attribuer à cette part jugée inintéressante, ambiguë ou trop engageante, qu'une part minime, ou même de ne pas l'apercevoir. On fausse ainsi de bonne foi la signification de toute une œuvre en en faussant les proportions. L'œuvre de Ǧubrân et de Nu'ayma forme un *tout*, et n'en mentionner qu'un ouvrage particulier, comme le *Prophète* pour le premier et *Mirdâd* pour le second, c'est prendre le risque de la déformer en masquant l'unité qui réside dans sa diversité même.

dans leur nouvelle expression de cette foi. En effet, les expressions du rapport d'un homme à Dieu passent par la culture, l'éducation et les nombreuses influences reçues. Cela ne doit pas faire illusion. Un théologien parlera de manière plus éloquente de Dieu et de l'amour de Dieu qu'un homme de lettres. Mais l'un aime-t-il plus que l'autre ? La *Maḥabba, essence et fondement du Christianisme*, a trouvé dans ses deux fils libanais *ses meilleurs interprètes et ses plus grands défenseurs*. Aussi, fut-elle leur Dieu et leur Maître, le mobile de leur vie et le stimulant de leur pensée.

2. La source de cette *Maḥabba* n'est autre que *le Christ et l'Evangile*, tout particulièrement dans sa perle rare: «*Le Sermon sur la Montagne*». De fait, pour ces deux fils de l'Eglise chrétienne, *le Christ* est *l'Alpha* et *l'Oméga* de tout l'événement du monde, l'axe et la fin de leur vie et de leur œuvre. Leur *option christique et évangélique* est catégorique. Cette option se manifeste dans la place qu'ils donnent au Christ et à l'Evangile dans tout ce qu'ils écrivent et notamment dans l'ouvrage que chacun d'eux consacre au promoteur de la loi d'amour universel. Or, comparant les évangiles transmis par les Apôtres avec ce qu'en a fait le clergé, les deux amis en furent affligés et ahuris. Aussi, ont-ils violemment réagi, au nom même de l'Evangile et dans un esprit où nos contemporains peuvent étrangement se retrouver, contre l'Eglise et les hommes d'Eglise qui ont voilé et déformé à ce point le message qu'ils sont destinés à vivre et à prêcher. Mais, s'étant détournés de l'Eglise, - ne faisant aucune distinction entre l'Eglise et le personnel de l'Eglise-, les deux amis ne se détournent pas du Christ et de son message. Leur amour pour le Christ suscite en eux le désir de Le libérer de toutes les manipulations dont Il a été l'objet et de Le rapprocher de tous «ses petits frères». Ainsi, leurs ouvrages respectifs sur Jésus, *Yasû' Ibn al-Insân* de Ǧubrân et *Min Waḥy al-Masîḥ* de Nu'ayma ne sont qu'une traduction des évangiles dans le style de leur temps. Cette adaptation des évangiles n'est pas toujours bien accueillie par les théologiens et les exégètes. Mais, encore une fois, ne demandons pas à des hommes de lettres qui veulent exprimer leur attachement au Christ et leur amour pour Lui de penser et d'écrire en théologiens et en exégètes. Pas plus qu'aucun autre de leurs écrits, leurs deux ouvrages sur le Christ ne veulent être un exposé doctrinal, un catéchisme ou un abrégé de théologie. Cependant les fondements doctrinaux de la spiritualité qu'ils enseignent y affleurent souvent. «Il y a beaucoup de demeures dans la maison de mon Père», déclare Jésus à ses disciples. Il y a beaucoup de manières d'exprimer la Vérité et d'aimer le Christ, affirment Ǧubrân et Nu'ayma par leur vie et leur œuvre.

3. La foi de Ǧubrân et de Nu'ayma en l'Eglise et leur attachement à Elle sont l'aspect le plus contesté de leur pensée religieuse qui est restée profondément chrétienne dans la plupart de ses manifestations, malgré

toutes les spiritualités orientales auxquelles elle a puisé et par lesquelles elle a été influencée. *Leur révolte contre la religion et contre l'Eglise* est finalement réduite *à une révolte contre les représentants de cette religion et de cette Eglise* qui ont défiguré l'image du Christ et déformé son message. A cause de cette révolte contre le clergé et à cause de la conception romantico-mystique qu'ils ont de la religion, Ǧubrân et Nu'ayma *semblent ignorer l'aspect de participation à la vie intime de Dieu* par l'intermédiaire du *Fondateur*. Ils ne conçoivent pas, ce qui est pourtant capital pour un chrétien, le rôle de «pont» du Fondateur entre le ciel et la terre, entre Dieu et les hommes. C'est pourquoi, ils ont refusé, dans *la théorie*, mais non dans *la pratique*, les sacrements qui communiquent aux fidèles la grâce divine sans laquelle ils ne peuvent transformer leur nature et parvenir à la déification.

Repoussés par l'attitude peu évangélique du clergé et ne trouvant pas auprès de l'Eglise ce qui aurait répondu à leurs aspirations(5) Ǧubrân et Nu'ayma ont choisi de cheminer vers cette déification par leur propre moyen et à l'aide de moyens découverts dans les religions orientales telle que la réincarnation. Mais cette lacune est-elle justifiée? Leur déception n'a-t-elle pas été à la mesure de leur exigence? Toutefois, n'ont-ils pas demandé aux chrétiens et au clergé du dix-neuvième siècle de répondre à des aspirations qui n'ont commencé à se manifester que dans la seconde moitié du vingtième? Cette remarque n'est pas destinée à excuser les chrétiens en général et l'Eglise en particulier d'avoir manqué à leur mission. Elle veut simplement souligner que, longtemps avant le Concile Vatican II, Ǧubrân et Nu'ayma ont appelé *l'Eglise à une grande ouverture, à un retour sincère à l'Evangile et à une conception plus large et plus universelle du Salut.* Ayant ouvert tout grand leur cœur et leur vie au Christ, nourris par l'Evangile, les deux amis ont vécu l'esprit de Vatican II longtemps avant que l'Eglise n'ait pensé à ce Concile. Leur mérite est d'avoir été *des prophètes et des éclaireurs de voie pour une vie plus évangélique et plus christique* .

4. Mais, le lot de tout prophète n'est-il pas - au moins de son vivant - d'être mal entendu ? En effet, «si Ǧubrân est sans conteste l'écrivain arabe moderne le plus commenté par des exégètes de tous bords, il n'en demeure pas moins *le plus obscur* et dont l'œuvre aussi bien que la vie gardent encore tout leur secret»(6). N'a-t-il pas été taxé de destructeur de

---

(5) Dans les hommes de religion Ǧubrân et Nu'ayma n'ont vu que les ombres, or les ombres côtoient toujours la lumière et parfois la réduisent dangereusement.

(6) Anonyme. *Khalil Ǧibran et Mayy Ziyâdé, deux êtres désunis par un grand amour.* Le temps culturel. Tunis. Lundi 13-12-1982. p. 8.

toute morale et de toute religion ? Il est vrai que la pensée religieuse de Ǧubrân et son art, assez complexes, ne pouvaient espérer une prompte adhésion ni du clergé ni du grand public. Aussi, que le fils de *Bcharré* «soit resté incompris au début, est un fait tout à fait normal. Nu'ayma l'avait constaté dès 1925 en ajoutant qu'il le resterait encore de longues années.

Quant à Nu'ayma, son sort n'est pas meilleur que celui de son ami. N'est-il pas appelé par les siens *«le prophète de Baskinta»*? «Cette appellation, explique M. B. Milèd, n'est qu'un surnom, un titre à l'orientale et une marque de politesse qui signifient que les Orientaux considèrent Nu'ayma comme un homme bizarre, *insân šâḏḏ*, qui s'est retiré du monde et qui n'a rien de commun avec son siècle». De fait, ajoute l'auteur, «nous ne trouvons rien chez les écrivains orientaux qui laisse entendre que la pensée de Nu'ayma trouve un écho dans l'âme de ses compatriotes»(7).

Mais qu'importent les incompréhensions, les critiques, les petitesses et même les abandons ! Qu'importe qu'ils aient donné des armes à leurs calomniateurs ? Ce qui importe, c'est que Ǧubrân et Nu'ayma ont été profondément tendus vers Dieu, vers le Christ et vers la charte du Royaume prêché par le Christ, profondément et totalement tendus vers la *Maḥabba*, vers *une fraternité vraie et universelle* qui englobe tous les hommes sans distinction de race, de culture ou de religion, car en chaque homme il y a un domaine sacré où nul ne peut entrer, le domaine de Dieu. Dans leur approche de leurs frères, au lieu de se projeter en eux, les deux amis ont essayé de les voir comme Dieu les voit. Dans leur vie et dans leur œuvre, *la réalité de l'homme est très claire. L'aspect humanitaire de leur œuvre est leur vrai miracle.* Tous les deux ont chanté la bonté, la liberté, l'espoir, l'amitié, la douceur, la magnanimité et le bonheur. Tous les deux ont appelé à la *Maḥabba*, ce canal qui unit l'homme à Dieu et l'achemine, à pas sûrs, sur la voie de la déification à laquelle l'appelle Dieu, le Père de Jésus-Christ. Cette déification, bien qu'elle emprunte, chez Ǧubrân et Nu'ayma, d'autres voies que les voies chrétiennes, telle que la réincarnation, ne se fait pas en dehors et indépendamment de Dieu, moins encore en s'opposant à Lui.

---

(7) Maḥǧûb Ben Milèd. *M. Nu'ayma aw Ḥikmat al-šarq tub'aṯ*. al-Fikr. Tunis. Avril. 1957. p. 17. Notons que cette remarque n'est pas bien justifiée. Lors du festival organisé en l'honneur de M. Nu'ayma en 1978, Mayy Mansâ déclare : «L'étonnant dans l'œuvre de Nu'ayma est qu'elle nous réconcilie avec nous-mêmes, avec les hommes et avec l'univers. Cette réconciliation est un univers dans lequel on ne peut entrer que par l'amour». M. Mansâ. M. *Nu'ayma fî iftitâḥ mahraǧânihi*. al-Nahâr. Beyrouth. 8-5-1978. p. 8. De son côté, B. Pirone conclut son article sur *«Le système philosophique et religieux de M. Nu'ayma* en qualifiant Nu'ayma d'un «authentique et grand écrivain de l'Arabisme de nos jours». op. cit. p. 76.

5. De cette *déification*, les deux amis se sont faits *les messagers*. Tout au long de leur vie et dans toute leur œuvre, ils ont rappelé à l'homme *sa dignité de fils de Dieu*, tout en étant pleinement conscients que de nos jours «toute personne qui a le courage de parler de Dieu et de la religion s'expose à l'ironie des autres»[8]. Ont-ils réussi dans leur mission religieuse et humanitaire? Oui, au dire de certains. Lors de sa visite aux U.S.A. en 1924, le romancier anglais Arnold Bennet dit : «C'est une gloire suffisante aux Arabes que Ǧubrân Ḫalîl Ǧubrân ait rappelé à l'Amérique matérialiste, grâce à ce qu'il a écrit en anglais, l'enseignement de la Bible, celui des Psaumes de David et surtout celui du Christ»[9]. Quant à Nu'ayma, toute son œuvre n'est que «l'expression et la preuve de sa maturation spirituelle»[10], une action de grâces, éclatante pour les bienfaits dont Dieu l'a comblé et un pressant appel à tous les hommes à œuvrer ensemble pour répandre la semence de la *Maḥabba* dans leur cœur afin de comprendre que leur voie est unique et unique leur finalité : connaître la Vérité qui est Dieu et la *Maḥabba* qui donne tout son sens à «la Connaissance qui libère, à la Liberté qui connaît» et qui fait de Nu'ayma «l'âme de l'Orient qui se réveille, la sagesse de l'Orient qui ressuscite[11]!

Cette *Maḥabba* est le plus précieux et le plus grand don que Dieu ait fait à l'homme. Mais la route vers cette *Maḥabba* est semée d'épines, aussi l'homme la craint et l'évite, c'est pourquoi, il se débat dans les malheurs. Car, tant qu'il n'a pas donné à la *Maḥabba*, à Dieu qui est *Maḥabba*, la place principale dans sa vie, l'homme restera malheureux. Or, tant que le penseur chrétien n'a pas réussi à faire comprendre cette vérité à ses frères, pouvons-nous dire qu'il a réussi sa mission ? Ecoutons la réponse de Nu'ayma à qui un journaliste disait en 1980 : «Vous avez beaucoup donné, vous pouvez en être fier». «Demain, devant Dieu, répond le nonagénaire de *Baskinta*, je n'apporterai pas mes livres et je dirai même que ces livres ne me réprésentent pas et qu'ils constituent autant de preuves de ma culpabilité... Aujourd'hui, une question me préoccupe : «Que laisserai-je derrière-moi? Ai-je aidé les hommes à mieux supporter leurs malheurs»? A cette question, je ne trouve point de réponse claire. Je pense souvent que j'ai posé des problèmes supplémentaires et superflus à l'homme, que je lui ai créé de nouvelles crises. Je n'en suis vraiment pas fier[12].

(8) *Zâd*. 5,166.

(9) H. Mas'ûd. *Gubrân ḥayy wa mayyit*. p. 586.

(10) cf. M. B. Milèd. *Risâlat M. Nu'ayma*. al-Fikr. Tunis. Juillet 1978. p. 10.

(11) Parfois, on a *l'impression* que, poursuivant solitairement, romantiquement et mystiquement sa méditation d'un Christianisme appris dans l'enfance, lu dans la Bible et étudié au Séminaire, Nu'ayma se fait *sa religion à lui*, d'où son *prophétisme méconnu*... Mais ce n'est là qu'une *simple impression*.

(12) M. R. Kéfi. *M. Nu'ayma et le mal du passé. Le Temps. Tunis. 10-9-1980. p. 14.*

Plus optimiste que son ami, Gubrân ne partage pas cette insatisfaction. Si sa mission ne porte pas les fruits escomptés, il reviendra l'accomplir:

«Brefs ont été mes jours parmi vous, et plus brèves encore les paroles que j'ai prononcées.

«Mais si ma voix s'éteint dans vos oreilles et si mon amour s'efface dans votre souvenir, alors je reviendrai à nouveau,

«Et avec un cœur plus riche et des lèvres plus soumises à l'Esprit je parlerai»[13].

C. A la question posée au début de notre étude : «Quelle est la caractéristique de la pensée religieuse de Ǧubrân et de Nu'ayma»?, nous pouvons répondre, non sans une certaine appréhension, étant donné que la rançon de tout écrit fortement personnel est d'être incomplet[14]: «*La pensée religieuse des deux penseurs libanais analysée ci-dessus est celle de chrétiens universalistes d'obédience réincarnationniste respectivement appelés "Fondateur d'une Eglise d'Amour" et "Apôtre de la Maḥabba"*».

---

(13) *Le Prophète*. p. 83.

(14) Si je n'étais pas chrétienne, et du Proche-Orient, aurais-je conduit de la même manière cette étude ? L'aurais-je seulement entreprise ? ... Je n'en sais rien... Mais une chose est certaine, c'est qu'il m'est impossible de démontrer que cette étude soit effectivement indépendante de mon adhésion chrétienne à Dieu.

N.B. Cet ouvrage ne reproduit pas la thèse dans son intégralité. Celle-ci a été adoptée pour la publication.

INDEX DES NOMS PROPRES

'Abbâs Iḥsân. VI, 11, 89, 110, 229, 370.
'Abbûd Mârûn. III, VI, XXVII, XXIX, 24, 80, 82, 116, 127, 129, 322, 334, 337.
'Abd al-Mâlèk Anouar. VI, 62, 91.
'Abd al-Masîḥ Antoine. XX.
'Abd al-Quddûs Iḥsân. XXII, 242.
Abel, personnage biblique. 180, 236.
'Abid (Abèd) Moḥsen al-. VI, 52, 63, 89, 112, 120.
Aboussouan Camille. I.
Abraham, personnage biblique. 169, 185.
Abû Mâḍî Iliyya. VI, 17, 57, 85, 95, 100, 110, 193, 298-301, 348, 350, 370.
Abû Šabâké Elias. 147.
'Adawiyya Râbi'a al-. 300.
Afġânî Ǧamâl al-Dîn al-. 25.
Allo, Père. 218.
Amos, le prophète. 404.
Anawâtî G. et Gardet L. VII, 21, 38, 105, 132, 275, 300.
André, l'Apôtre. 318.
Anne, Sainte. 179.
Antioche, Saint Ignace d'. 348.
'Aqqâd 'Abbâs M. al-. VII, 88, 209, 212 310.
Arc Jeanne d'. 280.
Aréopagite Denis l'. VII, 35.
'Arîḍâ Nasîb. XXIX, XXXI, 193.
'Arîḍâ Sâba. 285, 287.
Aristote. 23, 78, 366.
Arius. 176.
Arnaldez Roger. VII, XXI, 21, 39, 40, 103, 118, 122, 123, 135, 141, 163, 178, 180, 188, 196, 206, 207, 209, 215, 224, 232, 276, 368.
Assise François d'. VII, 44, 56, 61, 91, 112, 134, 346.
Aštar 'Abd al-Karîm al-. VII, XXX, XXXI, 47, 65, 96, 111, 125, 127, 134, 193, 357, 362.
Athanase, Saint. 171.
'Aṭoui Faouzi. XXVIII, 155, 164.
Aubin Paul. XXII, 266.
Augustin, Saint. XXXIII, 44, 50, 90, 128, 210, 218, 284.
Aurobindo Sliri. VIII, 144.
Avila, Sainte Thérèse d'. 35, 129.
'Awwâḍ Youssef T. 134.
Baciocchi Joseph de. VIII, 27, 146, 160, 176, 221, 228.
Ba'labakkî Zuhayr. II.
Baptiste Jean le. 167, 169, 186, 197, 254, 410, 433.
Baron Gabrielle. VIII, 146, 185, 329.

Barreau A. 252, 295.
Basile, Saint. 80.
Basilide l'hérétique. 240.
Bašîr (Béchîr) Antonius. I, II, 271, 334.
Bayḍâwî 'Abd Allah Ben 'Amor al-. VIII, 253.
Bayras Emile Ḫalîl. II.
Ben Milèd Maḥǧûb. XXI, 62, 95, 96, 204, 207, 455, 456.
Bennet Arnold. 456.
Benoît XII, Pape. 294.
Bergson Henri. VIII, 50, 64.
Berzabayen. 157.
Besant, Mme. 261.
Bezançon J.N. XXII, 28, 172.
Birioukof. 62.
Blake William. VIII, 69, 91, 99, 128, 134, 142, 161, 178, 179, 260, 261, 369.
Blavatsky, Mme. 7, 9, 94, 168, 176, 256.
Bloy Léon. 340.
Bodart M. Thérèse. VIII, 69, 101, 115, 327.
Boehme Jakob. 91, 134.
Bonaparte Napoléon. 428.
Boros Ladislas. VIII, XXII, 4, 279, 284, 291, 292, 302, 400.
Bouddha. XXXIII, 91, 94, 97, 166, 185, 253, 264, 366, 443, 446.
Boulgakof Serge. VIII, 24, 25, 31, 45, 74, 76, 176, 177, 180, 203, 223, 228, 229, 237, 249, 284.
Boustânî Bouṭros. 61, 97, 228, 322, 336.
Boustânî Fouad E. 336.
Boustânî Salîm al-. 84.
Bovis André de. VIII, 317.
Branner Emile. 92.
Brâkès G. Fouad. IV, 6, 16, 28, 107, 153-155, 157, 161, 178, 192, 193, 238.
Bro Bernard. VIII, 295, 302, 340, 398, 405, 406, 434.
Brockelmann Carl. IX, 99.
Caïn, personnage biblique. 180, 236, 393.
Caïphe. 240.
Calvin. 314.
Camus Albert. IX, 9, 10, 66, 228, 288.
Carlyle Thomas. 48.
Celse. 168.
Cérulaire Michel. 97.
César Auguste. 240, 243.
César Jules. 66.
Chagneau François. IX, 48, 49, 149, 291, 292,309.
Charpentier Etienne. IX, 28, 64, 211, 214.
Chevalier Jean. IX, 40, 101, 128, 139, 416.
Chinmayânanda le Swâmî. 257.
Choron Jacques. IX, 252, 255, 273, 282, 283, 286-288, 291.
Chrysostome Jean. 80, 376, 412.
Claudel Paul. 384, 419, 434.
Clément d'Alexandrie. 232.
Clément Olivier. IX, 11, 19, 64, 118, 125, 219, 228, 237, 274, 358, 36' 438, 445.
Climaque, S. Jean. 445.
Confucius. 185, 265.
Constantin, l'Empereur. 68.
Corbon Jean. IX, 61, 67, 83, 250, 321, 329, 331, 335.
Corelli Marie. 134, 204.
Cortella Pierre M. 204.
Cresson André. IX, 21.
Croce Benedetto. 187.
Cuttat J.A. 6, 161, 446.
Cyprien, Saint. 314, 359.
D'Alès A. IX.
Dalmais I.H. IX, XXIII, 76, 91.
Damascène, S. Jean. 376.
Daniélou Alain. X, 31, 32, 53, 58.
Daniélou Jean. X, 53, 92, 106, 131, 171, 299.
Darwin C.R. 25.

Dassûqî 'Abd al-'Azîz. X, XXXI.
Dassûqî 'Umar. X, 25, 127.
David, le prophète. XXVI, 107, 185, 407, 425, 456.
Déchanet J.M. X, 53.
Defoe Daniel. 228.
De La Croix, Saint Jean. 35, 44, 283, 309.
Deladrière Roger. X, XII, XXIII, XXXIV, 8, 10, 32, 40, 42, 44, 118, 126, 140, 149, 171, 253, 266, 413, 426.
Delanglade Jean. X, 5, 8, 9, 11-13, 31, 123, 363.
Delmédico H.E. X, 186.
Delumeau Jean. X, 9, 87, 325, 350.
Denis Henri. X, 64, 68, 229.
Descartes. 5, 101.
Dib Sherfan Andrew. IV, 52, 174, 294, 374, 384.
Dibs Mgr. Joseph. XXVII.
Diderot. 35.
Diognète. 68.
Dodd C.H. X, 28, 54, 205, 221, 248, 317.
Domergue Marcel. XXIII, 29, 31, 35, 286.
Dondeyne Albert. X, 153, 172.
Dostoïevski Féodor. X, 134, 141, 146, 161, 166, 180, 211, 212, 214, 236, 243, 281, 299, 301, 306, 438.
Douwayḥi Mgr. Iṣṭfân. 399.
Dubois Claire. I.
Duprez Antoine. XXIII, 161.
Eckhart Maître. XI, 17, 125, 126, 140, 176, 275, 432.
Eliade Mircéa. XI, 115, 235, 241, 288, 297, 299, 410, 426.
Elie, le prophète. 167. 254.
Emerson R.W. 94, 128, 131.
Esnoul Anne-Marie. XIII, 121.
Farâbî al-. 23.
Faraḥ Anṭoun. 89, 97.
Farḥât Eliâs. 85.
Fayyâḍ Nicolas. 101.
Festugière A.J. XI, 141.
Feuerbach. 9, 56.
Florensky. 319.
Fontaine Jean. XI, XX, XXIX, 3, 37, 80, 82, 86, 200, 320, 322, 328, 336, 342, 352.
Frankell. 127, 132.
Freud S. 9, 27, 51, 172.
Fries H. XI, 319, 359, 363, 393.
Ǧabr Ǧamîl. IV, XI, XX, XXV, XXVI, XXVII, XXVIII, 37, 38, 100, 154, 163, 193, 258, 272, 423.
Ǧa'ǧa' Aǧnatius. XXI, XXV.
Galilée. 239, 296, 331.
Gamaliel. 63.
Gardet Louis. VII, XI, 135, 289, 293, 294, 300, 307.
Ǧarr Šukr Allâh al-. IV, 30, 157, 341.
Ġassân Ḫâlèd. IV, XXVII, 6, 37, 42, 45, 73, 132, 163, 252, 260, 264, 368, 432, 437.
Genuyt F.M. XI, 11, 19, 45, 141, 373.
Gesche Adolphe. 172.
Ghaïth Marie Lydia. 31, 54, 404.
Ghandi. 204, 210, 439, 447.
Ghazâlî Abû Ḥâmid M. XI, 89, 128, 171.
Ghougassian Joseph. IV, 107, 108, 144, 152, 156, 206, 222, 281, 339.
Gibran Jean and Kahlîl. II, IV, XXIX, XXXII.
Gilson Etienne. 148.
Gobillot Geneviève. IV, 93, 99, 102, 161, 164, 181, 183, 189, 442.
Goethe. 210.
Gordiev. 134.
Gorki Maxime. XII, XXVI, 10, 17, 236, 371, 433, 434.
Grégoire le Grand. 214.
Grostefan Paul. XII, 29, 30, 277.
Guardini Romano. 359.
Guénon René. XII, 7, 9, 41, 94, 148, 149, 168, 176, 222, 230, 255, 256, 258, 261, 269, 290, 401.
Guillet Jacques. XXIII, 177.

Ġurayyèb Rose. IV, XXVII, 126, 131, 154, 253.
Ḥaddâd Abd al-Masîḥ. XXXI, 96.
Ḥaddâd Grégoire. 335.
Ḥaddâd Nâdra. 89, 117, 419.
Ḥallâǧ Hoceïn Mansour al-. XIII, 9, 40, 76, 91, 128, 134, 213, 239, 300, 416, 447.
Haskell Mary. II, XXVI, XXIX, XXXII, 20, 34, 66, 86, 109, 117, 141, 156, 161, 164, 180, 198, 242, 260, 265, 281, 294, 295, 386, 399, 415, 417.
Ḥâwî (Khâwî) Ḫalîl. IV, XXIX, XXXII, 94, 95, 103, 105, 107, 109, 157, 173, 178, 207, 282, 298, 322, 328, 329, 369.
Hegel G.W.F. 9, 152.
Heine Henri. 9.
Héraclite. 358.
Hérode. 189.
Hilu Virginia. XXVI.
Ḥitti Philip. XII, XXVII, 80.
Hoeffner, Le cardinal. XXIII, 177.
Holbach Paul-Henri. XII, 103.
Houtart François. XII, XVII, 393.
Ḥubayš, le partriarche Youssef. 321.
Huisman Denis. XII, XX, 45.
Ḥunayn Riaḍ. IV, XXIX, XXX, XXXII, 399, 400, 422.
Ḫûrî Rašîd. 85.
Ḫûrî Yûḥannâ al-. V, 8, 32, 41, 230, 235, 237, 267, 346, 347.
Huss Jean. 326.
Ḥuwayyèk Youssef. V, XXVII.
Ibn al-Fâriḍ. XII, 42.
Ibn 'Arabî. XII, 10, 39, 40, 91, 104, 126, 128, 132, 134, 369.
Ibn Pâqûba Bahya. 135.
Ibn Rušd. 23.
Ibn Sâlim Ḥannâ. XXI, 42, 128, 259, 264.
Ibn Sînâ. 23, 128.
Irénée, Saint. 171, 232, 233.
Isaac, fils d'Abraham. 185.
Isaïe, le prophète. 74, 185, 186.
Isḥâq Adîb. XIII, 110.
Istfân, Mgr. Mansour. 399.
Jacob, le patriarche hébreu. 114, 185.
Jacques, l'Apôtre. 403.
Jaeger H. 131, 194.
Jaspers. 287.
Jean, Apôtre et Evangéliste. 14, 28, 125, 175, 178-182, 194, 201, 223, 224, 247, 24?, 261, 275.
Jean Paul II, Pape. XIII, 17, 363, 389, 393, 395.
Jean XXIII, Pape. 393.
Jeanne, femme d'hérode. 189.
Jefferies Richard. 117.
Jehl Marie-Béatrice. II.
Jérémias Joachim. XIII, 28, 452.
Jérémie, le prophète. 254, 275, 404.
Job, personnage biblique. 17, 123, 366.
Joël, le prophète. 404.
Joly Eugène. XIII, 92, 98, 134, 314, 346.
Jonas, Le prophète. 324.
Joseph, fils de Jacob. 305.
Joseph, le père. 334.
Joseph, Saint. 157, 179, 181, 183.
Josephe Flavius. 168, 186, 187.
Jousse Marcel. 146, 185, 329.
Judas Iscariote, personnage de l'Evangile. 201, 242, 408.
Jullien Jacques. XXIII, 142.
Jung Carl. XIII, 114, 147, 282, 343, 357.
Ka'dî F. Ka'dî. V, 8, 36, 43, 89, 90.
Kalabâdhî. 105.
Kant Emmanuel. 60.
Karam Anṭûn Ġattâs. V, 127, 139, 153, 212, 224, 247, 365.
Karmî Ahmèd Sâkèr al-. 85.
Kasper Walter. XIII, 153, 183, 199, 210, 211, 214, 221.
Keats John. 371.
Kéfî M. Ridha. XXII, 127, 287, 456.
Khâlèd Amîn. XXI, 103, 200.

Kierkegaard Soeren. 77.
Krishnamurtî. 336.
Küng Hans. XIII, XXIII, 152, 177, 189, 317, 319, 326, 327.
Labakî Ṣalâḥ. V, 147.
Lacombe Olivier. XIII, 76, 121.
Lagrange, le père de. 194.
Lakshmi Ma Suryananda. XIII, 144.
Lalande André. XIII, 36.
Lamartine Alphonse. XIV, 42, 116.
Lao-Tseu. XXXIII, 90, 166, 185, 366, 446.
Laoust Henri. XXIII, 118, 140, 149.
Lazare, personnage de l'Evangile. 188, 211, 213, 215, 216, 246, 247, 261, 283, 286, 403, 447.
Lecerf Jean. V, XXI, 37, 95, 336, 419.
Leeuw G. Van Der. XIV, 15, 16, 21, 26, 92, 94, 96, 109, 112, 114, 116, 126, 131, 168, 174, 273, 290, 405.
Le Guillou M.J. XIV, 67, 69, 92, 98, 213, 224, 250, 270, 317, 319, 322, 325, 329, 413.
Le Saux Henri, XIV, 8, 24, 31, 34, 40, 42, 65, 73, 92, 105, 120, 121, 125, 161, 319, 370, 371, 439.
Letouzey et Ané. XIV, 260.
Le Troquer René. XIV, 360, 361.
Lincoln Abraham. 280.
Lossky Vladimir. XIV, 8, 20, 23, 24, 30, 64, 65, 70,77, 175, 180, 203, 266, 270, 314, 319, 323, 370, 379, 410, 412, 433.
Lot-Borodine Myrrha. XIV, 24, 34, 44, 120, 123, 171, 228, 237, 266, 275, 281, 371, 373, 376, 379.
Lubac Henri de. XIV, 2, 12, 16, 35, 36, 44, 48, 133, 148, 164, 319.
Luc, l'Evangéliste. 179, 182, 194, 195, 199, 205, 247.
Luther Martin. 101.
Ma'arrî Abû-l'Alâ' al-. 90, 128.
Macédoine, Alexandre de. 65.
Maeterlinck Maurice. 127.
Mâǧid Ǧa'far al-. XXI, 158, 169.
Maḥfûz Naǧîb. 3, 58, 133.
Maḫlûf 'Isâ. 86.
Mahomet, Moḥammad, le prophète. 15, 86, 87, 90, 91, 95, 376.
Mansa Mayy. XXII, 455.
Maqdisî Anîs. XV, 84, 101, 337.
Marc, l'Evangéliste. 194.
Marie Madeleine. 158, 173, 178, 182, 246-249, 283.
Maritain Jacques. XV, 9, 10, 12, 15, 16, 36, 38, 48, 67, 78, 102, 103, 112, 116, 125, 133, 148, 252, 255, 314, 325, 330, 331, 363, 366.
Maron, Saint. XXVII.
Martelet Gustave. XV, 175, 280.
Marthe et Marie, Sœurs de Lazare. 215, 403.
Marx Eléonor. 188.
Marx Karl. 9, 188.
Mašâqâ Miḫâ'îl. 321.
Masîḥ Antoine 'Abd al-. 86.
Massignon Louis. XV, 9, 16, 40, 76, 213, 447.
Mas'ûd Ǧubrân. XV, XXVII, 83, 84, 402.
Mas'ûd Ḥabîb. II, V, 62, 86, 94, 99, 127, 132, 157, 158, 163, 296, 415, 456.
Maṭar Nabîl. XXII, 183.
Maṭrân Ḫalîl. 259.
Matthieu, l'Evangéliste. 179, 183, 194, 199, 205, 324.
Maximos IV, Patriarche. 329.
Melḥas (Milḥès) Ṯurayya. VI, 39, 46, 47, 117, 118, 125, 137, 139, 140, 446.
Merkhayme Edwin. 87.
Merton Thomas. XVI, 88.
Messori Vittorio. XVI, 152-154, 161, 172, 183, 187-189, 194, 209, 213, 214, 447.
Meyendorff Jean. XVI, 7, 97, 140, 233, 249, 328, 348.

Méyérovitch Eva de Vitray. XVI, 282, 301, 365, 384, 393, 414, 419, 420.
Mîrzâ Zuhayr. XVI, 17, 95, 100, 193, 345, 348, 350, 370.
Mishrahi R. 36.
Moïse, personnage biblique. 15, 22, 90, 91, 185, 202, 212, 265, 376.
Mokarzell Sallûm. 157.
Monchanin, le père. 370.
Monfort François. XXIII, 287, 323.
Mounier Emmanuel. XVI, 77.
Mouroux Jean. XVI, 56, 59, 60, 70, 78, 79, 140, 316, 323, 357, 365, 375, 444, 458.
Moussé Jean. XVI, 12, 45, 78, 360.
Moutanabbî Abû-l-Ṭaïeb al-. 128.
Mûsâ Salâma. 91.
Nabuchodonosor. 66.
Naǧm M. Youssef. VI, 89, 370.
Naïmy (Nu'ayma) Nadeem. VI, XXI, XXV, XXIX, XXXI, XXXIV, 80, 107, 134, 208, 242, 271, 272, 282, 301, 418.
Nathanaël, personnage de l'Evangile. 173.
Nâ'ûrî 'Isâ. XVI, XXXI, 37, 38, 47, 85-87, 96, 143, 170, 256.
Nêǧmé Elias. XVI, 64.
Nerval Gérard de. 9.
Nicodème, personnage de l'Evangile. 173.
Nicolas, Saint. 424.
Nicolas II, le tsar. 438.
Nietzsche Friedrich. XVI, 6, 9, 10, 57, 79, 98, 164, 165, 182, 207, 215, 216, 258, 271, 336.
Nijland C. VI, XXVII, XXX, 204.
Nil, Saint. 448.
Noé, personnage biblique. 440.
Novalis Friedrich. 283.
Nu'ayma Mayy. 159.
Nu'ayma Nasîb. XXXII, 102, 159, 209, 214, 263, 283, 411, 412, 426.
Nysse, Saint Grégoire de. 8, 65, 370.
Orobindo. 134.
Ott Louis. XVI, 10, 12, 18, 25, 30, 35, 173, 179, 180, 249, 294, 305, 410.
Ouspensky. XVII, 160.
Parent Rémi. 393.
Pascal Blaise. XVII, 5, 10, 12, 14, 285, 357.
Paul, l'Apôtre. 10, 44, 45, 91, 190, 231, 238, 292, 296, 319, 331, 353, 416.
Paul VI, Pape. 393.
Pellé-Douël Yvonne. XVII, 283.
Pétrarque Francesco. 350.
Philon le Juif. 186.
Pie XII, Pape. 11.
Pierre, l'Apôtre. 202, 209, 214, 242, 247, 258, 328, 329, 330, 332, 353.
Pillaï Vallavarajs S. XVII, 15, 252, 256, 257, 401.
Pirone Bartholomeo. XXII, 40, 118, 123, 137, 138, 165, 177, 222, 236, 301,340, 363, 382, 455.
Platon. XXXIII, 20, 27, 78, 252.
Pline le Jeune. 168, 186.
Plotin. 23.
Ponce Pilate. 173, 240, 246, 362.
Pythagore. 252.
Qaroui al-Šâ'ir al-. 160, 169.
Qâsimî 'Abd Allah. 288.
Qâzân Ni'ma. 101.
Quasten Johannes. XVII, 196, 213, 240.
Qunṣul Souad et Zakî. 143.
Rabelais François. 82.
Rachel, personnage de la Bible. 162.
Rahner Karl. 284, 307.
Ramakrishna. 91, 134, 161.
Ravier A. XVII, 281, 408, 443.
Râwî Dîb al-. XXXIII.
Râwî Ḥâriṯ Ṭâhâ al-. XXII.
Rayḥânî Amîn. 37, 80, 85-87, 89, 320, 342, 352.
Renan Ernest. XVII, 108, 119, 154, 160-162, 176, 177, 183, 187, 190,

196, 207, 210, 211, 218, 246, 324.
Rey-Mermet Th. XVII, 199, 239, 249, 286, 298, 301, 306, 307, 332, 401, 409.
Ricciotti. 160.
Rodin Auguste. XXVIII, 22.
Rondot Pierre. XVII, XXV, 76, 78, 79, 83, 84, 180, 319, 328.
Rops Daniel. XVII, 168, 211, 213, 217, 218, 221.
Rossetty Dante-Gabriel. 261.
Rousseau André. XII, XVII, 393.
Rousseau Hervé. XVIII, 8, 52, 56, 98, 134, 135, 279, 295.
Rousseau Jean-Jacques. 102, 133, 452.
Rozanov Basile. 445.
Rûmî Ǧalâl al-Dîn. 109, 282, 301, 365, 414, 419.
Šâbbî Abû-l-Qâsim. 169.
Sâ'iġ Anîs. XVIII, 80.
Sâkèr al-Šâḏlî al-. XXI, 109, 144.
Sakkâf As'ad al-. XVIII, XXVII, 337.
Ṣâlaḥ Ṭayyèb. 204.
Ṣalîbâ Ǧamîl. XVIII, 11.
Salomé, personnage de l'Evangile. 162.
Salomon, personnage biblique. 6.
Santaner Marie-Abdon. XXIII, 234, 327.
Šarâra Abd-Allaṭîf. II, XVII, 81.
Sarov Séraphim de. 76.
Sarrâǧ Nâdra. XVIII, XXXI, 80, 100, 107, 357.
Ṣarrûf Fouad. XVIII, XXVII.
Sartre Jean Paul. 9, 398.
Ṣaydaḥ Georges. XVIII, XXXI, 85, 88, 101, 115, 117, 127, 210, 253, 420.
Ṣâyèġ Tawfiq (Ṣâ'iġ). V, XXVIII, XXIX, XXX, 6, 109, 118, 156, 162, 180, 260, 374.
Schopenhauer Arthur. 287.
Sénèque. 286.
Seper Franjo, cardinal. XXIII, 177.
Sesboüé Bernard. XVIII, XXIII, 19, 27, 60, 77, 106, 176, 230, 325, 405, 437, 438.
Shaya Moḥammad. VI, 14, 60, 124, 125, 135, 278.
Shidyâd As'ad al-. 82, 157, 321, 322, 328.
Shidyâq Fâris. 82.
Singer Charles. XVIII, 402, 436, 448, 449.
Singleton Michael. XVIII, 288.
Socrate. 239, 280, 296.
Spinoza Baruch. 36, 45, 106, 287.
Stoltz Dom Anselme. 133.
Stylite Simon le. 446.
Suétone. 168.
Šumayyèl Šiblî. 24.
Šûwayrî Joseph. 347.
Symon de Cyrène, personnage de l'Evangile. 240, 241.
Tacite. 168.
Tagore Rabindranath. XVIII, 6, 14, 15, 42, 111, 359, 375, 436.
Ṭarâbîšî Georges. XIX, 3, 58, 133.
Tatien. 68.
Ṭayyèb Ṣâlaḥ. XXII.
Teilhard de Chardin Pierre. XIX, 12, 24, 35, 45, 48, 64, 69, 95, 98, 288, 323, 372.
Théophile, disciple. 196.
Thomas d'Aquin. 13, 21, 35, 129, 372.
Thomas, l'Apôtre. 214, 247, 248.
Tolstoï Léon Nikolaïévitch. XIX, 4, 9, 17, 29, 54, 62, 69, 91, 95, 101, 112, 115, 131, 134, 135, 175, 177, 178, 181, 193, 204, 282, 284, 286, 288, 323, 324, 326-330, 339, 410, 424, 425, 445.
Tresmontant Claude. XIX, 5, 9-11, 23, 24, 26, 36, 45, 202, 221, 237, 267, 360, 372, 373.
Troisfontaines Roger. XIX, 287, 289, 291.

Tyciak Julius. XX, 319, 328.
Tyszkiewicz. 370.
Vacanta (et Mangenote). XX.
Valensin, Père Auguste. 48.
Vergez André. XII, XX, 45.
Vergote Antoine. XX, 27, 51, 57 60, 134, 426.
Vernette Jean. XXIII, 91.
Vivékananda. XXXII, 41, 42, 253.
Voltaire. 9, 52, 119.
Weil Simone. 92, 134.
Whitman Walt. 42, 116, 128, 131, 259, 264.
Wyld George. 9.
Yammounî Joseph Mehrî al-. V, 31, 48, 165, 276, 278.
Young Barbara. V, XXIX, XXXII, 3, 99, 110, 111, 129, 155, 161-163, 180, 230, 251, 280, 296, 322, 334, 371, 386, 388, 399.
Zachner R.C. XX, 7, 20, 23, 24, 44, 65, 78, 117, 120, 122, 164, 229, 238, 240, 249, 295, 317, 444.
Zakkâ Ṭonnî. V, VI, 89, 128, 157, 236.
Zarathoustra (Zoroastre). 92, 94, 185.
Zâyèd. Mgr. 426.
Ziyâdé Mayy. V, XX, 21, 37, 81, 252, 264, 265, 278, 423, 454.
Zuġayyèb Henri. XXII, 160, 251.
Zundel Maurice. 286.

INDEX DES TERMES RELIGIEUX

(Théologie, Doctrine, Spiritualité) Exégèse) ~~des~~ différentes Religions et Sectes.

N.B. Les mots suivis de «Passim» sont ceux qui reviennent plus de 50 fois dans l'ouvrage.

Abba. 28, 452.
Absolu L'. 2, 5, 6, 11, 13, 135, 149, 177, 270, 282, 293, 335, 364, 365, 368, 382, 388, 436, 439.
Actes des Apôtres, Les. 220, 324.
Action de grâces. 26, 74, 115, 291, 376, 416, 417, 433, 436, 456.
Adam. 122, 125, 229, 232-237, 283, 284, 310, 396.
Adeptes. 37, 62, 68, 90, 98, 100, 103, 161, 252, 253.
Adorateur. 107, 381, 419.
Adoration. 36, 53, 56, 59, 60, 68, 74, 78, 85, 91, 97, 100, 111, 120, 132, 136, 154, 217, 272, 339, 376, 414, 418-421, 433, 434, 439, 444, 446.
Advaïta. 120.
Agapé. 23, 136, 207, 319.
Agonie. 283-285.
Ahimsha (non-violence). 97.
Ahouramazda. 185.
Ahrimân. 185.
Alliance. 18, 62, 133, 337.
Alpha et Omega. 47, 321, 390, 402, 453.
Ame. Passim.
Amour. Passim.
Anâ, Moi. 7, 39-41, 127, 137, 224, 233, 235, 267, 301, 340, 441.
Ange. 32, 108, 116, 139, 169, 179, 217, 219, 282, 297, 298, 301, 303, 305-308, 334, 365, 376, 385, 390, 428.
Anglican. 131, 194.
Anthropologie. 222, 355, 359-362, 368, 384, 388, 393, 394.
Anthropomorphisme (te). 8, 15, 32.
Anticlérical, Anticléricalisme. 83, 277, 322, 333-336, 344, 347.
Apocryphes, les évangiles. 185, 196, 197, 213, 217, 248.
Apologie (iste). 36, 45.
Apostolat (lique). 316, 321, 327, 329, 332, 334, 354, 397, 398, 411.
Apôtre. Passim.
Apparition. 247, 248, 317, 320.
Arche. 31, 74, 359, 427, 440.
Archevêque. XXX, 350.
Archimandrite. 271, 334.
Archiprêtre. 76, 180.

Ascension. 70, 195, 248, 249, 406.
Ascèse. 138, 228, 441, 443, 444, 446-448.
Ascète (tique). 125, 130, 137, 188, 203, 383, 435, 443-447.
Ascétisme. XXVIII, 132, 137, 138, 187, 348, 442.
Athée. 9, 235, 348, 359, 388, 455.
Athéisme. 88, 100, 101, 139, 346, 359.
Atmâ, Atmân. 7, 120.
Attributs divins. 14, 17, 21, 34, 109, 365.
Avatâr. 32.
Bahrâm. 251.
Baptême, le sacrement de. XXVI, 21, 64, 103, 157, 197, 250, 292, 316, 317, 355, 360, 400, 401, 406, 409, 410, 412, 414, 440, 443.
Béatitude. 14, 67, 79, 114, 166, 205, 206, 210, 237, 297, 347, 348.
Bénédiction. 40, 67, 70, 74, 141, 290, 291, 297, 306, 321, 325, 415, 417, 433.
Bhagavad Gîta. XXXI, 23, 41, 121, 122, 126, 253, 278.
Bible. 6, 99, 104, 114, 141, 186, 204, 205, 232, 238, 260, 294, 295, 322, 364, 367, 368, 452, 456.
Biblique. XXXIV, 16, 114, 161, 186, 221, 232, 266.
Bonheur éternel. 57, 66, 97, 100, 114, 263.
Bouddhisme (iste). 89, 91, 97, 98, 104, 127, 249, 252, 255, 295, 443, 446.
Brahman. 7, 8, 32, 41-43, 91, 121, 126, 131, 344.
Brahmanisme. 5, 76, 94, 252.
Calvaire. 239, 242, 244.
Canon (ique). 160, 185, 213.
Cantique des cantiques. 403.
Cardinal. XXIII, 177, 350.
Carême. 72, 245, 445.
Catéchisme (iste). 398, 418, 453.
Cathédrale. 71, 411.
Catholicisme, Catholique... XXVI, 10, 30, 36, 61, 80, 83, 96, 97, 148, 172, 175, 176, 180, 218, 222, 284, 316, 327, 329, 344, 354, 397, 399, 422.
Célébration. 70, 72, 73, 414.
Cène, Sainte. 27, 409.
Cérémonie. XXVI, 72, 74, 99, 155, 286, 324, 342, 423-425, 434, 435.
Chapelet. 80, 345, 422, 426.
Charité. 12, 23, 53, 71, 74, 75, 85, 87, 97, 103, 125, 129, 143, 183, 203, 206-208, 210, 213, 243, 251, 270, 275, 276, 278, 310, 325, 327-329, 333, 339, 354, 356, 392, 394, 398, 406, 431, 440.
Chasteté, Vœu de. 97, 380, 437, 440, 441, 446.
Châtiment. 29, 53, 123, 132, 146, 203, 231, 237, 280, 284, 302, 322, 386, 404, 447.
Chrétien. Passim.
Christ. Passim.
Christianisme. Passim.
Christique, Christologique, 44, 153, 225, 319, 361, 394, 405, 453, 454.
Ciel. Passim.
Civa (Shiva). 32, 91.
Clergé. Passim.
Clérical (isme). 83, 322, 336.
Cœur. Passim.
Commandement de Dieu. 18, 68, 204-206, 209.
Communion. 19, 60, 71, 106, 108, 125, 140, 259, 275, 281, 300, 341, 367, 405, 409, 413, 416, 431.
Communisme. 63, 88, 92, 153.
Conception virginale. 178, 179.
Concile. 10, 89, 90, 92, 97, 361, 393, 401, 403, 410, 454.
Confessionnalisme, Confessionnel. XXVII, XXXI, 60, 79-88, 96, 99, 101, 131, 329, 337.
Confiance. 14, 26, 28, 63, 66, 77,

79, 110, 125, 139, 140, 160, 162, 197, 214, 225, 303, 316, 331, 420, 423, 426, 430-432, 442.
Confirmation, Sacrement de. 406, 410.
Connaissance. Passim.
Conscience Première (Dieu). 31, 32.
Consécration. 407-409.
Contemplation. XXXII, 43, 77, 135, 138, 139, 143, 147, 149, 276, 420, 428, 445.
Contingence. 10, 45.
Conversion. 73, 203, 204, 232, 329, 330, 336, 340, 344, 346, 394, 439, 441.
Coran (ique). 67, 87, 91, 94, 97, 104, 136, 163, 178, 206, 207, 213, 293.
Corps Mystique. 44, 98, 102, 104, 140, 148, 149, 403, 413, 452.
Cosmique, Cosmos. 36, 44, 46, 92, 120, 135, 148, 202, 261, 265, 281, 301, 304, 358, 367.
Couvent. XXV, 61, 85, 104, 157, 201, 303, 341-343, 428, 429, 434, 437, 439-443, 446.
Créateur. Passim.
Création. Passim.
Créature. Passim.
Credo. 19, 29, 91, 103, 166, 196, 277, 296, 305, 317, 355, 359, 368, 448.
Croisades, Croisés. 61, 92, 330.
Croix, Crucifix. Passim.
Croyance. Passim.
Crucifié, Le. 71, 77, 94, 156, 157, 238-244, 249, 250, 387.
Crucifixion. 162, 182, 208, 240, 241, 247, 251, 274, 311, 340.
Culte. 51, 64, 100, 142, 398, 404, 406, 433-435, 438.
Curé. 399, 402.
Damnation, Damné. 298, 299, 306, 308.
Déification. XXXIV, 24, 88, 89, 120, 136, 171, 233, 234, 242, 249, 266-278, 365, 371, 413, 443, 452, 454-456.
Délivrance. 112, 120, 230, 259, 280, 298, 302.
Démon (Diable, Satan). 62, 139, 214, 217, 236, 237, 284, 301, 306, 307, 326, 331, 348, 350, 352, 376, 377, 390, 402.
Démythologisation. 175, 190, 222.
Destinée. 32, 223, 289, 293, 294, 364, 373.
Dévotion. 155, 156, 178, 180.
Dieu. Passim.
Dieu-Amour. 15, 16, 19, 25, 29, 35, 102, 125, 305, 451.
Dieu-Architecte. 4, 7, 9.
Dieu-Artiste. 7, 22, 110.
Dieu-Créateur. 19, 20, 22, 35.
Dieu-Englobant, Englobé. 7, 8, 25, 138.
Dieu-Germe. 7, 221.
Dieu-Mère. 28, 144.
Dieu-Père. 7, 27-30, 35, 96, 144, 149, 451, 455.
Dieu-Trinité. 30, 33, 35.
Dieu-Vie. 33-35, 147, 491.
Disciple. Passim.
Dissolution en Dieu. 38, 259.
Divinisation. 266, 267, 269, 390.
Divinité. Passim.
Divinité du Christ. 161, 162, 164, 169, 172-177, 213, 221, 343.
Divinité de l'homme. XXXIV, 173, 365, 368-370, 372, 380, 393.
Docteur de l'Eglise. 44, 182, 331, 385.
Docteur de la Loi. 183, 187, 198, 444.
Doctrine religieuse. Passim.
Dogmatique (isme). 10, 11, 101, 140, 170, 210, 294, 328, 410.
Dogme. 64, 99, 101, 140, 180, 222, 307, 355, 356, 374, 404.
Druze. 79, 81, 83, 84, 86.

Dualité. 32, 100, 233, 258, 284.
Ecclésial. 153, 324, 333, 355.
Ecclésiastique. XXV, XXVI, XXVII, 70, 326, 353.
Ecritures, Les. XXXII, 15, 17, 67, 144, 160, 194, 234, 293, 294, 364, 368, 397, 433.
Eglise, L'. Passim.
Eglise (Edifice). 54, 66, 68, 70,72, 73, 81, 94, 128, 155, 156, 201, 215, 245, 250, 285, 342, 343, 349, 355, 376, 400, 406, 407, 414, 420, 421, 423-425, 433-436, 449.
Eglises, Les. 63, 83, 100, 153, 155, 321, 328, 329, 335, 449, 451.
Eglise Catholique, Latine, Romaine. XXIX, 266, 314, 322, 327-329, 332, 334, 402.
Eglise Maronite. XXVI, XXIX, 295, 399.
Eglise d'Orient. 8, 155. 228, 250, 276, 314, 329, 405, 410.
Eglise Orthodoxe. 3, 7, 11, 12, 19, 65, 95, 97, 118, 125, 140, 160, 180, 228, 232, 237, 249, 250, 269, 305, 321, 327, 328, 346, 359, 361, 370, 405, 407, 412, 438.
Eglise Protestante Réformée. 327.
Encyclique. 17, 363, 393.
Enfer. 58, 122, 132, 260, 263, 279, 289, 294, 298-302, 307-309, 345, 347, 352, 398, 402, 446.
Envoyé Divin. 154, 167, 169, 413, 440.
Epître. 44, 67, 220, 294.
Ermitage. 132, 201, 400, 444, 446.
Ermite. XXIX, 111, 137.
Eschatologie (que). 79, 167, 199, 279-311, 441.
Esprit, L' (Dieu). 3, 37, 54, 94, 95, 114, 115, 131, 157, 158, 169, 170, 177, 203, 222, 250, 266, 271, 292, 295, 348, 374, 375, 384, 400, 409, 416, 419, 421, 432, 445, 457.
Esprit de Compréhension, L'. 31, 32, 432.
Esprit-Saint, Saint-Esprit. 28, 30-33, 119, 319-321, 326, 328, 329, 332, 345, 350, 405, 406, 410-413.
Esséniens. 169, 186-189, 197, 410.
Eternel, L'. 2, 17, 19, 28, 34, 98, 115, 131.
Eternité. XXXI, 20, 23, 24, 31, 40, 63, 110, 121, 139, 142, 175, 221, 250, 256-265, 276, 280, 284, 290, 291, 295-299, 302, 306, 308, 320, 352, 359, 362, 373, 381-383, 436.
Ethique, 127, 153, 188, 236, 238.
Etre, L'. 7, 10, 12, 35, 40, 41, 43, 52, 59, 73, 76, 123, 132, 139, 144, 153, 165, 208, 274, 293, 319, 361, 366, 382, 439, 446.
Eucharistie (Communion). 175, 319, 399, 400, 403, 405, 407-410.
Evangile, L'. Passim.
Evangiles, Les. 28, 40, 153, 160, 165, 167, 179, 182, 184-186, 190, 192, 194-197, 202, 207, 213, 217, 219-224, 247, 248, 294, 333, 397, 418, 422, 427, 431, 434, 452, 453.
Evangélique. 77, 99, 101, 160, 166, 181, 187, 194, 197, 203, 206, 218, 239, 279, 316, 318, 332, 345, 349, 374, 389, 398, 405, 422, 436, 438, 441, 453, 494.
Evangéliste. 15, 179, 182-184, 190, 194-196, 199, 213, 218, 222-224, 229, 247, 304, 331.
Eve. 122, 180, 232-237.
Evêque. 67, 73, 80, 245, 314, 323, 336, 337, 342, 347-350, 352, 400, 406, 411, 423, 426, 433.
Evolutionnisme. 24, 25, 82.
Excommunication. XXIX, 177, 188, 323, 324, 340, 399.
Exégèse (ète). 195, 221, 253, 305, 400, 418, 451-454.
Existence. Passim.
Extase. 112, 137, 138, 162, 416, 436.
Falsification. 168, 340.

Fanatisme. XXXI, 9, 47, 58, 79, 81, 84-88, 99, 101, 157, 337, 345.
Fêtes. 54, 66, 68, 70-77, 116, 155 335.
Filiation divine. 28, 60, 106, 144, 172, 175, 176, 283.
Fils de Dieu, Le Fils (Christ). 27, 28, 32, 65, 90, 143, 146, 171-177, 190, 207, 209, 219, 222-224, 245, 269, 277, 305, 307, 345, 360, 361, 363, 365, 367, 393, 395, 397.
Fils de Dieu (Homme). 28, 31, 65, 79, 144, 167, 206, 275, 333, 360, 362, 374, 389, 435, 441, 456.
Fils de l'Homme. XXXII, 71, 142, 152, 155, 157, 162, 173, 174, 176, 184, 190, 219, 221-223, 225, 238, 254, 277, 303-305, 349, 350, 361, 445.
Fins Dernières, Les. 280. 302.
Foi. Passim.
Fondateur. XXVII, 54, 64, 68, 75, 94, 98, 104, 215, 226, 317, 318, 330, 340, 355, 454, 457.
Force Créatrice (Dieu). 26, 52, 123, 375, 384.
Formalisme. 53, 54, 70, 205.
Franc-Maçonnerie. XXX, 82, 84, 186.
Fraternité. 91, 93, 101, 103, 111-113, 115, 116, 139, 142, 186, 196, 200, 205, 207, 210, 228, 267, 273, 274, 304, 344, 391-393, 397, 398, 404, 422, 444, 455.
Galiléen. 173, 220.
Géhenne. 306, 400.
Gethsémani. 379, 429.
Gloire. 6, 69, 81, 86, 109, 112, 116, 125, 137, 162, 164, 166, 173, 175, 180, 202, 203, 234, 242, 243, 263, 273, 277, 283, 304, 305, 326, 343, 344, 350, 360, 368, 371, 372, 382, 421, 434, 438, 456.
Glorification. 69, 249, 316.
Gnose. 125, 447.
Golgotha. 66, 147, 211, 221, 241, 242, 245, 250, 274, 283, 342.
Grâce. 18, 103, 125, 133, 140, 146, 242, 266, 273-275, 284, 297, 321, 344, 360, 367, 374, 381, 405, 406, 409, 447, 454.
Grands-prêtres. 239, 240, 340, 344.
Hérésie (tique). 45, 83, 233, 240, 322, 323, 326.
Hiérarchie, 314, 317, 323, 330, 333, 353, 355.
Hindou, Hindouiste. 24, 31, 32, 36, 37, 42, 43, 91-93, 97, 98, 104, 111, 121, 126, 133, 212, 252, 253, 255, 256, 258, 259, 296, 319, 436, 439, 446.
Holocauste. 74, 113, 147, 432.
Hommes d'Eglise, de Religion. Cf. Clergé.
Humanisme (iste, itaire). 9, 47, 67, 85, 102-104, 357, 363, 366, 456.
Humilité. 26, 110, 170, 305, 333, 348, 410.
Hymne (Cantique). 6, 36, 44, 46, 73, 77, 113, 117, 137, 166, 170, 191, 246, 282, 376, 382, 395, 407, 434.
Hypocrisie religieuse. 54, 62, 236, 335, 341, 343, 346, 348, 434.
Hypocrite. 156, 187, 336, 340, 341, 351, 404.
Hypostatique. 177, 274.
Icône, Icônographie. 101, 155, 156, 160, 165.
Idôlatrie. 8, 70, 76.
Idôle. 66, 104, 133, 336, 369.
Illumination. 140, 413, 452.
Imâm. 344, 433.
Immanence (tisme). 34, 40-42, 44, 48.
Incarnation, Incarné. 24, 28, 32, 42, 74, 143, 154, 157, 168-171, 174, 175, 181, 185, 224, 228, 229, 231, 261, 266, 269, 270, 274, 275, 347, 363, 407.
Indissolubilité. 401.

Infaillibilité. 34, 194, 195.
Inquisiteur (tion). 69, 325, 330, 331, 338.
Islam (ique). 7, 23, 28, 35, 40, 67, 78, 86, 90, 92, 94, 97, 163, 206, 229, 275, 289, 293, 305, 444.
Israël (ite). 7, 17, 27, 185, 187, 198, 199, 202, 204, 223, 240, 319.
Jésus. Passim.
Jésuites. 80, 82, 336.
Jeûne. 29, 77, 197, 348, 445, 447.
Jivâtmâ. 7, 131.
Joie. Passim.
Judaïsme. 28, 54, 90-92, 96, 187, 228, 289.
Jugement dernier. XXX, 132, 279, 304-306, 308, 311, 330.
Jugement particulier. 263, 293.
Juif. 6, 27, 28, 63, 73, 78, 80, 81, 90, 92, 93, 97, 104, 169, 173, 179, 186, 189, 196, 199, 201, 205, 211, 239, 241, 254, 255, 330, 392, 404, 428.
Justice. XXXIII, 18, 19, 28, 88, 109, 167, 189, 199, 201, 203, 207, 228, 229, 257, 262, 263, 276, 293, 295, 370, 376, 380, 389, 428, 431, 438.
Ka'ba. 153.
Karma. 228, 255.
Kérygme. 245.
Koinônia. 319.
Krishna. 175, 436.
Libération. XXXIII, 25, 41, 57, 75, 111, 113, 119, 125, 200, 201, 208, 229, 233, 242, 252, 258, 274, 277, 278, 280, 281, 300, 307, 380, 382, 437.
Liberté. Passim.
Liturgie (ique). 73, 245, 317, 319, 334, 360, 402, 413, 422.
Livres religieux, saints. 61, 85, 86, 217, 243, 298, 308, 324, 345, 346, 351, 376.
Logos. 23, 221, 224, 269, 270.
Logosophie. 269.
Lois de L'Eglise. 52, 63, 343, 352, 365, 451.
Loi Mosaïque. 204, 209, 340, 341.
Louange. 29, 51, 73, 75, 113, 125, 181, 343, 417, 420, 421, 429.
Lumière. Passim.

Magicien (Dieu). 110, 285, 429.
Magistère. 322, 323, 381.
Magnificat. 170, 384.
Maḥabba, al-. (Amour de Charité). Passim.
Maître (Dieu, Christ). Passim.
Malédiction. 67, 86, 146, 205, 290, 306, 307, 341.
Mariage, Sacrement de. 351, 400-402, 405, 411, 412.
Marie, La Vierge. 76, 143, 154-158, 169, 170, 173, 178-183, 244, 246, 247, 341, 414, 422.
Maronite. XXVI, XXVII, XXIX, 50, 71, 80-83, 321, 328, 334, 399, 433.
Martyr. XXIX, 314, 328.
Médiateur. 180, 190, 236, 274, 310, 384.
Méditation. XXVII, XXXI, XXXII, XXXIII, 24, 74, 76, 103, 116, 138, 149, 153, 156, 185, 208, 279, 293, 319, 356, 426, 428, 431, 456.
Melkite. 81, 328, 329.
Message. XXXV, 54, 64, 66, 69, 75, 114, 139, 149, 158, 160, 184, 187-190, 192, 194, 196-198, 201, 213, 214, 221, 225, 232, 265, 273, 279, 282, 311, 315, 327, 332, 349, 355, 356, 363, 371, 388, 413, 448, 453, 454, 456.
Messager. 83, 103, 116, 141, 158, 160, 189, 209, 290, 445.
Messe. XXVI, 74, 84, 270, 294, 399, 424.
Messianique. 167, 220, 228.
Messie. 28, 66, 90, 91, 169, 174,

179, 186, 213, 214, 220, 221, 225, 239, 240.
Metanoia. 73, 203.
Métaphysique (cien). 5, 25, 32, 36, 42, 45, 48, 56, 72, 104, 139, 253, 451.
Ministère. 197, 206, 225, 331, 353.
Miracle. XXXIII, 107, 116, 158, 159, 180, 181, 202, 210-219, 226, 265, 277, 285, 455.
Miséricorde. 7, 16-19, 29, 62, 63, 91, 121, 154, 165, 167, 206, 210, 243, 254, 274, 282, 284, 295, 305, 308, 327, 341, 342, 355, 393, 425, 431, 439, 441.
Mission. Passim.
Missionnaire. 61, 65, 196, 322.
Moi Divin, Le 39-41.
Moines, Moniales. 53, 80, 104, 201, 266, 435, 437-439, 442, 443.
Monachisme. 133, 438.
Monastère. 188, 446.
Monisme (iste). 13, 36, 369.
Morale (ité). 29, 50, 60, 64, 65, 142, 205, 279, 325, 327, 451, 452, 455.
Mort. Passim.
Mortification. 132, 137, 187, 443, 444, 446.
Mosquée. 61, 94, 117, 376, 420, 433, 436.
Musulman. 37, 38, 78, 81, 82, 84, 86, 89, 90, 93, 95, 97, 104, 118, 128, 132, 136, 180, 229, 240, 253, 255, 275, 277, 300, 337, 344, 369, 389.
Mystère. Passim.
Mysticisme. 37, 40, 42, 44, 48, 64, 65, 118, 119, 127, 128, 130, 131, 133, 148, 164, 294, 403, 413.
Mystique, La. XXXI, 6, 8, 21, 36, 38, 76, 89, 95, 105-141, 148, 161, 168, 194, 252, 275-277, 279, 291, 295, 305, 367, 369, 370, 375, 379, 388, 402, 408, 410, 412, 418, 422, 433, 443, 446, 447, 454, 456.
Mystiques, Les. 2, 35, 37, 40, 42, 47, 48, 76, 87, 91, 92, 104, 106, 117, 118, 123, 124, 126-141, 154, 197, 237, 241, 253, 282, 294, 300, 301, 322, 369, 383, 415, 419, 447, 451.
Mythe. 53, 106, 168, 172, 186, 232, 299, 426.
Mythologie. 168, 172.
Nativité, Noël. 70-75, 213, 335, 409, 410.
Nature, La. 5, 8, 21, 22, 24, 36-38, 42, 46, 87, 91, 99, 100, 105, 129-131, 135, 138, 144, 148, 268, 272, 289, 297, 358, 364, 373, 374, 414, 415, 419-421, 435.
Nazaréen, Le. 11, 40, 94, 156, 165, 166, 184, 189, 198, 216, 219, 220, 241, 243, 246, 265, 274, 305, 306, 352, 363, 374, 421, 430, 438.
Néo-Platonisme. 36, 128, 224.
Nirvânâ. 90, 295, 300, 446.
Noṣairis, Les. 255.
Nouvelle, Bonne. 79, 184, 187, 196, 242, 331, 341, 404, 409, 448.
Obéissance, Vœu d'. 437, 441, 443.
Observance. 59, 205.
Oeuf-Mère. 41.
Office religieux. 72, 423.
Oint du Seigneur. 220, 221.
Omniprésence. 34, 109, 131.
Omniscience. 15, 34, 109, 272.
Orant. 419, 434.
Ordonnateur (Dieu). 7, 9, 11, 13, 20, 21, 204.
Ordre cosmique, éternel, L'. XXXIII, 4, 5, 11, 16, 20, 68, 88, 137, 202, 215, 231, 227, 285, 289.
Ordre, Sacrement de L'. 411.
Organisateur (Dieu). 13, 20, 51.
Origine Absolue (Dieu). 12, 19, 301.
Origine de l'homme. 25, 75, 97, 202, 267, 269-272, 282, 318, 356, 360, 392.
Ormuzd. 185.
Orthodoxe. XXVI, XXVII, XXVIII, 7, 11, 24, 30, 71, 80-83, 96,

97, 180, 188, 219, 234, 269, 275, 328, 334, 335, 370, 379, 413, 438, 447.
Orthodoxie. 76, 180, 250, 319, 329, 413.
Paganisme. 66, 320.
Panthéisme (iste). 8, 12, 13, 35-38, 40-42, 44, 45, 48, 132, 273, 369, 452.
Pape (iste). 87, 314, 321, 332, 333, 349, 363, 393.
Pâques, Pascal. 70-74, 76, 90, 181, 185, 227, 245, 247, 250, 286, 317, 407, 424, 445.
Parabole. 47, 67, 91, 107, 198, 200, 202, 204, 208, 225, 392, 408.
Paradis. 122, 206, 233-235, 244, 284, 294, 298-300, 348, 352.
Pardon. 17, 19, 63, 96, 75, 162, 192, 200, 206, 209, 229, 243, 251, 274, 293, 304, 306, 320, 330, 341, 342, 351, 380, 388, 391, 411, 412, 417, 418, 425, 428, 430, 441.
Paroisse. 54, 334, 337, 424.
Parole Créatrice. 22, 23, 39, 224, 389.
Parole de Dieu. 23, 64, 213, 214, 223, 234, 340, 364, 397.
Parole-Mère. 39, 224.
Parousie. 279, 303, 309.
Passion, La. 9, 76, 229, 238, 239, 241, 245.
Pasteur. 74, 156, 321, 323, 331, 336, 339, 341-343, 348, 354.
Pasteur, Le Bon (Christ). 225, 342.
Pater, Le. 28, 55, 297, 418, 421, 423, 429, 430.
Paternité. 9, 27-29, 172, 205, 306, 309.
Patriarche. 80, 97, 321, 322, 328, 329, 335, 344.
Patristique. 266, 329.
Pauvreté, Vœu de. 437, 438, 441, 443.
Péché. XXX, 59, 72, 74, 90, 146, 171, 203, 227-234, 236-238, 245, 251, 253, 254, 256, 262, 263, 277, 280, 281, 284, 288, 289, 292, 307, 322, 340, 345, 365, 367, 411, 425, 437, 452.
Pécheur. 198, 230, 255, 306, 353, 375, 385, 387, 388, 400, 411.
Pélerin. XXVII, 76, 82, 104, 149, 298, 299, 364, 379, 423.
Pélerinage. XXXII, 70, 76, 77, 111, 140, 158, 159, 282, 299, 315, 415.
Pénitence, Sacrement de. 399, 404, 407, 410, 411.
Pensée religieuse. Passim.
Pentecôte. 320, 329, 406.
Père Céleste, des cieux. Passim.
Pérennité. 63, 92.
Pères de l'Eglise. 35, 45, 70, 80, 128, 171, 175, 182, 195, 196, 222, 232, 233, 266, 275, 292, 305, 318, 319, 328, 372, 383, 404.
Perfection. 6, 34, 37, 40, 94, 106, 110, 121, 129, 130, 144, 177, 193, 233, 252-254, 258, 262, 265, 269, 271, 272, 276, 288, 293, 296, 321, 329, 330, 356, 368, 370, 372, 382, 384, 416, 418, 426, 436, 442, 443, 446, 447.
Persécutions. XXIX, 67, 68, 81, 85, 90, 92, 95, 240, 325.
Peuple élu, choisi. 27, 198, 199.
Pharisien. 63, 185, 198, 209, 236, 239, 333, 335, 340, 341, 362.
Pierre angulaire. 12, 258, 269, 359, 371, 358.
Piété. 71, 76, 82, 88, 155, 180, 413.
Platonicien (isme). 5, 266.
Plérôme. 228, 319.
Polémique (iste). 160, 211, 330.
Polythéisme. 32, 53, 58, 436.
Pope. 335.
Pratiques religieuses. XXVI, 55, 66, 74, 77, 88, 99, 399, 400, 413, 414, 425, 439, 448.
Prédicateur. 167, 210, 330, 339, 340, 350, 398.

Prédication. 67, 158, 167, 185, 196-198, 202, 212, 213, 219, 265, 279, 294, 339, 346, 363, 446.
Prescriptions religieuses. 51, 53, 54, 72, 88, 204, 206, 324, 346, 402, 434, 435, 448.
Prêtre. Passim.
Prière. Passim.
Primat, Primauté. 332, 333.
Principe (Dieu). 2, 39, 177.
Procession. 23, 386.
Prophète. Passim.
Prophétie. (tique. tisme). 7, 65, 92, 158, 186, 304, 456.
Protestant (isme). 30, 42, 61, 80, 82, 84, 92, 97, 131, 194, 229, 253, 314, 322, 328, 433.
Providence. 7, 14, 19, 21, 25, 26, 148.
Psaumes, Psalmiste... XXVI, XXXIII, XXXIV, 109, 114, 155, 222, 269, 421, 425, 426, 436, 456.
Publicain. 255, 400, 428.
Puissance Créatrice, Divine... 21, 25, 27, 35, 51, 58, 113, 115, 120, 121, 126, 144, 147, 263, 267, 305, 366, 368, 382, 427.
Pureté. 22, 26, 43, 56, 59, 60, 111, 116, 117, 178, 235, 273, 301, 320, 336, 384, 406, 440.
Purgatoire. 279, 302, 388.
Purification. XXVIII, 60, 197, 279, 293, 302, 409, 410, 440.
Quakérisme. 194.
Qumrân. 186-189.
Rabbî, Rabbonî. 21, 54, 433.
Rachat. 242, 293.
Rajas. 32.
Raja Yoga. XXXII, 41, 253, 276.
Réconciliation. 46, 139, 411, 455.
Rédempteur. 32, 104, 161, 165, 238, 244, 277, 310, 311, 323, 389, 395.
Rédemption. 103, 192, 227-229, 234, 238, 249-251, 262, 266, 289, 292, 452.
Réformateur. 25, 218, 275, 310, 314, 439.
Réforme. XXXIII, 335, 338, 440.
Règne de Dieu. 178, 199, 323, 430.
Réincarnation. XXX, XXXIV, 36, 121, 129, 132, 156, 250-266, 276, 278, 280, 282, 289, 293, 300, 302, 309, 379, 452, 454, 455.
Réincarnationnisme (iste). XXVII, XXXV, 293, 382, 451, 457.
Relation à Dieu. XXXV, 2, 13, 15, 27, 29, 33-35, 45, 50-52, 58, 70, 105-149, 122, 293, 345, 368, 372, 414, 416, 422, 452.
Religieuses, Les. 130, 383, 399, 429, 440-443.
Religieux, Les. 31, 61, 174, 326, 337, 341, 343, 437-443.
Religion, La. XXXV, 2, 3, 7, 15, 47, 50-105, 112, 116, 133, 140, 165, 205, 215, 228, 274, 298, 316, 327, 337, 338, 340, 343-346, 353, 357, 381, 390, 399, 414, 418, 421, 444, 446, 451, 452, 454-456.
Religions, Les. 2, 7, 8, 25, 34, 47, 48, 50-104, 115, 131, 143, 144, 168, 175, 185, 207, 227-230, 235, 252, 255, 277, 288, 289, 292, 295, 305, 338, 344, 348, 452, 454.
Ressuscité, Le. 67, 69, 92, 98, 165, 166, 213, 224, 270, 314, 317, 322, 325, 361, 411, 413.
Résurrection, La. 17, 132, 152, 166, 171, 175, 189, 194, 197, 212, 213, 215, 216, 227, 229, 238, 243, 245-248, 263, 274, 277, 280, 281, 283, 284, 286, 288, 292, 293, 308, 309, 332, 361, 409, 444.
Retour Eternel. 258, 284.
Rétribution. XXX, 253, 255.
Révélation. 7, 12, 16, 23, 24, 31, 36, 52, 59, 142, 144, 220-222, 286, 355, 361, 373, 394.
Rig-Véda. 15.
Rite. 51-54, 58-63, 71, 74, 82, 83,

88, 89, 95, 96, 103, 117, 148, 192, 199, 200, 324, 325, 345, 354, 398, 400, 403-405, 409, 410, 413, 420, 435, 440, 448.
Ritualisme (ité). 73, 74, 76, 197.
Royaume de Dieu, des Cieux. 11, 65, 67, 68, 79, 91, 108, 142, 144, 159, 166, 167, 190, 192, 193, 195, 197-207, 210, 213, 219, 225, 226, 242, 272, 300, 311, 317, 318, 331, 332, 400, 434, 443, 446, 448, 455.
Sabbat. 185, 189, 239, 248, 340, 344, 362.
Sacerdoce, (tale). XXVII, XXIX, 73, 88, 101, 336, 339, 354, 405, 430.
Sacrement. XXXIII, 104, 133, 142, 199, 274, 275, 287, 300, 314, 316, 317, 319, 323, 331, 332, 334, 356, 397-414, 436, 448, 454.
Sacré. Passim.
Sacrifice. 17, 19, 53, 74, 102, 103, 181, 183, 211, 242, 243, 310, 333, 366, 369, 393, 401, 432, 440, 441, 447.
Saint. XXX, 70, 73, 76, 101, 113, 115, 125, 128, 137, 140, 144, 189, 211, 223, 272, 297, 327, 331, 354, 385-387, 390, 397, 415, 422, 444, 449.
Sainteté. XXIX, 34, 115, 178, 305, 353.
Salut. Passim.
Sanctification. 57, 274.
Sanctuaire. 52, 56, 59, 61, 68, 77, 85, 201, 343, 346, 427, 434-436.
Sanhédrin. 221, 239.
Sauveur. 79, 104, 135, 158, 165, 167, 181, 198, 277.
Scepticisme. 167, 198, 210, 350.
Schisme (tique). 69, 97, 327.
Secte. 65, 66, 79, 186, 187.
Seigneur. Passim.
Séminaire (iste). XXVII, XXVIII, XXXIII, 13, 23, 65, 71, 72, 82, 158, 175, 176, 211, 247, 298, 370, 407, 411, 423-429, 431, 434, 456.
Sermon sur la Montagne. 75, 102, 204, 205, 208, 226, 310, 324, 328, 341, 342, 344, 410, 418, 428, 431, 453.
Simonie. 339.
Soi. 7, 13, 41.
Soufi, (isme). 11, 40, 47, 87, 91, 94, 128, 134, 282, 416.
Souffrance. Passim.
Soutane. 85, 337, 341, 346.
Spéculations dogmatiques. 13, 57, 365.
Spirite, (isme). 251, 252, 256.
Spiritualité. 6, 24, 30, 126, 167, 189, 219, 316, 370, 446, 453, 454.
Sunnite. 86, 255.
Superstitions religieuses. 90, 94, 131.
Surhomme. 164, 165, 167, 258.
Synagogue. 90, 213.
Syncrétisme religieux. XXXI, 91, 94.
Témoignage. 44, 51, 81, 83, 93, 149, 162, 184, 194, 195, 214, 245, 328, 330, 346, 353, 359, 362, 390, 399, 400, 403, 435, 440, 443.
Témoin. 76, 154, 195, 197, 217, 247, 318, 326, 332, 350, 402, 411, 438.
Temple. 51, 53, 55, 85, 93, 94, 104, 117, 137, 164, 185, 187, 202, 241, 303, 304, 319, 340, 343, 351, 352, 369, 389, 395, 415-421, 433, 435, 436, 439, 445, 451.
Terre Sainte. 159, 211, 434.
Testament, Ancien et Nouveau. 7, 34, 131, 174, 193, 196, 204, 207, 221, 228, 241, 254, 280, 304, 323, 341, 363, 403, 452.
Thaumaturge. 216, 218.
Théologales, Vertus. 12, 125, 148, 203, 243.
Théologie. XXX, 7, 8, 10, 11, 23, 32, 44, 128, 160, 175, 222, 231, 240, 247, 267, 284, 293, 294, 305, 307

314, 319, 323, 325, 355, 358, 367, 370, 379, 404, 407, 410, 412, 433, 447, 452, 453.
Théologien, (ique). Passim.
Théosophique, (iste). XXX, 9, 48, 168, 251, 252.
Théosophisme. 7, 9, 94, 168, 176, 182, 225, 256, 258, 261, 269, 492.
Tout-Puissant, Le. 18, 28, 144.
Tradition, La. 8, 19, 40, 44, 99, 114, 128, 155, 180, 211, 219, 227, 232, 241, 266, 319, 356, 373.
Traditions, Les. 48, 52-55, 61, 62, 71, 74, 92, 95, 134, 160, 174, 192, 199, 200, 259, 324, 325, 337, 338, 340, 345, 352, 354, 365, 374, 375, 402, 404, 439, 451.
Traditionnaliste. XXVI, 6, 13, 154, 230, 277, 406, 407, 413, 435, 448, 452.
Transcendance. 7, 28, 34, 95.
Transfiguration. 70, 198, 213.
Transmigration. 252, 255, 256, 259, 260, 264.
Très-Haut, Le. 18, 28, 174, 239, 297, 421, 440.
Triade, Sainte. 30-32, 361, 432.
Tri-Mûrti. 31, 32.
Trinité, Sainte. 30-32, 135, 190, 203, 222, 274, 361, 373.
Union à Dieu. 24, 25, 37, 40, 41, 43, 52, 54, 58, 89, 123, 126, 129, 130, 132, 133, 149, 200, 202, 232, 233, 258, 259, 270, 274, 276, 360, 364-367, 380, 412, 414, 422, 423, 429, 431, 435, 440, 444-446, 455.
Unité avec Dieu. 28, 38, 259, 368, 430.
Unité des chrétiens. 328, 329, 333.
Unité de l'Existence. XXXIV, 36-38, 40, 41, 44, 46, 47, 91, 111, 130, 131.
Unité des hommes. 60, 93, 96, 130, 384, 385, 389.
Unité des religions. 88, 93-95, 97, 98, 131.
Universalisme (iste). XXXV, 104, 136, 148, 264, 451, 457.
Upanishads, Les. 121, 122, 131.
Vêdas, Les. 90, 91.
Vendredi Saint. 66, 70, 155, 239, 248.
Verbe de Dieu (Christ). 23, 24, 31, 32, 39, 74, 169, 170, 175, 190, 222-224, 229, 266, 270, 271, 361.
Vérité. Passim.
Viatique. 123, 142, 394.
Victime. 114, 243, 326, 369, 442.
Vie, La. Passim.
Vie chrétienne. 76, 77, 308, 314, 407, 437.
Vie divine. 229, 281, 360, 408, 443.
Vie éternelle. 119, 192, 294-296, 306, 408.
Vie monastique. 398, 436, 437, 439, 443.
Vie religieuse. XXVI, 61, 87, 140, 194, 398, 436, 437, 439, 441-443.
Vie sacramentelle. 140, 399, 406, 413, 437, 438.
Vie spirituelle. 10, 30, 31, 35, 408.
Vishnou. 32, 91, 185.
Vocation. 48, 221, 339, 354, 411, 451,.
Vœux religieux. 437, 441, 446.
Volonté cosmique, créatrice... (Dieu). 10, 12, 15, 18, 21, 26, 39, 41, 44, 109, 139, 291, 373, 380, 418, 430.
Yahvé (iste). 27, 114, 228, 255.
Yoga, Yogi, Yogin. 15, 161, 276.
Zwingliens, Les. 87.

REFERENCES BIBLIQUES

Les chapitres sont indiqués en chiffres romains, suivis des versets en chiffres arabes. Les pages sont mises entre parenthèses.

Ancien Testament.
Genèse. XXVIII, 17 (114).
Exode. III, 14, (35). IV, 22, (174).
2. Samuel. VII, 14, (174).
Psaumes. II, 7 (174). VIII, 6 (269). XXVIII, LIV, LVII, LXXXVI (421). XXXIV, 11 (18). CII, 8 (17). CXX, CXXI (436). CXXI, 1-4 (17). CXXX, 6-7 (269). CXVII, 1-4 (17). XXVII (174). CXXXIX, (174). CXXXXIV, 9 (17).
Sagesse. XI, 24 (17).
Jérémie. XXV, 30-38 (304). XXXI, 9 (174).
Daniel. VII, 9-12 (304).
Osée. VI, 6 (17). XI, 1 (174).

Nouveau Testament.
Evangile selon S. Matthieu. I, 1, 18 (220). V, 13-14 (68). V, 44 (75). V, 43-48 (97). V, 48 et 45 (100). V, 9 et 45 (174). VI, 25 et 28 (26). VIII, 20 (71). VIII, 10-13 (388). IX, 13 (17 et 19). IX, 36 (213). XI 25-27 (16). XIII, 24-31 (47). XIII, 14-15 (106). XIV, 14 (213). XV, 32 (213). XVI, 16 et 20 (174). XVI, 21 (220). XVIII, 22 (19). XIX, 13-16 (143). XX, 34 (213). XXII, 37-40 (129). XXIII, 13-31 (54). XXIV, 15-31 (304).
Evangile selon S. Marc. I, 1 (220). V, 30 (216). VI, 1-6 (216). VI, 34 (213). VIII, 2 (213). IX, 39-40 (216). XI, 23 (379). XIV, 36 (174).
Evangile selon S. Luc. I, 34-36 (178). II, 41-50 (183). II, 41-50 (184). IV, 18-19 (34). VI, 36 (17). VII, 13 (213). X, 29-38 (208). XI, 25 (292). XII, 6 (26). XV, 6 (26). XXIII, 34 (75). XXIII, 46 (159).
Evangile selon S. Jean. I, 17 (220). I, 18 (8, 14). IV, 31-32 (118). V, 17 (34). VI, 46 (8, 14). VIII, 32 (125). VIII, 22 (373). X, 34-35 (269). XIX, 24 (254). XIII, 1-18 (333). XIV, 20-21 (16). IV, 9 (19). XIV, 3, (27). XIV, 23 (40). XIV, (142). XIV, 11 (210). XV, 13 (146). XVII, 3 (119). XVII, 3 (220). XX, 17 (174).
Actes des Apôtres. V, 38-39 (63).
Epître aux Romains. VIII, 14-16 (174). XIII, 8-10 (129).
1ère Epître aux Corinthiens. XIII, 12-13 (119). XV, 28 (44). XV, 36 (254).
2ème Epître aux Corinthiens. I, 3 (17).
Epître aux Galates. II, 20 (44). IV, 4 (219).
Epître aux Ephésiens. I, (44). III, 17 (243). IV, 11-12 (331).
Epître aux Colossiens. I, 15-21 (44).
1ère Epître de S. Jean. III, 1 (174). IV, 8, 16 (16). IV, 9 (19). IV, 16 (144). XII, 24 (193).

REFERENCES CORANIQUES

Les sourates sont indiquées en chiffres romains, suivies des versets en chiffres arabes. Les pages sont mises entre parenthèses.

II, 28 (253).
IV, 171 (178).
V, 108-120 (305).
CIX, 6 (94).